Internationale Zuständigkeit, Anerkennung und Vollstreckung
von Entscheidungen über die elterliche Verantwortung

Studien zum vergleichenden und internationalen Recht -
Comparative and International Law Studies

Herausgeber: Bernd von Hoffmann, Erik Jayme
und Heinz-Peter Mansel

Band 91

PETER LANG
Frankfurt am Main · Berlin · Bern · Bruxelles · New York · Oxford · Wien

Anna Christina Gördes

# Internationale Zuständigkeit, Anerkennung und Vollstreckung von Entscheidungen über die elterliche Verantwortung

Die VO (EG) Nr. 1347/2000,
ihre geplanten Änderungen und das Verhältnis
beider zum Minderjährigen-
und Kinderschutzabkommen

PETER LANG
Europäischer Verlag der Wissenschaften

**Bibliografische Information Der Deutschen Bibliothek**
Die Deutsche Bibliothek verzeichnet diese Publikation in der
Deutschen Nationalbibliografie; detaillierte bibliografische
Daten sind im Internet über <http://dnb.ddb.de> abrufbar.

Zugl.: Köln, Univ., Diss., 2003

Gedruckt auf alterungsbeständigem,
säurefreiem Papier.

D 38
ISSN 0930-4746
ISBN 3-631-52179-0

© Peter Lang GmbH
Europäischer Verlag der Wissenschaften
Frankfurt am Main 2004
Alle Rechte vorbehalten.

Das Werk einschließlich aller seiner Teile ist urheberrechtlich
geschützt. Jede Verwertung außerhalb der engen Grenzen des
Urheberrechtsgesetzes ist ohne Zustimmung des Verlages
unzulässig und strafbar. Das gilt insbesondere für
Vervielfältigungen, Übersetzungen, Mikroverfilmungen und die
Einspeicherung und Verarbeitung in elektronischen Systemen.

Printed in Germany 1 2 3 4 5  7

www.peterlang.de

*Meinen Eltern*

## VORWORT

Die vorliegende Arbeit wurde im Sommersemester 2003 von der Rechtswissenschaftlichen Fakultät der Universität zu Köln als Dissertation angenommen. Aufgrund der Aktualität des Themas und der raschen Entwicklungen im Europarecht und Internationalen Privatrecht waren ständige Aktualisierungen erforderlich. Die Arbeit berücksichtigt Entwicklungen bis einschließlich Oktober 2003.

Meinem Doktorvater, Herrn Prof. Dr. Heinz-Peter Mansel, bin ich für die Anregungen und seine ständige Unterstützung verbunden, die die Arbeit in relativ kurzer Zeit ermöglicht haben. Herrn Prof. Dr. Klaus Peter Berger danke ich für die Erstellung des Zweitgutachtens.

Den Herausgebern der Schriftenreihe „Studien zum vergleichenden und internationalen Recht", Herrn Prof. Dr. von Hoffmann, Herrn Prof. Dr. Jayme und Herrn Prof. Dr. Mansel, danke ich für die Aufnahme der Arbeit in die Schriftenreihe.

Meiner Familie, insbesondere meinen Eltern, möchte ich an dieser Stelle für die stete Förderung und Unterstützung meiner Pläne und Ziele während meiner Ausbildung, bei dieser Arbeit und auch in allen anderen Bereichen besonderen Dank aussprechen. Matthias danke ich für seine Geduld und Hilfe.

Attendorn, im Januar 2004                                      Anna Gördes

INHALTSVERZEICHNIS:

§ 1 EINLEITUNG 39

KAPITEL I: EUEHEVO UND VO-E
TEIL 1: Die VO (EG) Nr. 1347/2000 des Rates vom 29. Mai 2000 über die Zuständigkeit und die Anerkennung und Vollstreckung von Entscheidungen In Ehesachen und in Verfahren betreffend die elterliche Verantwortung für die gemeinsamen Kinder der Ehegatten (EuEHEVO) 43

§ 2 ALLGEMEINES 43
I. Historische Entwicklung und Zielsetzung 43
II. Gesetzliche Grundlage 46
III. Auslegung 46

§ 3 ANWENDUNGSBEREICH 47
I. Territorialer Geltungsbereich 47
II. Räumlich-persönlicher Anwendungsbereich 47
III. Sachlicher Anwendungsbereich 48
1. Ehescheidung, Trennung, Auflösung 49
a) Gestaltungsklagen 49
b) Statusentscheidungen 51
2. Kindschaftsrechtliche Entscheidungen 52
a) Allgemeines 52
b) Teilentscheidungen 53

§ 4 GERICHTLICHE ZUSTÄNDIGKEIT 55
I. Allgemeines 55
II. Begriffsbestimmung: Aufenthalt 56
III. Ehesachen 57
1. Gemeinsamer Aufenthalt 57
2. Letzter gemeinsamer Aufenthalt 57
3. Gegenwärtiger Aufenthalt des Antragsgegners 58
4. Gegenwärtiger Aufenthalt eines Ehegatten bei gemeinsamem Antrag 58
5. Gewöhnlicher Aufenthalt des Antragstellers seit einem Jahr 58
6. Gewöhnlicher Aufenthalt des Antragstellers seit sechs Monaten sowie Staatsangehörigkeit beziehungsweise domicile 58
7. Staatsangehörigkeit 59
a) Allgemeines 59
b) Gemeinschaftsrecht 60
c) Mehrstaater 61
IV. Kindschaftssachen 63
V. Restzuständigkeiten 64
VI. Konkurrierende Verfahren 65
1. Allgemeines 65

| | |
|---|---|
| 2. Rechtshängigkeit und Streitgegenstandsbegriff | 66 |
| 3. Keine Anerkennungsprognose | 68 |
| 4. Gilt Art. 11 II EuEheVO für Feststellungsklagen analog? | 68 |
| 5. Begründet ein vorgeschaltetes Versöhnungsverfahren den Rechtshängigkeitseinwand? | 69 |
| 6. Begründet ein Verbundverfahren die Rechtshängigkeit? | 69 |
| 7. Zeitpunkt der Rechtshängigkeit | 70 |
| 8. Wirkungen ausländischer Rechtshängigkeit | 70 |
| a) Allgemeines | 70 |
| b) Art. 11 III S. 2 EuEheVO | 72 |
| VII. Einstweilige Maßnahmen | 73 |
| 1. Dringliche Maßnahmen | 73 |
| 2. Einstweilige Maßnahmen ohne Dringlichkeit | 73 |
| | |
| § 5 ANWENDBARES RECHT | 74 |
| | |
| § 6 VERHÄLTNIS DER EUEHEVO ZU AUTONOMEM RECHT | 74 |
| I. Vorrang der EuEheVO | 74 |
| II. Günstigeres autonomes Recht | 75 |
| | |
| § 7 ANERKENNUNG VON ENTSCHEIDUNGEN, ART. 14 - 20 EUEHEVO | 76 |
| I. Entscheidungsbegriff | 76 |
| II. Anerkennungsverfahren | 77 |
| 1. Allgemeines | 77 |
| 2. Feststellungsantrag, Art. 14 III EuEheVO | 78 |
| 3. Zwischenfeststellungsklage, Art. 14 IV EuEheVO | 79 |
| 4. Deutsche Regelung | 79 |
| III. Ehesachen | 80 |
| IV. Kindschaftssachen | 81 |
| 1. Allgemeines | 81 |
| 2. Deutsche Umsetzung | 82 |
| V. Anerkennungshindernisse | 83 |
| 1. Allgemeines | 83 |
| 2. Ehesachen, Art. 15 I EuEheVO | 84 |
| a) Buchstabe a | 84 |
| b) Buchstabe b | 84 |
| c) Buchstabe c | 85 |
| d) Buchstabe d | 86 |
| 3. Kindschaftssachen, Art. 15 II EuEheVO | 86 |
| | |
| § 8 VOLLSTRECKUNG VON ENTSCHEIDUNGEN, ART. 21 - 31 EUEHEVO | 87 |
| I. Allgemeines | 87 |
| II. Vollstreckbarerklärungsverfahren | 87 |
| 1. Antrag | 87 |
| 2. Verfahren | 88 |

| | |
|---|---|
| 3. Entscheidung | 89 |
| 4. Beginn der Zwangsvollstreckung | 90 |
| 5. Zuständigkeit in der Bundesrepublik | 91 |
| III. Rechtsbehelfe gegen die Entscheidung | 91 |
| 1. Partei | 91 |
| 2. Frist | 91 |
| 3. Verfahren | 92 |
| 4. Rechtsbehelf gegen die Entscheidung | 92 |

§ 9 SONSTIGES 92

§ 10 ÜBERGANGSFRAGEN 93

§ 11 VORLAGEVERFAHREN 93

§ 12 DEUTSCHES DURCHFÜHRUNGSGESETZ 94

| | |
|---|---|
| § 13 STAATSVERTRAGLICHES UMFELD | 96 |
| I. Allgemeines | 96 |
| II. Staatsverträge und ihre Beziehung zur EuEheVO | 96 |
| 1. Haager Übereinkommen über die Anerkennung und Vollstreckung von Entscheidungen auf dem Gebiet der Unterhaltspflicht gegenüber Kindern v. 15.4.1958 | 97 |
| a) Allgemeines | 97 |
| b) Verhältnis des Übereinkommens zur EuEheVO | 97 |
| 2. Haager Übereinkommen vom 1. Juni 1970 über die Anerkennung von Ehescheidungen sowie Trennung von Tisch und Bett | 97 |
| a) Allgemeines | 97 |
| b) Verhältnis des Übereinkommens zur EuEheVO | 98 |
| 3. Übereinkommen vom 27. September 1968 über die gerichtliche Zuständigkeit und die Vollstreckung gerichtlicher Entscheidungen in Zivil- und Handelssachen (EuGVÜ) | 98 |
| a) Allgemeines | 98 |
| b) Verhältnis des Übereinkommens zur EuEheVO | 99 |
| 4. Haager Übereinkommen über die Anerkennung und Vollstreckung von Unterhaltsentscheidungen vom 12. Oktober 1973 | 100 |
| a) Allgemeines | 100 |
| b) Verhältnis des Übereinkommens zur EuEheVO | 100 |
| 5. Europäisches Übereinkommen vom 20. Mai 1980 über die Anerkennung und Vollstreckung von Entscheidungen über das Sorgerecht für Kinder und die Wiederherstellung des Sorgeverhältnisses (ESÜ) | 100 |
| a) Allgemeines | 100 |
| b) Verhältnis des Übereinkommens zur EuEheVO | 102 |
| 6. Haager Übereinkommen über die zivilrechtlichen Aspekte internationaler Kindesentführung vom 25. Oktober 1980 (HKÜ) | 102 |

| | |
|---|---|
| a) Allgemeines | 102 |
| b) Verhältnis des Übereinkommens zur EuEheVO | 103 |
| 7. Das Lugano-Übereinkommen über die gerichtliche Zuständigkeit und die Vollstreckung gerichtlicher Entscheidungen in Zivil- und Handelssachen vom 16. September 1988 | 104 |
| a) Allgemeines | 104 |
| b) Verhältnis des Übereinkommens zur EuEheVO | 105 |
| 8. Die UN-Kinderrechtskonvention vom 20. November 1989 | 105 |
| a) Allgemeines | 105 |
| b) Bedeutung für die EuEheVO | 106 |
| 9. Verordnung (EG) Nr. 44/2001 des Rates vom 22.12.2000 über die gerichtliche Zuständigkeit und die Anerkennung und Vollstreckung von Entscheidungen in Zivil- und Handelssachen (Brüssel I-VO) | 106 |
| a) Allgemeines | 106 |
| b) Verhältnis zur EuEheVO | 107 |

**TEIL 2: Der Vorschlag für eine Verordnung des Rates über die Zuständigkeit und die Anerkennung und Vollstreckung von Entscheidungen in Ehesachen und in Verfahren betreffend die elterliche Verantwortung zur Aufhebung der Verordnung (EG) Nr. 1347/2000 und zur Änderung der Verordnung (EG) Nr. 44/2001 in Bezug auf Unterhaltssachen (kom (2002) 222 endg./2 – 2002/0110 (CNS))**     **108**

| | |
|---|---|
| § 14 ALLGEMEINES | 108 |
| I. Entwicklung und Zielsetzung | 108 |
| II. Rechtsgrundlage | 110 |
| III. Auslegung | 111 |
| § 15 ANWENDUNGSBEREICH | 111 |
| I. Territorialer Geltungsbereich | 111 |
| II. Räumlich-persönlicher Anwendungsbereich | 111 |
| III. Sachlicher Anwendungsbereich | 112 |
| 1. Ehescheidung, Trennung, Auflösung des Ehebandes | 112 |
| 2. Kindschaftsrechtliche Entscheidungen | 112 |
| § 16 BEGRIFFSBESTIMMUNGEN | 113 |
| I. Allgemeines | 113 |
| II. Einzelne Begriffe | 113 |
| 1. „Gericht" und „Entscheidung", Nr. 1, 3 | 113 |
| 2. Mitgliedstaaten, Nr. 2, 4, 5 | 114 |
| 3. „Elterliche Verantwortung", Nr. 6, 7 | 114 |
| 4. „Sorge- und Umgangsrecht", Nr. 8, 9 | 115 |
| 5. Kindesentführungen, Nr. 10 | 115 |
| § 17 GERICHTLICHE ZUSTÄNDIGKEIT | 115 |

| | |
|---|---|
| I. Allgemeines | 115 |
| II. Ehesachen | 116 |
| III. Kindschaftssachen | 116 |
| 1. Allgemeine Zuständigkeit und fortbestehende Zuständigkeit, Art. 10, Art. 11 VO-E | 116 |
| 2. Zuständigkeitsvereinbarungen, Art. 12 VO-E | 117 |
| 3. Anwesenheitszuständigkeit, Art. 13 VO-E | 117 |
| 4. Restzuständigkeiten, Art. 14 VO-E | 117 |
| 5. Verweisung, Art. 15 VO-E | 118 |
| IV. Gemeinsame Vorschriften | 118 |
| 1. Allgemeines | 118 |
| 2. Rechtshängigkeit und abhängige Verfahren | 119 |
| 3. Einstweilige Maßnahmen und Schutzmaßnahmen | 119 |

| | |
|---|---|
| § 18 KINDESENTFÜHRUNGEN | 119 |
| I. Zuständigkeit, Art. 21 VO-E | 120 |
| II. Rückgabe des Kindes, Art. 22 VO-E | 120 |
| III. Einstweilige Verweigerung der Rückgabe, Art. 23 VO-E | 120 |
| IV. Sorgerechtsentscheidung, Art. 24 VO-E | 121 |
| V. Gebühren und Kosten, Art. 25 VO-E | 121 |

| | |
|---|---|
| § 19 ANWENDBARES RECHT | 122 |
| § 20 VERHÄLTNIS ZU AUTONOMEM RECHT | 122 |
| § 21 ANERKENNUNG UND VOLLSTRECKUNG | 122 |
| I. Allgemeines | 122 |
| II. Anerkennung | 123 |
| III. Vollstreckung | 123 |
| 1. Antrag auf Vollstreckbarerklärung | 123 |
| 2. Vollstreckung von Entscheidungen über das Umgangsrecht u. über die Rückgabe des Kindes | 124 |
| a) Anwendungsbereich, Art. 45 VO-E | 124 |
| b) Umgangsrecht, Art. 46 VO-E | 124 |
| c) Rückgabe des Kindes, Art. 47 VO-E | 126 |
| d) Rechtsbehelfe und Urkunden, Art. 48, 49 VO-E | 126 |
| IV. Sonstige Bestimmungen | 126 |

| | |
|---|---|
| § 22 ZUSAMMENARBEIT DER ZENTRALEN BEHÖRDEN | 127 |
| § 23 ÜBERGANGSVORSCHRIFTEN | 128 |
| § 24 STAATSVERTRAGLICHES UMFELD | 128 |

KAPITEL II: Das Verhältnis zwischen der EuEheVO, dem VO-E und dem Haager Übereinkommen vom 5.10.1961 über die Zuständigkeit der Behörden und das anzuwendende Recht auf dem Gebiet des Schutzes von Minderjährigen (MSA) 129

§ 25 EINLEITUNG 129

§ 26 GRUNDLAGEN 130
I. Minderjährigenschutzabkommen 130
1. Historische Entwicklung und Zielsetzung 130
2. Inhalt 131
3. Internationale Zusammenarbeit 132
4. Auslegung 133
a) Grundlegendes 133
b) Möglichkeiten einer konventionsübergreifenden Interpretation? 134
c) Stellungnahme 137
d) Ergebnis 139
II. Vergleich 139
1. Historische Entwicklung und Zielsetzung 139
2. Gesetzliche Grundlage 140
3. Auslegung 140

§ 27 ANWENDUNGSBEREICH 142
I. MSA 142
1. Territorialer Geltungsbereich 142
2. Zeitlicher Anwendungsbereich 143
3. Räumlich - persönlicher Anwendungsbereich 143
4. Sachlicher Anwendungsbereich 145
II. Vergleich 146
1. Territorialer Geltungsbereich 146
2. Zeitlicher Anwendungsbereich 147
3. Räumlich - persönlicher Anwendungsbereich 147
a) Grundlegendes 147
b) Sondergeschäftsfähigkeiten 148
c) Ergebnis 149
4. Sachlicher Anwendungsbereich 149
a) Grundlagen 149
b) Differenzierung Schutzmaßnahme / Entscheidung 150
c) Generelles Verhältnis zwischen EuEheVO, VO-E und MSA 154
d) Zusammenfassung 158

§ 28 GERICHTLICHE ZUSTÄNDIGKEIT 159
I. MSA 159
1. Grundlegendes 159
2. Gewöhnlicher Aufenthalt, Art. 1 MSA 160

| | |
|---|---|
| 3. Staatsangehörigkeit, Art. 4 MSA | 162 |
| a) Grundlegendes | 162 |
| b) Verhältnis zwischen Art. 1 und Art. 4 MSA | 162 |
| c) Verständigung der Aufenthaltsbehörden | 164 |
| 4. Schutzmaßnahmen, Art. 8 MSA | 164 |
| 5. Eilzuständigkeit, Art. 9 MSA | 165 |
| 6. Annexzuständigkeit nach Art. 15 MSA | 166 |
| 7. Auftragszuständigkeit nach Art. 6 MSA | 168 |
| 8. Zuständigkeitsvorbehalte | 169 |
| a) Vorbehalt des Art. 3 MSA | 169 |
| b) Aufenthaltswechsel, Art. 5 MSA | 172 |
| II. Vergleich | 176 |
| 1. Grundlegendes | 176 |
| 2. Aufenthalt | 176 |
| a) Begriffsbestimmung | 176 |
| b) Änderung des Aufenthaltes und perpetuatio fori | 178 |
| c) Erfordernis eines freiwilligen Aufenthaltes? | 180 |
| d) Entführungsfälle | 181 |
| 3. Bedeutung der Staatsangehörigkeit | 182 |
| a) Grundlegendes | 182 |
| b) Mehrfache Staatsangehörigkeit | 185 |
| 4. Bedeutung des Kindeswohls | 187 |
| 5. Verteilung der elterlichen Verantwortung | 188 |
| a) Grundlegendes | 188 |
| b) Annexkompetenz | 190 |
| 6. Zeitliche Grenzen der Zuständigkeit | 191 |
| a) Grundlegendes | 191 |
| b) Nachträglicher Wegfall der Zuständigkeit nach einer Verordnung | 192 |
| 7. Gesetzliche Gewaltverhältnisse | 192 |
| a) Problemstellung | 192 |
| b) Art. 3 MSA ist nicht anwendbar | 193 |
| c) Art. 3 MSA bleibt anwendbar | 193 |
| c) Stellungnahme | 193 |
| d) Ergebnis | 196 |
| 8. Restzuständigkeiten | 196 |
| 9. Internationale Behördenzusammenarbeit | 197 |
| 10. Einstweilige Maßnahmen | 198 |
| a) Dringliche Maßnahmen | 198 |
| b) Maßnahmen ohne Dringlichkeit | 200 |
| | |
| § 29 RECHTSHÄNGIGKEIT | 201 |
| I. MSA | 201 |
| II. Vergleich | 201 |
| 1. Konkurrierende Verfahren | 201 |
| 2. Zeitpunkt | 203 |

| | |
|---|---|
| 3. Verbundverfahren | 203 |
| 4. Wirkungen ausländischer Rechtshängigkeit | 204 |
| **§ 30 ANWENDBARES RECHT** | **205** |
| I. MSA | 205 |
| 1. Anwendbares Recht | 205 |
| 2. Problem des forum shoppings | 207 |
| II. Vergleich | 207 |
| 1. Anwendbares Recht | 207 |
| 2. Forum shopping | 208 |
| **§ 31 VERHÄLTNIS ZU AUTONOMEM RECHT** | **210** |
| I. MSA | 210 |
| II. Vergleich | 210 |
| **§ 32 ANERKENNUNG VON ENTSCHEIDUNGEN** | **211** |
| I. MSA | 211 |
| 1. Anerkennungspflicht | 211 |
| 2. Keine Anerkennungspflicht | 213 |
| a) Maßnahmen gemäß Art. 8 MSA | 213 |
| b) Maßnahmen gemäß Art. 15 II MSA | 213 |
| 3. Anerkennungshindernisse | 213 |
| a) Fehlende Zuständigkeit | 213 |
| b) Verstoß gegen den ordre public | 214 |
| 4. Anerkennung von Schutzmaßnahmen im Rahmen der Eilzuständigkeit | 215 |
| a) Problemstellung | 215 |
| b) Keine Anerkennung | 215 |
| c) Anerkennung von Eilmaßnahmen | 216 |
| d) Stellungnahme | 216 |
| e) Ergebnis | 217 |
| II. Vergleich | 217 |
| 1. Anerkennungsverfahren | 217 |
| 2. Anerkennungshindernisse | 218 |
| a) Grundlegendes | 218 |
| b) ordre - public | 219 |
| c) Anhörung | 219 |
| d) Unvereinbarkeit mit anderen Entscheidungen / Maßnahmen | 220 |
| e) Fehlende gleichzeitige Anerkennung eines Scheidungsurteils | 221 |
| **§ 33 VOLLSTRECKUNG VON ENTSCHEIDUNGEN** | **223** |
| I. MSA | 223 |
| II. Vergleich | 225 |
| 1. Vollstreckbarerklärungsverfahren | 225 |
| 2. Rechtsbehelfe | 226 |

§ 34 ÄNDERUNG UND AUFHEBUNG 227
I. MSA 227
II. Vergleich 228

§ 35 BEURTEILUNG 229

KAPITEL III: Das Verhältnis zwischen der EuEheVO, dem VO-E und dem Haager Übereinkommen vom 19.10.1996 über die Zuständigkeit, das anzuwendende Recht, die Anerkennung, Vollstreckung und Zusammenarbeit auf dem Gebiet der elterlichen Verantwortung und der Maßnahmen zum Schutz von Kindern 233

§ 36 EINLEITUNG 233

§ 37 GRUNDLAGEN 234
I. Kinderschutzübereinkommen 234
1. Historische Entwicklung und Zielsetzung 234
2. Inhalt 237
3. Auslegung 238
II. Vergleich 239
1. Historische Entwicklung und Zielsetzung 239
2. Gesetzliche Grundlage 239
3. Auslegung 239

§ 38 ANWENDUNGSBEREICH 241
I. KSÜ 241
1. Territorialer Geltungsbereich 241
2. Zeitlicher Anwendungsbereich, Art. 53 KSÜ 242
3. Räumlich-persönlicher Anwendungsbereich, Art. 2 KSÜ 243
4. Sachlicher Anwendungsbereich (Art. 1, 3, 4 KSÜ) 245
a) Grundlegendes 245
b) Positiver Anwendungsbereich, Art. 3 KSÜ 245
c) Negativkatalog, Art. 4 KSÜ 246
II. Vergleich 248
1. Territorialer Geltungsbereich 248
2. Zeitlicher Anwendungsbereich 248
3. Räumlich-persönlicher Anwendungsbereich 249
a) Grundlegendes 249
b) Sondergeschäftsfähigkeiten 249
c) Ergebnis 250
4. Sachlicher Anwendungsbereich 250
a) Grundlagen 250
b) Differenzierung Schutzmaßnahme / Entscheidung 251

c) Begriff der elterlichen Verantwortung 251
d) Generelles Verhältnis zwischen EuEheVO bzw. VO-E und KSÜ 253
e) Zusammenfassung 255

§ 39 GERICHTLICHE ZUSTÄNDIGKEIT 255
I. KSÜ 255
1. Grundlegendes 255
2. Aufenthaltszuständigkeit, Art. 5 bis 7 KSÜ 256
a) Grundlegendes 256
b) Gewöhnlicher Aufenthalt 257
3. Zuständigkeit für Flüchtlingskinder und Kinder ohne gew. Aufenthalt, Art. 6 KSÜ 258
a) Grundlegendes 258
b) Flüchtlingskinder und vertriebene Kinder, Art. 6 I KSÜ 258
c) Kinder ohne gewöhnlichen Aufenthalt, Art. 6 II KSÜ 259
4. Aufenthaltswechsel 260
a) Legaler Aufenthaltswechsel 260
b) Illegaler Aufenthaltswechsel 261
5. Eilzuständigkeit, Art. 11 KSÜ 264
6. Vorläufige Maßnahmen territorialer Geltung, Art. 12 KSÜ 265
7. Annexzuständigkeit nach Art. 10 KSÜ 266
a) Grundlegendes 266
b) Gilt die Zuständigkeit nur für die konkrete Behörde oder für alle Behörden des Staates, in dem das Eheverfahren anhängig ist? 267
8. Zuständigkeit der Heimatbehörden 268
a) Grundidee 268
b) Angetragene Zuständigkeit nach Art. 8 KSÜ 269
c) Erbetene Zuständigkeit, Art. 9 KSÜ 270
d) Mehrstaaterproblematik 271
e) Beurteilung 272
9. Ortszuständigkeit kraft Vorbehalts 273
10. Zuständigkeitskonkurrenzen 273
a) Prioritätsprinzip 273
b) Wegfall der Zuständigkeitsgrundlage 274
11. Beurteilung der Zuständigkeitsregelungen 275
II. Vergleich 276
1. Aufenthaltszuständigkeit 276
a) Grundlegendes 276
b) Erfordernis eines freiwilligen Aufenthaltes? 277
c) Flüchtlingskinder und Kinder ohne festen Aufenthalt 277
d) Zusammenfassung 277
2. Änderung des Aufenthaltes und perpetuatio fori 278
a) Legaler Aufenthaltswechsel 278
b) Entführungsfälle 279
3. Staatsangehörigkeit, Ersuch bzw. Bitte um Zuständigkeitsübernahme 279

| | |
|---|---|
| a) Zuständigkeitsverweisung | 279 |
| b) Staatsangehörigkeit | 280 |
| 4. Vorläufige Maßnahmen und Eilmaßnahmen | 281 |
| a) Eilmaßnahmen | 281 |
| b) Vorläufige Maßnahmen | 283 |
| 5. Scheidungszuständigkeit | 283 |

| | |
|---|---|
| § 40 RECHTSHÄNGIGKEIT | 284 |
| I. KSÜ | 284 |
| II. Vergleich | 285 |
| 1. Konkurrierende Verfahren | 285 |
| 2. Zeitpunkt | 286 |
| 3. Verbundverfahren | 286 |

| | |
|---|---|
| § 41 ANWENDBARES RECHT | 287 |
| I. KSÜ | 287 |
| 1. Anwendbares Recht | 287 |
| a) Grundlagen | 287 |
| b) Gesetzliche oder vereinbarte elterliche Verantwortung | 289 |
| c) Verkehrsschutz, Art. 19 KSÜ | 293 |
| 2. Problem des forum shoppings | 294 |
| II. Vergleich | 294 |
| 1. Anwendbares Recht | 294 |
| a) Grundlegendes | 294 |
| b) Maßnahmen der elterlichen Verantwortung | 295 |
| 2. Forum shopping | 297 |

| | |
|---|---|
| § 42 VERHÄLTNIS ZU AUTONOMEM RECHT | 298 |
| I. KSÜ | 298 |
| 1. Grundlegendes | 298 |
| 2. Mehrrechtsstaaten, Art. 46 bis 49 KSÜ | 298 |
| II. Vergleich | 299 |

| | |
|---|---|
| § 43 ANERKENNUNG UND VOLLSTRECKUNG VON ENTSCHEIDUNGEN | 299 |
| I. KSÜ | 299 |
| 1. Anerkennung | 299 |
| a) Anerkennungspflicht | 299 |
| b) Keine Anerkennungspflicht | 301 |
| c) Bindungswirkung und Verbot der Nachprüfung in der Sache, Art. 25 und 27 KSÜ | 303 |
| 2. Vollstreckung | 304 |
| a) Vollstreckungsverfahren, Art. 26 I und 2 KSÜ | 304 |
| b) Vollstreckung, Art. 28 KSÜ | 305 |
| c) Vollstreckungshindernisse, Art. 26 III, Art. 23 II KSÜ | 305 |
| II. Vergleich | 305 |

| | |
|---|---|
| 1. Anerkennung | 305 |
| a) Anerkennungsverfahren | 305 |
| b) Anerkennungshindernisse | 306 |
| c) Zusammenfassung | 309 |
| 2. Vollstreckung | 309 |
| a) Allgemeines Vollstreckungsverfahren | 309 |
| b) Allgemeine Vollstreckungshindernisse | 310 |
| c) Vollstreckung von Entscheidungen über das Umgangsrecht und über die Rückgabe des Kindes | 310 |
| d) Zusammenfassung | 310 |

| | |
|---|---|
| § 44 ÄNDERUNG UND AUFHEBUNG | 311 |
| I. KSÜ | 311 |
| II. Vergleich | 312 |

| | |
|---|---|
| § 45 ZUSAMMENARBEIT | 313 |
| I. Regelung des KSÜ | 313 |
| 1. Grundlagen | 313 |
| 2. Zentrale Behörden | 314 |
| a) Benennung, Art. 29 und 45 I KSÜ | 314 |
| b) Allgemeine Aufgaben, Art. 30 und 31 KSÜ | 315 |
| c) Aufgaben bei der Ergreifung von Maßnahmen, Art. 32 bis 34 KSÜ | 316 |
| d) Aufgaben bei der Durchsetzung von Maßnahmen, Art. 35 KSÜ | 317 |
| e) Gefährdung des Kindes, Art. 36 KSÜ | 318 |
| 3. Allgemeine Verfahrensregeln | 318 |
| 4. Zusammenfassung | 319 |
| II. Vergleich | 319 |

| | |
|---|---|
| § 46 BEURTEILUNG | 321 |

| | |
|---|---|
| **IV. SCHLUSSBETRACHTUNG** | **323** |

## LITERATURVERZEICHNIS:

**Abramowski, Peter**, Staatliche Schutzmaßnahmen für Kinder ausländischer Eltern in Deutschland, Diss. Göttingen 1991
**Adolphsen, Jens (Berichterst.**), Alternative Dispute Resolution – Conciliation – Mediation, Internationales Eheverfahrensrecht in der EU, Internationales Insolvenzrecht im Wettbewerb der Modelle der EU und UNCITRAL – Bericht von der Tagung der Wiss. Vereinigung für Int. Verfahrensrecht vom 23. bis 29.9.2001, Athen, IPRax 2002, Heft 4 S. 337 – 340
**Ahrens, Hans-Jürgen**, Zur „Eingriffszuständigkeit" im Rahmen des Art. 3 des Haager Minderjährigenschutzabkommens [MSA], FamRZ 1976, Heft 6/7 S. 305 – 313
**Allinger, Rainer**, Das Haager Minderjährigenschutzabkommen, Diss. Frankfurt 1988
**Andrae, Marianne**, Zum interlokalen und internationalen Privatrecht des Minderjährigenschutzes, IPRax 1982, Heft 2 S. 117 – 121
Andrae, Marianne, Internationales Familienrecht, 1. Auflage Stand November 1998, Baden-Baden
Andrae, Marianne, Arbeitspapier 4: Internationale Zuständigkeit in Ehesachen, http://uni-potsdam.de/u/ls/andrae/ap4prb.html
**Arndt, Hans-Wolfgang**, Europarecht, 4. Auflage 1999 Heidelberg
**Baer, Ingrid**, Der Entwurf eines Gesetzes zur Reform des Kindschaftsrechts im Lichte der Entwicklung in anderen europäischen Ländern und in internationalen Konventionen, DAVorm 1996, S. 855 – 866
**Baetge, Dietmar**, Haager Kindesentführungsübereinkommen – Sorgerechtsverletzung und Widerrechtlichkeit der Entführung, IPRax 2000, Heft 5 S. 146-148
**Balona, Lori A.**, The Uniform Child Custody Jurisdiction Act And Its Effect On The International Kidnapping Of Children, Florida International Law Journal Spring 1986, Vol. II, No. 1 S. 1 – 25
**Banotti, Mary Elizabeth (Berichterst.)**, Arbeitsdokument über den Vorschlag der Kommission für eine Verordnung des Rates über die Zuständigkeit und die Anerkennung und Vollstreckung von Entscheidungen über die elterliche Verantwortung des Ausschusses für die Freiheiten und Rechte der Bürger, Justiz und innere Angelegenheiten (PPE-DE) vom 14.1.2002
**Bauer, Frank**, Neues internationales Verfahrensrecht im Licht der Kindesentführungsfälle, IPRax 2002, Heft 3 S.179 – 186
Bauer, Frank, Wechsel des gewöhnlichen Aufenthaltes und perpetuatio fori in Sorgerechtsverfahren (zu BGH, 5.6.2002 – XII ZB 74/00 und OLG Nürnberg, 24.4.2002 – 11 UF 682/01, IPRax 2003 (2), S. 145 u. 147), IPRax 2003, Heft 2 S. 135 – 140

**Baumbach, Adolf/Lauterbach, Wolfgang/Albers, Jan/Hartmann, Peter**, Zivilprozessordnung, 60. Auflage (mit Nachtrag 2002), München 2001

**Baur, Fritz/Grunsky**, Wolfgang, Zivilprozessrecht, 9. Auflage Neuwied, Kriftel, Berlin 1997

**Beaumont, Paul/Moir, Gordon**, Brussels Convention II: A New Private International Law Instrument in Family Matters for the European Union or the European Community? European Law Review Vol. 20 (1995), S. 268 – 288

**Becker-Eberhard, Ekkehard**, § 606 a ZPO – ein Tatbestand mit zu minimalen Inlandsbezügen? in: Festschrift für Rolf A. Schütze, S. 85 – 102, München 1999

**Bergerfurth, Bruno**, Die internationale Scheidungszuständigkeit im EU-Bereich, Forum Familienrecht 2001, Heft 1 S. 15 – 17

**Beitzke, Günther**, Sorgerechtsregelung für Doppelstaater, IPRax 1984, Heft 6 S. 313 – 315

**Betz, Gregor**, Anmerkung zu LG Kleve, Beschl. v. 5.10.1976 – 4 T 263/76, FamRZ 1977 (5), S. 335, FamRZ 1977, Heft 5 S. 337 – 338

**Beule, Dieter**, Die Anerkennung ausländischer Entscheidungen in Ehesachen, insbesondere bei Privatscheidungen, StaZ 1979, Heft 2 S. 29 – 36

**Boelck, Stefanie**, Reformüberlegungen zum Haager Minderjährigenschutzabkommen von 1961, Diss. Tübingen 1994

**Boele-Woelki, Katharina**, The Road towards a European Family Law, Vol. 1.1. November 1997, http://law.kub.nl/ejcl/11/art11-1.html

Boele-Woelki, Katharina, Waarom Brussel II?, FjR 1998, Nummer 6 S. 125

Boele-Woelki, Katharina, Unification and Harmonization of Private International Law in Europe, in: Basedow, Jürgen/Meier, Isaak u.a. (Hrsg.); Private law in the international arena, Liber Amicorum Kurt Siehr, S. 61 – 76, The Hague 2000

**Borrás, Alegría**, Erläuternder Bericht zu dem Übereinkommen aufgrund von Art. K.3 des Vertrags über die Europäische Union über die Zuständigkeit und die Anerkennung und Vollstreckung von Entscheidungen in Ehesachen, ABl. EG 1998, C221, S. 27 – 68

**Brödermann, Eckart/Iversen, Holger**, Europäisches Gemeinschaftsrecht und Internationales Privatrecht, 1. Auflage Tübingen 1994

**Bruch, Carol S.**, Temporary or Contingent Changes in Location Under the Hague Child Abduction Convention, in: Gedächtnisschrift für Alexander Lüderitz, S. 43 – 62, München 2000

Bruch, Carol S., Erfahrungen mit dem Haager Übereinkommen über die zivilrechtlichen Aspekte internationaler Kindesentführung, FamRZ 1993, Heft 7 S. 745 – 754

**Bugla, Martin**, Das Sorge- und Umgangsrecht nicht mehr miteinander verheirateter Eltern und dessen Neuregelung durch die Kindschaftsrechtsreform, Diss. Essen 1998

**Busch, Michael**, Schutzmaßnahmen für Kinder und der Begriff der „elterlichen Verantwortung" im internationalen und europäischen Recht – Anmerkung zur Ausweitung der Brüssel II-Verordnung, IPRax 2003, Heft 3, S. 218 – 222

**Canaris, Claus-Wilhelm**, Die Bedeutung allgemeiner Auslegungs- und Rechtsfortbildungskriterien im Wechselrecht, JZ 1987, S. 43 – 553

**Children for a better world e.V.**  Stehen die Kinderrechte nur auf dem Papier? ZfJ 1995, Heft 2 S. 60

**Christian, Ingeborg**, Die Herausgabe eines vom nichtsorgeberechtigten Elternteil oder einem Dritten entführten Kindes (In- und Auslandsfälle), DAVorm 1983, Heft 6 S. 417 – 440

**Clive, Eric M.**, The Concept Of Habitual Residence, The Juridical Review 1997, S. 137 – 147

Clive, Eric M., The New Hague Convention On Children, The Juridicial Review 1998, S. 169 – 188

Clive, Eric M., The role of the new Protection of Children Convention, in: Detrick, S./Vlaardingerbroek, P. (Hrsg.), Globalization of Child Law – the role of the Hague Conventions, S. 53 – 61, The Hague 1999

**Coester, Michael**, Sorgerecht und Ehewohnung bei getrennt lebender iranischer Familie, IPRax 1991, Heft 4 S. 236 – 237

**Coester-Waltjen, Dagmar**, Die Anwendung des Haager Minderjährigenschutzabkommens auf türkische Kinder in der Bundesrepublik Deutschland, ZfJ 1990, Heft 12 S. 641 – 647

Coester-Waltjen, Dagmar, Anmerkung zu BVerfG, Beschluß v. 29.10.1998 – 2 BvR 1206/98 (BVerfGE 99, S. 145), JZ 1999, Heft 9 S. 462 – 463

Coester-Waltjen, Dagmar, „Brüssel II" und das „Haager Kindesentführungsübereinkommen", in: Festschrift für Werner Lorenz, S. 307 – 316, Tübingen 2001

Coester-Waltjen, Dagmar, Die Bedeutung des „gewöhnlichen Aufenthalts" im Haager Entführungsübereinkommen, in: Festschrift 75 Jahre Max-Planck-Institut für Privatrecht, S. 543 – 556, Tübingen 2001

**Creifelds, Carl (Begr.)**, Rechtswörterbuch, 15. Auflage München 1999

**De Hart, Gloria Folger**, Hague Conference on private international law: final act of the eighteenth session with the Convention on Jurisdiction, applicable law, recognition, enforcement and co-operation in respect of parental responsibility and measures for the protection of children, and decisions on matters pertaining to the agenda of the conference, International legal materials 1996, Heft XXXV, No. 6, S. 1391 – 1395

De Hart, Gloria Folger, The Relationship between the 1980 chld abduction convention and the 1996 protection convention, New York University journal of international law and politics 2000, Heft 1 S. 83 – 101

**Detrick, Sharon**, Hague Convention of 19 October 1996 on jurisdiction, applicable law, recognition, enforcement and co-operation on respect of parental responsibility and measures for the protection of children, Hague Yearbook of international law 1996, S. 77 – 84

**Dörner, Heinrich**, Der Anwendungsbereich von Art. 3 MSA, JR 1988, Heft 7 S. 265 – 272

**Dörr, Claus**, Die Entwicklung des Familienrechts seit 1989 – Eherecht, elterliche Sorge, Umgangsbefugnis, Kindesherausgabe, Ehewohnung und Hausrat, NJW 1991, Heft 2 S. 77 – 85

Dörr, Claus, Elterliche Sorge, Umgangsbefugnis und Kindesherausgabe in der Entwicklung seit dem 1. EheRG, NJW 1989, Heft 11 S. 690 – 696

**Duncan, William**, The Hague Convention On Private International Law And Its Current Programme Of Work Concerning The International Protection Of Children And Other Aspects Of Family Law, Yearbook of Private International Law 2000, Vol. 2 S. 41 – 54

**Erman**, Bürgerliches Gesetzbuch – Handkommentar, 10. Auflage, Münster, Köln 2000

**Esteban de la Rosa, Gloria**, El convenio de la Haya de 19 de octubre de 1996 sobre protección del nino: Exclusiono del acogimiento preadoptovo de su ambito de aplicacion material? Reflexiones en torno al Art. 4 letra b), Rivista di diritto internazionale privato e processuale 1997, Heft 4 S. 849 – 872

**Fahrenhorst, Irene**, Sorge- und Umgangsrecht nach der Ehescheidung und die Europäische Konvention zum Schutze der Menschenrechte und Grundfreiheiten, FamRZ 1988, Heft 3 S. 238 – 242

**Feßmann, Tilo**, Das Personensorgerecht für Kinder nicht verheirateter Eltern in Deutschland und Italien – ein Vergleich, Diss. Regensburg 2000

**Finger, Peter**, Rechtsakt des Rates der Europäischen Union über die Zuständigkeit und die Anerkennung und von Entscheidungen in Ehesachen (und damit zusammenhängenden Kindschaftssachen) v. 30.4.1998 (mit Korr. v. 12.5.1998), FuR 1998, Heft 10 S. 346 – 350

Finger, Peter, Ausländische Rechtshängigkeit und inländisches Scheidungsverfahren (einschl. Scheidungsfolgeverfahren), FuR 1999, Heft 8 S. 310 – 317

Finger, Peter, Anerkennung und Vollstreckung ausländischer (Unterhalts-) Urteile im Inland, FuR 2001, Heft 3 S. 97 – 104

Finger, Peter, EuGVVO – Eine erste Übersicht über die neue Regelung, MDR 2001, Heft 24 S. 1394 – 1399

**Finke, Fritz/Garbe, Roland**, Familienrecht in der anwaltlichen Praxis, 4. Auflage, Bonn 2001

**Firsching, Karl**, Grundzüge des internationalprivatrechtlichen Familien- und Erbrechts, einschließlich des internationalen Verfahrensrechts, RPfl 1971, Heft 11 S. 377 – 387

**Franzen, Martin**, Privatrechtsangleichung durch die Europäische Gemeinschaft, Berlin, New York 1999

**Frerichs, Görke**, Stellungnahme des Wirtschafts- und Sozialausschusses zur „Initiative der Französischen Republik im Hinblick auf den Erlass einer Verordnung des Rates über die gegenseitige Vollstreckung von Entscheidungen über das Umgangsrecht, Amtsblatt der Europäischen Gemeinschaften C14/82 v. 16.1.2001 (S. 82 – 86)

Frerichs, Görke, Advies van het Economisch en Sociaal Comité over het "Vorstel voor een verordening van de Raad betreffende de bevoegdheid en de erkenning en tenuitvoerlegging van beslissingen inzake de ouderlijke verantwoordelijkheit", Publicatieblad van de Europese Gemeenschappen 2002 C80/41, S. 41 – 44

**Furrer, Andreas**, Internationales Zivilprozessrecht im Wandel – Quo vadis? SjZ 2002, Heft 6 S. 141 – 150

**Garbe, Roland/Oelkers, Harald**, Praktische Arbeitshilfen zur erfolgreichen Bearbeitung von Familiensachen, Band 4 (Teil 11 – 15), Rechtsstand Juli 2001, 73. Lieferung August 2001 Kissing

**Gehrlein, Markus**, Zivilprozessrecht nach der ZPO-Reform 2001, 1. Auflage München 2001

**Geimer, Reinhold**, Anmerkung zu BGH, Urt. v. 5.2.1975 – IV ZR 90/73 – NJW 1975, S. 1072, NJW 1975, Heft 47 S. 2142- 2142

Geimer, Reinhold, Anerkennung ausländischer Entscheidungen auf dem Gebiet der freiwilligen Gerichtsbarkeit, Festschrift für Murad Ferid, S. 89 – 130, Frankfurt a. M. 1988

Geimer, Reinhold, Anmerkung zu EuGH, Urt. v. 27.9.1988 – Rs 189/87 – NJW 1988, S.3088, NJW 1988, Heft 48 S. 3089 – 3040

Geimer, Reinhold, Salut für die Verordnung (EG) Nr. 44/2001 (Brüssel-I-VO) – Einige Betrachtungen zur „Vergemeinschaftung" des EuGVÜ, IPRax 2002, Heft 2 S. 69 – 74

**Gerstein, Hartmut**, Die Berichterstattung der Bundesrepublik Deutschland an den UN-Kinderrechtsausschuß, ZfJ 1996, Heft 7-8 S. 292 – 297

**Goerke, Paula**, Praktische Fälle aus dem Anwendungsbereich des Minderjährigenschutzabkommens (MSA), StAZ 1976, Heft 9 S. 267 – 273

Goerke, Paula, Einzelfragen zur Gleichberechtigung im internationalen Privatrecht und Staatsangehörigkeitsrecht, FamRZ 1974, Heft 2 S. 57 –66

**Gottschalk, Eckart**, Allgemeine Lehren des IPR in kollisionsrechtlichen Staatsverträgen, Diss. Berlin 2002

**Gottwald, Peter**, Anerkennungszuständigkeit und doppelrelevante Tatsachen, IPRax 1995, Heft 2 S. 75 – 76

Gottwald, Peter, Deutsche Probleme Internationaler Familienverfahren, in: Festschrift für Hideo Nakamura, S. 187 – 201, Tokyo 1996

**Grabau, Fritz-René/Hennecka, Jürgen**, Entwicklung des weltweiten Zuständigkeits- und Anerkennungsübereinkommens - Aktueller Überblick, RIW 2001, Heft 8 S. 569 – 572

**Greif-Bartovics, Katharina**, Ein Minderjähriger – zwei Vormundschaften in verschiedenen Ländern? DAVorm 1980, S. 520 – 527

**Gruber, Urs Peter**, Die "ausländische Rechtshängigkeit" bei Scheidungsverfahren, FamRZ 1999, Heft 23 S. 1563 – 1568

Gruber, Urs Peter, Die neue „europäische Rechtshängigkeit bei Scheidungsverfahren, FamRZ 2000, Heft 18 S. 1129 – 1135

**Gülicher, Astrid**, Internationale Kindesentführungen, Diss. Göttingen 1992

**Habscheid, Walter J.**, Die statusrechtlichen Feststellungsklagen nach neuem Familienrecht, FamRZ 1999, Heft 8 S. 480 – 484

**Haedicke, Stefan**, Die Vollstreckung deutscher Urteile in Frankreich auf der Grundlage des EuGVÜ, Diss. Münster, Hamburg, London 1999

**Hanisch, Jacob H. (Berichterst.)**, Tätigkeitsbericht 2000, Max-Planck-Institut für ausländisches und internationales Privatrecht Hamburg

**Hau, Wolfgang**, Europäische Rechtshilfe, endgültige Rechtshängigkeit, effektiver Rechtsschutz, IPRax 1998, Heft 6, S. 456 – 460

Hau, Wolfgang, Internationales Eheverfahrensrecht in der Europäischen Union, FamRZ 1999, Heft 8 S. 480 – 488

Hau, Wolfgang, Das System der internationalen Entscheidungszuständigkeit im europäischen Eheverfahrensrecht, FamRZ 2000, Heft 21 S. 1333 – 1337

Hau, Wolfgang, Intertemporale Anwendungsprobleme der Brüssel II-VO (zu OGH, Beschl. v, 9.9.2002 – 7 Ob 188/02a – IPRax 2003, Heft 5 S. 456 – 457), IPRax 2003, Heft 5 S. 461

**Hausmann, Rainer**, Neues internationales Eheverfahrensrecht in der Europäischen Union (Teil II), The European Legal Forum 2001, Heft 5 S. 345 – 353

**Heiderhoff, Bettina**, Widerklage und ausländische Streitanhängigkeit, IPRax 1999, Heft 5 Seite 392 – 394

**Heldrich, Andreas**, Die gesetzliche Amtspflegschaft im internationalen Privatrecht, Festschrift für Murad Ferid, S. 131 – 146, Frankfurt a. M. 1988

Heldrich, Andreas, Haager Unterhaltsübereinkommen und gesetzliche Vertretung Minderjähriger, IPRax 1989, Heft 6 S. 347

**Helms, Tobias**, Die Anerkennung ausländischer Entscheidungen im Europäischen Eheverfahrensrecht, FamRZ 2001, Heft 5 S. 257 – 266

Helms, Tobias, Internationales Verfahrensrecht für Familiensache in der Europäischen Union, FamRZ 2003, Heft 23 S. 1593 - 1602

**Henrich, Dieter**, Nichtehe und nichtige Ehe - Rechtsvergleichende Betrachtungen zu einer fragwürdigen Unterscheidung - RabelsZ 37 (1973), S. 230 – 244

Henrich, Dieter, Scheidungsschuld, Scheidungsausspruch und Sorgerechtsverteilung, IPRax 1982, Heft 1 S. 9 – 11

Henrich, Dieter, Elterliche Sorge in den islamischen Rechten und ordre public, IPRax 1993, Heft 2 S. 81 – 83

Henrich, Dieter, Internationales Familienrecht, 2. Auflage 2000, Frankfurt a.M., Berlin

Henrich, Dieter, Anmerkung zu BGH, Beschl. v. 5.6.2002 – XII ZB 74/00 – FamRZ 2002, Heft 17 S. 1182 – 1184, FamRZ 2002, Heft 17 S. 1184 – 1185

**Heß, Burkhard**, Die Europäisierung" des internationalen Zivilprozessrechts durch den Amsterdamer Vertrag – Chancen und Gefahren, NJW 2000, Heft 1 S. 23 – 32

Heß, Burkhard, Der Verordnungsvorschlag der französischen Ratspräsidentschaft vom 26.6.2000 über einen „Europäischen Besuchstitel", IPRax 2000, Heft 5 S. 361 – 363

**Hinz, Manfred**, Elternverantwortung und Kindeswohl – Neue Chancen zu ihrer Verwirklichung für die Rechtsprechung? ZfJ 1984, Heft 12 S. 529 – 537

**Hohloch, Gerhard**, Internationales Verfahrensrecht in Ehe- und Familiensachen, Forum Familienrecht 2001, Heft 2 S. 45 – 53

**Hohnerlein, Eva Maria**, Konturen eines einheitlichen europäischen Familien- und Kindschaftsrechts – die Rolle der Europäischen Menschenrechtskonvention – The European Legal Forum 2000, Heft 4 S. 252 – 260

**Holl, Volker H.**, Funktion und Bestimmung des gewöhnlichen Aufenthalts bei internationalen Kindesentführungen, Diss. Frankfurt a.M. 2001

**Hopf, Gerhard/Weitzenböck, Johann**, Schwerpunkte des Kindschaftsrechts-Änderungsgesetzes 2001, ÖJZ 2001, Heft 13 S. 485 – 494

**Hoyer, Hans**, Anmerkung zu Österr. OGH, Urt. v. 27.8.1980 – 1 Ob 681/80, JBl 1981 (15/16), S. 434, JBl 1981, Heft 15/16, S. 435 – 437

Hoyer, Hans, Haager Minderjährigenschutzabkommen und Wechsel des gewöhnlichen Aufenthaltes während des anhängigen Verfahrens, IPRax 1984, Heft 3 S. 164 – 166

**Hüßtege, Rainer**, Kindesentführung ohne Ende? IPRax 1992, Heft 6 S. 369 – 372

Hüßtege, Rainer, Zur Anerkennung von Entscheidungen der Heimatbehörden nach Art. 4 Abs. 1 MSA bei Doppelstaatern, IPRax 1996, Heft 2 S. 104 – 108

**Iterson, Dorothea van**, The New Hague Convention on the Protection of Children: A View from the Netherlands, Uniform Law Review 1997, Heft 3 S. 474 – 487

**Jauernig, Ottmar**, Zivilprozessrecht, 25. Auflage, München 1998

**Jayme, Erik**, Elterliche Gewalt nach Scheidung einer deutsch-italienischen Ehe und Ausweisung des italienischen Vaters aus der BRD (Haager Minderjährigen-schutzabkommen), ZBlJugR 1972, S. 284 – 287

Jayme, Erik, Zu Qualifikation und Inhalt der „Schutzmaßnahme" nach dem Haager Minderjährigenschutzabkommen, JR 1973, Heft 5 S. 177 – 185

Jayme, Erik, Anmerkung zu OLG Stuttgart, Beschluss v. 17.11.1975 – 8 W 359/75, FamRZ 1976 (6/7), S. 359, FamRZ 1976, Heft 6/7 S. 361 – 363

Jayme, Erik, Zur „internationalen Verbundszuständigkeit" deutscher Gerichte für die Regelung des Sorgerechts nach der Scheidung, FamRZ 1979, Heft 1 S. 21 – 23

Jayme, Erik, Gesetzliches Sorgerecht und Haager Minderjährigenschutzabkommen, IPRax 1985 (Heft 1), S. 23 – 24

Jayme, Erik, Anmerkung zu BGH, Beschluss v. 21.9.1988 – Ivb ZB 98/88, IPRax 1989, Heft 2 S. 107

Jayme, Erik, Entwurf eines EG-Familien- und Erbrechtsübereinkommens, IPRax 1994, Heft 1 S. 67

Jayme, Erik, Zur Ehescheidung von Doppelstaatern mit verschiedener effektiver Staatsangehörigkeit (zu AG Freiburg, 19.7.2001 – 44 F 130/99), IPRax 2002, Heft 3 S. 209

**Jayme, Erik/Kohler, Christian**, Europäisches Kollisionsrecht 1997 – Vergemeinschaftung durch „Säulenwechsel"? IPRax 1997, Heft 6 S. 386 – 401

Jayme, Erik/Kohler, Christian, Europäisches Kollisionsrecht 1998: Kulturelle Unterschiede und Parallelaktionen, IPRax 1998, Heft 6 S. 417 – 429

Jayme, Erik/Kohler, Christian, Europäisches Kollisionsrecht 1999 – Die Abendstunde der Staatsverträge, IPRax 1999, Heft 6 Seite 401 – 413

Jayme, Erik/Kohler, Christian, Europäisches Kollisionsrecht 2000: Interlokales Privatrecht oder universelles Gemeinschaftsrecht? IPRax 2000, Heft 6 Seite 454 – 465

**Johannsen, Kurt H./Henrich, Dieter**, Eherecht – Scheidung, Trennung, Folgen, 3. Auflage München 1998

**Kaster-Müller, Eva**, Aktuelle höchstrichterliche Rechtsprechung zum Internationalen Kindschaftsrecht, The European Legal Forum 2000, Heft 4 S. 260 – 263

**Kaufmann, Horst**, Die Anerkennung von Entscheidungen über die Gestaltung der Elternrechte bei Ehescheidung aufgrund des Haager Minderjährigenschutzübereinkommens im wechselseitigen Verhältnis zwischen der Schweiz und der Bundesrepublik Deutschland, Festschrift für Max Guldener, S. 151 – 176 Zürich 1973

**Kegel, Gerhard/Schürig, Klaus**, Internationales Privatrecht, 8. Auflage München 2000 (mit Nachtrag 2001)

Kiehl, Walter H./Salgo, Ludwig, Bericht der BRD vom August 1994 an die Vereinten Nationen gemäß Artikel 44 des Übereinkommens über die Rechte des Kindes, RdJB 1995, Heft 2 S. 196 – 203

Klauer, Stefan, Übereinkommen "Brüssel Zwei" unterzeichnet, European Law Reporter 1998, No. 10 S. 484 – 487

Klinkhardt, Horst, Ein Kind in Jordanien; IPRax 1991, Heft 3 S. 174 – 177

Koeppel, Peter, Die Stellungnahme von „Defence for Children Inter-national", Genf, zu der von der Bundesregierung geplanten Vorbehaltserklärung zur UN-Kinderrechtskonvention; ZfJ 1991, Heft 7-8 S. 355 – 358

Kohler, Christian, Kein Weg zur Rechtsvereinheitlichung – Zur Übernahme des EG-Übereinkommens vom 19. Juni 1980 über das auf vertragliche Schuldverhältnisse anzuwendende Recht; EuR 1984, Heft 2 S. 155 – 173

Kohler, Christian, Die Formung europäischen Kollisionsrechts durch den Gerichtshof der Europäischen Gemeinschaften; in: Reichelt, Gerte (Hrsg.), Europäisches Kollisionsrecht: die Konventionen von Brüssel, Lugano und Rom; ausländische Erfahrungen und österreichische Perspektiven, S. 15 – 31; Frankfurt a. M. 1993

Kohler, Christian, Internationales Verfahrensrecht für Ehesachen in der Europäischen Union: Die Verordnung "Brüssel II"; NJW 2001, Heft 1 S. 10 – 15

Kohler, Christian, Status als Ware: Bemerkungen zur europäischen Verordnung über das internationale Verfahrensrecht in Ehesachen; in: Mansel, Heinz-Peter (Hrsg.), Vergemeinschaftung des Europäischen Kollisionsrechts, S. 41 – 53, Köln 2001

Kohler, Christian, Auf dem Weg zu einem europäischen Justizraum für das Familien- und Erbrecht – Das Maßnahmenprogramm des Rates zur Anerkennung gerichtlicher Entscheidungen im Binnenmarkt – FamRZ 2002, Heft 11 S. 709 – 713

Kötz, Hein, Rechtsvereinheitlichung – Nutzen, Kosten, Methoden, Ziele, RabelsZ 1986 (50), S. 1 – 18

Kropholler, Jan, Das Haager Abkommen über den Schutz Minderjähriger, 1. Auflage Diss. Bielefeld 1966

Kropholler, Jan, Das Haager Minderjährigenschutzabkommen – ein neuer Ansatz im deutschen IPR, NJW 1971, Heft 39 S. 1721 – 1726

Kropholler, Jan, Erste Erfahrungen mit dem Haager Minderjährigenschutzabkommen, NJW 1972, Heft 9 S. 371 – 373

Kropholler, Jan, Anmerkung zu OLG Hamburg, Beschluss v. 24.7.1972 – 2 W 47/72, FamRZ 1972 (10), S. 514, FamRZ 1972, Heft 10 S. 516 – 517

Kropholler, Jan, Das Haager Übereinkommen über den Schutz Minderjähriger, 2. Auflage Bielefeld 1977

Kropholler, Jan, Das Unbehagen am forum shopping, in: Festschrift für Karl Firsching, S. 165 – 173 München 1985

Kropholler, Jan, Der Einfluss der Haager Übereinkommen auf die deutsche IPR-Kodifikation, RabelsZ 57 (1993) S. 207 – 223

Kropholler, Jan, Gedanken zur Reform des Haager Minderjährigenschutzabkommens, RabelsZ 58 (1994), S. 3 – 19

Kropholler, Jan, Das IPR der Kindschaftswirkungen im Lichte der europäischen Rechtsentwicklung, RabelsZ 59 (1995), S. 407 – 418

Kropholler, Jan, Europäisches Zivilprozessrecht, Kommentar zum EuGVÜ und Lugano-Übereinkommen 5. Auflage Heidelberg 1996

Kropholler, Jan, Das Haager Kinderschutzübereinkommen von 1996 – Wesentliche Verbesserungen im Minderjährigenschutz, in: Basedow, Jürgen/Meier, Isaak u.a. (Hrsg.); Private law in the international arena, Liber Amicorum Kurt Siehr, S. 381 – 390 The Hague 2000

Kropholler, Jan, Die Auslegung von EG-Verordnungen zum Internationalen Privat- und Verfahrensrecht – Eine Skizze, Festschrift 75 Jahre Max-Planck-Institut für Privatrecht, S. 583 – 594 Tübingen 2001

Kropholler, Jan, Internationales Privatrecht, 4. Auflage Tübingen 2001

**Lagarde, Paul**, Explanatory Report on the Hague Convention on Jurisdiction, applicable law, recognition, enforcement and co-operation in respect of parental responsibility and measures for the protection of children, http://hcch.net/e/conventions/expl34e.html

**Leipold, Dieter**, Internationale Rechtshängigkeit, Streitgegenstand und Rechtsschutzinteressen – Europäisches und Deutsches Zivilprozessrecht im Vergleich, in: Gedenkschrift für Peter Arens, S. 227 – 249 München 1993

Leipold, Dieter, Zuständigkeitsvereinbarungen in Europa, in: Gottwald, Peter/Greger, Reinhard/Prütting, Hanns (Hrsg.), Dogmatische Grundfragen des Zivilprozesses im geeinten Europa – Akademisches Symposium zu Ehren von Karl Heinz Schwab aus Anlass seines 80. Geburtstages, S. 51 – 75 Bielefeld 2000

**Limbrock, Gabriele**, Das Umgangsrecht im Rahmen des Haager Kindesentführungsübereinkommens und des Europäischen Sorgerechtsübereinkommens, FamRZ 1999, Heft 24 S. 1631 – 1633

**Lindle-Haas, Kerstin**, Das Kind im Sorgerechtsverfahren bei der Scheidung, Diss. Berlin 1987

**Linke, Hartmut**, Zur Berücksichtigung ausländischer Rechtshängigkeit eines Scheidungsverfahrens vor deutschen Gerichten, IPRax 1982, Heft 6 S. 229 – 231

Linke, Hartmut, Internationales Zivilprozessrecht, 1. Auflage Köln, Berlin, Bonn, München 1990

Linke, **Hartmut**, Verbundzuständigkeit – anderweitige Rechtshängigkeit – res iudicata, IPRax 1992, Heft 3 Seite 159 – 160, Festschrift für Max Guldener, S. 151 – 176, Zürich 1973

Linke, Hartmut, Anderweitige Rechtshängigkeit im Ausland und inländischer Justizgewährungsanspruch, IPRax 1994, Heft 1 S. 17 – 19

**Lorenz, Stephan**, Sorgerechtsstatut und Schutzmaßnahmen nach Art. 19 Abs. 3 EGBGB, IPRax 1992, Heft 5 S. 305 – 309

**Luther, Gerhard**, Das Haager Abkommen über den Schutz Minderjähriger Inhalt – Probleme – Rechtsprechung, FamRZ 1973, Heft 8/9 S. 406 – 411

**Lutter, Marcus**, Die Auslegung angeglichenen Rechts, JZ 1992, Heft 12 S. 593 – 607

**Magnus, Ulrich**, Zweispurigkeit im Binnenmarkt – Probleme des neuen Produkthaftungsgesetzes – JZ 1990, S. 1100 – 1108

Magnus, Ulrich, Konventionsübergreifende Interpretation internationales Staatsverträge privatrechtlichen Inhalts, Festschrift 75 Jahre Max-Planck-Institut für Privatrecht, S. 571 – 582, Tübingen 2001

**Mansel, Heinz-Peter**, Doppelstaater mit Drittstaatenaufenthalt und die Bestimmung ihrer effektiven Staatsangehörigkeit im Rahmen des Art. 3 MSA, IPRax 1985, Heft 4 S. 209 – 213

Mansel, Heinz-Peter, Abänderung ausländischer Sorgerechtsentscheidungen und perpetuatio fori im FGG-Verfahren, IPRax 1987, Heft 5 S. 298 – 302

Mansel, Heinz-Peter, Vertragsautonome Mehrstaateranknüpfung und nicht feststellbare Effektivität, IPRax 1988, Heft 1 S. 22- 23

Mansel, Heinz-Peter, Personalstatut, Staatsangehörigkeit und Effektivität – International-, privat- und verfahrensrechtliche Untersuchung zu Mehrstaatern, einer Ausweichklausel für die Staatsangehörigkeitsanknüpfung und zum innerdeutschen Kollisionsrecht, München 1988

Mansel, Heinz Peter, Gerichtliche Prüfungsbefugnis im forum delicti, IPRax 1989, Heft 2 S. 84 – 87

Mansel, Heinz-Peter, Neues internationales Sorgerecht, NJW 1990, Heft 35 S. 2176 – 2178

Mansel, Heinz-Peter, Rechtsvergleichung und europäische Rechtseinheit, JZ 1991, Heft 11 S. 529 – 534

**McEleavy, Peter E.**, International Contact – Where does the future lie? International Family Law 2001, Heft 4 S. 55 – 59

**Mehwald, Esra**, Internationale Kindesentführung und das Haager Übereinkommen über die zivilrechtlichen Aspekte internationaler Kindesentführung (HKiEntÜ), DAJV-Newsletter 2000, Heft 4 S. 128 – 130

**Meyer-Götz, Karin**, Verordnung (EG) Nr. 1347/2000 des Rates vom 29.5.2000 über die Zuständigkeit und die Anerkennung und Vollstreckung von Entscheidungen in Ehesachen und in Verfahren betreffend die elterliche Verantwortung für die gemeinsamen Kinder der Ehegatten (Abl. EG 2000 L 160/19), Forum Familienrecht 2001, Heft 1 S. 17 – 18

**Micklitz, Hans-W./Rott, Peter**, Vergemeinschaftung des EuGVÜ in der Verordnung (EG) Nr. 44/2001, EuZW 2001, Heft 11 S. 325 – 334

**Mottl, Ingeborg**, Kindesverbringung und Heimatstaatzuständigkeit nach dem Minderjährigenschutzabkommen, IPRax 1992 (Heft 3), S. 178 – 183

Mottl, Ingeborg, Zulässigkeit und Umfang einer Besuchsrechtserweiterung nach dem Haager Minderjährigenschutzabkommen, IPRax 1993, Heft 6 S. 417 – 421

**Moura Ramos, Rui Manuel**, A proteççao des criancas no plano international, Infancia e juventude 1998, Heft 2 S. 9 – 38

**Müller, Reinhard**, Schutzvorkehrungen für Kindesentführungen geplant, FAZ v. 13. Juli 2001, Nr. 160 (S. 9)

**Müller-Alten, Lutz**, Die Parameter der Sorgerechtsregelung bei Scheidung, ZfJ 1989, Heft 10 S. 443 – 448

**Müller-Graf, Peter Christian**, Privatrecht und europäisches Gemeinschaftsrecht, 2. Auflage Baden-Baden 1991

**Müller-Graf, Peter-Christian/Kainer, Friedmann**, Die justizielle Zusammenarbeit in Zivilsachen in der Europäischen Union, DRiZ 2000, Heft 9 S. 350 – 354

**Münchener Kommentar zum Bürgerlichen Gesetzbuch**, Band 10: EGBGB (Art. 1 – 38) Internationales Privatrecht 3. Auflage München 1998

**Münchener Kommentar zur Zivilprozessordnung**, Band 3: §§ 803 – 1066, EGZPO, GVG, EGGVG, Internationales Zivilprozessrecht 1. Auflage München 2001

**Neisser, Heinrich/Verschraegen, Bea**, Die Europäische Union 1. Auflage Wien, New York 2001

**Niepmann, Birgit**, Aktuelle Entwicklungen im Familienrecht, MDR 2001, Heft 11 S. 601 – 608

**Niethammer-Jürgens, Kerstin**, Das Haager Kindesentführungsübereinkommen in der anwaltlichen Praxis, DAVorm 2000, Heft 12 S. 1071 – 1080

**Nolte, Georg**, Zur Technik des geplanten Einführung des EG-Schuldvertragsübereinkommens in das deutsche Recht aus völkerrechtlicher Sicht, IPRax 1985, Heft 2 S. 71 – 76

**Nygh, Peter**, The New Hague Convention on Child Protection, Australian Journal of Family Law 1997, Vol. 11 S. 5 – 10

Nygh, Peter, The Hague Covention On The Protection Of Children, Netherlands International Law Review 1998 (XLV), S. 1 – 28

**Oberloskamp, Helga**, Reformüberlegungen zum Haager Minderjährigenschutzabkommen von 1961, FamRZ 1996, Heft 15 S. 918 – 920

Oberloskamp, Helga, Haager Minderjährigenschutzabkommen Erläuterungen für die Praxis, 1. Auflage Köln, Berlin, Bonn, München 1983

**Oelkers, Harald**, Sorge- und Umgangsrecht in der Praxis 1. Auflage Bonn 2000

**Oelkers, Harald/Kraeft, Cindy**, Die deutsche internationale Zuständigkeit nach dem Haager Minderjährigenschutzabkommen (MSA), FuR 2001, Heft 8 S. 344 – 348

**Overbeck, Alfred E. von**, Vormundschaft und Kinderschutzmaßnahmen im Internationalen Privatrecht, ZfRV 1961, S. 140 – 156

**Paetzold, Hartmut**, Verfahren mit Auslandsberührung, Kapitel VII., in: Rahm/Künkel (Hrsg.), Handbuch des familien-gerichtlichen Verfahrens Band 3, 3. Auflage Köln 1994

**Palandt**, Otto, Bürgerliches Gesetzbuch 62. Auflage München 2003

**Picone, Paolo**, La Nouva Convenzione Dell'Aja Sulla Protezione Dei Minori, Rivista di diritto internazionale privato e prozessuale 32 (1996), S. 705 – 748

Picone, Paolo, Die „Anwendung" einer ausländischen „Rechtsordnung" im Forumstaat: ... *preservare est diabolicum!* in: Basedow, Jürgen/Meier, Isaak u.a. (Hrsg.); Private law in the international arena, Liber Amicorum Kurt Siehr, S. 569 – 589 The Hague 2000

**Pfund, Peter H.**, The developing jurisprudence of the child – contributions of the Hague Conference on Private International Law, ILSA Journal of International And Comparative Law 1996, Heft 1 S. 665 – 675

**Piltz, Burghard**, Vom EuGVÜ zur Brüssel-I-Verordnung, NJW 2002, Heft 11, S. 789 – 794

**Pirrung, Jörg**, Internationales Privat- und Verfahrensrecht der Scheidung in den Europäischen Gemeinschaften – eine Skizze zum Erfordernis einer neuen internationalen Rechtsgrundlage – in: Festschrift für J. van Rijn van Alkemade 1993 S. 189 – 204

Pirrung, Jörg, Sorgerechts- und Adoptionsübereinkommen der Haager Konferenz und des Europarates, RabelsZ 57 (1993), S. 124 – 154

Pirrung, Jörg, Wiederherstellung des Sorgeverhältnisses, IPRax 1997, Heft 3 S. 182 – 186

Pirrung, Jörg, Europäische justitielle Zusammenarbeit in Zivilsachen – insbesondere das neue Scheidungsübereinkommen, ZEuP 1999, Heft 4 S. 834 – 848

Pirrung, Jörg, Übereinkommen zur justitiellen Zusammenarbeit, in: Schulte-Nölke, Hans/Schulze, Rainer (Hrsg.), Europäische Rechtsangleichung und nationale PrivatrechteBaden-Baden 1999, S. 341 – 351

Pirrung, Jörg, Das Haager Kinderschutzübereinkommen vom 19. Oktober 1996, in: Festschrift für Walter Rolland, S. 277 – 290 Köln 1999

**Pitens, Walter**, Grundgedanken und Perspektiven einer Europäisierung des Familien- und Erbrechts – Teil 3, FamRZ 2003, Heft 8 S. 499 – 505

**Plewnia, Ulrike**, Die Zicken der Zeuger, FOCUS 16/2001 S. 54 – 56

**Prütting, Hanns**, Die Rechtshängigkeit im internationalen Zivilprozessrecht und der Begriff des Streitgegenstandes nach Art. 21 EuGVÜ, in: Gedächtnisschrift für Alexander Lüderitz, S. 623 – 633 München 2000

**Puszkajler, Karl Peter**, Das internationale Scheidungs- und Sorgerecht nach Inkrafttreten der Brüssel-II-Verordnung – Erste Hinweise für die Praxis anhand von Fällen - IPRax 2001, Heft 2 S. 81 - 84

**Rangoni Machiavelli, Beatrice**, Stellungnahme des Wirtschafts- und Sozialausschusses zu dem "Vorschlag für eine Verordnung (EG) des Rates über die Anerkennung und Vollstreckung von Entscheidungen in Ehesachen und in Verfahren betreffend die elterliche Verantwortung für die gemeinsamen Kinder der Ehegatten, Amtsblatt der Europäischen Gemeinschaften C368/23 v. 20.12.1999 (S. 23 – 25)

**Rausch, Hans**, Neue internationale Zuständigkeiten in Familiensachen – VO (EG) Nr. 1347/2000 - FuR 2001, Heft 4 S. 151 – 154

**Rauscher, Thomas**, Doppelstaater und MSA, IPRax 1985, Heft 4 S. 214 – 216

Rauscher, Thomas, Rechtshängigkeit bei belgischem Parallelverfahren, IPRax 1994, Heft 3 S. 188 – 191

**Rivers, Dana R.**, The Hague International Child Abduction Convention and The International Child Abduction Remedies Act: Closing Doors to the Parent Abductor, The Transnational Lawyer Vol. 2 1989, S. 589 – 640

**Roggendorf, Peter**, Die gemeinsame elterliche Sorge in der gerichtlichen Praxis, Diss. Bonn 1997

**Roth, Herbert**, Zwangsvollstreckung aus ausländischen Entscheidungen der freiwilligen Gerichtsbarkeit, IPRax 1988, Heft 2 S. 75 – 82

Roth, Herbert, Ausländische Rechtshängigkeit und perpetuatio fori im Umfeld des Haager Minderjährigenschutzabkommens, IPRax 1994, Heft 1 S. 19 – 21

**Roth, Marianne/Döring, Verena**, Zur geplanten Revision des Haager Minderjährigenschutzabkommens von 1961, FuR 1999, Heft 6 S. 195 – 204

Roth, Marianne/Döring, Verena, Das Haager Abkommen über den Schutz von Kindern – Eine Revision des Haager Minderjährigenschutzabkommens von 1961, JBl 1999, S. 758 – 772

**Sachse, Katrin**, Trennung – Ende ohne Schrecken, FOCUS 2002, Heft 31 S. 40 – 48

Sachse, Katrin, Raus aus der Scheidungsfalle, FOCUS 2003, Heft 39, S. 41 – 50

**Sedlmeier, Johannes**, Internationales und europäisches Verfahrensrecht – Neuere Entwicklungen bei der gegenseitigen Urteilsanerkennung in Europa und weltweit, The European Legal Forum 2002, Heft 1 S. 35 – 46

**Siehr, Kurt**, Das Hager Minderjährigenschutzabkommen und seine Anwendung in der neueren Praxis, IPRax 1982, Heft 3 S. 85 – 90

Siehr, Kurt, „Forum Shopping" im internationalen Rechtsverkehr, ZfRV 1984 Band 25, S. 124 – 144

Siehr, Kurt, Gesetzliche Gewaltverhältnisse nach Art. 3 Minderjährigenschutzabkommen und neues deutsches IPR, IPRax 1987, Heft 5 S. 302 – 305

Siehr, Kurt, Rechtshängigkeit im Ausland und das Verhältnis zwischen staatsvertraglichen sowie autonomen Anerkennungsvorschriften, IPRax 1989, Heft 2 S. 93 – 96

Siehr, Kurt, Verhältnis zwischen Aufenthalts- und Heimatzuständigkeit nach MSA, IPRax 1989, Heft 4 S. 253 – 254

Siehr, Kurt, Kindesentführung und Minderjährigenschutz – Abgrenzung der Entführungsübereinkommen vom Haager Minderjährigenschutzabkommen, StAZ 1990, Heft 11 S. 330 – 333

Siehr, Kurt, Die Rechtslage der Minderjährigen im internationalen Recht und die Entwicklung in diesem Bereich - Zur Revision des Haager Minderjährigenschutzabkommens - FamRZ 1996, Heft 17 S. 1047 – 1052

Siehr, Kurt, Das neue Haager Übereinkommen von 1996 über den Schutz von Kindern, RabelsZ 62 (1998), S. 465 – 501

Siehr, Kurt, Menschenrechte und internationale IPR-Übereinkommen, in: Festschrift für Rolf A. Schütze, S. 821 – 829 München 1999

Siehr, Kurt, Das neue Haager Kindesschutzübereinkommen von 1996, DEuFamR 2000, Heft 2 S. 125 – 133

Siehr, Kurt, Internationale Kindesentführung und Kinderschutzübereinkommen - Zur Koordination von Staatsverträgen – in: Festschrift für Werner Lorenz, S. 581 – 596 Tübingen 2001

Siehr, Kurt, Internationales Privatrecht: Deutsches und Europäisches Kollisionsrecht für Studium und Praxis, Heidelberg 2001

**Silberman, Linda**, The 1996 Convention on Jurisdiction, Applicable Law, Recognition, Enforcement and Co-operation in Respect of Parental Responsibility ans Measures for the Protection of Children: A Perspective from the United States, in: Basedow, Jürgen/Meier, Isaak u.a. (Hrsg.); Private law in the international arena, Liber Amicorum Kurt Siehr, S. 703 – 727 The Hague 2000

**Soergel, Hs. Th.**, Bürgerliches Gesetzbuch mit Einführungsgesetzen und Nebengesetzen, Band 10 12. Auflage, Stand Anfang 1996 Stuttgart, Berlin, Köln 1996

**Sonnenberger, Hans Jürgen**, Deutsch-französische Ehescheidungsprobleme, IPRax 1992, Heft 3 S. 154 – 159

**Spellenberg, Ulrich**, Der Anwendungsbereich der EheGVO („Brüssel II") in Statussachen, in: Festschrift für Ekkehard Schumann, S. 423 – 442

**Sumampouw, Mathilde**, Die Rücknahme der Vorbehalte des Haager Minderjährigenschutzabkommens; einige Konsequenzen für das niederländische IPR, IPRax 1984, Heft 3 S. 170 – 174

Sumampouw, Mathilde, Parental Responsibility under Brussels II, in: Basedow, Jürgen/Meier, Isaak u.a. (Hrsg.); Private law in the international arena, Liber Amicorum Kurt Siehr, S. 729 – 745 The Hague 2000

**Schack, Haimo**, Das neue Internationale Eheverfahrensrecht in Europa, RabelsZ 65 (2001), S. 615 – 633

**Scharp, Dagmar**, Die Auswirkungen internationaler Regelungen auf das deutsche Adoptionsrecht, Dissertation Aachen 2000

**Schellhammer, Kurt**, Zivilprozess, Gesetz – Praxis – Fälle, 5. Auflage Heidelberg 1992

**Schlosshauer-Selbach, Stefan**, Anm. zu BGH, Beschl. v. 29.10.1980 – IV b ZB 586/80, FamRZ 1981, 135, FamRZ 1981, Heft 6 S. 536 – 538

**Schröder, Christian**, Das Günstigkeitsprinzip im internationalen Privatrecht, Diss. Frankfurt a. M. 1996

**Schütz, Harald**, Das Übereinkommen über die Rechte des Kindes, ZfJ 1996, Heft 7-8 S. 297 – 299

**Schulz, Andrea**, Die Zeichnung des Haager Kinderschutz-Übereinkommens von 1996 und der Kompromiss zur Brüssel IIa-Verordnung, FamRZ 2003, Heft 18 S. 1351 – 1354

**Schulze, Götz**, Internationale Annexzuständigkeit nach dem EuGVÜ, IPRax 1999, Heft 1 S. 21 – 23

**Schurig, Klaus**, Das Dilemma der Anerkennung „gesetzlicher Gewaltverhältnisse" nach Art. 3 des Haager Minderjährigenschutzabkommens, FamRZ 1975, Heft 8/9 S. 459 – 463

**Schwab, Dieter (Hrsg.)**, Handbuch des Scheidungsrechts, 4. Auflage München 2000

**Schwarz, Günter Christian**, Europäisches Gesellschaftsrecht, 1. Auflage Baden-Baden 2000

**Schwenzer, Ingeborg**, Elterliche Sorge für nichteheliche Kinder im Lichte internationaler Konventionen, ZEuP 1994, S. 673 – 679

**Schwerdtner, Eberhard**, Das Wohl des Kindes - weiterhin Maßstab im Rahmen des § 3 NÄG? NJW 2002, Heft 10, S. 735 – 737

**Schwimann, Michael**, Das Haager Minderjährigenschutzabkommen und seine Anwendung in Österreich, JBl 1976, Heft 9/10 S. 233 – 247

Schwimann, Michael, Internationales Privatrecht einschließlich Europarecht, 3. Auflage Wien 2001

**Staudinger, Ansgar**, Die neuen Karlsruher Leitlinien zum Haager Kindesentführungsübereinkommen, IPRax 2000, Heft 3 S. 194 – 202

Staudinger, Ansgar, Kindesentführung und binationale Mediation, IPRax 2000, S. 448 – 449

**Staudinger, Julius von (Begr.)**, Kommentar zum Bürgerlichen Gesetzbuch mit Einführungsgesetz und Nebengesetzen, EGBGB/IPR, Kindschaftsrechtliche Übereinkommen; Art. 19 EGBGB, 13. Auflage Berlin 1994

Staudinger, Julius von (Begr.), Kommentar zum Bürgerlichen Gesetzbuch Ergänzungsband, EGBGB/IPR Art. 20 – 24, 13. Auflage Berlin 1996

**Stein, Ekkehard**, Die rechtswissenschaftliche Arbeit, Tübingen 2000

**Stöcker, Hans A.**, Missverständnisse bei Auslegung des Haager Minderjährigenschutzübereinkommens, DaVorm 1975, S. 507 – 536

Stöcker, Hans A., Auslegung der Kinderrechtskonvention, RdJB 1991, Heft 2 S. 75 – 87

**Streinz, Rudolf**, Europarecht, 5. Auflage Heidelberg 2001

**Strikwerda, Luc**, De Haagse Conferentie voor IPR en de rechten van het kind: van conflictenrecht naar rechtshulp, FJR 2000, Heft 6 S. 125 – 128

**Sturm, Fritz**, Minderjährigenschutz bei Auslandsbezug – Der missverstandene Art. 3 des Minderjährigenschutzabkommens – NJW 1975, Heft 47 S. 2121 – 2125

Sturm, Fritz, Neue Abkommen zum Schutz entführter Kinder – Möglichkeiten und Grenzen der Europäischen und der Haager Konvention, in: Beiträge zum internationalen Verfahrensrecht und zur Schiedsgerichtsbarkeit, Festschrift für Heinrich Nagel S. 457 – 473 Münster 1987

Sturm, Fritz, Bei der elterlichen Sorge irrlichtert Art. 3 MSA nicht mehr, IPRax 1991, Heft 4 S. 231 – 235

Sturm, Fritz, Stellungnahme zum Vorentwurf eines Übereinkommens über den Schutz von Kindern, IPRax 1997 (Heft 1), S. 10 – 14

**Tarko, Ihor**, Ein Europäischer Justizraum: Errungenschaften auf dem Gebiet der justitiellen Zusammenarbeit in Zivilsachen, ÖJZ 1999, Heft 11 S. 401 – 407

**Tebbens, Harry Duintjer**, Die einheitliche Auslegung des Lugano-Übereinkommens, in: Reichelt, Gerte (Hrsg.), Europäisches Kollisionsrecht: die Konventionen von Brüssel, Lugano und Rom; ausländische Erfahrungen und österreichische Perspektiven, S. 49 – 64, Frankfurt a. M. 1993

**Thomas, Heinz/Putzo, Hans/Reichold, Klaus/Hüßtege, Rainer**, Zivilprozessordnung mit GVG, EGGVG, EGZPO, EuGVÜ, LGVÜ, EheVO, ZustellungsVO, AVAG, 24. Auflage München 2002

**Tiefenthaler, Stefan**, Die Streitanhängigkeit nach Art. 21 Lugano-Übereinkommen, ZfRV 1997, Heft 2 S. 67 – 76

**Treves, Tullio**, Private Maritime Law Litigation and the International Tribunal for the Law of the Sea, RabelsZ 63 (1999), S. 350 – 360

**Truex, David**, Brussels II – It's here, International Family Law 2001, Heft 4 S. 7 – 9

**Väter für Kinder e.V.**, Second International Forum on Parental Child Abduction: Identifying Best Practices in Hague Convention Cases (Tagungsbericht) www.vaeterfuerkinder.de/ncmec2.html, Seite 1 - 9

Väter für Kinder e.V., Kindesentführung bei Trennung/Scheidung, www.vaeterfuerkinder.de/abduct.htm, S. 1 – 12

Väter für Kinder e.V., 30.9.99: Telefax an 030 2025-9525, Bundesministerium der Justiz, 1014 Berlin, http://home.t-online.de/home/KindundVater/e90930bj.htm

**van Bueren, Geraldine**, Annual Review of Internationa Family Law, in: Bainham (Hrsg.), The International Survey of Family Law 1996, S. 1 – 11

**Vogel, Hans-Josef**, Internationales Familienrecht – Änderungen und Auswirkungen durch die neue EU-Verordnung, MDR 2000, Heft 18 S. 1045 – 1051

**Wagner, Gerhard**, Scheidung von EU-Auslandsdeutschen nach Inlandsrecht – europarechtswidrig? IPRax 2000, Heft 6 S. 512 – 520

**Wagner, Rolf**, Die geplante Reform des Brüsseler und des Lugano-Übereinkommens, IPRax 1998, Heft 4 S. 241 – 244

Wagner, Rolf, Die Anerkennung und Vollstreckung von Entscheidungen nach der Brüssel-II-Verordnung, IPRax 2001, Heft 2 S. 73 – 81

Wagner, Rolf, Vom Brüsseler Übereinkommen über die Brüssel-I-Verordnung zum Europäischen Vollstreckungstitel, IPRax 2002, Heft 2 S. 75 – 94

**Wanner-Laufer, Ulrich**, Inhalt und Bedeutung von Art. 3 Haager Minderjährigenschutzabkommen, Diss. Frankfurt a.M., Berlin, Bern, New York, Paris, Wien 1992

**Weitzel, Wolfgang**, 10 Jahre Haager Kindesentführungsübereinkommen, DAVorm 2000, Heft 12 S. 1059 – 1070

**Winkel, Georg**, Grenzüberschreitendes Sorge- und Umgangsrecht und dessen Vollstreckung, Diss. Bielefeld 2001

**Winkler v. Mohrenfels, Peter**, Art. 3 MSA und die gesetzliche Amtspflegschaft für nichteheliche Kinder, IPRax 1989, Heft 6 S. 369 – 373

**Wolfrum, Rüdiger**, The Legislative History of Articles 20 and 21 of the Statue of the International Tribunal for the Law of the Sea, RabelsZ 63 (1999), S. 342 – 349

**Wuppermann, Michael**, Einige Gedanken zum Haager Minderjährigenschutzabkommen, FamRZ 1972, Heft 5 S. 247 – 252

**Zeiss, Walter**, Zivilprozessrecht, 8. Auflage Tübingen 1993

**Zeuner, Albrecht**, Zum Verhältnis zwischen internationaler Rechtshängigkeit nach Art. 21 EuGVÜ und Rechtshängigkeit nach den Regeln der ZPO, in: Festschrift für Gerhard Lüke, S. 1003 – 1021

**Zöller, Richard (Begr.)**; Zivilprozessordnung; 23. Auflage Köln 2002

## § 1 Einleitung

Die Europäische Union hat mittlerweile 15 Mitgliedsstaaten und somit ungefähr 370,6 Millionen Einwohner auf einer Fläche von 2.363.000 Quadratmetern, in den nächsten Jahren werden weitere Länder hinzukommen. Durch die steigende Mobilität der Bürger Europas steigt die Zahl grenzüberschreitender Familienbeziehungen. Laut Statistischem Bundesamt hat sich von 1991 bis zum Jahr 2001 die Zahl binationaler Ehen in der Bundesrepublik Deutschland um rund 253.000 erhöht. Damit leben allein in der Bundesrepublik in 4 % aller Ehen ein deutscher und ein ausländischer Partner zusammen.[1] Jede dritte Ehe in der Bundesrepublik Deutschland wird geschieden, und die Tendenz ist steigend.[2] Während die Scheidungen im Jahr 1992 noch bei 135.010 lagen, gab es im Jahr 2000 schon 194.408 Ehescheidungen.[3] Jährlich werden etwa 20.000 Ehen geschieden, bei denen mindestens ein Ehepartner eine ausländische Staatsangehörigkeit besitzt.[4] Bei etwa 53 % dieser Scheidungen sind gleichzeitig Kinder involviert.[5] Sorgerecht, Umgangsregelungen und Unterhaltszahlungen für die Kinder sind Hauptthemen der meisten Scheidungen.[6] Scheidungsfälle mit Auslandsbezug, in denen eine Sorge- oder Umgangsrechtsentscheidung zu treffen ist, gehören also mittlerweile zur alltäglichen Gerichtspraxis. In internationalen Familienverfahren, in denen einer oder beide Ehegatten verschiedene Staatsangehörigkeiten besitzen, haben sich in letzter Zeit Strukturprobleme gezeigt.[7] Nach allgemeinem Völkerrecht ist kein Staat verpflichtet, ausländische Gerichtsentscheidungen anzuerkennen. Gerade die Anerkennung und Vollstreckung statusändernder Entscheidungen kann jedoch nicht der Willkür der Staaten überlassen bleiben.[8]

Die vorliegende Arbeit beschäftigt sich mit den Neuregelungen und Entwicklungen auf dem Gebiet des internationalen Sorgerechts, die durch das Inkrafttreten der Verordnung (EG) Nr. 1347/2000 des Rates vom 29. Mai 2000 über die Zuständigkeit und die Anerkennung und Vollstreckung von Entscheidungen in Ehesachen und in Verfahren betreffend die elterliche Verantwortung für die gemeinsamen Kinder der Ehegatten,[9] der sogenannten Brüssel II-VO oder auch EuEheVO (nachfolgend EuEheVO), entstanden sind. Hierbei wird zunächst die

---

[1] *Müller*, FAZ Nr. 160 v. 13.7.2001, S. 9.
[2] *Plewnia*, FOCUS 16/2001, S. 54 (56).
[3] *Sachse*, FOCUS 31/2002, S. 40 (41).
[4] *Winkel*, Grenzüberschreitendes Umgangs- und Sorgerecht S. 16; *Gruber*, FamRZ 1999, S. 1563; *Wagner*, IPRax 2000, S. 512.
[5] *Winkel*, Grenzüberschreitendes Umgangs- und Sorgerecht S. 16.
[6] Sachse, FOCUS 39/2003, S. 40 (43).
[7] *Gottwald*, FS-Nakamura, S. 187 (189).
[8] *Geimer*, FS-Ferid, S. 89.
[9] In der deutschen Fassung zu finden im Schönfelder Ergänzungsband, Stand 24. Juli 2003, Ordnungsnummer 103 b.

geschaffene Neuregelung im Gesamten unter Berücksichtigung des Vorschlags für eine Verordnung des Rates über die Anerkennung und Vollstreckung von Entscheidungen in Ehesachen und in Verfahren betreffend die elterliche Verantwortung zur Aufhebung der Verordnung (EG) Nr. 1347/2000 und zur Änderung der Verordnung (EG) Nr. 44/2001 in Bezug auf Unterhaltssachen (im Folgenden VO-E) dargestellt (Kapitel I), wobei der Schwerpunkt auf den Regelungen hinsichtlich der elterlichen Verantwortung liegt. Anschließend wird das Verhältnis von EuEheVO und VO-E zu bereits bestehenden Staatsverträgen auf dem Gebiet des Kindschaftsrechts zu untersuchen sein. Hierbei liegt der Schwerpunkt der Untersuchung auf dem Verhältnis zum Haager Übereinkommen vom 5. Oktober 1961 über die Zuständigkeit der Behörden auf dem Gebiet des Schutzes von Minderjährigen (Kapitel II) und dem Haager Übereinkommen vom 19. Oktober 1996 über die Zuständigkeit, das anzuwendende Recht, die Anerkennung, Vollstreckung und Zusammenarbeit auf dem Gebiet der elterlichen Verantwortung und der Maßnahmen zum Schutz von Kindern (Kapitel III), welches das MSA ersetzen soll. Die Darstellung soll so erfolgen, dass zunächst die allgemeinen Regelungen der EuEheVO und anschließend des VO-E erörtert werden, wobei darauf einzugehen ist, welche Änderungen durch den VO-E zu erwarten sind. In dem zweiten und dritten Kapitel wird zunächst jeweils die Regelung des Abkommens dargestellt und anschließend mit den entsprechenden Normen der EuEheVO bzw. des VO-E verglichen beziehungsweise zu diesen in Bezug gesetzt. Die Untersuchung legt den Schwerpunkt auf das Verhältnis der EuEheVO bzw. des VO-E zu den Abkommen und stellt heraus, wo sich Unterschiede ergeben und wann jeweils welches Regelwerk die zu befürwortende Regelung trifft, wie die Normen zueinander stehen und inwieweit sie sich verdrängen beziehungsweise nebeneinander anwendbar sind. Die elterliche Verantwortung wird Schwerpunkt der Arbeit sein. Da die EuEheVO und auch der VO-E zusätzlich Eheverfahren regeln, finden diese zwar Erwähnung in den allgemeinen Erörterungen, nicht jedoch in dem Vergleich.

Die Untersuchung soll die EuEheVO und den VO-E beurteilen und wird herausstellen, dass grundsätzlich eine Ersetzung des MSA durch das KSÜ zu befürworten ist und deshalb schnellstmöglich durchgeführt werden sollte. Gleichzeitig wird festgestellt, dass das Zusammenspiel von VO-E und KSÜ sich positiver bewerten lässt als das zwischen KSÜ und EuEheVO, so dass auch die Ersetzung der EuEheVO durch den VO-E alsbald erfolgen sollte. Eine Änderung in gewissen Teilen des VO-E wäre jedoch dringend anzuraten, weswegen sein Inkrafttreten nicht überstürzt stattfinden sollte. Die Vergemeinschaftung des Rechts auf diesem Rechtsgebiet ist grundsätzlich nicht mehr aufzuhalten; es sollte jedoch eine klare Lösung angestrebt werden, die nicht vorschnell verabschiedet werden sollte. Der Rat (Justiz und Inneres) hat aber bereits auf seiner 2529. Tagung am 2. und 3. Oktober 2003 in Brüssel eine politische Einigung über den VO-E erzielt. Dieser soll danach am 1.8.2004 in Kraft treten und ab dem 1.3.2005 gel-

ten.[10]
Verordnungen über das Scheidungskollisionsrecht sowie über die Zuständigkeit und das anwendbare Recht in Ehegüter- und Erbsachen sind geplant.[11]

---

[10] 2529. Tagung des Rates – Justiz und Inneres – am 2./3. Oktober in Brüssel, 12762/03 (Presse 278).
[11] Pitens, FamRZ 2003, S. 499 (502).

# KAPITEL I:
## EuEheVO und VO-E

### TEIL 1: Die VO (EG) Nr. 1347/2000 des Rates vom 29. Mai 2000 über die Zuständigkeit und die Anerkennung und Vollstreckung von Entscheidungen in Ehesachen und in Verfahren betreffend die elterliche Verantwortung für die gemeinsamen Kinder der Ehegatten (EuEheVO)

#### § 2 Allgemeines

I. Historische Entwicklung und Zielsetzung

Zunächst hatte die europäische Integration einen hauptsächlich wirtschaftlichen Charakter, weshalb auch die geschaffenen Rechtsinstrumente auf diese Art der Integration ausgerichtet waren. Im zunehmenden Maße betrifft die Integration jedoch auch den privaten Bereich. Private Prozesse sind auf die Durchsetzung von Ansprüchen gerichtet und demgemäß durch die Vollstreckbarkeit ihrer Entscheidungen gekennzeichnet.[12] Zwischen den EG-Staaten waren internationale Zuständigkeit, Rechtshängigkeit, anwendbares Recht und Vollstreckbarerklärung der Entscheidungen in jeweils anderen Staaten im Wesentlichen durch Übereinkünfte geregelt.[13] Probleme konnten sich aber ergeben, wenn solche Übereinkünfte zwischen den im speziellen Fall betroffenen Staaten nicht ratifiziert waren. Fehlende staatsvertragliche Regelungen führen zur Anwendung innerstaatlichen Rechts,[14] welches aber in den Staaten unterschiedliche Regelungen treffen kann. Ebenso unterschiedlich sind die Bestimmungen, nach denen die Gerichte der Mitgliedstaaten in Ehesachen mit Auslandsbezug Zuständigkeiten ausüben oder Entscheidungen anerkennen können.[15] Positive Kompetenzkonflikte, die durch parallele Ehescheidungsverfahren in den verschiedenen Heimat- oder Aufenthaltsstaaten der Ehegatten verursacht werden konnten, waren oftmals das Resultat[16] und verursachten meist unnötig hohe Kosten, hinkende Ehen und unklare Folgen, was vor allem bei Wiederverheiratung eines Ehegatten zu Komplikationen führte. Im Hinblick auf diese Problemstellung galt es, eine Lösung zu finden. Diese hätte zum einen in der Ratifikation des Haager Schei-

---

[12] *Borrás*, ABl. EG 1998, C221/27, S. 28; *Roth*, IPRax 1988, S. 75; *Helms*, FamRZ 2001, S. 257.
[13] *Pirrung*, FS-v. Alkemade, S. 189; *Sumampouw*, FS-Siehr, S. 729; *Boele-Woelki*, http://law.kub.nl/ ejcl/11/art11-1.html.
[14] *Roth*, IPRax 1988, S. 75.
[15] *Kohler*, NJW 2001, S. 10.
[16] *Hausmann*, The European Legal Forum 2000, S. 345.

dungsübereinkommens vom 1.6.1970[17] bestehen können. Problematisch hierbei war indes, dass dieses nur eine unzureichende Regelung zur Rechtshängigkeit und keine einheitlichen Vorschriften über die unmittelbare internationale Zuständigkeit enthält. Eine Erstreckung des EuGVÜ auf Scheidungssachen war 1968 aufgrund der starken Differenzen im materiellen Scheidungsrecht unter den damals sechs EG-Staaten unmöglich.[18] In der Zwischenzeit wurden mehrere europaweite Konferenzen organisiert, die sich mit einem internationalen Familienrecht beschäftigten, so zum Beispiel in Wien (1977), in Budapest (1992) und in Cadiz (1995), zudem gab es einige Kolloquien, die sich mit diesem Rechtsgebiet auseinander setzten. Solche Veranstaltungen hatten dahingehend einen Einfluss auf die Mitgliedsstaaten, dass diese ihr Recht mehr und mehr vereinheitlichten, so dass eine Harmonisierung im Familienrecht zu verzeichnen war. Fast überall wurde die Verschuldensscheidung abgelöst oder zumindest ergänzt durch den Zerrüttungstatbestand, und im Jahre 1996 wurde auch in Irland als letztem EU-Mitgliedsstaat die Scheidung eingeführt.[19] Insgesamt hat im Oktober 1993 das Europäische Parlament empfohlen, sich mit Möglichkeiten der Harmonisierung des Familienrechts auf Europaebene zu beschäftigen.[20] Mit diesem Ziel der Vereinheitlichung des materiellen Rechts einer ging auch der Gedanke der Harmonisierung auf prozessualer Ebene aufgrund der dargestellten Problematiken. Der Europäische Rat hat die sogenannte ‚Gruppe Erweiterung des Brüsseler Übereinkommens' beauftragt, die Möglichkeiten zu prüfen, den Anwendungsbereich des EuGVÜ insbesondere auf das Familienrecht[21] auszudehnen, da das EuGVÜ als das erfolgreichste internationalverfahrensrechtliche Übereinkommen der letzten Jahrzehnte anzusehen ist.[22] Der Europäische Rat unterstützte in seiner Stellungnahme den Grundsatz der gegenseitigen Anerkennung und forderte die Kommission auf, einen Vorschlag für einen weiteren Abbau der Zwischenmaßnahmen vorzulegen, die nach wie vor notwendig waren, um die Anerkennung und Vollstreckung einer Entscheidung oder eines Urteils im ersuchten Staat zu ermöglichen.[23] Es musste aber eine Regelung gefunden werden, die geeignet war, die Durchführung konkurrierender Eheverfahren und daraus resultierende divergierende Entscheidungen der Gerichte verschiedener

---

[17] Dazu unten Kapitel I Teil 1 § 13 II. 2. (S. 97 f.).
[18] *Pirrung*, FS-v. Alkemade, S. 189; *Borrás*, ABl. EG 1998, C221/27, S. 29.
[19] *Boele-Woelki*, http://law.kub.nl/ejcl/11/art11-1.html; *Helms*, FamRZ 2001, S. 257; *Müller-Alten*, ZfJ 1989, S. 443 (444).
[20] *Hohnerlein*, The European Legal Forum 2000, S. 252; *Borrás*, ABl. EG 1998, C221/27, S. 231.
[21] *Kropholler*, Europ. Zivilprozessrecht, Einl. Rn. 10; *Erläuternder Bericht*, ABl. EG 1998, C221/65, S. 65; *Boele-Woelki*, FJR 1998, S. 125; *Wagner*, IPRax 2001, S. 73.
[22] *Pirrung*, FS–v. Alkemade, S. 189 (198).
[23] Schlussfolgerungen d. Vorsitzes Europ. Rat (Tampere), NJW 2000, S. 1925; *Kohler*, FamRZ 2002, S. 709.

Mitgliedsstaaten zu vermeiden.[24]
Ursprünglich wurde im Rahmen der justitiellen Zusammenarbeit in Zivilsachen unter dem Arbeitstitel ‚Brüssel II' eine Neuregelung in der Form eines Übereinkommens nach Art. K.3 EU ausgearbeitet.[25] Die Initiative hierzu wurde von dem damaligen Vertreter der Bundesregierung *Pirrung* ergriffen. Dem Übereinkommen gingen umfangreiche Vorarbeiten der privaten *Gruppe für Internationales Privatrecht* bis hin zu einem *Heidelberger Entwurf* vom 2.10.1993 voraus. Ausgearbeitet wurde es schließlich von der 1993 offiziell eingesetzten Arbeitsgruppe.[26] Am 30.4.1998 hat der Europäische Rat mit erneuten Korrekturen vom 12.5.1998 nach Prüfung der Auffassung des Europäischen Parlamentes beschlossen, dass die Ausarbeitung des Übereinkommens abgeschlossen sei und daher den Mitgliedern empfohlen, es gemäß ihren verfassungsrechtlichen Vorschriften anzunehmen.[27] Das sogenannte Brüssel II-Übereinkommen wurde von den 15 EG-Mitgliedsstaaten in Brüssel am 28. Mai 1998 unterzeichnet.[28] Es ist jedoch noch nicht in Kraft getreten, denn hierfür wäre die Ratifikation aller Mitgliedsstaaten erforderlich gewesen, da die einzelnen Regelungen erst 90 Tage nach der Notifizierung durch den letzten Mitgliedsstaat in der gebotenen Form in Kraft treten.[29] Das Übereinkommen wurde dann in die Verordnung (EG) Nr. 1347/2000 des Rates vom 29. Mai 2000 über die Zuständigkeit und die Anerkennung und Vollstreckung von Entscheidungen in Ehesachen und in Verfahren betreffend die elterliche Verantwortung für die gemeinsamen Kinder der Ehegatten umgewandelt.[30] Diese EuEheVO übernimmt im Wesentlichen den Inhalt des Übereinkommens. Abweichungen sind hauptsächlich durch Rechtsetzungstechnik und den geänderten institutionellen Kontext bedingt. Hinzu kommt, dass die EuEheVO bereits den bei der Revision des EuGVÜ erarbeiteten Vorschlag über

---

[24] *Hausmann*, The European Legal Forum 2000, S. 345.
[25] *Sumampouw*, FS-Siehr, S. 729; Kohler, NJW 2001, 10; *Borrás*, ABl. EG 1998, C221/27, S. 28; *Jayme/Kohler*, IPRax 1998, S. 417 (419); *Hau*, FamRZ 1999, S. 484; *Müller-Graff/Kainer*, DRiZ 2000, S. 350 (351); *Klauer*, Europ. Law Reporter 1998, S. 484; *Pirrung*, ZEuP 1999, S. 838 (841).
[26] *Borrás*, ABl. EG 1998, C221/27, S. 230/31; *Hau*, FamRZ 1999, S. 484; *Beaumont/Moir*, Eur. Law Review 1995, S. 268 (269); *Jayme*, IPRax 1994, S. 67; *Schack*, RabelsZ 65 (2001), S. 615 (617 f.).
[27] *Borrás*, ABl. EG 1998, C221/27, S. 32; *Finger*, FuR 1998, S. 346.
[28] *Jayme/Kohler*, IPRax 1998, S. 418 (419); *dies.*, IPRax 1998, S. 417 (419); *Erläuternder Bericht*, ABl. EG 1998, C221/65, S. 65; *Boele-Woelki*, FS-Siehr, S. 61 (71 f.); *Bergerfurt*, FF 2001, S. 15 (16).
[29] *Finger*, FuR 1998, S. 346 (350); *Jayme/Kohler*, IPRax 1998, S. 418 (420).
[30] Baumbach/Lauterbach-*Albers*, § 606a ZPO Anh. I Art. 2 EheGVVO Rn. 1; *Wagner*, IPRax 2001, S. 73; *Jayme/Kohler*, NJW 2001, S. 10. Eine derartige Entwicklung war beispielsweise von *Pirrung* in: Schulte-Nölke/Schulze (Hrsg.), Europäische Rechtsangleichung und nationale Privatrechte S. 341 (350) schon vorausgesehen worden.

die Bestimmung des Zeitpunkts der Rechtshängigkeit übernimmt.[31]
Gemäß Art. 46 EuEheVO trat sie am 1. März 2001 in Kraft. Durch die Wahl einer Verordnung wurde erreicht, dass ein verbindliches, unmittelbar geltendes und einheitliches Recht für die in der EuEheVO geregelten Fragen gesetzt wurde.[32]
Die Verordnung beruht auf der Erkenntnis, dass die verschiedenen Regelungen innerhalb der Mitgliedsstaaten hinsichtlich der Zulässigkeit in internationalen Familienverfahren und der Anerkennung und Vollstreckung ausländischer familienrechtlicher Entscheidungen ein nicht unerhebliches praktisches Hindernis für den freien Personenverkehr darstellen; durch sie soll jedem Bürger ein einheitlicher Personenstand gesichert und der internationale Rechtsverkehr vereinfacht werden.[33]
Es ist nunmehr sicher, dass die EuEheVO durch den Entwurf einer Verordnung über die Zuständigkeit, Anerkennung und Vollstreckung von Entscheidungen in Ehesachen und in Verfahren betreffend die elterliche Verantwortung abgelöst wird.[34]

II. Gesetzliche Grundlage

Nach der Vergemeinschaftung der justitiellen Zusammenarbeit in Zivilsachen durch den Amsterdamer Vertrag (Titel IV EG) ist Grundlage der justitiellen Zusammenarbeit Art. 65 EG, welcher der Gemeinschaft eine eigenständige Kompetenz zum Verordnungserlass auf dieser Ebene eröffnet.[35] Die EuEheVO wird ausweislich ihrer Eingangsformel insbesondere auf Art. 61 lit. c und Art. 67 I EG gestützt.[36]

III. Auslegung

Die Auslegung der EuEheVO muss gemeinschaftsrechtlich-autonom erfolgen, ohne Rückgriff auf das nationale Recht.[37] Es ist jedoch darauf zu achten, dass in den jeweiligen Landessprachen Worte unterschiedliche Bedeutungen haben

---

[31] *Jayme/Kohler*, NJW 2001, 10 (11).
[32] *Macchiavelli*, ABl. EG 1999, C368/23 S. 23.
[33] *Vogel*, MDR 2000, S. 1045; *Sumampouw*, FS-Siehr, S. 729; *Pirrung*, FS-v. Alkemade, S. 189 (196); *Jayme/Kohler*, IPRax 1998, 417 (419); *Helms*, FamRZ 2001, S. 257; *Niepmann*, MDR 2001, S. 601; *Siehr*, FS-Lorenz S. 581 (590).
[34] Dazu vgl. ausführlich unten Kapitel I Teil 2 (S. 108 ff.).
[35] *Kohler*, NJW 2001, S. 10; *Furrer*, SJZ 98 (2002), S. 141 (147); *Heß*, NJW 2000, 23; *Müller-Graff/Kainer*, DRiZ 2000, S. 350 (353).
[36] *Wagner*, IPRax 2001, S. 73; *Meyer-Götz*, FF 2001, S. 17; *Kohler*, FamRZ 2002, S. 709; *Schack*, RabelsZ 65 (2001), S. 615 (617).
[37] Zöller-*Geimer*, ZPO Anh. II Art. 1 Rn. 4; Baumbach/Lauterbach-*Albers*, § 606a ZPO Anh. I Art. 1 EheGVVORn. 1; Thomas/Putzo-*Hüßtege*, Anh. Vor Art. 1 EheVO Rn. 9.

können.[38] Mangels eigenem *Erläuterndem Bericht* zur EuEheVO kann hinsichtlich ihrer Auslegung grundsätzlich der *Erläuternde Bericht* zum Brüssel II-Übereinkommen[39] herangezogen werden, aus dem die EuEheVO hervorgegangen ist. Zur verbindlichen Auslegung der EuEheVO ist einzig der EuGH befugt. Vorlageberechtigt sind nach Art. 234 EG nur letztinstanzliche mitgliedstaatliche Gerichte, ausweislich des Art. 68 III EG sind jedoch der Rat, die Kommission oder ein Mitgliedstaat dazu befugt, dem EuGH Fragen zur Auslegung zu stellen.[40]

### § 3 ANWENDUNGSBEREICH

I. Territorialer Geltungsbereich
Die EuEheVO gilt ihres Wortlautes zufolge in den Mitgliedstaaten. Hierunter sind alle EU-Mitgliedsstaaten zu verstehen, wobei lediglich Dänemark nicht erfasst ist. Für die justitielle Zusammenarbeit in Zivilsachen gelten nämlich gemäß Art. 69 EG die Sonderregeln des Protokolls über die Position Dänemarks, so dass dieses nach Art. 1 und 2 des Protokolls (über die Position Dänemarks) zum Vertrag über die EU und zum Vertrag zur Gründung der EG an Gemeinschaftsrechtsakten auf dem Gebiet der Justiz- und Innenpolitik zur Zeit nicht teilnimmt.[41] Grundsätzlich würde das gleiche für England und Irland gelten, die gemäß Art. 67 EG in Verbindung mit den Sonderregeln über die Position des Vereinigten Königreiches und Irlands ebenfalls eine Sonderstellung im Rahmen der justitiellen Zusammenarbeit innehaben.[42] Dies ist jedoch im Hinblick auf die EuEheVO unerheblich, da diese Länder nach Art. 3 des Protokolls (über die Position des Vereinigten Königreichs und Irlands) zum Vertrag über die EU und zum Vertrag zur Gründung der EG mitgeteilt haben, dass sie sich an der Annahme und Anwendung der EuEheVO beteiligen möchten.[43]

II. Räumlich-persönlicher Anwendungsbereich
Der räumlich-persönliche Anwendungsbereich ergibt sich zunächst aus Art. 2 EuEheVO. Die Verordnung gilt nur für die Ehe von Frau und Mann.[44] Führt eine

---

[38] Zu den Sprach- und Übersetzungsproblemen vgl. *Boele-Woelki*, http://law.kub.nl/ejcl/11/art11-1.html (S. 7); *Alegría Borrás*, ABl. EG 1998, C221/27, S. 39; *Vogel*, MDR 2000, S. 1045.
[39] *Borrás*, ABl. EG 1998, C221/27, S. 27 ff.
[40] Baumbach/Lauterbach-*Albers*, § 606a ZPO Anh. I Art. 1 EheGVVO Rn. 2.
[41] Baumbach/Lauterbach-*Albers*, § 606a ZPO Art. 1 EheGVVORn. 2; *Rausch*, FuR 2001, S. 151 (152); *Jayme/Kohler*, IPRax 1999, S. 401/402; *Wagner*, IPRax 2001, S. 73 (76); *Schack*, RabelsZ 65 (2001), S. 615 (619); *Truex*, IFL 2001, S. 7.
[42] *Jayme/Kohler*, IPRax 1999, S. 401.
[43] ABl. EG 2000, L 160/19.
[44] Thomas/Putzo-*Hüßtege*, Anh. EheVO Vor Art. 1 Rn. 5; *Kohler*, NJW 2001, S. 10 f.

der in Art. 2 EuEheVO bereitgestellten Anknüpfungen zu der Zuständigkeit eines deutschen Gerichts, erübrigt sich jede weitere Prüfung.[45] Sofern sich eine gerichtliche Zuständigkeit aus dieser Norm nicht ergibt, ist zusätzlich Art. 7 EuEheVO zu prüfen. Danach ist abzustellen auf die Person des Antragsgegners. Die EuEheVO ist ausschließlich anzuwenden, sobald ein Ehegatte über einen gewöhnlichen Aufenthalt[46] in einem Mitgliedsstaat verfügt oder die Staatsangehörigkeit eines Mitgliedsstaates besitzt beziehungsweise sein *domicile* in Irland oder im Vereinigten Königreich hat.[47] Auch gegen Angehörige von Drittstaaten, die ihren gewöhnlichen Aufenthalt in einem Mitgliedsstaat haben, darf damit ein Verfahren in einem anderen Mitgliedsstaat nur nach Maßgabe der EuEheVO geführt werden.[48] Lediglich wenn der Antragsgegner seinen gewöhnlichen Aufenthalt nicht im Hoheitsgebiet eines Mitgliedsstaates hat, sowie nicht Staatsangehöriger eines Mitgliedsstaates ist oder sein *domicile* nicht in Großbritannien oder Irland besitzt und sich aus den Regelungen der Art. 2 bis 6 EuEheVO keine Zuständigkeit der deutschen Gerichte ergibt, findet die EuEheVO keine Anwendung.[49]

Die Verordnung gilt gemäß Art. 3 EuEheVO ferner hinsichtlich gemeinsamer Kinder der Ehegatten, die ein Verfahren gemäß Art. 1 I oder II EuEheVO betreiben, sofern Fragen der elterlichen Verantwortung zu klären und die Voraussetzungen der Absätze 1 oder 2 gegeben sind.

III. Sachlicher Anwendungsbereich

Der sachliche Anwendungsbereich ist in Art. 1 EuEheVO beschrieben und betrifft die internationale Zuständigkeit für die genannten Verfahren, die Frage des Vorrangs anderer Rechtshängigkeit und die Anerkennung und Vollstreckung solcher Entscheidungen.[50]

Von der EuEheVO werden gemäß Art. 1 I lit. a EuEheVO zivilgerichtliche Verfahren betreffend Ehescheidung, Trennung ohne Auflösung des Ehebandes oder Ungültigerklärung einer Ehe erfasst, die im Folgenden als Eheverfahren bezeichnet werden sollen.

Darüber hinaus gilt die EuEheVO gemäß Art. 1 I lit. b EuEheVO ferner für zivilgerichtliche Verfahren betreffend die elterliche Verantwortung für gemeinsa-

---

[45] Baumbach/Lauterbach-*Albers*, § 606a ZPO Art. 1 EheGVVORn. 7; *Rausch*, FuR 2001, S. 151 (152).
[46] Auf die Problematik des Aufenthaltes wird im Rahmen der Zuständigkeiten, Kapitel I Teil 1 § 4 II. und § 4 III. 1.-6. (S. 56 ff.), näher einzugehen sein.
[47] *Spellenberg*, FS-Schumann, S. 423 (439); *Jayme/Kohler*, IPRax 2000, S. 454 (457); *Rausch*, FuR 2001, S. 151 (152); *Sumampouw*, FS-Siehr, S. 729 (736).
[48] *Jayme/Kohler*, IPRax 2000, S. 454 (457); *Vogel*, MDR 2000, S. 1045 (1046).
[49] *Rausch*, FuR 2001, S. 151 (152).
[50] *Sumampouw*, FS-Siehr, S. 729 (730); *Rausch*, FuR 2001, S. 151; *Finger*, MDR 2001, S. 1394 (1395).

me Kinder der Ehegatten, sofern diese anlässlich eines Eheverfahrens im Sinne des Art. 1 I lit. a EuEheVO durchgeführt werden. Die Verordnung beschränkt sich also auf die Regelung derjenigen Fragen, die in engem Zusammenhang mit Auflösung und Bestand der Ehe stehen sowie auf die unmittelbar im Zusammenhang stehenden Sorgerechtsfragen für gemeinsame Kinder. Sie folgt somit dem bereits 1993 von *Pirrung* gemachten Vorschlag.[51]
Die Verordnung ist beschränkt auf statusändernde und klagestattgebende Entscheidungen.[52] Da kein Wille zu einer abschließenden Regelung erkennbar ist, bleibt die Anerkennung klageabweisender Entscheidungen nach dem jeweiligen nationalen Anerkennungsrecht weiterhin möglich.[53]
Da abweichend von § 1564 BGB beziehungsweise Art. 17 II EGBGB insbesondere Scheidungen nicht in allen Mitgliedsstaaten den Gerichten vorbehalten sind, wird in Art. 1 II S. 1 EuEheVO festgelegt, dass es unerheblich sei, ob ein gerichtliches oder sonstiges amtlich anerkanntes Verfahren in Rede steht. Folglich werden gemäß Art. 1 II S. 2 EuEheVO auch alle nach dem Recht der Mitgliedsstaaten zuständigen Behörden vereinfachend als ‚Gericht' bezeichnet. Hierbei wird indes nicht nach konstitutiver oder deklaratorischer Mitwirkung eines Hoheitsträgers unterschieden.[54]

1. Ehescheidung, Trennung, Auflösung
*a) Gestaltungsklagen*
Die EuEheVO ist zugeschnitten auf Gestaltungsklagen.[55] Ergänzend zu Art. 13 I EuEheVO stellt Art. 1 II S. 1 EuEheVO klar, dass der Verfahrensbegriff der EuEheVO extensiv gemeint ist, weswegen auch Entscheidungen religiöser Gerichte unproblematisch erfasst werden, wenn diese Gerichte im Mitgliedsstaat für Eheauflösungen unmittelbar zuständig sind. Soweit kirchliche Urteile einer staatlichen Anerkennung bedürfen, um zivilrechtliche Wirkung zu entfalten, ist ein solches staatliches Urteil maßgeblicher Anerkennungsgegenstand.[56] Ausgegrenzt werden lediglich im Rahmen einer Religionsgemeinschaft geltende Verfahren, ebenfalls nicht erfasst werden sogenannte Privatscheidungen.[57] Darunter sind solche Scheidungen zu verstehen, bei denen die Behörde lediglich registrie-

---

[51] *Pirrung*, FS-v. Alkemade, S. 189 (201).
[52] *Wagner*, IPRax 2001, S. 73 (76); *Kohler*, NJW 2001, S. 10 (13).
[53] *Helms*, FamRZ 2001, S. 247 (258); zur Anwendbarkeit bi- und multilateraler Staatsverträge vgl. Kapitel I Teil 1 § 13 (S. 96 ff.) sowie Kapitel II (S. 129 ff.) und III (S. 233 ff.).
[54] *Helms*, FamRZ 2001, S. 257 (259); *Vogel*, MDR 2000, S. 1045 (1046); *Hau*, FamRZ 1999, S. 484 (485); *Borrás*, ABl. EG 1998, C221/27, S. 35.
[55] *Hau*, FamRZ 2000, S. 1333.
[56] *Helms*, FamRZ 2001, S. 247 (259).
[57] Baumbach/Lauterbach-*Albers*, § 606a ZPO Anh. I Art. 1 EheGVVO Rn. 10; *Borrás*, ABl. EG 1998, C221/27, S. 35; *Spellenberg*, FS-Schumann, S. 423 (437); *Wagner*, IPRax 2001, S. 73 (76); *Helms*, FamRZ 2001, S. 257 (260).

rend mitgewirkt, nicht jedoch auch die Scheidungsvoraussetzungen selbständig geprüft hat. Die Unanwendbarkeit der EuEheVO auf solche Privatscheidungen ist aber insoweit nicht relevant, da in den Mitgliedsstaaten eine solche Scheidungsmöglichkeit nicht existiert.[58] Beispiele für Länder mit einer solchen Möglichkeit sind die ehemalige UdSSR und deren Nachfolgestaaten, die Scheidungsbewilligungen in Dänemark und Norwegen, die notarielle Scheidung in Kuba und die Scheidung vor einer Registerbehörde in der Volksrepublik China und der Republik Korea[59], sowie bei Ehegatten jüdischen Glaubens die Übergabe des Scheidungsbriefes (*Get*) vor einem Rabbinatsgericht oder im islamischen Recht der Ausspruch der Verstoßungserklärung (*talaq*) in der vorgeschriebenen Form[60]. Mangels hoheitlichen Regelungsgehalts können sie nicht verfahrensrechtlich anerkannt werden, ihre materielle Wirksamkeit ist vielmehr nach dem anwendbaren Sachenrecht zu prüfen. In Deutschland wäre deshalb unabhängig von der EuEheVO auch eine solche Privatscheidung anzuerkennen, sofern sie nach dem von Art. 17 EGBGB ermittelten Recht wirksam ist und kein Verstoß gegen den allgemeinen *ordre public*[61] vorliegt.[62]

Die Umschreibung der ‚Trennung ohne Auflösung des Ehebandes' meint solche Trennungen, die in den jeweiligen Rechtsordnungen an die Stelle der fehlenden Scheidung treten. Dies gilt auch dann, wenn nach einiger Zeit eine Umwandlung der Trennungs- in eine Scheidungsentscheidung erfolgt.[63]

Die Anerkennung von Entscheidungen bezieht sich indes nicht auf Fragen wie das Scheidungsverschulden, das Ehegüterrecht, die Unterhaltspflicht[64] oder sonstige mögliche Nebenaspekte, auch wenn sie mit dem Scheidungsverfahren zusammenhängen.[65] Das Nebeneinander von gerichtlichen Zuständigkeiten etwa

---

[58] *Henrich*, Int. Familienrecht § 4 I.2.b (S. 142/143); *Helms*, FamRZ 2001, S. 457 (460). Zur Anerkennung von Privatscheidungen in der Bundesrepublik nach autonomem Recht *Beule*, StAZ 1979, S. 29 ff.

[59] *Henrich*, Int. Familienrecht § 4 I.2.b (S. 142/143).

[60] *Andrae*, Int. Familienrecht Rn. 412; *Helms*, FamRZ 2001, S. 457 (460); *Gottwald*, FS-Nakamura, S. 187 (192/193).

[61] Es gibt immer einen unantastbaren Bereich der innerstaatlichen Rechtsordnung, den preiszugeben keine Rechtsordnung bereit ist; ihn bezeichnet man mit dem Begriff *ordre public*, vgl. Kegel/Schurig, Int. Privatrecht § 16 I (S. 453). Ein Verstoß gegen den materiellen *ordre public* ist gegeben, wenn die Anerkennung oder Vollstreckbarerklärung einer ausländischen Entscheidung zu wesentlichen Grundsätzen des Rechts des Anerkennungsstaates im drastischen Widerspruch stehen würde, vgl. *Haedicke*, Die Vollstreckung deutscher Urteile in Frankreich auf Grundlage des EuGVÜ, S. 9.

[62] *Gruber*, FamRZ 1999, S. 1563 (1567).

[63] *Vogel*, MDR 2000, S. 1045 (1046).

[64] Beachtet werden muss jedoch der Erwägungsgrund 21 sowie Art. 70 VO-E, wonach die Verordnung (EG) Nr. 44/2001 zu ändern ist.

[65] Thomas/Putzo-*Hüßtege*, Anh. Art. 1 EheVO Rn. 3; *Hohloch*, FF 2001, S. 45 (51); *Sedlmeier*, The European Legal Forum 2002, S. 35 (40).

für die Statussache, den Unterhaltsanspruch und den Zugewinnausgleich bleibt also trotz dieser Verordnung bestehen. Hinzu kommt, dass unter Umständen bei einheitlichen Urteilen zwischen statusändernden Urteilsteilen oder solchen, die lediglich Scheidungsfolgen aussprechen, unterschieden werden muss.[66]

*b) Statusentscheidungen*
Problematisch ist, ob auch Entscheidungen hinsichtlich des Feststellens einer Nichtehe vom Anwendungsbereich der EuEheVO erfasst werden.

*aa) EuEheVO erfasst auch Feststellungsklagen*
Nach einer Ansicht erfasst die EuEheVO auch Feststellungsklagen. Dafür soll der Aspekt der Vereinheitlichung sprechen. Es sei nicht sinnvoll, den ohnehin seltenen Fall der Feststellung den allgemeinen Anerkennungs- und Vollstreckungsregeln zu unterwerfen. Eine Feststellung solle für Gewissheit hinsichtlich des Status der Beteiligten sorgen. Zudem müsse der Begriff der Ungültigerklärung lediglich auf die Fälle ausgedehnt werden, in denen die Ungültigkeit nicht als Gestaltungswirkung eintritt, sondern nur festgestellt wird.[67]

*bb) EuEheVO gilt nicht für Feststellungsurteile*
Nach anderer Auffassung spricht dagegen, dass sich das vereinfachte und erleichterte Anerkennungsverfahren nach der EuEheVO auf eine gewisse sachliche Konvergenz der mitgliedsstaatlichen Rechtsordnungen stützen können soll. Eine solche liege bei der Frage, welche Ehemängel zur automatischen Unwirksamkeit einer Ehe führen, nicht vor.[68] Hinzu komme, dass die positive Feststellung des Bestehens einer Ehe nicht in das System der EuEheVO hineinpasse, denn Feststellungsklagen werden nicht explizit aufgeführt; vielmehr werden von ihr ausdrücklich nur Gestaltungsklagen, die eine Auflösung oder Lockerung des Ehebandes bewirken, erfasst.[69] Gegen eine Erstreckung auf Feststellungsklagen spreche ferner, dass auch klageabweisende Entscheidungen vom Anwendungsbereich der Verordnung ausgeschlossen werden und dass auch bei solchen die Berufung auf einen Ehemangel abgeschnitten werde.[70]

---

[66] *Vogel*, MDR 2000, S. 1045 (1046, 1047).
[67] Zöller-*Geimer*, ZPO Anh. II Art. 1 Rn. 1; Baumbach/Lauterbach-*Albers*, § 606a ZPO Art. 1 EheGVVO Rn. 4; *Hau*, FamRZ 2000, S. 1333; *ders.*, FamRZ 1999, S. 484 (485); *Vogel*, MDR 2000, S. 1045 (1046); *Pirrung*, ZEuP 1999, S. 843 (843 f); *Gruber*, FamRZ 2000, S. 1129 (1130).
[68] *Helms*, FamRZ 2001, S. 257 (258); *Henrich*, RabelsZ 37 (1973), S. 230 (240); *Schack*, RabelsZ 65 (2001), S. 615 (616).
[69] *Helms*, FamRZ 2001, S. 257 (259); *ders.*, FamRZ 2003, S. 1594 (1598).
[70] *Wagner*, IPRax 2001, S. 73 (76); *Kohler*, NJW 2001, S. 10 (13).

*cc) Stellungnahme*
Der ausdrückliche Wortlaut der Verordnung ist das schlagendste Argument, welches gegen eine Erstreckung ihres Anwendungsbereiches auch auf Feststellungsklagen spricht. Die Argumentation der Gegenansicht, die ohnehin seltenen Fälle der Feststellung[71] könnten unproblematisch nach der EuEheVO anerkannt und vollstreckt werden, vermag nicht zu überzeugen. Vielmehr sprechen gerade die seltenen Fälle, in denen es um eine Anerkennung oder Vollstreckung von Feststellungsklagen geht, sowohl für die eine als auch die andere Ansicht. Dieses Argument kann demnach auch dafür sprechen, dass eine Vereinfachung des Verfahrens hier nicht notwendig erscheint, sondern dass gerade in diesen seltenen Fällen auch der Weg allgemeiner Anerkennungs- und Vollstreckungsregeln beschritten werden kann. Hinzu kommt, dass die Feststellungsklagen unter Umständen mit den klageabweisenden Entscheidungen vergleichbar sind, die ausdrücklich vom Anwendungsbereich der Verordnung ausgeschlossen werden. Feststellungsklagen können im Gegensatz dazu aber zu einem Abschneiden der Berufung auf einen Ehemangel führen, weil die rechtskräftige Feststellung des Bestehens einer Ehe einen Richter in einem zweiten Verfahren daran hindern kann, diese Ehe bei Maßgeblichkeit eines anderen Sachrechts als Nichtehe zu betrachten.
In der Nichterwähnung der Feststellungsklagen ist deshalb keine versehentliche Lücke des Verordnungsgebers zu sehen, sonder vielmehr eine bewusste Auslassung, die es verbietet, den Anwendungsbereich auf derartige Klagen und die entsprechenden Urteil zu überdehnen.

2. Kindschaftsrechtliche Entscheidungen
*a) Allgemeines*
Im Vorfeld wurde lange darüber diskutiert, ob der Aspekt der elterlichen Verantwortung mit in den Anwendungsbereich aufgenommen werden sollte; wegen der bereits bestehenden Übereinkommen im Bereich des Kindschaftsrecht (MSA und ESÜ)[72] erstreckte sich die deutsche Initiative zunächst nicht auf Kindschaftssachen. Am Ende hat sich die Ausweitung auf Kindschaftssachen dann jedoch durchgesetzt.[73] Die Verordnung betrifft indes kindschaftsrechtliche Entscheidungen nur, soweit sie die elterliche Sorge gemeinsamer Kinder betreffen und mit dem Statusverfahren zusammenhängen. Erfasst werden also nach deutschem Verständnis Sorgerechtsentscheidungen, die als Folgesache, als einstweilige Anordnung nach § 620 Nr. 1 – 3 ZPO oder isoliert betrieben werden, falls und solange eine Ehesache anhängig ist.[74] Diskutiert wurde, auch andere Kinder

---

[71] *Zeiss*, Zivilprozessrecht Rn. 785; *Jauernig*, Zivilprozessrecht § 91 II S. 333.
[72] Dazu oben Kapitel I Teil 1 § 13 II.5. (S. 100 ff.) bzw. Kapitel II (S. 233 ff.).
[73] *Hau*, FamRZ 1999, S. 484 (485); *Borrás*, ABl. EG 1998, C221/27, S. 36.
[74] *Rausch*, FuR 2001, S. 151.

der Familie, zum Beispiel die mit in die Ehe eingebrachten Kinder eines Ehegatten, mit in den Anwendungsbereich einzubeziehen. Dieser Gedanke wurde indes verworfen, da eine solche Regelung die Grundrechte eines in einem anderen Mitgliedstaat lebenden anderen Elternteils beeinträchtigen könnte. Die Mitgliedsstaaten werden indes nicht an einem späteren Beschluss über die Anwendung identischer Zuständigkeitskriterien im Hinblick auf Kinder der Familie, die nicht gemeinsame Kinder der Ehegatten sind, gehindert,[75] wie sich auch in dem im zweiten Teil dieses Kapitels erläuterten Verordnungsentwurf zeigt. Sorgerechtsstreitigkeiten zwischen nicht miteinander verheirateten Eltern fallen nicht unter den Anwendungsbereich der EuEheVO.[76]

*b) Teilentscheidungen*
Fraglich ist, ob auch Teilentscheidungen aus dem Bereich der elterlichen Verantwortung umfasst sind. Dies kann sich für den Fall als relevant erweisen, in dem gleichzeitig eine Umgangsrechtsentscheidung zu treffen ist.

*aa) Keine Erstreckung auf Umgangsrechtsentscheidungen*
Der Wortlaut der Zuständigkeitsregel des Art. 3 II lit. a EuEheVO soll grundsätzlich gegen eine Einbeziehung solcher Entscheidungen sprechen.[77] Eine Ausdehnung des Anwendungsbereiches sei nicht zulässig, da Umgangsrechtsentscheidungen nicht explizit genannt werden.

*bb) Umgangsrechtliche Entscheidungen fallen unter die EuEheVO*
Die Gegenmeinung[78], die eine Einbeziehung von Teilentscheidungen wie die Umgangsrechtsentscheidung befürwortet, führt an, dass so sich widersprechende Regelungen vermieden werden, die ansonsten durch unterschiedliche Entscheidungen hervorgerufen würden.[79] Aus der Regelung des Art. 21 I EuEheVO, der von elterlicher Verantwortung spricht, könne gefolgert werden, dass es neben rechtsgestaltenden Entscheidungen auch Entscheidungen geben müsse, die die elterliche Verantwortung betreffen und einen in der Hauptsache vollstreckungsfähigen Inhalt haben.[80]

---

[75] *Borrás*, ABl. EG 1998, C221/27, S. 36.
[76] *Coester-Waltjen*, FS-Lorenz, S. 307 (308); *Adolphsen* (Berichterstatter), IPRax 2002, S. 337 (339); *Truex*, IFL 2001, S. 7.
[77] *Wagner*, IPRax 2001, S. 73 (76).
[78] Garbe/Oelkers-*Cordes*, Teil 13 Kap. 3.2.2.2. (S. 12); *Vogel*, MDR 2000, S. 1045 (1047); *Wagner*, IPRax 2001, S. 73 (76).
[79] *Vogel*, MDR 2000, S. 1045 (1047).
[80] *Wagner*, IPRax 2001, S. 73 (76).

*cc) Stellungnahme*
Grundsätzlich ist der Wortlaut einer Vorschrift ein relevantes Kriterium, so dass der Einwand *Wagners*, Art. 3 II lit. a EuEheVO spreche gegen die Ausdehnung des Anwendungsbereichs auf umgangsrechtliche Entscheidungen, Beachtung zu finden hätte. *Wagner* selbst relativiert seine Aussage jedoch in seiner Stellungnahme umgehend. Die Regelung des Art. 21 I EuEheVO, wonach gerade Entscheidungen in Bezug auf die elterliche Verantwortung Gegenstand der Vollstreckungsregeln der EuEheVO sind, kann nämlich als Gegenargument herangezogen werden. Unter die Entscheidungen in Bezug auf die elterliche Verantwortung fallen indes nicht nur rechtsgestaltende Entscheidungen, sondern auch solche, die die elterliche Verantwortung betreffen und einen in der Hauptsache vollstreckungsfähigen Inhalt haben. Hinzu kommt, dass nicht klar ist, wieso Art. 3 II lit. a EuEheVO gerade gegen eine Erstreckung der Verordnung auf Umgangsrechtsentscheidungen sprechen soll, da die Vorschrift doch wie Art. 21 I EuEheVO generell von elterlicher Verantwortung spricht. Dieses Gegenargument vermag also nicht zu überzeugen.
Für eine extensive Auslegung sprechen zudem praktische Erwägungen, denn Regelungen hinsichtlich der Sorge und des Umgangs sind vielfach in einer Entscheidung zusammengefasst und aufeinander bezogen.
Rückgreifend auf das deutsche Recht kann § 1626 III BGB sowie die Norm des § 1684 I BGB herangezogen werden, wodurch erstmals das Recht des Kindes auf Umgang mit jedem Elternteil festgelegt wird, da die Pflege des persönlichen Umgangs mit dem Kind ein bedeutsames Element der elterlichen Verantwortung darstellt. Dies unterstützt auch § 52 I S. 2 FGG, wo der Begriff der elterlichen Verantwortung in einer über die elterliche Sorge hinausgehenden Weise verwendet wird.
Auch die anderen kindschaftsrechtlichen Staatsverträge tragen dieses Ergebnis. Das für alle Mitgliedsstaaten geltende ESÜ definiert in Art. 1 lit. c ESÜ die Sorgerechtsentscheidung beispielsweise als Entscheidung einer Behörde, soweit sie die Sorge für die Person des Kindes, einschließlich des Rechts auf Bestimmung seines Aufenthaltsortes oder des Rechts zum persönlichen Umgang mit ihm, betrifft. Auch das HKÜ, welches für alle Angelegenheiten des Sorgerechts vorrangige Bedeutung beansprucht, bindet das Umgangsrecht mit ein.[81] Hinzu kommt, dass die Annahme auch fernliegend ist, die zur Vertiefung justitieller Zusammenarbeit geschaffene EuEheVO könne in ihrem Anwendungsbereich hinter den anderen internationalen Verträgen auf gleichem Sachgebiet zurückbleiben, die zudem noch einem größeren Kreis von Staaten offen stehen. Es bleibt also festzuhalten, dass die vorzugswürdigeren Argumente für eine Einbeziehung von Umgangsrechtsentscheidungen sprechen.

---

[81] *Sumampouw*, FS-Siehr, S. 729 (731); *Limbrock*, FamRZ 1999, S. 1631 (1632, 1633).

## § 4 GERICHTLICHE ZUSTÄNDIGKEIT

### I. Allgemeines

In der EuEheVO ist die internationale (Entscheidungs-) Zuständigkeit der Gerichte für Statusentscheidungen in Ehesachen von EU-Angehörigen und damit zusammenhängenden Sorgerechtssachen in Kapitel 2 geregelt. Die Verordnung sieht sieben unterschiedliche aber ausschließliche Anknüpfungspunkte für die Zuständigkeit der Gerichte der Mitgliedstaaten vor, die untereinander gleichwertig sind.[82] Hauptanknüpfungspunkt für die Zuständigkeit ist der gewöhnliche Aufenthalt; die Staatsangehörigkeit ist nur für seltene Konstellationen entscheidend. Sofern die Voraussetzungen der internationalen Zuständigkeit bei Einleitung des Verfahrens gegeben, im Nachhinein aber entfallen sind, trifft die EuEheVO keine Regelung, wie zu verfahren ist. Im Allgemeinen wird von einer *perpetuatio fori* ausgegangen. Dies wird damit begründet, dass dieser Grundsatz zwar in der EuEheVO nicht ausdrücklich festgelegt sei, ihr aber ebenso zugrunde liegen dürfe wie dies allgemein auch für das EuGVÜ angenommen werde.[83] Dies wird unter anderem mit dem Argument aus Art. 3 EuEheVO begründet. Die Norm besagt, dass grundsätzlich eine Zuständigkeit erst dann endet, wenn das Verfahren rechtskräftig abgeschlossen ist. Im Umkehrschluss wird daraus gefolgert, dass eine Zuständigkeit fortdauern müsse, auch wenn sich der gewöhnliche Aufenthalt während des laufenden Verfahrens ändere.[84] Dies vermag nicht zu überzeugen, da Art. 3 III EuEheVO nicht als abschließend verstanden werden kann. Vielmehr muss mit *Bauer*[85] gegen diese Argumentation eingewendet werden, dass Sinn und Zweck nicht dafür sprechen, dass die Zuständigkeit auf jeden Fall fortbesteht. Ziel der Regelung ist nur die Klarstellung, dass mit der Entscheidung im Zusammenhang mit einem Ehetrennungsverfahren die Zuständigkeit beendet ist. Wie in den Staatsverträgen, die den Kindesschutz zum Ziel haben, sollte deshalb auch bei den Verfahren der elterlichen Verant-

---

[82] Baumbach/Lauterbach-*Albers*, § 606a ZPO Art. 1 EheGVVO Rn. 1; Zöller-*Geimer*, ZPO Anh. II Art. 2 Rn. 1; Garbe/Oelkers-*Cordes*, Teil 13 Kap. 3.2.2.2. (S. 2); *Kohler* in: Mansel (Hrsg.) Vergemeinschaftung des Europäischen Kollisionsrechts S. 41 (42); Adolphsen (Berichterstatter), IPRax 2002, S. 337 (338); *Niepmann*, MDR 2001, S. 601 (607); *Hau*, FamRZ 2000, S. 1333 (1334); *ders.*, FamRZ 1999, S. 484 (486); *Borrás*, ABl. EG 1998, C221/27, S. 37; *Klauer*, Europ. Law Reporter 1998, S. 484; *Vogel*, MDR 2000, S. 1045 (1047); *Rausch*, FuR 2001, S. 151 (152); *Kohler*, NJW 2001, S. 10 (11); *Bergerfurth*, FF 2001, S. 15 (16); *Schack*, RabelsZ 65 (2001), S. 615 (621); *Meyer-Götz*, FF 2001, S. 17 (18).

[83] *Henrich*, Int. Familienrecht, § 4 I.2.b (S. 140); *ders.*, FamRZ 2002, S. 1184 (1185); *Sumampouw*, FS-Siehr, S. 729 (735); *Bauer*, IPRax 2003, S. 135 (139). Vgl. dazu auch Kapitel II § 28 II.2.b. (S. 178 ff.) u. Kapitel III § 39 II.2. (S. 278 f.).

[84] *Sumampouw*, FS-Siehr, S. 729 (735); *Hau*, FamRZ 2000, 1333 (1340).

[85] *Bauer*, IPRax 2003, S. 135 (139).

wortung eine *perpetuatio fori* abgelehnt werden. Dies ist allein deshalb sinnvoll, da grundsätzlich davon auszugehen ist, dass das Gericht am derzeitigen gewöhnlichen Aufenthalt des Kindes am besten die sozialen und familiären Verhältnisse zu beurteilen vermag. Abzustellen ist insoweit gem. Art. 3 II lit. b EuEheVO auf das Kindeswohl, welchem mit dieser Lösung am ehesten gedient wird. *Bauer* argumentiert hier zutreffend damit, dass es nicht einzusehen sei, warum die Kindeswohlprüfung nur erfolgen soll, wenn sich der gewöhnliche Aufenthalt bereits zu Verfahrensbeginn in einem anderen Mitgliedstaat befand, falls der gewöhnliche Aufenthalt im Laufe des Verfahrens entfällt. Hinzu kommt, dass der Möglichkeit eines *forum shoppings* durch Art. 4 EuEheVO entgegengewirkt wird.[86]
Im Rahmen der Verfahren über die elterliche Verantwortung ist deshalb mit *Bauer* eine *perpetuatio fori* abzulehnen.

II. Begriffsbestimmung: Aufenthalt
Grundlage der gerichtlichen Zuständigkeit ist sowohl in Ehe- als auch in Sorgerechtssachen eine räumliche Nähebeziehung, in der Regel der gewöhnliche Aufenthalt mindestens eines Ehegatten, zum Forumstaat. Bedeutsamster Anknüpfungspunkt ist also der Aufenthalt,[87] weswegen es sich anbietet, diesen Begriff vorab zu klären. Die EuEheVO nimmt hier das Prinzip *actor sequitur forum rei* als Ansatz, das heißt, der Antragsgegner ist jedenfalls dort gerichtspflichtig, wo er seinen gegenwärtigen gewöhnlichen Aufenthalt hat.
Problematisch erweist sich jedoch angesichts des unterschiedlichen Kreises der Vertragsstaaten die Frage, was überhaupt unter dem Begriff Aufenthalt zu verstehen ist. Bei unterschiedlicher gemeinschafts- beziehungsweise vertragsspezifischer Auslegung kann es zu einer unterschiedlichen ‚Rechtsanwendungsgleichheit' im Bezugskreis kommen. Im angloamerikanischen Raum beispielsweise wird der Aufenthaltsbegriff dem US-amerikanischen *domicile*-Begriff angenähert, während die deutsche Rechtsprechung und Literatur eine tatsächliche Integration in die Umwelt verlangt.[88]
Das Vorliegen des gewöhnlichen Aufenthaltes soll sich gemäß dem *Erläuternden Bericht* zum Brüssel II-Übereinkommen[89] nicht nach Maßgabe der *lex fori*, sondern nach der autonomen Definition des EuGH für Wohnsitz richten. Darunter ist mit starker Betonung des voluntativen Elementes der Ort zu verstehen, „den der Betroffene als ständigen und gewöhnlichen Mittelpunkt seiner Lebensinteressen in der Absicht gewählt hat, ihm Dauerhaftigkeit zu verleihen, wobei

---

[86] *Bauer*, IPRax 2002, S. 179 (181 ff.); *ders.*, IPRax 2003, S. 135 (139).
[87] Der Begriff des ‚gewöhnlichen Aufenthalts' hat sich als ‚zweite Säule' des deutschen IPR und als zentraler Begriff internationaler Konventionen etabliert, vgl. ausführlich dazu *Coester-Waltjen*, FS-25 Jahre MPI, S. 543 ff.
[88] *Coester-Watjen*, FS-Lorenz, S. 307 (313).
[89] *Borrás*, ABl. EG 1998, C221/27, S. 38.

für die Feststellung des Wohnsitzes alle hierfür wesentlichen tatsächlichen Gesichtspunkte zu berücksichtigen sind".[90] Kritisiert wird diesbezüglich, dass nicht feststehe, ob der EuGH dieselbe oder eine ähnliche Definition auch im Hinblick auf den gewöhnlichen Aufenthalt vornehme.[91] Sofern sich aber der Verordnungsgeber ersichtlich bei der Benutzung des Ausdrucks ‚gewöhnlicher Aufenthalt' von der Definition für ‚Wohnsitz' hat leiten lassen, besteht kein Anlass dazu, andere Begriffsbestimmungen zu erwägen. Bei der Auslegung eines Begriffes ist stets die Intention des Gesetz- beziehungsweise Verordnungsgebers heranzuziehen, so dass auch der EuGH sich im Zweifel an den Vorgaben des *Erläuternden Berichtes* orientieren wird, vor allem, weil wegen der Sprachunterschiede in den Mitgliedsstaaten nicht davon ausgegangen werden kann, dass anderenfalls eine konforme Verwendung der Begriffe erfolgt.

III. Ehesachen
In Ehesachen bestimmt sich die internationale Zuständigkeit nach Art. 2 EuEheVO.

1. Gemeinsamer Aufenthalt
Nach Art. 2 I lit. a, Spiegelstrich 1 EuEheVO ist zunächst eine Zuständigkeit des Gerichtes am gemeinsamen gewöhnlichen Aufenthaltsort beider Ehegatten eröffnet. Allerdings wird diese Alternative wohl keine eigenständige Bedeutung neben dem gegenwärtigen gewöhnlichen Aufenthalt des Antragsgegners erlangen. Zu erklären ist diese Alternative mit der historischen Entwicklung der Verordnung; ursprünglich sollte der gemeinsame Aufenthalt vorrangiger Anknüpfungspunkt, die anderen Alternativen nur gestufte Hilfsanknüpfungen sein.[92]

2. Letzter gemeinsamer Aufenthalt
Nach dem 2. Spiegelstrich des lit. a wird eine Zuständigkeit dann eröffnet, wenn beide Ehegatten ihren letzten gemeinsamen Aufenthalt im Forumstaat hatten und eine Partei – im Zweifel der Antragsteller – dort noch ihren gewöhnlichen Aufenthalt besitzt. Hierdurch wird es dem Antragsteller erspart, das Eheauflösungsverfahren nach seinem ehemaligen Ehepartner und einem anderen Staat zu richten.[93]

---

[90] EuGH, Urt. v. 15.9.1994 – Rs. C-452/93 – Slg. 1994, I-4295, Rz. 22 (*Pedro Magdalena Fernandez / Kommission*).
[91] *Coester-Watjen*, FS-Lorenz, S. 307 (314).
[92] *Rausch*, FuR 2001, S. 151 (152); *Kohler*, NJW 2001, S. 10 (11); *Hau*, FamRZ 2000, S. 1333 (1334).
[93] *Hau*, FamRZ 2000, S. 1333 (1335); *Kohler*, NJW 2001, S. 10 (11); *Rausch*, FuR 2001, S. 151 (152).

### 3. Gegenwärtiger Aufenthalt des Antragsgegners

Nach dem Prinzip des *actor sequitur forum rei* ist der Antragsgegner gemäß dem dritten Spiegelstrich an seinem gegenwärtigen gewöhnlichen Aufenthalt gerichtspflichtig. Hierbei bedarf der inländische Aufenthalt des Antragsgegners keiner kompetenzrechtlichen Akzeptanz seitens des Heimatrechts. Probleme können sich dann ergeben, wenn ein längerer Verbleib des Antragsgegners im Forum erzwungen wird, zum Beispiel durch eine Haftstrafe. Die Anforderungen an das voluntative Element sollten hier nicht allzu hoch angesetzt werden, denn es muss berücksichtigt werden, dass das *forum rei*-Prinzip zwei Leitgedanken enthält: Die Eröffnung eines Gerichtsstandes ist zum einen für den Antragsteller unproblematisch zu bestimmen, bedeutet zum anderen aber auch für den Antragsgegner keine zu weitgehende Verteidigungslast in räumlicher Hinsicht. Für keinen der beiden Aspekte ist die Unfreiwilligkeit des Aufenthalts maßgeblich.[94] Daher sollte ein Gerichtsstand hierdurch nicht ausgeschlossen sein.

### 4. Gegenwärtiger Aufenthalt eines Ehegatten bei gemeinsamem Antrag

Mit Art. 2 I lit. a, 4. Spiegelstrich EuEheVO kann sich eine Zuständigkeit auch in dem Forumstaat ergeben, in dem ein Ehegatte seinen gegenwärtigen Aufenthalt hat, wenn die Ehegatten den Antrag gemeinsam stellen. Während in Frankreich eine solche Möglichkeit gesetzlich vorgesehen ist (Art. 230 ff., Art. 233 ff. *Code civil*), kennt das deutsche Recht keine gemeinsame Antragsschrift. Allerdings kann aus dem deutschen Rechtsinstitut der einverständlichen Scheidung (§§ 1565 f. BGB; § 630 ZPO) hergeleitet werden, dass eine solche Möglichkeit zumindest nicht abwegig ist, weswegen man auf sachliches Einvernehmen innerhalb desselben Verfahrens abzustellen hat, damit diese Zuständigkeitsalternative nicht leer läuft. Es reicht also, wenn der Antragsgegner dem Scheidungsantrag im Sinne des § 1566 I a.E. BGB gemäß § 78 I S. 1 Nr. 1 ZPO durch einen Rechtsanwalt oder gemäß § 630 II S. 2 ZPO persönlich zustimmt.[95]

### 5. Gewöhnlicher Aufenthalt des Antragstellers seit einem Jahr

Der 5. Spiegelstrich normiert das sogenannte *forum actoris*, wonach es für eine Zuständigkeit des Gerichtes im Forumstaat genügt, dass der Antragsteller dort seit einem Jahr unmittelbar vor der Antragstellung seinen gewöhnlichen Aufenthalt hat.

### 6. Gewöhnlicher Aufenthalt des Antragstellers seit sechs Monaten sowie Staatsangehörigkeit beziehungsweise *domicile*

Qualifizierend wirkt neben der bloßen Dauer des Aufenthaltes auch die Staatsangehörigkeit des Antragstellers, beziehungsweise im Falle des Vereinigten Kö-

---

[94] *Hau*, FamRZ 2000, S. 1333 (1334).
[95] *Hau*, FamRZ 2000, S. 1333 (1335); *Rausch*, FuR 2001, S. 151 (153).

nigreiches und Irlands das *domicile*. Der in Spiegelstrich 5 normierte Zeitraum wird bei Vorliegen einer Angehörigkeit zum Gerichtsstaat auf sechs Monate verkürzt. Dem nach Scheitern seiner Ehe in sein Heimatland zurückgekehrten Ehegatten soll so die Möglichkeit einer ‚Heimatzuständigkeit' eröffnet werden. Allerdings besteht durch das Erfordernis der sechsmonatigen Wartefrist die Gefahr, dass der andere Ehegatte am ursprünglichen Wohnort einen früheren Antrag stellt und damit grundsätzlich die Inanspruchnahme einer anderweitigen Zuständigkeit blockieren kann.

Diese Alternative ist die letzte Spur, welche die in Ehesachen vielfach traditionelle Anknüpfung an die Staatsangehörigkeit eines Ehegatten im Zuständigkeitsrecht der Verordnung hinterlassen hat. Deswegen wird diese Regelung häufig kritisiert. Zwar wurden wegen ihr die bestehenden Möglichkeiten nicht voll ausgeschöpft, Fortschritte sind jedoch unverkennbar, und diese Möglichkeiten der Zuständigkeitsbegründung werden wohl in Zukunft an erheblicher praktischer Bedeutung gewinnen, weil sie für den Antragsteller sehr günstig sind.[96]

Für den deutschen Ehepartner heißt dies, dass er bei einer Trennung von einem Angehörigen eines Mitgliedsstaates erst dann einen Gerichtsstand in der Bundesrepublik begründen kann, wenn er seit mindestens sechs Monaten unmittelbar vor der Antragstellung seinen Wohnort in Deutschland hatte. Hier kann wegen des Vorrangs der EuEheVO die internationale Zuständigkeit eines deutschen Gerichtes nicht über § 606 lit. a ZPO begründet werden.[97]

### 7. Staatsangehörigkeit
*a) Allgemeines*

Art. 2 I lit. b EuEheVO normiert das *forum patriae*, nennt also die Staatsangehörigkeit beziehungsweise das *domicile* als eigenständigen Kompetenzgrund, der gleichwertig neben denen des Aufenthaltes steht, wenn beide Ehegatten die Staatsangehörigkeit dieses Staates besitzen. Dies ergibt sich freilich nicht aus dem Wortlaut an sich, aber aus den Erwägungen zu dieser Vorschrift.[98]

Die Anknüpfungen entweder an die Staatsangehörigkeit oder an das *domicile* können nicht konkurrierend geltend gemacht werden, vielmehr ergibt der Wortlaut des Art. 2 I EuEheVO, dass die Anknüpfung an das *domicile* im Falle des Vereinigten Königreiches und Irland an die Stelle der Anknüpfung an die Staatsangehörigkeit treten soll. Hierin weicht die Verordnung von dem ihr vorausgegangenen Übereinkommen ab, welches die Anwendung des entsprechenden Kriteriums von einer Erklärung des jeweiligen Mitgliedstaates bei der Notifizierung abhängig machte.[99]

---

[96] *Hau*, FamRZ 2000, S. 1333 (1334); *Kohler*, NJW 2001, S. 10 (11).
[97] *Rausch*, FuR 2001, S. 151 (153).
[98] *Borrás*, ABl. EG 1998, C221/27, S. 37; *Hau*, FamRZ 2000, S. 1333 (1334).
[99] *Kohler*, NJW 2001, S. 10 (11); *Finger*, FuR 1998, S. 346 (347).

*b) Gemeinschaftsrecht*
Als problematisch erweisen sich die Kompetenzbegründungsnormen des Art. 2 lit. a, 6. Spiegelstrich und Art. 2 I lit. b EuEheVO im Hinblick auf das primäre Gemeinschaftsrecht (Art. 12 I EG). Nach Wortlaut und Telos des Art. 12 I EG ist nämlich auch der Gemeinschaftsgesetzgeber Adressat des Diskriminierungsverbots aufgrund von Staatsangehörigkeit. Eine Diskriminierung kann darin gesehen werden, dass in Art. 2 lit. a, 6. Spiegelstrich EuEheVO Angehörigen eines Gerichtsstaates doppelt so schnell wie anderen Unionsbürgern ein *forum actoris* eröffnet wird und so ein Ehegatte, der einen Aufenthalt in einem Staat anstrebt, dem er nicht angehört, und dem so ein Forum weniger schnell eröffnet ist, diskriminiert wird.[100] Den Interessen des Antragsgegners, welcher schon durch Art. 2 I lit. a, 5. Spiegelstrich EuEheVO einem Gerichtsstand unterworfen wird, zu dem er keinerlei Bezug aufweisen muss, wird nicht hinreichend Genüge getan.

Nach Art. 2 I lit. b EuEheVO wird nur demjenigen ein aufenthaltsunabhängiges Forum zugestanden, der mit einem Landsmann statt mit einem Angehörigen eines anderen Mitgliedsstaates verheiratet ist, das heißt, dass Ehen zwischen Angehörigen verschiedener Staaten im Ergebnis benachteiligt werden. Je mehr Zuständigkeiten einer Partei indes eröffnet sind, umso eher kann sie sich denjenigen Staat wählen, in dem für sie die günstigsten Konditionen zu erwarten sind (*forum shopping*).[101]

Mit dem Zuständigkeitskriterium der Staatsangehörigkeit sollte bestimmten innerstaatlichen Regelungen Rechnung getragen werden,[102] welche eine wesenseigene Zuständigkeit für eigene Staatsangehörige berücksichtigt haben möchten. Dies wird damit begründet, dass im Anwendungsbereich der Vorschrift nicht auf binationale Ehen rekurriert wird, weswegen eine Regelung eingefügt werden musste, die für den Fall herangezogen werden kann, dass Staatsangehörige eines Mitgliedsstaates ihre Scheidung in diesem Herkunftsstaat betreiben wollen, auch wenn sie beide ihren gewöhnlichen Aufenthalt im Ausland haben.[103] Hierbei wird indes nicht einkalkuliert, dass aufgrund der allgemeinen Entwicklung gerade in Europa, die von gegenseitigem Vertrauen in die Rechtspflege der Mitgliedstaaten geprägt ist, eine solche Zuständigkeit nicht mehr vonnöten erscheint.[104] Die Anknüpfung an die Staatsangehörigkeit wird ferner damit begründet, dass die Staatsangehörigkeit nicht als Differenzierungskriterium, sondern als allgemein geltendes Anknüpfungsmoment verwendet werde. Die Tatsa-

---

[100] *Hau*, FamRZ 2000, S. 1333 (1336); *Geimer*, IPRax 2002, S. 69 (74 Fn. 52).
[101] *Kohler* in: Reichelt, Kollisionsrecht, S. 15 (23); *ders.*, NJW 2001, S. 10 (11); *Hau*, FamRZ 2000, S. 1333 (1337).
[102] *Borrás*, ABl. EG 1998, C221/27, S. 37.
[103] *Vogel*, MDR 2000, S. 1045 (1047).
[104] *Hau*, FamRZ 2000, S. 1333 (1336).

che, dass bei Personen verschiedener Staatsangehörigkeit die Unterschiede im Heimatrecht zum Tragen komme, sei vom Kollisionsrecht gewollt und entspreche seinem Gerechtigkeitsgehalt. Die generelle Anknüpfung an die Staatsangehörigkeit sei keine innerhalb der EG verbotene Diskriminierung.
Gegen die Begründung, dass eine Anknüpfung an die Staatsangehörigkeit eine verlässliche Stabilität und somit Rechtssicherheit bietet, kann indessen mit *Hau* eingewendet werden, dass dies nur als Begründung für ein System erfolgen kann, welches lediglich hilfsweise auf den gewöhnlichen Aufenthalt abstellt. Grundsätzlich wird ein Antragsgegner gezwungen, sich auf ein Verfahren einzulassen, dessen Entscheidung in allen Mitgliedstaaten vollstreckbar ist. Es wird nicht darauf abgestellt, ob die Staatsangehörigkeit schon vorlag oder aber mit der Eheschließung erst erworben wurde. Eine Eheschließung mit einem Angehörigen eines bestimmten Mitgliedsstaates kann indes keine konkludente Einlassung auf ein dort möglicherweise einmal stattfindendes Eheauflösungsverfahren darstellen.
Das Diskriminierungsverbot findet sich allerdings ausdrücklich in Art. 36 II lit. b EuEheVO, so dass dem Integrationsziel der EU grundsätzlich auch in der Verordnung Rechnung getragen werden muss. Dies kann jedoch nicht darüber hinweghelfen, dass in den genannten Kompetenzbegründungsnormen eine Diskriminierung tatsächlich erfolgt.
Aus den genannten Gründen ist den Bedenken im Hinblick auf die beiden in Frage stehenden Kompetenznormen zuzustimmen. Eine primärrechtskonforme Auslegung, dass jeder Mitgliedsstaatler grundsätzlich wie ein Inländer zu behandeln ist, würde zu einer völligen Aushebelung der Zuständigkeitsregeln führen, weswegen letztlich die Klärung der Problematik wohl dem EuGH vorbehalten bleiben wird. Grundsätzlich sollte insgesamt von einer Anknüpfung an die Staatsangehörigkeit abgesehen werden, damit derartige Probleme umgangen werden, denn die Anknüpfung an die Staatsangehörigkeit stellt innerhalb des zusammenwachsenden Europas einen integrationsfeindlichen Fremdkörper dar.

*c) Mehrstaater*
Probleme entstehen ferner mit der immer mehr zunehmenden Anzahl von Mehrstaatern, da nichts über die Auswirkungen einer doppelten Staatsangehörigkeit ausgesagt wird. Bei der Kompetenzbegründung im Rahmen der Ehezuständigkeiten ist die Staatsangehörigkeit auch in der EuEheVO nach wie vor ein Anknüpfungskriterium. Die Zuständigkeit für Verfahren der elterlichen Verantwortung knüpft dagegen nicht an die Staatsangehörigkeit des Kindes an, sondern nur an seinen gewöhnlichen Aufenthalt. Durch die Tatsache, dass eine Zuständigkeit für die Verfahren der elterlichen Verantwortung jedoch nur als Annexkompetenz zu einem Eheverfahren eröffnet wird, bleibt die Staatsangehörigkeit der Eltern bzw. eines Elternteils ein indirektes Anknüpfungskriterium und ist deshalb auch für Verfahren der elterlichen Verantwortung relevant. Es muss

daher noch geklärt werden, ab wann eine faktisch nicht gelebte Staatsangehörigkeit für eine Zuständigkeitsbegründung unbeachtlich zu sein hat. Vorgeschlagen wird eine rein formale, schlicht auf den Pass abzustellende Betrachtungsweise.[105] Im *Erläuternden Bericht* wird hingegen angedacht, dass die Gerichte des jeweiligen Staates im Rahmen der diesbezüglichen allgemeinen Gemeinschaftsbestimmungen die jeweiligen innerstaatlichen Vorschriften anwenden sollen.[106] Für das Rekurrieren auf den Pass spricht die Rechtsprechung des EuGH[107], wonach sich nationale Gerichte nicht ohne besonderes Mandat darüber hinwegsetzen dürfen, dass ein anderer Mitgliedstaat einer Person seine Staatsangehörigkeit verliehen hat. Hinzu kommt, dass das Europäische Zivilprozessrecht der Rechtssicherheit in Zuständigkeitsfragen hohen Stellenwert beimisst und abstraktgenerelle Regeln gegenüber einem am Einzelfall orientierten Ansatz nach Vorbild der angloamerikanischen *doctrine of forum non conveniens* vorzieht.[108] Soweit es auf die Staatsangehörigkeit ankommt, gilt für Personen mit mehreren Staatsangehörigkeiten Art. 5 I EGBGB nicht. Ebenfalls abgelehnt wird in Bezug auf die EuEheVO einhellig die Ansicht, eine deutsche Staatsangehörigkeit gehe einer anderen grundsätzlich vor.[109] Vielmehr ist bisher unbestritten jede der mehreren Staatsangehörigkeiten alternativ relevant. Allerdings kann davon ausgegangen werden, dass nicht in jedem Staat eine adäquate und kindgerechte Regelung getroffen werden kann, insbesondere deshalb, weil gegebenenfalls aufgrund des mangelnden tatsächlichen Bezuges nicht beurteilt werden kann, was für das Kind am sinnvollsten ist. Unter Berücksichtigung der Tatsache, dass eine gelebte Staatsangehörigkeit eines Elternteils auch für das Kind von Bedeutung ist und dieses beeinflusst, sollte, sofern ein Problemfall auftaucht und grundsätzlich mehrere alternative Zuständigkeiten in Betracht kommen, meines Erachtens im Sinne der einfachen Rechtsfindung im Zweifel auf die effektivste Staatsangehörigkeit abgestellt und dieser ein Vorrang eingeräumt werden. Zu behandeln wird in dem zweiten Teil dieses Kapitels sein, welche Veränderungen sich auch in Bezug auf diese Problematik durch die Neuregelungen des VO-E ergeben.[110] Ferner wird in den folgenden beiden Kapiteln darauf einzugehen sein, ob, und wenn ja, wie die Abkommen diese Problematik im Vergleich zu EuEheVO und VO-E lösen.[111]

---

[105] *Hau*, FamRZ 2000, S. 1333 (1337).
[106] *Borrás*, ABl. EG 1998, C221/27, S. 39.
[107] EuGH, Urt. v. 2.10.1997 - Rs. C-122/96 – IPRax 1999, S. 358 (*Saldana / Hiross Holding*).
[108] *Kropholler*, Europ. Zivilprozessrecht, Art. 2 Vorbem. Rn. 20; *Hau*, FamRZ 2000, S. 1333 (1337).
[109] Baumbach/Lauterbach-*Albers*, § 606a ZPO Art. 2 EheGVVO Rn. 10; *Hau*, FamRZ 2000, S. 1333 (1337); *Rausch*, FuR 2001, S. 151 (152).
[110] Dazu siehe Kapitel I Teil 2 § 17 III.2. (S. 117).
[111] Vgl. Kapitel II § 28 II.3.b) (S. 185 ff.) und Kapitel III § 39 I.8.d) (S. 271 f.)/II.3.b) (S. 280).

## IV. Kindschaftssachen

Eine aus der internationalen Zuständigkeit hinsichtlich der Eheauflösung folgende allgemeine Verbundszuständigkeit für weitere Familiensachen ist in der EuEheVO nicht vorgesehen. Unterhaltsansprüche bestimmen sich derzeit nach der Brüssel I-VO, die grundsätzlich wie das EuGVÜ unter Ausklammerung von Personenstandfragen und solchen des ehelichen Güterstandes für Unterhaltssachen einen Verbund mit Statussachen ermöglicht.[112] Lediglich für Verfahren der elterlichen Verantwortung wird die Zuständigkeitsbegründung in Art. 3 EuEheVO festgelegt, welche inhaltlich mit den auf dem Gebiet des Minderjährigenschutzes bestehenden Übereinkommen weitgehend abgestimmt ist, diesen aber vorgehen soll. Voraussetzung zur Anwendbarkeit der Norm ist indes stets, dass die Entscheidung über die elterliche Sorge ‚aus Anlass' einer anhängigen Ehesache erfolgt. Eine Zuständigkeit kann sich daher beispielsweise nicht aus Art. 3 EuEheVO ergeben, wenn eine Entschidung nach §§ 1666 oder 1671 BGB zu treffen ist, die miteinander verheirateten Eltern noch zusammen leben, lediglich ohne Scheidungsverfahren getrennt leben oder gar nicht miteinander verheiratet sind.[113]

Für den Fall, dass das Kind seinen gewöhnlichen Aufenthalt im betreffenden Staat hat oder die Voraussetzungen des Art. 3 III EuEheVO gegeben sind, wird in Art. 3 I EuEheVO eine Annexkompetenz zugunsten des Mitgliedsstaates eröffnet, dessen Gerichte nach Art. 2 EuEheVO für die Statussache zuständig sind.[114] Absatz 2 normiert die Zuständigkeit für den Fall, dass Absatz 1 nicht vorliegt. Hat das Kind also seinen gewöhnlichen Aufenthalt nicht in dem in Absatz 1 genannten Mitgliedstaat, ist das Gericht des Eheverfahrens zuständig, wenn das Kind seinen gewöhnlichen Aufenthalt in einem Mitgliedstaat hat und zumindest einer der Ehegatten die elterliche Verantwortung hat (lit. a). Kumulativ muss hinzukommen, dass die Zuständigkeit des betreffenden Gerichts von den Eltern anerkannt ist und im Zusammenhang mit dem Wohl des Kindes steht (lit. b). Hinsichtlich der Anerkennung ist eine solche nicht ausdrücklich zu fordern, vielmehr sollte eine rügelose Einlassung beider Eltern als ausreichend angesehen werden.[115] Die Voraussetzung des Kindeswohls fällt insoweit aus dem Rahmen, als dass grundsätzlich eine Zuständigkeit an objektiven Gesichtspunkten festgemacht wird. Es bleibt hier somit den Gerichten überlassen, handhabbare Kriterien zu entwickeln, zum Beispiel im Hinblick auf die Hinzuziehung von

---

[112] KOM (2002) 222 endgültig/2 (S. 6); *Schulze*, IPRax 1999, S. 21 (22); *Hau*, FamRZ 2000, S. 1333 (1338).
[113] *Rausch*, FuR 2001, S. 151 (153).
[114] *Niepmann*, MDR 2001, S. 601 (607); *Tarko*, ÖJZ 1999, S. 401 (405); *Finger*, FuR 1998, S. 346 (347); *Kohler*, NJW 2001, S. 10 (11).
[115] *Vogel*, MDR 2000, S. 1045 (1047).

öffentlichen Stellen oder Reisen des Kindes.[116] Sie werden jedoch so gezwungen sein, Begründetheitsaspekte im Rahmen der Zulässigkeit zu erwägen. Die Zuständigkeit gilt aber nur in den zeitlichen Grenzen des Art. 3 III EuEheVO. Sie endet zu dem Zeitpunkt, an dem die stattgebende oder abweisende Entscheidung über das Statusverfahren rechtskräftig geworden ist (lit. a), beziehungsweise gemäß lit. b dann, wenn zwar das Statusverfahren rechtskräftig abgeschlossen, aber noch ein Sorgerechtsverfahren anhängig ist, bei dessen rechtskräftiger Entscheidung. Hinzu kommt gemäß lit. c die Beendigung der unter a und b genannten Verfahren aus anderen Gründen.[117] Art. 4 EuEheVO sieht im Übrigen die Ausübung der Zuständigkeit im Einklang mit dem HKÜ vor, so dass auch Fälle der Kindesentführung zu berücksichtigen sind.[118]

V. Restzuständigkeiten
Sofern sich keine Zuständigkeit aus Art. 3 EuEheVO ergibt, bleiben die allgemeinen Vorschriften im Verhältnis zu den anderen Mitgliedsstaaten bestimmend.[119] Eine Restzuständigkeit ist gemäß Art. 8 EuEheVO auf jeden Fall gegeben, § 606 lit. a ZPO bleibt im deutschen Recht also anwendbar,[120] wenn der Antragsgegner kein Staatsangehöriger eines Mitgliedsstaates ist oder weder im Vereinigten Königreich oder Irland sein *domicile* noch seinen gewöhnlichen Aufenthalt im Mitgliedstaat hat, keine der Anknüpfungen in Art. 2 I EuEheVO greift und der Scheidungswillige seinen gewöhnlichen Aufenthalt in einem Drittstaat hat,[121] aber über die deutsche Staatsangehörigkeit verfügt oder zumindest bei der Eheschließung verfügte (Antrittszuständigkeit).[122] Das besondere Diskriminierungsverbot stellt hinsichtlich des Anwendungsbereichs des autonomen Rechts in Art. 8 II EuEheVO sicher, dass sich jeder Unionsbürger mit gewöhnlichem Aufenthalt in einem anderen Mitgliedsstaat in gleicher Weise wie dessen eigene Staatsangehörigen auf die diesen gewährten kompetenzrechtlichen

---

[116] Dazu: *Vogel*, MDR 2000, S. 1045 (1048).
[117] *Hau*, FamRZ 1999, S. 484 (486); *Vogel*, MDR 2000, S. 1045 (1048); *Finger*, FuR 1998, S. 346 (348).
[118] Zum Verhältnis des Haager Kindesentführungsübereinkommens zur EuEheVO siehe Kapitel I Teil 1 § 13 II.6. (S. 102 ff.).
[119] *Kohler*, NJW 2001, S. 10 (12); *Finger*, FuR 1998, S. 346 (348).
[120] Zu den entsprechenden Regelungen in anderen EU-Ländern vgl. *Borrás*, ABl. EG 1998, C221/27, S. 43 f.
[121] Denkbares Beispiel ist die Klage eines Deutschen gegen seine französische Frau, die beide ihren gewöhnlichen Aufenthalt in der Schweiz haben. Die Voraussetzungen des Art. 7 EuEheVO liegen dann vor, doch ergibt Art. 2 EuEheVO keine Zuständigkeit in einem Mitgliedstaat, so dass nationales Recht zum Zuge kommt, vgl. *Spellenberg*, FS-Schumann, S. 423 (440).
[122] *Henrich*, Int. Familienrecht, § 4 I.2.b. (S. 140); *Kegel/Schürig*, Int. Privatrecht § 22 V.2. S. 921; *Rausch*, FuR 2001, S. 151 (153); *Vogel*, MDR 2000, S. 1045 (1047); *Gottwald*, FS-Nakamura, S. 187 (189); *Becker-Eberhard*, FS-Schütze S. 85 (86).

Privilegien stützen kann.[123] Allerdings eröffnet in einer solchen Konstellation demgegenüber gleichzeitig schon Art. 2 I lit. a, Spiegelstrich 5 EuEheVO einen vorrangigen Gerichtsstand zugunsten des die Scheidung betreibenden Ehegatten, sobald er seit mindestens einem Jahr im Ausland lebt.

## VI. Konkurrierende Verfahren
### 1. Allgemeines

Grundsätzlich hat ein Gericht, sobald bei ihm eine Klage anhängig wird, die anderweitige Rechtshängigkeit zu prüfen.[124] In der Bundesrepublik galt bisher mangels Regelung ausländischer Rechtshängigkeit § 261 III Nr. 1 ZPO, der anlog auch bei Verfahren herangezogen wurde, die im Inland eingeleitet wurden, aber bereits bei einem ausländischen Gericht rechtshängig waren.[125] Früher stellte somit die ausländische Rechtshängigkeit ein vielfach diskutiertes Problem dar. Mangels Regelung sollte nach einer Ansicht[126] ein ausländisches Verfahren dann von Bedeutung sein, wenn es den gleichen Streitgegenstand betraf und zu einem früheren Zeitpunkt rechtshängig geworden war als das deutsche Verfahren. Die ausländische Rechtshängigkeit war nach ausländischem Verfahrensrecht zu beurteilen, es musste ferner eine positive Anerkennungsprognose erfolgen.[127] Nach anderer Ansicht[128] sollte Rechtshängigkeit nach Art einer Doppelqualifikation nur „vorbehaltlich ihrer Vereinbarkeit mit dem inländischen Recht" zu respektieren und jeweils zusätzlich zu überprüfen sein, ob sich das ausländische Verfahren in einem Stadium befindet, das dem deutschen Verständnis von Rechtshängigkeit vergleichbar ist.

Der Streit kann nun indes dahinstehen, denn die EuEheVO enthält als Neuerung gegenüber dem ihr vorausgegangenen Brüssel II-Übereinkommen mit Art. 11 EuEheVO auch eine Vorschrift über die ausländische Rechtshängigkeit, weswegen sich die Frage, ob ein Scheidungsverfahren in einem europäischen Mitgliedsstaat vor inländischen Gerichten den Rechtshängigkeitseinwand begründet, nunmehr ausschließlich nach dieser Norm richtet und der Diskussion nunmehr zumindest auf diesem Gebiet ein Ende bereitet.

Für von Art. 11 EuEheVO nicht erfasste Fälle bleibt es bei der Maßgeblichkeit

---

[123] *Becker-Eberhard*, FS-Schütze, S. 85 (90); *Gottwald*, FS-Nakamura, S. 187 (201).
[124] BGH, Urt. v. 18.3.1987 – IV b ZR 24/86 - IPRax 1989, S. 104 (105); *Gruber*, FamRZ 1999, S. 1563; *Finger*, FuR 1999, S. 310 (312).
[125] *Henrich*, Int. Familienrecht § 4 I.4.a (S. 148); *Gruber*, FamRZ 2000, S. 1129 (1130); *Zeuner*, FS-Lüke S. 1003; *Leipold*, FS-Arens, S. 227; *Rauscher*, IPRax 1994, S. 188.
[126] BGH, Urt. v. 18.3.1987 – IV b ZR 24/86 - IPRax 1989, S. 104 (105); OLG Bamberg, Beschl. v. 5.11.1999 – 2 WF 192/99 - FamRZ 2000, S.1289; *Sonnenberger*, IPRax 1992, S. 154 (155); *Finger*, FuR 1999, S. 310 (314).
[127] *Sonnenberger*, IPRax 1992, S. 154 (155); *Finger*, FuR 1999, S. 310 (314).
[128] *Linke*, IPRax 1982, S. 229 (230).

des autonomen innerstaatlichen Rechts.[129]

2. Rechtshängigkeit und Streitgegenstandsbegriff

Erforderlich ist zunächst die sachliche Übereinstimmung der Streitgegenstände. Probleme können sich gerade im Hinblick auf ausländische Verfahren dahingehend ergeben, dass eine Beurteilung des Streitgegenstandes schwer fällt, weil sich diesbezüglich Unterschiede in den einzelnen Mitgliedsstaaten ergeben.[130] Die h. M.[131] in Deutschland zieht auf Grundlage des autonomen deutschen Zivilprozessrechts den deutschen Streitgegenstandsbegriff heran, wobei aber nicht ausreichend berücksichtigt wird, dass es sich nicht um ein zweites inländisches, sondern vielmehr um ein ausländisches Verfahren handelt, welches mit dem inländischen konkurriert.[132] Dies kann dazu führen, dass ein ausländisches Verfahren unberücksichtigt bleibt, da es nach dem engen zweigliedrigen Streitgegenstandsbegriff nicht genau denselben Streitgegenstand betrifft wie das in Deutschland durchgeführte Verfahren.

Art. 11 EuEheVO ist der Vorschrift des Art. 21 EuGVÜ sehr ähnlich. Auch die Reform des EuGVÜ durch die Brüssel I-VO hat keine hinreichende Klärung dieser Frage gebracht.[133] Es bietet sich daher trotz der Kritik an dieser Lösung[134] an, die Rechtsprechung des EuGH[135] hinsichtlich dieser Norm heranzuziehen, nach der eine autonome Auslegung des Streitgegenstandsbegriffs vorzunehmen ist.[136]

Allerdings ist bei Auslegung des Begriffs des Streitgegenstandes in Art. 11 EuEheVO auf die eigenen Maßstäbe der Verordnung abzustellen. Nach dem EuGH

---

[129] *Rausch*, FuR 2001, S. 151 (154); *Gruber*, FamRZ 2000, S. 1129 (1130/1131).
[130] EuGH, Urt. v. 8.12.1987 – Rs 144/86 - NJW 1989, S. 665 (666). In einigen Staaten (so Spanien, Frankreich, Portugal und Italien) wird der Begriff, wo es sich um denselben Gegenstand, denselben Grund und dieselbe Partei handeln muss, enger ausgelegt als in anderen, wo nur derselbe Anspruch und dieselben Parteien vorausgesetzt werden [*Borrás*, ABl. EG 1998, C221/27, S. 46].
[131] BGH, Urt. v. 19.12.1991 – IX ZR 96/91 - NJW 1992, S. 1172 (1173); Urt. v. 17.3.1995 – V ZR 78/93 - NJW 1995, S. 1157 f.; *Gehrlein*, Zivilprozessrecht Rn 74.
[132] *Leipold*, FS-Arens S. 227 (228); *Gruber*, FamRZ 1999, S. 1563; *ders.*, FamRZ 2000, S. 1129 (1131).
[133] *Micklitz/Rott*, EuZW 2001, S. 325 (333).
[134] *Prütting*, GS-Lüderitz S. 623 (628 ff.).
[135] EuGH, Urt. v. 08.12.87 – Rs 144/86 - NJW 1989, S. 665 (*Gubisch*); Urt. v. 6.12.1994 – Rs C 406/92 - NJW 1995, S. 1183 (*The owners of the cargo lately laden on board the Ship Tarty/The owners of the Ship Maciej Rataj*).
[136] EuGH, Urt. v. 08.12.87 – Rs 144/86 - NJW 1989, S. 665 (*Gubisch*); EuGH, Urt. v. 6.12.94 – C 406/92 - JZ 1995, S. 616 (*The owners of the cargo lately laden on board the Ship Tarty/The owners of the Ship Maciej Rataj*); *Kohler*, NJW 2001, S. 10 (12); *Zeuner*, FS-Lüke, S. 1003 (1007); *Leipold*, FS-Arens, S. 227 (228/229); *Tiefenthaler*, ZfRV 1997, S. 67 (70); MüKo-*Gottwald*, ZPO Vor Art. 1 EheGVO Rn. 3.

kann eine Geltendmachung desselben Anspruchs im Einzelfall auch dann gegeben sein, wenn keine formale Identität zwischen Klageantrag und Klagegrund vorliegt; vielmehr reicht es aus, dass der Kernpunkt der Streitigkeit identisch ist,[137] wenn also dem angerufenen Gericht identische oder kontradiktorische Anträge vorgelegt werden.[138] Freilich besteht nach der EuEheVO ein Rechtshängigkeitseinwand auch dann, wenn bei Gerichten verschiedener Mitgliedsstaaten Anträge auf Ehescheidung, Trennung oder Auflösung des Ehebandes oder auf Ungültigerklärung einer Ehe gestellt worden sind, die nicht denselben Anspruch betreffen.

Gewiss ist zumeist die Frage nach der tatsächlichen Reichweite des Begriffs ‚Anspruch' gar nicht relevant, da die Norm des Art. 11 II EuEheVO eingefügt wurde. Diese stellt eine Neuerung dar und trägt speziell den Unterschieden der verschiedenen Rechtsordnungen hinsichtlich der Zulässigkeit des Eheverfahrens Rechnung. Danach ist das spätere Verfahren bereits bei bloßer Konnexität auszusetzen, sofern über abweichende Anträge in Ehesachen zu entscheiden ist. Ein früher rechtshängig gewordenes Verfahren über die Trennung der Ehegatten ohne Auflösung des Ehebandes blockiert also ein später rechtshängig gewordenes Verfahren, welches die Ehescheidung oder die Ungültigerklärung der Ehe zum Gegenstand hat.[139]

Von vornherein nicht Gegenstand der Regelung des Art. 11 II EuEheVO sind Verfahren in Kindschaftssachen. Hier verbleibt es bei der Regelung des Art. 11 I EuEheVO, so dass ein gleicher Anspruch zu fordern ist. Das Schrifttum[140] regt insoweit die Anwendung der *Kernpunkttheorie*[141] an. Danach dürfte ein identischer Anspruch in der Regel gegeben sein, wenn es im Kern um die Verteilung des Sorgerechts zwischen den Eltern geht. Darauf, welche Anträge gestellt wur-

---

[137] OLG Düsseldorf, Urt. v. 27.1.98 – 4 O 418/97 - IPRax 1999, S. 461 (463); *Kegel/Schürig*, Int. Privatrecht § 24 II, S. 927; *Sonnenberger*, IPRax 1992, S. 154 (155).

[138] *Hau*, FamRZ 1999, S. 484 (487). Anderer Ansicht ist MüKo-*Gottwald*, ZPO Art. 11 EheGVO Rn. 3, der vertritt, dass Ehescheidung, Ehetrennung ohne Auflösung des Ehebandes oder Eheaufhebung unterschiedliche Ansprüche bilden und dass nur die Scheidung aus bestimmten Gründen oder Scheidungsantrag und Antrag auf Abweisung zu Anträgen führen, die denselben Anspruch betreffen. Dem widerspricht allerdings seine später geäußerte Auffassung, ein Ehetrennungsverfahren schließe ein gleichzeitiges Scheidungsverfahren vor dem Gericht eines anderen Mitgliedstaates aus, MüKo-*Gottwald*, EheGVO Art. 11 Rn. 9.

[139] *Henrich*, Int. Familienrecht, § 4 I.4.a (S. 149); Baumbach/Lauterbach-*Albers*, § 606a ZPO Art. 11 EheGVVO Rn. 4 *Hau*, FamRZ 1999, S. 484 (487); *Borrás*, ABl. EG 1998, C221/27, S. 46; *Gruber*, FamRZ 2000, S. 1129 (1131).

[140] *Bauer*, IPRax 2002, S.179 (183); *Hau*, FamRZ 2000, S. 1333 (1339).

[141] EuGH, Urt. v. 08.12.87 – Rs 144/86 - NJW 1989, S. 665 *(Gubisch)*, EuGH, Urt. v. 6.12.94 – C 406/92 - NJW 1995, S. 1183 *(The owners of the cargo lately laden on board the Ship Tatry/The owners of the Ship Maciej Rataj)*; MüKo-*Gottwald*, ZPO Art. 11 EheGVO Rn. 3.

den oder ob die Sorgerechtsverteilung von Amts wegen erfolgt, kann es nicht ankommen.[142] Allerdings muss beachtet werden, dass die Rechtshängigkeit eines Eheverfahrens allein nicht genügt, ebenso wenig wie ein Verfahren über die elterliche Sorge von nur faktisch getrennt lebenden Eltern.[143] Die Rechtshängigkeitssperre muss gerade in Kindschaftssachen auf die konkrete Maßnahme beschränkt sein, so dass die Zuständigkeit für andere Schutzmaßnahmen erhalten bleibt.[144] Sofern bereits ein Verfahren einstweiligen Rechtsschutzes läuft, begründet dies einen Rechtshängigkeitseinwand nicht, denn es liegt kein gleicher Anspruch im Sinne des Art. 11 I EuEheVO vor, was sich insoweit auch aus der entsprechenden Auslegung des EuGVÜ ergibt.[145]

### 3. Keine Anerkennungsprognose
Wie in der Brüssel I-VO kommt es auch im Rahmen des Art. 11 EuEheVO nicht auf eine positive Anerkennungsprognose, also darauf an, ob die ausländische Entscheidung voraussichtlich im Inland anerkannt wird oder nicht. Insbesondere ist gemäß Art. 15 I lit. a, Nr. 2 lit. a EuEheVO die Entsprechung mit dem innerstaatlichen *ordre public* nicht zu prüfen.[146]

### 4. Gilt Art. 11 II EuEheVO für Feststellungsklagen analog?
Streitig ist, ob Art. 11 II EuEheVO für Feststellungsklagen analog anwendbar ist. Nach der oben vertretenen Auffassung[147] ist die EuEheVO indes grundsätzlich nicht auf Feststellungsklagen anwendbar, so dass sich dieses Problem gar

---

[142] LG Düsseldorf, Urt. v. 27.1.1998 – 4 O 418/97 - IPRax 1999, S. 461 (463); *Gruber*, FamRZ 2000, S. 1129 (1132); *Leipold*, FS-Arens, S. 227 (228f.); *Tiefenthaler*, ZfRV 1997, S. 67 (70).
[143] *Bauer*, IPRax 2002, S. 179 (183).
[144] *Roth/Döring*, JBl 1999, S. 758 (764); *Bauer*, IPRax 2002, S. 179 (183).
[145] BGH, Urt. v. 12.2.1992 – XII ZR 25/91 - IPRax 1994, S. 40; *Finger*, FuR 1999, S. 310 (314).
[146] Thomas/Putzo-*Hüßtege*, Anh. Art. 11 EheVO Rn. 1, *Becker-Eberhard*, FS-Schütze, S. 85 (86); *Gruber*, FamRZ 2000, S. 1129 (1132).
[147] Vgl. oben Kapitel I Teil 1 § 3 III.1.b) (S. 51 f.).

nicht stellt.[148]

5. Begründet ein vorgeschaltetes Versöhnungsverfahren den Rechtshängigkeitseinwand?

Problematisch ist in diesem Zusammenhang auch, ob bereits ein der Ehescheidung vorausgeschaltetes ausländisches Versöhnungsverfahren den Rechtshängigkeitseinwand begründet. Dies wäre dann der Fall, wenn in der Einleitung eines solchen Verfahrens die Geltendmachung eines Anspruchs oder das Stellen eines Antrags nach einem der Absätze des Art. 11 EuEheVO zu erblicken wäre. Aufgrund der vertretenen *Kernpunkttheorie*[149] kann kein formaler Antrag verlangt werden, weswegen darauf abzustellen ist, ob das Versöhnungsverfahren bei wertender Gesamtbetrachtung als selbständiges Verfahren, welches dann nur gegenüber einem anderen Versöhnungsverfahren eine Blockade bewirkt, oder als Bestandteil eines Scheidungsverfahrens angesehen werden kann. Sofern es als Bestandteil des Scheidungsverfahrens anzusehen ist, wie dies zum Beispiel bei dem Versöhnungsverfahren in Frankreich gilt, begründet seine Rechtshängigkeit bereits den Rechtshängigkeitseinwand.

6. Begründet ein Verbundverfahren die Rechtshängigkeit?

Fraglich ist ferner, ob ein sogenanntes Verbundverfahren möglicherweise den Rechtshängigkeitseinwand begründen kann. Hierbei ist es dem Gericht von Amts wegen auferlegt, auch bestimmte Folgesachen zu regeln. Nach einer Ansicht führt dies nicht zu einer Rechtshängigkeitssperre.[150] Dem widerspricht indes der Grundsatz, dass eine Rechtshängigkeit in Ermangelung anderer Vorschriften nach dem jeweiligen ausländischen Recht zu bewerten ist.[151] Deswe-

---

[148] Sofern man indes eine Anwendbarkeit der EuEheVO auf Feststellungsklagen bejaht, wird man mit *Gruber* [FamRZ 2000, S. 1129 (1132)] davon ausgehen müssen, dass für Feststellungsklagen keine Besonderheiten gelten können, da die Vorschrift das Ziel verfolgt, sämtliche Statusverfahren bei dem zuerst angerufenen Gericht zu konzentrieren. Ansonsten muss geprüft werden, ob die Verfahren denselben „Anspruch" im Sinne des Art. 11 I EuEheVO betreffen. Dass im deutschen Recht der Scheidungsantrag auf ein Gestaltungsurteil abzielt, während der Antrag nach § 632 ZPO ein Feststellungsantrag ist, der lediglich zwischen den Beteiligten wirkt - vgl. *Habscheid/Habscheid,* FamRZ 1999, S. 480 (481f.); Zeiss, Zivilprozessrecht Rn. 564 - steht nach der Rechtsprechung des EuGH einer Annahme desselben Anspruchs nicht entgegen, vgl. EuGH, Urt. v. 6.12.1994– Rs C 406/92 – NJW 1995, S. 1183 (1184) (*The owners of the cargo lately laden on board the Ship Tarty/The owners of the Ship Maciej Rataj*); EuGH, Urt. v. 8.12.1987 – Rs 144/86 - NJW 1989, S. 665 (666) (*Gubisch*).
[149] OLG Stuttgart, Urt. v. 4.10.1988 – 17 UF 131/88 - IPRax 1990, S. 113; *Gruber,* FamRZ 1999, S. 1563 (1564); *ders.,* FamRZ 2000, S. 1129 (1133); *Heiderhoff,* IPRax 1999, S. 392 (394).
[150] *Linke,* IPRax 1992, S. 159 (160).
[151] *Linke,* IPRax 1994, 17; *Gruber,* FamRZ 1999, S. 1563 (1564).

gen erscheint es auch hier sinnvoll, in dem jeweiligen Einzelfall[152] darauf abzustellen, welche Wirkungen die Verbundverfahren nach dem entsprechenden ausländischen Recht haben. Sofern nach diesem eine Rechtshängigkeitssperre begründet wird, ist diese anzuerkennen. Ist dies indes nicht der Fall, findet keine Blockade des später eingeleiteten Verfahrens statt.

7. Zeitpunkt der Rechtshängigkeit

Wie bei Art. 21 und 22 EuGVÜ ist bei dem Brüssel II-Übereinkommen problematisch, wie der für das Prioritätsprinzip maßgebliche Zeitpunkt zu bestimmen ist.[153] Dieses Problem stellt sich im Rahmen der EuEheVO hingegen nicht, da sie mit Art. 11 IV EuEheVO eine explizite Regelung enthält. Danach wird zur Bestimmung des Eintritts der Rechtshängigkeit entweder auf die Einreichung der Klage bei Gericht oder die Übergabe des Schriftstücks an die für die Zustellung zuständige Behörde abgestellt (strikte zeitliche Priorität).[154] Voraussetzung ist allerdings, dass der Antragsteller es in der Folge nicht versäumt, die jeweils noch fehlende Möglichkeit nachzuholen. Da lediglich beispielhaft auf die Zustellung der erforderlichen Unterlagen abgestellt wird, kann auf nationales Recht zurückgegriffen werden; im deutschen Recht ist also maßgebend die Zustellung der erforderlichen Abschrift der Anklageschrift.[155]

8. Wirkungen ausländischer Rechtshängigkeit

*a) Allgemeines*

Art. 11 EuEheVO stimmt weitgehend mit Art. 28 Brüssel I-VO überein.[156] Das angerufene Gericht hat die Prüfung der eigenen Zuständigkeit von Amts wegen vorzunehmen und das Verfahren zunächst auszusetzen, bis eine anderweitige Rechtshängigkeit festgestellt wird.[157] Ob das erstbefasste Gericht international zuständig ist, hat dieses beziehungsweise ein ihm übergeordnetes Gericht zu prüfen. Sobald die dementsprechende Entscheidung, die auch durch eine Zwi-

---

[152] So auch: *Gruber*, FamRZ 1999, S. 1563 (1564).
[153] *Hau*, FamRZ 1999, S. 484 (487); *Jayme/Kohler*, IPRax 1998, S. 418 (419); *Gruber*, FamRZ 1999, S. 1563 (1568); *Wagner*, IPRax 1998, S. 241 (243); *Hausmann*, The European Legal Forum 2000, S. 345 (346/347).
[154] *Rausch*, FuR 2001, S. 151 (154); *Hausmann*, The European Legal Forum 2000, S. 345 (347).
[155] *Hau*, FamRZ 2000, S. 1333 (1338); *Gruber*, FamRZ 2000, S. 1129 (1133); *Rausch*, FuR 2001, S. 151 (154).
[156] Zur Rechtshängigkeit nach Art. 28 Brüssel I-VO vgl. *Micklitz/Rott*, EuZW 2001, S. 325 (333).
[157] MüKo-*Gottwald*, ZPO Art. 11 EheGVO Rn. 2; Garbe/Oelkers-*Cordes*, Teil 13 Kap. 3.2.2.2. (S. 7); Thomas/Putzo-*Hüßtege*, Anh. Art. 2 EheVO Rn. 1; *Kohler* in: Mansel (Hrsg.), Vergemeinschaftung des Europ. Kollisionsrechts S. 41 (43); Siehr, FS-Lorenz, S. 581 (592); *Finger*, FuR 1998, S. 346 (348); *ders.*, MDR 2001, S. 1394 (1397).

schenentscheidung erfolgen kann, in Rechtskraft erwächst, steht die internationale Zuständigkeit fest, und das später angerufene Gericht erklärt sich gemäß Art. 11 III S. 1 EuEheVO zugunsten des erstbefassten Gerichts für unzuständig. Auch nach der Verordnung wird also in Fällen, in denen mehrere Zuständigkeiten gegeben sind, rasches Handeln notwendig bleiben, wenn man das Verfahren in einem bestimmten Staat betreiben will.[158]
Sofern die Zuständigkeitsentscheidung mit einem Endurteil erfolgt, scheidet die Anwendung des Art. 11 EuEheVO aus, denn dann steht – in Ermangelung von Anerkennungshindernissen nach Art. 15 EuEheVO – das rechtskräftige Endurteil in der Sache einer neuen Sachentscheidung entgegen, was insoweit ein Prozesshindernis der entgegenstehenden Rechtskraft gemäß § 322 ZPO darstellt.[159] Die nach Art. 11 EuEheVO zu beurteilende Rechtshängigkeitswirkung hat in der Regel einen größeren sachlichen Umfang als die sich nach der *lex fori* des erstbefassten Gerichts bestimmende Rechtskraft der anzuerkennenden Entscheidung, was dazu führt, dass im Einzelfall wieder Entscheidungen vor ausländischen Gerichten möglich werden, die zum Zeitpunkt der Rechtshängigkeit noch gemäß Art. 11 EuEheVO blockiert waren.[160] Ein ausländisches Zweitverfahren ist ferner immer dann wieder zulässig, wenn der Antrag auf Trennung beziehungsweise Scheidung im Erstverfahren rechtskräftig abgewiesen worden ist. Dies gilt auch für die Fälle, in denen das erstbefasste Gericht mit dem rechtskräftigen Urteil zwar seine internationale Zuständigkeit positiv festgestellt hat, zugleich aber eine Entscheidung trifft, die entweder abweisend ist oder aber nicht die sachliche Reichweite der bei dem zweitbefassten Gericht beantragten Entscheidung erreicht.[161] Die Rechtshängigkeit eines Scheidungsantrages vor einem ausländischen Gericht eines Nichtmitgliedstaates hindert die Zulässigkeit eines inländischen Scheidungsantrages, wenn die Entscheidung im Inland voraussichtlich anerkannt werden wird.[162]

---

[158] Den Sonderfall, dass ein Ehescheidungsverfahren bereits vor, ein weiteres aber erst nach Inkrafttreten der EuEheVO eingeleitet wurde, hatte der österreichische OGH zu entscheiden. Nach dessen Auffassung lässt sich unter diesem Umständen die vom EuGH im Beschluss v. 9.10.1997 – Rs. C-163/95 – IPRax 1999, S. 100 (v. *Horn / Cinnamond*) entwickelte differenzierende Lösung anwenden. Danach hat das später angerufene Gericht Art. 11 EuEheVO anzuwenden, wenn das zuerst angerufene Gericht seine internationale Zuständigkeit auf einen Zuständigkeitsgrund seines innerstaatlichen Rechts stützen kann, der mit Kapitel II der EuEheVO im Einklang steht (vgl. OGH, Beschluss v. 9.9.2002 – 7 Ob 188/02a - IPRax 2003, S. 456 (457) mit Anmerkung *Hau*, IPRax 2003, S. 461.
[159] *Vogel*, MDR 2000, S. 1045 (1048); *Gruber*, FamRZ 2000, S. 1129 (1133).
[160] *Hausmann*, The European Legal Forum 2000, S. 345 (347); *Gruber*, FamRZ 2000, S. 1129 (1134).
[161] *Gruber*, FamRZ 2000, S. 1129 (1135).
[162] *Niepmann*, MDR 2001, S. 601 (607).

*b) Art. 11 III S. 2 EuEheVO*
Nach Art. 11 III S. 2 EuEheVO kann der Antragsteller, der den Antrag bei dem später angerufenen Gericht gestellt hat, denselben dem zuerst angerufenen Gericht vorlegen. Eine solche Vorgehensweise ist indes nur dann zu empfehlen, wenn der Antrag auch bei dem nun angerufenen Gericht erfolgversprechend erscheint.[163] Praktisch bedeutsam ist die Regelung vor allem dann, wenn der Gegenantrag über den zuerst gestellten Antrag hinausgeht.[164] Diese Vorschrift ist systematisch insoweit unklar, als dass unbeantwortet bleibt, wie ein solcher Antrag durch das Gericht zu behandeln ist, wie er im Verhältnis zum innerstaatlichen Recht zu bewerten ist und ob das Gericht überhaupt über ihn zu entscheiden hat.

*aa) Anwendung der lex fori*
Nach einer Ansicht[165] soll sich die Behandlung des Antrags, und ob er überhaupt einer sachlichen Entscheidung zugänglich ist, in Ermangelung diesbezüglicher Vorschriften nach der *lex fori* bestimmen.

*bb) Art. 11 III S. 3 EuEheVO verdrängt die* lex fori
Die wohl überwiegende Auffassung[166] geht hingegen von einer Verdrängung der *lex fori* durch Art. 11 III S. 2 EuEheVO aus. Insbesondere sollen keine Einwendungen gegen die Zulässigkeit des Gegenantrags aus der *lex fori* des erstbefassten Gerichts im Hinblick auf nachträglich eingereichte Anträge hergeleitet werden können.

*cc) Stellungnahme*
Grundsätzlich soll autonomes Recht durch die EuEheVO verdrängt werden, sofern diese eine Regelung trifft. Die Verdrängung der *lex fori* ist dann bedeutsam, wenn der Gegenantrag über den beim zuerst angerufenen Gericht hinaus geht: Die Rechtskraftwirkung der von einem zuerst angerufenen Gericht erlassenen Entscheidung bleibt auf diese Weise hinter der Rechtshängigkeitswirkung zurück. Hinzu kommt, dass es ein unnötiger Formalismus wäre, einen erneuten Antrag stellen zu müssen, welcher die Formvorschriften des erstbefassten Gerichtes befolgen würde. Dies wäre zwar in den meisten Fällen ohne weiteres möglich, würde aber das Gerichtsverfahren wohl unnötig verzögern, was gerade

---

[163] *Hausmann*, The European Legal Forum 2000, S. 345 (347); *Gruber*, FamRZ 2000, S. 1129 (1134, Fn. 55).
[164] *Hausmann*, The European Legal Forum 2000, S. 345 (347); *Vogel*, MDR 2000, S.1045 (1049).
[165] *Vogel*, MDR 2000, S. 1045 (1049).
[166] *Gruber*, FamRZ 2000, S. 1129 (1134); *Borrás*, ABl. EG 1998, C221/27, S. 46/47; *Hausmann*, The European Legal Forum 2000, S. 345 (347).

im Hinblick auf Entscheidungen bezüglich der elterlichen Verantwortung nicht empfehlenswert wäre. Die zweite Ansicht ist demnach zu befürworten.

## VII. Einstweilige Maßnahmen
### 1. Dringliche Maßnahmen

Der einstweilige Rechtsschutz ist in Art. 12 EuEheVO normiert, wonach die Gerichte eines Mitgliedsstaates in dringenden Fällen ungeachtet der Bestimmungen der EuEheVO die nach dem Recht des Mitgliedsstaates vorgesehenen Maßnahmen einschließlich Sicherungsmaßnahmen auch dann ergreifen können, wenn in der Hauptsache ein Gericht eines anderen Mitgliedsstaates zuständig ist. Nach der Verordnung ist also, wenn auch bei Statusentscheidungen kaum denkbar, ein Auseinanderfallen der internationalen Zuständigkeit für Hauptsache und einstweilige Maßnahme möglich.[167] Abweichend vom Wortlaut des ansonsten entsprechenden Art. 24 EuGVÜ[168] sieht Art. 12 EuEheVO jedoch zwei autonom auszulegende Einschränkungen vor, wonach solche Maßnahmen nur in dringenden Fällen und in Bezug auf Personen und Güter, die sich im Forumstaat befinden, zulässig sind.[169] Für Deutschland heißt dies, dass weiterhin einstweilige Anordnungen und Verfügungen nach den hier geltenden Vorschriften erlassen werden können, insbesondere nach § 620 ZPO.

### 2. Einstweilige Maßnahmen ohne Dringlichkeit

Ohne eine Dringlichkeit richtet sich die internationale Zuständigkeit auch für einstweilige Maßnahmen nur nach der EuEheVO, wo Maßnahmen des einstweiligen Rechtsschutzes grundsätzlich von der Regelung des Art. 13 I EuEheVO erfasst werden. Dies gilt natürlich nicht für einstweilige Maßnahmen, die aufgrund der Eilzuständigkeit nach Art. 12 EuEheVO getroffen werden, wohl aber für vorläufige Anordnungen im Hauptsachegerichtsstand des Art. 3 EuEheVO. Im Hinblick auf die Rechtsprechung des EuGH zu Art. 24 EuGVÜ[170] stellt sich die Frage, ob auch hier die Anerkennung von in einem kontradiktorischen Verfahren ergangenen einstweiligen Maßnahmen ausgeschlossen ist, wenn diese auf einseitigen Antrag ohne vorherige Anhörung des Antragsgegners ergangen sind. Es erscheint aber wenig verständlich, wieso in Fällen, in denen von einer vorherigen Anhörung des Antragsgegners beispielsweise aufgrund des Kindeswohls

---

[167] *Rausch*, FuR 2001, S. 151 (152); *Vogel*, MDR 2000, S. 1045 (1049); *Finger*, FuR 1998, S. 345 (349); Borrás, ABl. EG 1998, C221/27, S. 47; *Sumampouw*, FS-Siehr, S. 729 (739).

[168] Dazu: *Jayme/Kohler*, IPRax 1999, S. 401 (408); *Wagner*, IPRax 1998, S. 241 (243).

[169] *Helms*, FamRZ 2001, S. 257 (260); Borrás, ABl. EG 1998, C221/27, S. 47/48; *Hau*, FamRZ 1999, S. 484 (486).

[170] EuGH, Urt. v. 21.5.1980 – Rs. 125/79 – Slg. 1980, S. 1553 Rn. 8, 14 (*Denilauler / Couchet Fréres*).

abgesehen wird, die Verordnung nicht anwendbar sein soll. In solchen Fällen müsste dann logischerweise auf andere geltende Abkommen oder das autonome Anerkennungsrecht rekurriert werden. Entscheidend für die Anerkennung einstweiliger Maßnahmen kann jedoch grundsätzlich nur die Gewährung rechtlichen Gehörs sein, was aber im Rahmen des Art. 15 II lit. c, d EuEheVO hinreichend berücksichtigt wird.[171] Es stellt sich damit also kein unüberwindbares Anerkennungshindernis, denn eine Anhörung kann entweder noch nachträglich oder aber durch Einräumung eines Rechtsbehelfs erfolgen. Schließlich hat auch bei nachträglicher Anhörung oder bei Einlegung eines Rechtsbehelfs der Anspruchsgegner die geforderte Möglichkeit, gehört zu werden. Demnach ist hier die Rechtsprechung des EuGH zum EuGVÜ nicht entsprechend heranzuziehen.

## § 5 Anwendbares Recht

Die Durchführung des Ehe- beziehungsweise Sorgerechtsverfahrens und die Bestimmungen des hierbei anzuwendenden Rechts werden in der EuEheVO wie in dem ihr vorausgegangenen Brüssel II-Übereinkommen nicht geregelt und verbleiben daher in der Kompetenz der Mitgliedstaaten.[172]

## § 6 Verhältnis der EuEheVO zu autonomem Recht

### I. Vorrang der EuEheVO

Rechtsakte der Europäischen Gemeinschaft haben Vorrang vor entgegenstehenden innerstaatlichen Kollisionsregelungen.[173] Die EuEheVO beansprucht also im Verhältnis zu autonomem Recht der Mitgliedstaaten absoluten Vorrang.[174] Auf einzelstaatliche Kompetenzen darf gemäß Art. 8 I EuEheVO nur zurückgegriffen werden, wenn sich nicht aufgrund der Art. 2 bis 6 EuEheVO die Zuständigkeit der Gerichte eines Mitgliedsstaates ergibt.[175] Es wurde darauf verzichtet, einen Negativkatalog mit inakzeptablen nationalen Zuständigkeitsvorschriften in die Verordnung einzufügen.[176]

Der Vorrang der EuEheVO bezieht sich indes nur auf das Verhältnis der Mitgliedstaaten untereinander. Die Zuständigkeit drittstaatlicher Gerichte ist selbst

---

[171] *Helms*, FamRZ 2001, S. 257 (261).
[172] *Tarko*, ÖJZ 1999, S. 401 (405); ebenso der Vorschlag von *Pirrung*, FS–v. Alkemade, S. 189 (201).
[173] *Iversen* in: Brödermann/Iversen, Europäisches Gemeinschaftsrecht und IPR Rn. 554; Zöller-*Geimer*, ZPO Anh. II Art. 1 Rn. 2; Baumbach/Lauterbach-*Albers*, § 606a ZPO Art. 1 EheGVVO Rn. 4; *Geimer*, FS-Ferid S. 89 (113).
[174] Garbe/Oelkers-*Cordes*, Teil 13 Kap. 3.2.2.2. (S. 2); *Rausch*, FuR 2001, S. 151; *Hau*, FamRZ 2000, S. 1333 (1340); *ders.*, FamRZ 1999, S. 484 (486).
[175] *Hau*, FamRZ 1999, S. 484 (486).
[176] *Hau*, FamRZ 2000, S. 1333 (1340).

dann nicht gegeben, wenn der sich dort aufhaltende Antragsgegner einem Mitgliedstaat angehört oder sich gewöhnlich in einem solchen aufhält. Ob ein hier angerufenes Gericht befugt beziehungsweise verpflichtet ist, die im Drittstaat eingetretene Rechtskraft oder Rechtshängigkeitssperre zu berücksichtigen, beurteilt sich vielmehr ausschließlich nach autonomem Recht.[177]

## II. Günstigeres autonomes Recht

Fraglich ist, ob durch die EuEheVO auch günstigeres autonomes Recht ausgeschlossen wird. Zwar ist die Problematik kaum relevant, da im Allgemeinen das europäische Zivilprozessrecht günstiger ist als das nationale; sie kann aber an Bedeutung gewinnen, wenn im autonomen Recht eine Liberalisierung des Anerkennungsrechts erfolgen würde. Bisher war in Deutschland einhellig[178] autonomes Recht auch dann trotz eines Staatsvertrags anwendbar, wenn es eine günstigere Regelung enthielt. In der Schweiz wurde demgegenüber das sogenannte *Garantieprinzip* vertreten, wonach auch günstigeres autonomes Recht durch einen entsprechenden Staatsvertrag ausgeschlossen sein soll. Die staatsrechtlichen Argumente zur Begründung dieser Ansicht entfallen indes seit dem Inkrafttreten des bundeseinheitlichen Anerkennungsrechts in der Schweiz.[179]

Auch im Rahmen des EuGVÜ ist diese Frage nicht hinreichend geklärt, da dieses keine Aussage über sein Verhältnis zum autonomen Anerkennungsrecht trifft. Zwei Argumente werden hier vorgebracht. Zum einen wolle das EuGVÜ das Anerkennungsrecht erleichtern und nicht etwa das autonome Recht verdrängen. Diese Verdrängung sei nur für bilaterale Verträge zwischen den Vertragsstaaten angeordnet (Art. 55 EuGVÜ). Dagegen wird vertreten, das EuGVÜ wolle eine einheitliche europäische Zivilverfahrensordnung schaffen und dulde deshalb aus Gründen der Einfachheit keine konkurrierenden autonomen Normen. Diese Begründungen können auch im Rahmen der EuEheVO gleichlautend für die eine oder andere Ansicht herangezogen werden. Zwar kann aufgrund der Rechtsnatur der Verordnung hier für einen Ausschluss günstigeren Rechts herangezogen werden, dass eine Verordnung in allen ihren Teilen verbindlich ist und unmittelbar in jedem Mitgliedstaat gilt. Aus der unmittelbaren Geltung der Verordnung und dem allgemeinen Vorrang des Gemeinschaftsrechts folgt ferner, dass eine EU-Verordnung einer entgegenstehenden Regelung des nationalen Rechts vorgeht und dieses dann unanwendbar ist, soweit es nicht mit der Verordnung vereinbar ist. Für die erste Ansicht spricht jedoch, dass keine Partei durch Anrufung des autonomen Rechts, welches integral und ohne Vermischung mit staatsvertraglichen Normen angewendet werden muss, die EuEheVO schä-

---

[177] *Hau*, FamRZ 2000, S. 1333 (1340).
[178] MüKo-*Gottwald*, ZPO § 328 Rn. 12; Garbe/Oelkers-*Cordes*, Teil 13 Kap. 3.4.3. (S. 5(2)), *Schröder*, Das Günstigkeitsprinzip im IPR S. 5 f.; *Geimer*, FS-Ferid S. 89 (113).
[179] *Siehr*, IPRax 1989, S. 93 (96).

digt. Man kann mit diesem Argument vertreten, dass ‚Unvereinbarkeit' nur dann vorliegt, wenn die Anerkennungs- und Vollstreckungsregelungen erschwert werden, nicht aber, wenn sie erleichtert werden. Hinzu kommt, dass das eindeutig auch in der Präambel festgelegte Ziel der Verordnung die Vereinfachung der Anerkennung und der Vollstreckung ist, nicht deren Erschwerung, was ebenfalls für eine Geltung des Günstigkeitsprinzips sprechen würde. Staatsverträge über die Anerkennung und die Vollstreckung wie die EuEheVO wollen die Anerkennung und Vollstreckung begünstigen, also sicherstellen, dass unter bestimmten Voraussetzungen eine Anerkennung und Vollstreckung von Urteilen in den jeweiligen Vertragsstaaten auf jeden Fall erfolgt,[180] nicht aber, dass sie unter anderen Umständen ausgeschlossen ist.

Meines Erachtens ist deshalb ein Ausschluss günstigeren autonomen Rechts zu verneinen, da kein Staat ein Interesse daran hat, die freiwillige Anerkennung seiner Urteile in einem anderen Staat zu verbieten und die EuEheVO ferner ausdrücklich gemäß ihrer Präambel eine Vereinfachung des Rechts und keine Erschwerung erreichen will. Erforderlich ist indes, dass sämtliche Anerkennungsvoraussetzungen der günstigeren autonomen Norm erfüllt sind. Etwas anderes kann nur gelten, wenn ein Staat sein gesamtes Zuständigkeits- und Anerkennungsrecht kodifizieren und auch das autonome Recht durch staatsvertragliche Normen ersetzen will.[181]

Der Anwendungsbereich des Günstigkeitsprinzips wird jedoch gering bis nicht vorhanden sein, da in der Regel die Entscheidungen auf Grundlage der EuEheVO ergangen und danach auch anzuerkennen sind.

## § 7 ANERKENNUNG VON ENTSCHEIDUNGEN, ART. 14 - 20 EUEHEVO

### I. Entscheidungsbegriff

Zu klären ist zunächst, was unter dem Begriff der ‚Entscheidung' im Rahmen der EuEheVO zu verstehen ist. Im Rahmen des EuGVÜ muss die Entscheidung Ausfluss staatlicher Gerichtsbarkeit sein. Auf die Art der Gerichtsbarkeit kommt es nicht an, sondern auf den Gegenstand ‚Zivil- und Handelssache'.[182] Vom Kreis der anzuerkennenden und zu vollstreckenden Entscheidungen werden laut Art. 13 I EuEheVO sowohl Kindschafts- als auch Ehesachen erfasst. Darunter wird somit jede Entscheidung über Ehescheidung, Trennung ohne Auflösung des Ehebandes oder Ungültigerklärung der Ehe sowie jede Entscheidung über die elterliche Verantwortung zu fassen sein, hinzu kommen Kostenfestsetzungsbeschlüsse sowie öffentliche Urkunden und vor einem Richter im Laufe des

---

[180] *Kropholler*, Europ. Zivilprozessrecht Art. 25 Rn. 8; *ders.,* Int. Privatrecht, S. 617 (§ 60 II 1 d); *Siehr*, IPRax 1989, S. 93 (96).

[181] *Siehr,* IPRax 1989, S. 93 (96).

[182] *Kropholler*, Europ. Zivilprozessrecht Art. 25 Rn. 7.

Verfahrens geschlossene Vergleiche.[183] Die Entscheidungen müssen aus einem Mitgliedstaat stammen, was sich insoweit aus der Legaldefinition des Art. 13 I EuEheVO ergibt. Eine Entscheidung ist bereits dann anerkennungsfähig, wenn sie ‚erlassen' ist. Eintritt der formellen Rechtskraft ist damit keine Anerkennungsvoraussetzung.[184]

## II. Anerkennungsverfahren
### 1. Allgemeines
In der deutschen Zivilprozessordnung setzt der Erlass eines Vollstreckungstitels nach § 722 I ZPO voraus, dass das Urteil des ausländischen Gerichts im Inland anzuerkennen ist (§ 723 II S. 2 ZPO).[185] Ebenso verhält es sich im Rahmen der EuEheVO, bei der sich die Anerkennungs- und Vollstreckungsregelungen im dritten Kapitel, welches eine Eingangsvorschrift (Art. 13 EuEheVO), einen Abschnitt zur Anerkennung (Art. 14 – 20 EuEheVO), einen zur Vollstreckung und einen mit ‚gemeinsamen Vorschriften' beinhaltet, finden. Nach der vorherrschenden *Wirkungserstreckungslehre* bedeutet Anerkennung eines ausländischen Hoheitsaktes, dass diesem auch im Inland die Wirkung beigemessen wird, die ihm aufgrund des im ausländischen Forum maßgeblichen Rechts zukommt.[186] Gemäß Art. 14 I und II EuEheVO bedarf es keines besonderen Verfahrens für die Anerkennung. Die Anerkennung einer Entscheidung aus den anderen Mitgliedsstaaten der Verordnung hat gemäß Art. 14 I EuEheVO automatisch zu erfolgen. Das Vorliegen einer rechtskräftigen Entscheidung aus einem Mitgliedstaat reicht aus. Die Behörden und Gerichte bleiben also in der Beurteilung der Anerkennungsfähigkeit ausländischer Entscheidungen im Rahmen der Klärung als Vorfrage selbständig, eine Nachprüfung in der Sache darf jedoch keinesfalls erfolgen.[187] Hierin unterscheidet sich die Verordnung von dem in vielen Staaten geltenden nationalen Recht.[188] Insbesondere kann im Anwendungs-

---

[183] Baumbach/Lauterbach-*Albers*, § 606a ZPO Anh. I Art. 13 Rn. 1; *Vogel*, MDR 2000, S. 1045 (1049); *Helms*, FamRZ 2001, S. 257 (258); *Hausmann*, The European Legal Forum, 2000, S. 345 (348); *Wagner*, IPRax 2001, S. 73 (76, Fn. 52).
[184] *Helms*, FamRZ 2001, S. 257 (260).
[185] *Gottwald*, IPRax 1995, S. 75.
[186] *Helms*, FamRZ 2001, S. 257 (258); *Hau*, FamRZ 1999, S. 484 (487).
[187] Thomas/Putzo-*Hüßtege*, Anh. Art. 19 EheVO Rn. 1; *Niepmann*, MDR 2001, S. 601 (607); *Kohler*, NJW 2001, S. 10 (12); *Wagner*, IPRax 2001, S. 73 (79); *Tarko*, ÖJZ 1999, S. 401 (405); *Rausch*, FuR 2001, S. 151 (154); *Borrás*, ABl. EG 1998, C221/27, S. 49; *Kohler*, NJW 2001, S. 10 (12); *Jayme/Kohler*, IPRax 2000, S. 456 (457); *Hausmann*, The European Legal Forum 2000, S. 345 (351).
[188] In Portugal z. B. ist auch nach der Novellierung der Vorschriften über die Anerkennung ausländischer Entscheidungen ein kontradiktorisches Verfahren beibehalten worden, in dem eine Überprüfung und Bestätigung stattfindet, vgl. *Jayme/Kohler*, IPRax 1997, S. 385 (392).

bereich der EuEheVO für die Prüfung der internationalen Zuständigkeit die in §§ 606 II, 606 a I Nr. 4 ZPO vorgesehene Anerkennungsprognose unterbleiben.[189]
Sofern im Entscheidungsstaat gegen eine Entscheidung ein Rechtsbehelf eingelegt worden ist, kann das wegen der Feststellung angegangene Gericht im Anerkennungs- und Vollstreckungsstaat gemäß Art. 20 I EuEheVO das Verfahren aussetzen.[190] Die Verordnung richtet sich nach dem EuGVÜ, indem sie Anerkennungshindernisse normiert, weswegen bei der Anwendung auf die hierzu ergangene Rechtsprechung und vorliegende Literatur zurückgegriffen werden kann.[191]
Das Aussetzen des Verfahrens in Bezug auf Entscheidungen, gegen die in Irland oder im Vereinigten Königreich ein Rechtsbehelf eingelegt wurde, wird gesondert in Art. 20 II EuEheVO geregelt.

2. Feststellungsantrag, Art. 14 III EuEheVO
Grundsätzlich kann gemäß Art. 14 III EuEheVO von jeder interessierten Partei im Anerkennungs- und Vollstreckungsstaat die Feststellung beantragt werden, dass eine Entscheidung (nicht) anzuerkennen ist. Im Unterschied zum EuGVÜ ist dies ausdrücklich nicht nur im Hinblick auf einen positiven, sondern auch auf einen negativen Feststellungsantrag gemeint. In diesem Fall ist das für die Vollstreckung geltende Verfahren anwendbar; das heißt, das zuständige Gericht wird durch das innerstaatliche Recht des Mitgliedsstaates bestimmt, in dem der Antrag gestellt wurde. Antragsberechtigt sind nicht lediglich die Parteien des Ausgangsverfahrens, erforderlich ist nur, dass der Antragsteller ein Feststellungsinteresse nachweisen kann. Grundsätzlich besteht ein allgemeines Interesse an der eindeutigen Klärung des Personenstandes, weswegen auch bei Dritten die Befugnis schon dann zu bejahen ist, wenn sie durch die Entscheidung auch nur indirekt betroffen werden.[192] Dies kann dazu führen, dass auch Behörden ein solches Interesse nachweisen können.[193]

---

[189] AG Leverkusen, Urt. v. 14.2.2002 – 34 F 134/01.
[190] *Zeuner*, FS-Lüke, S. 1003 (1004); *Wagner*, IPRax 2001, S. 73 (79); *Vogel*, MDR 2000. S. 1045 (1050); *Finger*, FuR 1998, S. 346 (350).
[191] *Tarko*, ÖJZ 1999, S. 401 (405); *Kohler*, NJW 2001, S. 10 (12); *Vogel*, MDR 2000, S. 1045 (1049); *Helms*, FamRZ 2001, S. 257 (261); *Hausmann*, The European Legal Forum 2000, S. 345 (348).
[192] *Helms*, FamRZ 2001, S. 247 (261); *Hausmann*, The European Legal Forum 2000, S. 345 (351, Fn. 73).
[193] Als Beispiel sei der Standesbeamte genannt, der durch den Fortfall des obligatorischen Anerkennungsverfahrens nach Art. 7 § 1 FamRÄndG im Zweifelsfall vor Eintragung der Statusänderung in das Personenstandsregister ein gerichtliches Feststellungsverfahren betreiben kann, vgl. *Helms,* FamRZ 2001, S. 257 (261). Anderer Ansicht ist insoweit Baumbach/Lauterbach-*Albers*, § 606a ZPO Art. 14 EheGVVO Rn. 9.

Allerdings dürfte wegen des in Art. 14 I EuEheVO normierten Anerkennungsautomatismus einer solchen Anerkennungsentscheidung lediglich deklaratorische Bedeutung zukommen, da danach Entscheidungen aus dem Ursprungsstaat ihre Wirkung im Anerkennungs- und Vollstreckungsstaat schon vorher kraft Gesetzes entfalten.[194]

### 3. Zwischenfeststellungsklage, Art. 14 IV EuEheVO

In Art. 14 IV EuEheVO wird bestimmt, dass das Gericht, bei dem der Rechtsstreit rechtshängig ist, über die Anerkennung einer Entscheidung auch als Vorfrage befinden kann. Problematisch ist insoweit, ob hiermit gemeint ist, dass das Gericht gleichsam im Rahmen einer Zwischenfeststellungsklage entscheiden soll, was bedeuten würde, dass die betreffende Entscheidung auch in Rechtskraft erwachsen würde, oder aber ob lediglich die Befugnis zur Entscheidung ausgesprochen wird. *Helms*[195] gibt zu bedenken, dass sich die Entscheidung nach Art. 14 IV EuEheVO vor jedem Gericht als Vorfrage stellen kann, während für das Anerkennungsverfahren nach Art. 14 III EuEheVO eine besondere Zuständigkeit der Familiengerichte gegeben sein muss. Sofern also ein Zwischenfeststellungsurteil ergeht, soll dies nur vor Familiengerichten möglich sein. *Vogel*[196] geht von anderen Gesichtspunkten aus, verlangt aber ebenfalls aus Gründen der Rechtssicherheit wenigstens in der Bundesrepublik, dass Rechtskraft einer solchen Entscheidung nur gegeben sein kann, wenn de facto eine Zwischenfeststellungsklage erhoben worden ist. Nimmt man das indes an, führt dies, wie *Vogel* auch selbst bemerkt, dazu, dass im Ergebnis jede Partei die Anerkennung nicht im Verfahren, sondern über die Zwischenfeststellungsklage klären kann. Die EuEheVO spricht indes lediglich von Entscheidungen über die Anerkennung von Statusentscheidungen. Mit der These *Vogels* würde so der Anwendungsbereich der Verordnung übermäßig überdehnt.

### 4. Deutsche Regelung

In der Bundesrepublik Deutschland ist für die Anerkennung von Entscheidungen, die nicht in einem EU-Mitgliedsstaat ergangen sind, nach bislang geltendem Recht eine Entscheidung der Landesjustizverwaltung beziehungsweise bei Beauftragung durch die Landesregierung die des Präsidenten des Oberlandesgerichtes erforderlich (Art. 7 § 1 I S. 1 FamRÄndG).[197] Eine Ausnahme gilt lediglich dann, wenn die Entscheidung von einem Gericht oder einer Behörde

---

[194] *Wagner*, IPRax 2001, S. 73 (79); *Vogel*, MDR 2000, S. 1045 (1049).
[195] *Helms*, FamRZ 2001, S. 257 (262).
[196] *Vogel*, MDR 2000, S. 1045 (1049).
[197] *Kohler*, NJW 2001, S. 10 (13); *Puszkajler*, IPRax 2001, S. 81 (82); *Vogel*, MDR 2000, S. 1045 (1049); *Jayme/Kohler*, IPRax 2000, S. 456 (457); *Helms*, FamRZ 2001, S. 257 (261); *Hausmann*, The European Legal Forum 2000, S. 345 (351).

stammt, dem beide Ehegatten zur Zeit der Eheschließung angehört haben. Die Landesregierungen haben also demnach nur dann ein Entscheidungsmonopol, wenn die geschiedenen Eheleute zur Zeit der Scheidung entweder nicht dieselbe Staatsangehörigkeit hatten oder nicht Angehörige des Staates waren, in dem die Scheidung erfolgte.[198] Durch die EuEheVO werden die Sonderregelungen in Ehesachen den Anerkennungsmechanismen in anderen Rechtsgebieten (nach der Brüssel I-VO beziehungsweise nach §§ 328 ZPO und 16 lit. a FGG) angeglichen.[199] Dies gilt allerdings nur im Hinblick auf die Mitgliedsstaaten der Verordnung, im Verhältnis zu anderen Ländern bleibt es bei den Regelungen nach Art. 7 § 1 I FamRÄndG; die Anerkennungsvoraussetzungen ergeben sich dann weiter aus § 328 ZPO, soweit keine vorrangige staatsvertragliche Regelung zum Zuge kommt.[200]

III. Ehesachen
Hinsichtlich der Entscheidungen in Ehesachen sind nur positive Entscheidungen anzuerkennen, also solche, die einem Antrag auf Scheidung, Trennung oder Nichtigerklärung einer Ehe stattgeben.[201]
Nicht anzuerkennen sind Fragen des Verschuldens[202] sowie unterhalts- und güterrechtliche Folgen der Entscheidung, auch dann nicht, wenn sie von der eigentlichen Entscheidung, die unter die Verordnung fällt, erfasst werden. Dasselbe gilt für im Rahmen einer Religionsgemeinschaft geltende Verfahren.[203] Abweisende Entscheidungen sind ebenfalls nicht anzuerkennen, was insoweit fragwürdig ist, als es sich um eine sehr allgemeine Aussage handelt. Eine das Scheidungsbegehren als unbegründet abweisende Entscheidung kann nach dem maßgeblichen Recht des Entscheidungsstaates unter Umständen zugleich die Wirksamkeit der Ehe feststellen und somit den Status der Ehegatten klären. Die Beachtung einer solchen Entscheidung in allen Mitgliedsstaaten wäre dann wünschenswert.[204] Allerdings kann die Präklusion damit begründet werden, dass die Möglichkeit, eine Ehe aufzulösen, aus der Sicht des Antragstellers im Anerken-

---

[198] *Henrich*, Int. Familienrecht, § 4, 4.b (S. 150).
[199] *Vogel*, MDR 2000, S. 1045 (1049).
[200] *Wagner*, IPRax 2001, S. 73 (79).
[201] Dies wurde damit begründet, dass Ziel der Verordnung die Erleichterung der Anerkennung sei und dass im Recht der Mitgliedsstaaten diesbezüglich Unterschiede bestünden, vgl. *Kohler*, NJW 2001, S. 10 (13).
[202] Dies liegt daran, dass das Verschuldensprinzip in vielen Staaten inzwischen abgeschafft ist, so in der Bundesrepublik beispielsweise seit 1977, vgl. dazu *Müller-Alten*, ZfJ 1989, S. 443 (444).
[203] *Gruber*, FamRZ 2000, 1129 (1130); *Hau*, FamRZ 1999, S. 484 (487); *Helms*, FamRZ 2001, S. 257 (258).
[204] *Hau*, FamRZ 1999, S. 484 (487); *Kohler*, NJW 2001, S. 10 (13); *Helms*, FamRZ 2001, S. 257 (258).

nungsstaat nicht übermäßig beeinträchtigt werden sollte, da so möglicherweise Entscheidungen anerkannt werden müssten, die nach der Vorstellung des Urteilsstaates Scheidungsgründe weitgehend ausschließen.[205] Der sachliche Anwendungsbereich der EuEheVO ist auf statusauflösende Entscheidungen beschränkt, es ist kein Wille zur abschließenden Regelung erkennbar. Deswegen kann davon ausgegangen werden, dass die Anerkennung klageabweisender Entscheidungen weiterhin nach den jeweiligen innerstaatlichen Anerkennungsregeln oder anderen bi- oder multilateralen Verträgen möglich ist.[206]

IV. Kindschaftssachen
1. Allgemeines
Sofern Entscheidungen hinsichtlich der elterlichen Verantwortung für Kinder im Zusammenhang mit einer Ehesache ergehen, sind nach der EuEheVO auch diese anzuerkennen. Hierunter fallen sowohl Entscheidungen bezüglich der leiblichen als auch der adoptierten Kinder eines Ehepaares. Was genau unter ‚elterlicher Verantwortung' zu verstehen ist, ergibt sich weder aus dem Wortlaut noch aus dem *Erläuternden Bericht* zum Brüssel II-Übereinkommen. Denken ließe sich in diesem Zusammenhang daran, den Begriff beispielsweise nach dem durch die *lex fori* berufenen Recht oder nach dem Sachrecht der *lex fori* auszulegen. Dies würde jedoch dem Erfordernis einer einheitlichen und gemeinschaftsrechtlich autonomen Auslegung der in der Verordnung verwandten Begriffe zuwiderlaufen. Sachgerechter wird deshalb eine sich an den Zielsetzungen und der Systematik der Verordnung orientierende Auslegung sein, die sich auch nach verwandten Rechtsakten richten sollte, die den Begriff bereits verwendet haben.[207]
Grundsätzlich ist von einer weiten Auslegung des Wortlautes auszugehen. Deshalb wird - anders als es der Wortlaut bei engem Verständnis vermuten lassen würde - mit der elterlichen Verantwortung nicht nur der gesamte Bereich der elterlichen Sorge einschließlich aller üblichen Teilregelungen wie Zuweisung eines Umgangs- oder Aufenthaltsbestimmungsrechts, sondern auch die Vormundschaft oder Pflegschaft erfasst. Dies stützt ein Rückgriff auf das Europäisches Übereinkommen vom 20. Mai 1980 über die Anerkennung und Vollstreckung von Entscheidungen über das Sorgerecht für Kinder und die Wiederherstellung des Sorgeverhältnisses (im Folgenden ESÜ)[208], welches in Art. 1 lit. c ESÜ die Sorgerechtsentscheidung als „die Entscheidung einer Behörde, soweit sie die Sorge für die Person des Kindes, einschließlich des Rechtes auf Bestimmung seines Aufenthaltes oder des Rechts zum persönlichen Umgang mit ihm,

---
[205] *Gruber,* FamRZ 2000, 1129 (1130); *Hau,* FamRZ 1999, S. 484 (487).
[206] *Helms,* FamRZ 2001, S. 257 (258).
[207] Zur Auslegung generell vgl. Kapitel II § 26 I.4. (S. 133 ff.).
[208] BGBl. 1990 II, S. 220; *Jayme/Hausmann,* Int. Privat- u. Verfahrensrecht Ordnungsnummer 184; vgl. dazu unten Kapitel I § 13 II.5. (S. 124 ff.).

betrifft" definiert. Aus Art. 20 EuEheVO kann entnommen werden, dass nicht nur rechtsgestaltende, sondern auch solche Entscheidungen erfasst werden, die notfalls einer Vollstreckung bedürfen. Unstreitig ist, dass Unterhalts- und Abstammungsfragen nicht umfasst werden. Es ist jedoch dennoch im Ergebnis von einem schmalen Anwendungsbereich auszugehen, da die Verfahren eine starke Eingrenzung deshalb erfahren, weil nur gemeinsame Kinder der Ehegatten bei einem gleichzeitigen Eheverfahren erfasst werden (Art. 1 I lit. b EuEheVO). In der Praxis ist der Anwendungsbereich des Begriffes der elterlichen Verantwortung damit im Ergebnis auf Verfahren zum Sorge- und Umgangsrecht, die mit oder während eines Verfahrens zur Ehescheidung, Trennung oder Ungültigerklärung einer Ehe anhängig gemacht werden, beschränkt.[209]

Die Ausführungen müssen insoweit entsprechend für den Begriff des Trägers der elterlichen Verantwortung gelten. Auch hier sprechen die oben dargestellten Gründe gegen einen Rückgriff auf die *lex fori* und für eine einheitliche Auslegung des Begriffs.

Insgesamt wird auf den Begriff der elterlichen Verantwortung als solchen sowie auf die Träger der elterlichen Verantwortung noch im zweiten Teil dieses Kapitels detaillierter einzugehen sein, da sich eine ausführliche Darstellung gerade im Hinblick auf die möglichen Veränderungen anbietet; ferner soll eine Diskussion im Rahmen des zweiten und dritten Kapitels erfolgen.[210]

2. Deutsche Umsetzung

Der Begriff der elterlichen Verantwortung insgesamt lässt sich präzise durch Auslegung ermitteln, weswegen der deutsche Gesetzgeber davon abgesehen hat, eine nationale Begriffsbestimmung zu treffen, da eine solche möglicherweise zu restriktiv sein könnte. Dem entspricht auch die hier vertretene Auffassung, dass ein Rückgriff auf die *lex fori* nicht zu befürworten ist, da der Begriff dann unter Umständen nicht einheitlich ausgelegt wird. Allerdings kann abgewartet werden, ob und inwieweit sich der EuGH für eine einheitliche Auslegung in allen Mitgliedsstaaten der EuEheVO aussprechen wird.

---

[209] Busch, IPRax 2003, S. 218 (220).
[210] Vgl. Kapitel I Teil 2 § 17 III.2. (S. 117), Kapitel II § 28 II.3.b) (S. 185 ff.) und Kapitel III § 38 II.4.c) (S. 251 ff.), § 41 II.1.b) (S. 295 ff.).

## V. Anerkennungshindernisse
### 1. Allgemeines

Die Gründe für die Nichtanerkennung von Entscheidungen sind auf ein Mindestmaß beschränkt, da die Regelungen zur Anerkennung und Vollstreckung auf dem Grundsatz des gegenseitigen Vertrauens beruhen. In der EuEheVO wird bewusst auf eine kollisionsrechtliche Kontrolle verzichtet, wie sie noch in Art. 27 Nr. 4 EuGVÜ vorgesehen war, was heißt, dass die Entscheidung selbst dann anzuerkennen ist, wenn nach dem Internationalen Privatrecht des Anerkennungsstaats ein anderes Sachrecht anwendbar gewesen wäre. Auch wenn der Erstrichter seine Entscheidung auf sein nationales Recht gestützt hat, sind die anderen Mitgliedsstaaten zur Anerkennung und Vollstreckung verpflichtet.[211] Hinzu kommt das in Art. 19 EuEheVO normierte Verbot der Nachprüfung in der Sache, was dem Stand der heutigen Anerkennungsinstrumente entspricht. Es wird nicht danach differenziert, welche Zuständigkeitsregel im Ursprungsstaat angewendet wurde; eine Nachprüfung der internationalen Zuständigkeit durch das Gericht im Anerkennungsstaat darf gemäß Art. 17 Satz 1 EuEheVO nicht erfolgen, was sich mit den vereinheitlichten Zuständigkeitsregeln und dem regional begrenzten Charakter der EuEheVO erläutern lässt.[212] Rechts- und Bestandskraft nach dem Entscheidungsstaat ist jedoch grundsätzlich nicht Voraussetzung der Anerkennung.[213]

Sofern indessen ein Mitgliedsstaat auf Grundlage einer anderen Übereinkunft eine Entscheidung getroffen hat, bestimmt Art. 16 EuEheVO für Ehe- und Kindschaftssachen gleichermaßen die Möglichkeit, eine solche Entscheidung nicht anzuerkennen, wenn diese nicht aufgrund einer der in den Art. 2 – 7 EuEheVO vorgesehenen Zuständigkeiten, sondern gemäß Art. 8 EuEheVO allein nach autonomem Recht oder auf Grundlage eines anderen Staatsvertrages ergangen ist.[214]

Jedoch enthält die EuEheVO zusätzlich noch unterschiedliche Kataloge von Anerkennungshindernissen für Ehe- und Kindschaftssachen. Der Grund für diese Aufteilung kann nach dem *Erläuternden Bericht* darin gesehen werden, dass beide Arten der Entscheidungen zwar eng mit der Ehesache verbunden sind, sie aber gemäß den unterschiedlichen Zuständigkeitsverteilungen im jeweiligen Staat von unterschiedlichen Stellen erlassen worden sein können. Hinzu kommt, dass die Gegenstände so unterschiedlich sind, dass auch die Nichtanerkennungs-

---

[211] *Hausmann*, The European Legal Forum 2000, 345 (348); *Vogel*, MDR 2000, S. 1045 (1050); *Wagner*, IPRax 2001, S. 73 (78); *Hau*, FamRZ 1999, S. 484 (487).
[212] *Hausmann*, The European Legal Forum 2000, S. 345 (348); *Wagner*, IPRax 2001, S. 73 (77).
[213] *Hau*, FamRZ 1999, S. 484 (487).
[214] *Wagner*, IPRax 2001, S. 73 (78); *Helms*, FamRZ 2001, S. 257 (262).

gründe in beiden Fällen zwangsläufig anders gelagert sind.[215]

## 2. Ehesachen, Art. 15 I EuEheVO

In Art. 15 I EuEheVO sind die speziellen Gründe für die Nichtanerkennung einer Entscheidung in einer Ehesache aufgezählt.

*a) Buchstabe a*

So ist in lit. a der klassische *ordre public* – Vorbehalt normiert, wobei jedoch Art. 18 EuEheVO einer allzu bestimmten Anwendung dieser Regelung entgegensteht. Danach ist eine Anerkennung einer Entscheidung in einer Ehesache nicht nur deshalb abzulehnen, weil die Ehescheidung oder Trennung ohne Auflösung des Ehebandes oder Ungültigerklärung der Ehe nach dem Recht des Mitgliedsstaates, in dem die Anerkennung beantragt wird, unter Zugrundelegung desselben Sachverhalts nicht zulässig wäre. Also kann eine Ablehnung nur dann erfolgen, wenn die Anerkennung dem *ordre public* des Mitgliedsstaates, in dem sie beantragt wird, offensichtlich widerspricht.[216] Dies entspricht der Ansicht, dass von der ‚Waffe' des *ordre public* nur zurückhaltend Gebrauch gemacht werden sollte. Schematismen und starre Regeln sollen danach in gewissen Grenzen hingenommen werden, und zwar auch dort, wo das deutsche Recht eine Einzelfallentscheidung verlangt.[217]

*b) Buchstabe b*

Das Erfordernis rechtlichen Gehörs in Versäumnissituationen, wenn also eine Zustellung nicht ordnungsgemäß oder nicht so rechtzeitig erfolgte, dass sich der Antragsgegner rechtzeitig verteidigen konnte, wird durch lit. b begründet. Hierbei wird nicht auf die fehlerhafte Zustellung nach den Vorschriften des Erststaates abgestellt, sondern es kommt nur auf die ausreichenden Verteidigungsmöglichkeiten des Antragsgegners an. Dementsprechend ist eine Berufung auf das Anerkennungshindernis ausgeschlossen, wenn der Antragsgegner mit der Entscheidung eindeutig einverstanden ist. Hierdurch ist die Möglichkeit geschaffen, trotz fehlerhafter Verfahrenseinleitung eine anerkennungsfähige Entscheidung zu erzielen. Der Vorschlag *Vogels*[218], aufgrund dieser Vorschrift bei entsprechender Einverständnisfeststellung an einen gänzlichen Verzicht auf Zustellungen zugunsten eines ‚entschlackten' Verfahrens zu denken, geht meines Erachtens zu weit. Sofern ein Antragsgegner sich mit dem Verfahren einverstanden erklärt und dem Verfahren demgemäß offen gegenübersteht, kann nicht davon

---

[215] *Borrás*, ABl. EG 1998, C221/27, S. 50.
[216] *Henrich*, Int. Familienrecht § 4, 4.b. (S. 150); *Wagner*, IPRax 2001, S. 73 (78); *Hausmann*, The European Legal Forum 2000, S. 345 (349).
[217] *Henrich*, IPRax 1993, S. 81 (83).
[218] *Vogel*, MDR 2000, S. 1045 (1049).

ausgegangen werden, dass er sich der Zustellung zu entziehen sucht. Ein Verzicht auf die zur Zeit erforderlichen Formalia würde zu größerer Unsicherheit folgen. Problematisch wäre in diesem Zusammenhang beispielsweise, welche Voraussetzungen eine entsprechende Einverständnisfeststellung aufweisen müsste. Eine Zustellung muss also weiterhin in allen Fällen gefordert werden.

*c) Buchstabe c*
Durch lit. c wird ein Anerkennungshindernis für den Fall normiert, dass die Entscheidung mit einer im Anerkennungsstaat ergangenen Entscheidung in derselben Sache unvereinbar ist; der Entscheidung im Anerkennungsstaat wird also unabhängig von der zeitlichen Abfolge der Vorrang eingeräumt.[219] Die Wirkungen des in Frage stehenden Urteils enden folglich mit dem Wirksamwerden der entgegenstehenden inländischen Entscheidung.
Fraglich ist, ob dies auch in Bezug auf klageabweisende Entscheidungen gilt.

*aa) Restriktive Auslegung*
Einer Ansicht[220] zufolge muss die Norm aufgrund des Zwecks der Vorschrift des Art. 13 I EuEheVO, scheidungsfreundliche Mitgliedstaaten nicht zu einer Anerkennung klageabweisender ausländischer Scheidungsurteile zu verpflichten, eng ausgelegt werden. Dies führt dazu, dass als ‚Entscheidung' im Sinne der Norm lediglich eine im Mitgliedstaat anzuerkennende beziehungsweise zu vollstreckende Entscheidung, nicht aber die einer solchen Anerkennung und Vollstreckung entgegenstehende klageabweisende Entscheidung eines Zweitstaates gilt.

*bb) Extensive Auslegung*
Anderer Meinung ist *Kohler*[221], nach dessen Ansicht aus Art. 13 I EuEheVO eine Beschränkung des Begriffs ‚Entscheidung' zu lesen ist, was dazu führen soll, dass eine schon vorliegende antragsabweisende Entscheidung keine Unvereinbarkeit mit der Vorschrift des Art. 13 I EuEheVO begründet.

*cc) Stellungnahme*
Art. 13 I EuEheVO wird zu Recht kritisch gesehen,[222] steckt aber eigentlich lediglich den sachlichen Anwendungsbereich der EuEheVO fest. Sofern grundsätzlich klageabweisende Entscheidungen einer Anerkennung nicht entgegen-

---

[219] *Hausmann*, The European Lega Forum 2000, S. 345 (349); *Henrich*, Int. Familienrecht § 4, 4.b. (S. 150).
[220] *Hausmann*, The European Legal Forum, 2000, S. 345 (350); *Helms*, FamRZ 2001, S. 257 (265).
[221] *Kohler*, NJW 2001, S. 10 (13); *Sedlmeier*, The European Legal Forum 2002, S. 35 (41) schließt sich dem an.
[222] *Kegel/Schurig*, Int. Privatrecht Nachtrag S. 9.

stünden, käme es – wie *Helms*[223] richtig feststellt - zu einem ‚Scheidungstourismus', das heißt ein abgewiesener Antragsteller würde in einem anderen Staat wiederum denselben Antrag einreichen können. Sofern dort eine eheauflösende Entscheidung erfolgen würde, müsste diese sogar in dem Staat des zuerst angerufenen Gerichts anerkannt werden. *Kohler*[224] selbst sieht es als zweifelhaft an, ob ein derartiger Eingriff in die Rechtsordnung des Anerkennungsstaates hinzunehmen ist. Für die erstgenannte Ansicht spricht ebenfalls, dass grundsätzlich für eine Entscheidungsfindung die *lex fori* anzuwenden ist, die bei der im Anerkennungsstaat ergangenen Entscheidung zu einer Ablehnung des entsprechenden Antrags geführt hat. Eine ablehnende Entscheidung bleibt jedoch eine Entscheidung, weswegen der explizite Wortlaut des lit. c der restriktiven Auslegung Recht gibt. Die besseren Gründe sprechen also für eine Ablehnung der Geltung des lit. c auch für klageabweisende Entscheidungen.

*d) Buchstabe d*
Durch lit. d wird ein Vorrang anerkennungsfähiger früher ergangener Entscheidungen eines Mitgliedsstaates oder aus einem Drittstaat festgelegt, sofern die frühere Entscheidung die notwendigen Voraussetzungen für ihre Anerkennung in dem Mitgliedsstaat erfüllt, in dem die Anerkennung beantragt wird.[225]

3. Kindschaftssachen, Art. 15 II EuEheVO
Die Anerkennung wird nur hinsichtlich solcher Kindschaftsentscheidungen normiert, die im Zusammenhang mit einer Ehesache ergangen sind. Ein eigenständiger Katalog in Art. 15 II EuEheVO legt die Anerkennungshindernisse fest. Hierbei ist insbesondere auf das Kindeswohl und die Gewährung rechtlichen Gehörs abgestellt worden.[226] Auch in Kindschaftssachen gilt gemäß lit. a der *ordre public* - Vorbehalt, der dem Wortlaut des Art. 23 II lit. d KSÜ entspricht, wonach ausdrücklich das Kindeswohl zu berücksichtigen ist. Nach lit. c wird auch das Gehör von Verfahrensbeteiligten sichergestellt, die sich auf das Verfahren nicht eingelassen haben. Wenn aber feststeht, dass diese mit der getroffenen Entscheidung einverstanden sind, kann eine Berufung auf Art. 15 II lit. c EuEheVO nicht erfolgen.[227]
Für Personen, in deren elterliche Verantwortung die Entscheidung eingreift,

---

[223] *Helms*, FamRZ 2001, S. 257 (265).
[224] *Kohler*, NJW 2001, S. 10 (13); *ders.* in: Mansel (Hrsg.), Vergemeinschaftung des Europäischen Kollisionsrechts S. 41 (47).
[225] *Henrich*, Int. Familienrecht, § 4, 4.b. (S. 150); *Wagner*, IPRax 2001, S. 73 (78); *Hausmann*, The European Legal Forum 2000, S. 345 (349).
[226] *Kohler*, NJW 2001, S. 10 (13); *Helms*, FamRZ 2001, S. 257 (263); *Vogel*, MDR 2000, S. 1045 (1050).
[227] *Wagner*, IPRax 2001, S. 73 (78); *Hausmann*, The European Legal Forum 2000, S. 345 (350).

wird das rechtliche Gehör durch lit. d gesichert. Hier wird deutlich, dass nicht nur auf die ordnungsgemäße Zustellung, sondern ebenfalls auf die ordnungsgemäße Ladung zu achten ist. Lit. b sichert demgegenüber – von dringenden Fällen abgesehen – das rechtliche Gehör des Kindes. Die Kindesanhörung wird generell als unverzichtbar angesehen, sie bildet die Grundlage für die richterliche Entscheidung.[228] Es ist nicht möglich, das Anerkennungshindernis der fehlenden Anhörung eines Kindes durch spätere Anhörung auszuhöhlen.[229] Die lit. e und f normieren den Vorrang von späteren Entscheidungen aus dem Anerkennungsstaat und anzuerkennenden späteren Entscheidungen aus Mitgliedsstaaten oder einem Drittstaat, in dem das Kind seinen gewöhnlichen Aufenthalt hat. Dies liegt daran, dass Sorgerechtsentscheidungen typischerweise nicht der materiellen Rechtskraft fähig sind, sondern stets unter dem Vorbehalt späterer Abänderung stehen. Frühere Entscheidungen hätten bereits bei der Entscheidung aus Anlass der Ehesache Berücksichtigung finden müssen.[230] Hinzu kommt, dass bei kindschaftsrechtlichen Entscheidungen, die üblicherweise nicht in Rechtskraft erwachsen und im FGG-Verfahren ergehen, neuen Entwicklungen Rechenschaft getragen werden sollte.[231]

## § 8 VOLLSTRECKUNG VON ENTSCHEIDUNGEN, ART. 21 - 31 EUEHEVO

### I. Allgemeines
Im Gegensatz zu Statusentscheidungen bedürfen Entscheidungen hinsichtlich der elterlichen Verantwortung der Regelung der Vollstreckung. Diese ist in Abschnitt 2 der Verordnung geregelt. Hierbei erfolgte eine starke Anlehnung an die entsprechenden Vorschriften des EuGVÜ.[232]

### II. Vollstreckbarerklärungsverfahren
1. Antrag
Die Vollstreckbarerklärung[233] erfolgt auf Antrag einer Partei an das zuständige

---

[228] *Hinz*, ZfJ 1984, S. 529 (536), zum Anhörungserfordernis im deutschen Recht *Motzer*, FamRZ 2001, S. 1034 (1037), *Lindle-Haas*, Das Kind im Sorgerechtsverfahren bei der Scheidung, S. 87 ff.
[229] *Vogel*, MDR 2000, S. 1045 (1050).
[230] *Borrás*, ABl. EG 1998, C221/27, S. 27; *Helms*, FamRZ 2001, S. 257 (265); *Hausmann*, The European Legal Forum 2000, S. 345 (350/351).
[231] *Helms*, FamRZ 2001, S. 257 (265); *Wagner*, IPRax 2001, S. 73 (78).
[232] Baumbach/Lauterbach-*Albers*, § 606a ZPO Übersicht Art. 21 Rn. 1; *Hau*, FamRZ 1999, S. 484 (487); *Hausmann*, The European Legal Forum 2000, S. 345 (351); *Vogel*, MDR 2000, S. 1045 (1050); *Pirrung*, FS-v. Alkemade, S. 189 (203); *Finger*, FuR 1998, S. 346 (351).
[233] Im Hinblick auf das Vereinigte Königreich tritt mit der Sonderregelung des Art. 21 II EuEheVO die sogenannte Registrierung an die Stelle der Vollstreckbarerklärung.

Gericht (Art. 22 EuEheVO). Hinsichtlich der ordnungsgemäßen Antragstellung ist nach der Regelung des Art. 23 I EuEheVO das Recht des Vollstreckungsstaates entscheidend,[234] weswegen nach wie vor mit unterschiedlichen Vollstreckungsmöglichkeiten zu rechnen ist.[235]
Zuständig ist das Gericht, welches in der Liste im Anhang I der Verordnung aufgeführt ist. Die örtliche Zuständigkeit ist in Art. 22 II EuEheVO normiert; danach ist das Gericht am gewöhnlichen Aufenthaltsort der Person, gegen die vollstreckt werden soll, oder am gewöhnlichen Aufenthaltsort des Kindes, auf das sich der Antrag bezieht, zuständig (Art. 22 II S. 1 EuEheVO).[236] Sofern sich diesbezüglich keine Zuständigkeit ermitteln lässt, wird gemäß Art. 22 I S. 2 EuEheVO hilfsweise das örtlich zuständige Gericht durch den Ort der Vollstreckung bestimmt.
Der Begriff der ‚berechtigten Partei' ist extensiv zu lesen, weswegen darunter nicht nur Ehegatten und Kinder fallen, sondern auch die staatliche Gewalt.[237]
Der Antragsteller hat im Bezirk des angerufenen Gerichts ein Wahldomizil für die Zustellung zu begründen beziehungsweise einen Zustellungsbevollmächtigten zu bestellen. Sofern im Rahmen des Ursprungsprozesses Prozesskostenhilfe oder Gebührenbefreiung gewährt wurde, wird auch im Anerkennungs- und Vollstreckungsstaat diesbezüglich die günstigste mögliche Regelung angewandt, damit eine bedürftige Partei nicht erneut entsprechende Anträge stellen muss.[238]

2. Verfahren

In dem in der EuEheVO vorgesehenen mehrstufigen Vollstreckbarerklärungsverfahren erfolgt in der Regel keine mündliche Verhandlung, die Vollstreckbarerklärung ergeht also ohne rechtliches Gehör des Antragsgegners.[239]
Im Vollstreckbarerklärungsverfahren können zunächst die in Art. 32 EuEheVO aufgezählten Formalia überprüft werden. Hierbei wird die Vollstreckbarerklä-

---

[234] Grundsätzlich können ausländische Entscheidungen nach den §§ 621 I Nr. 3, 621 lit. a ZPO i.V.m. §§ 16 lit. a, 33 FGG für vollstreckbar erklärt werden, wenn kein Staatsvertrag wie die EuEheVO vorliegt, vgl. *Roth*, IPRax 1994, S. 19 (20). Ausländische Entscheidungen, die nach der Qualifikation der *lex fori* als echte Streitsachen der Freiwilligen Gerichtsbarkeit einzuordnen sind, werden in Deutschland durch Vollstreckungsurteil nach §§ 722, 723 ZPO für vollstreckbar erklärt. Die Titel haben die Funktion von Leistungsurteilen, vgl. Roth, IPRax 1988, S. 75 (78).
[235] *Vogel*, MDR 2000, S. 1045 (1050); *Hausmann*, The European Legal Forum 2000, S. 345 (351); *Finger*, FuR 1998, S. 346 (350).
[236] *Niepmann*, MDR 2001, S. 601 (607); *Vogel*, MDR 2000, S. 1045 (1050); *Borrás*, ABl. EG 1998, C221/27, S. 54; *Wagner*, IPRax 2001, S. 73 (79).
[237] Garbe/Oelkers-*Cordes*, Teil 13 Kap. 3.2.2.2. (S. 19); *Borrás*, ABl. EG 1998, C221/27, S. 54; *Helms*, FamRZ 2001, S. 587 (261); *Hau*, FamRZ 1999, S. 484 (487); *Wagner*, IPRax 2001, S. 73 (80); *Meyer-Götz*, FF 2001, S. 17 (18).
[238] *Wagner*, IPRax 2001, S. 73 (80); *Finger*, FuR 1998, S. 346 (350).
[239] *Vogel*, MDR 2000, S. 1045 (1050); *Helms*, FamRZ 2001, S. 257 (261).

rung durch die in den Art. 33 ff. EuEheVO festgelegten, durch den Ursprungsstaat auszustellenden Zertifikate erleichtert, die zum Beispiel Angaben über den Ursprungsmitgliedsstaat, das entscheidende Gericht, die Entscheidung und die Parteien enthalten. Sie müssen gemäß Art. 34 II EuEheVO nicht notwendigerweise in die Gerichtssprache des Anerkennungs- und Vollstreckungsstaates übersetzt sein; allerdings kann eine solche Übersetzung vom dortigen Gericht verlangt werden. Sofern Urkunden fehlen, kann das Gericht nach Art. 34 I EuEheVO verfahren, also eine Frist zur Vorlage setzen, sich mit anderen Urkunden begnügen oder aber von der Pflicht zur Vorlage befreien, wenn dies für die weitere Klärung nicht notwendig erscheint.

Ferner überprüft das angerufene Gericht gemäß Art. 24 II EuEheVO, ob die Entscheidung überhaupt vollstreckbar, also ob sie ordnungsgemäß zugestellt worden ist und ob keines der in Art. 15, 16 und 17 EuEheVO normierten Anerkennungshindernisse vorliegt, was von Amts wegen zu prüfen ist.[240] Eine Versagung der Vollstreckbarerklärung ist nur möglich, sofern ein solches Anerkennungshindernis vorliegt. Insoweit folgt die Systematik der Verordnung dem internationalen Zivilprozessrecht und dem EuGVÜ,[241] obwohl dort bei Schaffung der EuEheVO bereits über eine Veränderung dieser Regelungen nachgedacht und inzwischen eingeführt wurde.[242]

Gemäß Art. 24 III EuEheVO ist eine Überprüfung in der Sache unzulässig.

Eine Fristsetzung zur Durchführung des Vollstreckbarerklärungsverfahrens wurde nicht normiert; die Entscheidung wird gemäß Art. 24 I EuEheVO vom Gericht so bald als möglich („ohne Verzug") erlassen. Dies kann damit begründet werden, dass Fristsetzungen gegen Gerichte nicht üblich sind und auch keine Sanktionen bei Verstoß gegen eine solche Regel zur Verfügung gestanden hätten.[243]

### 3. Entscheidung
Gemäß Art. 25 EuEheVO ist die Entscheidung über den Antrag dem Antragsteller vom Urkundsbeamten der Geschäftsstelle unverzüglich in der Form mitzuteilen, die das Recht des Vollstreckungsstaates vorsieht. Nach dem sogenannten *Verbot der Doppelexequatur* beschränkt sich die Wirkung der Vollstreckbarerklärung lediglich auf den jeweiligen Vollstreckungsstaat.[244]

---

[240] *Wagner*, IPRax 2001, S. 73 (80).
[241] *Vogel*, MDR 2000, S. 1045 (1050).
[242] *Wagner*, IPRax 1998, S. 241 (244); *Wagner*, IPRax 2001, S. 73 (80).
[243] *Borrás*, ABl. EG 1998, C221/27, S. 55; *Wagner*, IPRax 2001, S. 73 (79).
[244] *Heß*, IPRax 2000, S. 361; *Wagner*, IPRax 2001, S. 73 (80); *Borrás*, ABl. EG 1998, C221/27 S. 56.

## 4. Beginn der Zwangsvollstreckung

Die eigentliche Zwangsvollstreckung richtet sich nach der *lex fori* des jeweiligen Vollstreckungsstaates.[245] Fraglich ist in praktischer Hinsicht, ob schon nach der vom erstinstanzlichen Gericht ausgesprochenen Vollstreckbarerklärung eine Zwangsvollstreckung beginnen kann oder ob erst die Rechtskraft dieser Entscheidung abgewartet werden muss. Zwar ist Rechts- und Bestandskraft nach dem Recht des Entscheidungsstaats grundsätzlich nicht Voraussetzung einer Anerkennung.[246]

Art. 20 EuEheVO bestimmt insoweit, dass das Gericht die Vollstreckung aussetzen kann. Die Aussetzung würde demnach möglich sein, ansonsten aber im Ermessen des Gerichtes stehen. Im Hinblick darauf, dass die Vollstreckung vollendete Tatsachen schaffen kann, erscheint hier indes Zurückhaltung geboten.[247] Hierfür sprechen auch Argumente aus dem internationalen Zivilprozessrecht. Im Falle der Anerkennung, die der Vollstreckbarerklärung vorausgeht, müssen die einer ausländischen Entscheidung zukommende materielle Rechtskraft oder die nach dem deutschen Rechtsverständnis der Rechtskraft entsprechende Wirkung im Inland beachtet werden. Soweit auf Grundlage einer ausländischen Entscheidung die Zwangsvollstreckung betrieben werden soll, bedarf es der förmlichen Vollstreckbarerklärung im Zweitstaat, die zwangsläufig voraussetzt, dass die Entscheidung im Erststaat und nach dortigem Recht bereits vollstreckbar ist. Das autonome Recht setzt insoweit die durch formelle Rechtskraft beziehungsweise durch eine funktionell vergleichbare Bestandskraft manifestierte endgültige Vollstreckbarkeit voraus.[248] So ist beispielsweise nach der ZPO ein Endurteil erst vollstreckbar, wenn es rechtskräftig oder für vorläufig vollstreckbar erklärt worden ist.[249] Grundsätzlich wird jedes Urteil vom Gericht von Amts wegen für vorläufig vollstreckbar erklärt, in Ehe- und Kindschaftssachen darf das Gericht gemäß § 704 II ZPO aber nicht einmal die Kostenentscheidung für vorläufig vollstreckbar erklären.[250] Bei der Beantragung der Erteilung eines Vollstreckungsbescheides im deutschen Mahnverfahren muss zunächst der Ablauf der Widerspruchsfrist abgewartet werden.[251]

All dies spricht dafür, die Rechtskraft des ursprünglichen Urteils aufgrund der höheren Rechtssicherheit abzuwarten.

---

[245] *Hausmann,* The European Legal Forum, 2000, S. 345 (351); *Wagner,* IPRax 2001, S. 73 (79).
[246] *Hau,* FamRZ 1999, S. 484 (487); *Hohloch,* FF 2001, S. 45 (51).
[247] *Wagner,* IPRax 2001, S. 73 (80).
[248] *Linke,* Int. Zivilprozessrecht, Rn. 336, 357 u. 382.
[249] *Baur/Grunsky,* Zivilprozessrecht Rn. 232; *Schellhammer,* Zivilprozessrecht Rn. 801.
[250] *Schellhammer,* Zivilprozessrecht Rn. 802.
[251] *Jauernig,* Zivilprozessrecht, § 90 IV S. 331.

## 5. Zuständigkeit in der Bundesrepublik

In Deutschland ist gemäß der Liste im Anhang der EuEheVO im Bezirk des Kammergerichts das Familiengericht Pankow/Weißensee beziehungsweise in den Bezirken der übrigen Oberlandesgerichte das Familiengericht am Sitz des betreffenden Oberlandesgerichts zuständig für Anträge dieser Art.[252]

### III. Rechtsbehelfe gegen die Entscheidung

Gemäß Art. 26 I EuEheVO kann jede Partei einen Rechtsbehelf gegen die erstinstanzliche Entscheidung einlegen.

#### 1. Partei

Problematisch ist insoweit, ob damit nur Antragsteller und Antragsgegner gemeint sind oder auch ein betroffenes Kind.

Der Begriff des Antragstellers im Sinne des Art. 21 I EuEheVO wird extensiv ausgelegt, was demgemäß auch hier für eine weite Auslegung sprechen würde.[253] Dafür spricht ferner, dass auf das Kindeswohl rekurriert wird. Hinzu kommt, dass beispielsweise auf das rechtliche Gehör der Kindes großes Gewicht gelegt wird,[254] so dass es diesem auch möglich sein muss, gegen eine ergangene Entscheidung wegen Verletzung desselben vorzugehen. Die Einlegung eines Rechtsbehelfs durch das betroffene Kind muss demnach ebenfalls möglich sein.

#### 2. Frist

Eine Frist für einen Rechtsbehelf gegen eine ablehnende Entscheidung hinsichtlich der Vollstreckbarerklärung ist in der EuEheVO nicht vorgesehen. Vielmehr wird in einem solchen Fall die gegnerische Partei gemäß Art. 26 IV EuEheVO aufgefordert, sich auf das Verfahren einzulassen. Ist diese dazu nicht bereit, greifen gemäß Art. 26 III EuEheVO die Regelungen des Art. 10 EuEheVO ein, das heißt, das angerufene Gericht prüft die Zulässigkeit des Rechtsbehelfs wie die einer Klage.

Das anzurufende Gericht ist in Anhang II der Verordnung bestimmt. Gemäß Art. 26 V S. 1 EuEheVO muss der Rechtsbehelf gegen die Vollstreckbarerklärung spätestens einen Monat nach der Zustellung bei dem zuständigen Gericht eingelegt werden. Eine Frist von zwei Monaten gilt demgegenüber nach Art. 26 V S. 2 und 3 EuEheVO in dem Fall, dass die Partei, gegen die die Vollstreckung erwirkt werden soll, ihren gewöhnlichen Aufenthalt in einem anderen Mitgliedstaat als dem hat, in dem die Vollstreckbarerklärung erteilt worden ist. Die Frist beginnt erst zu laufen, wenn die Vollstreckbarerklärung dem Vollstreckungs-

---

[252] *Vogel*, MDR 2000, S. 1045 (1050); *Helms*, FamRZ 2001, S. 257 (262).
[253] *Wagner*, IPRax 2001, S. 73 (80).
[254] *Kohler*, NJW 2001, S. 10 (13).

schuldner zugestellt worden ist.[255] Der Rechtsbehelf ist in der Bundesrepublik bei dem Oberlandesgericht einzulegen.

3. Verfahren
Die Überprüfung der erstinstanzlichen Entscheidung findet in einem kontradiktorischen Verfahren statt, nach den Vorschriften, die für Verfahren mit beiderseitigem rechtlichen Gehör maßgebend sind (Art. 26 III EuEheVO). Art. 26 IV EuEheVO normiert Sonderregelungen für den Fall, dass der ursprüngliche Vollstreckungsgläubiger den Rechtsbehelf einlegt. Dann wird unter Beachtung der Prüfung der Zulässigkeit gemäß Art. 10 EuEheVO der Vollstreckungsgegner aufgefordert, sich auf das Verfahren einzulassen.[256]
Solange im Ursprungsmitgliedsstaat ein ordentlicher Rechtsbehelf eingelegt worden ist, kann das mit dem Rechtsbehelf gegen die Vollstreckbarerklärung befasste Gericht gemäß Art. 28 I EuEheVO auf Antrag der Partei das Verfahren zunächst aussetzen, was auch dann möglich ist, wenn lediglich die Frist für einen Rechtsbehelf im Ursprungsstaat noch nicht verstrichen ist, wobei dann jedoch das Gericht eine Frist bestimmen kann, innerhalb der ein Rechtsbehelf eingelegt werden muss. Insoweit liegt also die Möglichkeit einer Verkürzung der Rechtsbehelfsfrist in einem Drittstaat vor.[257]

4. Rechtsbehelf gegen die Entscheidung
Eine Entscheidung über den Rechtsbehelf kann wiederum ihrerseits gemäß Art. 27 EuEheVO angefochten werden. Dies ist allerdings nur mit dem jeweiligen im Anhang III an die EuEheVO aufgeführten Verfahren möglich. In Deutschland wäre dies die Rechtsbeschwerde.

§ 9 Sonstiges

Gemäß Art. 43 EuEheVO hat die Kommission dem Rat, dem Parlament und dem Wirtschafts- und Sozialausschuss einen Bericht über die Anwendung der EuEheVO spätestens bis zum 1.3.2006 vorzulegen, wobei Vorschläge zur Änderung beizufügen sind, sofern dies notwendig erscheint. Hierin unterscheidet sich die Verordnung wieder von dem ihr vorausgegangenen Übereinkommen, welches in Art. 49 Brüssel II-Übereinkommen vorsieht, dass die Mitgliedstaaten und die Kommission Änderungen vorschlagen können, die dann vom Rat ausgearbeitet werden müssen, der sie wiederum den Mitgliedstaaten zur Annahme gemäß ihren verfassungsrechtlichen Vorschriften empfiehlt. Die Regelung des

---

[255] *Vogel*, MDR 2000, S. 1045 (1050).
[256] *Vogel*, MDR 2000, S. 1045 (1050).
[257] *Borrás*, ABl. EG 1998, C221/27, S. 57; *Helms*, FamRZ 2001, S. 257 (260); *Wagner*, IPRax 2001, S. 73 (80); *Vogel*, MDR 2000, S. 1045 (1050).

Art. 43 EuEheVO wird im Hinblick auf den dort genannten Stichtag und das geplante Inkrafttreten des VO-E jedoch kaum Bedeutung erhalten.

## § 10 ÜBERGANGSFRAGEN

Die Übergangsvorschriften des Art. 42 EuEheVO sind stark an die des Art. 54 EuGVÜ angelehnt. Ein Unterschied besteht im Hinblick darauf, dass die EuEheVO in allen Mitgliedstaaten gleichzeitig in Kraft tritt, weswegen ihre Regelungen grundsätzlich nur für die nach Inkrafttreten am 01. März 2001 eingeleiteten Verfahren gelten.
Problematisch ist allerdings, was unter dem Begriff ‚einleiten' zu verstehen ist, da dies nicht näher definiert wird. In Anlehnung an die Regelungen im EuGVÜ, die zwar insoweit eine Klageerhebung voraussetzen, ansonsten aber vergleichbar sind, kann sich auch hier das Vorliegen eines eingeleiteten Verfahrens nach dem Verfahrensrecht des Ursprungsstaates bestimmen.[258]
Jedoch können die Regeln der EuEheVO auch schon kurz nach ihrem Inkrafttreten zur Anwendung kommen. Eine Ausnahme von der Regel gilt nämlich gemäß Art. 42 II EuEheVO für Verfahren, die zwar vor Inkrafttreten der EuEheVO eingeleitet wurden, die Entscheidung in diesen Verfahren aber nach Inkrafttreten erging. Das Gericht im Ursprungsstaat muss aufgrund von Vorschriften zuständig gewesen sein, die mit den Zuständigkeitsvorschriften der EuEheVO oder eines Abkommens übereinstimmten, das zum Zeitpunkt der Einleitung des Verfahrens zwischen dem Ursprungsmitgliedsstaat und dem Vollstreckungsstaat in Kraft gewesen ist. Eine Entscheidung ist dann ‚ergangen', wenn sie nach dem Verfahrensrecht des Ursprungsstaates nach außen wirksam geworden ist.[259]

## § 11 VORLAGEVERFAHREN

Gemäß Art. 234, 68 EG obliegt die Auslegung von Begriffen einer Verordnung auf EU-Ebene dem EuGH, der als gemeinsames Rechtsprechungsorgan der Vertragsstaaten eingesetzt wurde[260]. Während beim Brüssel II-Übreinkommen also noch mit Art. 45 Brüssel II-Übereinkommen eine explizite Regelung getroffen werden musste[261], der zufolge die Auslegung durch den EuGH nach einem besonderen Auslegungsprotokoll zu erfolgen hatte,[262] gilt die Auslegungsregel der

---

[258] *Wagner*, IPRax 2001, S. 73 (80); *Borrás*, ABl. EG 1998, C221/27, S. 59; a. A. *Hau*, IPRax 2003, S. 461.
[259] *Wagner*, IPRax 2001, S. 73 (81).
[260] *Kohler* in: Reichelt, Kollisionsrecht, S. 15 (18).
[261] *Tarko*, ÖJZ 1999, S. 401 (405).
[262] *Erläuternder Bericht*, ABl. EG 1998, C221/65, S. 66; *Borrás*, ABl. EG 1998, C221/27, S. 63.

Art. 234, 68 EG auch für die EuEheVO, so dass ein Auslegungsprotokoll nicht mehr notwendig ist. Das zusätzliche Verfahren nach Art. 68 III EG, wonach der Rat, die Kommission oder ein Mitgliedstaat dem Gerichtshof eine Frage zur Auslegung eines auf Art. 61 ff. EG gestützten Rechtsakts stellen kann, wird dadurch aufgewertet.[263] Danach besteht eine Vorlagepflicht ähnlich der so genannten *Divergenzvorlage*, wenn ein Mitgliedstaatengericht in einem anderen Verfahren von dieser Begriffsauslegung abweichen möchte.[264] Eine solche Vorlage kann vom Rat, von der Kommission oder von einem Mitgliedsstaat erfolgen. Die daraufhin ergehende Entscheidung bleibt ohne Wirkung für rechtskräftige Urteile der innerstaatlichen Gerichte, bindet die Gerichte also lediglich für den speziellen Fall.[265] Bisher konnte der EuGH von nationalen Gerichten auf Basis der Vorabentscheidungszuständigkeit des Art. 234 EG angerufen werden, wenn es um die Vereinbarkeit nationaler Familien- (kollisions-) Rechtsnormen mit europäischen Grundsätzen ging.[266] Nach Sonderregelung des Art. 68 EG findet Art. 234 EG im Rahmen der EuEheVO nur eingeschränkt Anwendung, denn nur letztinstanzliche Gerichte sind zur Einholung einer Vorabentscheidung befugt, aber auch verpflichtet.[267]

§ 12 DEUTSCHES DURCHFÜHRUNGSGESETZ

Die EuEheVO ist als Verordnung in all ihren Teilen verbindlich und gilt unmittelbar in jedem Mitgliedstaat. Damit entfaltet sie mit ihrem Erlass bindende Rechtswirkungen, ohne dass es einer Inkorporierung, Transformation oder Umsetzung seitens eines nationalen Organs bedürfte.[268] Soweit eine Verordnung indes Lücken enthält, kann der nationale Gesetzgeber diese durch ergänzendes Recht füllen. Im Rahmen der EuEheVO wird das Vollstreckbarerklärungsverfahren nicht detailliert geregelt, so dass den Mitgliedsstaaten die Möglichkeit gegeben wird, Einzelheiten so auszugestalten, dass sich das Vollstreckbarerklärungsverfahren nahtlos in die jeweiligen geltenden Systeme integriert.[269] Grundsätzlich kann dies durch ein eigenständiges Gesetz geschehen. In Deutschland allerdings wurde auf ein solches eigenständiges Gesetz verzichtet. Dies liegt daran, dass die EuEheVO starke Ähnlichkeit mit dem EuGVÜ aufweist, für das

---

[263] *Wagner*, IPRax 2001, S. 73 (81).
[264] *Coester-Waltjen*, FS-Lorenz, S. 307 (313); *Kohler*, NJW 2001, S. 10 (14).
[265] *Kropholler*, Europ. Zivilprozessrecht, Einl. Rn. 29; *Jayme/Kohler*, IPRax 2000, S. 254 (257); *Kohler*, NJW 2001, S. 10 (14).
[266] *Pirrung*, FS-Henrich S. 461 (462).
[267] *Kohler*, NJW 2001, S. 10 (14); *Puszkajler*, IPRax 2001, S. 81 (84); *Jayme/Kohler*, IPRax 2000, S. 254 (257).
[268] *Iversen* in: Brödermann/Iversen, Europ. Gemeinschaftsrecht und IPR Rn. 549; *Arndt*, Europarecht 4. Teil B.I. (S. 52).
[269] *Wagner*, IPRax 2001, S. 73 (81).

das Anerkennungs- und Vollstreckungsausführungsgesetz vom 30. Mai 1988 (AVAG)[270] geschaffen wurde.[271] Das AVAG enthält die Ausführungsbestimmungen zum EuGVÜ sowie zu einer Reihe multi- und bilateraler Anerkennungs- und Vollstreckungsverträge. Es wurde aufgrund der vorgenannten Ähnlichkeiten beschlossen, eine Änderung des AVAG vorzunehmen, so dass die Durchführungsbestimmungen zur EuEheVO in das AVAG aufgenommen werden konnten. Die Integration der Durchführungsbestimmungen zu der EuEheVO in das bisher überwiegend von einem vermögensrechtlichen Gegenstand ausländischer Entscheidungen her konzipierte AVAG machte eine Reihe von Folgeänderungen erforderlich, welche einerseits mit dem familienrechtlich geprägten Regelungsgehalt, andererseits mit der Rücksichtnahme auf Besonderheiten zwischenstaatlicher Verträge zusammenhingen.[272] Aufgrund der Vielzahl von Änderungen, die notwendig gewesen wären, wurde das AVAG völlig neu formuliert und trat in seiner Neufassung zeitgleich mit der EuEheVO in Kraft. Das AVAG baut nunmehr die Konzentration der gerichtlichen Zuständigkeit bei internationalen Sorgerechtsstreitigkeiten aus, die seit dem 1.7.1999 für Verfahren nach dem Haager Übereinkommen über die zivilrechtlichen Aspekte internationaler Kindesentführung vom 25. Oktober 1980 (HKÜ)[273] und dem ESÜ[274] gilt. Seither liegt die Zuständigkeit für solche Verfahren nunmehr je bei einem Familiengericht für jeden der 24 Oberlandesgerichtsbezirke. Das hat den Vorteil, dass die dort tätigen Richter sowie Rechtsanwälte sich mit der Spezialmaterie vertraut machen und Erfahrung mit der Bearbeitung solcher Fälle sammeln können.[275] Grundsätzlich wird dies auf Verfahren nach der EuEheVO übertragen, aber gleichzeitig auch auf Folgeverfahren ausgedehnt, da grenzüberschreitende Sorgerechtssachen vielfach auch nach Abschluss eines Verfahrens nach dem HKÜ, dem ESÜ oder der EuEheVO in besonderem Maße konfliktträchtig bleiben. Auch solche Folgefälle sollen daher von Richtern mit besonderer Sachkunde und Erfahrung auf dem Gebiet des internationalen Sorgerechts entschieden werden, damit die betroffenen Kinder den bestmöglichen Schutz erhalten.[276] Die besonderen Regelungen, welche ausschließlich die EuEheVO betreffen, sind in den §§ 50 ff. AVAG normiert.

---

[270] Schönfelder Ergänzungsband, Stand: 7. Ergänzungsl. Juli 2003, Ordnungsnr. 103 a.
[271] *Finger*, FuR 2001, S. 97 (98).
[272] BT-Drucks. 14/4591 v. 13.11.2000, S. 1.
[273] Vgl. dazu unten Kapitel I § 13 II.6. (S. 102 ff.).
[274] Vgl. dazu unten Kapitel I § 13 II.5. (S. 100 ff.).
[275] BT-Drucks. 14/4591 v. 13.11.2000, S. 2.
[276] BT-Drucks. 14/4591 v. 13.11.2000, S. 2.

## § 13 STAATSVERTRAGLICHES UMFELD

### I. Allgemeines

Neben der EuEheVO bestehen andere Übereinkünfte, die insbesondere Ehesachen betreffen und zwischen zwei oder mehreren Vertragsstaaten gegenwärtig in Kraft stehen. Zum besseren Verständnis der Regelungen der EuEheVO erscheint daher die Betrachtung des staatsvertraglichen Umfelds geboten. Hier soll indes aufgrund des Schwerpunkts der Arbeit lediglich auf die wichtigen Übereinkommen auf dem Gebiet des Kindschaftsrechts eingegangen werden.

Das Verhältnis der EuEheVO zu anderen Staatsverträgen ist in den Art. 36 ff. EuEheVO geregelt. Danach sind die Anerkennungs- und Vollstreckungsregelungen der Verordnung in ihrem Anwendungsbereich einer Reihe staatsvertraglicher Regelungen vorrangig,[277] soweit das Verhältnis der Mitgliedsstaaten untereinander betroffen ist. Hierzu zählen das MSA, das ESÜ, das KSÜ, die Staatsverträge unter den Mitgliedsstaaten mit Anwendungsbereichen, die unter die EuEheVO fallen, das Übereinkommen vom 8.9.1967 über die Anerkennung von Entscheidungen in Ehesachen und das Haager Übereinkommen vom 1.6.1970 über die Anerkennung von Ehescheidungen sowie Trennung von Tisch und Bett. Allerdings sind in diesem Zusammenhang für Deutschland nur das MSA, das ESÜ und die Staatsverträge mit den entsprechenden Anwendungsbereichen relevant, weil die anderen Übereinkommen von Deutschland nicht ratifiziert wurden.[278] Eine Ratifizierung des KSÜ ist jedoch in absehbarer Zeit zu erwarten, da der Rat der EU mit seiner Entscheidung vom 19.12.2002 die Mitgliedstaaten grundsätzlich ermächtigt hat, das Übereinkommen im Interesse der Gemeinschaft zu unterzeichnen[279] Diverse Staaten haben seitdem das Übereinkommen bereits unterzeichnet, unter anderem die Bundesrepublik am 1.4.2003.[280] Nunmehr ist auch ein Entschließungsentwurf vorgelegt worden, wonach eine Ratifizierung erfolgen darf.[281]

### II. Staatsverträge und ihre Beziehung zur EuEheVO

Es werden im Folgenden die oben genannten Staatsverträge, die einen ähnlichen Regelungsgehalt wie die EuEheVO haben, dargestellt. Anschließend erfolgt eine Erörterung des Verhältnisses, in dem die EuEheVO zu dem jeweiligen Staatsvertrag steht.

---

[277] Thomas/Putzo-*Hüßtege*, Vor Art. 13 EheVO Rn. 2.
[278] Da das MSA und das KSÜ Schwerpunkte dieser Arbeit sind, sei insoweit auf die Kapitel II (S. 129 ff.) und Kapitel III (S. 233 ff.) verwiesen.
[279] ABl. EU 48/1 v. 21.2.2003.
[280] Zum aktuellen Status vgl. http://www.hcch.net/e/status/proshte.html.
[281] Vgl. Europ. Parlament, Plenarsitzungsdokument v. 2.10.2003 endgültig A5-0319/2003.

1. Haager Übereinkommen über die Anerkennung und Vollstreckung von Entscheidungen auf dem Gebiet der Unterhaltspflicht gegenüber Kindern vom 15.4.1958

*a) Allgemeines*

Das HKUVÜ 1958[282] umfasst Unterhaltsansprüche von ehelichen, nichtehelichen und adoptierten Kindern, soweit diese unverheiratet sind und noch nicht das 21. Lebensjahr vollendet haben. Sachlich zuständig ist das Amtsgericht; die örtliche Zuständigkeit leitet sich aus dem allgemeinen Gerichtsstand des Schuldners ab oder liegt bei dem Gericht, in dessen Bezirk sich Vermögen des Schuldners befindet oder die Zwangsvollstreckung durchgeführt werden soll. Ob der Titelgläubiger nach den Regeln des HKUVÜ 1958 oder nach den Bestimmungen des EuGVÜ/LugÜ und des deutschen AVAG vorgehen will, bleibt seiner Disposition überlassen. Die Vertragswerke sind nebeneinander anwendbar.[283] Im Verhältnis zu dem HKUVÜ 1973 wird nach dessen Art. 29 das HKUVÜ 1958 in den Mitgliedstaaten ersetzt.[284]

*b) Verhältnis des Übereinkommens zur EuEheVO*

Das HKUVÜ 1958 und die EuEheVO betreffen unterschiedliche Rechtsgebiete, stehen also unabhängig voneinander nebeneinander.

2. Haager Übereinkommen vom 1. Juni 1970 über die Anerkennung von Ehescheidungen sowie Trennung von Tisch und Bett

*a) Allgemeines*

Zur Zeit, als die Initiative zum Brüssel II-Übereinkommen ergriffen wurde, existierte das Haager Übereinkommen vom 1.6.1970 über die Anerkennung von Ehescheidungen sowie Trennung von Bett und Tisch[285] bereits. Das Abkommen gilt für Scheidungen und Trennungen von Tisch und Bett, die in einem Vertragsstaat (Entscheidungsstaat) wirksam in einem gerichtlichen oder anderen anerkannten Verfahren ausgesprochen worden sind. Es gilt nicht für Schuldaussprüche und Nebenentscheidungen, z.B. Unterhalt und elterliche Sorge (Art. 1 Haager Übereinkommen v. 1.6.1970). Eingehend geregelt ist in den Art. 2 – 5 Haager Übereinkommen v. 1.6.1970 die internationale Anerkennungszuständigkeit.[286] Es besitzt indes zwei Mängel, weil es zum einen keine vereinheitlichten Vorschriften über die (direkte) internationale Zuständigkeit als Grundlage für liberale Anerkennungsregelungen vorsieht und zum anderen eine zwingende Rechtshängigkeitsregelung in dem Sinne fehlt, dass ein später angerufenes Ge-

---

[282] BGBl 1961 II, S. 1005, S. 1012.
[283] *Goerke*, FamRZ 1974, S. 57 (63).
[284] *Finger*, FuR 2001, S. 97 (103).
[285] *Jayme/Hausmann*, Int. Privat- und Verfahrensrecht Ordnungsnr. 183.
[286] *Kegel/Schürig*, Int. Privatrecht § 22 V.2 (S. 923).

richt dem zuerst eingeleiteten Verfahren Priorität einräumen muss, weswegen das Übereinkommen ein anderes, modernes Anerkennungs- und Vollstreckungselement auf Europaebene nicht entbehrlich macht.[287] Wohl aus diesen Gründen wurde es von einigen Mitgliedstaaten, wozu Deutschland, Frankreich, Griechenland, Irland und Spanien gehören, bislang noch nicht ratifiziert.

*b) Verhältnis des Übereinkommens zur EuEheVO*
Grundsätzlich stellte sich angesichts des bereits bestehenden Übereinkommens vom 1.6.1970 die Frage, ob ein weiterer Staatsvertrag auf diesem Gebiet überhaupt erforderlich war. Einige der Mitgliedsstaaten, die Vertragsparteien des Haager Übereinkommens vom 1.6.1970 waren, beurteilten dieses als zufriedenstellend. Dennoch konnten andere Staaten nicht dazu bewogen werden, es zu unterzeichnen. Weil Art. 18 des Haager Übereinkommens vom 1.6.1970 den Vertragsstaaten erlaubte, Übereinkommen im selben Bereich zu schließen, wurde durch das bestehende Übereinkommen ein weiterer Staatsvertrag nicht ausgeschlossen.[288] Im Rahmen der Zuständigkeitsvorschriften der Verordnung mussten Kriterien festgelegt werden, ohne auf die nicht in den Anwendungsbereich der Verordnung fallende Situation einzugehen, dass die Gültigkeit einer Ehe aufgrund eines Antrags auf deren Ungültigerklärung nach dem Tod eines oder beider Ehegatten zu prüfen ist. Ein solcher Fall unterliegt den einschlägigen internationalen Rechtsinstrumenten wie dem Haager Übereinkommen vom 1.6.1970 oder der jeweiligen innerstaatlichen Rechtsordnung, soweit diese eine Lösung anbietet. Grundsätzlich jedoch ist die EuEheVO gegenüber dem Haager Übereinkommen vom 1.6.1970 über die Anerkennung von Ehescheidungen sowie die Trennung von Tisch und Bett vorrangig, was indes für die Bundesrepublik keine Bedeutung hat, da diese nicht Vertragsstaat des Haager Übereinkommens vom 1.6.1970 ist.[289]

3. Übereinkommen vom 27. September 1968 über die gerichtliche Zuständigkeit und die Vollstreckung gerichtlicher Entscheidungen in Zivil- und Handelssachen (EuGVÜ)
*a) Allgemeines*
Zur Regelung der internationalen Zuständigkeiten für Rechtsstreitigkeiten in Zivil- und Handelssachen mit Auslandsberührung und zur wechselseitigen Anerkennung und Vollstreckung der so gefällten Entscheidungen schlossen die sechs Gründerstaaten der damaligen EWG am 27.9.1968 auf Basis des Art. 220 EG das Übereinkommen über die gerichtliche Zuständigkeit und die Vollstreckung

---

[287] *Pirrung*, FS–v. Alkemade, S. 189 (190); *Wagner*, IPRax 2001, S. 73 (74).
[288] *Borrás*, ABl. EG 1998, C221/27, S. 30.
[289] *Wagner*, IPRax 2001, S. 73 (75); *Sumampouw*, FS-Siehr, S. 729 (732).

gerichtlicher Entscheidungen in Zivil- und Handelssachen (EuGVÜ)[290]. Dieses wurde durch das Beitrittsübereinkommen vom 9.10.1978 auf Dänemark, Irland und das Vereinigte Königreich von Großbritannien und Nordirland, durch das Beitrittsübereinkommen vom 25.10.1989 auf Portugal und Spanien und schließlich durch das Beitrittsübereinkommen vom 29.11.1996 auf Österreich, Finnland und Schweden ausgedehnt.[291] Es hatte das Ziel, innerhalb der Gemeinschaft den Rechtsschutz der dort ansässigen Personen zu verstärken.[292] Das EuGVÜ regelt für den Anwendungsbereich seiner einzelnen Vorschriften die internationale Zuständigkeit der Gerichte der Vertragsstaaten abschließend. Beim Fehlen eines dem Kläger genehmen Gerichtsstandes darf nicht auf autonomes Recht zurückgegriffen werden. Sofern aber grundsätzlich keine Zuständigkeitsvorschrift greift, muss auf autonomes Recht rekurriert werden.[293] Für drittstaatsverknüpfte Fälle wird die bestehende Rechtslage grundsätzlich unverändert gelassen.[294] Das Übereinkommen ist von Amts wegen anzuwenden, muss also zugrunde gelegt werden, auch ohne dass sich die Parteien darauf berufen.[295] Anlässlich des Beitritts von Schweden, Finnland und Österreich zum EuGVÜ wurde eine parallele Revision des EuGVÜ und des Lugano-Übereinkommens angestrebt.[296]

*b) Verhältnis des Übereinkommens zur EuEheVO*
Grundsätzlich verfolgen EuEheVO und EuGVÜ dieselben Ziele. Vom Anwendungsbereich des EuGVÜ sind bestimmte Rechtsgebiete ausgeschlossen; hierzu gehören die Durchführung eines Ehe- und Sorgerechtsverfahrens sowie die Bestimmung des anzuwendenden Rechts. Das EuGVÜ ist wegen seines Art. 1 II Nr. 1 EuGVÜ sachlich nicht anwendbar auf das internationale Sorge- und Umgangsrecht.[297] Es gilt aber beispielsweise für im Rahmen eines Scheidungsverfahrens ergangene Entscheidungen hinsichtlich von Unterhaltspflichten.[298] Diese wiederum werden von der EuEheVO nicht erfasst. Aufgrund der unterschiedli-

---

[290] BGBl 1972 II, S. 774.
[291] *Kropholler*, Europ. Zivilprozessrecht Rn. 6 – 9; *Tarko*, ÖJZ 1999, S. 401 (402); *Heß*, NJW 2000, S. 23 (24).
[292] *Kropholler*, Europ. Zivilprozessrecht Einl. Rn. 1.
[293] *Kropholler*, Europ. Zivilprozessrecht Einl. Rn. 13; *Siehr*, FS-Schütze, S. 821 (822, 823).
[294] *Kohler* in Reichelt, Kollisionsrecht S. 15 (16).
[295] *Kropholler*, Europ. Zivilprozessrecht Einl. Rn. 15.
[296] Dazu vgl. unten Kapitel I Teil 1 § 13 II.9. (S. 79 f.).
[297] Thomas/Putzo-*Hüßtege*, Anh. Vor Art. 1 EheVO Rn. 6; *Winkel*, Grenzüberschreitendes Sorge- u. Umgangsrecht S. 130.
[298] EuGH, Urt. v. 27.2.1997 – Rs. C-220/95 - IPRax 1999, S. 35 (*van den Boogaard / Laumen*); Garbe/Oelkers-*Oellrich*, Teil 13 Kap. 4.2.2.1. (S. 1); MüKo-*Gottwald*, ZPO Art. 5 GVÜ Rn. 20; *Borrás*, ABl. EG 1998, C221/27, S. 28, 29, 30; *Tarko*, ÖJZ 1999, S. 401 (406).

chen Anwendungsbereiche können das EuGVÜ und die EuEheVO nebeneinander stehen.

4. Haager Übereinkommen über die Anerkennung und Vollstreckung von Unterhaltsentscheidungen vom 12. Oktober 1973
*a) Allgemeines*
Das HKUVÜ 1973[299] ersetzt das ihm vorausgegangene Übereinkommen HKUVÜ 1958. Es ist in acht europäischen Staaten anzuwenden; nur in Belgien gilt noch das HKUVÜ 1958. Es ist auf Entscheidungen über Unterhaltspflichten aus Beziehungen der Familie, Verwandtschaft, Ehe oder Schwägerschaft, einschließlich der Unterhaltspflicht gegenüber einem nichtehelichen Kind anzuwenden, die von Gerichten oder Verwaltungsbehörden eines Vertragsstaates erlassen worden sind. Es regelt das Verfahren zur Vollstreckbarerklärung indes nicht selbst, sondern überlässt alle Einzelheiten dem jeweiligen nationalen Ausführungsgesetz.[300]

*b) Verhältnis des Übereinkommens zur EuEheVO*
Ebenso wie sein Vorgänger, das HKUVÜ 1958, betrifft das HKUVÜ 1973 einen anderen Anwendungsbereich, weswegen es den der EuEheVO nicht berührt.

5. Europäisches Übereinkommen vom 20. Mai 1980 über die Anerkennung und Vollstreckung von Entscheidungen über das Sorgerecht für Kinder und die Wiederherstellung des Sorgeverhältnisses (ESÜ)
*a) Allgemeines*
Das Luxemburger ESÜ[301] wurde von allen Mitgliedsstaaten unterzeichnet und schloss Lücken des MSA durch Bestimmungen zur Anerkennung und Vollstreckung von Sorgerechtsentscheidungen eines Vertragsstaates in einem anderen Vertragsstaat. Darüber hinaus regelt es in Art. 8 I ESÜ die Wiederherstellung des Sorgerechts bei unzulässigem Verbringen des Kindes ins Ausland.[302] Das ESÜ ist auf jedes Kind anzuwenden, welches das sechzehnte Lebensjahr noch nicht vollendet hat und (kumulativ) noch nicht berechtigt ist, nach dem Recht des Staates seines gewöhnlichen Aufenthalts, dem Recht des Staates, dem es angehört oder dem innerstaatlichen Recht des Zufluchtstaates seinen eigenen Aufenthalt zu bestimmen. Vollendet das Kind das sechzehnte Lebensjahr, ent-

---

[299] Übereinkommen vom 2.10.1973 über die Anerkennung und Vollstreckung von Unterhaltsentscheidungen, BGBl 1986 II, S. 837 und BGBl 1987 II, S. 225.
[300] *Pirrung*, FS–v. Alkemade, S. 189 (195); *Finger*, FuR 2001, S. 97 (102/103).
[301] BGBl. 1990 II, S. 220; *Jayme/Hausmann*, Int. Privat- u. Verfahrensrecht Ordnungsnr. 184.
[302] *Andrae*, Int. Familienrecht Rn. 482 u. 549; *Holl*, Int. Kindesentführungen S. 55; *Schwab-Motzer*, H.III. Rn. 333; *Oelkers*, Sorge- und Umgangsrecht § 5 Rn. 39; *Limbrock*, FamRZ 1999, S. 1631 (1633).

fällt die Anwendbarkeit des ESÜ *ex nunc*.[303] Es bietet erstmals eine multilaterale völkerrechtliche Grundlage für die gegenseitige Durchsetzung von Entscheidungen und fördert die zwischenstaatliche Zusammenarbeit von Behörden und Gerichten und damit eine rechtlich gesicherte Abwicklung des grenzüberschreitenden Umgangsrechts. Das ESÜ bestimmt weder die internationale Zuständigkeit für Entscheidungen über das Sorgerecht noch das in Sorgerechtssachen anzuwendende Recht.[304] Das Verfahren selbst und die Entscheidung über das Sorgerecht wird nicht geregelt. Das ESÜ setzt vielmehr das Vorliegen einer Sorgerechtsentscheidung voraus. Es weist indes Züge eines Rechtshilfeabkommens auf, weil es die Verwirklichung seiner Ziele dadurch zu erleichtern versucht, dass es zentrale Behörden schafft und eine enge Zusammenarbeit zwischen diesen herbeiführt,[305] was in den Art. 2 bis 6 ESÜ geregelt ist. Gemäß dem SorgeRÜbkAG ist diese Aufgabe in Deutschland dem Generalbundesanwalt beim Bundesgerichtshof übertragen.

In der Bundesrepublik erfolgt die Vollstreckbarkeitserklärung gemäß dem § 6 I SorgeRÜbkAG[306] auf Antrag als Familiensache im Verfahren der Freiwilligen Gerichtsbarkeit.

Das ESÜ schließt jedoch eine Lücke, die Art. 7 MSA hinterlässt, weil die Vollstreckung von Schutzmaßnahmen dort ausgenommen wird. Das ESÜ erleichtert zwar die Anerkennung und Vollstreckung ausländischer Sorgerechtsregelungen, und es verlangt als Hilfe bei der Durchsetzung die Einrichtung Zentraler Behörden in allen Vertragsstaaten (Art. 2 ESÜ). Das ESÜ ist wegen seines vollstreckungsrechtlichen Ansatzes und der damit verbundenen Förmlichkeiten aber nicht so effektiv wie das HKÜ und auch in seinem sachlichen, räumlichen und personellen Geltungsbereich beschränkt, weswegen es neben dem HKÜ[307] eher ein „Schattendasein'[308] führt und das autonome deutsche Internationale Privat- und Verfahrensrecht nicht vollständig, sondern vielmehr nur teilweise ersetzt.[309] Die wichtigsten Bestimmungen betreffen die internationale Annexzuständigkeit (§ 621 I Nr. 1, 2, 3; § 621 II Satz 1; § 606 lit. a ZPO) und § 35 lit. b FGG, das Kollisionsrecht (Art. 21 EGBGB), die Anerkennung ausländischer Entscheidungen (§ 16 lit. a FGG) und die Umsetzung des ESÜ durch das SorgeRÜbkAG.

---

[303] *Holl*, Int. Kindesentführungen S. 59; *Mansel*, NJW 1990, S. 2176.
[304] *Holl*, Int. Kindesentführungen S. 54; *Hohnerlein*, The European Legal Forum 2000, S. 252 (253); *Roth*, IPRax 1988, S. 75 (76).
[305] *Gülicher*, Int. Kindesentführungen S. 67; *Holl*, Int. Kindesentführungen S. 55; *Pirrung*, RabelsZ 57 (1993), S. 124 (133).
[306] Zu finden bei: *Jayme/Hausmann*, Int. Privat- und Verfahrensrecht Ordnungsnr. 222a, geändert durch Gesetz v. 13.4.1999, BGBl 1999 I, S. 702.
[307] Dazu siehe unten Kapitel I Teil 1 § 13 II.6. (S. 102 ff.).
[308] *Pirrung*, IPRax 1997, S. 182 (183).
[309] *Andrae*, Int. Familienrecht Rn. 483; *Mansel*, NJW 1990, S. 2176; *Heß*, IPRax 2000, S. 361 (362).

Günstigere nationale oder staatsvertragliche Bestimmungen sind neben dem Übereinkommen anwendbar (Art. 19 ESÜ).

*b) Verhältnis des Übereinkommens zur EuEheVO*
Für in einem Mitgliedsstaat ergangene Entscheidungen zur elterlichen Sorge, die aus Anlass einer Ehesache ergangen sind, gilt nach der EuEheVO das Prinzip der gegenseitigen Anerkennungspflicht. Das ESÜ wird zwischen den EU-Staaten durch die ihm vorrangige EuEheVO verdrängt.[310] Dies liegt zum einen in der Rechtsnatur der Verordnung, zum anderen in der ausdrücklichen Regelung des Art. 37 EuEheVO begründet. Im Anwendungsbereich der EuEheVO, also für Entscheidungen, die in einem Mitgliedstaat der EU über die elterliche Verantwortung im Zusammenhang mit einer Ehesache getroffen wurden, tritt das ESÜ also hinter der EuEheVO zurück (Art. 37 EuEheVO).

6. Haager Übereinkommen über die zivilrechtlichen Aspekte internationaler Kindesentführung vom 25. Oktober 1980 (HKÜ)
*a) Allgemeines*
Zur Lösung der Problematik von Kindesentführungen durch einen Elternteil in einen anderen Staat im Wege der internationalen Rechtshilfe wurde das Haager Übereinkommen über die zivilrechtlichen Aspekte internationaler Kindesentführung vom 25.10.1980 (HKÜ)[311] geschaffen, das inzwischen in der Praxis sehr bedeutsam geworden ist.[312] Grundsätzlich ist zwar die Rückführung eines Kindes eine Schutzmaßnahme im Sinne des MSA, wenn der Minderjährige seinen gewöhnlichen Aufenthalt in einem Mitgliedstaat des MSA besitzt.
Die Rückführung entführter Kinder oder nach einem berechtigten Aufenthalt zurückgehaltener Kinder, deren Verbringung oder Zurückhaltung widerrechtlich ist (Art. 1 lit. a HKÜ), regelt demgegenüber das HKÜ, das gemäß Art. 4 S. 2 HKÜ auf Kinder anwendbar ist, die das 16. Lebensjahr noch nicht vollendet haben. Gemäß Art. 3 lit. b HKÜ gilt das Verbringen des Kindes als widerrechtlich, wenn dadurch das Sorgerecht verletzt wird, das einer Person oder Behörde oder sonstigen Stelle allein oder gemeinsam zusteht, insbesondere kraft Gesetzes, gerichtlicher Entscheidung oder aufgrund einer nach dem Recht des betreffenden

---

[310] *Hohnerlein*, The European Legal Forum 2000, S. 252 (253); *Rausch*, FuR 2001, S. 151 (154); *Wagner*, IPRax 2001, S. 73 (74); *Sumampouw*, FS-Siehr, S. 729 (732).
[311] BGBl. 1990 II, S. 206; *Jayme/Hausmann*, Int. Privat- u. Verfahrensrecht, Ordnungsnummer 222.
[312] *Bruch* in: GS-Lüderitz, S. 43 ff.; *dies.*, FamRZ 1993, S. 745; *Niethammer-Jürgens*, DAVorm 2000, S. 1071; *Baetge*, IPRax 2000, S. 146; *Weitzel*, DAVorm 2000, S. 1059 (1070); *Mehwald*, DAJV-Newsletter 2000, S. 128 ff.; *Balona*, Florida Int. Law Journal 1986, S. 1 ff.; *Rivers*, The Transnational Lawyer 1989, S. 589 ff.; *Staudinger*, IPRax 2000, S. 448 ff.

Staates wirksamen Vereinbarung.[313] Das HKÜ als Rechtshilfeabkommen hat die zentrale Bedeutung nicht dem Kindeswohl eingeräumt, sondern vielmehr der schnellen Rückgängigmachung der Entführung sowie dem Verhindern von Selbsthilfe und gilt nur im Verhältnis zu Vertragsstaaten.[314] Es verfolgt die Ziele, die Lebensbedingungen für das Kind zu verfestigen, eine sachnahe Sorgerechtsentscheidung am ursprünglichen Aufenthaltsort sicherzustellen, wozu auch mit dem Sorgerecht korrespondierende umgangsrechtliche Entscheidungen gehören,[315] und Kindesentführungen allgemein entgegenzuwirken.[316] Antragsberechtigt ist eine Person, der nach der Rechtsordnung des gewöhnliche Aufenthaltsortes des Kindes zum Zeitpunkt der Entführung das Sorgerecht zusteht. Das übliche Verfahren in Deutschland ist, dass gemäß § 3 III SorgeRÜbkAG der Bundesanwalt beim Bundesgerichtshof beziehungsweise ein bevollmächtigter Vertreter als deutsche zentrale Behörde im Namen des Antragstellers den Antrag an das Gericht stellt. Antragsgegner ist die Person, die das Kind unrechtmäßig unter Verletzung des Sorgerechts verbracht hat oder eine Person, die das Kind unrechtmäßig zurückhält.[317]
Nach § 12 SorgeRÜbkAG ist im Verhältnis zu Staaten, die sowohl dem ESÜ als auch dem MSA angehören, vorrangig das HKÜ anzuwenden, jedoch nur, soweit sich der Antragsteller nicht auf das andere Übereinkommen beruft. Dies ist mit dem im Verhältnis zueinander und auch im Verhältnis zum autonomen Recht anzuwendenden Günstigkeitsprinzip zu begründen; allerdings enthält das HKÜ insgesamt günstigere Bestimmungen für die Rückführung.[318]

*b) Verhältnis des Übereinkommens zur EuEheVO*
Die Bestimmungen des HKÜ bleiben durch die EuEheVO unberührt,[319] weil das Übereinkommen ausdrücklich Fragen des Verfahrens und der Entscheidung über das Sorgerecht unbehandelt lässt.[320] Hinzu kommt, dass es sich bei dem HKÜ

---

[313] *Holl*, Kindesentführungen S. 26; *Schwab-Motzer*, H.III. Rn. 325; *Mansel*, NJW 1990, S. 2176 (2177); *Kaster-Müller*, The European Legal Forum 2000, S. 260 (261/262); *Baetge*, IPRax 2000, S. 146 (147).
[314] *Andrae*, Int. Familienrecht Rn. 574 u. 575; *Siehr*, Int. Privatrecht § 12 I. (S. 73); *Holl*, Kindesentführungen, S. 24; *Roth*, IPRax 1988, S. 75 (76); *Niethammer-Jürgens*, DAVorm 2000, S. 1071; *Weitzel*, DAVorm 2000, S. 1059; *Siehr*, FS-Lorenz, S. 582; *Baetge*, IPRax 2000, S. 146.
[315] *Limbrock*, FamRZ 1999, S. 1631 (1633).
[316] *Staudinger*, IPRax 2000, S. 194 (195); *Weitzel*, DAVorm 2000, S. 1059.
[317] *Andrae*, Int. Familienrecht Rn. 583/584; *Weitzel*, DAVorm 2000, S. 1059.
[318] *Linke*, Int. Zivilprozessrecht, Rn. 339; *Andrae*, Int. Familienrecht Rn. 570 u. 572; *Mansel*, NJW 1990, S. 2176.
[319] *Siehr*, Int. Privatrecht § 12 I (S. 72); *Finger*, FuR 1998, S. 346 (348); *Sumampouw*, FS-Siehr, S. 729 (733).
[320] *Holl*, Kindesentführungen S. 25; *Mansel*, NJW 1990, S. 2176.

nicht um ein Anerkennungs- und Vollstreckungsübereinkommen, sondern um eines der Rechtshilfe handelt. Durch die ausdrückliche Berücksichtigung soll verhindert werden, dass ein Vertragsstaat seine Zuständigkeit für Sorgerechtsangelegenheiten in Verbindung mit einer Ehesache nach Art. 3 EuEheVO nur dadurch verliert, dass das Kind nunmehr in einen anderen Staat entführt wird, wie auch umgekehrt die Entführung in einen Mitgliedstaat nicht eine Zuständigkeit für eine Sorgerechtsfrage eröffnen soll.[321] Im konkreten Anwendungsfall ergeben sich im Hinblick auf diese Vorschrift indes unterschiedliche Probleme, die aber nicht Gegenstand dieser Arbeit sind.[322]

7. Das Lugano-Übereinkommen über die gerichtliche Zuständigkeit und die Vollstreckung gerichtlicher Entscheidungen in Zivil- und Handelssachen vom 16. September 1988

*a) Allgemeines*

Das Luganer Übereinkommen über die gerichtliche Zuständigkeit und die Vollstreckung gerichtlicher Entscheidungen in Zivil- und Handelssachen vom 16.9.1988 (LugÜ)[323] übernahm das EuGVÜ in den weiteren europäischen Rechtsraum, also die EU und die EFTA mit Ausnahme Liechtensteins. Durch den Beitritt Österreichs, Finnlands und Schwedens wird es seine Bedeutung nicht verlieren, weil es einerseits im Verhältnis zu den EFTA-Staaten Island, Norwegen und der Schweiz weiterhin in Geltung bleibt und andererseits von Polen, Tschechien und Ungarn und möglicherweise weiteren Reformstaaten Mittel- und Osteuropas in naher Zukunft ratifiziert werden wird.[324] Durch das LugÜ soll der Rechtsschutz der ansässigen Personen im Anwendungsbereich verstärkt werden. Gerade der wichtige Bereich der Streitanhängigkeit im Ausland in Ehesachen unterliegt aber nicht den Regelungen des LugÜ.[325]

Das LugÜ regelt für den Anwendungsbereich seiner einzelnen Vorschriften die internationale Zuständigkeit der Gerichte der Vertragsstaaten abschließend. Beim Fehlen eines dem Kläger genehmen Gerichtsstandes darf nicht auf autonomes Recht zurückgegriffen werden, sofern aber grundsätzlich keine Zuständigkeitsvorschrift greift, muss auf autonomes Recht rekurriert werden.[326]

Das LugÜ ersetzt die in Art. 55 LugÜ aufgelisteten zwischen den Vertragsstaaten geschlossenen Abkommen. Gemäß Art. 56 I LugÜ behalten diese Verträge

---

[321] *Coester-Waltjen*, FS-Lorenz, S. 307 (308).
[322] Vgl. dazu statt vieler: *Coester-Waltjen*, FS-Lorenz, S. 307 ff.; *Siehr*, FS-Lorenz, S. 582 ff.
[323] BGBl 1994 II, S. 2697; *Jayme/Hausmann,* Int. Privat- u. Verfahrensrecht Ordnungsnr. 152.
[324] *Kohler* in: Reichelt, Kollisionsrecht, S. 15 (17); *Tarko*, ÖJZ 1999, S. 401 (402); *Micklitz/Rott*, EuZW 2001, S. 325 (326); *Tebbens* in: Reichelt, Kollisionsrecht S. 49; *Tiefenthaler*, ZfRV 1997, S. 67 (68).
[325] *Tiefenthaler*, ZfRV 1997, S. 67 (68).
[326] *Siehr*, FS-Schütze, S. 821 (822, 823).

ihre Wirksamkeit nur für die Rechtsgebiete, auf die das LugÜ nicht anzuwenden ist.[327] Probleme ergeben sich im Hinblick auf die Brüssel I-VO[328] in Ländern, die Mitgliedstaaten des LugÜ, nicht aber der Brüssel I-VO sind, dann, wenn zu beurteilen ist, ob Urteile auch dann nach dem LugÜ anzuerkennen und zu vollstrecken sind, wenn sich die Zuständigkeit eines EU-Gerichtes zwar aus der Brüssel I-VO, nicht aber aus dem LugÜ ergibt.[329]

*b) Verhältnis des Übereinkommens zur EuEheVO*
Im Hinblick auf das LugÜ gilt aufgrund der Übereinstimmung mit dem EuGVÜ das bereits zu diesem ausgeführte.[330] Wegen des unterschiedlichen Anwendungsbereichs können LugÜ und EuEheVO unproblematisch nebeneinander stehen.

8. Die UN-Kinderrechtskonvention vom 20. November 1989
*a) Allgemeines*
Die UN-Kinderrechtskonvention vom 21.11.1989[331] trat am 5.4.1992 in Kraft, wurde von 165 Staaten ratifiziert und löste rechtspolitische und rechtswissenschaftliche Diskussionen aus.[332] Es handelt sich hierbei um eine Konvention zum Menschenrechtsschutz des Kindes. Laut ihrer Präambel ist Ziel der Konvention, den erforderlichen Schutz und Beistand bei allen Maßnahmen, die Kinder betreffen, zu gewähren, um so die harmonische Entwicklung und Entfaltung der Kinder zu gewährleisten und materielle Lebensstandards zu sichern.[333] Inhaltlich finden sich in der UN-KRK weder spezifisch international-privatrechtliche noch international-prozessrechtliche Bestimmungen. Sie hat vor allem bei der Anwendung nationalen Sachrechts Bedeutung[334] und beschränkt sich auf die Festsetzung materiellrechtlicher Standards, wobei eine Reihe von Bestimmungen in das Gebiet des Familien- und Kindschaftsrechts fallen.[335] Sie

---

[327] *Kropholler*, Europ. Zivilprozessrecht, Einl. Rn. 58.
[328] Vgl. diesbezüglich unten Kapitel I Teil 1 § 13 II.9. (S. 106 f.).
[329] *Furrer*, SJZ 98 (2002), S. 141 (149).
[330] Thomas/Putzo-*Hüßtege*, Anh. Vor Art. 1 EheVO Rn. 6; Garbe/Oelkers-*Oellrich*, Teil 13 Kap. 4.2.2.1. (S. 1); vgl. dazu oben Kapitel I Teil 1 § 13 II.3. (S. 98 ff.).
[331] BGBl 1992 II, S. 122, der Text ist ferner abgedruckt in FuR 1990, S. 199 und FamRZ 1992, S. 253.
[332] *Baer*, DAVorm 1996, S. 855 (856); *Children for a better World e.V.*, ZfJ 1995, S. 60; *Koeppel*, ZfJ 1991, S. 355 ff.; *Struck*, RdJB 1991, S. 75 ff.; *Gerstein*, ZfJ 1996, S. 292 ff.; *Stöcker*, RdJB 1991, S. 75 ff. In Österreich gab sie Anlass zu konkreten Reformüberlegungen, welche zum KindRÄndG 2001 führten, vgl. *Hopf/Weitzenböck*, ÖJZ 2001, S. 485 (486).
[333] *Scharp*, Int. Regelungen, S. 56; *Schlüter*, Familienrecht Rn. 265; *Kiehl/Salgo*, RdJB 1995, S. 196.
[334] *Siehr*, FS-Lorenz S. 581 (594).
[335] *Scharp*, Int. Regelungen, S. 57; *Siehr*, FS-Lorenz S. 581 (594).

bestimmt in Art. 18 UN-KRK, dass die Vertragsstaaten sich nach besten Kräften bemühen, die Anerkennung des Grundsatzes sicherzustellen, dass beide Elternteile gemeinsam für die Erziehung und Entwicklung des Kindes verantwortlich sind. Hinzu kommt das Recht des Kindes gemäß Art. 9 III UN-KRK, zu beiden Eltern Kontakt zu haben, wenn nicht feststeht, dass ein solcher Kontakt dem Kindeswohl nicht entsprechen würde.[336] Die UN-KRK stellt einen in das nationale deutsche Recht transformierten völkerrechtlichen Vertrag im Sinne von Art. 59 II GG mit *non-self-executing* Charakter dar. Gemäß Art. 49 II UN-KRK ist diese am 5.4.1992 für Deutschland in Kraft getreten und hat innerstaatlich Geltung im Rang eines einfachen Bundesgesetzes erlangt.[337]

*b) Bedeutung für die EuEheVO*
Probleme tauchen durch die UN-KRK vor allem im Hinblick auf das HKÜ auf, welches das Wohl des Kindes gerade nicht in den Vordergrund rückt[338] und insoweit nicht der UN-KRK entspricht.[339] Dieses Problem stellt sich aber im Verhältnis zu der EuEheVO nicht, welche in den von ihr geregelten Sorgerechtsangelegenheiten wie von der UN-KRK gefordert auf das Kindeswohl rekurriert.[340]

9. Verordnung (EG) Nr. 44/2001 des Rates vom 22.12.2000 über die gerichtliche Zuständigkeit und die Anerkennung und Vollstreckung von Entscheidungen in Zivil- und Handelssachen (Brüssel I-VO)
*a) Allgemeines*
Eine Arbeitsgruppe begann im Jahre 1997 mit den Arbeiten zu der Verordnung, die auf Grundlage des EuGVÜ die Zuständigkeit, Anerkennung und Vollstreckung von Zivil- und Handelssachen regeln und so das Übereinkommen auf der Grundlage der Art. 65 ff. EG in sekundäres Gemeinschaftsrecht überführen sollte.[341] Im Dezember 2000 wurde die Verordnung (EG) Nr. 44/2001 des Rates vom 22.12.2000 über die gerichtliche Zuständigkeit und die Anerkennung und

---

[336] *Feßmann*, Personensorgerecht, S. 135, 137; *Baer*, DAVorm 1996, S. 855 (856); *Struck*, RdJB 1991, S. 75 (80 f.). In den meisten Staaten Europas ist die Möglichkeit einer gemeinsamen Fortsetzung des elterlichen Sorgerechts gegeben, vgl. *Roggendorf*, Gemeinsame elterliche Sorge, S. 67 ff.
[337] BGBl. 1992 II, S. 990; *Scharp*, Int. Regelungen, S. 56, 60; *Feßmann*, Personensorgerecht, S. 134; *Schütz*, ZfJ 1996, S. 297; *Struck*, RdJB 1991, S. 75 (77); *Kiehl/Salgo*, RdJB 1995, S. 196 (197 f.).
[338] *Andrae*, Int. Familienrecht Rn. 574 u. 575; *Holl*, Kindesentführungen, S. 24; *Roth*, IPRax 1988, S. 75; *Niethammer-Jürgens*, DAVorm 2000, S. 1071; *Weitzel*, DAVorm 2000, S. 1059; *Siehr*, FS-Lorenz, S. 582; *Baetge*, IPRax 2000, S. 146.
[339] Dazu: *Siehr*, FS-Schütze, S. 821 (827 f.).
[340] *Sumampouw*, FS-Siehr, S. 729 (742).
[341] *Geimer*, IPRax 2002, S. 69.

Vollstreckung von Entscheidungen in Zivil- und Handelssachen[342] (im Folgenden: Brüssel I-VO) verabschiedet, die nach Art. 76 Brüssel I-VO am 1.3.2002 in Kraft trat. Die Brüssel I-VO ersetzt das EuGVÜ im Verhältnis aller Mitgliedstaaten bis auf Dänemark.[343] Ihr Anwendungsbereich entspricht dem des EuGVÜ. Wesentliche Änderungen gegenüber dem EuGVÜ ergeben sich jedoch zum einen bei der Regelung über die Zuständigkeit, insbesondere im Falle der Beteiligung von Gesellschaften und juristischen Personen, bei Ansprüchen aus Verträgen, Versicherungs-, Verbraucher- und Arbeitsrecht. Dabei wird eine Harmonisierung mit dem übrigen Gemeinschaftsrecht erreicht. Zum anderen wird das Exequaturverfahren, das der Vollstreckung von Urteilen vorausgeht, entschlackt. Letzteres ist nur als Übergangsstufe zur vollständigen Abschaffung des Exequaturverfahrens gedacht.[344]

*b) Verhältnis zur EuEheVO*
Wie der Anwendungsbereich des EuGVÜ und der der EuEheVO[345] überschneiden sich auch der der Brüssel I-VO und der der EuEheVO nicht,[346] so dass die beiden Verordnungen nebeneinander stehen.
Die Besonderheit im Rahmen der Brüssel I-VO, dass die Einhaltung des erststaatlichen Zustellungsrechts nicht mehr nachgeprüft wird, wurde nicht in die EuEheVO übernommen, vielmehr ist nach Art. 1 I lit. b und II lit. c EuEheVO eine Entscheidung nicht anzuerkennen, wenn dem Antragsgegner, der sich auf das Verfahren nicht eingelassen hat, das verfahrenseinleitende Schriftstück oder ein gleichwertiges Schriftstück nicht rechtzeitig zugestellt worden ist. Dies wird teilweise kritisiert, da es nicht sinnvoll sei, unterschiedliche Rechtsnormen für Scheidung und Scheidungsfolgen festzulegen.[347]
Kritisiert wird bei beiden Verordnungen gleichermaßen ein möglicher Verstoß gegen das in Art. 12 EG normierte Diskriminierungsverbot.[348]

---

[342] ABl. EG 2001, L12/1; *Jauyme/Hausmann,* Int. Privat- u. Verfahrensrecht Ordnungsnummer 160; Schönfelder Ergänzungsband, Stand: Juli 2003, Ordnungsnummer 103.
[343] *Micklitz/Rott,* EuZW 2001, S. 325; *Tarko,* ÖJZ 1999, S. 401 (406); *Jayme/Kohler,* IPRax 1997, S. 385 (390); *dies.,* IPRax 1998, S. 418 (421); *dies.,* IPRax 1999, S. 401 (404); *Heß,* NJW 2000, S. 23 (27); *Piltz,* NJW 2002, S. 789 (790); *Geimer,* IPRax 2002, S. 69 f.; *Wagner,* IPRax 2002, S. 76 (77).
[344] *Micklitz/Rott,* EuZW 2001, S. 325 (326); *Wagner,* IPRax 1998, S. 241 ff.
[345] Dazu Kapitel I Teil 1 § 13 II.3. (S. 98 f.).
[346] *Sedlmeier,* The European Legal Forum 2002, S. 35 (40).
[347] *Geimer,* IPRax 2002, S. 69 (73).
[348] Dazu siehe oben Kapitel I Teil 1 § 4 III.7.b) (S. 60 f.).

**TEIL 2: DER VORSCHLAG FÜR EINE VERORDNUNG DES RATES ÜBER DIE ZUSTÄNDIGKEIT UND DIE ANERKENNUNG UND VOLLSTRECKUNG VON ENTSCHEIDUNGEN IN EHESACHEN UND IN VERFAHREN BETREFFEND DIE ELTERLICHE VERANTWORTUNG ZUR AUFHEBUNG DER VERORDNUNG (EG) NR. 1347/2000 UND ZUR ÄNDERUNG DER VERORDNUNG (EG) NR. 44/2001 IN BEZUG AUF UNTERHALTSSACHEN (KOM (2002) 222 ENDG./2 – 2002/0110 (CNS))**

## § 14 ALLGEMEINES

Die EuEheVO trat am 1.3.2001 in Kraft. Schon vorher gab es Bestrebungen, die elterliche Verantwortung umfassender zu regeln, nicht nur wie in der EuEheVO in Bezug auf Fragen, die in Zusammenhang mit einer Ehesache stehen. Hinzu sollte eine Neuregelung der Anerkennungsnormen durch Abschaffung des Exequaturverfahrens wie bei der Brüssel I-VO kommen. Diese Ansätze haben sich inzwischen so weit entwickelt, dass eine Änderung der EuEheVO in absehbarer Zeit wahrscheinlich ist, denn der Rat (Justiz und Inneres) hat auf seiner 2529. Tagung am 2. und 3. Oktober 2993 eine politische Einigung über den gesamten Entwurf erzielt. Die neue Verordnung soll danach am 1.8.2004 in Kraft treten und ab dem 1.3.2005 gelten.[349] Es ist daher von großer Bedeutung, in dieser Arbeit auch auf die mögliche Veränderung einzugehen, wie sie sich derzeit darstellt.[350] Im Folgenden soll daher ausgeführt werden, welchen Inhalt die neue Verordnung voraussichtlich haben wird und welche Veränderungen sich damit in Bezug auf die EuEheVO ergeben.

### I. Entwicklung und Zielsetzung

Am 3.7.2000 wurde die französische Initiative für die Zuständigkeit, Anerkennung und Vollstreckung für Entscheidungen des Umgangsrechts vorgelegt.[351] Einer der Kernpunkte besteht in der Verpflichtung der Mitgliedstaaten, die in den anderen Mitgliedstaaten auf Grundlage der EuEheVO ergangenen Umgangsrechtsentscheidungen ohne vorangegangene Vollstreckbarerklärung zu vollstrecken.[352] Anschließend wurde auf der Ratstagung der Justiz- und Innen-

---

[349] 2529. Tagung des Rates – Justiz und Inneres – am 2./3. Oktober in Brüssel, 12762/03 (Presse 278).
[350] Grundlage für die Erwägungen und Ausführungen bildet der Vorschlag für eine Verordnung des Rates über die Zuständigkeit und die Anerkennung und Vollstreckung von Entscheidungen in Ehesachen und in Verfahren betreffend die elterliche Verantwortung zur Aufhebung der Verordnung (EG) Nr. 1347/2000 und zur Änderung der Verordnung (EG) Nr. 44/2001 in Bezug auf Unterhaltssachen (KOM (2002) 222 endg./2 – 2002/0110 (CNS)) vom 17.5.2002.
[351] ABl. EG 2000, C234/7, S. 7 ff.
[352] *Wagner,* IPRax 2002, S. 75 (76); *Kohler,* FamRZ 2002, S. 709(710).

minister am 30.11.2000 ein Maßnahmenprogramm[353] zur Umsetzung des Grundsatzes der gegenseitigen Anerkennung angenommen, welches sich zum Ziel setzte, das Exequaturverfahren abzuschaffen und den Anwendungsbereich der EuEheVO auch auf Fragen der elterlichen Verantwortung auszuweiten und das Umgangsrecht ausdrücklich mit einzubeziehen, und zwar unabhängig von einem Eheverfahren. Es sollte eine Gleichbehandlung aller Kinder gewährleistet werden.[354] Zunächst wurden von der Kommission verschiedene Vorschläge vorgelegt. Hierzu gehört der Vorschlag für eine Verordnung des Rates über die Zuständigkeit und die Anerkennung und Vollstreckung von Entscheidungen über die elterliche Verantwortung vom 6.9.2001[355], der als Hauptanknüpfungspunkt auf den gewöhnlichen Aufenthalt des Kindes abstellt und auch das Problem der Kindesentführungen berücksichtigt. Ferner sollte durch den Vorschlag für die Entscheidung des Rates zur Ermächtigung der Mitgliedstaaten, das KSÜ zu unterzeichnen,[356] erreicht werden, dass auch außergemeinschaftliche Fälle erfasst werden.[357] Mehrere Ausschüsse haben zwischenzeitlich zu den Vorschlägen Stellung genommen.[358] Bei diversen Beratungen im Rat wurde eine Zusammenfassung des Kommissionsvorschlags zur elterlichen Verantwortung und der französischen Initiative zum Umgangsrecht für empfehlenswert erachtet, was vor allem im Hinblick auf die ansonsten unübersichtliche Lage angebracht schien.[359] Zudem wurde auf einer informellen Tagung der Justiz- und Innenminister am 14. und 15.2.2002 eine Lösung für die Rückgabe des Kindes entwi-

---

[353] ABl. EG 2001, C12/1, S. 1 ff.; *Kohler*, FamRZ 2002, S. 709 (710).
[354] KOM (2002) 222 endgültig/2 (S. 3).
[355] ABl. EG 2001, C332E/269, S. 269 ff.
[356] Vorschlag für eine Entscheidung des Rates zur Ermächtigung der Mitgliedstaaten, das Übereinkommen über die Zuständigkeit, das anzuwendende Recht, die Anerkennung, Vollstreckung und Zusammenarbeit auf dem Gebiet der elterlichen Verantwortung und der Maßnahmen zum Schutz von Kindern (Haager Übereinkommen von 1996) im Interesse der Europäischen Gemeinschaft zu unterzeichnen, KOM (2001) 680 endg. v. 20.11.2001.
[357] KOM (2002) 222 endgültig/2 (S. 3).
[358] *Frerichs*, ABl. EG 2001, C14/82, S. 82 ff. (Stellungnahme des Wirtschafts- und Sozialausschusses zur „Initiative der Französischen Republik im Hinblick auf den Erlass einer Verordnung des Rates über die gegenseitige Vollstreckung von Entscheidungen über das Umgangsrecht; *ders.,* PB NL 2002, C80/41, S. 41 ff. (Advies van het Economisch en Sociaal Comité over het „Voorstel voor een verordening van de Raad betreffende de bevoegdheid en de erkenning en tenuitvoerlegging van beslissingen inzake de ouderlijke verantwoordelijkheid", deutsche Fassung: ABl. EG 2002,C80/41, S. 41 ff.); *Banotti*, PPE-DE (Arbeitsdokument über den Vorschlag der Kommission des Rates über die Zuständigkeit und die Anerkennung und Vollstreckung von Entscheidungen über die elterliche Verantwortung).
[359] *Adolphsen* (Berichterstatter), IPRax 2002, S. 337 (339).

ckelt, nach der die letzte Entscheidung dem Mitgliedstaat überlassen werden soll, in dem das Kind seinen gewöhnlichen Aufenthalt hat. Der Zufluchtsstaat bliebe danach auf einstweilige Maßnahmen zum Schutz des Kindes beschränkt.[360] Inzwischen hat die Kommission einen neuen Vorschlag vorgelegt, in den die EuEheVO, der Kommissionsvorschlag zur elterlichen Verantwortung und die französische Initiative zum Umgangsrecht eingearbeitet worden ist, der im Folgenden VO-E genannt werden soll. Hierbei wurde ein einziger Rechtsakt zur Regelung von Scheidungssachen und Fragen der elterlichen Verantwortung gewählt, um die Anwendung praktikabler zu gestalten.[361] Dieser Vorschlag wurde am 17.5.2002 veröffentlicht.[362]
Das Europäische Parlament hatte sich zu der Problematik bis zu dem Zeitpunkt noch nicht geäußert.[363] Der Rat (Justiz und Inneres) hat aber nunmehr auf seiner 2529. Tagung am 2. und 3. Oktober 2003 in Brüssel eine politische Einigung über den gesamten Entwurf erzielt. Die neue Verordnung soll danach am 1.8.2004 in Kraft treten und ab dem 1.3.2005 gelten.[364]
Der VO-E setzt sich zum Ziel, die gemeinschaftsweite Anerkennung und Vollstreckung von Entscheidungen über Ehesachen und Fragen der elterlichen Verantwortung auf der Grundlage einheitlicher Zuständigkeitsnormen zu regeln.[365] Die Interessen des Kindes sollen dadurch geschützt werden, dass dem in Art. 24 der EU-Grundrechtscharta normierten Recht des Kindes auf regelmäßige persönliche Beziehungen und direkte Kontakte zu beiden Elternteilen konkret Ausdruck verliehen wird.[366]

II. Rechtsgrundlage
Rechtsgrundlage für den VO-E sind Art. 61 lit. c und Art. 67 I des Vertrages zur Gründung der Europäischen Gemeinschaft.[367] Insofern ergeben sich keine Unterschiede zu den Ausführungen zur EuEheVO.[368] Der Entwurf geht nicht darüber hinaus, was zur Vereinfachung der Anerkennung und Vollstreckung von Entscheidungen über die elterliche Verantwortung notwendig ist und erfüllt so das

---

[360] KOM (2002) 222 endgültig/2 (S. 3).
[361] KOM (2002) 222 endgültig/2 (S. 4).
[362] Neueste Informationen, IPRax 2002, S. VII.
[363] KOM (2002) 222 endgültig/2 (S. 4).
[364] 2529. Tagung des Rates – Justiz und Inneres – am 2./3. Oktober in Brüssel, 12762/03 (Presse 278).
[365] KOM (2002) 222 endgültig/2 (S. 4); zu den Vorentwürfen: http://wwwdb.europarl.eu.int/oeil/ oeil_ViewDNL.ProcViewByNum?lang=2&proc.../020.
[366] KOM (2002) 222 endgültig/2 (S. 5); ebenso auch http://europa.eu.int/abc/doc/off/bull/de/200109/p104014.htm.
[367] KOM (2002) 222 endgültig/2 (S. 2); vgl. insoweit zu den Vorentwürfen auch ABl. EG 2001, 14/82, S. 83.
[368] Vgl. dazu Kapitel I Teil 1 § 2 II. (S. 46).

Subsidiaritäts- und Verhältnismäßigkeitsprinzip des Art. 5 EG.[369]

III. Auslegung
Für den VO-E kann, da ebenfalls die Rechtsform der Verordnung gewählt wurde, auf die Ausführungen zur EuEheVO[370] verwiesen werden.

## § 15 ANWENDUNGSBEREICH

Der Anwendungsbereich wird in Kapitel I, Art. 1 VO-E normiert. Der Entwurf soll gemäß der Einigung des Rates (Justiz und Inneres) auf der 2529. Tagung vom 2.-3.10.2003 in Brüssel am 1.8.2004 (nicht wie in Art. 71 VO-E derzeit normiert am 1.7.2003) in Kraft treten und ab dem 1.3.2005 (nicht gem. Art. 69 VO-E ab dem 1.7.2004) in allen Mitgliedstaaten gelten.[371]

I. Territorialer Geltungsbereich
Der VO-E gilt nach seinem Inkrafttreten in den gleichen Mitgliedstaaten wie die EuEheVO.[372] Hierunter sind alle EU-Mitgliedsstaaten zu verstehen, wobei lediglich Dänemark nicht erfasst ist (vgl. Art. 69 EG und Art. 1 und 2 des Protokolls über die Position Dänemarks zum Vertrag über die EU und zum Vertrag zur Gründung der EG). England und Irland haben bereits signalisiert, sich beteiligen zu wollen.

II. Räumlich-persönlicher Anwendungsbereich
Art. 2 EuEheVO, in dem der räumlich-persönliche Anwendungsbereich der EuEheVO normiert ist, findet sich in Art. 5 VO-E wieder. Es kann also auf die Ausführungen[373] zur EuEheVO verwiesen werden. In dem EuEheVO war der räumlich-persönliche Geltungsbereich für Kindschaftssachen in Art. 3 EuEheVO normiert. In dem Verordnungsentwurf findet sich die entsprechende Regelung nun in Art. 12 VO-E. Der VO-E gilt demnach zum einen für gemeinsame Kinder der Ehegatten, die ein Eheverfahren betreiben (Absatz 1) aber auch für alle anderen Kinder, die unter elterlicher Verantwortung stehen (Absatz 2). Dies unterscheidet den VO-E von der EuEheVO, die grundsätzlich dann anwendbar ist, wenn das Verfahren über die elterliche Verantwortung im Zusammenhang

---

[369] KOM (2002) 222 endgültig/2 (S. 5); vgl. insoweit zu den Vorentwürfen auch ABl. EG 2000, C234/7, S. 7; KOM (2001) 505 endg. (S. 2).
[370] Kapitel I Teil 1 § 2 III. (S. 46 f.).
[371] 2529. Tagung des Rates – Justiz und Inneres – am 2./3. Oktober in Brüssel, 12762/03 (Presse 278).
[372] Kapitel I Teil 1 § 3 I. (S. 47).
[373] Kapitel I Teil 1 § 3 II. (S. 47 f.).

mit einer Ehesache betrieben wird. Der Anwendungsbereich in Fragen der elterlichen Verantwortung erstreckt sich demnach grundsätzlich auf alle Kinder, die tatsächlich unter elterlicher Verantwortung stehen.

### III. Sachlicher Anwendungsbereich
#### 1. Ehescheidung, Trennung, Auflösung des Ehebandes
Hinsichtlich der Eheverfahren deckt sich Art. 1 I lit. a VO-E mit Art. 1 I lit. a EuEheVO, so dass sich auch bei Inkrafttreten des Entwurfs keine Änderungen ergeben.

#### 2. Kindschaftsrechtliche Entscheidungen
Grundsätzlich stimmt Art. 1 I lit. b VO-E mit Art. 1 I lit. b EuEheVO überein, im Vergleich zur EuEheVO wird der Anwendungsbereich jedoch auf alle zivilgerichtlichen Verfahren erweitert, die die elterliche Verantwortung zum Gegenstand haben, indem die erforderliche Annexzuständigkeit der Ehesachen wegfällt. Eine Annexkompetenz in Ehesachen kann jedoch weiterhin durch Vereinbarung gegeben sein.

Der Begriff der elterlichen Verantwortung als solcher ist in Art. 2 Nr. 3 und 6 VO-E ausdrücklich weit definiert. Sorge- und Umgangsrechtsentscheidungen werden ausdrücklich in den Anwendungsbereich mit einbezogen. Da keine Anbindung mehr an Eheverfahren erfolgt, sind also auch isolierte Sorge- und Umgangsrechtsverfahren denkbar. Allerdings geht der Anwendungsbereich weit über solche Konflikte hinaus, so dass auch beispielsweise Verfahren zum Schutz vor den Eltern erfasst werden können.[374] Durch die Definitionen wird erreicht, dass Unklarheiten vermieden werden; der VO-E spricht sich damit klar für einen weiten Anwendungsbereich aus. Ausgangspunkt waren zwar ursprünglich die Eheverfahren, es erfolgte jedoch eine Erweiterung auf Verfahren der elterlichen Verantwortung, die nunmehr durch den VO-E eigenständig und unabhängig geregelt sind. Auf die genaue Bedeutung des Begriffs der elterlichen Verantwortung wird im Rahmen des Vergleichs mit KSÜ und MSA ausführlicher einzugehen sein.[375]

Im Gegensatz zur EuEheVO nennt der VO-E jedoch auch die Fälle, in denen er keine Geltung beansprucht: Durch den Ausschlusstatbestand in Art. 1 II lit. b VO-E wird sichergestellt, dass ein Mitgliedstaat, der strafrechtliche Maßnahmen trifft, durch den VO-E nicht daran gehindert ist, auch die erforderlichen zivilrechtlichen Maßnahmen zu ergreifen.[376] Unterhaltssachen sind gemäß Art. 1 II

---

[374] In der Bundesrepublik sind dies beispielsweise Verfahren nach den §§ 1666, 1632 IV BGB.
[375] Vgl. dazu Kapitel II § 28 II.3.b) (S. 162 f.) und Kapitel III § 39 I.8.d) (S. 271 f.)/II.3.b) (S. 280 f.).
[376] KOM (2002) 222 endgültig/2 (S. 6).

lit. a VO-E ausgeschlossen und werden nach wie vor von der Verordnung (EG) Nr. 44/2001 geregelt. Die Grundrechte des Kindes auf Kontakt zu beiden Elternteilen und auf rechtliches Gehör aus Art. 24 der Charta der Grundrechte der Europäischen Union werden in Art. 3 und Art. 4 VO-E wiedergegeben. Das Recht des Kindes auf Kontakt zu beiden Elternteilen muss unter Berücksichtigung des Kindeswohls bei allen Entscheidungen über das Sorge- und Umgangsrecht beachtet werden. Die Anhörung des Kindes ist ein wesentliches Verfahrenserfordernis, wenn Entscheidungen über das Umgangsrecht und die Rückgabe des Kindes unmittelbar vollstreckt werden sollen.[377]

## § 16 BEGRIFFSBESTIMMUNGEN

### I. Allgemeines

In Art. 2 VO-E werden zur Klarstellung wichtige in der Verordnung verwendete Begriffe definiert. Hinzu kommt die Verdeutlichung hinsichtlich der ‚zivilgerichtlichen Verfahren' in Art. 1 III VO-E, der insoweit Art. 1 II EuEheVO entspricht. Das Erfordernis von Definitionen wurde bereits in früheren Entwürfen eingearbeitet.[378]

### II. Einzelne Begriffe

1. „Gericht" und „Entscheidung", Nr. 1, 3

Die Begriffe ‚Gericht' und ‚Entscheidung' sind in den Nummern 1 und 3 definiert, wobei sich die Verwendung des Begriffs ‚Gericht' genauso verstanden wissen will wie in der EuEheVO, vgl. Art. 1 II EuEheVO. Darunter werden also auch Behörden verstanden, die in den jeweiligen Mitgliedstaaten für die Entscheidungen zuständig sind. Der Begriff ‚Entscheidung' wird ebenfalls synonym verwendet, Art. 2 Nr. 3 entspricht Art. 13 I EuEheVO. Das bedeutet auch bei Geltung des VO-E, dass die Problematik hinsichtlich der Feststellungsklagen[379] sich hier ebenso stellt, wobei im Ergebnis jedoch das gleiche gelten muss wie bei der EuEheVO, nämlich dass Feststellungsklagen bewusst vom Anwendungsbereich ausgeklammert wurden. Dies gilt umso mehr, als dass sie trotz der nunmehr bekannten Problematik wiederum ausdrücklich nicht in den Anwendungsbereich des VO-E einbezogen wurden. Unterschiedlich ist hier lediglich, dass die Entscheidungen in Bezug auf die elterliche Verantwortung nicht mehr im Zusammenhang mit einer Ehesache ergangen sein müssen; die entsprechende Passage des Art. 13 I EuEheVO wurde konsequenterweise gestrichen. Ferner ist darauf hinzuweisen, dass sich das Problem der Einbeziehung von Teilentschei-

---

[377] KOM (2002) 222 endgültig/2 (S. 8).
[378] Vgl. beispielsweise KOM (2001) 166 endg. (S. 13).
[379] Vgl. Kapitel I Teil 1 § 3 III.1.b.(S. 51 f.).

dungen wie dem Umgangsrecht[380] im Anwendungsbereich des VO-E nicht mehr stellt, da insoweit durch die Definitionen in Art. 2 VO-E eine Klarstellung erfolgte. Auf den Entscheidungsbegriff als solchen wird im Rahmen des Vergleiches noch ausführlich einzugehen sein.[381]

2. Mitgliedstaaten, Nr. 2, 4, 5

Wie schon bei der EuEheVO wirkt auch bei der VO-E Dänemark nicht mit,[382] während Irland und das Vereinigte Königreich wie bei der EuEheVO bereits mitgeteilt haben, dass sie sich an der Annahme und Anwendung der französischen Initiative zum Umgangsrecht und des Kommissionsvorschlags zur elterlichen Verantwortung beteiligen möchten.[383] Ebenfalls definiert werden die Begriffe ‚Ursprungs- und Vollstreckungsmitgliedstaat', die der besseren Lesbarkeit halber verwendet werden.[384]

3. „Elterliche Verantwortung", Nr. 6, 7

In Nr. 6 wird der Begriff der ‚elterlichen Verantwortung' definiert. Eindeutig klargestellt wird hierbei, dass diese aus Rechten und Pflichten besteht, die sich sowohl auf natürliche als auch auf juristische Personen übertragen lassen und dass sie sich neben der Person des Kindes auch auf dessen Vermögen beziehen. Die Bezeichnung ‚Träger der elterlichen Verantwortung' (Nr. 7) wird der besseren Lesbarkeit halber verwendet.[385] Dies stellt eine klare Verbesserung im Gegensatz zu der EuEheVO dar, bei der keine Definition erfolgt und so Unklarheiten bestehen.[386] Durch die Definitionen in Nr. 3 und Nr. 6 wird nun herausgestellt, dass der Begriff der elterlichen Verantwortung weit auszulegen ist, d. h. es findet keine Anbindung mehr an Eheverfahren statt, auch isolierte Umgangs- und Sorgerechtsverfahren können nach Maßgabe des VO-E stattfinden bzw. Entscheidungen danach anerkannt oder vollstreckt werden. Der VO-E geht damit weit über Konflikte zum Sorge- und Umgangsrecht hinaus; es werden auch Entscheidungen erfasst, die den Schutz der Kinder vor den Eltern zum Ziel haben,[387] da von einem Gefüge von Rechten einerseits und Verantwortlichkeiten gegenüber dem Kind andererseits ausgegangen wird. In der EuEheVO war der

---

[380] Vgl. Kapitel I Teil 1 § 3 III.2.b.(S. 53 ff.).
[381] Vgl. dazu Kapitel II § 27 II.4.b)cc) (S. 153 ff.) und Kapitel III § 38 II.4.c) (S. 251 ff.), § 41 II.1.b) (S. 295 ff.).
[382] Zu den Gründen vergleiche oben Kapitel I Teil 1 § 3 I. (S. 47).
[383] KOM (2002) 222 endgültig/2 (S. 6).
[384] KOM (2002) 222 endgültig/2 (S. 7).
[385] KOM (2002) 222 endgültig/2 (S. 7).
[386] Vgl. dazu oben Kapitel I Teil 1 § 7 IV.1. (S. 81 f.).
[387] In der Bundesrepublik wären dies beispielsweise Entscheidungen nach §§ 1666, 1632 IV BGB.

Ausgangspunkt das Eheverfahren, weswegen sie sich sehr elternzentriert darstellt, von dort erfolgte eine Erweiterung auf den Bereich der elterlichen Verantwortung, der nunmehr im VO-E gleichwertig neben den Zuständigkeiten und Anerkennungs- und Vollstreckungsvoraussetzungen der Eheverfahren steht.[388] Hinsichtlich des Begriffs des ‚Trägers der elterlichen Verantwortung' wird herausgestellt, dass hierunter jede Person zu verstehen ist, „der die elterliche Verantwortung für ein Kind zusteht". Dies müssen dementsprechend nicht zwingend die leiblichen Eltern des betroffenen Kindes sein, so dass auch hier eine Verbesserung gegenüber der EuEheVO erfolgt.

4. „Sorge- und Umgangsrecht", Nr. 8, 9

Unter ‚Sorge- und Umgangsrecht' im Sinne der Verordnung „sind die Rechte und Pflichten zu verstehen, die mit der Sorge für die Person eines Kindes verbunden sind", Art. 2 Nr. 8 VO-E. Hierzu zählt insbesondere ein Mitspracherecht zur Aufenthaltsbestimmung. Der Begriff wird demzufolge ebenso wie der des Umgangsrechts im weiteren Sinne verstanden und lehnt sich wie dieser eng an Art. 5 HKÜ an. Der Begriff des Umgangsrechts wird sehr weit gefasst und bietet deshalb Raum für eine extensive Auslegung. Hierdurch wird erreicht, dass der Anwendungsbereich umso weiter gefasst ist und mannigfaltige Konstellationen erfasst werden, die zuvor aufgrund der unklaren Lage im Rahmen der EuEheVO Streitfälle dargestellt hätten.

5. „Kindesentführungen", Nr. 10

Die in dem VO-E getroffenen Regelungen im Fall von Kindesentführungen finden sich in den Art. 21 ff. VO-E.[389] Wann eine ‚Kindesentführung' gegeben ist, wird deshalb in Art. 2 VO-E ebenfalls definiert, wobei diese Definition der des Art. 3 HKÜ entspricht. Die Bestimmung eines Verbringens des Kindes als Entführung richtet sich nach dem Recht oder einer ergangenen Entscheidung des Mitgliedstaates, in dem das Kind seinen gewöhnlichen Aufenthalt hat.[390]

## § 17 GERICHTLICHE ZUSTÄNDIGKEIT

I. Allgemeines

Die gerichtliche Zuständigkeit ist in Kapitel II des VO-E geregelt. Das Kapitel ist in drei Abschnitte eingeteilt; der erste Abschnitt regelt in den Art. 5 bis 9 VO-E die Zuständigkeit bei Ehescheidung, Trennung ohne Auflösung des Ehe-

---

[388] Weiter eingegangen wird auf den Begriff der elterlichen Verantwortung im Vergleich mit MSA (Kapitel II § 28 II.5. (S. 188 ff.) bzw. KSÜ (Kapitel III § 39 I.8.d) (S. 271 f.)/II.3.b), S. 280 f.).
[389] Vgl. oben Kapitel I Teil 2 § 18 (S. 119 ff.).
[390] KOM (2002) 222 endgültig/2 (S. 7).

bandes und Ungültigerklärung der Ehe, der zweite Abschnitt normiert in den Art. 10 bis 15 VO-E die Zuständigkeit bei Fragen der elterlichen Verantwortung. Im dritten Abschnitt werden in den Art. 16 bis 20 VO-E die gemeinsamen Vorschriften normiert.

II. Ehesachen

Die Zuständigkeit in Ehesachen regeln die Art. 5 bis 9 VO-E. Hierbei ergeben sich keine Veränderungen zur EuEheVO,[391] denn Art. 5 VO-E entspricht Art. 2 EuEheVO und Art. 6 VO-E dem Art. 5 EuEheVO. Art. 7 VO-E deckt sich mit Art. 6 EuEheVO, ebenso wie Art. 8 VO-E mit Art. 7 EuEheVO und Art. 9 VO-E mit Art. 8 EuEheVO.

III. Kindschaftssachen

1. Allgemeine Zuständigkeit und fortbestehende Zuständigkeit, Art. 10, Art. 11 VO-E.

Die Zuständigkeit bestimmt sich gemäß Art. 10 VO-E zunächst nach dem gewöhnlichen Aufenthalt des Kindes. Allerdings stellt die Regelung auf den gewöhnlichen Aufenthalt zum Zeitpunkt der Antragstellung ab. Das bedeutet, dass bei einem Aufenthaltswechsel die Zuständigkeit nicht auf die Gerichte des Mitgliedstaates über geht, in dem das Kind seinen neuen gewöhnlichen Aufenthalt begründet hat. Der VO-E geht damit anders als die EuEheVO von einer *perpetuatio fori* in Kindschaftssachen aus. Es kommt also eine fortbestehende Zuständigkeit der Gerichte des Ursprungsstaates bei einem Aufenthaltswechsel in Betracht, und zwar dann, wenn eine Entscheidung dieser Gerichte gemäß Art. 10 VO-E ergangen ist (Art. 11 I lit. a VO-E), das Kind zum Zeitpunkt der Antragstellung im Staat seines neuen Aufenthaltes weniger als sechs Monate verbracht hat (Art. 11 I lit. b VO-E) und einer der Träger der elterlichen Verantwortung nach wie vor am früheren gewöhnlichen Aufenthaltsort des Kindes wohnt (Art. 11 I lit. c VO-E). Eine Ausnahme wird dann gemacht, wenn der in Art. 11 I lit. c VO-E genannte Träger der elterlichen Verantwortung der Zuständigkeit am neuen gewöhnlichen Aufenthaltsort zustimmt. Art. 11 III VO-E stellt jedoch klar, dass allein das Erscheinen vor Gericht nicht als Anerkennung der Zuständigkeit gilt.

Die Änderung einer früheren Entscheidung erfolgt zunächst durch das Gericht, das dem Kind am nächsten ist, wodurch Kontinuität gewährleistet wird.[392]

Eine Definition des Begriffs ‚gewöhnlicher Aufenthalt' erfolgt nicht; hierdurch wird die Möglichkeit, im Rahmen der EuEheVO bestehende Probleme zu eliminieren, nicht genutzt, sodass das Vorliegen eines gewöhnlichen Aufenthaltes wie bei der EuEheVO im Einzelfall im Rahmen des Tatsachenfeststellung zu bewer-

---

[391] Vgl. Kapitel I Teil 1 § 4 III. (S. 57 ff.).
[392] KOM (2002) 222 endgültig/2 (S. 9/10).

ten ist.[393]

## 2. Zuständigkeitsvereinbarungen, Art. 12 VO-E

Gemäß Art. 12 VO-E können die Ehegatten eine Zuständigkeit des Scheidungsgerichts auch für Entscheidungen über die elterliche Verantwortung für ihre gemeinsamen Kinder vereinbaren. Die Absätze 1 und 3 des Art. 12 VO-E stimmen mit Art. 3 II und III EuEheVO[394] überein, so dass sich hier keine Veränderungen ergeben.

Gemäß Art. 11 II ist es jedoch auch möglich, dass alle Träger der elterlichen Verantwortung vereinbaren (lit. a), ein Gericht des Mitgliedsstaates anzurufen, zu dem das Kind die wesentlichen Bindungen besitzt (lit. b), wenn die Zuständigkeit dem Wohl des Kindes dient (lit. c). Eine solche Bindung kann durch den gewöhnlichen Aufenthalt einer der Träger der elterlichen Verantwortung oder durch die Staatsangehörigkeit des Kindes entstanden sein.[395] Ziel dieser Regelung ist die Förderung des Einvernehmens und die Einräumung eines gewissen Spielraumes zwischen den Parteien. Letztlich bleibt es aber der Beurteilung des Gerichtes überlassen, ob es seine Zuständigkeit als dem Kindeswohl dienlich erachtet.[396]

Art. 11 IV VO-E entspricht Art. 11 III VO-E.

## 3. Anwesenheitszuständigkeit, Art. 13 VO-E

Art. 13 VO-E regelt den Fall, dass ein gewöhnlicher Aufenthalt des Kindes nicht bestimmbar ist und zusätzlich keine der Zuständigkeitsregelungen der beiden vorausgegangenen Artikel eingreifen kann. In einem solchen Fall soll gemäß dem insoweit subsidiären Art. 13 I VO-E das Gericht zuständig sein, in dessen Hoheitsgebiet sich das Kind gegenwärtig aufhält. Absatz 2 der Vorschrift stellt klar, dass dies auch dann gelten soll, wenn es um Flüchtlingskinder oder Vertriebene geht.

## 4. Restzuständigkeiten, Art. 14 VO-E

Die Restzuständigkeiten sind in Art. 14 VO-E normiert, wonach sich die Zuständigkeit dann nach innerstaatlichen Kollisionsnormen bestimmt, wenn sie sich nicht aus den Art. 10 bis 13 und 21 VO-E ergibt. Eine Entscheidung auf Grundlage des Art. 14 VO-E muss ebenfalls in allen Mitgliedstaaten anerkannt und vollstreckt werden.[397]

---

[393] KOM (2002) 222 endgültig/2 (S. 9).
[394] Dazu Kapitel I Teil 1 § 4 IV (S. 63 f.).
[395] KOM (2002) 222 endgültig/2 (S. 10).
[396] KOM (2002) 222 endgültig/2 (S. 10).
[397] KOM (2002) 222 endgültig/2 (S. 10).

## 5. Verweisung, Art. 15 VO-E

Gemäß Art. 15 VO-E kann auch eine Verweisung durch das eigentlich zuständige Gericht an ein anderes Gericht erfolgen. Dies ist jedoch nicht durch das Gericht allein möglich, vielmehr ist erforderlich, dass ein Träger der elterlichen Verantwortung diesbezüglich einen Antrag stellt und dass die Verweisung dem Kindeswohl dienlich ist. Eine Verweisung kann indes nicht an jedes beliebige Gericht erfolgen, vielmehr zählt Art. 15 VO-E diejenigen mitgliedstaatlichen Gerichte auf, die unter den oben genannten Voraussetzungen mit der Sache betraut werden können. Dies ist zum einen das Gericht des früheren gewöhnlichen Aufenthaltes des Kindes (lit. a), das Heimatgericht des Kindes (lit. b)[398], das Gericht des Staates, in dem ein Träger der elterlichen Verantwortung seinen gewöhnlichen Aufenthalt hat (lit. c) oder das Gericht, in dessen Hoheitsgebiet sich Vermögensgegenstände des Kindes befinden (lit. d).

Das eigentlich zuständige Gericht setzt das Verfahren aus und setzt gleichzeitig eine Frist, innerhalb der das andere Gericht angerufen werden muss. Sofern sich dieses dann innerhalb eines Monats nach seiner Anrufung für zuständig erklärt, erklärt sich das erstbefasste Gericht für unzuständig (Art. 15 I VO-E a. E.). Wird die Frist nicht eingehalten oder erklärt sich das angerufene Gericht nicht für zuständig, bleibt das erstbefasste Gericht zuständig und nimmt das Verfahren wieder auf.

Die Vorschriften der VO-E sind auf das Wohl des Kindes ausgerichtet. Um zu gewährleisten, dass diesem in jedem Fall Rechnung getragen wird, soll nicht an starren Zuständigkeitsnormen festgehalten werden. Es wird jedoch ausdrücklich darauf hingewiesen, dass Art. 15 VO-E nur in Ausnahmefällen angewandt werden soll. Sowohl das erstbefasste als auch das Verweisungsgericht haben zu prüfen, ob die Verweisung dem Kindeswohl entspricht.[399]

## IV. Gemeinsame Vorschriften

### 1. Allgemeines

Die Art. 16 bis 20 VO-E normieren gemeinsame Bestimmungen für Ehesachen und Fragen der elterlichen Verantwortung. In den Art. 16 bis 18 VO-E werden die Anrufung des Gerichtes, die Prüfung der Zuständigkeit und der Zulässigkeit geregelt, was den Art. 11 IV, IX und X EuEheVO entspricht.

---

[398] Problematisch kann jedoch im Rahmen einer Zuständigkeitsbegründung nach Art. 15 lit. b VO-E die Mehrstaatigkeit eines Kindes werden. Dieses Problem wird jedoch im Rahmen des Vergleiches mit MSA (vgl. Kap. II § 28 II.3., S. 182 ff.) und KSÜ (vgl. Kap. III § 39 II.3., S. 279 ff.) detailliert zu erörtern sein, so dass an dieser Stelle auf die späteren Erörterungen verwiesen wird.

[399] KOM (2002) 222 endgültig/2 (S. 11).

## 2. Rechtshängigkeit und abhängige Verfahren

Art. 19 VO-E schließlich regelt die Rechtshängigkeit und die abhängigen Verfahren und sieht dasselbe Verfahren vor wie Art. 11 I, II und III EuEheVO, wonach sich das später angerufene Gericht zugunsten des zuerst angerufenen für unzuständig erklärt. Bei Verfahren über die elterliche Verantwortung (Absatz 2) gilt die Regelung, wenn es sich um dasselbe Kind handelt. Es ist zu erwarten, dass diese Norm nicht häufig beansprucht werden wird, da die Zuständigkeitsregelung für Verfahren im Bereich der elterlichen Verantwortung keine alternativen Anknüpfungspunkte vorsieht;[400] die Fälle gleichzeitiger Rechtshängigkeit sind daher gering. Durch die Tatsache, dass in Fragen der elterlichen Verantwortung keine Annexkompetenz mehr mit einer Ehesache vorausgesetzt wird, wird den Bedenken hinsichtlich einer fehlenden Rechthängigkeitsnorm für Sorgerechtsstreitigkeiten in der EuEheVO[401] Rechnung getragen.

## 3. Einstweilige Maßnahmen und Schutzmaßnahmen

Art. 20 VO-E regelt die Zuständigkeit für Einstweilige Maßnahmen, die den Gerichten der übrigen Mitgliedstaaten erhalten bleibt, wenn es sich um einen dringenden Fall handelt. Das bedeutet, dass nach dem jeweiligen innerstaatlichen Recht vorgesehene Maßnahmen einschließlich Schutzmaßnahmen in Bezug auf in diesem Staat befindliche Personen oder Güter auch dann getroffen werden können, wenn für die Entscheidung in der Hauptsache ein Gericht eines anderen Mitgliedsstaates zuständig ist. Sobald dieses jedoch eine Entscheidung erlassen hat, treten die Maßnahmen gemäß Art. 20 II VO-E außer Kraft. Art. 20 VO-E lehnt sich eng an Art. 12 EuEheVO an und findet im Fall von Kindesentführungen keine Anwendung.

## § 18 KINDESENTFÜHRUNGEN

In einem eigenen Kapitel geregelt sind die Kindesentführungen. Das dritte Kapitel normiert in den Art. 21 bis 25 VO-E die Zuständigkeit, die Regeln über die Rückgabe des Kindes, die Möglichkeit der einstweiligen Verweigerung der Rückgabe zum Schutz des Kindes, die Sorgerechtsentscheidung und die Regelung der Gebühren und Kosten.

Das HKÜ enthält keine einheitlichen Zuständigkeits-, Anerkennungs- und Vollstreckungsregelungen. Obwohl dieses in den Mitgliedstaaten gilt, sah man es deshalb als erforderlich an, eine gesonderte Regelung zu treffen. Die Lösung ermöglicht es nicht länger, durch eine rechtswidrige Handlung eine Änderung der Zuständigkeiten herbeizuführen.

---

[400] KOM (2002) 222 endgültig/2 (S. 11).
[401] *Adolphsen* (Berichterstatter), IPRax 2002, S. 337 (339).

I. Zuständigkeit, Art. 21 VO-E

Art. 21 VO-E normiert einen Forbestand der Zuständigkeit der Gerichte am Ursprungsort bei einer Kindesentführung. Art. 21 II VO-E lässt von dieser Regel dann Ausnahmen zu, wenn das Kind seinen gewöhnlichen Aufenthalt schon im Zufluchtsstaat begründet hat und alle Sorgeberechtigten das Verbringen oder Zurückhalten geduldet haben (lit. a) oder wenn die Bedingungen des lit. b kumulativ gegeben sind, das Kind sich also im Zufluchtsstaat nach Kenntnis des Sorgeberechtigten länger als ein Jahr aufgehalten hat (lit. i). Während nach dem HKÜ eine Übertragung der Zuständigkeit auf der Grundlage einer Entscheidung im Zufluchtsstaat zulässig wäre, lässt die VO-E eine solche nur dann zu, wenn ein Gericht des Ursprungsstaates eine Sorgerechtsentscheidung erlassen hat, ohne die Rückgabe des Kindes anzuordnen oder innerhalb eines Jahres keine Entscheidung erlassen (lit. ii) und sich das Kind in seiner neuen Umgebung eingelebt hat (lit. iii). Bei der Zuweisung der Zuständigkeit an ein Gericht, das dem Kind am nächsten ist, ist jedoch darauf zu achten, dass der Entführer aus seiner rechtswidrigen Handlung keinen Vorteil zieht *(forum shopping)*.

II. Rückgabe des Kindes, Art. 22 VO-E

Ein durch die Entführung verletzter Sorgeberechtigter kann unbeschadet aller anderen ihm rechtlich zustehenden Mittel direkt bei der zentralen Behörde des Zufluchtsstaates oder über eine andere zentrale Behörde die Rückgabe des Kindes beantragen (Art. 22 I VO-E). Art. 22 II VO-E normiert das Vorgehen der Behörden in einem solchen Fall. Die zentralen Behörden sind verpflichtet, innerhalb einer sehr kurzen Frist tätig zu werden, denn das Kind muss innerhalb eines Monats zurückgegeben werden. Art. 22 III VO-E nennt den Grund, aus dem eine Rückgabe des Kindes verweigert werden kann, und zwar in dem Fall, dass im Zufluchtsstaat eine Einstweilige Maßnahme zum Schutz des Kindes beantragt wurde. Der Antrag kann von einem Träger der elterlichen Verantwortung oder einer Behörde gestellt werden. Dies darf den Sorgeberechtigten allerdings nicht hindern, auf andere Weise die Rückgabe des Kindes herbeizuführen.[402]

III. Einstweilige Verweigerung der Rückgabe, Art. 23 VO-E

Nach Art. 23 I VO-E müssen die Gerichte des Zufluchtsstaates nach Anhörung des Kindes, von der nur unter den in Art. 23 I VO-E a. E. genannten Voraussetzungen eine Ausnahme gemacht werden darf, unverzüglich über einen Antrag gemäß Art. 22 III VO-E entscheiden. Eine Schutzmaßnahme, mit der die Rückgabe des Kindes verweigert wird, kann gemäß Art. 23 II VO-E nur angeordnet werden, wenn eine schwerwiegende Gefahr für das Kind besteht (lit. a) oder dieses sich selbst der Rückgabe widersetzt (lit. b), was insoweit Art. 13 HKÜ ent-

---

[402] KOM (2002) 222 endgültig/2 (S. 13).

spricht.[403] Im Unterschied zum HKÜ muss es sich hier indes um eine einstweilige Maßnahme handeln. Diese kann jedoch gemäß Art. 23 III VO-E durch eine Sorgerechtsentscheidung des Ursprungsstaates (Art. 24 III VO-E) wieder aufgehoben werden.

IV. Sorgerechtsentscheidung, Art. 24 VO-E

Sofern eine einstweilige Maßnahme durch die Gerichte des Zufluchtsstaates getroffen wurde, ist es gemäß Art. 24 I VO-E Aufgabe der zentralen Behörde dieses Staates, innerhalb von zwei Wochen der Behörde des Ursprungsstaates diese Maßnahmen anzuzeigen und ihr alle wichtigen Informationen zukommen zu lassen. Diese wiederum hat nach Absatz 2 die Pflicht, innerhalb eines Monats nach Erhalt dieser Anzeige bei den eigenen Gerichten einen Antrag auf Erlass einer Sorgerechtsentscheidung zu stellen.[404]

Eine Sorgerechtsentscheidung, in der über den Lebensmittelpunkt des Kindes entschieden wird, muss dann von den Gerichten des Ursprungsstaates unverzüglich erlassen werden, Art. 24 III VO-E. Auch hier muss das Kind angehört werden, wenn nicht ein in Absatz 3 a. E. genannter Ausnahmegrund[405] gegeben ist. Während des Verfahrens bleibt das Gericht des Ursprungsstaates mit dem Gericht, das die einstweilige Maßnahme erlassen hat, in Kontakt, um über die Situation des Kindes informiert zu sein und informiert die zentrale Behörde des Zufluchtsstaates von der Sorgerechtsentscheidung, übermittelt alle nötigen Informationen und gibt gegebenenfalls Empfehlungen ab (Absatz 4).

Art. 24 V VO-E schließlich bestimmt, dass eine auf Grundlage dieser Vorschrift ergangene Sorgerechtsentscheidung anerkannt und vollstreckt werden muss, ohne dass für den begrenzten Zweck der Rückgabe des Kindes ein besonderes Verfahren stattfinden muss. Insbesondere ist die Entscheidung trotz Einlegung eines Rechtsbehelfes vollstreckbar. Es wird ausdrücklich darauf hingewiesen, dass das Exequaturverfahren für Sorgerechtsentscheidungen nur entbehrlich ist, wenn es um die Rückgabe des Kindes geht.

V. Gebühren und Kosten, Art. 25 VO-E

Art. 25 I VO-E bestimmt, dass die Unterstützung durch die zentralen Behörden unentgeltlich erfolgt. Die Gerichte hingegen können gemäß Absatz 2 eine Person, die ein Kind entführt hat, zur Zahlung der Kosten für die Feststellung des Aufenthaltsortes des Kindes und seine Rückgabe verurteilen.

---

[403] Art. 3 lit. a HKÜ verweist jedoch auf ein nicht tatsächliche ausgeübtes Sorgerecht oder die Zustimmung oder nachträgliche Genehmigung des Sorgeberechtigten. In diesen Fällen liegt aber kein Zurückhalten oder Entführen im Sinne des Art. 2 Nr. 10 VO-E vor.

[404] Ein solcher Antrag kann gemäß Art. 24 II VO-E a. E. auch von den Trägern der elterlichen Verantwortung gestellt werden.

[405] Dies kann entweder die fehlende Reife des Kindes oder sein geringes Alter sein.

## § 19 ANWENDBARES RECHT

Wie die EuEheVO trifft auch der VO-E keine ausdrückliche Regelung über das anzuwendende Recht. Es lassen sich jedoch auch hier Hinweise darauf erkennen, dass die Bestimmung des anwendbaren Rechts in der Kompetenz der Mitgliedstaaten verbleibt. So legt beispielsweise Art. 7 VO-E fest, dass ein Gericht auch für die Umwandlung einer Entscheidung über die Trennung ohne Auflösung des Ehebandes in eine Ehescheidung zuständig ist, wenn sein autonomes Recht dies vorsieht. Art. 57 VO-E stellt die Zusammenarbeit der Behörden in bestimmten Fällen ebenfalls unter die Bedingung, dass sie den durch das nationale Recht gesetzten Grenzen entspricht. Die Bestimmung des anwendbaren Rechts erfolgt demzufolge grundsätzlich durch nachrangige Staatsverträge und mangels Vorliegen derselben durch das autonome Recht der Mitgliedstaaten. Es ergeben sich damit unter dem Gesichtspunkt des anwendbaren Rechts keine Unterschiede zur EuEheVO.

## § 20 VERHÄLTNIS ZU AUTONOMEM RECHT

Art. 9 VO-E, der die Restzuständigkeiten für Ehesachen festlegt, bestimmt ebenso wie Art. 14 VO-E bezüglich der Zuständigkeit für Entscheidungen der elterlichen Verantwortung, dass autonomes Recht dann anwendbar ist, wenn sich keine Zuständigkeit aus den Art. 5, 6 und 7 beziehungsweise Art. 10 bis 13 und 21 VO-E ergibt. Dem entspricht Art. 8 EuEheVO.[406] Das Günstigkeitsprinzip, welches in Bezug auf die EuEheVO befürwortet wurde,[407] muss also auch hier Anwendung finden.

## § 21 ANERKENNUNG UND VOLLSTRECKUNG

### I. Allgemeines
Die Anerkennung und die Vollstreckung sind in Kapitel IV des Verordnungsentwurfes geregelt, die Anerkennung in Abschnitt 1, Art. 26 bis 31 VO-E und die Vollstreckung in Abschnitt 2, Art. 33 bis 44 VO-E. Gesondert geregelt ist in Abschnitt 3 die Vollstreckung von Entscheidungen über das Umgangsrecht und über die Rückgabe des Kindes (Art. 45 bis 49 VO-E), Abschnitt 4 schließlich enthält in den Art. 50 bis 54 VO-E sonstige Bestimmungen.

---

[406] Es kann auf die Ausführungen zur EuEheVO verwiesen werden, vgl. Kapitel I Teil 1 § 6 (S. 74 ff.).
[407] Kapitel I Teil 1 § 6 II. (S. 75 f.).

## II. Anerkennung

Der Abschnitt zur Anerkennung entspricht dem Kapitel II der EuEheVO,[408] insbesondere die Anerkennungshindernisse (vgl. Art. 27, 28 VO-E) stimmen überein. In Bezug auf die Verfahren über die Anerkennung beziehungsweise Nichtanerkennung einer Entscheidung wird in Art. 26 III VO-E auf die Verfahren verwiesen, die auch für die Vollstreckbarerklärung einer Entscheidung über die elterliche Verantwortung nach Abschnitt 2 (Art. 33 ff. VO-E) gelten. Wie in Art. 22 III EuEheVO ist auch hier die örtliche Zuständigkeit nach dem innerstaatlichen Recht des Mitgliedstaates, in dem der Antrag auf Anerkennung oder Nichtanerkennung gestellt wird, zu bestimmen. Sofern aber eine Bescheinigung über eine Entscheidung über das Umgangsrecht oder die Rückgabe des Kindes ausgestellt wurde (Kapitel IV Abschnitt 3 VO-E), ist ein Antrag auf Nichtanerkennung nicht mehr möglich.[409]

Grundsätzlich ergeben sich in diesen Punkten damit keine Änderungen gegenüber der EuEheVO im Anerkennungsrecht, so dass generell auf die dortigen Ausführungen verwiesen werden kann.[410] In dem VO-E fehlt lediglich Art. 16 EuEheVO, der Übereinkünfte mit Drittstaaten betrifft. Eine Übernahme war jedoch nicht erforderlich, da bestehende Übereinkünfte bereits nach Maßgabe des Art. 307 EG geschützt sind,[411] weswegen diese Änderung keinen Einfluss hat und der Rechtsvereinfachung dienlich ist.

Bedeutsam ist in diesem Zusammenhang aber, dass selbstverständlich auch im Rahmen der Anerkennung nunmehr Entscheidungen erfasst werden, die nicht lediglich im Zusammenhang mit einem Eheverfahren ergangen sind, sondern in einem selbständigen Verfahren ergingen. Hierdurch gewinnen die Anerkennungsregelungen, die in der EuEheVO nur eingeschränkt galten, größere Bedeutung.

## III. Vollstreckung

### 1. Antrag auf Vollstreckbarerklärung

Der Abschnitt 2 über den Antrag auf Vollstreckbarerklärung entspricht den Ab-

---

[408] Zu den übereinstimmenden Vorschriften vgl. die Synopse im Anhang VIII des Verordnungsvorschlages, KOM (2002) 222 endgültig/2 (S. 67 f.). Zu den Regelungen der EuEheVO siehe Kapitel I Teil 1 § 7 (S. 76 ff.).
[409] KOM (2002) 222 endgültig/2 (S. 15).
[410] Kapitel I Teil 1 § 7 (S. 76 ff.).
[411] Neue Übereinkommen, die, soweit sie die Verordnung betreffen oder ihren Anwendungsbereich verändern, nach der AETR-Rechtsprechung nur von der Gemeinschaft abgeschlossen werden dürfen, würden der VO-E auch ohne eine diesbezügliche Bestimmung vorgehen, KOM (2002) 222 endgültig/2 (S. 15).

schnitten 2 und 3 des zweiten Kapitels der EuEheVO.[412]

## 2. Vollstreckung von Entscheidungen über das Umgangsrecht und über die Rückgabe des Kindes

*a) Anwendungsbereich, Art. 45 VO-E*

Eine Besonderheit stellt die Neuregelung insoweit dar, als dass die Vollstreckung von Entscheidungen über das Umgangsrecht und über die Rückgabe des Kindes gesonderten Regelungen unterworfen ist. Gemäß Art. 45 I VO-E gilt der dritte Abschnitt des Kapitels IV für das einem Elternteil eingeräumte Recht auf Umgang mit seinem Kind (lit. a) und die durch eine Sorgerechtsentscheidung gemäß Art. 24 III VO-E angeordnete Rückgabe des Kindes (lit. b). Art. 45 II VO-E stellt indes klar, dass unabhängig von den Bestimmungen dieses Abschnittes eine Anerkennung oder Vollstreckung auch nach Maßgabe der Abschnitte 1 und 2 durch einen Träger der elterlichen Verantwortung beantragt werden kann. Nach Maßgabe des dritten Abschnitts müssen Entscheidungen, für die im Ursprungsmitgliedstaat eine Bescheinigung ausgestellt worden ist, im Vollstreckungsmitgliedstaat nicht mehr für vollstreckbar erklärt werden, eine Entscheidung wird also so vollstreckt, als sei sie im Vollstreckungsstaat selbst ergangen. Für die Bescheinigung sind die Formblätter in Anhang VI beziehungsweise VII zu verwenden.

*b) Umgangsrecht, Art. 46 VO-E*

Unter den in Art. 46 II VO-E genannten Voraussetzungen kann eine in allen Mitgliedstaaten vollstreckbare Bescheinigung für eine vollstreckbare Entscheidung über das Umgangsrecht im Sinne des Art. 45 I lit. a VO-E ausgestellt werden. Die Verfahrenserfordernisse für die Erteilung einer Bescheinigung betreffen die Anhörung des Kindes und im Versäumnisverfahren ergangene Entscheidungen, entsprechen mithin also den Versagungsgründen des Art. 15 II lit. b und lit. c EuEheVO.[413] Die Abschaffung des Exequaturverfahrens für Entscheidungen über das Umgangsrecht gilt nicht für Versäumnisurteile, denn anderenfalls hätten die Mindestvorschriften für die Zustellung von Schriftstücken festgelegt werden müssen.[414]

Ein Versagungsgrund für die Anerkennung kann nach Art. 15 II lit. a EuEheVO der *ordre public* des Anerkennungsstaates sein, was auch gemäß Art. 28 lit. a VO-E weiterhin für Entscheidungen über die elterliche Verantwortung gilt. Dieser Versagungsgrund wird in der Auflistung der einer Vollstreckbarerklärung

---

[412] Zu den jeweils übereinstimmenden Normen vgl. KOM (2002) 222 endgültig/2 (S. 16 f.) sowie die Synopse im Anhang VIII des Verordnungsvorschlages, KOM (2002) 222 endgültig/2 (S. 67 f.). Zu den Normen der EuEheVO vgl. Kapitel I Teil 1 § 8 (S. 87 ff.).
[413] Dazu oben Kapitel I Teil 1 § 7 V.3. (S. 86 f.).
[414] KOM (2002) 222 endgültig/2 (S. 17).

entgegenstehenden Gründe in Art. 36 II VO-E grundsätzlich erwähnt, in den Sonderregelungen für die Vollstreckung von Entscheidungen über das Umgangsrecht und über die Rückgabe des Kindes jedoch ausdrücklich nicht,[415] da man der Ansicht war, dass dieses Anerkennungshindernis keine große Praxisrelevanz habe.[416] Hierdurch wird eine grundlegende Änderung der bisher geltenden Standards vollzogen. Begründet werden kann dies für die Bundesrepublik ggf. unter historischen Gesichtspunkten damit, dass bei der Schaffung des Grundgesetzes lediglich an das eigene Land und nicht beispielsweise auch an islamische Länder gedacht wurde. Aus dem Wortlaut des Art. 1 II GG kann aber hergeleitet werden, das dieses sich nicht als alleinige Quelle des Rechts ansieht, so dass eine Abweichung von einer inländischen Grundrechtsnorm nicht automatisch eine Grundrechtsverletzung bedeuten muss. Der *ordre public* kann zudem auch deshalb zerstörerisch wirken, weil er die zwischen den Vertragsstaaten geschaffene Rechtssicherheit und Entscheidungsgleichheit auf unvorhersehbare Weise sprengen kann.[417] Trotz dieser Argumente ist jedoch die Auslassung des *ordre-public*-Grundsatzes in den Vollstreckungsregelungen des VO-E bzgl. des Umgangsrechts unter Vorbehalt zu sehen. Es bleibt insoweit abzuwarten, ob noch Mitgliedstaaten der Aufforderung in den Erläuterungen zu dem Entwurf nachkommen werden, entsprechende Vorschläge zu unterbreiten, wenn sie der Ansicht sind, dass dieser Versagungsgrund in bestimmten Fällen relevant sein könnte.[418]

Ebenfalls nicht einbezogen wurde das Anerkennungshindernis des Art. 15 II lit. d EuEheVO mit der Begründung, die Meinung der Träger der elterlichen Verantwortung werde üblicherweise bei Umgangsrechtsentscheidungen bereits berücksichtigt. Sofern dies nicht der Fall sei, sei die Entscheidung anfechtbar und entsprechend abänderbar.[419] Es sollte nach Ansicht der Kommission stets möglich sein, sich nach dem Recht des Vollstreckungsmitgliedsstaates in der Vollstreckungsphase auf die Unvereinbarkeit mit einer späteren Entscheidung zu berufen,[420] wie es Art. 15 II lit. e und f EuEheVO normiert, weswegen eine Aufnahme dieser Anerkennungshindernisse nicht erfolgte. Zu beachten ist, dass die oben genannten Hindernisse allgemein sehr wohl gelten (vgl. Art. 27, 28 VO-E), nur bei der Vollstreckung von Umgangsrechtsentscheidungen gelten Unterschiede.

---

[415] Die Auslassung der *ordre public* – Kontrolle war bereits bei den Arbeiten zur Brüssel I-VO diskutiert worden, vgl. *Wagner*, IPRax 2002, S. 75 (82) m. w. N. und insgesamt in Frage gestellt worden, vgl. *Grabau/Hennecka*, RIW 2001, S. 569 (570).
[416] KOM (2002) 222 endgültig/2 (S. 17).
[417] *Kropholler*, IPR, § 36 VI. (S. 250).
[418] KOM (2002) 222 endgültig/2 (S. 17).
[419] KOM (2002) 222 endgültig/2 (S. 17/18).
[420] KOM (2002) 222 endgültig/2 (S. 17).

*c) Rückgabe des Kindes, Art. 47 VO-E*
Art. 47 I VO-E bestimmt, dass kein besonderes Vollstreckungsverfahren für die Anerkennung und Vollstreckung von Entscheidungen, für die nach Maßgabe der Art. 45 ff. VO-E eine Bescheinigung ausgestellt worden ist, zu erfolgen hat. Die Verfahrensvoraussetzungen des Absatzes 2 decken sich mit denen des Art. 46 II VO-E. Bei im Versäumnisverfahren ergangenen Entscheidungen wird danach unterschieden, ob es sich um das Umgangsrecht oder die Rückgabe des Kindes handelt. Während die Abschaffung des Exequaturverfahrens für Entscheidungen über das Umgangsrecht nicht für Versäumnisurteile gilt, spielt dies bei einer Kindesentführung wegen der besonderen Umstände dieser Fälle und der in Kapitel III VO-E enthaltenen detaillierten Kooperationsregelung keine Rolle.[421] Die Gründe, aus denen auch hier auf einige Anerkennungshindernisse der EuEheVO verzichtet wurde, decken sich mit den zu Art. 24 VO-E aufgeführten.[422]

*d) Rechtsbehelfe und Urkunden, Art. 48, 49 VO-E*
Die Möglichkeit, die Ausstellung der Bescheinigung als solche mit einem Rechtsbehelf anzufechten wird in Art. 48 VO-E ausgeschlossen. Art. 49 I lit. a und b VO-E legen die Urkunden fest, die eine Partei vorlegen muss, um eine Vollstreckung zu erwirken. Sofern es um eine Entscheidung über das Umgangsrecht geht, kann gemäß Art. 49 II VO-E unter Umständen auch eine Übersetzung der Bescheinigung erforderlich sein, für Art. 47 I VO-E wird dies jedenfalls ausgenommen.

IV. Sonstige Bestimmungen
Im vierten Abschnitt des Kapitels IV sind sonstige Bestimmungen aufgeführt. Art. 50 VO-E bestimmt, dass für das Vollstreckungsverfahren das autonome Recht des Vollstreckungsstaates anzuwenden ist.
Art. 51 I VO-E regelt demgegenüber die Ausübung des Umgangsrechts und unterscheidet zwischen einer Entscheidung über die Übertragung und die konkrete Ausgestaltung des Umgangsrechts. Sofern es um die konkrete Ausgestaltung geht, werden dem Vollstreckungsstaat gewisse Befugnisse zur Regelung der praktischen Modalitäten zugestanden, jedoch nur dann, wenn sie in der ursprünglichen Entscheidung nicht vorgesehen sind und wenn die Entscheidung in ihrem Wesensgehalt befolgt wird. Gemäß Art. 51 II VO-E treten die genannten Modalitäten außer Kraft, nachdem das mitgliedstaatliche Gericht, das für die Entscheidung in der Hauptsache zuständig ist, eine Entscheidung erlassen hat.
Die übrigen Bestimmungen dieses Abschnitts finden sich auch in der EuEheVO wieder. So entspricht Art. 52 VO-E dem Art. 30 EuEheVO, Art. 53 VO-E entspricht Art. 31 EuEheVO, Art. 54 VO-E gibt Art. 35 EuEheVO wieder.

---

[421] KOM (2002) 222 endgültig/2 (S. 17).
[422] Kapitel I Teil 2 § 21 III.2.b. (S. 124 f.).

## § 22 Zusammenarbeit der zentralen Behörden

Die Zusammenarbeit zwischen den zentralen Behörden in den Bereichen Ehescheidung und elterliche Verantwortung wird als wesentlicher Bestandteil des Verordnungsvorschlages bezeichnet.[423] Sie ist im Kapitel V in den Art. 55 bis 59 VO-E geregelt. Art. 55 VO-E bestimmt, dass jeder Mitgliedstaat eine zentrale Behörde zu bestimmen hat, die im Sinne der Verordnung tätig wird. Die zentralen Behörden erfüllen allgemeine Informationspflichten und Koordinierungsaufgaben und können in bestimmten Fällen selbst tätig werden.[424] Hierzu gehören gemäß Art. 56 VO-E die Erörterung von Fragen von gemeinsamem Interesse und der Art und Weise der Zusammenarbeit, die Erarbeitung von Standards für die Schlichtung in Familiensachen und die Erleichterung der Kommunikation zwischen den in diesem Bereich tätigen Organisationen.[425] Art. 57 VO-E bestimmt in den lit. a bis f, dass eine Zusammenarbeit auch in bestimmten Fällen zu erfolgen hat und zwar vor allem dann, wenn es um die tatsächliche Ausübung der elterlichen Verantwortung geht. Ein Antrag auf Unterstützung bei der zentralen Behörde des Mitgliedstaates kann von jedem Träger der elterlichen Verantwortung gestellt werden, wenn er oder das Kind, um das es geht, in dem entsprechenden Mitgliedstaat seinen gewöhnlichen Aufenthalt hat oder das Kind sich dort gegenwärtig aufhält (Art. 58 I VO-E).

Die bei der Zusammenarbeit zu verwendende Sprache ist grundsätzlich freigestellt, die Mitgliedstaaten sind jedoch gemäß Art. 58 II VO-E verpflichtet, der Kommission die europäische(n) Amtssprache(n) mitzuteilen, die sie außer ihrer eigenen für Mitteilungen an die Behörde zulassen, so dass durch die sich daraus ergebenden Vorgaben zwar eine Beschränkung erfolgt, gleichzeitig aber die Zusammenarbeit verbessert wird, da im Zweifel keine langwierigen Übersetzungen bei der angesprochenen Behörde erfolgen müssen. Die Zusammenarbeit hat zudem unentgeltlich zu erfolgen (Art. 58 III, IV VO-E), was ebenfalls zu dem Zweck geschieht, den Zugang zu den Behörden zu erleichtern.

Bei Kindesentführungen steht und fällt die in dem Entwurf getroffene Regelung mit der aktiven Zusammenarbeit zwischen den zentralen Behörden, die die Verfahren einleiten und einander in allen Verfahrensabschnitten auf dem Laufenden halten müssen.[426] Die Zusammenarbeit ist deshalb in den entsprechenden Vorschriften der Art. 21 ff. VO-E gesondert normiert.

Zuständigkeitsverweisungen gemäß Art. 15 VO-E sind im Ergebnis die Fälle, in denen die Behördenzusammenarbeit nach den Art. 55 ff. VO-E von Bedeutung

---

[423] KOM (2002) 222 endgültig/2 (S. 19).
[424] KOM (2002) 222 endgültig/2 (S. 19).
[425] KOM (2002) 222 endgültig/2 (S. 20).
[426] KOM (2002) 222 endgültig/2 (S. 12).

ist, was auch in Art. 15 II VO-E explizit herausgestellt wird.[427] Für Ehesachen werden nicht vergleichbar mit Art. 57 und Art. 58 VO-E besondere Vorschriften normiert, die Zusammenarbeit auf diesem Gebiet lässt sich also allenfalls auf die allgemeinen Vorschriften der Art. 55 und Art. 56 VO-E stützen. Aufgrund der hohen Bedeutung des Kinderschutzes ist jedoch gerade auf diesem Gebiet eine Zusammenarbeit wichtig, das trifft auf Ehesachen nicht gleichermaßen zu, weswegen die mangelnde detaillierte Regelung der Zusammenarbeit auf diesem Gebiet nicht kritikwürdig ist.

### § 23 ÜBERGANGSVORSCHRIFTEN

Kapitel VII regelt mit Art. 63 I und II VO-E die Verfahren, welche vor Beginn der Anwendung des VO-E begonnen haben und noch nicht abgeschlossen sind und entspricht Art. 42 EuEheVO.
Die Anerkennung und Vollstreckung von Entscheidungen, die nach Maßgabe der EuEheVO hätte erfolgen müssen, wird gemäß Art. 63 III und IV VO-E zugelassen.

### § 24 STAATSVERTRAGLICHES UMFELD

Das Verhältnis zu anderen Übereinkünften wird in Kapitel VI (Art. 60 bis 62 VO-E) normiert. Hier entspricht Art. 60 VO-E dem Art. 36 EuEheVO und Art. 61 dem Art. 37 EuEheVO. Neu aufgenommen wurde das HKÜ. Art. 62 VO-E gibt Art. 40 EuEheVO wieder. Die Ausführungen zur EuEheVO gelten entsprechend.[428] Nicht aufgenommen wurden die Art. 38 und 39 EuEheVO, da sich zum einen die Möglichkeit der Mitgliedstaaten, Übereinkünfte zu schließen, aus der Rechtsprechung des EuGH ergibt und zum anderen die Wirkungen der Übereinkünfte sich aus internationalem Recht und Art. 61 VO-E ergeben. Die fehlende Regelung erscheint vor allem im Hinblick auf die zu den Art. 38, 39 EuEheVO geäußerten Bedenken[429] vorteilhaft.

---

[427] Zu einem späteren Zeitpunkt soll überlegt werden, dass ein direkter Kontakt zwischen den Gerichten stattfinden kann, so KOM (2002) 222 endgültig/2 (S. 11).
[428] Kapitel I Teil 1 § 13 (S. 96 ff.).
[429] Kritisch zu diesen Regelungen: *Kohler*, NJW 2001, S. 10 (14); *Sedlmeier*, The European Legal Forum 2002, S. 35 (38).

## Kapitel II:
## Das Verhältnis zwischen der EuEheVO, dem VO-E und dem Haager Übereinkommen vom 5.10.1961 über die Zuständigkeit der Behörden und das anzuwendende Recht auf dem Gebiet des Schutzes von Minderjährigen (MSA)

### § 25 Einleitung

Im zweiten Teil der Arbeit werden EuEheVO und Haager Übereinkommen vom 5.10.1961 über die Zuständigkeit der Behörden und das anzuwendende Recht auf dem Gebiet des Schutzes von Minderjährigen[430] (im Folgenden: MSA) verglichen. Die Regelungen der EuEheVO wurden bereits im ersten Kapitel ausführlich dargestellt. Zum besseren Verständnis soll daher im folgenden Kapitel immer zunächst die jeweilige Regelung des MSA erläutert werden, und zwar so, wie sich die Rechtslage unabhängig von der EuEheVO darstellt. Anschließend werden jeweils die EuEheVO und das MSA gegenübergestellt und ihr Verhältnis zueinander untersucht. Hierbei wird indes aufgrund des Themas der Arbeit grundsätzlich nur auf diejenigen Regelungen der EuEheVO eingegangen, die Regelungen über die elterliche Verantwortung betreffen. Ausführungen zu den in der EuEheVO aufgestellten Grundsätzen für Ehescheidung, Trennung ohne Auflösung des Ehebandes und Ungültigerklärung einer Ehe sollen nur dann erfolgen, wenn dies für die Gegenüberstellung und deren Verständnis unerlässlich erscheint.

Der Entwurf einer Verordnung des Rates über die Zuständigkeit und die Anerkennung und Vollstreckung von Entscheidungen in Ehesachen und in Verfahren betreffend die elterliche Verantwortung zur Aufhebung der EuEheVO und zur Änderung der Verordnung (EG) Nr. 44/2001 in Bezug auf Unterhaltssachen (VO-E) soll nach Entschließung des Rates zum 1.8.2004 in Kraft treten und ab dem 1.3.2005 gelten. Da das MSA in absehbarer Zeit in den EU-Staaten durch das KSÜ ersetzt wird,[431] welches seit dem 1.1.2002 in Kraft ist, wird die Relevanz des VO-E für das MSA als gering einzustufen sein. Auf einen Vergleich des Abkommens mit dem VO-E soll daher nur kurz und lediglich an den Stellen eingegangen werden, wo sich VO-E und EuEheVO unterscheiden und dies für das Verhältnis zum MSA von immenser Bedeutung ist.

---

[430] BGBl 1971 II, S. 219 ff.; *Jayme/Hausmann*, Int. Privat- u. Verfahrensrecht, Ordnungsnummer 54.
[431] Vgl. 2529. Tagung des Rates – Justiz und Inneres – am 2./3. Oktober in Brüssel, 12762/03 (Presse 278); Europ. Parlament, Plenarsitzungsdokument v. 2.10.2003 endg. A5-0319/2003, Änderungsantrag 6 Erwägung 5 u. Änderungsantrag 8 Art. 3 Abs. 1.

## § 26 GRUNDLAGEN

### I. Minderjährigenschutzabkommen
#### 1. Historische Entwicklung und Zielsetzung

Der internationale Schutz von Kindern, die sich vorübergehend oder dauerhaft außerhalb ihres Heimatstaates aufhalten, wird gegenwärtig im MSA geregelt. Dieses wurde auf der 9. Tagung der Haager Konferenz für Internationales Privatrecht im Oktober 1960 fertiggestellt, am 5.10.1961 zur Zeichnung aufgelegt[432] und löste das Haager Vormundschaftsabkommen von 1902 ab.[433] Gemäß des halboffenen Charakters des Abkommens besteht für die auf der 9. Session nicht vertretenen Staaten nach Art. 21 MSA eine Beitrittsmöglichkeit, wobei ein solcher Beitritt aber lediglich im Verhältnis zu den Staaten gilt, die ihn ausdrücklich annehmen (Art. 21 II MSA).[434]

Durch das MSA sollten die Regelungen über die internationale Zuständigkeit und das anzuwendende Recht im Zusammenhang mit Maßnahmen zum Schutz von Minderjährigen vereinheitlicht und so negative und positive Kompetenzkonflikte vermieden werden.[435] Ferner war Zweck der Konvention, die gegenseitige Anerkennung von Schutzmaßnahmen unter den Vertragsstaaten zu fördern[436] und die Zusammenarbeit zwischen den Behörden der einzelnen Vertragsstaaten zu verbessern und zu intensivieren. Hierbei sind unter Behörden ausweislich des Art. 1 MSA sowohl Gerichte als auch Verwaltungsbehörden zu verstehen, so dass im Folgenden diese Begriffe synonym zu verstehen sind.

Ziel war es auch, einen Ausgleich zwischen Staatsangehörigkeits- und Aufenthaltsprinzip zu erreichen. Letzterem wird jedoch eine Vorrangstellung eingeräumt, was geschieht, damit die Verhältnisse des Kindes in der tatsächlichen so-

---

[432] *Kropholler*, MSA S. 11; *Wanner-Laufer*, Art. 3 MSA S. 10; Staudinger-*Kropholler*, Vorbem. Art. 19 EGBGB Rn. 16; MüKo-*Siehr*, BGB, Art. 19 Anh. I Rn. 1; *Siehr*, RabelsZ 62 (1998), S. 464 (466); *Pirrung*, RabelsZ 57 (1993), S. 124 (132).
[433] Staudinger-*Kropholler*, Vorbem. Art. 19 EGBGB Rn. 16; *Kropholler*, MSA S. 12; *Boelck*, Reformüberlegungen zum MSA S. 1; *Gottschalk*, Allgemeine Lehren des IPR in kollisionsrechtl. Staatsverträgen S. 91; *Kropholler*, NJW 1971, S. 1721; *Firsching*, RPfl 1971, S. 377 (383); Der berühmteste Kollisionsfall, der eigentlich Anlass zum Abschluss des Abkommens war, ist der Fall *Boll*, vgl. *Kropholler*, MSA S. 13; sowie *Wanner-Laufer*, Art. 3 MSA S. 6 ff.; *Boelck*, Reformüberlegungen zum MSA S. 1 (Fn. 7); *Jayme*, JR 1973, S. 177 (179). Allgemein zum Haager Vormundschaftsabkommen vgl. *Wanner-Laufer*, Art. 3 MSA S. 2 ff; *Firsching*, RPfl 1971, S. 377 (383).
[434] *Kropholler*, MSA S. 11.
[435] *Holl*, Gewöhnlicher Aufenthalt S. 71/72; *Winkel*, Grenzüberschreitendes Sorge- u. Umgangsrecht S. 77; *Pirrung*, RabelsZ 57 (1993), S 124 (132); ders.; FS-Rolland, S. 277.
[436] *Holl*, Gewöhnlicher Aufenthalt S. 71.

zialen Umwelt aufgrund größerer Sachnähe lokalisiert werden.[437] Es sollen primär die Behörden des Staates zuständig sein, in dem die Bedürfnisse des Minderjährigen am besten beurteilt[438] und durch die Maßnahmen in schnellerer Reaktionszeit getroffen werden können.[439] Eine Vereinfachung und Beschleunigung der Rechtsanwendung durch Anordnung des Gleichlaufs von *forum* und *ius* sollte eine möglichst umfassende und kontinuierliche Betreuung der Minderjährigen sicherstellen.[440] Verhindert werden sollte die Möglichkeit eines *forum* und *law shoppings*.[441]

## 2. Inhalt

Der Anwendungsbereich des Abkommens in Kindschaftsverfahren mit Auslandsbezug ist sehr groß,[442] allerdings zählt es auch zu den umstrittensten Abkommen des internationalen Privatrechts.[443]
Primär wird die internationale Zuständigkeit für die Anordnung von Schutzmaßnahmen zugunsten Minderjähriger geregelt.[444] Das MSA ist anwendbar, wenn der Minderjährige seinen gewöhnlichen Aufenthalt in einem Vertragsstaat hat und das Übereinkommen im Übrigen sachlich maßgebend ist.[445] In diesem Rahmen verdrängt es das autonome internationale Privat- und Verfahrensrecht.[446]
International zuständig sind zunächst die Behörden am gewöhnlichen Aufenthalt

---

[437] OLG Celle, Beschl. v. 19.5.1992 – 10 UF 35/92 - FamRZ 1993, S. 95 (96); Beschl. v. 2.1.1991 – 18 UF 167/90 - FamRZ 1991, S. 1221 (1222); OLG Hamm, Beschl. v. 12.3.1991 – 1 UF 471/90 - FamRZ 1991, S. 1346; MüKo-*Siehr*, BGB, Art. 19 Anh. I Rn. 20; Schwab-*Motzer* H.III. Rn. 299; *Jayme*, JR 1979, S. 177 (180); *Oelkers/Kraeft*, FuR 2001, S. 344.
[438] OLG Karlsruhe, FamRZ 1994, Beschl. v. 6.7.1993 – 18 Wx 6/93 - S. 642 (643); OLG Celle, Beschl. v. 19.5.1992 – 10 UF 35/92 - FamRZ 1993, S. 96 (97); OLG Düsseldorf, Beschl. v. 13.4.1993 – 1 UF 179/92 - FamRZ 1993, S. 1108 (1109); *Kropholler*, MSA S. 61; *Oelkers/Kraeft*, FuR 2001, S. 344.
[439] Schwab-*Motzer*, H.III. Rn. 299.
[440] MüKo-*Siehr*, BGB, Art. 19 Anh. I Rn. 2; *Holl*, Gewöhnlicher Aufenthalt S. 72; *Oelkers/Kraeft*, FuR 2001, S. 344.
[441] *Holl*, Gewöhnlicher Aufenthalt S. 113/114.
[442] Garbe/Oelkers-*Cordes* Teil 13 Kap. 6.3.2.2. S. 3; *Roth/Döring*, FuR 1999, S. 195; *Siehr*, RabelsZ 62 (1998), S. 464 (466).
[443] Dazu siehe unten Kapitel II § 35 (S. 229 ff.).
[444] Vgl. dazu unten Kapitel II § 27 I.3. (S. 143).
[445] Staudinger-*Kropholler*, Vorbem. Art. 19 EGBGB Rn. 16; MüKo-*Siehr*, BGB, Art. 19 Anh. I Rn. 1; Johannsen/Henrich-*Sedemund-Treiber* § 621 ZPO Rn. 20; *Wanner-Laufer*, Art. 3 MSA S. 11; Schwab-*Motzer* H.III. Rn. 299; *Siehr*, IPRax 1982, S. 85; *ders.*, RabelsZ 62 (1998), S. 464 (466).
[446] Garbe/Oelkers-*Cordes* Teil 13 Kap. 6.4.2.4. S. 1; Schwab-*Motzer* H.III. Rn. 299; *Siehr*, IPRax 1982, S. 85; *ders.*, RabelsZ 62 (1998), S. 464 (466); *Firsching*, RPfl 1971, S. 377 (383); *Pirrung*, RabelsZ 57 (1993), S. 124 (132).

des Minderjährigen, welche grundsätzlich gemäß Art. 2 MSA nur ihre *lex fori*[447] anzuwenden haben.[448]
Der Verpflichtung zur Anerkennung von Entscheidungen nach Art. 7 MSA folgt allerdings keine Regelung über die Vollstreckbarerklärung, so dass Entscheidungen in anderen Vertragsstaaten nicht ohne weiteres – abgesehen von den mittelbaren Wirkungen der Bestimmungen des Übereinkommens über die gegenseitige Unterrichtung der Behörden – durchsetzbar sind.[449] Diese Regelung der Zusammenarbeit wird aber als wichtige Verbesserung gegenüber dem Vormundschaftsabkommen gesehen.[450]

3. Internationale Zusammenarbeit
Das Zuständigkeitsnetz des Übereinkommens wird durch Regeln über die internationale Zuständigkeit der Behörden, die einen direkten Behördenverkehr zulassen, ergänzt.[451] In Art. 10 MSA ist ein Appell an die verantwortlichen Behörden enthalten, Schutzmaßnahmen im Interesse einer einheitlichen Betreuung der Minderjährigen nach Möglichkeit nur nach vorherigem Meinungsaustausch mit den Behörden derjenigen anderen Vertragsstaaten zu treffen, deren Entscheidungen noch in Kraft sind. Es handelt sich um eine Soll-Vorschrift, deren Verletzung die inländische Schutzmaßnahme nicht ungültig macht oder zur Nichtanerkennung der inländischen Maßnahme im Ausland berechtigt.[452] Nach Art. 11 MSA sind alle Behörden, die aufgrund des Abkommens Schutzmaßnahmen getroffen haben, zu einer unverzüglichen nachträglichen Benachrichtigung der Behörden des Heimat- und gegebenenfalls des Aufenthaltsstaates verpflichtet.[453] Hierin äußert sich nicht nur die Rücksicht auf staatliche Verwal-

---

[447] In Deutschland ist demnach § 1671 BGB für die Verteilung der elterlichen Gewalt maßgebend.
[448] OLG Hamburg, Beschl. v. 24.7.1972 – 2 W 47/79 - FamRZ 1972, S. 514 (515); BayObLG, Beschl. v. 16.2.1976 – 1 Z 74/75 - FamRZ 1976, S. 366 (368); OLG Karlsruhe, Beschl. v. 21.7.1991 – 2 UF 126/91 - FamRZ 1995, S. (562) 563; LG Kleve, Beschl. v. 5.10.1976 – 4 T 263/76 - FamRZ 1977, S. 335 (336); VG Berlin, Urteil v. 28.2.1984 – VG 8 A 506/82 - DAVorm 1982, S. 720 (722); Schwab-*Motzer* H.III. Rn. 299; *Siehr*, IPRax 1982, S. 85; *ders.*, RabelsZ 62 (1998), S. 464 (466); *Hüßtege*, IPRax 1986, S. 104 (105); *Pirrung*, RabelsZ 57 (1993), S. 124 (132); *Dörr*, NJW 1991, S. 77 (81); *Coester-Waltjen*, ZfJ 1990, S. 641 (643); *Oelkers/Kraeft*, FuR 2001, S. 344 (347).
[449] *Pirrung*, RabelsZ 57 (1993), S. 124 (132).
[450] *Wanner-Laufer*, Art. 3 MSA S. 12.
[451] *Kropholler*, NJW 1971, S. 1721 (1725); *Luther*, FamRZ 1973, S. 406 (411).
[452] *Siehr*, IPRax 1982, S. 85 (87).
[453] *Kropholler* (MSA S. 28) hält es für möglich, dass aufgrund des in Art. 16 normierten *ordre public*-Vorbehaltes ausnahmsweise von der in der Konvention vorgesehenen internationalen Zusammenarbeit der Behörden abgesehen wird. Dies erscheint jedoch nicht plausibel; gerade sofern ein Verstoß gegen den *ordre public* in Betracht kommt, bietet es sich an, mit dem entsprechenden Land Rücksprache zu halten.

tungsprinzipien, sondern auch auf die Interessen des Minderjährigen.[454] Dasselbe gilt für Art. 4 MSA, der allein die Verständigung der Behörden als Voraussetzung normiert. Hierauf ist jedoch im Rahmen des Art. 4 MSA gesondert einzugehen.[455] In der Praxis ist der internationale Behördenverkehr kaum von Bedeutung.[456]

### 4. Auslegung
*a) Grundlegendes*
Als rechtsvereinheitlichende Konvention auf dem Gebiet des Kollisionsrechts gehört das MSA zum Internationalen Einheitsrecht und wird deshalb nach den allgemeinen Regeln ausgelegt.[457] Als Grundsatz gilt, dass internationale Konventionen des Privatrechts autonom zu interpretieren sind.[458] Raum für innerstaatliche ‚Anpassungen' von Wortlaut und Systematik oder sogar inhaltliche Abweichungen besteht nicht,[459] vielmehr müssen die Staatsverträge aus sich selbst heraus ausgelegt werden, damit die Interpretation international möglichst einheitlich ist und so größere Rechtssicherheit und –einheit erreicht werden kann.[460] Grundsätzlich kommt ihrem Wortlaut und der Grammatik somit besondere Bedeutung zu.[461] Zu beachten ist hierbei jedoch, dass für die Auslegung die authentische Sprache maßgebend sein muss. Sofern alle Sprachen der Mitgliedstaaten gleichermaßen authentisch sind, muss im Rahmen der Auslegung erforscht werden, welche Sprache bei der Ausarbeitung benutzt wurde.[462] Hinzu kommt, dass ein eindeutiger Wortlaut selten zu finden ist, weswegen in jedem Fall auch Sinn und Zweck des Gesetzes herangezogen werden müssen.[463] Es gelten also zusätzlich die generellen Auslegungsregeln

---

[454] *Siehr*, Int. Privatrecht § 11 VI. (S. 68); *ders.*, IPRax 1982, S. 85 (88); *Luther*, FamRZ 1973, S. 406 (411).
[455] Vgl. unten Kapitel II § 28 I.3.c. (S. 164).
[456] *Boelck*, Reformüberlegungen zum MSA S. 114; *Kropholler*, FS-Siehr S. 379 (388); *Pirrung*, RabelsZ 57 (1993), S. 124 (135); *Schwimann*, JBl 1976, S. 233 (247).
[457] *Kropholler*, MSA S. 16; *Wanner-Laufer*, Art. 3 MSA S. 13; *Canaris*, JZ 1987, S. 543 (544).
[458] *Magnus*, FS-75 Jahre MPI, S. 571 (572); *Bayer*, RabelsZ 20 (1955), S. 633 f.
[459] *Kohler*, EuR 1984, S. 155 (160 ff.).
[460] *Franzen*, Privatrechtsangleichung durch die Europ. Gemeinschaft S. 475; *Kropholler*, Int. Privatrecht § 16 II 3. (S. 121); *Siehr*, Int. Privatrecht § 46 I.3.a) (S. 386); *Magnus*, FS-75 Jahre MPI, S. 571 (572), *Lutter*, JZ 1982,S. 593 (599).
[461] RG, Urt. v. 8.11.1930 – V 154/30 – RGZ 130, 220 (221); BGH, Urt. v. 25.6.1969 – I ZR 15/67 – BGHZ 52, 216 (220); *Franzen*, Privatrechtsangleichung durch die Europ. Gemeinschaft § 13 (S. 446 f.); *Kropholler*, Int. Privatrecht § 9 V 1.a. (S. 68).
[462] *Siehr*, Int. Privatrecht § 46 I.3.a) (S. 386).
[463] *Canaris*, JZ 1987, S. 543 (544).

nach Systematik, Historie, Rechtsvergleich und Teleologie.[464] Internationale Interpretationsmaßstäbe müssen gewahrt werden, um die erarbeitete Rechtseinheit zu sichern.[465] Das Wiener Übereinkommen vom 23.5.1969 über das Recht der Verträge (WVK) normiert in den Art. 31 bis 33 WVK Auslegungsregeln für internationale Staatsverträge, die grundsätzlich für die authentische Auslegung durch die Parteien und internationale Instanzen gelten, aber auch von den nationalen Gerichten bei der Entscheidungsfindung beachtet werden sollen.[466] Für sich allein genommen kann es indes eine einheitliche Auslegung von Staatsverträgen nicht gewährleisten, denn es löst nicht alle bestehenden Auslegungsprobleme, sondern legt vielmehr nur allgemeine Auslegungskriterien fest. Die Aufforderung, Einheitsrecht autonom auszulegen und die Rechtsentwicklung in den übrigen Mitgliedstaaten zu berücksichtigen, reicht nicht aus, um eine einheitliche Auslegung zu erzielen.[467] Hinzu kommt, dass die Gerichte möglicherweise mit dieser Auslegungsaufgabe überfordert sein dürften.[468]

*b) Möglichkeiten einer konventionsübergreifenden Interpretation?*
Problematisch wird diese eingeschränkte Interpretation indes dann, wenn immer mehr Staatsverträge auf einem Gebiet entstehen, die sich begrifflich zumeist aneinander anlehnen und daher dieselben Begriffe in derselben Bedeutung verstanden wissen wollen,[469] was durch die vermehrte Anwendung harmonisierten oder gar vereinheitlichten Rechts immer größere Bedeutung erlangt und nach einer rechtsvergleichenden Auslegung verlangt.[470] Ein Beispiel hierfür bildet der Begriff des ‚gewöhnlichen Aufenthaltes', der immer stärker verwendet wird.[471] Entscheidungen nationaler Gerichte zu einem bestimmten Übereinkommen können jedoch nicht ohne weiteres zur Interpretation eines anderen Abkommens herangezogen werden.[472] Zur Lösung dieser Problematik lassen sich unterschiedliche Möglichkeiten finden.
Grundsätzlich ließe sich zunächst daran denken, mit Interpretationsfragen zu

---

[464] RG, Urt. v. 8.11.1930 – V 154/30 - RGZ 130, 220 (221); *Kropholler*, Int. Privatrecht § 9 V 1.a-e (S. 68 f.); *Lutter*, JZ 1982, S. 593 (599 ff.); *Canaris*, JZ 1987, S. 543 (547 ff.).
[465] *Siehr*, Int. Privatrecht § 46 I.3.b) (S. 386); *Geimer*, NJW 1988, S. 3089 (3090).
[466] *Siehr*, Int. Privatrecht § 46 I.3.b) (S. 387).
[467] *Iversen* in: Brödermann/Iversen, Europ. Gemeinschaftsrecht und IPR Rn. 579; *Kohler*, EuR 1984, S. 155 (163); *Nolte*, IPRax 1985, S. 71 (73).
[468] *Iversen* in: Brödermann/Iversen, Europ. Gemeinschaftsrecht und IPR Rn. 579.
[469] *Magnus*, FS-75 Jahre MPI, S. 571 (572).
[470] *Mansel*, JZ 1991, S. 529 (531).
[471] *Kropholler*, RabelsZ 57 (1993), S. 205 (220).
[472] *Magnus*, FS-75 Jahre MPI, S. 571 (574).

internationalen Konventionen auch internationale Gerichte zu betreuen,[473] wie dies beispielsweise gemäß Art. 234 EG und gemäß Art. 47 CMR beim Internationalen Gerichtshof hinsichtlich des EG-Vertrages beziehungsweise der CMR oder gemäß Art. 1 I Protokoll EuGVÜ durch den EuGH hinsichtlich des EuGVÜ[474] möglich ist. Dies würde allerdings zu einer personellen Überlastung führen, weswegen ein Ausbau erfolgen müsste. Nachteilig wäre ferner, dass Privaten zumeist der Zugang verwehrt ist und das nationale Verfahren erheblich verzögert würde.[475] Hinzu kommt, dass der Internationale Gerichtshof sich seit 1945 nur einmal mit einem Übereinkommen des Internationalen Privatrechts beschäftigt hat.[476] Die Vereinbarung einer Auslegungszuständigkeit des EuGH[477] kommt lediglich in Bezug auf Übereinkommen zwischen EU-Mitgliedstaaten in Betracht und kann daher für die Auslegung des MSA nicht in Betracht gezogen werden.

Gefordert wird ferner eine entsprechenden Bewegung in der Lehre und in der Wissenschaft, die die legislatorische Vereinheitlichung und Angleichung begleitet und darauf gerichtet sein soll, bei den Juristen der diversen Staaten „wieder ein gemeinsames Vorverständnis zu schaffen, eine gemeinsame Denktradition, welche den vereinheitlichten Normen gerecht werden kann und ihre gleichmäßige Anwendung sichert".[478]

Zu denken wäre in diesem Zusammenhang auch an den Ausbau der Zuständigkeit vorhandener internationaler Privatgerichte, wo in der Regel auch Privaten im beschränkten Umfang Zugang gewährt wird.[479] Vorgeschlagen wird, diese bereits gegebenen Zuständigkeiten durch ein Vorabentscheidungsverfahren für alle privaten Streitigkeiten zu erweitern.[480] Erforderlich ist jedoch in solchen Fällen eine Vorlagepflicht nationaler Gerichte,[481] die jedoch einen erheblichen Ein-

---

[473] *Iversen* in: Brödermann/Iversen, Europ. Gemeinschaftsrecht und IPR Rn. 580; *Siehr,* Int. Privatrecht § 46 I.1.c) (S. 388); *Magnus,* FS-75 Jahre MPI, S. 571 (575); *Kohler,* EuR 1984, S. 155 (167); *Kötz,* RabelsZ 50 (1986), S. 1 (7 f.).

[474] *Leipold,* FS-Schwab S. 51 (53).

[475] *Magnus,* FS-75 Jahre MPI, S. 571 (575).

[476] Dies war der Fall *Boll,* vgl. oben Kapitel II § 26 I.1. Rn. 433 (S. 130).

[477] *Iversen* in: Brödermann/Iversen, Europ. Gemeinschaftsrecht und IPR Rn. 583; *Mansel,* JZ 1991, S. 529 (532).

[478] *Kötz,* RabelsZ 50 (1986), S. 1 (15).

[479] So beispielsweise bei der WTO gemäß Vereinbarung vom 15.4.1994, ABl. EG 1994, L336/234, vgl. *Magnus,* FS-75 Jahre MPI, S. 571 (576) und dem Internationalen Seegerichtshof, vgl. *Treves,* RabelsZ 63 (1999), S. 350 ff.; *Wolfrum,* RabelsZ 63 (1999), S. 342 ff.

[480] *Magnus,* FS-75 Jahre MPI, S. 571 (576).

[481] Im Rahmen der Auslegungskompetenz des EuGH ist bereits teilweise problematisch, ob und wann nationale Gerichte Auslegungsfragen dem EuGH zur Vorabentscheidung vorlegen müssen, vgl. *Magnus,* JZ 1990, S. 1100 (1103); *Müller-Graff,* Privatrecht und Europäisches Gemeinschaftsrecht S. 28.

griff in die nationale Jurisdiktionsgewalt darstellen würde.[482] Im Falle des MSA ist jedoch ein internationales Privatrechtsgericht nicht vorhanden, weswegen dieser Vorschlag hier nicht greifen kann. Es müsste für derartige Konventionen zunächst ein eigenständiges Privatrechtsgericht geschaffen werden, was gleichzeitig eine Änderung der entsprechenden Regelwerke bedeuten würde.

Eine weitere denkbare Möglichkeit bestünde aufgrund der in den Einheitstexten verwandten, vielfach offenen und unbestimmten Begriffe[483] in der Festlegung des gemeinsamen Begriffsinstrumentariums einheitsrechtlicher Konventionen. Indes muss hier gesagt werden, dass sich bereits Versuche nur hinsichtlich der Definitionsfestlegungen als wenig erfolgreich erwiesen haben.[484] Die UNIDROIT *Principles of International Commercial Contracts* und die *European Principles of Contract Law* können zwar eine gewisse Hilfe bei der konventionsübergreifenden Interpretation internationalen Einheitsrechts bieten, stellen aber nur Empfehlungen dar[485] und passen zudem vom Anwendungsbereich her nicht wirklich auf Konventionen des Kindschafts- und Familienrechts. Zu denken wäre indes an eine Aufstellung der Definitionen zentraler Begriffe[486] oder an die Einfügung von Interpretationsklauseln, wie sie schon in einigen Übereinkommen enthalten sind,[487] wobei nicht nur die aus der Konvention selbst gewonnenen, sondern auch die allgemeinen Grundsätze der einheitsprivatrechtlichen Abkommen berücksichtigt werden müssen.[488]

Aufgrund der immer häufiger synonym verwendeten Begriffe in den unterschiedlichen Konventionen, die sich oft bewusst an bestehende Übereinkommen und deren Begriffswahl anlehnen, ließe sich eine konventionsübergreifende Auslegungsmethode vertreten.[489] Hierunter ist zu verstehen, dass im Zweifel übereinstimmende Begriffe, welche sich in verschiedenen Konventionen finden, im gleichen Sinne ausgelegt werden.[490] Hierbei ergeben sich aber Veränderungen der ansonsten gültigen Auslegungsregelungen. So muss im Rahmen des Wortlautes bei konventionsübergreifender Auslegung der Gemeinsamkeit der Vorrang eingeräumt werden, so dass das Gewicht des Wortlautes des einzelnen Übereinkommens zurücktreten muss, wenn leichte Variationen zwischen ihnen

---

[482] *Magnus*, FS-75 Jahre MPI, S. 571 (576).
[483] *Kötz*, RabelsZ 50 (1986), S. 1 (8).
[484] *Magnus*, FS-75 Jahre MPI, S. 571 (577).
[485] *Magnus*, FS-75 Jahre MPI, S. 571 (577).
[486] *Magnus*, FS-75 Jahre MPI, S. 571 (577).
[487] So beispielsweise das Factoring-Übereinkommen, BT-Drucks. 13/8690 v. 7.10.1997, S. 16 in Art. 1 Abs. 3 und 4 und das CISG v. 5.7.1989, BGBl 1989 II, S. 588 (ber. am 12.12.1990, BGBl 1990 II, S. 1699) in Art. 7, vgl. *Magnus*, FS-75 Jahre MPI, S. 571 (578).
[488] *Magnus*, FS-75 Jahre MPI, S. 571 (578).
[489] So Art. 31 II lit. a der Wiener Übereinkommens v. 23.5.1969 über das Recht der Verträge.
[490] *Magnus*, FS-75 Jahre MPI, S. 571 (579).

festzustellen sind.[491] Die systematische Auslegung lässt sich demgegenüber nur dann heranziehen, wenn die Abkommen bewusst einen Bezug zueinander haben, ansonsten lässt sie sich schwerlich als konventionsübergreifendes Auslegungsinstrument heranziehen. Dasselbe gilt wohl für die historische und die teleologische Interpretation.[492] Bedeutung gewinnt indes die rechtsvergleichende Auslegung, indem bei der konventionsübergreifenden Auslegung Konventionen mit vergleichbaren Regelungen und die zu ihnen ergangenen Entscheidungen heranzuziehen sind.[493] Die sich auf das Abkommen beziehenden Übereinkünfte, die zwischen den Parteien anlässlich des Vertragsschlusses getroffen wurden, können aber unstreitig zur Auslegung herangezogen werden.[494]

*c) Stellungnahme*

Die Befassung internationaler Gerichte mit der konventionsübergreifenden Interpretation scheint in Kürze aufgrund des hohen Aufwandes nicht durchsetzbar zu sein und ist daher zur Zeit lediglich als theoretischer Lösungsansatz zu sehen. Der Wunsch nach einer entsprechenden Vereinheitlichungsbewegung in Lehre und Wissenschaft ist zwar realistisch und verständlich, aber nur innerhalb einer längeren Zeitspanne durchzusetzen. Hinzu kommt, dass die rechtsvereinheitlichenden Akte zumeist durch Vertreter von Wissenschaft und Praxis der einzelnen Staaten geschaffen werden, so dass diese Forderung zum Teil schon verwirklicht wird. Zudem wird es immer leichter, das Schrifttum der unterschiedlichen Staaten zu Rate zu ziehen, weswegen ein Verständnis ohne weiteres erzielt werden kann. Die Schaffung von Definitionskonventionen ist zwar leichter durchzusetzen. Problematisch ist in diesem Zusammenhang indes, dass entweder solche Definitionskonventionen relativ häufig aktualisiert werden müssen, und zwar immer dann, wenn auf gleichem oder ähnlichem Gebiet ein neues Übereinkommen entsteht. Diese neuen Übereinkommen müssten aber wiederum von allen Vertragsstaaten ratifiziert werden, was als relativ verlangsamend zu bewerten ist. Eine andere Möglichkeit bestünde darin, einmal eine Definitionskonvention hinsichtlich der bereits auf einem Gebiet bestehenden Übereinkommen zu schaffen und in die jeweils neuen Konventionen eine Klausel aufzunehmen, in der bestimmt wird, dass das Definitionsübereinkommen auch in Bezug auf dieses neu geschaffene Abkommen gelten soll. Auch hier tun sich indes Probleme auf, denn nicht alle Konventionen auf demselben Rechtsgebiet werden von denselben Staaten ratifiziert. Sofern nun eine neue Konvention geschaffen wird,

---

[491] *Magnus*, FS-75 Jahre MPI, S. 571 (579 f.).
[492] *Magnus*, FS-75 Jahre MPI, S. 571 (580).
[493] *Magnus*, FS-75 Jahre MPI, S. 571 (581).
[494] Vgl. Art. 31 II lit. a der Wiener Übereinkommens v. 23.5.1969 über das Recht der Verträge.

müssen alle Vertragsstaaten gleichzeitig die bestehende Definitionskonvention ratifizieren, sofern sie das noch nicht getan haben. Dies nimmt zwar auch Zeit in Anspruch, ist aber wohl leichter durchführbar als die erstgenannte Alternative. Sofern sich jedoch im Wandel der Zeit gleichzeitig ein Wandel der Definitionen ergibt, wird auch in dieser Fallgestaltung wiederum ein neues Definitionsabkommen zu schließen sein. Es können auch in neuen Übereinkommen andere, definitionswürdige Begriffe verwendet werden, die bei Schaffung der Definitionskonvention noch nicht relevant waren, wodurch diese dann überholt wäre.
Die Möglichkeit der Einfügung eigenständiger Interpretationsklauseln in der jeweiligen Konvention würde eher zu einer eingeschränkten Sicht führen und könnte die konventionsübergreifende Auslegung nur dann unterstützen, wenn sie bereits bestehende Konventionen berücksichtigte. Für eine konventionsübergreifende Interpretation auch in Bezug auf danach geschaffene Übereinkommen könnte sie jedoch aus der Natur der Sache heraus keine Anhaltspunkte geben.
Am vorteilhaftesten erscheint demnach zunächst die einfache konventionsübergreifende Interpretationsmethode. Hierbei ergeben sich jedoch sowohl aus praktischer Sicht als auch aus Gesichtspunkten der Rechtssicherheit Bedenken. Es kann dem Anwender einer Konvention schwerlich zugemutet werden, sich über alle auf diesem Gebiet oder auf vergleichbaren Gebieten einschlägigen Übereinkommen und die entsprechenden Interpretationen in den unterschiedlichen Vertragsstaaten zu informieren.[495] Ziel der Auslegung muss grundsätzlich ein effektiv möglichst gleich wirkender Schutz auf beiden Seiten sein. Die Auslegung muss also den Grundsatz der Harmonie der Rechtsanwendung in den Vertragsstaaten beachten.[496] Um dies zu erreichen, ist zudem eine umfassende Nachforschung erforderlich. Im Vergleich zu den anderen genannten Möglichkeiten sind dies aber nur marginale Schwierigkeiten, die durch entsprechendes Schrifttum, Kommentare und sachkundige Sachbearbeiter bei Gerichten und Behörden sowie entsprechende fachlich versierte Rechtsbeistände zumindest größtenteils aus der Welt geschafft werden können.
Problematisch ist, dass die Verordnungen auf Europaebene jeweils immer die gleichen Mitgliedstaaten haben, während dies bei Abkommen nicht der Fall ist. So würde dem Mitgliedstaat der einen Konvention eine Interpretation aufgrund eines anderen Übereinkommens ‚aufdiktiert', das er selber gar nicht ratifiziert hat. Im Interesse einer Rechtsvereinheitlichung, die zumeist im Vordergrund aller Abkommen steht, sollte eine konventionsübergreifende Methode indes dennoch befürwortet werden, jedoch mit der Einschränkung, dass der Wille der entsprechenden Vertragsstaaten zu erforschen ist. Lässt sich in keiner Weise erkennen, dass bei Schaffung der Konvention eine andere, auf gleichem Gebiet bestehende, überhaupt beachtet wurde, so darf diese nicht zur Hilfe genommen

---

[495] *Magnus*, FS-75 Jahre MPI, S. 571 (581).
[496] BGH, Urt. v. 25.6.1969 – I ZR 15/67 – BGHZ 52, 216 (220).

werden. Anhand der Tatsache, dass sich diese Möglichkeit als die am ehesten praktikable erweist, kann sie nur befürwortet werden, gerade weil sich in jedem Fall eine separate Betrachtung aufgrund der Gesamtheit, die das internationale Einheitsrecht inzwischen bildet,[497] verbietet.

*d) Ergebnis*
Soweit eine Interpretation von Staatsverträgen erforderlich ist, darf grundsätzlich im Sinne der Rechtsvereinheitlichung nicht auf nationales Recht zurückgegriffen werden. Vielmehr ist eine Konvention generell anhand der allgemeinen Vorschriften auszulegen, wobei ihre Erwägungsgründe, ihre Vorgängerabkommen und ihre Zielsetzung heranzuziehen sind. Soweit es andere Abkommen auf gleichem oder ähnlichem Gebiet gibt, sollten diese ebenfalls herangezogen werden, wenn nicht offensichtlich eine Heranziehung der Rechtsvereinheitlichung widerspricht. Oft lässt sich auch aus den Erwägungsgründen entnehmen, dass die Mitgliedstaaten bestimmte Begriffe wie in bereits vorhandenen Konventionen verstanden wissen wollten. Bei Interpretation des MSA kann demnach zunächst als sein Vorgänger das Haager Vormundschaftsabkommen herangezogen werden.

II. Vergleich
1. Historische Entwicklung und Zielsetzung
Das MSA wurde geschaffen, um das zu dem damaligen Zeitpunkt bereits überholte Haager Vormundschaftsabkommen abzulösen. Demgegenüber ersetzte die EuEheVO von ihrer Bedeutung her zwar das Brüssel II-Übereinkommen; dieses war jedoch noch gar nicht in Kraft getreten und konnte dementsprechend auch nicht wirklich ersetzt werden. Vielmehr wurde durch Inkrafttreten der EuEheVO die Ratifizierung des Brüssel II-Übereinkommens durch die Mitgliedstaaten obsolet, denn als Verordnung musste die EuEheVO nicht gesondert ratifiziert werden, sondern setzte vielmehr ein verbindliches, unmittelbar geltendes und einheitliches Recht für die in ihr geregelten Fragen fest. Hinzu kommt, dass die Verordnung im Wesentlichen den Inhalt des Übereinkommens übernimmt. Die vorhandenen Abweichungen sind hauptsächlich durch Rechtsetzungstechnik und den geänderten institutionellen Kontext bedingt. Anders ist es bei dem VO-E. Dieser übernimmt den Verordnungscharakter und auch wesentliche Züge der EuEheVO, erweitert diese jedoch auch umfangreich. Sobald der VO-E in Kraft tritt, ersetzt er die EuEheVO automatisch. Das MSA nahm ebenfalls gegenüber dem Haager Vormundschaftsabkommen große Änderungen vor, denn es wurde wie der VO-E gerade deshalb geschaffen, weil sein Vorgänger große Mängel aufwies. Diese führten beim Haager Vormundschaftsabkommen dazu, dass sich

---

[497] *Magnus*, FS-75 Jahre MPI, S. 571 (583).

die Aufenthaltsbehörden oft darüber hinwegsetzten und es zum Teil einfach gar nicht mehr anwendeten.[498] Das Haager Vormundschaftsabkommen folgte dem Staatsangehörigkeitsprinzip, bezog sich nur auf Vormundschaften und berücksichtigte damit nicht den Minderjährigenschutz als solchen.
MSA und EuEheVO lösen also zwar beide ein vorher geschaffenes Abkommen ab, jedoch auf unterschiedliche Weise; das MSA nahezu völlig, mit grundlegenden Änderungen ein bestehendes, die EuEheVO durch geringfügige Änderungen ein noch nicht ratifiziertes Abkommen. Der VO-E behält die Rechtsnatur der EuEheVO bei, erweitert diese jedoch grundlegend.
Vergleicht man die verfolgten Ziele, so tritt bei der EuEheVO ebenso wie bei dem VO-E der Vereinheitlichungs- und Harmonisierungsgedanke sehr stark in den Vordergrund, wenn sie die Sicherung eines einheitlichen Personenstandes und die Vereinfachung des internationalen Rechtsverkehrs durch Vermeidung der Durchführung konkurrierender Eheverfahren und der daraus resultierenden divergierenden Entscheidungen der Gerichte verschiedener Mitgliedsstaaten ermöglichen sollen. Innerhalb der Mitgliedsstaaten sollten die Regelungen hinsichtlich der Zulässigkeit in internationalen Familienverfahren und der Anerkennung und Vollstreckung ausländischer familienrechtlicher Entscheidungen harmonisiert werden. Beim MSA stand die Förderung gegenseitiger Anerkennung von Schutzmaßnahmen und Intensivierung und Verbesserung der Zusammenarbeit zwischen den Behörden der einzelnen Vertragsstaaten, also ebenso wie bei den Verordnungen eine Vereinheitlichung der entsprechenden Regelungen im Vordergrund. Die verfolgten Ziele weichen nur in Teilen voneinander ab, stimmen aber im Großen und Ganzen überein, sofern es die Grundrichtung von Verordnung und Abkommen betrifft.

2. Gesetzliche Grundlage
Gesetzliche Grundlage für die EuEheVO beziehungsweise VO-E ist die Regelung hinsichtlich der justitiellen Zusammenarbeit in Art. 65 EG; sie werden insbesondere auf Art. 61 lit. c und Art. 67 I EG gestützt. Das multilaterale Abkommen hingegen kann auf keine besondere Kompetenzbegründungsnorm gestützt werden; vielmehr bestimmt sich die Zuständigkeit zum Abschluss derartiger Staatsverträge grundsätzlich nach dem nationalen Recht, in der Bundesrepublik also nach Art. 59 GG.

3. Auslegung
Auch für Verordnungen als Gemeinschaftsrecht gelten grundsätzlich die allgemeinen Auslegungsregeln nach Wortlaut, Systematik, Historik und Teleologie. Bei Auslegung einer Verordnung als sekundäres Gemeinschaftsrecht sind indes

---

[498] *Wanner-Laufer*, Art. 3 MSA S. 4 ff.

Besonderheiten zu beachten.[499] Ihr Schwerpunkt liegt auf der sprachlichen und systematischen Auslegung[500] und ist im Rahmen der systematischen Auslegung grundsätzlich an höherrangigem Recht, also am Primärrecht zu orientieren. Die Verordnung darf demzufolge weder mit den Vertragsregeln, noch mit den allgemeinen Rechtsgrundsätzen im Widerspruch stehen.[501] Im Rahmen der Wortlautinterpretation sind die authentischen Vertragssprachen miteinander zu vergleichen.[502] Bei der Auslegung von Primärrecht muss beachtet werden, dass wegen des Fehlens einer einheitlichen Willensbildung beim Abschluss der Gemeinschaftsverträge die historische Auslegungsmethode regelmäßig unergiebig ist.[503] Demgegenüber kommt der historischen Auslegung im Rahmen des Sekundärrechts große Bedeutung zu, wobei die aufeinanderfolgenden Fassungen der Verordnungen, Richtlinien und Entscheidungen sowie die Erwägungsgründe, Stellungnahmen und Vorentwürfe in Bezug auf bestimmte Sachverhalte herangezogen werden können.[504] Eine Verordnung kann jedoch auch aus dem Kontext zu den Gemeinschaftsverträgen oder zu anderen Verordnungen auslegt werden.[505] Aufgrund des Zieles der fortschreitenden Integration ist Gemeinschaftsrecht so zu interpretieren, dass eine die Integration begünstigende Interpretation einer die nationalen Unterschiede aufrechterhaltenden vorzuziehen ist.[506] In Anbetracht der Tatsache, dass sich die Verordnungstexte leicht revidieren lassen, wie sich schon anhand des VO-E zeigt, kann bei Interpretationsschwierigkeiten leicht Abhilfe geschaffen werden, weswegen in Bezug auf die Interpretation richterliche Zurückhaltung zu erwarten ist.[507] Zur verbindlichen Auslegung der beiden Verordnungen ist einzig der EuGH befugt.[508] Für das Abkommen gibt es hingegen keine Auslegungsinstanz; vielmehr müssen die jeweilig zuständigen Gerichte selbst entscheiden, ohne durch Vorlage an den EuGH Verbindlichkeit erreichen zu können.[509]

Die Interpretation sowohl von Übereinkommen als auch von Verordnungen richtet sich primär grundsätzlich nach den allgemeinen Auslegungsregeln. Beide

---

[499] *Franzen*, Privatrechtsangleichung durch die Europ. Gemeinschaft § 13 (S. 449 f.); *Kropholler*, FS-75 Jahre MPI, S. 583 (588 f.).
[500] *Stein*, Die rechtswiss. Arbeit S. 87.
[501] *Neisser/Verschraegen*, Die EU Rn. 14.056; *Schwarz*, Europäisches Gesellschaftsrecht Rn. 86; *Stein*, Die rechtswiss. Arbeit S. 88.
[502] *Neisser/Verschraegen*, Die EU Rn. 14.056; *Stein*, Die rechtswiss. Arbeit S. 87 f.
[503] *Stein*, Die rechtswiss. Arbeit S. 87.
[504] *Schwarz*, Europäisches Gesellschaftsrecht Rn. 87; *Kropholler*, FS-75 Jahre MPI, S. 583 (591 f.).
[505] *Kropholler*, FS-75 Jahre MPI, S. 583 (591).
[506] *Kropholler*, FS-75 Jahre MPI, S. 583 (593).
[507] *Kropholler*, FS-75 Jahre MPI, S. 583 (594).
[508] Kapitel I Teil 1 § 2 III. (S. 46).
[509] Kapitel II § 26 I.4.b) (S. 134 ff.).

sind grundsätzlich autonom und nicht nach nationalem Recht auszulegen, wodurch sichergestellt wird, dass sich aus ihnen in den jeweiligen Mitgliedstaaten gleiche Rechte und Pflichten ergeben.[510] Ebenso wie die Auslegung von Verordnungen[511] orientiert sich auch die der Konventionen[512] grundsätzlich an Inhalt und Zielen des Vertrages, die bei EU-Verordnungen in der Regel, wie auch in den vorliegenden Rechtsakten, den in der Präambel des Rechtsaktes enthaltenen Erwägungsgründen[513] oder den Äußerungen von Rat und Kommission im Gesetzgebungsverfahren[514] entnommen werden können. Herangezogen werden sollen ferner die Erwägungsgründe und die Vorgängerabkommen beziehungsweise -verordnungen. Bei der Auslegung von Abkommen können die Materialien zu den Sachdiskussionen, die zu den entsprechenden Formulierungen geführt haben, Aufschluss geben.[515]
Während im Rahmen der Interpretation von Verordnungen unproblematisch Verordnungen des gleichen Kontextes berücksichtigt werden können, ist dies im Rahmen der Auslegung von Abkommen nicht unstreitig gleichermaßen möglich und unterliegt in jedem Fall Einschränkungen.
Demzufolge lassen sich Verordnungen und Konventionen generell nach den gleichen Regeln auslegen. Grundsätzlich verbietet es sich indes, eine Konvention zur Interpretation einer Verordnung heranzuziehen, denn eine Verordnung stellt einen Akt des Gemeinschaftsrechts dar, der unmittelbar gilt und deshalb in diesem Kontext dem Abkommen übergeordnet ist.[516]

§ 27 ANWENDUNGSBEREICH

I. MSA
1. Territorialer Geltungsbereich
Das MSA ist für die Bundesrepublik und West-Berlin am 17. September 1971 in Kraft getreten[517] und gilt bis heute in elf Staaten,[518] nämlich neben der Bundesre-

---

[510] EuGH, Urt. v. 8.3.1988 – 9/87 - NJW 1989, S. 1424 *(Arcado/Haviland)*; EuGH, Urt. v. 27.9.1988 – 189/87 - NJW 1988, S. 3088 (3089) *(Kelfelis/Schröder u.a.)*; *Kropholler*, FS-75 Jahre MPI, S. 583 (591); *Geimer*, NJW 1988, S. 3089.
[511] *Streinz*, Europarecht Rn. 498; *Schwarz*, Europäisches Gesellschaftsrecht Rn. 86, 88; *Neisser/Verschraegen*, Die EU Rn. 14.056.
[512] *Neisser/Verschraegen*, Die EU Rn. 15.020; *Geimer*, NJW 1988, S. 3089 (3090).
[513] *Schwarz*, Europäisches Gesellschaftsrecht Rn. 88.
[514] *Franzen*, Privatrechtsangleichung durch die Europ. Gemeinschaft § 13 (S. 448 f.).
[515] *Kaufmann*, FS-Guldener S. 151 (167).
[516] *Franzen*, Privatrechtsangleichung durch die Europ. Gemeinschaft, S. 259; *Arndt*, Europarecht S. 53; *Lutter*, JZ 1992, S. 593 (596).
[517] BGBl. 1971 II, S. 1150; GVBl. Berlin 1971, S. 1056.

publik Deutschland in Luxemburg, Portugal, der Schweiz, den Niederlanden, Frankreich, Österreich, der Türkei, Spanien, Polen und Italien. Die deutschen Bürger aus der ehemaligen DDR sind in Bezug auf das MSA Angehörige des Vertragsstaates BRD. Gleichzeitig hat sich mit dem Beitritt zur BRD der territoriale Anwendungsbereich des MSA auch auf die ostdeutschen Bundesländer erweitert.[519] Die Anwendung des Übereinkommens setzt den gewöhnlichen Aufenthalt des Minderjährigen in einem dieser Vertragsstaaten voraus (Art. 13 MSA). Unerheblich ist, ob der Minderjährige auch die Staatsangehörigkeit dieses oder überhaupt eines Vertragsstaates besitzt,[520] sofern nicht ein Vorbehalt gemäß Art. 13 Abs. 3 MSA erklärt wurde, was die Bundesrepublik neben allen anderen Vertragsstaaten mit Ausnahme Luxemburgs nicht getan hat.

2. Zeitlicher Anwendungsbereich
Für den zeitlichen Anwendungsbereich trifft Art. 17 MSA verschiedene intertemporalrechtliche Entscheidungen. Maßnahmen, die nach diesem Zeitpunkt zum Schutz der Person oder des Vermögens eines Minderjährigen getroffen werden sollen, sind gemäß Art. 17 I MSA nach dem Abkommen zu beurteilen, sofern dessen Voraussetzungen gegeben sind. Gesetzliche Gewaltverhältnisse nach dem Heimatrecht des Minderjährigen sind gemäß § 17 II MSA ab diesem Zeitpunkt anzuerkennen.[521]

3. Räumlich - persönlicher Anwendungsbereich
Das MSA ist gemäß Art. 12 MSA auf jedes Kind anzuwenden, das kumulativ sowohl nach innerstaatlichem Recht des Staates, dem es angehört, als auch nach dem innerstaatlichen Recht des Staates seines gewöhnlichen Aufenthaltes min-

---

[518] Palandt-*Heldrich*, Anh. zu EGBGB 24 Rn. 1; MüKo-*Siehr*, BGB, Art. 19 Anh. I Rn. 7; Garbe/Oelkers-*Cordes*, Teil 13 Kap. 6.3.2.2. (S. 3); *Holl*, Gewöhnlicher Aufenthalt S. 81; *Andrae*, Int. Familienrecht Rn. 487; *Henrich*, Int. Familienrecht, § 7 II.1. b.(1.) (S. 264); *Lagarde*-Bericht Pkt. 4; *Roth/Döring*, FuR 1999, S. 195 (196); *Siehr*, RabelsZ 62 (1998), S. 464 (466); ders. IPRax 1982, S. 85; v. *Bueren* in: Bainham (Hrsg.), The Int. Survey of Family Law 1996, S. 1 (7); *Luther*, FamRZ 1973, S. 406; *DeHart*, N.Y. University journal of int. law & politics 2000, S. 83; *Sturm*, IPRax 1997, S. 10; *Goerke*, StAZ 1976, S. 267.
[519] *Andrae*, IPRax 1992 (2), S. 117/118.
[520] BGH, Beschl. v. 20.10.1972 – IV ZB 20/72 - BGHZ 60, S. 68 (72); Urt. v. 11.4.1979 – IV ZR 93/78 - FamRZ 1979, S. 577 (578); Beschl. v. 29.10.1980 – IV b ZB 586/80 – NJW 1981, S. 520; OLG Stuttgart, Beschl. 18.11.1977 – 15 UF 40/77 EG - NJW 1978, S. 1746; OLG Düsseldorf, Beschl. v. 18.5.1979 – 5 UF 63/79 - FamRZ 1979, S. 75; *Hohloch*, FF 2001, S. 45 (53).
[521] BGH, Beschl. v. 20.12.1972 – IV ZB 20/72 - BGHZ 60, S. 69 (71); MüKo-*Siehr*, BGB, Art. 19 Anh. I Rn. 6, 472; Palandt-*Heldrich*, Anh. zu EGBGB 24 Rn. 2; *Holl*, gewöhnlicher Aufenthalt S. 80 f.; *Kropholler*, NJW 1971, S. 1721 (1726).

derjährig ist.[522] Erreicht das Kind die Volljährigkeit, so entfällt unabhängig von einem möglicherweise bereits eingeleiteten Verfahren die Anwendbarkeit des Übereinkommens mit *ex nunc* – Wirkung.[523] Dem Verlust der Minderjährigkeit stehen die kraft Gesetzes oder durch gerichtliche Entscheidung erlangte Emanzipation gleich.[524] Zwar ist auch hier unerheblich, ob der Minderjährige die Staatsangehörigkeit des Vertragsstaates besitzt[525] oder ob sein Heimatstaat zu den Vertragsstaaten gehört.[526] Erforderlich ist aber, dass er seinen gewöhnlichen

---

[522] BGH, Beschl. v. 28.5.1986 – IV b ZB 36/84 - IPRax 1987, S. 317; OLG Düsseldorf, Beschl. v. 25.1.1978 – 3 UF 105/78 - FamRZ 1979, S. 1066; VerwG Berlin, Urteil v. 28.2.1984 – VG 8 A 506/82 - DAVorm 1984, 720 (722 f.); Staudinger-*Kropholler*, Vorbem. Art. 19 EGBGB Rn. 16; Palandt-*Heldrich*, Anh. zu EGBGB 24 Rn. 2; *Kropholler*, MSA S. 14; *Holl*, Gewöhnlicher Aufenthalt S. 78; *Andrae*, Int. Familienrecht Rn. 486; *Henrich*, Int. Familienrecht § 7 II.1.b.(2.) (S. 267); *Schwimann*, Int. Privatrecht S. 169; ders., JBl 1976, S. 233 (234); *Kaufmann*, FS-Guldener S. 151 (154); *Siehr*, IPRax 1982, S. 85; *Oelkers/Kraeft*, FuR 2001, S. 344; *Goerke*, StAZ 1976, S. 267; *Christian*, DAVorm 1983, S. 417 (435); zu den Minderjährigkeitsgrenzen der einzelnen Staaten vgl. MüKo-*Siehr*, BGB, Art. 19 Anh. I Rn. 411.
[523] MüKo-*Siehr*, BGB, Art 19 Anh. I Rn. 400; *Holl*, Gewöhnlicher Aufenthalt S. 78; *Kropholler*, NJW 1971, S. 1721 (1723).
[524] MüKo-*Siehr*, BGB, Art. 19 Anh. I Rn. 391; *Holl*, Gewöhnlicher Aufenthalt S. 79; *Henrich*, Int. Familienrecht § 7 II.1.b.(2.) (S. 267).
[525] BGH, Beschl. v. 29.10.1980 – IV b ZB 586/80 – NJW 1981, S. 520 (521); BGH, Beschl. v. 20.12.1972 – IV ZB 20/72 - BGHZ 60, S. 68 (72); OLG Hamburg, Beschl. v. 24.7.1972 – 2 W 47/79 - FamRZ 1972 (10), S. 514 (515); BayObLG, Beschl. v. 24.7.1975 – 1 Z 15/75 - NJW 1975, S. 2146 (2147); OLG Stuttgart, Beschl. v. 17.11.1975 – 8 W 359/75 - FamRZ 1976, S. 359 (360); OLG Celle, Beschl. v. 2.1.1991 – 18 UF 167/90 - FamRZ 1991, S. 1221 f.; LG Kleve, Beschl. v. 5.10.1976 – 4 T 263/76 - FamRZ 1977, S. 335 (336); Staudinger-*Kropholler*, Vorbem. zu Art. 19 Rn. 525; MüKo-*Siehr*, BGB, Art. 19 Anh. I Rn. 9, 413; Soergel-*Kegel*, Vor Art. 19 Rn. 76; Palandt-*Heldrich*, Anh. zu EGBGB 24 Rn. 47; Johannsen/Henrich-*Sedemund-Treiber*, § 621 ZPO Rn. 19; *Kropholler*, MSA S. 14; *Firsching*, RPfl 1971, S. 377 (383); *Oelkers/Kraeft*, FuR 2001, S. 344.
[526] BGH, Beschl. v. 29.10.1980 – IV b ZB 586/80 – NJW 1981, S. 520 (521); Beschl. v. 28.5.1986 – IV b ZB 36/84 - IPRax 1987, S. 317; OLG Düsseldorf, Beschl. v. 18.5.1979 – 5 UF 63/79 - FamRZ 1979, S. 1066; OLG Karlsruhe, Beschl. v. 9.6.1992 – 5 UF 69/92 - FamRZ 1993, S. 96 (97); OLG Köln, Beschl. v. 13.11.1990 – 4 UF 153/90 - FamRZ 1991, S. 363 (364); OLG Celle, Beschl. v. 2.1.1991 – 18 UF 167/90 - FamRZ 1991, S. 1221 (1222); VG Berlin, Urteil v. 28.2.1984 – VG 8 A 506/82 - DAVorm 1982, S. 720 (722); Österr. OGH, Urt. v. 27.8.1980 – 10b 681/80 - JBl 1981, S. 434 (435); *Kropholler*, NJW 1971, S. 1721; *Oelkers/Kraeft*, FuR 2001, S. 344; *Betz*, FamRZ 1977, S. 337.

Aufenthalt in einem der Vertragsstaaten hat.[527] Etwas anderes gilt nur dann, wenn sich ein Vertragsstaat[528] gemäß Art. 13 Abs. 3 MSA vorbehalten hat, die Anwendung auf Minderjährige zu beschränken, die einem Vertragsstaat angehören.[529] Sofern ein Minderjähriger mehrere Staatsangehörigkeiten besitzt, muss es für den Wegfall der Minderjährigeneigenschaft ausreichen, dass die entsprechende Person nach einem ihrer Heimatrechte bereits als volljährig anzusehen ist.[530] Dies ergibt sich insoweit aus Art. 12 MSA, welcher bestimmt, dass niemand unter den Schutz der Konvention fallen soll, der bereits volljährig geworden ist.

Der weite persönliche Anwendungsbereich trägt dazu bei, dass das MSA einem *loi uniforme* gleichkommt.[531]

4. Sachlicher Anwendungsbereich

Der sachliche Anwendungsbereich umfasst Maßnahmen zum Schutz der Person und des Vermögens des Minderjährigen sowie die *ex lege*– Verhältnisse.[532] Außerdem regelt das Abkommen in Art. 7 MSA die Anerkennung von Schutzmaßnahmen anderer Vertragsstaaten, die keiner Vollstreckung bedürfen.[533] Unter Schutzmaßnahmen sind generell alle Maßnahmen von Behörden zu verstehen,

---

[527] BGH, Beschl. v. 20.12.1972 – IV ZB 20/72 – BGHZ 60, S. 68 (72); Beschl. v. 29.10.1980 – IV b ZB 586/80 – NJW 1981, S: 520 (521); VerwG Berlin, Urteil v. 28.2.1984 – VG 8 A 506/82 – DAVorm 1984, 720 (722 f.); MüKo-*Siehr*, BGB, Art. 19 Anh. I Rn. 417; *Kropholler*, MSA S. 14; *Betz*, FamRZ 1977, S. 337; *Coester-Waltjen*, ZfJ 1990, S. 641; das Übereinkommen galt auch für einen Minderjährigen aus der früheren DDR, der seinen gewöhnlichen Aufenthalt in der BRD hatte, vgl. LG Kleve, Beschl. v. 5.10.1976 – 4 T 263/76 – FamRZ 1977, S. 335 (336); *Andrae*, IPRax 1992, S. 117 (118).

[528] Die Bundesrepublik Deutschland hat von dieser Möglichkeit keinen Gebrauch gemacht. Lediglich Luxemburg hält seinen ursprünglich erklärten Vorbehalt noch aufrecht, weswegen diese Vorbehaltsmöglichkeit heute nahezu ohne Bedeutung ist, vgl. *Holl*, gewöhnlicher Aufenthalt S. 111.

[529] OLG Stuttgart, Beschl. v. 30.4.1996 – 17 UF 447/95 – FamRZ 1997, S. 51 (52); MüKo-*Siehr*, BGB, Art. 19 Anh. I Rn. 414; *Kropholler*, MSA S. 14; *Holl*, gewöhnlicher Aufenthalt S. 79; *Betz*, FamRZ 1977, S. 337.

[530] MüKo-*Siehr*, BGB, Art. 19 Anh. I Rn. 404.

[531] *Holl*, gewöhnlicher Aufenthalt S. 111.

[532] OLG Hamburg, Beschl. v. 24.7.1972 – 2 W 47/79 – FamRZ 1972, S. 514; Staudinger-*Kropholler*, Vorbem. Art. 19 EGBGB Rn. 16; Soergel-*Kegel*, Vor Art. 19 Rn. 9; MüKo-*Siehr*, BGB, Art. 19 Anh. I Rn. 11; Palandt-*Heldrich*, Anh. zu EGBGB 24 Rn. 2; *Kropholler*, MSA S. 14; *Siehr*, IPRax 1982, S. 85; *Holl*, gewöhnlicher Aufenthalt S. 73; *Coester-Waltjen*, ZfJ 1990, S. 641.

[533] MüKo-*Siehr*, BGB, Art. 19 Anh. I Rn. 12; *Siehr*, IPRax 1982, S. 85.

die den Schutz Minderjähriger bezwecken.[534] Sie lassen sich in drei Kategorien einteilen, und zwar in Regelungen und Eingriffe im Rahmen des ehelichen und nichtehelichen Kindschaftsverhältnisses, Vormundschaft beziehungsweise Pflegschaft und öffentlichrechtliche Schutzmaßnahmen.[535] Es muss sich jedoch um Einzelmaßnahmen handeln, die durch gerichtlichen Einzelakt zum Schutz eines bestimmten Minderjährigen getroffen werden können.[536] Von den *ex lege-* Gewaltverhältnissen werden Schutzbeziehungen, die kraft Gesetzes zwischen dem Minderjährigen und einer anderen Person, Behörde oder sonstigen Stelle bestehen und ohne staatlichen Akt unmittelbar aus der gesetzlichen Ordnung hervorgehen, umfasst.[537] Um keinen Schutz durch Maßnahmen aufzudrängen, wo durch das autonome Recht bereits ein Schutzverhältnis vorgesehen ist, bestimmt Art. 3 MSA[538] die Anerkennung solcher Verhältnisse in allen Vertragsstaaten.[539]

II. Vergleich
1. Territorialer Geltungsbereich
Das MSA gilt neben der Bundesrepublik Deutschland in Luxemburg, Portugal, der Schweiz, den Niederlanden, Frankreich, Österreich, der Türkei, Spanien, Polen und Italien. Die EuEheVO gilt in allen EU-Mitgliedsstaaten einschließlich des Vereinigten Königreichs und Irland, wobei lediglich Dänemark nicht erfasst ist. Demnach findet die EuEheVO Anwendung in Irland, dem Vereinten Königreich, den Niederlanden, Belgien, Luxemburg, Frankreich, der Bundesrepublik Deutschland, Schweden, Finnland, Österreich, Italien, Spanien, Portugal und Griechenland. Nach dem Inkrafttreten und Geltung des VO-E wird die EuEheVO in allen Mitgliedstaaten vollständig durch diesen ersetzt. Im territorialen Anwendungsbereich überschneiden sich MSA und EuEheVO beziehungsweise VO-E demnach in den Niederlanden, Luxemburg, Frankreich, der Bundesrepublik Deutschland, Österreich, Italien, Spanien und Portugal. Sofern im Folgen-

---

[534] BGH, Beschl. v. 20.12.1972 – IV ZB 20/72 - BGHZ 60, S. 68 (72); Soergel-*Kegel*, Vor Art. 19 Rn. 17; MüKo-*Siehr*, BGB, Art. 19 Anh. I Rn. 11; Erman-*Hohloch*, Anh. Art. 24 EGBGB Rn. 20; Palandt-*Heldrich*, Anh. zu Art. 24 EGBGB Rn. 13; *Henrich*, Int. Familienrecht § 7 II.1.b.(1.) (S. 264); *Kropholler*, MSA S. 14; *Coester-Waltjen*, ZfJ 1990, S. 641; *Oelkers/Kraeft*, FuR 2001, S. 344 (348).
[535] Staudinger-*Kropholler*, Vorbem. Art. 19 EGBGB Rn. 16; MüKo-*Siehr*, BGB, Art. 19 Anh. I Rn. 11; *Kropholler*, MSA S. 31; *Holl*, gewöhnlicher Aufenthalt S. 73.
[536] Staudinger-*Kropholler*, Vorbem. Art. 19 EGBGB Rn. 16, 98 ff.; Palandt-*Heldrich* Anh. Zu Art. 24 EGBGB Rn. 14; MüKo-*Siehr*, BGB, Art. 19 Anh. I Rn. 43; *Holl*, gewöhnlicher Aufenthalt S. 74; *Jayme*, JR 1979, S. 177 (179).
[537] *Kropholler*, MSA S. 14; *Holl*, gewöhnlicher Aufenthalt S. 73, 76.
[538] Dazu unten Kapitel II § 28 I.8.a. (S. 169 ff.).
[539] MüKo-*Siehr*, BGB, Art. 19 Anh. I Rn. 13; *Kropholler*, MSA S. 14; *Jayme*, JR 1979, S. 177 (180).

den also Vergleiche angestellt werden, beziehen sie sich lediglich auf die Staaten, in denen beide gelten, denn falls das MSA in Staaten gilt, die von der EuEheVO und später der VO-E nicht erfasst werden, also in der Türkei, in Polen und in der Schweiz, hat es durch die EuEheVO beziehungsweise den VO-E nichts von seiner Bedeutung eingebüßt. Zu beachten ist ferner, dass hinsichtlich des MSA Besonderheiten in Bezug auf die DDR galten,[540] die selbstverständlich bei der EuEheVO und dem VO-E nicht mehr zu beachten waren.

## 2. Zeitlicher Anwendungsbereich
Das MSA stammt vom 5.10.1961. Gemäß Art. 17 MSA sind nach diesem Zeitpunkt Maßnahmen, die zum Schutz der Person oder des Vermögens eines Minderjährigen getroffen werden sollen, sowie gesetzliche Gewaltverhältnisse im Heimatstaat des Minderjährigen nach dem Abkommen zu beurteilen. Die EuEheVO trat gemäß Art. 46 EuEheVO am 1. März 2001 in Kraft und gilt hinsichtlich aller seitdem anhängigen Verfahren und darin ergangenen Entscheidungen. Zu einer Überschneidung der Anwendungsbereiche von MSA und EuEheVO kann es demnach nur kommen, sofern es um Fälle geht, die nach dem 1. März 2001 entstanden sind. Dies wird ausdrücklich in Art. 38 II EuEheVO normiert. Man könnte daran denken, dass unter Umständen auch für Verfahren, die vor dem 1.3.2001 begonnen haben, aber zu diesem Zeitpunkt noch nicht abgeschlossen waren, die EuEheVO eingreifen könnte. Dies wird aber durch Art. 42 EuEheVO verhindert, der eine intertemporale Überleitung normiert. Sofern im Folgenden also die Konkurrenz erläutert wird, ist dies nur im Hinblick auf solche Verfahren zu verstehen, die nach dem 1.3.2001 anhängig wurden; vor diesem Zeitpunkt galt unproblematisch nur das MSA. Sofern eine Ersetzung der EuEheVO wie geplant durch den VO-E erfolgt, wird dies im Verhältnis zum MSA für Verfahren relevant, die ab seinem Geltungsdatum eingeleitet, aufgenommen beziehungsweise geschlossen worden sind (Art. 63 I VO-E). Geplant ist ein In-Kraft-Treten des VO-E zum 1.8.2004 sowie seine Geltung ab dem 1.3.2005.[541]

## 3. Räumlich - persönlicher Anwendungsbereich
*a) Grundlegendes*
Das Minderjährigenschutzabkommen gilt gemäß Art. 13 MSA grundsätzlich für Minderjährige (Art. 12 MSA),[542] die ihren gewöhnlichen Aufenthalt in einem Vertragsstaat der Konvention haben. Im Gegensatz dazu umschreibt die EuEheVO ihren persönlichen Anwendungsbereich präziser und ist demzufolge enger

---

[540] Dazu Kapitel II § 27 I.1. (S. 142).
[541] 2529. Tagung des Rates (Justiz und Inneres) am 2./3. Oktober in Brüssel, 12762/03 (Presse 278).
[542] In der Bundesrepublik Deutschland bestimmt sich die Voll- bzw. Minderjährigkeit nach § 2 BGB.

gefasst. Sie gilt für Minderjährige nur dann, wenn es sich um Kinder handelt, die aus einer Ehe entstanden sind, die jetzt geschieden, aufgelöst oder für ungültig erklärt werden soll. Voraussetzung ist ferner, dass es speziell um die elterliche Verantwortung der Ehegatten für ihre gemeinsamen Kinder geht,[543] und die Sorgerechtssache ‚aus Anlass' einer der genannten Ehesachen betrieben wird (Art. 1 I lit. b EuEheVO). In den Anwendungsbereich nicht einbezogen wurden andere Kinder der Familie, zum Beispiel die mit in die Ehe eingebrachten Kinder eines Ehegatten. Derart speziell ist der Anwendungsbereich des MSA hingegen nicht, es genügt vielmehr, dass es sich um eine minderjährige Person handelt. Es ist unerheblich, ob der Minderjährige sich unter elterlicher Gewalt befindet oder nicht, ob er verwaist oder unbekannter Abstammung ist oder unter Vormundschaft steht.[544] Das Abkommen gilt also unproblematisch auch für nichteheliche Kinder,[545] welche von der EuEheVO aber gar nicht erfasst werden. Auch der VO-E gilt im Gegensatz zur EuEheVO grundsätzlich für alle Fragen der elterlichen Verantwortung und zwar unabhängig von einem anhängigen Eheverfahren. Während MSA und EuEheVO also nur in Fällen kollidieren können, in denen ein gleichzeitiges Eheverfahren anhängig ist, wird dies bei Ersetzung der EuEheVO durch den VO-E in allen Fragen der elterlichen Verantwortung für aus einer Ehe hervorgegangene Kinder der Fall sein.

*b) Sondergeschäftsfähigkeiten*

Als problematisch könnte sich erweisen, dass es sogenannte Sondergeschäftsfähigkeiten in einzelnen Rechtsordnungen[546] gibt, welche dem Minderjährigen schon vor Erreichen der Volljährigkeitsgrenze für bestimmte Teilbereiche Geschäftsfähigkeit zugestehen.[547] Dies könnte dazu führen, dass in manchen Fällen EuEheVO beziehungsweise VO-E und MSA gar nicht kollidieren würden, sofern ein Minderjähriger beispielsweise zwar nach dem Recht seines gewöhnlichen Aufenthalts minderjährig wäre, nach seinem Heimatrecht aber eine Sondergeschäftsfähigkeit verliehen bekommen hätte. Allerdings kann nach dem Zweck des MSA eine solche Sondergeschäftsfähigkeit nicht den kompletten Schutz des ansonsten noch Minderjährigen ausschließen. Hinzu kommt, dass

---

[543] Nach deutschem Recht ist eine Sorgerechtsregelung überhaupt nur hinsichtlich minderjähriger Kinder möglich, vgl. § 1626 I S. 1 BGB.
[544] MüKo-*Siehr*, BGB, Art. 19 Anh. I Rn. 22.
[545] *Coester-Waltjen*, ZfJ 1990, S. 641 (643).
[546] So zum Beispiel in Italien hinsichtlich der Vaterschaftsanerkennung und des Arbeitsvertrages und in Frankreich bezüglich der Eheschließung.
[547] Sofern die Minderjährigkeit wegen Emanzipationen oder Volljährigkeitserklärungen entfällt, geschieht dies unproblematisch auch mit dem Anwendungsbereich des MSA; vgl. Staudinger-*Kropholler*, Vorbem. zu Art. 19 EGBGB Rn. 515 ff., 521; *Kropholler*, NJW 1971. S. 1721 (1722); *Luther*, FamRZ 1973, S. 406 (407); *Firsching*, RPfleger 1971, S. 377 (383).

dann einigen Minderjährigen der Schutz versagt würde, nur weil nach ihrem Heimatrecht eine Sondergeschäftsfähigkeit bestehen würde, während anderen, lediglich aufgrund der Rechtssituation in ihrem Heimatstaat, der volle Schutz des MSA zugute käme, auch wenn beide im Aufenthaltsstaat minderjährig wären. Dem Zweck des MSA widerspräche eine Annahme des Wegfalls der eigentlich noch bestehenden Minderjährigkeit bei Vorliegen einer Sondergeschäftsfähigkeit im Aufenthaltsstaat, weswegen folglich ein solcher Wegfall nicht in Frage kommt.[548]

*c) Ergebnis*
Der räumlich - persönliche Anwendungsbereich von EuEheVO beziehungsweise VO-E und MSA überschneidet sich zwar, aber nur dort, wo es um die elterliche Verantwortung minderjähriger Kinder geht. Solange noch die EuEheVO gilt, muss es zudem um Kinder gehen, deren verheiratete Eltern sich nun scheiden, trennen oder aber die Ehe für ungültig erklären lassen wollen.[549] Die Konvention und die Verordnungen kollidieren also auch hinsichtlich des räumlich - persönlichen Anwendungsbereiches nur in einem bestimmten Teil, der klar abgesteckt werden kann.

4. Sachlicher Anwendungsbereich
*a) Grundlagen*
Die EuEheVO findet ausweislich ihres Art. 1 I lit. b EuEheVO Anwendung bei allen zivilgerichtlichen Verfahren, die die elterliche Verantwortung für die gemeinsamen Kinder der Ehegatten betreffen und aus Anlass der unter Art. 1 I lit. a EuEheVO genannten Verfahren in Ehesachen betrieben werden.[550] Die Verordnung beschränkt sich also im Rahmen ihres Hauptanwendungsbereiches auf die Regelung derjenigen Fragen, die in engem Zusammenhang mit Auflösung und Bestand der Ehe stehen, sowie daneben auf die unmittelbar im Zusammenhang stehenden Sorgerechtsfragen für gemeinsame Kinder, die betrieben werden, falls und solange eine Ehesache anhängig ist.[551] Der VO-E gilt ausweislich des Art. 1 I lit. a VO-E für alle Verfahren, die die Zuweisung, Ausübung, vollständige oder teilweise Entziehung der elterlichen Verantwortung sowie deren Übertragung zum Gegenstand haben. Demgegenüber ist das MSA

---

[548] So auch: Staudinger-*Kropholler*, Vorbem. zu Art. 19 EGBGB Rn. 520, 522; MüKo-*Siehr*, BGB, Art. 19 Anh. I Rn. 394; *Kropholler*, MSA S. 45; *Holl*, Gewöhnlicher Aufenthalt S. 79.
[549] In der Bundesrepublik wird auch nur hinsichtlich minderjähriger Kinder bei Ehescheidungen überhaupt eine Regelung getroffen, sodass das Merkmal ‚minderjährig' in diesem Fall auch entbehrlich wäre; vgl. § 1626 I S. 1 BGB.
[550] Vgl. dazu oben Kapitel I Teil 1 § 3 III.2. (S. 52 ff.).
[551] In der Bundesrepublik handelt es sich um Folgesachen, einstweilige Anordnungen nach § 620 Nr. 1 - 3 ZPO oder isolierte Verfahren.

auf alle Minderjährigen, deren gewöhnlicher Aufenthalt sich innerhalb der Vertragsstaaten (Art. 13 MSA in Verbindung mit Art. 12 MSA) befindet,[552] anzuwenden. Das Abkommen gilt grundsätzlich für alle Schutzmaßnahmen, welche in Bezug auf einen Minderjährigen getroffen werden, während die EuEheVO nur dann anwendbar ist, sofern es um eine Entscheidung hinsichtlich der Kinder eines Ehepaares geht und vorausgesetzt, es wird im Zusammenhang mit einer anhängigen Ehesache entschieden.[553] Sofern nur ein isolierter Sorgerechtsantrag vorliegt, gewährt das MSA eine internationale Zuständigkeit. Insoweit gilt der Vorrang der EuEheVO nicht. Dies ändert sich bei Ersetzung der EuEheVO durch den VO-E. Dieser geht dem MSA dann in allen Verfahren der elterlichen Verantwortung vor.

*b) Differenzierung Schutzmaßnahme / Entscheidung*
Während das MSA auf „Schutzmaßnahmen" abstellt, rekurriert die EuEheVO ebenso wie der VO-E auf „Entscheidungen". Demnach muss geklärt werden, ob, und wenn ja, inwiefern diese Begriffe übereinstimmen oder ob sie unterschiedlich zu gebrauchen sind.

*aa) Entscheidungen im Sinne der EuEheVO und VO-E*
Die EuEheVO betrifft kindschaftsrechtliche Entscheidungen nur, soweit sie hinsichtlich der elterlichen Sorge gemeinsamer Kinder ergehen. Für die Anwendbarkeit der EuEheVO ist zusätzlich erforderlich, dass diese Verfahren mit dem Statusverfahren zusammenhängen.[554] Sowohl im Rahmen der EuEheVO als auch im Rahmen des VO-E ist der Entscheidungsbegriff weit zu verstehen. Während in der EuEheVO jedoch der Begriff grundsätzlich durch Auslegung zu definieren ist, enthält der VO-E eigenständige Definitionen in Art. 2 Nr. 3 VO-E und Art. 2 Nr. 6 VO-E und daneben noch zusätzliche Definitionen für die Begriffe Umgangs- und Sorgerecht (Art. 2 Nr. 8, 9 VO-E). Während man sich bei Anwendung der EuEheVO klar für eine weite Auslegung aussprach, ist dies im Anwendungsbereich des VO-E durch die Definitionen bereits aus dem VO-E selbst geklärt; gleichzeitig ist – da im Gegensatz zu der EuEheVO nicht mehr das gleichzeitige Betreiben eines Eheverfahrens erforderlich ist – der Anwen-

---

[552] Aus Sicht der Bundesrepublik ist es unerheblich, ob der Minderjährige einem Vertragsstaat angehört, denn ein Vorbehalt gemäß Art. 13 Abs. 3 MSA wurde diesseits nicht erklärt; lediglich für Luxemburg ist dies relevant.
[553] Die Verordnung trifft ebenfalls die entsprechenden Regelungen in Bezug auf Verfahren hinsichtlich der Ehescheidung, der Trennung ohne Auflösung des Ehebandes oder der Ungültigerklärung einer Ehe, vgl. dazu Kapitel I Teil 1 § 3 III.1. (S. 53 f.).
[554] Erfasst werden also nach deutschem Verständnis Entscheidungen der elterlichen Verantwortung, die als Folgesache (§ 623 II S. 1 ZPO), als einstweilige Anordnung (§ 620 Nr. 1 – 3 ZPO) oder isoliert (§ 621 I Nr. 1 - 3, II Nr. 1 - 3 ZPO) betrieben werden, falls und solange eine Ehesache anhängig ist.

dungsbereich hier insgesamt weiter. Zu klären ist aufgrund der Bedingung einer anhängigen Ehesache der EuEheVO demnach zunächst, welche Entscheidungen in Bezug auf Ehesachen von der Verordnung erfasst werden, damit anschließend der Entscheidungsbegriff hinsichtlich der Kindschaftssachen genau abgesteckt werden kann.
Grundsätzlich ist die EuEheVO zugeschnitten auf Gestaltungsklagen. Der Verfahrensbegriff ist aber extensiv, weswegen beispielsweise auch Entscheidungen religiöser Gerichte unproblematisch erfasst werden, wenn diese Gerichte im Mitgliedsstaat für Eheauflösungen unmittelbar zuständig sind. Soweit kirchliche Urteile einer staatlichen Anerkennung bedürfen, um zivilrechtliche Wirkung zu entfalten, ist ein solches staatliches Urteil maßgeblicher Anerkennungsgegenstand. Auch Entscheidungen hinsichtlich des Feststellens einer Nichtehe werden vom Anwendungsbereich der EuEheVO erfasst.[555]
Eine Entscheidung ist ein im juristischen Sprachgebrauch vor allem für das Erkenntnis eines Gerichtes verwendeter Begriff. Die Entscheidung ergeht je nach Verfahrensart und Entscheidungsinhalt durch Urteil, Beschluss oder Verfügung.[556] Der Ausdruck ‚Entscheidung' wird zudem in Art. 13 I EuEheVO ausdrücklich definiert. Demnach ist unter Entscheidung im Sinne der Verordnung „jede von einem Gericht eines Mitgliedsstaates erlassene Entscheidung über die Ehescheidung, die Trennung ohne Auflösung des Ehebandes oder die Ungültigerklärung einer Ehe sowie jede aus Anlass eines solchen Verfahrens in Ehesachen ergangene Entscheidung über die elterliche Verantwortung der Ehegatten zu verstehen, ohne Rücksicht auf die Bezeichnung der jeweiligen Entscheidung, wie Urteil oder Beschluss". Die genaue Definition der Entscheidungen über die elterliche Verantwortung bleibt den innerstaatlichen Rechtsordnungen überlassen.[557]
Der Ausdruck ‚Entscheidung' könnte sich hinsichtlich der kindschaftsrechtlichen Entscheidungen deshalb nur auf gerichtliche Akte, nicht auch auf sonstige Entscheidungen beziehen. Es kann aber nicht sein, dass von der EuEheVO lediglich gerichtliche Entscheidungen erfasst werden; vielmehr muss sich der Begriff der Entscheidung auf alle Maßnahmen beziehen, die im Zusammenhang mit einem Sorgerechtsverfahren getroffen werden können und die anerkennungs- und vollstreckungsfähig sind. Dies muss gerade deshalb gelten, weil Art. 1 II EuEheVO ausdrücklich klarstellt, dass von der Bezeichnung ‚Gericht' auch jegliche für Ehesachen zuständigen Behörden eingeschlossen sind. Im deutschen Recht umfasst auch der Begriff des Verwaltungsaktes nach § 35 VwVfG jede „Verfügung, Entscheidung oder andere hoheitliche Maßnahme, die eine Behörde zur Regelung eines Einzelfalles auf dem Gebiet des öffentlichen Rechts trifft und

---

[555] Zum Streit vgl. Kapitel I Teil 1 § 3 III.1.b. (S. 49 ff.).
[556] Creifelds, Rechtswörterbuch S. 392/393.
[557] Borrás, ABl. EG 1998, C221/27, S. 48.

die auf eine unmittelbare Rechtswirkung nach außen gerichtet" ist. Dies spricht ebenfalls dafür, dass nicht nur gerichtliche, sondern auch behördliche Entscheidungen, wie in der Bundesrepublik der Verwaltungsakt, unter den Entscheidungsbegriff fallen. Erforderlich ist lediglich, dass die entscheidende Stelle auch zuständig ist. Demnach betrifft der Entscheidungsbegriff der EuEheVO alle Akte der nach den Regeln der Verordnung zuständigen Behörden und Gerichte. Fraglich ist, ob auch Teilentscheidungen wie das Umgangsrecht aus dem Bereich der elterlichen Verantwortung von dem Entscheidungsbegriff erfasst werden.[558] Die besseren Argumente sprechen für eine Erstreckung des Anwendungsbereiches auch auf Teilentscheidungen, insbesondere in Bezug auf das Umgangsrecht.[559] Demnach sind im Folgenden unter dem Begriff ,Sorgerechtsentscheidungen' auch solche des Umgangsrechts zu verstehen.
Der Entscheidungsbegriff der Verordnung ist demnach relativ weit gefasst und umfasst jegliche gerichtliche oder behördliche Maßnahme, die unter den Anwendungsbereich der Verordnung fällt, sofern die zuständige Stelle gehandelt hat. Dies ändert sich auch bei Geltung des VO-E nicht. Dieser bezieht vielmehr Umgangsrechtsentscheidungen ausdrücklich in den Anwendungsbereich mit ein und verwendet in Art. 2 Nr. 3 VO-E die gleiche Entscheidungs-Definition wie die EuEheVO.

*bb) Schutzmaßnahmen im Sinne des MSA*
Zu klären bleibt, was unter ,Schutzmaßnahmen' im Sinne des MSA zu verstehen ist. Das Abkommen selbst trifft diesbezüglich keine explizite Aussage. Herangezogen werden daher die Konferenzmaterialien und der Zweck der Konvention. Danach sind unter Schutzmaßnahmen alle Maßnahmen zu verstehen, die eine Behörde zum Schutz eines einzelnen Minderjährigen oder seines Vermögens treffen kann. Hierbei führt die Vielfältigkeit nationaler Rechte dazu, dass jedes inländische Gericht beziehungsweise die entsprechenden Behörden nach ihrer eigenen *lex fori* beurteilen müssen, was Schutzmaßnahmen im Sinne der Konvention sind. Der Begriff der Schutzmaßnahme ist nach einhelliger Ansicht weit auszulegen, sodass es nicht darauf ankommt, ob diese privat- oder öffentlichrechtlicher Natur ist.[560] Insbesondere Sorgerechtsregelungen, Regelung des Besuchs- und Umgangsrechts, Schutzmaßnahmen der Kinder- und Jugendhilfe o-

---

[558] Zum Streitstand vgl. Kapitel I Teil 1 § 3 III.2.b. (S. 53 ff.).
[559] Zur ausführlichen Ergebnisbegründung siehe Kapitel I Teil 1 § 3 III.2.b.cc (S. 54.).
[560] Keine Schutzmaßnahmen sind aber Maßnahmen zur Klärung des familienrechtlichen Status, Strafen, namensrechtliche Entscheidungen, finanzielle Leistungen, Volljährigkeitserklärungen und Staatsangehörigkeitsfragen, vgl. Palandt-*Heldrich,* Anh. zu EGBGB 24 Rn. 14; Johannsen/Henrich-*Sedemund-Treiber,* § 621 ZPO Rn. 19; *Siehr,* Int. Privatrecht § 11 III.2.a. (S. 62); *ders.,* IPRax 1982, S. 85 (86); *Oelkers/Kraeft,* FuR 2001, S. 344 (348).

der der Erlass von Herausgabeanordnungen fallen damit unter das MSA,[561] das heißt, es geht um Rechte, Befugnisse und Pflichten der Eltern, des Vormundes oder eines anderen gesetzlichen Vertreters. Das MSA betrifft damit ein Gefüge von Rechten einerseits und Verantwortlichkeiten gegenüber dem Minderjährigen andererseits. Eine Erweiterung auf generell alle Maßnahmen im Zusammenhang mit Minderjährigen kann nicht erfolgen; umfasst werden nicht diejenigen Sachverhalte, für die gesonderte Abkommen geschlossen wurden.[562] Ausgeklammert sind ferner gesetzliche Gewaltverhältnisse, die in Art. 3 MSA gesondert behandelt werden,[563] sowie allgemeine Schutzvorschriften zugunsten aller Minderjähriger. Das Problem, ob vormundschaftsgerichtliche Genehmigungen als Maßnahmen im Sinne der MSA zu verstehen sind,[564] kann bei dem Vergleich dahinstehen, denn diese sind jedenfalls kein Punkt, bei dem sich EuEheVO und MSA überschneiden könnten, da die EuEheVO neben Ehesachen ausschließlich das Sorge- und Umgangsrecht betrifft.

*cc) Ergebnis*
Der Begriff der Entscheidung im Rahmen der EuEheVO ist zwar weit zu verstehen, umfasst jedoch neben Entscheidungen in Ehesachen nur solche Akte, die im Zusammenhang mit dem Sorge- oder Umgangsrecht stehen. In dem VO-E wird er ausdrücklich weit definiert. Der Begriff der Schutzmaßnahme im MSA hingegen konnte aufgrund der fehlenden Definition im Abkommen und der demzufolge fehlenden normierten Konkretisierung weit ausgedehnt werden. So werden zwar auch Sorge- und Umgangsrechtsentscheidungen erfasst, der Anwendungsbereich geht jedoch weit darüber hinaus. Sofern MSA und EuEheVO beziehungsweise VO-E also in einem gemeinsamen Vertragsstaat gelten, kann die EuEheVO das MSA gemäß Art. 37 EuEheVO nur in einem Fall verdrängen, in dem es um eine Sorgerechts- oder Umgangsrechtssache geht, die gleichzeitig mit einer Ehesache betrieben wird. Der VO-E hingegen verdrängt das MSA in den gemeinsamen Mitgliedsstaaten gemäß Art. 61 lit. a VO-E immer dann, wenn es um Fragen der elterlichen Verantwortung generell geht. Die Maßnahmen zum Schutz des Kindes berühren in der Regel zugleich Fragen der elterli-

---

[561] Staudinger-*Kropholler*, Vorbem. zu Art. 19 EGBGB Rn. 215 ff.; *Andrae*, Int. Familienrecht Rn. 485; *Henrich*, Int. Familienrecht § 7 II.1. (S. 265); *Goerke*, FamRZ 1974, S. 57 (64); *Luther*, FamRZ 1973, S.406 (407); *Christian*, DAVorm 1983, S. 417 (435); *Dörr*, NJW 1989, S. 690 (695).
[562] Dies gilt beispielsweise für Unterhalt und Adoption, denn diese sind im Haager Unterhaltsabkommen von 1956 und 1973, BGBl 1961 II, S. 1012 u. BGBl 1962 II, S. 16, bzw. im Haager Adoptionsabkommen von 1965, *Jayme/Hausmann*, Int. Privat- u. Verfahrensrecht, 8. Aufl. München 1996, S. 79, geregelt, vgl. *Siehr*, IPRax 1982, S. 85 (86).
[563] Im Rahmen des Art. 3 MSA ist die Behandlung von Gewaltverhältnissen umstritten, siehe dazu Kapitel II § 28 I.8.a. (S. 169 ff.).
[564] Dazu *Jayme*, JR 1973, S. 177 (181).

chen Verantwortung. Dieser Begriff ist in den Verordnungen und in dem Abkommen unterschiedlich zu verstehen, da er von unterschiedlichen Ausgangspunkten her entwickelt wurde. Das MSA hatte das Ziel, alle Schutzmaßnahmen für Minderjährige zu umfassen; innerhalb dieser Schutzmaßnahmen findet sich auch der Begriff der elterlichen Verantwortung. Demgegenüber stehen die Verordnungen, wobei ursprünglich elternzentriert vom Eheverfahren ausgegangen wurde und dann die EuEheVO und erst recht der VO-E auf die elterliche Verantwortung weiterentwickelt wurden. Besonders deutlich wird dies daran, dass zunächst die EuEheVO Fragen der elterlichen Verantwortung gar nicht umfassen sollte, man sich dann aber darauf einigte, sie einzubeziehen, jedoch nur dann, wenn gleichzeitig ein Eheverfahren anhängig war. Die Fortentwicklung erfolgte durch den VO-E, der nunmehr Anerkennung, Vollstreckung und Zuständigkeit auch unabhängig vom Eheverfahren regelt.

Die EuEheVO verdrängt damit im sachlichen Anwendungsbereich das MSA dann, wenn es um Fragen der elterlichen Verantwortung geht, jedoch nur dann, wenn gleichzeitig die Anhängigkeit eines Eheverfahrens gegeben ist. Der VO-E verdrängt das MSA generell, wenn es um die elterliche Verantwortung geht. Der sachliche Anwendungsbereich des MSA in gemeinsamen Mitgliedstaaten wird damit – insbesondere nach Inkrafttreten des VO-E – relativ gering werden.

*c) Generelles Verhältnis zwischen EuEheVO, VO-E und MSA*
*aa) Problemstellung*
Art. 37 EuEheVO bestimmt, dass die EuEheVO dem MSA in den Fällen vorgeht, in denen ‚Bereiche' betroffen sind, „die in dieser Verordnung geregelt sind". Dasselbe bestimmt der VO-E in Art. 61 lit. a VO-E. Fraglich ist nun jedoch, ob das MSA tatsächlich auch bei Verfahren hinsichtlich des Sorgerechts dann Geltung beanspruchen kann, wenn schon eine Zuständigkeit nach der EuEheVO beziehungsweise dem VO-E von vornherein gar nicht vorlag oder nachträglich weggefallen ist oder nur in den Fällen, in denen es nicht um die elterliche Verantwortung für gemeinsame Kinder geht und somit die jeweilige Verordnung gar nicht eingreifen kann und konnte.

*bb) Kein Rückgriff auf das MSA*
Dem Wortlaut des Art. 37 EuEheVO zufolge schließt die EuEheVO das MSA in den Bereichen, die sie selbst betrifft, aus. Hierzu würden alle Fragen der elterlichen Verantwortung zählen. Das MSA behält gemäß Art. 38 I EuEheVO seine Wirksamkeit nur für die Rechtsgebiete, auf die die Verordnung nicht anwendbar ist. Hieraus könnte man bei enger Anlehnung an den Wortlaut der Normen folgern, dass das MSA grundsätzlich bei Sorge- und Umgangsrechtssachen keine Anwendung mehr findet und demnach bei Wegfall der Zuständigkeit auf Grundlage der EuEheVO oder gar Fehlen der Zuständigkeit von vornherein nur noch auf das nationale Recht zurückgegriffen werden kann. Dasselbe könnte für den

VO-E angenommen werden, dessen Art. 61 lit. a VO-E dem Art. 37, Spiegelstrich 1 EuEheVO insoweit entspricht.

*cc) Extensive Auslegung der Art. 37 EuEheVO und Art. 61 VO-E*
Ein weiteres Verständnis der entsprechenden Normen führt jedoch dazu, dass man das MSA für anwendbar betrachtet, sobald die jeweilige Verordnung nicht oder nicht mehr anwendbar sein kann.[565] Dies gilt unabhängig davon, ob es sich der Sache nach um ein Verfahren der elterlichen Verantwortung handelt oder nicht; vielmehr wird lediglich darauf rekurriert, ob eine Zuständigkeit nach der entsprechenden Verordnung vorliegen würde oder nicht. Der Wortlaut des Art. 37 EuEheVO beziehungsweise Art. 61 VO-E, in denen wortgleich von ‚Bereiche betreffen' die Rede ist, muss demnach wie ‚die Zuständigkeit betreffen' gelesen werden.

*dd) Stellungnahme*
Der Wortlaut spricht tatsächlich bei enger Auslegung für einen Ausschluss des MSA, sofern ein Verfahren über die elterliche Anwendung gegeben ist, da es sich hierbei um einen durch die Verordnungen geregelten ‚Bereich' handelt, weswegen das MSA gemäß Art. 37, Spiegelstrich 1 EuEheVO beziehungsweise Art. 61 lit. a VO-E nicht mehr anwendbar sein kann. Betrachtet man die Systematik des Art. 37 EuEheVO, dem Art. 38 EuEheVO folgt, welcher bestimmt, dass die in Art. 37 EuEheVO genannten Übereinkommen ihre Wirkung für die Rechtsgebiete behalten, auf die die EuEheVO nicht anwendbar ist, kommt man zu dem Schluss, dass es derartige Bereiche in jedem Fall geben muss. Sofern man jedoch mit der engen Betrachtungsweise grundsätzlich alle Fälle der elterlichen Verantwortung von der Verordnung erfasst sähe, würde der Art. 38 EuEheVO keine Bedeutung erlangen, denn Art. 37 EuEheVO bestimmt einen Vorrang der Verordnung nur für von ihr geregelte Bereiche und schließt eine Anwendung der Konvention nicht komplett aus. Eine dem Art. 38 EuEheVO entsprechende Norm enthält der VO-E hingegen nicht, weswegen diese Argumentation dort nicht greift. Sowohl die Verordnungen als auch das Abkommen sind jedoch angesichts des Ziels, eine größtmögliche Rechtsvereinheitlichung und

---

[565] *Kropholler*, Int. Privatrecht § 58 V.1.b. (S. 590).

-sicherheit zu erreichen, geschaffen worden.[566] Die Anerkennung der Entscheidungen sollte erleichtert werden, um widersprechende Maßnahmen zu vermeiden. Es kann daher nicht im Interesse der Verordnungsgeber gewesen sein, das MSA komplett zu verdrängen. Vielmehr sollte dies im Zweifel nur dann geschehen, wenn die Anerkennungs- und vor allem die Vollstreckungsregeln der Verordnung anwendbar sind. Zieht man die entsprechende Literatur[567] zur EuEheVO heran, so ergibt sich, dass die Verordnung auch das innerstaatliche Recht nur dann verdrängen soll, wenn sie Anwendung findet, ihre Zulässigkeitsvoraussetzungen also gegeben sind.[568] Bei Neuschaffung des VO-E wurden diesbezüglich keine Änderungen veranlasst,[569] so dass davon auszugehen ist, dass die Verordnungsgeber den VO-E ebenso verstanden wissen wollen. Der Maßstab, der für innerstaatliches Recht gilt, kann ebenso hinsichtlich des Verhältnisses zur Konvention maßgebend sein. Hierfür spricht auch, dass das MSA als vergleichbarer Staatsvertrag ebenfalls das autonome Recht seiner Vertragsstaaten nur im Rahmen der in ihm geregelten Zuständigkeiten verdrängt, wie dies auch allgemein in Rechtsprechung[570] und Schrifttum[571] anerkannt ist. Der rechtsvereinheitlichende Zweck von Konvention und Verordnungen gebietet es grundsätzlich, den Wert der internationalen Rechtseinheit hoch anzusetzen.[572] Es widerspräche insgesamt dem Sinn beider, dass eine Verordnung das Abkommen komplett ausschließen würde, sofern es um die elterliche Verantwortung geht. Dies kann so nicht gewollt sein. Zwar kommt dem Wortlaut für die Auslegung von Staatsverträgen grundsätzlich besondere Bedeutung zu.[573] Systematik, sowie Entstehungszweck und Rechtsvergleich sprechen indes gegen eine enge Wortlautauslegung. Zu fragen ist, ob auch in dem Verhältnis von Verordnungen und MSA das Güns-

---

[566] So für die EuEheVO: *Sumampouw*, FS-Siehr, S. 729; *Pirrung*, FS – v. Alkemade, S. 189 (196); *Siehr*, FS-Lorenz S. 581 (590); *Hausmann*, The European Legal Forum 2000, S. 345; *Hohnerlein*, The European Legal Forum 2000, S. 252; *Borrás*, ABl. EG 1998, C221/27, S. 231; *Vogel*, MDR 2000, S. 1045; *Jayme/Kohler*, IPRax 1998, 417 (419); *Helms*, FamRZ 2001, S. 257; *Niepmann*, MDR 2001, S. 601; und hinsichtlich des MSA: OLG Celle, FamRZ 1993, S. 95 (96); FamRZ 1991, S. 1221 (1222); OLG Hamm, FamRZ 1991, S. 1346; MüKo-*Siehr*, BGB, Art. 19 Anh. I Rn. 20; Schwab-*Motzer* H III Rn. 299; *Holl*, Gewöhnlicher Aufenthalt S. 71/72; *Jayme*, JR 1979, S. 177 (180); *Oelkers/Kraeft*, FuR 2001, S. 344.
[567] *Rausch*, FuR 2001, S. 151; *Hau*, FamRZ 2000, S. 1333 (1340); *ders.*, FamRZ 1999, S. 484 (486).
[568] Dazu ausführlich unten Kapitel II § 31 I. (S. 210).
[569] Vgl. Kapitel I Teil 2 § 20 (S. 122).
[570] BGH, Beschl. v. 29.10.1980 – IV b ZB 586/80 – IPRax 1991, S. 254 (256).
[571] Soergel-*Kegel*, Anh. Art. 19 Rn. 6; MüKo-*Siehr*, BGB, Art. 19 Anh. I Rn. 16, 124; *Siehr*, Int. Privatrecht § 11 III.3. (S. 65); *Kropholler*, MSA S. 16.
[572] *Kropholler*, Int. Privatrecht § 9 V.1.b. (S.68).
[573] *Kropholler*, Int. Privatrecht § 9 V.1.a. (S. 68).

tigkeitsprinzip gelten soll. Dies wurde im Rahmen der Untersuchung des Verhältnisses von Verordnungen und autonomem Recht befürwortet.[574] Dafür spricht, dass die Verordnungen das Anerkennungsrecht erleichtern und nicht etwa zwischen den Staaten geltende Abkommen generell verdrängen wollen. Beide Verordnungen beziehen das MSA deutlich ein, normieren dabei aber nur einen Vorrang, nicht einen generellen Ausschluss des Abkommens. Dagegen könnte man einwenden, die Verordnungen wollen eine einheitliche europäische Regelung schaffen und dulden deshalb aus Gründen der Einfachheit keine konkurrierenden Abkommen. Für die erste Ansicht spricht jedoch, dass keine Partei durch Anrufung eines geltenden Abkommens die EuEheVO schädigt. Man könnte wie auch hinsichtlich des autonomen Rechts deshalb vertreten, dass eine ‚Unvereinbarkeit' nur dann vorliegt, wenn die Zuständigkeits-, Anerkennungs- und Vollstreckungsregelungen durch das autonome Recht erschwert werden, nicht aber, wenn sie erleichtert werden. Hinzu kommt, dass eindeutig auch in der Präambel das Ziel der Verordnung, nämlich die Vereinfachung der Anerkennung und Vollstreckung, festgelegt ist, nicht aber deren Erschwerung, was ebenfalls für eine Geltung des Günstigkeitsprinzips sprechen würde. Staatsverträge über die Anerkennung und Vollstreckung wie die EuEheVO wollen die Anerkennung und Vollstreckung begünstigen, also sicherstellen, dass unter bestimmten Voraussetzungen eine Anerkennung und Vollstreckung von Urteilen in den jeweiligen Vertragsstaaten auf jeden Fall erfolgt,[575] nicht aber, dass sie unter anderen Umständen ausgeschlossen sind. Es muss deshalb auch hier mit der bereits angeführten Begründung davon ausgegangen werden, dass das MSA in den gemeinsamen Vertragsstaaten auch eingreifen kann, wenn es eine günstigere Regelung als die gültige Verordnung trifft. Es kann keinen Unterschied machen, ob die Verordnung autonomem Recht oder einem anderen Staatsvertrag vorgeht; soweit also in Bezug auf autonomes Recht die Geltung des *Günstigkeitsprinzips* angenommen wird, muss dies auch hinsichtlich eines Abkommens wie dem MSA gelten. Eine praktische Relevanz wird dies indes kaum haben.

*ee) Ergebnis*
Demnach ist mit einem weiten Verständnis des Wortlautes des Art. 37 EuEheVO beziehungsweise Art. 61 VO-E sowie anhand seiner Systematik und der Entstehungsgeschichte der EuEheVO und des VO-E und unter Heranziehung vergleichbarer Konstellationen davon auszugehen, dass die EuEheVO oder nach ihrer Ablösung der VO-E das MSA nur dann für Entscheidungen der elterlichen Verantwortung ausschließt, wenn die jeweilige Verordnung ihren Zuständigkeitsvorschriften zufolge eingreifen kann. Sofern eine Zuständigkeit nach der

---

[574] Vgl. Kapitel I Teil 1 § 6 II. (S. 75 f.).
[575] *Kropholler*, Europ. Zivilprozessrecht Art. 25 Rn. 8; *ders.*, Int. Privatrecht, S. 617 (§ 60 II 1 d); *Siehr*, IPRax 1989, S. 93 (96).

Verordnung nicht gegeben ist, oder das MSA eine günstigere Regelung trifft, kann auch für Fragen der elterlichen Verantwortung das MSA eingreifen.

*d) Zusammenfassung*
Ein Hauptunterschied zeigt sich damit schon im Rahmen des sachlichen Anwendungsbereiches; der des MSA geht weit über den beider Verordnungen hinaus. Während die Verordnungen nur Entscheidungen der elterlichen Verantwortung erfassen, fallen unter das MSA sämtliche denkbaren Schutzmaßnahmen zugunsten der Person eines Minderjährigen oder seines Vermögens. Hinzu kommt, dass die EuEheVO Entscheidungen ausweislich der Annexkompetenz des Art. 3 I und II EuEheVO lediglich dann umfasst, wenn gleichzeitig ein Eheverfahren anhängig ist. Das MSA gilt demgegenüber unabhängig von anderen Verfahren, nur Art. 15 MSA rekurriert auf bereits anhängige Eheverfahren. Innerhalb ihres Anwendungsbereiches geht die EuEheVO ausweislich ihres Art. 37, Spiegelstrich 1 EuEheVO dem MSA vor. Das MSA kann gemäß Art. 38 I EuEheVO nur dann eingreifen, wenn die EuEheVO keine Anwendung findet oder das MSA keine günstigere Anerkennungsregelung trifft. Dasselbe gilt nach In-Kraft-Treten des VO-E für das Verhältnis zum diesem.[576] Das MSA greift immer dann ein, wenn eine Zuständigkeit nach einer der Verordnungen nicht gegeben ist. Es findet dementsprechend Anwendung insbesondere hinsichtlich aller Schutzmaßnahmen für Kinder, die ihren gewöhnlichen Aufenthalt in einem Vertragsstaat haben, der nicht zur Europäischen Union gehört (Polen, Schweiz, Türkei), und solange die EuEheVO gilt immer dann, wenn kein Eheverfahren anhängig ist. Es darf sich also keine Zuständigkeit aus den Art. 2 ff. EuEheVO beziehungsweise Art. 10 ff. VO-E ergeben, damit das MSA anwendbar bleibt. Während der Geltung der EuEheVO kann nur dann auf das MSA zurückgegriffen werden, wenn der Antragsgegner seinen gewöhnlichen Aufenthalt in einem Nichtvertragsstaat der Verordnung hat, die Eltern des Kindes keine gemeinsame Staatsangehörigkeit eines gemeinsamen Mitgliedsstaates besitzen und auch keine der in Art. 2 I lit. a Spiegelstrich 2, 4, 5 oder 6 EuEheVO genannten Voraussetzungen in einem gemeinsamen Mitgliedsstaat erfüllt sind, so dass kein Eheverfahren als Grundvoraussetzung für eine Annexzuständigkeit gemäß der EuEheVO anhängig gemacht werden kann. Nach In-Kraft-Treten des VO-E greift das MSA dann ein, wenn es nicht um Fragen der elterlichen Verantwortung für Kinder innerhalb der EU geht.

---

[576] Vgl. zum In-Kraft-Treten Kapitel I Teil 2 § 14 I (S. 108 ff.).

## § 28 GERICHTLICHE ZUSTÄNDIGKEIT

### I. MSA

#### 1. Grundlegendes

Nach dem MSA können verschiedene internationale Zuständigkeiten konkurrieren, also unter Umständen mehrere Anknüpfungskriterien zusammentreffen, was bedeutet, dass Gerichte beziehungsweise Behörden unterschiedlicher Staaten für eine Sorgerechtsentscheidung zuständig sein können.[577] Der Maßnahmenbegriff des MSA umfasst sowohl privatrechtliche als auch öffentlich-rechtliche Maßnahmen,[578] weswegen grundsätzlich im Folgenden sowohl die Zuständigkeit von Gerichten als auch die von Behörden zu erörtern ist. Der Einfachheit halber soll jedoch nur von ‚Gerichten' gesprochen werden, wobei darunter dann sowohl die Gerichte als auch die Behörden zu verstehen sind.

Art. 1 MSA knüpft an den gewöhnlichen Aufenthalt des Kindes an,[579] vorbehaltlich der Zuständigkeit des Heimatstaates gemäß Art. 3 MSA[580] und Art. 4 I MSA[581] sowie der Eilzuständigkeit des Staates am gewöhnlichen Aufenthaltsort beziehungsweise des Staates, in dem sich das Kind gerade befindet, nach Art. 8 und 9 MSA.[582] Hinzu kommt eine Verbundzuständigkeit im Rahmen einer anhängigen Ehesache gemäß Art. 15 MSA.[583]

Die Gerichte haben ihre Zuständigkeit in jeder Verfahrenslage als wesentliche

---

[577] *Gülicher*, Int. Kindesentführungen S. 22, 23; *Goerke*, StAZ 1976, S. 269 (271).
[578] Vgl. oben Kapitel II § 27 II.4.c) (S. 150 ff.).
[579] OLG Hamm, Beschl. v. 12.3.1991 – 1 UF 471/90 - FamRZ 1991, S. 1346; Beschl. v. 17.3.1997 – 15 W 216/96 - FamRZ 1997, S. 1295; VerwG Berlin, Urteil v. 28.2.1984 – VG 8 A 506/82 - DAVorm 1984, 720 (722 f.); Garbe/Oelkers-*Oellrich*, Teil 13 Kap. 6.3.2.2. (S. 4); Johannsen/Henrich-*Sedemund-Treiber*, § 621 ZPO Rn. 19; *Gülicher*, Int. Kindesentführungen S. 22, 23; *Christian*, DAVorm 1983, S. 417 (435); *Dörr*, NJW 1991, S. 77 (81); *Oelkers/Kraeft*, FuR 2001, S. 344 (345); *Bauer*, IPRax 2002, S. 179.
[580] Garbe/Oelkers-*Oellrich*, Teil 13 Kap. 6.3.2.2. (S. 5 [2]); *Gülicher*, Int. Kindesentführungen S. 22, 23; *Kropholler*, MSA S. 70 ff.; *Jayme*, IPRax 1982, S. 85 (86, 88); *Christian*, DAVorm 1983, S. 417 (439 f.); *Oelkers/Kraeft*, FuR 2001, S. 344 (345).
[581] BayObLG, Beschl. v. 16.2.1976 – 1 Z 74/75 - FamRZ 1976, S. 366 (368); Garbe/Oelkers-*Oellrich*, Teil 13 Kap. 6.3.2.2. (S. 5 [2]); Johannsen/Henrich-*Sedemund-Treiber*, § 621 ZPO Rn. 19; *Kropholler*, MSA S. 15; *Jayme*, FamRZ 1979, S. 21 (22); *Jayme*, IPRax 1982, S. 85 (86); *Coester-Waltjen*, ZfJ 1990, S. 641 (642); *Hoyer*, IPRax 1984, S. 164 ff.; *Oelkers/Kraeft*, FuR 2001, S. 344 (347); *Bauer*, IPRax 2002, S. 179.
[582] BGH, Beschl. v. 11.4.1984 – IV ZB 96/82 – NJW 1984, S. 2761 (2762); Garbe/Oelkers-*Oellrich*, Teil 13 Kap. 6.3.2.3. (S. 2, 3); *Kropholler*, MSA S. 15; *Gülicher*, Int. Kindesentführungen S. 22, 23; *Jayme*, IPRax 1982, S. 85 (87); *Coester-Waltjen*, ZfJ 1990, S. 641 (642); *Oelkers/Kraeft*, FuR 2001, S. 344 (347).
[583] OLG Celle, Beschl. v. 2.1.1991 – 18 UF 167/90 - FamRZ 1991, S. 1221 (1222); *Gülicher*, Int. Kindesentführungen S. 22, 23.

Verfahrensvoraussetzung von Amts wegen zu prüfen.[584] Der nachträgliche Wegfall bewirkt rückwirkend die Nichtigkeit des gesamten vorangegangenen Verfahrens, das Gericht wird unzuständig.[585]

2. Gewöhnlicher Aufenthalt, Art. 1 MSA

Primär wird auf den gewöhnlichen Aufenthalt des Minderjährigen (vgl. Art. 12 MSA) zum Zeitpunkt der zu treffenden Entscheidung abgestellt.[586] Hat ein Minderjähriger seinen gewöhnlichen Aufenthalt im Inland, sind die inländischen Gerichte für alle Maßnahmen zum Schutz des Minderjährigen zuständig. Sofern ein Minderjähriger seinen gewöhnlichen Aufenthalt im Ausland hat, muss zwischen Vertragsstaaten des MSA und solchen, die es nicht sind, unterschieden werden.[587] efindet sich der gewöhnliche Aufenthalt zum Zeitpunkt des Erlasses einer Schutzmaßnahme in einem Vertragsstaat, ist das MSA anzuwenden.[588] Sofern keine Zuständigkeit nach dem MSA gegeben ist, treten an seine Stelle die Zuständigkeitsvorschriften des nationalen Rechts.[589]

Der gewöhnliche Aufenthalt ist im Abkommen nicht definiert,[590] befindet sich

---

[584] BayObLG, Beschl. v. 16.2.1976 – 1 Z 74/75 - FamRZ 1976, S. 366 (367); Beschl. v. 25.8.1972 – BReg. 1 Z 48/72 - FamRZ 1972, S. 578 (579); OLG Zweibrücken, Urteil v. 27.11.1985 – 2 UF 72/85 - NJW 1986, S. 3033; OLG Karlsruhe, Beschl. v. 21.7.1991 – 2 UF 126/91 - FamRZ 1995, S. 562 (563); Österr. OGH, Beschl. v. 30.11.1982 – 20b 557/82 - IPRax 1984, S. 159 (160); *Goerke*, StAZ 1976, S. 267.

[585] OLG Stuttgart, Beschl. 18.11.1977 – 15 UF 40/77 EG - NJW 1978, S. 1746; Österr. OGH, Beschl. v. 30.11.1982 – 20b 557/82 - IPRax 1984, S. 159 (160).

[586] OLG Celle, Beschl. v. 19.5.1992 – 10 UF 35/92 - FamRZ 1993, S. 95; MüKo-*Siehr*, BGB, Art. 19 Anh. I Rn. 20, 34, 417; Erman-*G.Hohloch*, Anh. Art. 24 Rn. 13; Schwab-*Motzer*, H.III Rn. 303; *Luther*, FamRZ 1973, S. 406 (408); *Oelkers/Kraeft*, FuR 2001, S. 344.

[587] *Henrich*, Int. Familienrecht § 7 II.1.b.(2.) (S. 267).

[588] Soergel-*Kegel*, Vor Art. 19 Rn. 15; *Andrae*, Int. Familienrecht Rn. 487; *Jayme*, FamRZ 1979, S. 21.

[589] BGH, Urt. v. 11.4.1979 – IV ZR 93/78 - FamRZ 1979, S. 577 (579); *Henrich*, Int. Familienrecht § 7 II.1.b.(2.) (S. 267); *Jayme*, FamRZ 1979, S. 21; *Dörr*, NJW 1989, S. 690 (696); Lebt das Kind in einem Staat, der nicht Vertragsstaat des MSA ist, so indiziert die örtliche Zuständigkeit nach § 621 II ZPO zugleich die internationale Zuständigkeit der deutschen Gerichte, vgl. *Jayme*, FamRZ 1979, S. 21 (23).

[590] *Boelck*, Reformüberlegungen zum MSA S. 7; *Siehr*, Int. Privatrecht § 11 III.2.a. (S. 63); *ders.*, RabelsZ 62 (1998), S. 464 (467); *ders.*, IPRax 1982, S. 85 (86); *Goerke*, StAZ 1976, S. 267 (269).

aber nach allgemeiner Ansicht[591] an dem Ort oder in dem Land, in dem der Minderjährige seinen tatsächlichen ‚Daseins- bzw. Lebensmittelpunkt' hat.[592] Hierzu gehört ein Aufenthalt von einer gewissen Dauer, die im Unterschied zum einfachen oder schlichten Aufenthalt nicht nur gering sein darf, sondern auch das Vorhandensein weiterer Beziehungen erfordert, insbesondere in familiärer, schulischer und beruflicher Hinsicht, in denen der Schwerpunkt der Bindungen der betreffenden Personen zu sehen ist,[593] also Beziehungen sowohl in persönlicher, sozialer, sachlicher und rechtlicher Hinsicht.[594] In der Rechtsprechung und Literatur wird als eine ‚nicht geringe Zeitdauer' eine Zeitspanne von sechs Monaten für im Regelfall erforderlich und genügend angesehen, um einen ‚Daseinsmittelpunkt' zu begründen.[595] Einen neuen gewöhnlichen Aufenthalt kann der Min-

---

[591] BGH, Urt. v. 5.2.1975 – IV ZR 103/73 – BGHZ 64, 19 (21 f.); Beschl. v. 29.10.1980 – IV b ZB 586/80 - IPRax 1981, S. 139; OLG Düsseldorf, Beschl. v. 18.5.1979 – 5 UF 63/79 - FamRZ 1979, S. 1066; OLG Köln, Beschl. v. 13.11.1990 – 4 UF 153/90 - FamRZ 1991, S. 363 (364); OLG Stuttgart, Beschl. v. 30.4.1996 – 17 UF 447/95 - FamRZ 1997, S. 51 (52); LG Kleve, Beschl. v. 5.10.1976 - 4 T 263/76 - FamRZ 1977, S. 335 (336); Soergel-*Kegel*, Vor Art. 19 Rn. 15; Palandt-*Heldrich*, Anh. zu EGBGB 24 Rn. 10; Garbe/Oelkers-*Cordes*, Teil 13 Kap. 6.3.2.2. (S. 4); *Henrich*, Int. Familienrecht § 7 II.1.b.(2.) (S. 267); *Andrae*, Int. Familienrecht Rn. 487; Schwab-*Motzer*, H.III. Rn. 301; *Wuppermann*, FamRZ 1973, S. 247 (249); *Schlosshauer-Selbach*, FamRZ 1981, S. 536; *Firsching*, RPfleger 1971, S. 377 (383); *Goerke*, StAZ 1976, S. 267 (269); *Hüßtege*, IPRax 1992, S. 369.

[592] Die Frage, ob im Rahmen des Verfahrens- und Kollisionsrechts eine differenzierende Auslegung des gewöhnlichen Aufenthalts vorzunehmen ist, wird unterschiedlich beurteilt, vgl. *Holl*, gewöhnlicher Aufenthalt S. 115 ff.

[593] BGH, Urt. v. 29.10.1980 – IV b ZB 586/80 - NJW 1981, S. 520 (521); Urt. v. 5.2.1975 – IV ZR 90/73 – BGHZ 64, 19 (25); OLG Schleswig, Beschl. v. 26.7.2000 – 12 UF 233/99 - FamRZ 2000, S. 1426 (1427); OLG Hamm, Beschl. v. 24.6.1996 – 12 WF 130/96 – NJW-RR 1997,S. 5; Staudinger-*Kropholler*, Vorbem. zu Art. 19 Rn. 128; Garbe/Oelkers-*Cordes*, Teil 13 Kap. 6.3.2.2. (S. 4); Schwab-*Motzer*, H.III. Rn. 301; *Henrich*, Int. Familienrecht § 7 II 1.b.(2.), S. 267; *Oelkers*, Sorge- und Umgangsrecht § 5 Rn. 18; *Andrae*, Int. Familienrecht Rn. 487; *Wanner-Laufer*, Art. 3 MSA S. 45; *Kropholler*, MSA S. 60; *Christian*, DAVorm 1983, S. 417 (436).

[594] OLG Celle, Beschl. v. 2.1.1991 – 18 UF 167/90 - FamRZ 1991, S. 1221 (1222); MüKo-*Siehr*, BGB, Art. 19 Anh. I Rn. 25; *Wuppermann*, FamRZ 1973, S. 247 (249); *Siehr*, IPRax 1982, S. 85 (86); *Dörr*, NJW 1989, S. 690 (695).

[595] OLG Hamm, Beschl. v. 12.12.1973 – 15 W 190/73 – NJW 1974, S. 1053; OLG Stuttgart, Beschl. v. 18.11.1977 – 15 UF 40/77 EG - NJW 1978, S. 1746; FamRZ 1997, S. 51 (52); OLG Düsseldorf, Beschl. v. 25.1.1978 – 3 UF 105/78 - FamRZ 1979, S. 1066 (1067); BayObLG, Beschl. v. 20.7.1981 – 1 Z 6/81 – IPRax 1982, S. 106 (109); OLG Koblenz, Beschl. v. 27.7.1988 – 13 UF 861/88 – FamRZ 1989, S. 204 (205); Österr. OGH, Beschl. v. 30.11.1982 – 20b 557/82 – IPRax 1984, S. 159 (160); Garbe/Oelkers-*Cordes*, Teil 13 Kap. 6.3.2.2. (S. 4); Schwab-*Motzer*, H.III. Rn. 302; *Wanner-Laufer*, Art. 3 MSA S. 46; *Holl*, gewöhnlicher Aufenthalt S. 113; *Henrich*, Int. Familienrecht § 7 II.1.b.(2.) (S. 269); *ders.*, FamRZ 2002, S. 1184 (1185); *Christian*, DAVorm 1983, S. 417 (437).

derjährige aber auch dann schon erwerben, wenn sich aus den Umständen ergibt, dass der Aufenthalt an diesem Ort auf eine längere Zeitdauer angelegt ist und der neue Aufenthaltsort künftig an die Stelle des bisherigen Daseinsmittelpunktes treten soll.[596] Je stärker die Eingliederung, umso mehr tritt also der Zeitfaktor zurück.[597] Bei Minderjährigen ist auf den Willen der gesetzlichen Vertreter abzustellen (vgl. Art. 5 Abs. 3 EGBGB, der die Rechtsprechung zum MSA widerspiegelt).

### 3. Staatsangehörigkeit, Art. 4 MSA
*a) Grundlegendes*
Gemäß Art. 4 I MSA können die Behörden des Heimatstaates bei vorheriger Verständigung des Aufenthaltsstaates nach ihrem eigenen Sachrecht Schutzmaßnahmen anordnen, die das Wohl des Minderjährigen ihrer Auffassung zufolge erfordert. Voraussetzung ist gemäß Art. 13 II MSA indes, dass dieser Heimatstaat Vertragsstaat des Abkommens ist.[598] Anzuwenden ist das Recht des Heimatstaates (Art. 4 II MSA).
Schutzmaßnahmen der Heimatbehörde müssen jedoch überhaupt erforderlich sein.[599] Die Erforderlichkeit wiederum ist danach zu beurteilen, ob die Aufenthaltsbehörden tätig geworden sind und ob ihre Maßnahmen ausreichen.[600] Die bloße Anhängigkeit eines Scheidungsverfahrens im Heimatstaat, in dessen Rahmen auch eine Sorgerechtsregelung zu treffen ist, reicht zur Begründung der Heimatzuständigkeit nach Art. 4 I MSA nicht aus.[601]

*b) Verhältnis zwischen Art. 1 und Art. 4 MSA*
Umstritten ist das Verhältnis zwischen Art. 4 MSA und Art. 1 MSA. Einer An-

---

[596] OLG Hamm, Beschl. v. 12.3.1991 – 1 UF 471/90 - FamRZ 1991, S. 1345 (1346); Palandt-*Heldrich*, Anh. zu EGBGB 24 Rn. 10; *Henrich,* Int. Familienrecht § 7 II 1.b.(2.) (S. 268); *Siehr*, IPRax 1982, S. 85 (86).
[597] OLG Schleswig, Beschl. v. 26.7.2000 – 12 UF 233/99 - FamRZ 2000, S. 1426 (1427); OLG Celle, Beschl. v. 19.5.1992 – 10 UF 35/92 - FamRZ 1993, S. 95; Garbe/Oelkers-*Cordes*, Teil 13 Kap. 6.3.2.2. (S. 4); Schwab-*Motzer*, H.III. Rn. 302; *Siehr*, IPR § 11 III.2.a. S. 63; *Oelkers/Kraeft*, FuR 2001, S. 344 (345).
[598] BGH, Urt. v. 11.4.1979 – IV ZR 93/78 - FamRZ 1979, S. 577 (578); OLG Düsseldorf, Beschl. v. 18.5.1979 – 5 UF 63/79 - FamRZ 1979, S. 1066 (1067); OLG Karlsruhe, Beschl. v. 6.7.1993 – 18 Wx 6/93 - FamRZ 1994, S. 642 (643); Staudinger-*Kropholler*, Vorbem. zu Art. 19 EGBGB Rn. 220; MüKo-*Siehr*, BGB, Art. 19 Anh. I Rn. 121; Erman-*G.Hohloch*, Anh. Art 24 Rn. 31; *Kropholler*, MSA S. 78.
[599] OLG Stuttgart, Beschl. v. 18.11.1977 – 15 UF 40/77 EG - NJW 1978, S. 1746 (1747); Beschl. v. 30.4.1996 – 17 UF 447/95 - FamRZ 1997, S. 51 (52); *Wanner-Laufer*, Gewöhnlicher Aufenthalt S. 103; *Hoyer*, IPRax 1984, S. 164.
[600] OLG Köln, Beschl. v. 13.11.1990 – 4 UF 153/90 - FamRZ 1991, S. 363 (364); Staudinger-*Kropholler*, Vorbem. zu Art. 19 Rn. 220; *Hoyer*, IPRax 1984, S. 164.
[601] Palandt-*Heldrich*, Anh. zu EGBGB 24 Rn. 31.

sicht[602] zufolge soll Art. 4 MSA nach dem Geist des MSA eine subsidiäre Zuständigkeit für die Wahrung der Interessen des Minderjährigen im Heimatstaat, insbesondere bei den dort abzuwickelnden Rechtsgeschäften, schaffen, weil grundsätzlich die Aufenthaltsbehörden wegen größerer Sachnähe die Schutzbedürftigkeit qualifizierter beurteilen und die getroffenen Maßnahmen besser durchsetzen können. Danach geht die internationale Zuständigkeit des sachverhaltsnäheren Staates des gewöhnlichen Aufenthaltes grundsätzlich der des Heimatstaates vor.

Nach anderer Meinung[603] greift Art. 4 MSA auf jeden Fall immer dann ein, wenn der Schutz dadurch schneller und effektiver als durch Art. 1 MSA erzielt und das Kindeswohl so besser gewährleistet werden kann. *Stöcker*[604] sieht gar Art. 1 MSA und Art. 4 MSA als gleichwertig nebeneinander stehend.

Für die erstgenannte Ansicht spricht neben dem dort genannten Argument auch die Tatsache, dass gemäß Art. 4 Abs. 4 MSA die Aufenthaltsbehörden, bei denen eine Schutzmaßnahme anhängig ist, ihre Zuständigkeit nach Art. 1 MSA verlieren, wenn die Heimatbehörde von ihrer Zuständigkeit nach Art. 4 MSA Gebrauch macht, selbst wenn die Aufenthaltsbehörden eher als die Heimatbehörde mit der Sache befasst waren. Sofern also Art. 4 MSA nicht nur dann angewendet wird, wenn es wirklich erforderlich ist, würde teilweise die Funktion des Art. 1 MSA ausgehebelt, der aber die relevanteste Zuständigkeitsnorm darstellen soll.[605] Hinzu kommt, dass im Falle der Dringlichkeit, welcher unter Umständen mit einer Zuständigkeit gemäß Art. 1 MSA nicht Rechnung getragen werden kann, auch auf die Zuständigkeit für Eilmaßnahmen (Art. 9 MSA) zurückgegriffen werden kann, weswegen das Argument, die Heimatbehörden könnten über Art. 4 MSA unter Umständen schnelleren und effektiveren Schutz gewährleisten, nicht generell greift. Grundsätzlich ist demnach nicht ersichtlich, wieso die Heimatbehörden vorrangig zuständig sein sollen. Hiergegen spricht auch, dass das Aufenthaltsprinzip grundsätzlich als der angemessenste Anknüpfungspunkt gilt. Aus diesen Gründen sollte Art. 4 MSA gegenüber Art. 1 MSA mit der erstgenannten Ansicht lediglich subsidiär angewendet werden.

---

[602] OLG Köln, Beschl. v. 13.11.1990 – 4 UF 153/90 – FamRZ 1991, S. 363 (364); OLG Karlsruhe, Beschl. v. 6.7.1993 – 18 Wx 6/93 – FamRZ 1994, S. 642 (643); OLG Stuttgart, Beschl. v. 30.4.1996 – 17 UF 447/95 – FamRZ 1997, S. 51 (52); MüKo-*Siehr*, BGB, Art. 19 Anh. I Rn. 200; Palandt-*Heldrich*, Anh. zu EGBGB 24 Rn. 31; Erman-*G.Hohloch*, Anh. Art 24 Rn. 31; *Andrae*, Int. Familienrecht, Rn. 509; *Henrich*, Int. Familienrecht § 7 II.4. S. 272; *Wanner-Laufer*, Gewöhnlicher Aufenthalt S. 103; *Oelkers/Kraeft*, FuR 2001, S. 345 (346); *Bauer*, IPRax 2002, S. 179; *Hoyer*, IPRax 1984, S. 164.

[603] OLG Karlsruhe, Beschl. v. 6.7.1993 – 18 Wx 6/93 – FamRZ 1994, S. 642 (643); *Kropholler*, MSA S. 82, 84; *Kaufmann*, FS-Guldener S. 151 (157).

[604] *Stöcker*, DAVorm 1975, S. 507 (512).

[605] *Sturm*, NJW 1975, S. 2121 (2122, 2123, Fn. 17).

*c) Verständigung der Aufenthaltsbehörden*

Mit Art. 4 Abs. 4 MSA gehen zwar einmal getroffene Maßnahmen der Behörden des Heimatstaates denjenigen des Aufenthaltsstaates vor; umstritten ist hier jedoch, ob die vorherige Verständigung des Aufenthaltsstaates durch den Heimatstaat Tatbestandsvoraussetzung für die internationale Zuständigkeit darstellt, mithin deren Fehlen einer Zuständigkeit nach Art. 4 I MSA von vornherein entgegensteht[606] oder die Zuständigkeit an sich unberührt lässt und lediglich als Verfahrensmangel Beachtung finden kann.[607] Relevant wird dieses Problem im Rahmen der Anerkennung solcher Maßnahmen.[608] Die vorherige Verständigung der anderen Behörden hat zu dem Zweck zu erfolgen, dass diese die erforderliche Kenntnis des Sachverhaltes besitzen und rechtzeitig auf die im Heimatstaat getroffenen Maßnahmen reagieren können,[609] also beispielsweise die Angelegenheit an sich ziehen oder Maßnahmen, die der Aufenthaltsstaat traf, aufheben oder ersetzen können (sog. *Evokationsrecht*).[610] Diese Möglichkeit wird dem Staat ohne vorherige Verständigung nicht gegeben. Erfolgt also eine Verständigung nicht, mangelt es an einer Zuständigkeit gemäß Art. 4 MSA, und der Staat des Aufenthaltes kann die Anerkennung der getroffenen Maßnahme ablehnen.

4. Schutzmaßnahmen, Art. 8 MSA

Art. 8 MSA räumt den Aufenthaltsbehörden bei ernstlicher Gefährdung des Minderjährigen eine weitere Zuständigkeit ein.[611] Dies ist erforderlich, weil regelmäßig die Aufenthaltsbehörden eine Gefährdung des Minderjährigen eher

---

[606] KG, Beschl. v. 4.12.1973 – 1 W 1384/73 – NJW 1974, S. 424 (425); BayObLG, Beschl. v. 16.2.1976 – 1 Z 74/75 – FamRZ 1976, S. 366 (368); Staudinger-*Kropholler*, Vorbem. zu Art. 19 EGBGB Rn. 365; MüKo-*Siehr*, BGB, Art. 19 Anh. I Rn. 121; Soergel-*Kegel*, Vor Art. 19 Rn. 47; *Henrich*, Int. Familienrecht § 7 II.4. (S. 272); *Andrae*, Int. Familienrecht, Rn. 510; *Hoyer*, IPRax 1984, S. 164; *Goerke*, StAZ 1976, S. 267 (271); *Siehr*, IPRax 1982, S. 85 (87); *Mottl*, IPRax 1992, S. 178 (182); *Oelkers/Kraeft*, FuR 2001, S. 345 (346).

[607] ÖstOGH, Beschl. v. 19.12.1989 – 2 Ob 609/89 – IPRax 1992, S. 176 (177); offengelassen: OLG Celle, Beschl. v. 19.5.1992 – 10 UF 35/92 – FamRZ 1993, S. 95 (96).

[608] Kapitel II § 32 I. (S. 211 ff.).

[609] *Hoyer*, IPRax 1984, S. 164 (166).

[610] MüKo-*Siehr*, BGB, Art. 19 Anh. I Rn. 200; *Jayme*, JR 1973, S. 177 (180); *Sturm*, NJW 1975, S. 2121 (2122); *Betz*, FamRZ 1977, S. 337; *Ahrens*, FamRZ 1976, S. 305 (306); anderer Ansicht ist lediglich *Stöcker*, DAVorm 1975, S. 507 (514 f.), der die Annahme eines Evokationsrechts aufgrund der Unabhängigkeit der Rechtspflege Bedenken ausgesetzt sieht.

[611] OLG Köln, Beschl. v. 13.11.1990 – 4 UF 153/90 – FamRZ 1991, S. 363 (364); Beschl. v. 11.4.1991 – 16 Wx 43/91 – DAVorm 1991, 506 (507); Staudinger-*Kropholler*, Vorbem. zu Art. 19 EGBGB Rn. 447; *Boelck*, Reformüberlegungen zum MSA S. 52; *Coester*, IPRax 1991, S. 236.

erkennen und beseitigen können.[612]
Im Anschluss an eine Schutzmaßnahme der Heimatbehörde ist die internationale Zuständigkeit der Aufenthaltsbehörde gemäß Art. 1 MSA grundsätzlich ausgeschlossen, so dass diese lediglich unter den Voraussetzungen des Art. 8 MSA tätig werden kann.[613] Hiernach ist erforderlich, dass eine gegenwärtige ernstliche[614] Gefährdung der Person oder des Vermögens des Minderjährigen vorliegt.[615] Früher glaubte man, dem Zweck des MSA, einen optimalen Minderjährigenschutz zu gewährleisten, entspräche es, jegliche Gefährdung ausreichen zu lassen.[616] Heute wird hierfür jedoch kein Anlass mehr gesehen. Art. 8 MSA soll nur als Notzuständigkeit in Anspruch genommen werden, wenn wegen der drängenden ernstlichen Gefahr keine Möglichkeit besteht, die Art. 3, 4 und 5 III MSA zu beachten.[617] Dies entscheidet die Aufenthaltsbehörde,[618] welche bei einer Anwendung des Art. 8 MSA die in Art. 11 MSA vorgesehene Informationspflicht zu erfüllen hat.[619] Zwar wird über das anwendbare Recht nichts gesagt, nach einhelliger Ansicht ist aber von Geltung der *lex fori* auszugehen.[620] Hervorzuheben ist, dass nach Abs. 2 der Vorschrift die Vertragsstaaten nicht verpflichtet sind, die vom Aufenthaltsstaat getroffenen Gefahrmaßnahmen, sofern die Zuständigkeit nicht auf eine andere Norm als Art. 8 MSA gestützt werden konnte, anzuerkennen.[621]

5. Eilzuständigkeit, Art. 9 MSA
Art. 9 MSA stellt eine Eilzuständigkeit am Ort des einfachen Aufenthaltes eines

---

[612] Staudinger-*Kropholler*, Vorbem. zu Art. 19 Rn. 447 ff.
[613] Staudinger-*Kropholler*, Vorbem. zu Art. 19 Rn. 449.
[614] Staudinger-*Kropholler*, Vorbem. zu Art. 19 Rn. 452; Erman-*G.Hohloch*, Anh. Art. 24 Rn. 35; Schwab-*Motzer*, H.III. Rn. 310; *Henrich*, Int. Familienrecht § 7 II.4. (S. 283); *Holl*, Gewöhnlicher Aufenthalt S. 89; *Jayme*, JR 1973, S. 177 (183).
[615] Dies ist in der BRD in der Regel bei Vorliegen der § 1666 ff. BGB gegeben.
[616] *Ahrens*, FamRZ 1976, S. 305 (306); *Stöcker*, DAVorm 1975, S. 507 (519); *Kropholler*, NJW 1971, S. 1721 (1725); *ders.*, FamRZ 1972, S. 516 f.
[617] MüKo-*Siehr*, BGB, Art. 19 Anh. I Rn. 307 ff.; *Holl*, Gewöhnlicher Aufenthalt S. 88, 89.
[618] Staudinger-*Kropholler*, Vorbem. zu Art. 19 Rn. 454.
[619] Staudinger-*Kropholler*, Vorbem. zu Art. 19 Rn. 457; MüKo-*Siehr*, Art. 19 Anh. I Rn. 317.
[620] BayObLG, Beschl. v. 19.4.1991 – BReg 1 Z 23/91 - FamRZ 1991, S. 1218 (1219); OLG Hamm, Beschl. v. 24.6.1996 – 12 WF 130/96 - NJW-RR 1997, S. 5; Beschl. v. 17.3.1997 – 15 W 216/96 - FamRZ 1998, S. 447; MüKo-*Siehr*, BGB, Art. 19 Anh. I Rn. 314; Erman-*G.Hohloch*, Anh. Art. 24 Rn. 35; Palandt-*Heldrich*, Anh. zu Art. 24 EGBGB, Rn. 40; Staudinger-*Kropholler*, Vorbem. zu Art. 19 Rn. 458; *Kropholler*, MSA S. 110; *Siehr*, IPR § 11 III.2.c. (S. 65); *Holl*, Gewöhnlicher Aufenthalt S. 89; *Kropholler*, NJW 1971, S. 1721 (1725).
[621] MüKo-*Siehr*, BGB, Art. 19 Anh. I Rn. 318; Erman-*G.Hohloch*, Anh. Art. 24 Rn. 35; *Sturm*, NJW 1975, S. 2121 (2123); *Siehr*, IPRax 1982, S. 85 (87).

Minderjährigen oder des Vermögens zur Verfügung[622] und ergänzt so Art. 8 MSA. Voraussetzung für die Zuständigkeit nach Art. 9 MSA ist jedoch, dass die Maßnahme dringend erforderlich ist und dass das MSA überhaupt anwendbar ist.[623] Die Vorschrift betrifft nur die zeitliche Dringlichkeit, wenn also Maßnahmen der normalerweise nach Art. 1 oder Art. 4 MSA zuständigen Behörden nicht abgewartet werden können.[624] Die Maßnahme sollte den endgültigen Maßnahmen der Heimat- oder Aufenthaltsbehörden nicht vorgreifen und hat deshalb in der Regel nur provisorischen Charakter.[625] Sie tritt, sofern sie keine endgültige Wirkung hervorgebracht hat, gemäß Art. 9 II MSA außer Kraft, wenn die nach dem MSA zuständigen Behörden die durch die Umstände gebotenen Maßnahmen getroffen haben. Personenschutz wird durch Art. 9 MSA aber nur dort gewährleistet, wo sich der Minderjährige gerade befindet, Vermögensschutz nur dort, wo sich das Vermögen befindet.[626]
Das anzuwendende Recht wird in Art. 9 MSA nicht geregelt.[627]

6. Annexzuständigkeit nach Art. 15 MSA
Nach Art. 15 MSA kann aus Gründen des Sachzusammenhangs[628] jeder Vertragsstaat kraft eines besonderen Vorbehalts zum Übereinkommen bestimmen, dass die Gerichte, die für Entscheidungen in Ehenichtigkeits-, Ehetrennungs- und Ehescheidungsverfahren zuständig sind, auch die Zuständigkeit für Maß-

---

[622] OLG Hamm, Beschl. v. 19.9.1991 - 4 WF 283/91 - FamRZ 1992, S. 208 (209); Staudinger-*Kropholler*, Vorbem. zu Art. 19 Rn. 463; MüKo-*Siehr*, BGB, Art. 19 Anh. I Rn. 325; Erman-*G.Hohloch*, Anh. Art. 24 Rn. 36; *Andrae*, Int. Familienrecht Rn. 511; *Boelck*, Reformüberlegungen zum MSA S. 52; Schwab-*Motzer*, H.III. Rn. 311; *Holl*, Gewöhnlicher Aufenthalt S. 90; *Luther*, FamRZ 1973, S. 406 (410); *Sturm*, NJW 1985, S. 2121 (2123); *Siehr*, IPRax 1982, S. 85 (87); *Ahrens*, FamRZ 1976, S. 305 (305).
[623] OLG Hamm, Beschl. v. 19.9.1991 - 4 WF 283/91 - FamRZ 1992, S. 208 (209); MüKo-*Siehr*, Art. 19 Anh. I Rn. 322, 323; Staudinger-*Kropholler*, Vorbem. zu Art. 19 Rn. 464; Erman-*G.Hohloch*, Anh. Art. 24 Rn. 36; Palandt-*Heldrich*, Anh. zu Art. 24 EGBGB Rn. 42; *Kropholler*, MSA S. 90.
[624] LG Berlin, Beschl. v. 1.4.1982 – 83 T 97/82 - FamRZ 1982, S. 841 (842 u. 844); Staudinger-*Kropholler*, Vorbem. zu Art. 19 Rn. 466 ff.; MüKo-*Siehr*, BGB, Art. 19 Anh. I Rn. 326; Erman-*G.Hohloch*, Anh. Art. 24 Rn. 36; Schwab-*Motzer*, H.III. Rn. 311; *Andrae*, Int. Familienrecht Rn. 511.
[625] Soergel-*Kegel*, Vor Art. 19 Rn. 67; Staudinger-*Kropholler*, Vorbem. zu Art. 19 Rn. 77; MüKo-*Siehr*, BGB, Art. 19 Anh. I Rn. 330; *Andrae*, Int. Familienrecht Rn. 511; *Holl*, Gewöhnlicher Aufenthalt S. 90; *Luther*, FamRZ 1973, S. 406; *Oelkers/Kraeft*, FuR 2001, S. 344 (347); *Sturm*, NJW 1975, S. 2121 (2123); *Siehr*, IPRax 1982, S. 85 (87).
[626] *Henrich*, Int. Familienrecht § 7 II.b.(6.) (S. 274); *Oelkers/Kraeft*, FuR 2001, S. 344 (347).
[627] Es kann hier nach unten auf Kapitel II § 30 I. (S. 205 ff.) verwiesen werden; wo dieses Problem behandelt wird.
[628] *Paetzold* in: Rahm/Künkel, Handbuch des familiengerichtl. Verfahrens VIII Rn. 439.

nahmen haben, die zum Schutz des Vermögens oder der Person der aus der Ehe hervorgegangenen Kinder erforderlich sind.[629] Das anwendbare Recht bestimmt sich nach dem autonomen Kollisionsrecht des Staates[630], der den Vorbehalt erklärt hat[631] und dessen Gerichte zuständig sind. Die Bundesrepublik hat von diesem Vorbehalt keinen Gebrauch gemacht,[632] so dass die deutschen Gerichte aus Art. 15 MSA keine Zuständigkeit herleiten können. Die anderen Staaten sind nicht verpflichtet, die vom Scheidungsrichter getroffenen Maßnahmen anzuerkennen.[633]

*Jayme*[634] problematisiert angesichts der Regelung des Art. 15 MSA, ob auch die Maßnahmen bei bestehender Ehe, die ohne gerichtliche Trennung möglich sind, vom MSA erfasst werden. Dies ist aber in Bezug auf das gesamte Abkommen insofern nicht problematisch, da die Konvention solche Fälle, beispielsweise die elterliche Sorge beider Eltern oder Vormundschaft eines überlebenden Elternteils in Art. 3 MSA regelt, weswegen diese Problematisierung meines Erachtens nicht plausibel ist. Art. 15 MSA als solcher kann hingegen nicht für Maßnahmen gelten, die nach innerstaatlichem Recht des Forums nicht dem Scheidungsrichter obliegen, denn Art. 15 MSA hat nicht den Sinn, den Scheidungsrichtern zusätzliche Kompetenzen zu geben, die ihnen nach autonomem Recht nicht zustehen.[635] Dagegen spricht ebenfalls die Regelung des Art. 3 MSA, die hinsichtlich bestehender Gewaltverhältnisse gilt, wobei hierunter nicht nur Gewaltverhältnisse imZusammenhang mit Ehesachen, sondern alle *ex – lege* - Verhältnisse fallen. Problematisch ist ferner, ob die Gerichte, sofern ihre Staaten den Vorbehalt nach Art. 15 MSA erklärt haben, bei Vorliegen der Voraussetzungen nur nach Art. 15 MSA tätig werden dürfen,[636] oder ob sich der Vorbehalt des Art. 15 MSA nur auf den Fall beschränkt, dass der Minderjährige in dem Vertragsstaat weder sei-

---

[629] Garbe/Oelkers-*Oellrich*, Teil 13 Kap. 6.4.5 (S. 2); *Sturm*, NJW 1975, S. 2121 (2123); *Luther*, FamRZ 1973, S. 406 (410); *Jayme*, JR 1973, S. 177 (182); *Kropholler*, NJW 1971, S. 1721.

[630] Polen (BGBl 1994 II,S. 388), die Türkei (BGBl 1984 II, S. 460) und Luxemburg (BGBl 1971 II, S. 1150) haben sich dies vorbehalten.

[631] MüKo-*Siehr*, BGB, Art. 19 Anh. I Rn. 449; Staudinger-*Kropholler*, Vorbem. zu Art. 19 Rn. 559; Soergel-*Kegel*, Vor Art. 19 Rn. 81; Garbe/Oelkers-*Oellrich*, Teil 13 Kap. 6.4.5 (S.2); *Kropholler*, MSA S. 113; *Oberloskamp*, MSA Art. 15 Rn. 22.

[632] Findet das MSA keine Anwendung, weil die Kinder sich in einem Nichtvertragsstaat aufhalten, so kann der im deutschen Recht vorgesehene Scheidungsverbund auch die internationale Zuständigkeit deutscher Gerichte begründen, vgl. OLG München, Beschl. v. 1.2.1982 – 4 UF 306/81 – FamRZ 1982, S. 315 f.

[633] So Staudinger-*Kropholler*, Vorbem. zu Art. 19 Rn. 537, 560 hinsichtlich aller Staaten und MüKo-*Siehr*, BGB, Art. 19 Anh. I Rn. 252 ff. mit Ausnahme der Vorbehaltsstaaten.

[634] *Jayme*, JR 1973, S. 177 (183).

[635] Staudinger-*Kropholler*, Vorbem. zu Art. 19 Rn. 537.

[636] *Sumampouw*, IPRax 1984, S. 170 (171).

nen gewöhnlichen Aufenthalt noch seine Heimat hat.[637] Sofern man bedenkt, dass Art. 1 MSA als Hauptzuständigkeit geschaffen wurde und Art. 15 MSA demgegenüber nur im Rahmen eines Vorbehaltes anwendbar ist, ist der engen Auslegung der Vorzug einzuräumen. Hinzu kommt, dass eine aufgrund von Art. 15 MSA getroffene Schutzmaßnahme nicht anerkennungspflichtig ist, weswegen sinnvollerweise nur dann auf die Norm zurückgegriffen werden sollte, wenn aufgrund des Art. 1 MSA oder Art. 4 MSA keine anerkennungspflichtige Maßnahme getroffen werden kann.

7. Auftragszuständigkeit nach Art. 6 MSA
Im Wege des gegenseitigen Einvernehmens können die Behörden des Heimatstaates gemäß Art. 6 MSA den Aufenthaltsstaat ersuchen, die von ihnen getroffenen Maßnahmen durchzuführen.[638] Die Vorschrift enthält keine Zuständigkeit für den Erlass von Schutzmaßnahmen, sondern lediglich für die Durchführung bereits getroffener Maßnahmen. Voraussetzung ist, dass sowohl die ersuchende als auch die ersuchte Behörde einem Vertragsstaat angehören und dass ein Einvernehmen zwischen beiden besteht.[639] Ob die ersuchte Behörde tätig werden will, liegt in ihrem pflichtgemäßen Ermessen.[640]
Nach Art. 6 I MSA können die Heimatbehörden den Behörden des Aufenthaltsstaates oder des Vermögensstaates die Durchführung der getroffenen Maßnahmen übertragen. Nach Abs. 2 der Vorschrift haben die Aufenthaltsbehörden die in Abs. 1 normierten Befugnisse auch gegenüber den Behörden des Vermögensstaates. Grundsätzlich ist das Recht des Staates der ersuchenden Behörde anzuwenden. Dies erklärt sich damit, dass die Maßnahme auch von der ersuchenden Behörde getroffen wird. Ausnahmsweise ist der ersuchten Behörde aber eine Heranziehung des eigenen Rechts gestattet, wenn im Einzelfall eine Durchführung der Maßnahme nach dem fremden Recht nicht möglich ist.[641] Sofern die Maßnahme durchzuführen ist, geschieht dies im Staat der ersuchten Behörde, weswegen es dieser im Zweifel möglich sein muss, eigenes Recht anzuwenden.

---

[637] Staudinger-*Kropholler*, Vorbem. zu Art. 19 Rn. 546 ff.; MüKo-*Siehr*, BGB, Art. 19 Anh. I Rn. 448; *Oberloskamp*, MSA Art. 15 Rn. 8; *Kropholler*, MSA S. 94 f.
[638] Erman-*G.Hohloch*, Anh. Art. 24 Rn. 33; MüKo-*Siehr*, BGB, Art. 19 Anh. I Rn. 246; *Luther*, FamRZ 1973, S. 406 (410); *Kropholler*, NJW 1971, S. 1721 (1725).
[639] Staudinger-*Kropholler*, Vorbem. zu Art. 19 Rn. 412; Erman-*G.Hohloch*, Anh. Art. 24 Rn. 33; MüKo-*Siehr*, BGB, Art. 19 Anh. I Rn. 247; *Oberloskamp*, MSA Art. 6 Rn. 3, 10.
[640] Staudinger-*Kropholler*, Vorbem. zu Art. 19 Rn. 412.
[641] Staudinger-*Kropholler*, Vorbem. zu Art. 19 Rn. 418, 419.

## 8. Zuständigkeitsvorbehalte
### a) Vorbehalt des Art. 3 MSA

Art. 1 MSA legt indes keine ausschließliche internationale Zuständigkeit fest;[642] vielmehr werden die Behörden am gewöhnlichen Aufenthalt des Minderjährigen vorbehaltlich des Art. 3 MSA für zuständig erklärt, also vorbehaltlich der eventuell nach dem Heimatrecht[643] des Minderjährigen bestehenden gesetzlichen Gewaltverhältnisse.[644]

Ein gesetzliches Gewaltverhältnis bezeichnet eine Schutzbeziehung, die kraft Gesetzes zwischen dem Minderjährigen und einer anderen Person oder Instanz entsteht, ohne dass behördliche Schutzmaßnahmen zusätzlich erforderlich sind.[645] Betroffen sind hier nur solche Gewaltverhältnisse, die unmittelbar auf Gesetz beruhen.[646] Solche liegen auch vor, wenn sie aufgrund rechtsgeschäftlicher Erklärungen entstehen, so zum Beispiel aufgrund einer Vaterschaftsanerkennung.[647] Ein *renvoi*[648] des Heimatrechtes ist hier nach herrschender Meinung nicht zu beachten.[649]

Was der Vorbehalt zugunsten des Art. 3 MSA bedeutet, stellt eines der umstrittensten Probleme des MSA dar.[650] Das kollisionsrechtliche Problem besteht dar-

---

[642] OLG Stuttgart, Beschl. v. 30.4.1996 – 17 UF 447/95 - FamRZ 1997, S. 51 (52); MüKo-*Siehr*, BGB, Art. 19 Anh. I Rn. 108; *Sturm*, NJW 1975, S. 2121 (2122); *Roth*, IPRax 1994, S. 19.

[643] Bei einer Schutzmaßnahme für den Minderjährigen stellt sich somit die Vorfrage, ob ein *ex-lege*-Verhältnis besteht. Dies ist nach dem Heimatrecht des Minderjährigen zu beantworten. Bei dieser Verweisung handelt es sich um eine Sachnormverweisung, vgl. *Andrae*, Int. Familienrecht Rn. 512.

[644] BGH, Beschl. v. 11.4.1984 – IV b ZB 96/82 – NJW 1984, S. 2761 (2762); MüKo-*Siehr*, BGB, Art. 19 Anh. I Rn. 110; Palandt-*Heldrich*, Anh. zu EGBGB 24 Rn. 18; *Henrich*, Int. Familienrecht § 7 II.3.c. (S. 271); *Jayme*, JR 1993, S. 177 (180); *Siehr*, IPRax 1982, S. 85 (86).

[645] MüKo-*Siehr*, BGB, Art. 19 Anh. I Rn. 159; Schwab-*Motzer*, H.III. Rn. 308; *Holl*, Art. 3 MSA S. 76; *Andrae*, Int. Familienrecht Rn. 493; *Siehr*, IPRax 1982, S. 85 (87).

[646] Palandt-*Heldrich*, Anh. zu Art. 24 EGBGB Rn. 27; Staudinger-*Kropholler*, Vorbem. zu Art. 19 EGBGB Rn. 287; *Oelkers/Kraeft*, FuR 2001, S. 344 (346).

[647] Staudinger-*Kropholler*, Vorbem. zu Art. 19 EGBGB Rn. 295.

[648] Von *renvoi* spricht man, wenn die nach einer Kollisionsnorm maßgebende fremde Rechtsordnung nicht angewandt sein will, sondern ihrerseits ein anderes Recht als maßgebend bezeichnet, vgl. *Kropholler*, Int. Privatrecht § 24 I.1. (S. 158). Zur Anwendung einer ausländischen Rechtsordnung im Forumstaat allgemein: *Picone*, FS-Siehr S. 569 ff.

[649] Staudinger-*Kropholler*, Vorbem. zu Art. 19 EGBGB Rn. 299 ff.; Palandt-*Heldrich*, Anh. zu Art. 24 EGBGB Rn. 22; *Oberloskamp*, MSA Art. 3 Rn. 52f.; *Allinger*, MSA S. 104 f.; *Kropholler*, MSA S. 24 f.; *ders.*, NJW 1972, S. 371; *Jayme*, JR 1973, S. 177 (185); *Luther*, FamRZ 1973, S. 406 (411).

[650] MüKo-*Siehr*, BGB, Art. 19 Anh. I Rn. 158; Erman-*G.Hohloch*, Anh. Art 24 Rn. 27 f.; *Henrich*, Int. Familienrecht, § 7 II.3. (S. 269 ff.); *Andrae*, Int. Familienrecht Rn. 494 ff.; *Heldrich*, IPRax 1989, S. 347.

in, ob und welche Eingriffe in das gesetzliche Gewaltverhältnis auch außerhalb des Heimatstaates des Minderjährigen zulässig sind, sofern nicht die Sondervorschriften der Art. 8 MSA und Art. 16 MSA eingreifen. Zunächst dachte man, eine Aufenthaltszuständigkeit gemäß Art. 1 MSA entfalle dann, wenn ein gesetzliches Gewaltverhältnis bestehe und durch eine möglicherweise zu treffende Maßnahme in dieses eingegriffen werde (sog. Schrankentheorie).[651] Eingriffe in ein Gewaltverhältnis wären dann nur aufgrund des Art. 8 MSA möglich; das Gewaltverhältnis unterstützende oder ergänzende Maßnahmen werden aber teilweise zugelassen. Nach der Heimatrechtstheorie[652] sind Aufenthaltsbehörden nur dann für Eingriffe in *ex lege* – Verhältnisse zuständig, wenn das Heimatrecht eine Eingriffsmöglichkeit vorsieht und damit eine regelungsfähige Lücke gegeben ist. Die Anerkennungstheorie[653] wiederum besagt, dass in dem Vorbehalt des Art. 3 I MSA grundsätzlich keine Schranke für die Aufenthaltszuständigkeit zu sehen ist, sondern nur, dass ein bestehendes Gewaltverhältnis im Rahmen dieser Aufenthaltszuständigkeit zu beachten, also an-

---

[651] BGH, Beschl. v. 20.12.1972 – IV ZB 20/72 - BGHZ 60, 68 (73, 74); BayObLG, Beschl. v. 7.12.1993 – 1Z BR 99/93 und 114/93 - FamRZ 1994, 913; OLG Hamm, Beschl. v. 7.2.1975 – 15 Wx 118/74 - NJW 1975, S. 1083 (1084); OLG Köln, Beschl. v. 25.10.1990 – 21 UF 252/90 - FamRZ 1991, 362; Beschl. v. 13.11.1990 – 4 UF 153/90 - FamRZ 1991, S. 363 (364); *Kropholler*, MSA (1. Aufl.) S. 70 ff., 72 ff., 124 ff.; *ders.*, NJW 1971, S. 1721 (1724); *Jayme*, ZblJugR 1972, S. 284 (285); *v. Overbeck*, ZfRV 1961, S. 140 (151 f.); *Firsching*, RPfleger 1971, S. 377 (384 f.); *Luther*, FamRZ 1973, S. 406 (409); *Sumampouw*, IPRax 1984, S. 170 (171).

[652] BGH, Beschl. v. 11.4.1984 – IV b ZB 96/82 – NJW 1984, S. 2761 (2762); Beschl. v. 11.4.1984 – IV b ZB 96/82 - NJW 1984, S. 2761; Beschl. v. 18.6.1997 – XII ZB 156/95 - FamRZ 1997, S. 1070 (1071); OLG Stuttgart, Beschl. v. 20.9.1984 – 17 UF 154/84 SO - NJW 1985, S. 566; Beschl. v. 1.3.1996 – 17 UF 54/95 – FamRZ 1997, S. 1352 (1353); OLG Celle, Beschl. v. 5.12.1989 – 10 WF 272/89 – FamRZ 1990, S. 656 (657); OLG Köln, Beschl. v. 24.10.1988 – 21 UF 189/88 - IPRax 1989, S. 311 (312); Österr. OGH, Urt. v. 27.8.1980 – 10b 681/80 – JBl 1981, S. 434 (436); Palandt-*Heldrich*, Anh. Art. 24 EGBGB Rn. 25; *Paetzold* in: Rahm/Künkel, Handbuch des familiengerichtl. Verfahrens VIII Rn. 448; *Andrae*, Int. Familienrecht Rn. 500; *Henrich*, Int. Familienrecht, § 7 II.3. (S. 270); *Heldrich*, FS-Ferid S. 131 (135); *Sturm*, IPRax 1991, S. 231 (233, Fn. 19); *Schwimann*, JBl 1976, S. 233 (244); *Christian*, DAVorm 1983, S.417 (439); *Jayme*, FamRZ 1976, S. 361 f.; *Mottl*, IPRax 1993, S. 417 (420); *Schurig*, FamRZ 1975, S. 459 (462).

[653] BGH, Beschl. v. 28.5.1986 – IV b ZB 36/84 – IPRax 1987, S. 317 (318); OLG Hamm, Beschl. v. 28.4.1972 – 15 W 97/72 – NJW 1972, S. 1628; OLG Düsseldorf, Beschl. v. 18.5.1979 – 5 UF 63/79 – FamRZ 1979, S. 1066 (1067); Staudinger-*Kropholler*, Vorbem. Art. 19 EGBGB Rn. 16; Garbe/Oelkers-*Cordes*, Teil 13 Kap. 6.3.2.2. S. 5 (2); Johannsen/Henrich-*Sedemund-Treiber*, § 621 ZPO Rn. 21; *Kropholler*, Int. Privatrecht § 48 I.3. (S. 379); *Abramowski*, Staatliche Schutzmaßnahmen S. 8 ff.; *Jayme*, FamRZ 1976, S. 361; *ders.*, IPRax 1985, S. 23; *Stöcker*, DAVorm 1975, S. 507 (515); *Dörner*, JR 1988, S. 265 (272); *Hoyer*, JBl 1981, S. 435 (436).

erkennungsfähig ist.[654] Dies kann damit begründet werden, dass der Vorbehalt des Art. 3 MSA nur sicherstellen will, dass die Aufenthaltsbehörden in der Regel von einem nach dem Heimatrecht des Minderjährigen bestehenden gesetzlichen Gewaltverhältnis ausgehen, wenn sie eine Schutzmaßnahme treffen wollen. Sofern ein solches besteht, muss es aber dennoch möglich sein, unter bestimmten Voraussetzungen in dieses einzugreifen. Erforderlich für ein Eingreifen ist das Vorliegen der sonstigen Voraussetzungen des MSA, so dass nicht willkürlich gehandelt wird. Zudem steht das gesamte MSA unter der Prämisse des Kindeswohls, nach dessen Maßgabe das entsprechende Gericht oder die Behörde entscheiden muss, weswegen ein bestehendes Gewaltverhältnis in jedem Fall Beachtung zu finden hat. Die Ansicht ist zudem praktikabel und reduziert den Kompromiss zwischen Aufenthalts- und Staatsangehörigkeitsprinzip auf sinnvolle Grenzen. Problematisch ist jedoch auch in diesem Zusammenhang, ob der Eingriff in das Gewaltverhältnis nach dem Heimatrecht zu erfolgen hat[655] oder aber nach der *lex fori* der dann handelnden Behörde[656]. Durch Beachtung des ausländischen Gewaltverhältnisses wird gleichzeitig dessen Recht in einem gewissen Maße herangezogen. Es erweist sich indes für die Behörden des gewöhnlichen Aufenthaltes als schwierig, aufgrund eines fremden Rechts zu entscheiden. Eine bessere Lösung ist demnach zwar, das Gewaltverhältnis des Heimatstaates zu beachten, aber eine Entscheidung aufgrund der *lex fori* zu treffen. Für dieses Ergebnis spricht auch, dass sich der Minderjährige zum Zeitpunkt der Entscheidung auch in dem Staat aufhält, nach dessen Recht entschieden wird. Hinzu kommt, dass das nach Art. 3 MSA anzuerkennende Gewaltverhältnis nach dem Heimatrecht unter dem Vorbehalt von Art. 16 MSA steht, das heißt, es kann insoweit nicht beachtet werden, als es offensichtlich gegen den inländischen *ordre public* verstößt.[657] Die Vorschrift des Art. 3 MSA schützt die Konti-

---

[654] OLG Hamburg, Beschl. v. 24.7.1972 – 2 W 47/79 – FamRZ 1972, S. 514 (515); OLG Stuttgart, Beschl. v. 18.11.1977 – 15 UF 40/77 EG – NJW 1978, S. 1746; MüKo-*Siehr*, BGB, Art. 19 Anh. I Rn. 117 ff.; Staudinger-*Kropholler*, Vorbem. zu Art. 19 Rn. 200 ff. *Kropholler*, MSA S. 70; *Oberloskamp*, MSA Art. 1 Rn. 170a; *Allinger*, MSA S. 123 f.; *Kropholler*, NJW 1972, S. 371 (372); *Henrich*, IPRax 1982, S. 9 (10 f.); *Siehr*, IPRax 1982, S. 85 (88); *Sturm*, NJW 1975, S. 2121 (2125); *Winkler v. Mohrenfels*, IPRax 1989, S. 369 (371).
[655] *Schwimann*, JBl 1976, S. 233 (243).
[656] *Kropholler*, MSA S. 72 ff.; *Hoyer*, 1981 (15/16), S. 435 (436).
[657] Dies wird insbesondere bei Fällen aus dem islamischen Rechtskreis relevant, vgl. BGH, Beschl. v. 20.12.1972 – IV ZB 20/72 – BGHZ 60, S. 68 (75 ff.); OLG Hamm, Beschl. v. 24.6.1996 – 12 WF 130/96 – NJW-RR 1997, S. 5 (6); OLG Karlsruhe, Beschl. v. 28.7.1997 – 2 WF 57/97 – NJW-RR 1998, S. 582 (583); Palandt-*Heldrich*, Anh. zu EGBGB 24 Rn. 50; Schwab-*Motzer*, H.III. Rn. 309; *Holl*, Gewöhnlicher Aufenthalt S. 85; *Jayme*, JR 1973, S. 177 (184); *Oelkers/Kraeft*, FuR 2001, S. 344 (346).

nuität über die Grenze.⁶⁵⁸ Gedacht war hier zum Beispiel an nichteheliche Kinder.⁶⁵⁹ Hier sollte sich die Einrichtung einer Amtsvormundschaft oder einer Amtspflegschaft im Aufenthaltsstaat erübrigen, wenn nach dem Heimatrecht des Kindes die Mutter kraft Gesetzes die volle elterliche Gewalt innehat. Es ist demnach sinnvollerweise zwar ein Zwang zur Anerkennung von *ex – lege*-Gewaltverhältnissen und damit indirekt eine teilweise Zuständigkeitsbeschränkung im Rahmen des Art. 1 MSA zu sehen; jedoch können ohne Bindung an das Heimatrecht oder den von diesem gesteckten Rahmen Einschränkungen oder Gestaltungen nach dem Recht des Aufenthaltsstaates vorgenommen werden.

*b) Aufenthaltswechsel, Art. 5 MSA*
*aa) Grundlegendes*
Art. 5 I und III MSA sichern den Fortbestand von Maßnahmen des Heimatstaates auch nach einem Aufenthaltswechsel.⁶⁶⁰ Dies erweist sich beispielsweise dann als sinnvoll, wenn die Behörden des neuen Aufenthaltes die Durchführung der Maßnahmen übernehmen, was in Art. 6 I MSA vorgesehen ist.⁶⁶¹ Art. 5 I und III MSA unterscheiden sich dadurch, dass Abs. 3 einen erhöhten Bestandsschutz anordnet, während Abs. 1 die Maßnahmen so lange in Kraft lässt, bis die Behörden des neuen gewöhnlichen Aufenthaltes sie aufheben oder ersetzen. Art. 5 I MSA gilt für Staaten des gewöhnlichen Aufenthaltes, während Abs. 3 in Bezug auf Heimatstaaten als Ausgangsstaaten Anwendung findet.

*bb) Art. 5 I MSA*
Grundsätzlich gilt bei einem Aufenthaltswechsel Art. 5 I MSA. Danach gelten im ehemaligen Aufenthaltsstaat getroffene Maßnahmen fort, bis die Behörden des neuen gewöhnlichen Aufenthaltes sie aufheben oder ersetzen.⁶⁶² Dies geschieht im Interesse der von der Konvention erstrebten Kontinuität des Minderjährigenschutzes.⁶⁶³ Demnach besteht damit auch zunächst die Zuständigkeit der

---

[658] OLG Stuttgart, Beschl. v. 30.4.1996 – 17 UF 447/95 - FamRZ 1997, S. 51 (53); *Jayme*, JR 1993, S. 177 (180).
[659] *Jayme*, JR 1993, S. 177 (180); *Coester-Waltjen*, ZfJ 1990, S. 641 (644).
[660] OLG Köln, Beschl. v. 13.11.1990 – 4 UF 153/90 - FamRZ 1991, S. 363 (364); Staudinger-*Kropholler*, Vorbem. zu Art. 19 Rn. 220 ff. und 396 ff; *Kropholler*, MSA S. 78; Garbe/Oelkers-*Cordes*, Teil 13 Kap. 6.3.2.2. (S. 5[3]) *Goerke*, StAZ 1976, S. 267 (268).
[661] BayObLG, Beschl. v. 16.2.1976 – 1 Z 74/75 - FamRZ 1976, S. 366 (368); Staudinger-*Kropholler*, Vorbem. zu Art. 19 Rn. 397.
[662] BGH, Beschl. v. 5.6.2002 – XII ZB 74/00 – FamRZ 2002, S. 1182 (1184); KG, Beschl. v. 23.2.1979 – 3 UF 440/79 – NJW 1980, S. 1226 (1227); MüKo-*Siehr*, BGB, Art. 19 Anh. I Rn. 237; Erman-*G.Hohloch*, Anh. Art. 24 EGBGB Rn. 32; *Bauer*, IPRax 2003, S. 135 (137).
[663] Staudinger-*Kropholler*, Vorbem. zu Art. 19 Rn. 391.

Behörde des ursprünglichen Aufenthaltsortes für Maßnahmen zwecks Durchführung einer bereits getroffenen Schutzmaßnahme fort. Ob die Behörde des neuen Aufenthaltes tätig wird, sei es durch (teilweise) Aufhebung oder Ersetzung der Maßnahme, bleibt ihrem pflichtgebundenen Ermessen überlassen.[664] Art. 5 II MSA setzt vorher jedoch eine Verständigung der ursprünglichen Aufenthaltsbehörde voraus; hierbei ist unter Beachtung von Art. 10 MSA über die bloße Verständigung hinaus wohl ein Meinungsaustausch zu fordern.[665] Unterbleibt die Verständigung, muss der alte Aufenthaltsstaat die neue Schutzmaßnahme nicht zwingend anerkennen.[666] Die Regelung ist indes unvollkommen, da sie nichts darüber aussagt, was mit nur beantragten oder vorbereitenden Maßnahmen zu geschehen hat. Sie wird unter Beachtung der Tatsache verständlich, dass die Zuständigkeit mit dem Wechsel des gewöhnlichen Aufenthaltes wegfällt und auf die neuen Aufenthaltsbehörden übergeht.[667] Beantragte oder vorbereitende Maßnahmen sollen wegen der Sachnähe dann im Zweifel nicht mehr ergehen. Im Hinblick auf eine zweite Tatsacheninstanz ist eine Zuständigkeitsfortdauer ebenfalls problematisch, sie kann jedoch mit der Begründung abgelehnt werden, dass die erstinstanzliche Entscheidung, wenn sie bereits wirksam ist, im neuen Aufenthaltsstaat gemäß Art. 5 I MSA fortgilt, so dass eine Benachteiligung des Kindes nicht zu befürchten ist.

*cc) Art. 5 Abs. 3 MSA*
Voraussetzung ist, dass der Heimatstaat ein Vertragsstaat ist und dass dessen Behörden bereits tatsächlich tätig geworden sind.[668] Ob die Heimatbehörde aufgrund des Art. 4 MSA oder aufgrund des gewöhnlichen Aufenthaltes des Minderjährigen im Heimatstaat tätig geworden ist, ist im Falle des Art. 5 III MSA unerheblich, denn er gilt grundsätzlich in beiden Fällen.[669] Eine Änderung einer auf Grundlage dieser Norm getroffenen Maßnahme kann im neuen Aufenthalts-

---

[664] Staudinger-*Kropholler*, Vorbem. zu Art. 19 Rn. 392, 393.
[665] MüKo-*Siehr*, BGB, Art. 19 Anh. I Rn. 241; Staudinger-*Kropholler*, Vorbem. zu Art. 19 Rn. 392; *Kropholler*, MSA S. 64.
[666] MüKo-*Siehr*, Art. 19 Anh. I Rn. 242; Soergel-*Kegel*, Anh. Art. 19 Rn. 51.
[667] *Bauer*, IPRax 2003, S. 135 (137).
[668] OLG Hamm, Beschl. v. 15.7.1975 – 15 W 217/73 – NJW 1975, S. 1083 (1084); Staudinger-*Kropholler*, Vorbem. zu Art. 19 Rn. 220, 396; MüKo-*Siehr*, BGB, Art. 19 Anh. I Rn. 239.
[669] BayObLG, Beschl. v. 16.2.1976 – 1 Z 74/75 – FamRZ 1976, S. 366 (368); Staudinger-*Kropholler*, Vorbem. zu Art. 19 Rn. 396; anders hingegen *Oberloskamp*, MSA Art 5 Rn. 20, die nur auf Art. 4 MSA gestützte Maßnahmen erfasst sieht.

staat nur unter den Voraussetzungen der Art. 8 und Art. 9 MSA erfolgen.[670] Der Wortlaut der Norm ist hinsichtlich der Zuständigkeit der Aufenthaltsbehörden deutlicher als bei Art. 3 MSA: Diese dürfen keine konkurrierenden Maßnahmen treffen, wobei die herrschende Ansicht[671] hier im Gegensatz zu Art. 3 MSA mit Recht die Schrankentheorie vertritt, nach der die Aufenthaltsbehörden insoweit nicht für Maßnahmen zuständig sind, als die Heimatbehörde solche bereits getroffen hat. Im Übrigen ist die Aufhebung oder Abänderung von Schutzmaßnahmen des Heimatstaates, der Vertragsstaat ist, nicht zulässig,[672] sofern nicht eine Änderung der tatsächlichen Entscheidungsgrundlagen eine neue Schutzmaßnahme notwendig macht.

*dd) Aufenthaltswechsel durch Entführung*
Bei Schaffung des MSA existierte das HKÜ noch nicht und wurde daher auch nicht berücksichtigt. Auch der typische Entführungsfall wurde im MSA nicht geregelt, vielmehr existieren nur Regelungen hinsichtlich des ‚generellen' Aufenthaltswechsels. Sofern sich der gewöhnliche Aufenthalt nicht durch die Entführung verändert, bleibt eine Zuständigkeit nach dem MSA bestehen, Herausgabeanordnungen oder Sorgerechtsentscheidungen können demnach dort grundsätzlich noch ergehen. Gemäß Art. 34 S. 1 HKÜ geht dieses Übereinkommen im Rahmen seines sachlichen Anwendungsbereiches dem MSA vor, soweit die Staaten Vertragsparteien beider Übereinkommen sind. Nur in Staaten, in denen das MSA alleine gilt, kann es sofort eingreifen.[673]
Die Zuständigkeit auf Grundlage des MSA im Rahmen einer Entführung muss in solchen Fällen danach bemessen werden, ob im neuen Aufenthaltsstaat ein neuer gewöhnlicher Aufenthalt begründet wird oder nicht. Dies kann unterschiedlich bewertet werden,[674] vor allem, wenn berücksichtigt wird, wie lange das Kind unter Umständen schon im Zufluchtsstaat lebt. Die fehlende Regelung

---

[670] OLG Hamm, Beschl. v. 15.7.1975 – 15 W 217/73 - NJW 1975, S. 1083 (1084); BayObLG, Beschl. v. 20.7.1981 – 1 Z 6/81 - IPRax 1982, S. 106 (108); MüKo-*Siehr*, BGB, Art. 19 Anh. I Rn. 239; Palandt-*Heldrich*, Anh. EGBGB 24 Rn. 35; Garbe/Oelkers-*Cordes*, Teil 13 Kap. 6.4.3. (S. 2); Zur Änderung von Maßnahmen insgesamt siehe Kapitel II § 34 I. (S. 227 f.).
[671] Österr. OGH, Besch. v. 10.5.1988 – 4 Ob 552/88 - IPRax 1989, S. 245 (246); Staudinger-*Kropholler*, Vorbem. zu Art. 19 Rn. 220; MüKo-*Siehr*, BGB, Art. 19 Anh. I Rn. 121, 239; Palandt-*Heldrich*, Anh. zu Art. 24 EGBGB Rn. 32, 35; *Allinger*, MSA S. 86; *Oberloskamp*, MSA Art. 1 Rn. 176; *v. Overbeck*, ZfRV 1961, S. 140 (152).
[672] OLG Hamm, Beschl. v. 7.2.1975 – 15 Wx 118/74 - FamRZ 1975, S. 426 (428); BayObLG, Beschl. v. 20.7.1981 – 1 Z 6/81 - IPRax 1982, S. 106 (108).
[673] *Siehr*, StAZ 1990, S. 330 (331).
[674] OLG Hamm, Beschl. v. 12.3.1991 – 1 UF 471/90 - FamRZ 1991, S. 1346 (1347); Erman-*G.Hohloch*, Anh. Art. 24 EGBGB Rn. 18; *Gülicher*, Int. Kindesentführungen S. 20 ff., 174; *Schlosshauer-Selbach*, FamRZ 1981, S. 536 (537); *Christian*, DAVorm 1983, S. 417 (435 ff.); *Klinkhardt*, IPRax 1991, S. 174 f.

der Entführung begründet die normative Kraft des Faktischen,[675] durch die Einbeziehung des Entführungsaufenthaltes in den Begriff des gewöhnlichen Aufenthaltes kommen die Gerichte einfacher zur Anwendbarkeit der *lex fori* im Sinne des Art. 2 MSA und sprechen das Sorgerecht in der Regel eher dem eigenen Staatsangehörigen, also dem Entführer zu.[676] Gelöst werden kann dieses Problem, indem in Entführungsfällen eine Abkehr vom Begriff des gewöhnlichen Aufenthaltes erfolgt. Hierbei kann ein subjektives oder psychologisches Element Einfluss haben, so zum Beispiel der erforderliche übereinstimmende Wille der Eltern hinsichtlich des Aufenthaltes des Kindes[677] oder aber das Erfordernis eines freiwilligen Aufenthaltes, welches sonst nicht in die Beurteilung einfließt.[678] Sofern HKÜ und MSA kollidieren, wird in Art. 34 S. 1 HKÜ jedoch festgelegt, dass das HKÜ Vorrang vor allen anderen Staatsverträgen hat, welche die internationale Zuständigkeit oder das anzuwendende Recht in Sorgerechtssachen regeln.[679] Demnach können zwar die Gerichte des Zufluchtsstaates grundsätzlich die Aufenthaltszuständigkeit für sich in Anspruch nehmen, sind jedoch nach Art. 16 HKÜ zeitweilig nicht berechtigt, eine Entscheidung hinsichtlich des Sorgerechts zu treffen, wenn ihnen die Entführung des Kindes mitgeteilt worden ist. Dies gilt auch nach Rechtskraft einer die Rückgabe des Kindes anordnenden Entscheidung, sofern der Antragsteller deren Vollzug nachdrücklich betreibt. Auch der Umstand, dass die Rückgabe noch nicht erfolgt ist, kann nicht aufhebend wirken, wenn dies auf die verzögerte Bearbeitung durch die Vollstreckungsorgane oder auf Versuchen des Entführers beruht, die Vollstreckung zu vereiteln.[680] Erst dann, wenn entweder der Rückführungsantrag nicht innerhalb der angemessenen Frist gestellt oder über das Rückführungsersuchen ablehnend entschieden wurde, gilt die Sperrwirkung des Art. 16 HKÜ nicht mehr. Im Falle einer in Unkenntnis der Entführung getroffenen Sorgerechtsentscheidung im Entführungsstaat hat diese gemäß Art. 17 HKÜ keinen Einfluss auf die Rückführung des Kindes. Geht es hingegen um eine Sachentscheidung über das Sorgerecht, kann das MSA eingreifen, weil das HKÜ diesbezüglich keine Regelung enthält. Unterschiede zwischen diesen beiden Staatsverträgen bestehen ferner vor allem hinsichtlich des anzuwendenden Rechts. Während das HKÜ in den Art. 12 ff. HKÜ Sachnormen enthält, verweist das MSA lediglich auf die *lex fori*. Auch hier müssen demnach die Regelungen des HKÜ vorgehen. Sofern

---

[675] *Jayme*, JR 1973, S. 177 (180).
[676] *Gülicher*, Int. Kindesentführungen S. 19.
[677] OLG Schleswig, Beschl. v. 26.7.2000 – 12 UF 233/99 - FamRZ 2000, S. 1426 (1427); Erman-*G.Hohloch*, Anh. Art. 24 EGBGB Rn. 18; *Gülicher*, Int. Kindesentführungen S. 22.
[678] Dazu siehe Kapitel II § 28 II.2.c. (S. 180 f.).
[679] *Gülicher*, Int. Kindesentführungen S. 175; *Mansel*, NJW 1990, S. 2176 f.
[680] BGH, Beschl. v. 16.8.2000 – XIII ZB 210/99 - NJW 2000, S. 3349 f.; *Kropholler*, Int. Privatrecht § 48 III.2. (S. 386).

Art. 3 MSA hinsichtlich der Widerrechtlichkeit auf das Recht des Herkunftsstaates verweist, muss sich diese Verweisung auch auf das MSA beziehen, wenn der Herkunftsstaat ein Vertragsstaat des MSA ist. In diesem Fall wird also das HKÜ durch das MSA ergänzt.[681] Sofern es um die Anerkennung einer Sorgerechtsentscheidung geht, erfolgt diese in sachlicher Übereinstimmung mit Art. 7 S. 1 MSA (Art. 3 I lit. a HKÜ). MSA und HKÜ kollidieren hier also nicht.

## II. Vergleich
### 1. Grundlegendes

In der EuEheVO wird neben den in Art. 2 EuEheVO beschriebenen Ehesachen keine allgemeine Verbundszuständigkeit für Familiensachen, sondern eine weitere Zuständigkeitsbegründung lediglich für Sorgerechtssachen festgelegt (Art. 3 EuEheVO). Erforderlich ist immer, dass auch eine Zuständigkeit für die Ehesache gegeben ist, weswegen in der Regel jeweils diese zunächst geprüft werden muss. Die internationale (Entscheidungs-) Zuständigkeit der Gerichte für Statusentscheidungen in Ehesachen von EU-Angehörigen und damit zusammenhängenden Sorgerechtssachen ist in Kapitel II der Verordnung geregelt. Hauptanknüpfungspunkt für die Zuständigkeit ist der gewöhnliche Aufenthalt. Dasselbe gilt, wenn die EuEheVO durch den VO-E abgelöst wird. Allerdings ist nach den Art. 10 ff. VO-E kein gleichzeitiges Eheverfahren mehr erforderlich, vielmehr wird in Fragen der elterlichen Verantwortung aufgrund des grundsätzlich geltenden Aufenthaltsprinzips eine eigenständige Zuständigkeit begründet. Auch das MSA stellt in seinen Zuständigkeitsnormen Art. 1, Art. 5, Art. 8 und Art. 9 MSA auf den gewöhnlichen Aufenthalt des Minderjährigen ab.

### 2. Aufenthalt
*a) Begriffsbestimmung*
*aa) Erörterung*

Das Vorliegen des gewöhnlichen Aufenthaltes soll sich mangels eigenständiger Definition in der EuEheVO gemäß dem *Erläuternden Bericht* zum Brüssel II-Übereinkommen nach der autonomen Definition des EuGH für Wohnsitz richten.[682] Darunter ist mit starker Betonung des voluntativen Elementes der Ort zu verstehen, den der Betroffene als ständigen und gewöhnlichen Mittelpunkt seiner Lebensinteressen in der Absicht gewählt hat, ihm Dauerhaftigkeit zu verleihen, wobei für die Feststellung des Wohnsitzes alle hierfür wesentlichen tatsächlichen Gesichtspunkte zu berücksichtigen sind. Die EuEheVO knüpft in Ehesachen mehrfach an den gewöhnlichen Aufenthalt an.[683] Auch in Sorgerechtssachen wird auf den gewöhnlichen Aufenthalt rekurriert, indem Art. 3 I EuEheVO

---

[681] *Gülicher*, Int. Kindesentführungen S. 175 f.
[682] Vgl. Kapitel I Teil 1 § 4 II. (S. 56 f.).
[683] Dazu Kapitel I Teil 1 § 4 III. 2. – 4. (S. 57 f.).

grundsätzlich auf den gewöhnlichen Aufenthalt in dem Staat abstellt, in dem das Eheverfahren anhängig ist. Liegt ein solcher nicht vor, muss das Kind wenigstens seinen gewöhnlichen Aufenthalt in einem Vertragsstaat haben. Erforderlich ist ferner, dass die Voraussetzungen des Abs. 2 lit. a und b kumulativ vorliegen. Auch der VO-E stellt grundsätzlich auf den gewöhnlichen Aufenthalt ab (vgl. Art. 10 VO-E). Der gewöhnliche Aufenthalt ist hier so zu verstehen wie im Rahmen der EuEheVO.
Im MSA wird der gewöhnliche Aufenthalt ebenfalls nicht definiert. Er befindet sich aber nach allgemeiner Ansicht an dem Ort oder in dem Land, in dem der Minderjährige seinen ‚Daseinsmittelpunkt' hat.[684] Besonders kennzeichnend ist, dass es allein auf den Minderjährigen ankommt. Der Begriff des gewöhnlichen Aufenthaltes des MSA deckt sich nicht mit dem angloamerikanischen *domicile*.[685] Allerdings lässt sich dem Wortlaut des Art. 2 I lit. b EuEheVO beziehungsweise Art. 5 II VO-E entnehmen, dass auch dort *domicile* und Aufenthalt nicht kongruent verstanden werden, denn das *domicile* wird vielmehr der Staatsangehörigkeit gleichgestellt.
Hervorzuheben ist im Rahmen der Zuständigkeitsbegründung des Art. 2 I lit. a, Spiegelstrich 5 EuEheVO, dass ein gewöhnlicher Aufenthalt nach der EuEheVO von zwei Voraussetzungen abhängt. Zum einen muss ein gewöhnlicher Aufenthalt vorliegen, zum anderen ist erforderlich, dass eine zusätzliche einjährige Aufenthaltsdauer vorliegt. Im Hinblick darauf, das ein anhängiges Eheverfahren Voraussetzung für eine Zuständigkeitsbegründung in Verfahren der elterlichen Verantwortung ist, kann dieses zusätzliche Zeitkriterium unter Umständen deshalb über Art. 3 I EuEheVO auch für dieses Verfahren bedeutsam sein, während das für eine Zuständigkeit nach Art. 10 I VO-E nicht mehr der Fall ist und nur noch kraft Vereinbarung (Art. 12 I VO-E) Bedeutung erlangen kann. Eine vergleichbare Regelung existiert im MSA nicht.
Ein weiterer Unterschied tritt darin zutage, dass die EuEheVO Aufenthalt und Staatsangehörigkeit miteinander verknüpft, was die Konvention und auch der VO-E so nicht vorsehen. Bedeutsam ist ferner, dass das MSA eindeutig an den gewöhnlichen Aufenthalt des betroffenen Minderjährigen ohne Rücksicht auf seine Erziehungsberechtigten, seinen Vormund oder ähnliche Bezugspersonen anknüpft, was sich in dem VO-E abgesehen von Art. 15 lit. c VO-E ebenso wiederfindet. Dieses Kriterium kann jedoch auch nicht grundsätzlich eine Zuständigkeit begründen; vielmehr müssen zusätzlich noch andere Voraussetzungen gegeben sein. Hierzu zählt der Antrag eines Trägers der elterlichen Verantwortung, zusätzlich muss die Verweisung dem Kindeswohl dienen. Explizit statuiert Art. 15 VO-E, dass es sich um eine Ausnahmevorschrift handelt. Die EuEheVO stellt hingegen aufgrund der Annexkompetenz zunächst generell auf die Eltern

---

[684] Vgl. Kapitel II § 28 I.2. (S. 160 ff.).
[685] *Wuppermann*, FamRZ 1973, S. 247 (249).

des Kindes ab, denn erst wenn deren gewöhnlicher Aufenthalt aufgrund einer der Alternativen des Art. 2 I EuEheVO gegeben ist, kann eine Zuständigkeit in dem entsprechenden Staat eröffnet sein, wenn zusätzlich das Kind seinen gewöhnlichen Aufenthaltsort in ebendiesem Staat hat.

*bb) Ergebnis*
Das Abkommen und beide Verordnungen gehen von dem gewöhnlichen Aufenthalt als Hauptanknüpfungspunkt der Zuständigkeit aus. Im Gegensatz zu den Verordnungen stellt das MSA indes allein auf den Minderjährigen ab und verbindet auch nicht in gleichem Maße Staatsangehörigkeits- und Aufenthaltskriterien, wie es in der EuEheVO geschieht. Allerdings ist der Hauptproblempunkt des MSA, Art. 3 MSA, gleichzeitig ein Einfallstor für die Anwendung fremden Rechts durch Anknüpfung an die Staatsangehörigkeit aufgrund des Erfordernisses der Berücksichtigung der *ex-lege*-Gewaltverhältnisse des Heimatrechts. Der VO-E stellt nur im Verweisungsfall (Art. 15 VO-E) auf den gewöhnlichen Aufenthalt eines Elternteils ab. Bedeutsam ist ferner die Anknüpfung der EuEheVO an den gewöhnlichen Aufenthalt des Antragstellers. Problematisch ist aber, dass diese Zuständigkeit dann nur für die Ehesache gilt. Eine Annexkompetenz ist erst dann eröffnet, wenn das betroffene Kind gleichfalls im Aufenthaltsstaat seinen gewöhnlichen Aufenthalt begründet hat. Im Rahmen der EuEheVO kann der Antragsteller in der Ehesache zwischen verschiedenen Zuständigkeiten wählen, die gleichrangig nebeneinander stehen. Sofern mehrere Möglichkeiten offen stehen, bleibt es ihm unbelassen, diejenige zu wählen, die die Entscheidung über das Sorgerecht ausschließt, weil dann ein gleichzeitiger Aufenthalt des Kindes unter Umständen nicht gegeben ist.[686] Die einzige Möglichkeit besteht dann in einer Zuständigkeitsbegründung gemäß Art. 2 II EuEheVO, für die aber erforderlich ist, dass beide Eltern die gerichtliche Zuständigkeit des Gerichtes anerkennen. Hierbei reicht zwar eine rügelose Einlassung, sofern ein Ehegatte jedoch widersprechen würde, könnte er die Annexzuständigkeit verhindern. Derartige Probleme kennen MSA und VO-E nicht, da prinzipiell nur der gewöhnliche Aufenthalt des Minderjährigen entscheidend ist. Die EuEheVO gestaltet die Zuständigkeitsanknüpfung durch Verbindung der Ehe- mit den Kindschaftssachen weitaus komplizierter, obwohl es zunächst so scheint, als sei an alle denkbaren Konstellationen gedacht worden.

*b) Änderung des Aufenthaltes und* perpetuatio fori
Das MSA regelt den Aufenthaltswechsel ausdrücklich in Art. 5 MSA, der eine

---

[686] Ein Beispiel hierfür wäre der in Frankreich lebende Vater, der den Antrag in der Bundesrepublik stellt, wo seine Frau ihren gewöhnlichen Aufenthalt hat. Sofern das Kind oder die Kinder der Eheleute aber beim Vater leben, wäre eine Annexkompetenz gemäß Art. 3 I EuEheVO nicht eröffnet.

Fortgeltung bereits getroffener und tatsächlich wirksam gewordener Maßnahmen des ehemaligen Aufenthaltsstaates normiert, bis am neuen Aufenthaltsort andere Maßnahmen getroffen werden.[687] Sofern der gewöhnliche Aufenthalt nach Eintritt der Rechtshängigkeit in einen anderen Staat verlegt wird, also die Zuständigkeitsvoraussetzungen während des Prozesses entfallen,[688] soll keine *perpetuatio fori* gelten.[689] Die Gerichte des neuen Staates sind dann ausschließlich zuständig, ein bestehender Entscheidungsverbund wird aufgelöst. Ebenso soll es sich bei Verfahren betreffend die elterliche Verantwortung im Rahmen der EuEheVO verhalten. Eine *perpetuatio fori* ist auch dort aufgrund des Kindeswohles abzulehnen.[690] Auch die Rechtsfolgen, die sich im Vergleich von MSA und EuEheVO auftun, sprechen für das gefundene Ergebnis, da ansonsten mit widersprüchlichen Entscheidungen und Rechtsunsicherheit gerechnet werden müsste, was jedoch gerade nicht dem Ziel von EuEheVO und MSA entspricht.

Nach Ablösung der EuEheVO gilt für einen Aufenthaltswechsel in Zukunft Art. 11 I VO-E, der unter bestimmten Voraussetzungen ebenfalls eine *perpetuatio fori* vorsieht, aber in Abs. 2 und bei Nichtvorliegen der Voraussetzungen des Abs. 1 hiervon auch ausdrücklich Ausnahmen zulässt.[691] Beachtet werden muss hier jedoch, dass Art. 11 I VO-E voraussetzt, dass das Kind bei Antragstellung seinen gewöhnlichen Aufenthalt im Gerichtsstaat hat. Voraussetzung ist ferner, dass das Kind seinen neuen gewöhnlichen Aufenthalt erst vor kurzem begründet hat und ein Träger der elterlichen Verantwortung im Mitgliedstaat des früheren Aufenthaltes des Kindes wohnen bleibt.[692] Die Regelung wird damit begründet, dass die Änderung einer früheren Entscheidung, mit der der neuen Situation Rechnung getragen wird, somit durch das Gericht erfolgen kann, das dem Kind am nächsten ist. Ziel war es, Kontinuität zu gewährleisten, ohne an den Begriff

---

[687] BGH, Beschl. v. 29.10.1980 – IV b ZB 586/80 - IPRax 1981, S. 139 (140); Urt. v. 11.4.1979 – IV ZR 93/78 - FamRZ 1979, S. 577 (578); OLG Stuttgart, Beschl. v. 23.6.1975 – 8 W 181/75 - NJW 1976, S. 483 f.; BayObLG, Beschl. v. 20.7.1981 – 1 Z 6/81 - IPRax 1982, S. 106 (108); Staudinger-*Kropholler*, Vorbem. zu Art. 19 Rn. 132 ff; Palandt-*Heldrich*, Anh. zu EGBGB 24 Rn. 12; *Goerke*, StAZ 1976, S. 267; *Hoyer*, IPRax 1984, S. 164 (165); *Dörr*, NJW 1989, S. 690 (695); *Coester-Waltjen*, JZ 1999, S. 462 (464); *Bauer*, IPRax 2002, S. 181.

[688] *Kropholler*, Int. Privatrecht § 58 VIII.4.b. (S. 600).

[689] BayObLG, Beschl. v. 25.8.1972 – BReg. 1 Z 48/72 - FamRZ 1972, S. 578 (582); OLG Stuttgart, Beschl. v. 18.11.1977 – 15 UF 40/77 EG - NJW 1978, S. 1746; OLG Hamm, Beschl. v. 13.6.1989 – 1 UF 117/89 - FamRZ 1989, S. 1109 (1110); Beschl. v. 24.6.1996 – 12 WF 130/96 - NJW-RR 1997, S. 5; Staudinger-*Kropholler*, Vorbem. zu Art. 19 Rn. 146 ff.; *Henrich*, Int. Privatrecht § 7 II.7. (S. 275); *Hoyer*, IPRax 1984, S. 164 (165); *Bauer*, IPRax 2003, S: 135 (137).

[690] Dazu Kapitel I Teil 1 § 4 I. (S. 55 f.).

[691] Kapitel I Teil 2 § 17 III.1. (S. 116 f.).

[692] KOM (2002) 222 endgültig/2 (S. 9).

des gewöhnlichen Aufenthaltes zu rühren. Durch die Ausnahmen in Art. 11 II VO-E und darüber hinaus in allen Fällen, in denen eine Voraussetzung des Art. 11 I VO-E nicht gegeben ist, werden die Fälle der *perpetuatio fori* jedoch im Zweifel nicht allzu häufig gegeben sein. Es könnte demnach zu Komplikationen in den Fällen kommen, in denen grundsätzlich eine Zuständigkeit sowohl nach MSA als auch nach dem VO-E im Staat des gewöhnlichen Aufenthaltes bestand, wobei der VO-E gemäß Art. 61 lit. a VO-E dem MSA vorgeht. Sofern der Aufenthalt dann verlegt würde, beispielsweise von der Bundesrepublik in die Türkei, in der der VO-E grundsätzlich nicht gilt, könnte sich dort eine Zuständigkeit nach dem MSA ergeben. Hinsichtlich des Ursprungslandes würde eine Zuständigkeitsfortdauer gelten, sodass das deutsche Gericht weiter zuständig bliebe. Nach dem MSA würde die Zuständigkeit des deutschen Gerichtes wegfallen, sofern bereits innerhalb einer kurzen Zeitspanne in der Türkei ein neuer gewöhnlicher Aufenthalt begründet und das entsprechende Gericht in der Türkei nach den Regeln des MSA zuständig wäre. Demnach könnte in der Türkei aufgrund des MSA eine Schutzmaßnahme getroffen werden. So käme es zu kollidierenden Entscheidungen beziehungsweise Maßnahmen, weil der VO-E in anderen Staaten des MSA nicht gilt. Diese Problematik wird sich allerdings kaum stellen, da durch die Termine, an denen die Ratifizierung des KSÜ und die damit zusammenhängende Ablösung des MSA geplant ist und an denen der VO-E in Kraft treten soll, eine gleichzeitige Geltung von MSA und VO-E ausgesprochen unwahrscheinlich wird.

*c) Erfordernis eines freiwilligen Aufenthaltes?*
Fraglich ist, ob Verordnungen und Konvention einen freiwilligen Aufenthalt erfordern.[693] Hinsichtlich der EuEheVO wurde festgestellt,[694] dass die besseren Gründe gegen den Ausschluss eines gewöhnlichen Aufenthalt eines Ehegatten wegen dessen Unfreiwilligkeit sprechen. Dies ist zwar in Bezug auf Minderjährige nicht unbedingt wegen einer Haftstrafe relevant, kann sich aber in anderen Fällen ergeben.[695] Sowohl die Definition des gewöhnlichen Aufenthaltes nach der Rechtsprechung zum MSA als auch die Definition des EuGH zum Wohnsitz, die zur Auslegung des Begriffes in den Verordnungen herangezogen werden soll, stellen nicht ausdrücklich auf das Element der Freiwilligkeit ab, welches bei Minderjährigen im Zweifel auch schwer zu bestimmen wäre. Vielmehr wird darauf geachtet, ob eine Eingliederung stattgefunden hat und ob der Aufenthalt auf Dauer angelegt ist. Sofern die tatsächlichen Umstände dafür sprechen, dass

---

[693] Staudinger-*Kropholler*, Vorbem. zu Art. 19 Rn. 145 ff.
[694] Kapitel I Teil 1 § 4 III.3. (S. 58).
[695] Denken lässt sich hier an Fälle, in denen das Kind mit einem Elternteil wegziehen musste oder bei einem Elternteil bleiben musste, während der andere seinen Aufenthalt wechselte oder Fälle, in denen das Kind in einem Internat leben muss.

der aktuelle Aufenthalt auch der gewöhnliche Aufenthalt ist, wird ein solcher angenommen. Das Freiwilligkeitselement kann daher nur eine untergeordnete Rolle spielen; bei Vorliegen aller erforderlichen Gesichtspunkte kann mangelnde Freiwilligkeit grundsätzlich nicht gegen einen gewöhnlichen Aufenthalt sprechen.[696] Dies muss sowohl hinsichtlich der Verordnungen als auch in Bezug auf das MSA gelten.

*d) Entführungsfälle*
Als problematisch kann sich auch die Behandlung von Entführungsfällen erweisen.[697] In Anbetracht der Tatsache, dass alle EU-Staaten Mitgliedsstaaten des HKÜ sind, normiert die EuEheVO in der Sonderregelung des Art. 4 EuEheVO, dass eine Zuständigkeit im Einklang mit dessen Bestimmungen auszuüben ist.[698] Zu berücksichtigen ist, dass das HKÜ nur innerhalb der Vertragsstaaten (Art. 4 S. 1 HKÜ) für Kinder unter 16 Jahren gilt (Art. 4 S. 2 HKÜ). Ist ein Kind widerrechtlich entführt worden, wurde also nach dem gesamten Recht des Herkunftsstaates, einschließlich dessen Internationalen Privatrechts das Sorgerecht des beraubten Elternteils verletzt (Art. 3 HKÜ), und soll im Herkunftsstaat gemäß Art. 3 I EuEheVO über die elterliche Verantwortung in einem gemäß Art. 2 EuEheVO anhängigen Scheidungsverfahren entschieden werden, ist dies auch trotz einer Entführung grundsätzlich möglich, denn das Kind hat durch diese seinen gewöhnlichen Aufenthalt im Herkunftsstaat nicht verloren. Das bedeutet, dass der Herkunftsstaat das Sorgerecht dem zurückgebliebenen Elternteil übertragen und den Entführer zur Rückführung des Kindes verpflichten kann. Die Anerkennung beziehungsweise Vollstreckung einer solchen Entscheidung richtet sich allerdings nach den Anerkennungsregeln des Zufluchtstaates.[699] Anders verhält es sich, wenn ein Scheidungsverfahren im Zufluchtstaat anhängig gemacht wird. In diesem Fall muss gewartet werden, bis über die Rückführung des Kindes im Sinne des HKÜ entschieden worden ist.[700] Sofern im Herkunftsstaat eine Sorgerechtsentscheidung getroffen wurde, ist diese nach den Art. 14 ff. EuEheVO anzuerkennen und die Rückführungsanordnung gemäß den Art. 21 ff. EuEheVO zu vollstrecken.
Der VO-E beansprucht demgegenüber ausdrücklich Vorrang vor dem HKÜ (Art. 61 lit. e VO-E) und übernimmt zugunsten einer gemeinschaftsspezifischen Regelung Art. 4 EuEheVO nicht, sondern stellt vielmehr mit den Art. 21 bis 25 VO-E eigenständige Regelungen auf, die sich jedoch eng an das HKÜ anlehnen

---

[696] Relevant kann das Element der Freiwilligkeit allenfalls in Entführungsfällen sein, auf die im Folgenden einzugehen ist.
[697] *Clive,* The juridical review 1997, S. 137 (142 ff.).
[698] Kapitel I Teil 1 § 13 II.6. (S. 102 ff.).
[699] *Siehr,* FS-Lorenz S. 581 (592).
[700] *Siehr,* FS-Lorenz S. 581 (592 f.).

und durch die einem *forum shopping* so weit wie möglich vorgebeugt werden soll.[701] Bei Entführungsfällen wird grundsätzlich eine Fortdauer der Zuständigkeit normiert, die nur in den in Art. 21 II VO-E normierten Ausnahmefällen wegfallen kann. Da bei Schaffung des MSA das HKÜ noch nicht bestand, wurde es auch nicht in den Regelungen entsprechend berücksichtigt. Allerdings trägt dem das HKÜ selbst Rechnung, indem in Art. 34 HKÜ bestimmt wird, dass das HKÜ dem MSA im Rahmen seines Anwendungsbereiches in den gemeinsamen Vertragsstaaten vorgeht. Das HKÜ wird also eindeutig gegenüber dem MSA als vorrangig erklärt.

Während der Geltung der EuEheVO darf demnach auf Grundlage der Verordnung keine Regelung getroffen werden, die gegen das HKÜ sprechen würde, da Art. 4 EuEheVO dies ausdrücklich festlegt. EuEheVO und HKÜ stehen sich somit gleichrangig gegenüber. Sofern kein Mitgliedsstaat der EuEheVO beteiligt ist, kann das MSA Anwendung finden, wenn das HKÜ nicht oder nicht mehr (vgl. Art. 16 HKÜ) anwendbar ist oder keine entsprechende Regelung trifft. In Staaten, in denen neben dem HKÜ sowohl die EuEheVO als auch das MSA gilt, kann erst dann auf das MSA zurückgegriffen werden, wenn die EuEheVO keine Geltung beansprucht, da diese ansonsten dem MSA vorgehen würde (Art. 37 Spiegelstrich 1 EuEheVO). Wird die EuEheVO durch den VO-E abgelöst (vgl. Art. 71 VO-E),[702] so gelten in den Mitgliedsstaaten vorrangig die Art. 21 ff. VO-E, gemäß Art. 61 lit. e VO-E kann erst subsidiär das HKÜ eingreifen. Sofern kein EU-Staat beteiligt ist, kann das MSA Anwendung finden, wenn das HKÜ nicht oder nicht mehr (vgl. Art. 16 HKÜ) anwendbar ist, in EU-Staaten erst dann, wenn weder VO-E noch HKÜ greifen.

3. Bedeutung der Staatsangehörigkeit
*a) Grundlegendes*
Sowohl die Verordnungen als auch das MSA nennen auch die Staatsangehörigkeit als Zuständigkeitskriterium.
In der EuEheVO ist die Staatsangehörigkeit für unterschiedliche Sachlagen entscheidend. So normiert Art. 2 I lit. b EuEheVO für Ehesachen das sog. *forum patriae*,[703] hinzu kommt die Voraussetzung der Staatsangehörigkeit in Art. 2 I lit. a, Spiegelstrich 6 Eu-EheVO. Die Verordnung stellt die Staatsangehörigkeit gleichwertig neben den Anknüpfungspunkt des gewöhnlichen Aufenthaltes, sofern beide Ehegatten dieselbe Staatsangehörigkeit besitzen. Ferner bestimmt Art. 8 II EuEheVO, dass jeder Staatsangehörige eines Mitgliedsstaates die in seinem Aufenthaltsstaat geltenden Zuständigkeitsvorschriften wie ein Inländer

---

[701] KOM (2002) 222 endgültig/2 (S. 12).
[702] Zum In-Kraft-Treten vgl. Kapitel I Teil 2 § 14 I. (S. 108 ff.).
[703] Kapitel I Teil 1 § 4 III.7. (S. 59 ff.).

gegenüber einem Antragsgegner geltend machen kann, der weder die Staatsangehörigkeit eines Mitgliedsstaates besitzt noch seinen gewöhnlichen Aufenthalt in einem Mitgliedsstaat hat. Diese Regelung ist jedoch aufgrund des Art. 2 I lit. a EuEheVO nahezu irrelevant.[704] In dem VO-E findet sich demgegenüber die Staatsangehörigkeit nur dann als Anknüpfungspunkt, wenn es um eine Verweisung der Zuständigkeit (Art. 15 I lit. b VO-E) oder um eine Vereinbarung hinsichtlich der Zuständigkeit (Art. 12 II lit. b VO-E) geht. Sie ist zudem nicht Hauptkriterium, sondern nur eine Möglichkeit der Verweisung beziehungsweise Vereinbarung. Vorausgesetzt wird, dass ein Antrag durch einen Träger der elterlichen Verantwortung gestellt oder eine Zuständigkeit anerkannt wird und dass die Verweisung dem Kindeswohl dienlich ist. Hinzu kommen muss bei einer Vereinbarung gemäß Art. 12 II VO-E, dass eine wesentliche Bindung zu dem Staat besteht.

Art. 3 MSA bestimmt, dass ein Gewaltverhältnis, das nach innerstaatlichem Recht des Heimatstaates besteht, anzuerkennen ist, normiert aber keine eigenständige Zuständigkeitsanknüpfung, sondern stellt die Zuständigkeit unter den Vorbehalt eines nach dem Heimatrecht bereits bestehenden Gewaltverhältnisses.[705] Hingewiesen muss zudem der Vollständigkeit halber auf Art. 13 Abs. 3 MSA, der einen Vorbehalt in Bezug auf Minderjährige, die einem Vertragsstaat angehören, erlaubt, jedoch nahezu bedeutungslos ist. Das MSA normiert die Staatsangehörigkeit unter bestimmten Voraussetzungen als Zuständigkeitskriterium nur in Art. 4 I MSA. Der Eingriff seines Heimatstaates muss wie bei den Art. 12 und 15 VO-E für das Wohl des Minderjährigen erforderlich sein. Hinzu kommen muss eine Verständigung des Aufenthaltsstaates durch den Heimatstaat, gerade weil von diesem getroffene Maßnahmen durch die Maßnahmen des Heimatstaates ersetzt werden (Art. 4 Abs. 4 MSA).[706] Allerdings ist Art. 4 MSA im Verhältnis zu Art. 1 MSA nur subsidiär anzuwenden.[707]

Hierin zeigen sich eklatante Unterschiede zwischen den Verordnungen und dem MSA. Das MSA soll nur an die Staatsangehörigkeit anknüpfen, wenn die insoweit vorrangige Zuständigkeit nach dem gewöhnlichen Aufenthalt aus irgendeinem Grunde keinen gleichwertigen Schutz bieten kann. Die auf Grundlage des Art. 4 MSA getroffene Maßnahme wird nach den allgemeinen Regeln anerkannt und vollstreckt. Im Gegensatz dazu stehen nach der EuEheVO Staatsangehörigkeit und gewöhnlicher Aufenthalt als Anknüpfungspunkt für die Zuständigkeitsbegründung gleichrangig nebeneinander, während nach der Ersetzung durch den VO-E die Staatsangehörigkeit in Ehesachen zwar ihre Bedeutung behält, in Kindschaftssachen jedoch weitgehend wegfällt und nur im Falle einer Verwei-

---

[704] Vgl. dazu Kapitel I Teil 1 § 4 V. (S. 76 f.).
[705] Kapitel II § 28 I.8.a. (S. 169 ff.) und § 28 II.7. (S. 192 ff.).
[706] Zur Anerkennung siehe unten Kapitel II § 32 I. (S. 211 ff.).
[707] Streitdarstellung in Kapitel II § 28 I.3.b. (S. 162 f.).

sung oder Vereinbarung noch am Rande relevant werden kann. Die Anknüpfung an den gewöhnlichen Aufenthalt des Minderjährigen in Art. 1 MSA ist Ausdruck des Bestrebens, im Interesse des Kindes eine kollisionsrechtliche Anknüpfung zu finden, die sowohl effektiv, also leicht handhabbar, als auch angemessen ist und Rechtssicherheit bietet. In der EuEheVO wurde in dieser Hinsicht nicht konsequent ebenfalls an den gewöhnlichen Aufenthalt als primäre Zuständigkeitsnorm angeknüpft. Die Zuständigkeitsbegründung durch die Staatsangehörigkeit wird im Hinblick auf eine Diskriminierung aufgrund primären Gemeinschaftsrechts[708] zu Recht häufig kritisiert, weswegen sie in Bezug auf die Verfahren der elterlichen Verantwortung wohl auch weitestgehend beseitigt wurde. Weiterer Grund für die Beseitigung war wahrscheinlich ebenfalls die Auffassung, es diene dem Kindeswohl eher, wenn dem gewöhnlichen Aufenthalt des Kindes größere Bedeutung beigemessen werde, denn die Kritik an den Regeln zu den Eheverfahren wurde insoweit nicht berücksichtigt.
Sofern bei Geltung der EuEheVO eine Kindschaftssache mit dem laufenden Verfahren verbunden werden soll, muss das Kind ausweislich des Art. 3 I EuEheVO entweder seinen gewöhnlichen Aufenthalt in dem Mitgliedsstaat haben, dessen Gericht mit der Sache befasst ist, oder aber wenigstens gemäß Art. 3 II EuEheVO in einem der Mitgliedstaaten. Bei Kindschaftssachen kann ein Fall, in dem die Staatsangehörigkeit des Kindes entscheidend ist, also nur in folgender Konstellation auftreten: Beide Ehepartner haben zwar dieselbe Staatsangehörigkeit eines Vertragsstaates der Verordnung, leben aber in einem Nichtvertragsstaat, während ihr Kind jedoch (elternlos) in dem Staat lebt, dem auch beide Ehegatten angehören oder aber in einem anderen Vertragsstaat des Staatsvertrages, wenn ferner die Voraussetzungen des Art. 3 II lit. a und b EuEheVO vorliegen. Hauptanwendungsbereich der EuEheVO bleibt also in Kindschaftssachen die Zuständigkeit aufgrund des gewöhnlichen Aufenthaltes, weil die Staatsangehörigkeit des Kindes keine eigene Zuständigkeit begründen kann, sondern eine Staatsangehörigkeit nur bei den Ehegatten entscheidend ist. Während sich also die Angehörigkeit zu einem Staat für Ehegatten als zuständigkeitsbegründend erweisen kann, ist diese für Kindschaftssachen weitestgehend irrelevant. Dem wird durch die Änderung in dem VO-E Rechnung getragen. Demnach erscheint es zunächst so, als berücksichtige das MSA in Bezug auf die Angelegenheiten Minderjähriger deren Staatsangehörigkeit mehr als beide Verordnungen hinsichtlich der in ihnen geregelten Verfahren der elterlichen Verantwortung, wo vielmehr hauptsächlich auf den gewöhnlichen Aufenthalt abgestellt wird. Im Rahmen des MSA ist jedoch die Staatsangehörigkeit nach der hier vertretenen Auffassung nur subsidiäres Anknüpfungskriterium, weswegen grundsätzlich auch hier in der Regel der gewöhnliche Aufenthalt entscheidend sein wird. So-

---

[708] Kapitel I Teil 1 § 4 III.7.c. (S. 61 ff.).

wohl die Verordnungen als auch das Abkommen sind jedoch inkonsequent, indem die Staatsangehörigkeit überhaupt berücksichtigt wird, denn Zweifelsfälle wie die der Mehrstaatigkeit oder der Staatenlosigkeit kann es bei alleiniger Anknüpfung an den gewöhnlichen Aufenthalt nicht geben.[709]

### b) Mehrfache Staatsangehörigkeit

Probleme entstehen mit der immer zunehmenden Anzahl von Mehrstaatern.[710] Diese Mehrstaatigkeit entsteht beispielsweise, wenn ein Kind die Staatsangehörigkeit beider Eltern erhält, die verschiedener Staatsangehörigkeit sind. Da das MSA nur in bestimmten Fällen und im Rahmen des Art. 4 MSA nur subsidiär an die Staatsangehörigkeit anknüpft, ergibt sich dieses Problem zwar wohl nur in seltenen Fällen. Eine Regelung wird diesbezüglich aber nicht getroffen, daher ist im Rahmen des MSA bei den Fällen der mehrfachen Staatsangehörigkeit umstritten, ob die inländische, in diesem Falle die deutsche, Staatsangehörigkeit vorrangig zu behandeln ist[711] oder ob auf die engeren Bindungen abzustellen ist[712]. Für letztere Ansicht spricht, dass so die Staatsangehörigkeit herangezogen werden kann, mit der das Kind am engsten verbunden ist. Hierfür würde ferner sprechen, dass unter dem Gesichtspunkt der Schaffung internationaler Entscheidungsharmonie grundsätzlich jede Vertragsstaatenzugehörigkeit des Kindes ausreichen sollte, um einen weiten personellen Anwendungsbereich des Vertrages zu gewährleisten.[713] Hierbei muss berücksichtigt werden, dass es nur auf die

---

[709] *Winkler v. Mohrenfels*, IPRax 1989, S. 369 (370).
[710] BayObLG, Beschl. v. 20.7.1981 – 1 Z 6/81 – IPRax 1982, S. 106 (108); Staudinger-*Kropholler*, Vorbem. zu Art. 19 EGBGB Rn. 371; Palandt-*Heldrich*, Anh. zu EGBGB 24 Rn. 19; Johannsen/Henrich-*Sedemund-Treiber*, § 621 ZPO Rn. 21; *Henrich*, Int. Familienrecht § 7 II.3.c. (S. 271), § 7 II.4. (S. 273); *Andrae*, Int. Familienrecht Rn. 522; *Oelkers/Kraeft*, FuR 2001, S. 345 (346); *Kropholler*, NJW 1971, S. 1721; *Mansel*, IPRax 1985, S. 209; *Betz*, FamRZ 1977, S. 337.
[711] BGH, Beschl. v. 18.6.1997 – XII ZB 156/95 – FamRZ 1997, S. 1070 (1071); BayObLG, Beschl. v. 6.12.1996 – 1 Z BR 101/96 – FamRZ 1997, S. 959 (960); OLG Köln, Beschl. v. 16.9.1983 – 21 UF 146/83 – IPRax 1984, S. 327; Palandt-*Heldrich*, Anh. zu EGBGB 24 Rn. 19; Garbe/Oelkers-*Oellrich*, Teil 13 Kap. 6.3.2.3. (S. 2); *Andrae*, Int. Familienrecht Rn. 520.
[712] BGH, Beschl. v. 29.10.1980 – IV b ZB 586/80 – IPRax 1981, S. 139 (141); BayObLG, Beschl. v. 3.6.1982 – BReg. 1 Z 43/82 – FamRZ 1982, S. 1118; OLG Düsseldorf, Beschl. v. 22.7.1993 – 6 UF 150/92 – FamRZ 1994, S. 107 (108/109); österr. OGH, Beschl. v. 19.12.1989 – 2 Ob 609/89 – IPRax 1992, S. 176 (177); AG Freiburg, Urt. v. 19.7.2001 – 44 F 130/99 – IPRax 2002, 223; Staudinger-*Kropholler*, Vorbem. zu Art. 19 EGBGB Rn. 374; MüKo-*Siehr*, BGB, Art. 19 Anh. I Rn. 206; *Henrich*, Int. Familienrecht § 7 II.4. (S. 273); *Boelck*, Reformüberlegungen zum MSA S. 19; *Schwimann*, JBl 1976, S. 233 (235); *Mottl*, IPRax 1992, S. 178 (179, 180); *Jayme*, IPRax 1989, S. 107; ders., IPRax 2002, S. 209; *Mansel*, IPRax 1988, S. 22 (23); ders., IPRax 1985, S. 209 ff.; *Beitzke*, IPRax 1984, S. 313; *Rauscher*, IPRax 1985, S. 214 (216).
[713] *Mansel*, Personalstatut und Effektivität, Rn. 499.

Verhältnisse des Kindes und nur mittelbar auf die seiner Eltern ankommt.[714] Gegen die Ansicht, die eine inländische Staatsangehörigkeit bevorzugen will, muss eingewendet werden, dass es sich gerade um ein Abkommen handelt, welches Kriterien schaffen will, die der Vereinheitlichung dienen. Das Bestehen auf einen Vorrang des eigenen Rechts würde dem zuwiderlaufen. Gleichzeitig käme es dazu, dass in den Vertragsstaaten diese Frage unterschiedlich entschieden werden könnte, wobei aber auch hier die Harmonisierung dafür sprechen würde, die Streitfrage einheitlich zu entscheiden, denn der Rückgriff würde der ratio des Einheitsrechts diametral entgegenstehen. Deshalb muss er ultima ratio bleiben.[715] Sofern man hiergegen einwenden kann, dass eine gleiche Entscheidung in allen Vertragsstaaten jedoch nicht gewährleistet und demzufolge unwahrscheinlich ist, so muss dem entgegengesetzt werden, dass die hier vertretene Lösung im Gegensatz zu dem anderen Ansatz wenigstens die Möglichkeit einer identischen und der Entscheidungsharmonie förderlichen Lösung bietet.[716] Im Hinblick darauf, dass das MSA grundsätzlich auf den gewöhnlichen Aufenthalt als primäres Zuständigkeitskriterium rekurriert, muss unter Berücksichtigung der Definition des gewöhnlichen Aufenthaltes im Zweifelsfall deshalb eine Entscheidung zugunsten der Angehörigkeit zu dem Staate erfolgen, zu dem der Minderjährige eine engere Beziehung besitzt. Erst wenn sich solche Beziehungen zu keinem der Staaten der verschiedenen Staatsangehörigkeiten feststellen lassen, sollte die jeweilige inländische Staatsangehörigkeit maßgeblich werden. Eine Anknüpfung an die Staatsangehörigkeit im Rahmen des MSA ergibt sich aber nur, wenn eine vorrangige Zuständigkeit nach dem gewöhnlichen Aufenthalt keinen gleichwertigen Schutz bieten kann.

Derartige Probleme müssten sich eigentlich im Anwendungsbereich der EuEheVO häufiger stellen. In der EuEheVO, die an die Staatsangehörigkeit als selbständiges Zuständigkeitskriterium anknüpft, wird nichts über die Auswirkungen einer doppelten Staatsangehörigkeit ausgesagt.[717] Allerdings ist bis jetzt unstreitig, dass bei Doppel- oder Mehrstaatern Art. 5 EGBGB nicht zu gelten, sondern vielmehr jede der mehreren Staatsangehörigkeiten relevant zu sein hat, wobei eine inländische Staatsangehörigkeit einer anderen mitnichten vorgehen soll.[718] Auch hier sollte jedoch aus den vorgenannten Gründen meines Erachtens im Zweifel der effektiveren Staatsangehörigkeit ein Vorrang eingeräumt werden, sofern eine solche feststellbar ist. Bei Ehesachen besteht das Problem der Mehrstaatigkeit also grundsätzlich. Bei Kindschaftssachen hingegen, in welchen nicht auf die Staatsangehörigkeit, sondern nur auf den gewöhnlichen Aufenthalt

---

[714] *Mansel*, IPRax 1985, S. 209 (210).
[715] *Mansel*, Personalstatut und Effektivität, Rn. 481.
[716] *Mansel*, Personalstatut und Effektivität, Rn. 481.
[717] Kapitel I Teil 1 § 4 III.7.c (S. 61 ff.).
[718] *Hau*, FamRZ 2000, S. 1333 (1337); *Rausch*, FuR 2001, S. 151 (152).

rekurriert wird, kann das Problem der Mehrstaater nur im Rahmen mit der Verknüpfung einer entsprechend problematischen Ehesache relevant werden. Nach Ablösung der EuEheVO durch den VO-E wird die Problematik in Kindschaftssachen nahezu komplett umgangen, da nur in den Fällen der Art. 12 und 15 VO-E an eine Staatsangehörigkeit des Kindes angeknüpft wird. Entscheidend ist letztlich aber das Kindeswohl, das heißt, die Staatsangehörigkeit ist nur dann entscheidend, wenn die Heimatbehörde eine bessere Entscheidung treffen kann.

4. Bedeutung des Kindeswohls
Die Verordnungen und die Konvention beinhalten zusätzlich Regelungen über die Beachtung des Kindeswohls[719].
Im Rahmen des MSA ist das Kindeswohl stets zu beachten, wenn Schutzmaßnahmen zu treffen sind und von den zuständigen Behörden in eigener Verantwortung zu beurteilen.[720] Ausdrücklich normiert wird das Kindeswohl aber nur in Art. 4 I MSA, wonach die Heimatbehörden unter den dort normierten Voraussetzungen trotz Zuständigkeit der Aufenthaltsbehörden Maßnahmen treffen können, wenn es das Kindeswohl ihrer Meinung nach erfordert.[721] Auch in der EuEheVO ist das Kindeswohl nur in Art. 3 II lit. b EuEheVO und Art. 15 II lit. a EuEheVO ausdrücklich genannt. Die dort normierten Voraussetzungen fallen im Vergleich zu den anderen Regelungen der Verordnung insoweit aus dem Rahmen, als dass dort grundsätzlich eine Zuständigkeit (im Rahmen des Art. 3 II EuEheVO) beziehungsweise ein Verstoß gegen den *ordre public* (im Rahmen des Art. 15 EuEheVO) an objektive Gesichtspunkte angeknüpft wird. Hinsichtlich des Kindeswohls bleibt es hingegen den Gerichten überlassen, handhabbare Kriterien zu entwickeln.[722] Sie sind so gezwungen, Begründetheitsaspekte im Rahmen der Zulässigkeit des Antrags an sich beziehungsweise der Prüfung der Anerkennung zu erwägen, wobei die Konkretisierung des Kindeswohls häufig die Rücksichtnahme auf den anderen Kulturkreis, dem das Kind angehört, erfordert[723]. Dasselbe gilt hinsichtlich der Maßnahmen im Rahmen des Art. 4 I MSA und auch in Bezug auf Maßnahmen der Art. 12, 15 VO-E, die nach Ablösung der EuEheVO durch den VO-E gelten.[724] Das Merkmal des Kindeswohls durchzieht auch diesen Verordnungsvorschlag wie ein ‚roter Faden'.[725]
Im Vergleich fällt auf, dass das Kindeswohl jeweils lediglich in Sondervor-

---

[719] Zum Kindeswohl allgemein vgl. *Schwerdtner*, NJW 2002, S. 735 ff.
[720] MüKo-*Siehr*, BGB, Art. 19 Anh. I Rn. 213.
[721] Kapitel II § 28 I.3. (S. 162 ff.).
[722] Dazu Kapitel I Teil 1 § 4 IV. (S. 63 f.); Johannsen/Henrich-*Sedemund-Treiber*, § 621 ZPO Rn. 21.
[723] *Jayme*, JR 1973, S. 177 (178).
[724] Kapitel I Teil 2 § 17 III.2. (S. 117) und § 17 III.5. (S. 118).
[725] *Kohler*, FamRZ 2002, S. 709 (712).

schriften normiert ist, die von der Regel abweichende Zuständigkeiten begründen. Beachtet werden muss das Kindeswohl jedoch bei jeder Entscheidungsfindung.[726] Dass eine spezielle Nennung gerade in diesen Vorschriften erfolgt, weist darauf hin, dass die Gerichte und Behörden in diesen Fällen besonders zur Beachtung des Kindeswohls angehalten sind. Anders ist bei der EuEheVO aber, dass sie nicht primär geschaffen wurde, um einen Schutz der Kinder einer gescheiterte Ehe zu erzielen. Vielmehr war zu Anfang gar nicht an eine Einbeziehung der Verfahren der elterlichen Verantwortung gedacht worden, die später indes erfolgte.[727] Sie geschah jedoch auch unter dem Gesichtspunkt, dass bei gleichzeitigem Eheverfahren eine für das Kind angemessenere Entscheidung eher getroffen werden könne als unabhängig von einem solchen. Konvention und Verordnungen unterscheiden sich in Bezug auf die Beachtung des Kindeswohls demnach grundsätzlich nicht.

### 5. Verteilung der elterlichen Verantwortung
*a) Grundlegendes*
Das MSA trifft abgesehen von der in Art. 15 MSA normierten Annexkompetenz bei der Anhängigkeit einer Ehesache[728] keine besonderen Regelungen hinsichtlich der elterlichen Verantwortung. Allerdings fallen die meisten deutschen Entscheidungen zur Konvention in diesen Bereich, wobei nach einhelliger Ansicht Entscheidungen des Sorgerechts und damit der elterlichen Verantwortung unproblematisch unter den Schutzmaßnahmenbegriff zu subsumieren sind.[729] Demzufolge muss bei einer Zuständigkeit gemäß Art. 2 MSA auch bei Entscheidungen hinsichtlich der elterlichen Verantwortung auf das inländische Recht abgestellt werden.[730] Eine Besonderheit ist allerdings im Rahmen des Art. 3 MSA[731] zu beachten, wonach die Aufenthaltsbehörden aufgrund des Art. 3 MSA nicht dazu befugt sind, sich einfach über ein *ex-lege-* Gewaltverhältnis hinwegzusetzen. Vielmehr muss ein solches Verhältnis grundsätzlich anerkannt werden, sofern es nicht gegen den inländischen *ordre public* verstößt.[732] Ein Entzug des Sorgerechts kann in der Bundesrepublik auf Grundlage der Art. 1 MSA und

---

[726] So normiert das deutsche Recht beispielsweise in § 1671 II Nr. 2 BGB, dass einem Antrag auf Erteilung der elterlichen Sorge nur stattzugeben ist, wenn dies dem Kindeswohl am besten entspricht. In der Bundesrepublik wird zusätzlich in § 1626 Abs. 3 S. 1 BGB festgelegt, dass es im Zweifel dem Kindeswohl am ehesten entspricht, wenn beide Eltern die elterliche Sorge ausüben.
[727] *Hau*, FamRZ 1999, S. 484 (485); *Borrás*, ABl. EG 1998, C221/27, S. 36.
[728] Dazu ausführlich oben Kapitel II § 28 I.6. (S. 166 ff.).
[729] Staudinger-*Kropholler*, Vorbem. zu Art. 19 Rn. 56.
[730] Dies würde in der Bundesrepublik eine Entscheidung nach den §§ 1671, 1672 BGB bedeuten.
[731] Zu Art. 3 MSA vgl. Kapitel II § 28 I.8.a. (S. 169 ff.).
[732] Kapitel II § 32 I.3.b. (S. 214 f.).

Art. 2 MSA in Verbindung mit § 1666 BGB nur dann erfolgen, wenn hierfür ein triftiger Grund vorliegt.[733] Sofern die Voraussetzungen des § 1666 BGB nicht gegeben sind, kann eine vom *ex-lege-* Gewaltverhältnis abweichende Regelung lediglich getroffen werden, wenn eine ernstliche Gefährdung des Minderjährigen gegeben ist und damit die Voraussetzungen des Art. 8 MSA vorliegen. Unter den gleichen Voraussetzungen wie nach der Scheidung ist die Verteilung der elterlichen Sorge gemäß § 1672 BGB bei getrennt lebenden Eltern möglich. Bei einstweiligen Sorgerechtsregelungen des Familiengerichts gemäß § 620 S. 1 Nr. 1 ZPO darf von einem im Heimatstaat bestehenden Gewaltverhältnis nur abgesehen werden, wenn das fremde Recht nicht schnell genug erforscht werden kann.[734]

Anders verhält es sich bei Regelungen der elterlichen Verantwortung auf Grundlage der EuEheVO. Diese betrifft grundsätzlich Sorgerechtsentscheidungen, sofern sie im Zusammenhang mit einem Eheverfahren anhängig sind. Eine Beachtung bestehender Gewaltverhältnisse wird in ihr nicht normiert. Dasselbe gilt auch für den VO-E, so dass sich diesbezüglich durch Ersetzung der EuEheVO keine Unterschiede ergeben.

Sofern es demnach in einem EU-Staat, der auch Vertragsstaat des Abkommens ist, um die Verteilung des Sorgerechts geht, ist, sofern die jeweilige Verordnung Anwendung findet, diese vorrangig gegenüber den Regelungen des MSA. Dies erweist sich dann als vorteilhaft, wenn eigentlich ein gesetzliches Gewaltverhältnis in dem Heimatstaat des Kindes besteht, welches mangels Regelung in den Verordnungen bei der Entscheidung keine Berücksichtigung finden muss. Dies gilt, solange die EuEheVO noch nicht ersetzt ist, jedoch lediglich dann, wenn die Entscheidung über die elterliche Verantwortung anlässlich eines Eheverfahrens zu treffen und eine Zuständigkeit des entsprechenden Gerichtes aufgrund einer Alternative des Art. 2 lit. a EuEheVO oder des Art. 1 lit. b EuEheVO in Verbindung mit Art. 3 I oder 2 EuEheVO gegeben ist. In allen anderen Fällen kann die EuEheVO keine Anwendung finden, weswegen auf das MSA rekurriert werden muss. In Anbetracht der Tatsache, dass über die elterliche Verantwortung in der Regel im Zusammenhang mit einem Eheverfahren entschieden wird, wird das MSA jedoch wahrscheinlich in seinen ehemaligen Hauptanwendungsfällen von der EuEheVO verdrängt werden. Dies gilt umso mehr, als die Verordnung auch in Bezug auf Umgangsrechtsentscheidungen Anwendung findet.[735] Sofern eine Ablösung durch den VO-E erfolgt, wird die Verdrängung aufgrund des weiten Anwendungsbereichs entsprechend größer sein und das MSA gemäß Art. 61 lit. a VO-E noch mehr verdrängen.

---

[733] Staudinger-*Kropholler*, Vorbem. zu Art. 19 Rn. 218 ff.
[734] OLG Hamm, Beschl. v. 29.1.1988 – 8 WF 45/88 – FamRZ 1988, S. 864 (865); Staudinger-*Kropholler*, Vorbem. zu Art. 19 Rn. 57.
[735] Vgl. Kapitel I Teil 1 § 3 III.2.b. (S. 53 ff.).

*b) Annexkompetenz*
In der EuEheVO wird die Zuständigkeit für Entscheidungen der elterlichen Verantwortung nur als Annexkompetenz begründet (Art. 3 EuEheVO). Die Gerichte, die aufgrund des Art. 2 EuEheVO über eine Ehesache zu entscheiden haben, können bei Vorliegen der Voraussetzungen des Art. 3 I oder II EuEheVO gleichzeitig auch über eine Frage der elterlichen Verantwortung entscheiden. Eine eigenständige Zuständigkeit für Kindschaftssachen begründet die Verordnung nicht. Nach Ablösung der Verordnung durch den VO-E wird sich dies ändern. Aufgrund der Art. 10 ff. VO-E wird bei Vorliegen der entsprechenden Voraussetzungen eine grundsätzliche Zuständigkeit begründet, die unabhängig von einem Eheverfahren besteht. Eine Annexkompetenz wird jedoch auch hier normiert, indem Art. 12 VO-E es den Ehegatten unter den dort normierten Voraussetzungen gestattet, eine Zuständigkeit des Ehegerichtes auch für das Verfahren der elterlichen Verantwortung zu vereinbaren.[736]
Eine Annexkompetenz wird im Abkommen in Art. 15 MSA normiert,[737] und zwar für den Fall, dass ein Staat über ein Begehren auf Nichtigerklärung, Auflösung oder Lockerung des zwischen den Eltern des Minderjährigen bestehenden Ehebandes zu entscheiden hat und sich die Zuständigkeit auch für Maßnahmen zum Schutz der Person oder des Vermögens des Minderjährigen vorbehalten hat. Art. 15 II MSA stellt jedoch fest, dass unter derartigen Umständen getroffene Maßnahmen nicht verpflichtend von allen Vertragsstaaten anzuerkennen sind. Polen,[738] die Türkei[739] und Luxemburg[740] haben sich dies vorbehalten, die Bundesrepublik Deutschland hat wie die anderen Vertragsstaaten von dem Vorbehalt keinen Gebrauch gemacht. Die EuEheVO gilt nicht in Polen und der Türkei, weswegen in diesen Ländern eine Zuständigkeit nach Art. 15 MSA und der EuEheVO nicht konkurrieren kann. Sofern in der Türkei oder Polen also eine Annexkompetenz in den Angelegenheiten eines Minderjährigen durch Anhängigkeit einer Ehesache in Betracht kommt, bestimmt sich dies ausschließlich nach dem MSA. Lediglich in Luxemburg, welches Vertragsstaat sowohl des MSA als auch der EuEheVO und nach ihrer Ablösung des VO-E ist, kann sowohl eine Zuständigkeit gemäß Art. 3 I oder II EuEheVO beziehungsweise Art. 12 VO-E als auch gemäß Art. 15 MSA gegeben sein. Sofern es sich um eine Entscheidung der elterlichen Verantwortung für gemeinsame Kinder der Ehegatten handelt, ist ausweislich des Art. 37, Spiegelstrich 1 EuEheVO oder Art. 61 lit. a VO-E die jeweilige Verordnung vorrangig gegenüber dem MSA, sodass eine Zuständigkeit nicht auf Art. 15 MSA, sondern nur auf Art. 2 I oder II EuEheVO bezie-

---

[736] Kapitel I Teil 2 § 17 III.2. (S. 117).
[737] Dazu ausführlich Kapitel II § 28 I.6. (S. 166 ff.).
[738] BGBl 1994 II, S. 388.
[739] BGBl 1984 II, S. 460.
[740] BGBl 1971 II, S. 1150.

hungsweise Art. 12 VO-E gegründet werden kann. Sofern es hingegen um andere Entscheidungen als solche über die elterliche Verantwortung geht, findet keine Verordnung Anwendung, sodass auf Art. 15 MSA zurückgegriffen werden kann.
In den EU-Mitgliedsstaaten, die auch dem MSA angehören, die aber keinen Vorbehalt nach Art. 15 MSA erklärt haben, stellt sich dieses Problem innerhalb der Geltung der EuEheVO nicht, da grundsätzlich keine Annexkompetenz für Schutzmaßnahmen bei anhängigem Eheverfahren besteht. Im Rahmen von Entscheidungen über die elterliche Verantwortung kann deshalb dann eine Zuständigkeit auf Grundlage der EuEheVO gegeben sein. Sofern dies nicht der Fall ist, sei es, weil es um keine Entscheidung des Sorgerechts geht oder sei es, weil die Voraussetzungen des Art. 3 EuEheVO nicht gegeben sind, kann das MSA unabhängig von einem anhängigen Eheverfahren nur dann eingreifen, wenn eine seiner generellen Zuständigkeitsbegründungen vorliegt. Nach Ersatz der EuEheVO durch den VO-E kann das MSA nur anwendbar sein, wenn es nicht um Fragen der elterlichen Verantwortung geht. Sofern das Verfahren mit einem anhängigen Eheverfahren verbunden werden soll, kann das MSA demnach nur Anwendung finden, wenn das Verfahren in keinem EU-Staat stattfindet und auch keine andere Zuständigkeit nach dem VO-E gegeben ist.

6. Zeitliche Grenzen der Zuständigkeit
*a) Grundlegendes*
Bei beiden Verordnungen und dem Abkommen gilt die einmal begründete Zuständigkeit jedoch nicht unbegrenzt. Vielmehr sind in der EuEheVO und in dem VO-E Schranken der Zuständigkeit ausdrücklich normiert. Die Zuständigkeit der EuEheVO für Entscheidungen in Bezug auf die elterliche Verantwortung gilt, wenn sie einmal vorlag, lediglich in den zeitlichen Grenzen des Art. 3 III EuEheVO, endet also entweder zu dem Zeitpunkt, an dem die stattgebende oder abweisende Entscheidung über das Statusverfahren rechtskräftig geworden ist (lit. a), wenn das Statusverfahren rechtskräftig abgeschlossen, aber noch ein Sorgerechtsverfahren anhängig ist, bei dessen rechtskräftiger Entscheidung (lit. b), oder bei Beendigung der unter a und b genannten Verfahren aus anderen Gründen (lit. c). Ebenso verhält es sich bei Verfahren gemäß Art. 12 VO-E, hier werden die entsprechend wortgleichen Bestimmungen in Art. 12 III VO-E getroffen, so dass sich auch bei ihrer Geltung nichts ändert. Eine der anderen Zuständigkeiten des VO-E entfällt zudem, wenn seine Voraussetzungen wegfallen, was sich insoweit aus dem Zusammenhang ergibt.
Der Wegfall der Zuständigkeit bei einem verbundenen Verfahren gemäß Art. 15 MSA wird nicht gesondert normiert. Eine grundsätzliche Zuständigkeit nach dem MSA entfällt logischerweise, wenn die betroffene Person ihre Minderjäh-

rigkeit verliert,[741] der gewöhnliche Aufenthalt nicht mehr in dem Staat gegeben ist, in welchem das Gericht mit der Sache befasst ist, oder wenn eine Gefährdung im Sinne des Art. 8 MSA nicht mehr vorliegt.

*b) Nachträglicher Wegfall der Zuständigkeit nach einer Verordnung*
Sofern sich ein Wegfall der Zuständigkeit des mit der Sache befassten Gerichtes ergibt, was das entsprechende Gericht in jeder Verfahrenslage von Amts wegen zu überprüfen hat, entfällt nach den Verordnungen und dem MSA die Zuständigkeit gleichermaßen. Unklarheiten können sich aber in den Fällen ergeben, in denen eine Zuständigkeitsvoraussetzung einer Verordnung zunächst vorlag, aber im Nachhinein entfallen ist, und das befasste Gericht seine Zuständigkeit auch auf keine andere Norm der Verordnung stützen kann, weswegen das entsprechende Verfahren beendet werden muss. In dieser Konstellation kann denkbar sein, dass eine Zuständigkeit nach dem MSA dennoch vorliegt und dieses dann nachträglich herangezogen werden kann. Problematisch ist jedoch, ob ein solches Vorgehen zulässig ist, dieses wird hier jedoch befürwortet.[742] Geht es also in einem gemeinsamen Vertragsstaat um ein Verfahren, welches die elterliche Verantwortung betrifft, und fällt eine zunächst vorliegende Zuständigkeit nach Art. 3 i. V. m. Art. 2 EuEheVO oder Art. 19 ff. VO-E nachträglich weg, kann auf eine Zuständigkeitsvorschrift des MSA zurückgegriffen werden, sofern eine solche gegeben ist. Erst wenn das MSA ebenfalls keine Anwendung findet, kann auf das jeweilige nationale Recht rekurriert werden.

### 7. Gesetzliche Gewaltverhältnisse
*a) Problemstellung*
Das MSA legt in Art. 3 MSA fest, dass nach dem Heimatrecht bestehende gesetzliche Gewaltverhältnisse im Staat des gewöhnlichen Aufenthaltes anzuerkennen sind. Sie müssen bei der Ergreifung von Schutzmaßnahmen beachtet werden, was nur dann übergangen werden kann, wenn sie gegen den inländischen *ordre public* verstoßen. Ein gesetzliches Gewaltverhältnis bezeichnet eine Schutzbeziehung, die kraft Gesetzes zwischen dem Minderjährigen und einer anderen Person oder Instanz entsteht, ohne dass behördliche bzw. gerichtliche Schutzmaßnahmen zusätzlich erforderlich sind,[743] wobei hier nur solche Gewaltverhältnisse betroffen sind, die unmittelbar auf Gesetz oder rechtsgeschäftlicher Erklärung beruhen.[744] Die Bedeutung dieses Vorbehaltes stellt eines der umstrit-

---

[741] MüKo-*Siehr*, BGB, Art. 19 Anh. I Rn. 400.
[742] Zu der Argumentation vgl. Kapitel II § 27 II.4.c) (S. 154 ff.).
[743] MüKo-*Siehr*, BGB, Art. 19 Anh. I Rn. 159; Schwab-*Motzer*, H.III. Rn: 308; *Andrae*, Int. Familienrecht Rn. 493.
[744] Staudinger-*Kropholler*, Vorbem. zu Art. 19 EGBGB Rn. 287, 295; Palandt-*Heldrich*, Anh. zu Art. 24 EGBGB Rn. 27.

tensten Probleme des MSA dar.[745] Eine vergleichbare Regelung kennt weder die EuEheVO noch der VO-E. Es könnte daher unter Beachtung der Art. 37 und 38 I EuEheVO beziehungsweise Art. 61 VO-E die Möglichkeit erwogen werden, dass die Regelung des Art. 3 MSA fortbesteht, auch wenn grundsätzlich die jeweils geltende Verordnung in Bezug auf die Zuständigkeit zur Entscheidung über die elterliche Verantwortung eingreift.[746]

*b) Art. 3 MSA ist nicht anwendbar*
Grundsätzlich besagt Art. 37 EuEheVO, dass die EuEheVO das MSA im Rahmen ihres Geltungsbereiches ausschließt. Art. 61 VO-E bestimmt dasselbe für den VO-E. Sofern die EuEheVO hingegen nicht anwendbar ist, gilt gemäß Art. 38 EuEheVO weiterhin das MSA, was auch für den VO-E angenommen wird.[747] Grundsätzlich gilt aber die jeweilige Verordnung, die das MSA ausschließt, wenn sie einschlägig ist. Demzufolge müsste konsequenterweise auch Art. 3 MSA unanwendbar sein, weswegen ein möglicherweise nach dem Heimatrecht des Kindes bestehendes Gewaltverhältnis nicht beachtet werden müsste.

*c) Art. 3 MSA bleibt anwendbar*
Die Art. 37 EuEheVO und Art. 61 VO-E gelten nur für den Fall, dass es um ‚Bereiche' geht, die in der entsprechenden Verordnung geregelt sind. Das Problem der möglicherweise bestehenden gesetzlichen Gewaltverhältnisse im Heimatstaat des Kindes wird in den Verordnungen indes nicht behandelt. Sofern man unter ‚Bereich' jedwede Regelung versteht, die in einer Verordnung nicht getroffen wird, handelt es sich bei gesetzlichen Gewaltverhältnissen im Heimatstaat um einen ‚Bereich', der in keiner Verordnung geregelt ist, weswegen Art. 3 MSA mit dieser Argumentation immer, das heißt auch bei Einschlägigkeit der Verordnungen, eingreifen könnte.

*c) Stellungnahme*
Beide Möglichkeiten der Problemlösung erscheinen für sich betrachtet zunächst plausibel. Sie müssen jedoch im Vergleich zueinander betrachtet werden, um eine adäquate Lösung zu finden.

---

[745] Vgl. dazu oben Kapitel II § 28 I.8.a) (S. 169 ff.).
[746] Der Problemfall stellt sich bei Geltung der EuEheVO lediglich in der Konstellation, dass eine Sorgerechtssache im Zusammenhang mit einem Eheverfahren in einem gemeinsamen Vertragsstaat des MSA anhängig gemacht wird, in dem Heimatstaat des Kindes aber ein gesetzliches Gewaltverhältnis besteht. Nach dem MSA wäre dies anzuerkennen. Bei Geltung der VO-E stellt sich das Problem in allen Fällen der elterlichen Verantwortung, die in gemeinsamen Vertragsstaaten anhängig werden und in denen im Heimatstaat des Kindes noch ein gesetzliches Gewaltverhältnis vorliegt.
[747] Vgl. Kapitel II § 27 II.4.c)dd) (S. 156 f.).

Für eine Weitergeltung des Art. 3 MSA ließe sich anführen, dass mit der Geltung gesetzlicher Gewaltverhältnisse ein ‚Bereich' vorliege, der in den Verordnungen nicht geregelt ist. Der Ausdruck ‚Bereiche' in Art. 37 EuEheVO beziehungsweise Art. 61 VO-E ist zwar weit auszulegen.[748] Eine Annahme dahingehend, dass unter ‚Bereiche' jedwede Regelung falle, die explizit in der EuEheVO nicht berücksichtigt ist, wäre jedoch *contra legem,* denn es ist davon auszugehen, dass der Gesetzgeber bestimmte Regelungen bewusst ausklammert, ohne dass er damit grundsätzlich einen Rückgriff auf ein subsidiär anzuwendendes Regelwerk bezweckt.

Für die zweite Ansicht könnte jedoch angeführt werden, dass Art. 38 EuEheVO die Fortgeltung der in Art. 37 EuEheVO näher bezeichneten Abkommen nur für ‚Rechtsgebiete' anordnet, welche in der EuEheVO nicht geregelt sind. Dasselbe würde für den VO-E gelten.[749] Eine Differenzierung zwischen gesetzlichen Gewaltverhältnissen und solchen, die gerichtlich festgestellt werden, kann aber nicht als Unterscheidung verschiedener ‚Rechtsgebiete' angesehen werden. Hinzu kommt, dass das MSA mit Art. 3 MSA auch gerichtlich festgestellte Gewaltverhältnisse umfasst, sodass ein Unterschied der ‚Rechtsgebiete' auch deshalb nicht angenommen werden kann.

Für die zweite Meinung ließe sich – stellt man auf Ziel und Zweck der Verordnungen ab - anführen, der Ausschluss des Art. 3 MSA berge die Gefahr, dass es auch weiterhin trotz der Zielsetzung der Rechtsvereinheitlichung und Vermeidung widersprüchlicher Entscheidungen zu Unklarheiten komme, denn im Unterschied zu den sonstigen Regelungen des MSA gilt Art. 3 MSA gerade auch in Bezug auf in Nichtvertragsstaaten bestehende Gewaltverhältnisse.[750] Dagegen kann jedoch eingewendet werden, dass - sofern solche auch bei angemessener Entscheidungsfindung, die das Kindeswohl zu berücksichtigen hat, im Rahmen der EuEheVO oder VO-E beachtet würden - die Gefahr unklarer Rechtsverhältnisse relativ gering wäre.

Gegen einen Ausschluss des Art. 3 MSA würde aber sprechen, dass das Abkommen eindeutig bei der Schaffung der Verordnungen berücksichtigt worden ist. Eine mangelnde Regelung in den Verordnungen würde grundsätzlich indizieren, nachrangiges Recht, also Art. 3 MSA, für anwendbar zu erachten.

Es stellt sich jedoch hier die Frage, inwieweit dies überhaupt auf Art. 3 MSA zutrifft. Voraussetzung ist eine fehlende Regelung. Die Verordnungen regeln zwar nicht, was im Falle eines nach dem Heimatrecht bestehenden Gewaltverhältnisses zu unternehmen ist. Sie normieren jedoch die Zuständigkeiten ausführlich und abschließend.[751] Im Rahmen des Art. 3 MSA wird diskutiert, wann

---

[748] Vgl. Kapitel II § 27 II.4.c)dd) (S. 156f.).
[749] Vgl. Kapitel II § 27 II.4.c)dd) (S. 156f.).
[750] Staudinger-*Kropholler,* Vorbem. zu Art. 19 Rn. 273, 274.
[751] Vgl. Kapitel I Teil 1 § 4 IV. (S. 63 f.) und Kapitel I Teil 2 § 17 III. (S. 116 ff.).

die Aufenthaltsbehörde gem. Art. 1 MSA trotz eines bestehenden Gewaltverhältnisses nach dem Heimatrecht des Minderjährigen noch zuständig sein kann.[752] Art. 3 MSA betrifft also im Ergebnis grundsätzlich Zuständigkeitsfragen. Bezüglich der Zuständigkeit treffen die Verordnungen jedoch eigenständige Regelungen, so dass Art. 3 MSA nicht eingreifen dürfte, wenn eine Verordnung einschlägig ist, was sich insoweit dann aus Art. 37 EuEheVO und Art. 61 VO-E ergibt.

Gegen die Weitergeltung des Art. 3 MSA spricht auf der Rechtsfolgenseite auch, dass dann Art. 3 MSA nur in den Staaten gelten würde, in denen die Verordnungen und das MSA gleichzeitig gelten. In Staaten, die nicht auch gleichzeitig Vertragsstaaten des MSA sind, wäre dann Art. 3 MSA in keinem Fall anzuwenden, so dass im Vereinigten Königreich, in Irland, Belgien, Finnland und Schweden keine Beachtung gesetzlicher Gewaltverhältnisse des Heimatstaates erfolgen müsste. Hinzu kommt, dass im Rahmen des anzuwendenden Rechts dann über Art. 3 MSA wieder das Heimatrecht eines Kindes anzuwenden wäre, was grundsätzlich im Sinne der Rechtssicherheit nicht zu befürworten ist.[753] Eine Fortgeltung des Art. 3 MSA muss demnach deshalb ausgeschlossen sein, da ansonsten bei der Anwendung der Verordnungen unterschiedliche Ergebnisse in unterschiedlichen Staaten erzielt würden. Sofern für eine weite Auslegung also die Rechtssicherheit sprechen soll, kann dem entgegengesetzt werden, dass eine solche aus vorgenanntem Grund gerade nicht vorliegt. Wenn das MSA ausgeschlossen ist, kann sich auch der dortige Streit bezüglich des Verhältnisses zwischen Art. 3 MSA und Art. 1 MSA,[754] nicht stellen, da ein ‚Eingriff' nur auf Grundlage der EuEheVO, beziehungsweise des VO-E erfolgen kann. Es ist ferner darauf hinzuweisen, dass angesichts der bei Anwendung des MSA bestehenden Probleme in Bezug auf Art. 3 MSA davon auszugehen ist, dass der Normgeber bei den Verordnungen eine vergleichbare Regelung bewusst nicht aufgenommen hat, um die bekannten Probleme zu vermeiden.

---

[752] Vgl. Kapitel II § 30 II.1. (S. 207 f.).
[753] Zum im Rahmen der Verordnungen anwendbaren Recht in gemeinsamen Vertragsstaaten mit dem MSA vgl. Kapitel II § 30 II.1. (S. 207 ff.).
[754] BGH, Beschl. v. 29.10.1980 – IV b ZB 586/80 - IPRax 1981, S. 139 (141); OLG Stuttgart, Beschl. v. 17.07.1975 – 8 W 359/75 - FamRZ 1976, S. 359 (360); Staudinger-*Kropholler*, Vorbem. zu Art. 19 Rn. 152 ff.; *Kropholler*, MSA S. 70 ff; *Holl*, Art. 3 MSA S. 64 f., 83, 133 ff.; *Andrae*, Int. Familienrecht Rn. 439 ff.; *Henrich*, Int. Familienrecht § 7 II.4. (S. 281 f.); Schwab-*Motzer*, H.III Rn. 306; *Wanner-Laufer*, Art. 3 MSA S. 88 f.; *Dörr*, NJW 1991, S. 77 (81); *Siehr*, IPRax 1982, S. 85 (88); *Dörner*, JR 1988, S. 265 (272); *Stöcker*, DAVorm 1975, S. 507 (519); *Kropholler*, FamRZ 1972, S. 516; *Ahrens*, FamRZ 1976, S. 305 (309); *Jayme*, FamRZ 1979, S. 361 f.; *Coester-Waltjen*, ZfJ 1990, S. 641 (644); *Goerke*, StAZ 1976, S. 267.

*d) Ergebnis*
Die schwerwiegenderen Argumente sprechen gegen eine Fortgeltung des Art. 3 MSA im Rahmen einer Zuständigkeitsbegründung durch eine der Verordnungen. Art. 3 MSA ist damit nicht im Rahmen der EuEheVO bzw. des VO-E weiterhin anwendbar, sofern ein *ex– lege* – Gewaltverhältnis im Heimatstaat des betroffenen Kindes besteht. Bei Neuschaffung des KSÜ wurde Art. 3 MSA ausdrücklich nicht übernommen, so dass sich diese Frage dort nicht mehr stellt.

## 8. Restzuständigkeiten
Sofern die jeweils geltende Verordnung nicht anwendbar ist, kann auf das MSA zurückgegriffen werden. Sofern das MSA anstelle der jeweiligen Verordnung eingreift, geht dieses den nationalen Regelungen vor.[755] Diese greifen im Verhältnis zu der Konvention nur dann ein, wenn eine Zuständigkeit aufgrund des Abkommens nicht gegeben ist oder aber wenn der Sinn der staatsvertraglichen Vorschriften eine großzügigere Haltung des autonomen internationalen Kollisionsrechts nicht ausschließen soll.[756]
Nach Art. 8 EuEheVO ist dann eine Restzuständigkeit aus nationalen Vorschriften gegeben, wenn keine Zuständigkeitsnorm der Verordnung eingreift und sich eine Zuständigkeit aus nationalem Recht ergibt, in der Bundesrepublik also unter den Voraussetzungen des § 606 lit. a ZPO. Dies kann dann der Fall sein, wenn der Scheidungswillige seinen gewöhnlichen Aufenthalt in einem Drittstaat hat und als einziger Ehegatte über die deutsche Staatsangehörigkeit verfügt, so dass ein Zuständigkeitsgrund auch nicht aus Art. 2 I lit. b EuEheVO hergeleitet werden kann, oder aber bei Eheschließung über die deutsche Staatsangehörigkeit verfügte (Antrittszuständigkeit).[757] Allerdings ist hierbei zu beachten, dass erst zuletzt auf die Vorschriften des nationalen Rechts zurückzugreifen ist, und zwar dann, wenn sich die internationale Zuständigkeit der inländischen Gerichte nicht aus der EuEheVO und auch nicht aus dem MSA ergibt. Hierauf kann es dann ankommen, wenn das Kind seinen gewöhnlichen Aufenthalt weder in der Bundesrepublik noch in einem anderen EU-Staat oder in einem Vertragsstaat des MSA hat, oder wenn das Kind zwar nach seinem Heimatrecht, aber nicht mehr nach inländischem Recht minderjährig ist[758]. Einige Staaten, so beispielsweise die Niederlande, kennen keine Zuständigkeit nach ihrem innerstaatlichen Recht,

---

[755] BGH, Urt. v. 2.5.1990 – XII ZB 63/89 - IPRax 1991, S. 254 (256); Soergel-*Kegel,* Anh. Art. 19 Rn. 6; MüKo-*Siehr,* BGB, Art. 19 Anh. I Rn. 16, 124; *Siehr,* Int. Privatrecht § 11 III.3. (S. 65); *Kropholler,* MSA S. 16.
[756] Zum Verhältnis des MSA zu autonomem Recht vgl. unten Kapitel II § 31 I. (S. 210).
[757] vgl. *Henrich,* Int. Familienrecht § 4 I.2.b. (S. 140); *Kegel/Schurig,* Int. Privatrecht § 22 V.2. (S. 921); *Gottwald,* FS-Nakamura, S. 187 (189); *Becker-Eberhard,* FS-Schütze, S. 85 (86); *Rausch,* FuR 1991, S. 151 (153); *Vogel,* MDR 2000, S. 1045 (1047).
[758] Vgl. *Henrich,* Int. Familienrecht § 7 II.1.c. (S. 277).

die als ‚Restzuständigkeit' bezeichnet werden könnte. Andere hingegen besitzen entsprechende Normen, so zum Beispiel die Bundesrepublik (§ 606b Nr. 1, 3, 4 ZPO), Frankreich (Art. 14 *Code civil)*, Spanien (Art. 22 Abs. 3 der *Ley Orgánica del Poder Judicial*) und Irland (Art. 39 *Family Law Act).*[759]

## 9. Internationale Behördenzusammenarbeit

Die internationale Zusammenarbeit ist im MSA im Rahmen des Art. 4 I MSA und des Art. 5 II MSA ausdrücklich normiert. Ferner treffen die Art. 10 und 11 MSA Regelungen hinsichtlich des Meinungsaustausches und der Mitteilung hinsichtlich der Schutzmaßnahmen. Während es sich bei Art. 10 MSA um eine Sollvorschrift handelt, wird in Art. 11 MSA eine Pflicht zur Mitteilung begründet.[760] Sofern einer Verständigung im Rahmen des Art. 4 MSA nicht nachgekommen worden ist, kann dies einer Anerkennung gemäß Art. 7 S. 1 MSA entgegenstehen. Derartige Konsequenzen hat ein Verstoß gegen die Art. 5 II, 10 und 11 MSA jedoch nicht.[761] Die EuEheVO trifft demgegenüber keine derartigen Regelungen. Es kann grundsätzlich davon ausgegangen werden, dass in Anbetracht der Regelung des Art. 9 EuEheVO eine Prüfung des befassten Gerichtes im Hinblick darauf zu erfolgen hat, ob eine Zuständigkeit im Sinne der Verordnung überhaupt vorliegt und ob nicht ein anderes Gericht schon mit der Sache befasst ist. Hierbei kann gleichzeitig eruiert werden, ob ein anderes Gericht bereits in der Sache entschieden hat. Im Zweifel wird zumindest der Antragsgegner, dem das verfahrenseinleitende Schriftstück gemäß Art. 10 EuEheVO zuzustellen ist, Einwendungen gegen das Verfahren erheben, sofern bereits ein anderes Gericht damit befasst oder schon eine Entscheidung ergangen ist. In beiden Konstellationen muss dann gemäß Art. 11 EuEheVO das Verfahren vom zuletzt angerufenen Gericht von Amts wegen ausgesetzt werden, damit die Zuständigkeit durch das andere Gericht geklärt werden kann. Dies wird in dem VO-E nun durch die Vorschriften der Art. 55 ff. VO-E zur Zusammenarbeit anders geregelt. Insbesondere in Bezug auf die Verfahren der elterlichen Verantwortung werden Regeln zur Zusammenarbeit normiert.[762] Die Regeln des VO-E lehnen sich an die des KSÜ an,[763] von denen erwartet wird, dass sie die Verfahren und die damit zusammenhängende Verständigung erleichtern, da die Verständigung im Sinne des MSA in der Praxis nicht so erfolgt, wie dies bei Schaffung des Abkommens beabsichtigt war.[764] Sofern also eine Zuständigkeit des VO-E gegeben

---

[759] Zu weiteren Nachweisen vgl. *Borrás,* ABl. EG 1998, C221/27, S. 43 f.
[760] MüKo-*Siehr,* BGB, Art. 19 Anh. I Rn. 365.
[761] Ausführlich dazu unten Kapitel II § 32 I.3. (S. 213).
[762] Vgl. Kapitel I Teil 2 § 22 (S. 127 f.).
[763] Dazu ausführlich Kapitel III § 45 II. (S. 319 ff.).
[764] Vgl. dazu *Kropholler,* Int. Privatrecht § 48 I.5. (S. 381); *Allinger,* MSA S. 381; *Hoyer,* IPRax 1984, S. 164 (165) sowie Fn. 433.

ist, kann sich der Vorrang der Verordnung vor dem MSA aufgrund der besseren Lösung zur Zusammenarbeit nur als Vorteil erweisen. So lange noch die EuEheVO gilt, bleibt die Zusammenarbeit und Information dem Engagement der Richter überlassen.

## 10. Einstweilige Maßnahmen

Sowohl die Verordnungen als auch das MSA enthalten Regelungen in Bezug auf von den Staaten zu treffende einstweilige Maßnahmen, das MSA in Art. 9 MSA, die EuEheVO in Abschnitt 4, Art. 12 EuEheVO hinsichtlich dringlicher Maßnahmen, in Art. 8 MSA und Art. 13 I EuEheVO in Bezug auf Maßnahmen ohne Dringlichkeit. Der VO-E normiert in Art. 20 VO-E, der Art. 12 EuEheVO entspricht, demgegenüber nur eine Zuständigkeit für einstweilige Maßnahmen in dringenden Fällen.

*a) Dringliche Maßnahmen*
Sowohl das MSA als auch beide Verordnungen treffen Regelungen hinsichtlich möglicher einstweiliger und dringlicher Maßnahmen durch Gerichte eines Mitgliedsstaates.

*aa) Voraussetzungen*
Voraussetzung ist sowohl nach Art. 12 EuEheVO beziehungsweise Art. 20 VO-E als auch nach Art. 9 MSA, dass ein dringender Fall vorliegt. Während Art. 9 MSA explizit sagt, dass dies auch dann gilt, wenn eigentlich ein anderes Gericht zuständig wäre, umschreiben die Verordnungen dies, indem sie statuieren, dass eine Maßnahme ungeachtet ihrer sonstigen Bestimmungen ergehen kann. Hieraus kann gelesen werden, dass grundsätzlich auch nach einer anderen Zuständigkeitsvorschrift der jeweiligen Verordnung ein anderes Gericht für eine Entscheidung in der Hauptsache zuständig sein kann. Die Wortlaute der Normen in Abkommen und Verordnungen weichen zwar voneinander ab, besagen allerdings in dieser Hinsicht dasselbe.

*bb) Anwendbares Recht*
Art. 12 EuEheVO und Art. 20 VO-E legen auch das in einem solchen Fall anzuwendende Recht fest: Das entscheidende Gericht hat sein innerstaatliches Recht anzuwenden. Im Gegensatz dazu wird eine solche Regelung in Art. 12 MSA nicht getroffen. Es bleibt daher Rechtsprechung und Literatur überlassen,

eine Regelung zu finden. Einhellig wird nach dem *Gleichlaufprinzip*[765] grundsätzlich das Recht des Staates angewandt, dessen Behörden nach Art. 9 MSA zuständig sind. Insoweit ergeben sich also auch ohne Normierung in dem Abkommen aufgrund der jahrelangen Praxis und des umfangreichen Schrifttums ebenfalls keine Differenzen zu den Verordnungen.

*cc) Anwendungsbereich*
Eine Besonderheit lässt sich indes im Wortlaut der Verordnungen feststellen. Danach können einstweilige Maßnahmen einschließlich Sicherungsmaßnahmen in dringenden Fällen in Bezug auf ‚die in diesem Staat befindliche Personen oder Güter' ergriffen werden. Hier wird von dem ansonsten geregelten Anwendungsbereich abgewichen, der im Übrigen keine Vermögensaspekte erfasst. Da die Maßnahmen nicht weiter präzisiert werden, können sie gleichzeitig Aspekte umfassen, die grundsätzlich nicht unter die Verordnung fallen, so zum Beispiel eine Entscheidung über das Unterhaltsrecht oder die Güterstände. Auffällig ist, dass sich die Regelungen insoweit stark an den im MSA geregelten Bereich der ‚Person eines Minderjährigen oder seines Vermögens' anlehnen. Wenn auch sonst eine Überschneidung lediglich im Bereich der elterlichen Verantwortung in Betracht kommt, so kann durch diese Formulierung bei einstweiligen Maßnahmen eine stärkere Kongruenz festgestellt werden. Im den gemeinsamen territorialen Anwendungsbereich kann sich daher eine Zuständigkeit aus dem MSA für Eilmaßnahmen nur dann ergeben, wenn die jeweils geltende Verordnung nicht einschlägig ist.

*dd) Geltung der Maßnahmen*
Die Maßnahmen nach Art. 12 EuEheVO und Art. 20 VO-E finden keine Anwendung mehr, wenn das zuständige Gericht eine Entscheidung auf der Grundlage einer der im Übereinkommen vorgesehenen Zuständigkeitskriterien erlässt und diese Entscheidung nach Maßgabe der Verordnung anerkannt und vollstreckt wird. Art. 9 II MSA legt ebenfalls eindeutig fest, dass die nach Art. 9 I MSA getroffenen Maßnahmen außer Kraft treten, wenn die zuständigen Behörden die „durch die Umstände gebotenen Maßnahmen getroffen haben". Etwas anderes gilt nur dann, wenn die Eilmaßnahmen endgültige Wirkung hervorgebracht haben. Eine Anerkennung gemäß Art. 7 S. 1 MSA für Maßnahmen im Sinne des Art. 9 I MSA ist nicht ausdrücklich vorgesehen, wird hier jedoch be-

---

[765] BayObLG, Beschl. v. 3.12.1976 – 1 Z 136/76 - StAZ 1977, S. 137 (138); Staudinger-*Kropholler*, Vorbem. zu Art. 19 Rn. 463 ff.; MüKo-*Siehr*, BGB, Art. 19 Anh. I Rn. 328; Erman-*G.Hohloch*, Anh. Art. 24 Rn. 36; Garbe/Oelkers-*Oellrich*, Teil 13 Kap. 6.4.5.S. 3; Schwab-*Motzer*, H.III. Rn. 311; *Holl*, Gewöhnlicher Aufenthalt S. 90; *Schwimann*, Int. Privatrecht S. 170; *Siehr*; IPR § 11 III.2.c. (S. 65); *ders.*, IPRax 1982, S. 85 (87); *Kropholler*, NJW 1971, S. 1721 (1725); *Schwimann*, JBl 1976, S. 233 (241).

fürwortet.[766] Die Maßnahmen nach Art. 12 EuEheVO sollen nur territoriale Wirkung in dem Staat haben, in dem sie ergriffen wurden.[767] Ausweislich der Anerkennungsregeln, die insoweit keine Einschränkung vorsehen, können aber wohl auch derartige Maßnahmen von anderen Mitgliedstaaten anerkannt werden; auch aus dem *Erläuternden Bericht* geht insoweit nichts Gegenteiliges hervor. Dasselbe ist wohl aufgrund der Beibehaltung der Vorschrift auch bei Ablösung durch den VO-E zu befürworten.

*ee) Ergebnis*
Hinsichtlich dringlicher einstweiliger Maßnahmen ergeben sich also keine großen Unterschiede. Demzufolge verdrängt die geltende Verordnung gemäß Art. 37 EuEheVO beziehungsweise Art. 61 VO-E das MSA in dem gemeinsamen räumlichen Anwendungsbereich, sobald eine Eilmaßnahme aufgrund des Art. 12 EuEheVO beziehungsweise Art. 20 VO-E getroffen werden kann. Art. 9 MSA kann – abgesehen von Staaten, die nicht gleichzeitig Vertragsstaat der Verordnung sind – nur dann eingreifen, wenn die vorgenannten Vorschriften der Verordnungen nicht anwendbar sind, was aber in einer geringeren Anzahl von Verfahren der Fall sein wird als im sonstigen Verhältnis von Abkommen und Verordnungen, da die letzteren in diesem Punkt alle Sicherungsmaßnahmen in Bezug auf Personen oder Güter erfassen.

*b) Maßnahmen ohne Dringlichkeit*
Art. 8 MSA bestimmt, dass durch den Staat des gewöhnlichen Aufenthaltes Maßnahmen zum Schutz des Minderjährigen oder seines Vermögens getroffen werden können, wenn eine ernstliche Gefährdung vorliegt. Derartige Maßnahmen werden im Geltungsbereich der EuEheVO von Art. 13 I EuEheVO erfasst, in dem des VO-E von Art. 26 VO-E. Die Anerkennung dieser Maßnahmen richtet sich nach den allgemeinen Vorschriften, so dass eine solche Maßnahme lediglich dann nicht anerkannt werden kann, wenn eines der Anerkennungshindernisse vorliegt.[768] Demgegenüber wird im MSA ausdrücklich normiert, dass eine Anerkennung einer nach Art. 8 MSA getroffenen Maßnahme nicht erfolgen muss (Art. 8 II, Art. 7 S. 1 MSA). Demzufolge ist es für die betroffenen Personen günstiger, wenn eine Maßnahme nach einer der Verordnungen getroffen wird. Auch hier verdrängen die Verordnungen freilich gemäß Art. 37 EuEheVO beziehungsweise Art. 61 VO-E das MSA, welches nur dann eingreifen kann, wenn die geltende Verordnung nicht anwendbar ist oder wenn es sich um einen

---

[766] Vgl. zum Streitstand unten Kapitel II § 32 I.4. (S. 215 ff.).
[767] *Borrás,* ABl. EG 1998, C221/27, S. 48.
[768] Zur Anerkennung und den Anerkennungshindernissen in der EuEheVO Kapitel I Teil 1 § 7 V.3. (S. 105 f.), Kapitel II § 32 I.3. (S. 213 ff.) und zur VO-E Kapitel I Teil 2 § 21 II. (S. 123).

Staat handelt, der nicht gleichzeitig zur EU gehört.

## § 29 RECHTSHÄNGIGKEIT

### I. MSA
Im MSA ist die Rechtshängigkeit nicht ausdrücklich geregelt. Eine Ausnahme bildet der Fall des Art. 4 IV MSA, nach dem Maßnahmen der Heimatbehörden an die Stelle der Maßnahmen treten, welche die Behörden des Aufenthaltsstaates getroffen haben. Hieraus kann gefolgert werden, dass es den Heimatbehörden auch dann möglich sein muss, Maßnahmen zu treffen, wenn das Verfahren im Aufenthaltsstaat noch nicht abgeschlossen ist. Die Heimatbehörden können demnach auch dann tätig werden, wenn ein Verfahren im Aufenthaltsstaat des Kindes bereits anhängig ist. Voraussetzung ist lediglich, dass die Behörden im Heimatstaat der Meinung sind, dass das Wohl des Minderjährigen ihr Einschreiten erfordere.[769] Ist im Heimatstaat des Kindes ein Scheidungsverfahren anhängig und können in diesem Verfahren auch Umgangsregelungen getroffen werden, hat das Kind aber seinen gewöhnlichen Aufenthalt im Inland, so steht die Möglichkeit einer Umgangsregelung im Rahmen des Scheidungsverfahrens einer weiteren durch die inländischen Gerichte in einem selbständigen Verfahren nicht entgegen, ebenso nicht, wenn sich bei gegebener internationaler Zuständigkeit die Verhältnisse etwa im Sinne des § 1696 BGB geändert haben.[770]

### II. Vergleich
Gerade bei internationalen Verfahren stellt sich das Problem, dass eine ausländische Rechtshängigkeit vorliegen kann, welche schwerer zu überprüfen ist als eine inländische bei Verfahren mit lediglich nationalen Bezugspunkten. Dennoch hat ein Gericht auch bei Verfahren, die internationale Beziehungen zum Gegenstand haben, grundsätzlich von Amts wegen eine anderweitige Rechtshängigkeit zu prüfen.

#### 1. Konkurrierende Verfahren
Hinsichtlich der EuEheVO und auch des VO-E ist der Streit, wie eine Rechtshängigkeit zu behandeln sei,[771] obsolet geworden, denn sie enthalten mit Art. 11 EuEheVO beziehungsweise Art. 19 VO-E eine diesbezügliche Regelung. Art. 19 VO-E sieht dasselbe Verfahren vor wie Art. 11 I, II und III EuEheVO, weswe-

---

[769] *Henrich,* Int. Familienrecht § 7 II.2. (S. 278).
[770] OLG Karlsruhe, Beschl. v. 5.11.1990 – 16 ZF 248/90 - FamRZ 1991, S. 362 (363); *Henrich,* Int. Familienrecht § 7 II.2. (S. 279); *Roth,* IPRax 1994, S. 19 (20).
[771] Vgl. dazu Kapitel I Teil 1 § 4 VI. (S. 65 ff.).

gen sich auch nach Ablösung der EuEheVO keine Änderungen ergeben.[772] Voraussetzung ist eine Identität des Streitgegenstandes, also Antragstellung in derselben Sache.
Das MSA hingegen enthält abgesehen von Art. 4 MSA keine Regelung zur Rechtshängigkeit. Danach können die Heimatbehörden auch dann tätig werden, wenn schon ein Verfahren im Aufenthaltsstaat anhängig ist. Angesichts der von den Heimatbehörden zu beachtenden Subsidiarität des Art. 4 MSA gegenüber dem Art. 1 MSA wird dies aber lediglich in speziellen Ausnahmefällen der Fall sein, wenn die Heimatbehörden das Wohl des Minderjährigen durch die zu treffenden Maßnahmen der Aufenthaltsbehörden nicht gewahrt sehen. Durch die Verständigungspflicht können unter Umständen auch noch diesbezügliche Zweifel aus dem Weg geräumt und einverständliche Lösungen gefunden werden, weswegen diese Variante nur sehr selten vorkommen wird. Grundsätzlich muss aber auch in anderen Zuständigkeitsfällen des MSA eine Rechtshängigkeit überprüft werden, was mangels eindeutiger Regelung dazu führt, dass der oben dargestellte Streit in Bezug auf das MSA entschieden werden muss. Aufgrund der Rechtsvereinheitlichung und der immer mehr zunehmenden Zahl internationaler Verfahren sollte der Ansicht, dass ausländische Verfahren als unbeachtlich einzustufen sind, nicht gefolgt werden. Ziel ist es auf lange Sicht, widersprüchliche Entscheidungen zu vermeiden, weswegen grundsätzlich eine ausländische Rechtshängigkeit überprüft werden sollte. Hierbei ist dann darauf abzustellen, ob die Anträge übereinstimmen, denn wenn dies nicht der Fall ist, muss auch eine ausländische Rechtshängigkeit unbeachtlich sein. In Anbetracht der Tatsache, dass die neuesten Entwicklungen (so Art. 21 EuGVÜ und Art. 11 EuEheVO, Art. 19 VO-E) zeigen, dass eine Anerkennungsprognose nicht mehr gefordert wird, sollte eine solche im Zweifel auch nicht mehr Voraussetzung für die Beachtung einer ausländischen Rechtshängigkeit im Rahmen des MSA sein.
Die Verordnungen stellen demnach die bessere Regelung dar, da der jahrelange Streit in Bezug auf die Rechtshängigkeit durch eindeutige Regelung für Verfahren aus ihrem Anwendungsbereich aus der Welt geschafft wird. Hier kommt es nicht auf eine Anerkennungsprognose an, auch die Übereinstimmung mit dem inländischen *ordre public* muss nicht geprüft werden. Auch wenn man berücksichtigt, dass das MSA um einiges älter als die Verordnungen ist, hätte angesichts der Ziele der Konvention auch eine Regelung der Rechtshängigkeit unabhängig von der in Art. 4 IV MSA erfolgen müssen. Vorteilhaft ist also auch hier, dass die Verordnungen dem MSA vorgehen (Art. 37 EuEheVO, Art. 61 VO-E), denn sie kommen ihrem Ziel, der Vermeidung widersprüchlicher Entscheidun-

---

[772] Art. 11 II EuEheVO gilt ausweislich seines Wortlautes lediglich in Bezug auf Eheverfahren. Er trägt den unterschiedlichen Regelungen der Rechtsordnungen in Bezug auf Zulässigkeit der Trennung, der Ehescheidung und der Ungültigerklärung einer Ehe Rechnung und ist damit für Sorgerechtssachen weitestgehend irrelevant.

gen, so ein gutes Stück näher.

## 2. Zeitpunkt

Die Frage, zu welchem Zeitpunkt Rechtshängigkeit[773] gegeben ist, wird in den Verordnungen (Art. 11 Abs. 4 EuEheVO, Art. 16 VO-E) übereinstimmend definiert, wobei die gemeinschaftsrechtlich autonome Definition des Art. 30 Brüssel I-VO übernommen wird. Hierbei werden sowohl Einreichung des verfahrenseinleitenden Schriftstücks bei Gericht als auch die Zustellung zuerst an den Beklagten als verfahrenseinleitend anerkannt, wenn im Folgenden die jeweils andere Möglichkeit noch nachgeholt wird. In beiden Fällen bleibt unerheblich, wie lange die Weiterleitung des Schriftstücks dauert. Der Zeitpunkt der Verfahrenseinleitung muss jedoch nach dem MSA grundsätzlich nach dem jeweiligen autonomen Recht bestimmt werden, was dazu führt, dass unter Umständen die Partei, die zuerst tätig geworden ist, von einer anderen Klage in einem anderen Land überholt wird, wenn das Verfahrensrecht dort die Rechtshängigkeit früher eintreten lässt. Die Verordnungen treffen auch hier vorteilhaftere und klarere Regelungen für den jeweiligen Antragsteller, da sie eine Überholung vermeidet und so ‚Waffengleichheit' erzielt.

## 3. Verbundverfahren

Fraglich ist, ob die Rechtshängigkeitsvorschriften (Art. 11 I EuEheVO, Art. 19 VO-E) auch dann gelten, wenn es um Verbundverfahren geht. Dies ist bei der EuEheVO dann ein Problem, wenn eine Sorgerechtssache bereits anhängig ist und dann in einer Ehesache ein Verfahren begonnen wird. Im Rahmen des VO-E kann die Problematik der Verbundverfahren nur bei einer Zuständigkeitsvereinbarung gemäß Art. 12 VO-E relevant werden. Die Behandlung von Verbundverfahren ist im Einzelnen streitig.[774] Im Rahmen der noch geltenden EuEheVO ist anzunehmen, dass grundsätzlich wohl bei Anhängigkeit eines Eheverfahrens das Verfahren nicht ausgesetzt werden muss, wenn in einem anderen Mitgliedstaat eine Sorgerechtssache anhängig gemacht wurde, die jedoch nicht mit dem Eheverfahren verbunden worden ist, weil das Ergebnis des Verfahrens der elterlichen Verantwortung keinen Einfluss auf das des Eheverfahrens haben wird und umgekehrt. Sorgerechtssachen, die ohne Verbund mit einer Ehesache und somit nicht auf Grundlage einer Zuständigkeitsnorm der EuEheVO anhängig gemacht werden, werden hinsichtlich der Rechtshängigkeit bis zur Geltung des VO-E in der Bundesrepublik weiter nach § 261 Abs. 3 Nr. 1 ZPO beurteilt werden müs-

---

[773] Zu beachten ist, dass in der deutschen Terminologie Rechtshängigkeit und Anhängigkeit unterschieden werden, was jedoch im Rahmen von Brüssel I-VO und EuEheVO nicht relevant ist; vgl. *Kropholler,* Int. Privatrecht § 60 I.2.b. (S. 614), zu der Terminologie im Deutschen Recht vgl. *Gehrlein,* Zivilprozessrecht § 6 Rn. 4.
[774] Siehe dazu Kapitel I Teil 1 § 4 VI.6. (S. 69 f.).

sen. Dies gilt auch bei Sorgerechtssachen und insgesamt bei Maßnahmen zum Schutz der Person eines Minderjährigen oder seines Vermögens, wenn diese aufgrund des MSA bei einem Gericht anhängig werden. Sofern eine Sache als Verbundsache anhängig gemacht wird, kann sie sich hinsichtlich der Rechtshängigkeit auch nach den MSA beurteilen, wenn die EuEheVO keine Anwendung findet, was bedeutet, dass sich hier der oben dargestellte Streit ebenfalls als relevant erweisen kann. Klarer wird die Lage, wenn der VO-E gilt, denn dieser sieht eine Annexkompetenz nur in Ausnahmefällen vor und begründet grundsätzlich eine eigene Zuständigkeit für die Verfahren der elterlichen Verantwortung. Dadurch, dass eine Annexkompetenz nur dann möglich ist, wenn beide Eltern dies vereinbaren und weitere Voraussetzungen vorliegen,[775] kann ein bereits anhängiges Eheverfahren kaum eine Rechtshängigkeitssperre für ein Verfahren der elterlichen Verantwortung begründen. Auch in Bezug auf Verbundsachen kann demnach durch die Neuerung ein klareres Ergebnis hinsichtlich der Rechtshängigkeit erzielt werden.

4. Wirkungen ausländischer Rechtshängigkeit

Das MSA geht nicht von einer zeitlichen Rangfolge der Verfahren aus, vielmehr wird das Verfahren im Heimatstaat im Falle des Art. 4 Abs. 4 MSA als vorrangig betrachtet. Hierin unterscheidet sich das MSA von der EuEheVO und dem VO-E, denn in beiden Verordnungen setzt nach dem Grundsatz *prior temporis* grundsätzlich das später angerufene Gericht das Verfahren aus und lässt das zuerst angerufene Gericht entscheiden, wessen Zuständigkeit gegeben ist (Art. 11 I und II EuEheVO; Art. 19 I und II VO-E). Sofern das zuerst angerufene Gericht sich für zuständig erachtet, erklärt sich gemäß Art. 11 II EuEheVO beziehungsweise Art. 19 III VO-E das später angerufene Gericht für unzuständig. Fraglich ist im Rahmen des MSA jedoch, wie eine festgestellte ausländische Rechtshängigkeit in anderen Fällen als denen des Art. 4 MSA zu behandeln ist. Zwar räumt Art. 4 IV MSA inzidenter den Heimatbehörden eine Zuständigkeit unabhängig von dem Grundsatz *prior temporis* ein. Als *argumentum e contrario* kann hieraus jedoch gefolgert werden, dass dies gerade eine Ausnahme darstellen soll, weswegen in allen anderen Fällen anderweitiger Rechtshängigkeit der Prioritätsgrundsatz Anwendung zu finden hat. Dann ist auch im Rahmen des MSA von dem später angerufenen Gericht so zu verfahren wie in Verfahren nach EuEheVO oder VO-E. Abgesehen von einer Zuständigkeit nach Art. 4 MSA kann demnach eine Rechtshängigkeit im Sinne des MSA die gleichen Folgen haben wie eine im Sinne der Verordnungen. Dies bietet sich auch im Hinblick auf die Zielsetzungen des MSA an, denn es kann keinen Sinn machen, dass die fehlende Regelung der Rechtshängigkeit gerade dazu führt, dass der Gedan-

---

[775] Vgl. Kapitel I Teil 2 § 17 III.2. (S. 117).

ke der Rechtsvereinheitlichung und der Vermeidung von Kompetenzkonflikten nicht verwirklicht wird.

## § 30 ANWENDBARES RECHT

### I. MSA

1. Anwendbares Recht

Die internationale Zuständigkeit der inländischen Gerichte und das anwendbare Recht für die Regelung der elterlichen Sorge richten sich nach den Bestimmungen des MSA, wenn sie vom sachlichen, personellen und räumlichen Geltungsbereich des MSA erfasst werden.[776] Für das anwendbare Recht gilt das *Gleichlaufprinzip*,[777] nach dem das Recht, auf dessen Grundlage Schutzmaßnahmen zu treffen sind, davon abhängt, woraus sich die internationale Zuständigkeit der angerufenen Behörden ergibt. Dies ist in den Art. 2 und 4 MSA ausdrücklich normiert.[778] Sind die jeweiligen inländischen Gerichte nach dem MSA international zuständig, so haben sie die nach ihrer *lex fori* vorgesehenen Maßnahmen zu treffen (Art. 2 I, Art. 4 II MSA), ebenfalls durch das autonome Recht bestimmt werden die Wirkungen dieser Maßnahmen (Art. 2 II MSA) oder eine mögliche Abänderung oder Aufhebung einer bereits getroffenen Maßnahme (Art. 2 II, Art. 4 II MSA). Bei der Verweisung auf das Recht des Staates des gewöhnlichen Aufenthaltes handelt es sich um eine Sachnormverweisung, was sich daraus ergibt, dass auf das innerstaatliche Recht des Staates verwiesen wird. Hierdurch wird ein Gleichlauf von *forum* und *ius* erreicht.[779]
Der Grundsatz gilt ebenfalls, wenn sich die Zuständigkeit inländischer Gerichte auf Art. 8 MSA gründet, auch wenn die Norm über das anzuwendende Recht ausdrücklich nichts bestimmt, denn es entspricht dem Willen der Verfasser des Übereinkommens, auch bei dieser Bestimmung vom *Gleichlauf* auszugehen.[780]
Eine Einbruchstelle für ausländisches Recht enthält die Vorschrift des Art. 3

---

[776] BGH, Beschl. v. 29.10.1980 – IV b ZB 586/80 – IPRax 1981, S. 139 (140); *Andrae*, Int. Familienrecht Rn. 484; *Dörr*, NJW 1991, S.77 (81).

[777] Palandt-*Heldrich*, Anh. zu EGBGB 24 Rn. 16; Erman-*G.Hohloch*, Anh. Art. 24 EGBGB Rn. 23; *Kropholler*, MSA S. 15; *Andrae*, Int. Familienrecht Rn. 484; *Gülicher*, Int. Kindesentführungen S. 23; kritisch dazu *Boelck*, Reformüberlegungen zum MSA S. 63 ff.

[778] OLG Köln, Beschl. v. 11.4.1991 – 16 Wx 43/91 – DAVorm 1991, S. 506 (507); OLG Düsseldorf, Beschl. v. 10.8.1984 – 3 W 237/84 – NJW 1985, S. 1291 (1292); *Kropholler*, MSA S. 15; *Holl*, Gewöhnlicher Aufenthalt S. 75, 88; *Siehr*, Int. Privatrecht § 11 IV. (S. 65); *Goerke*, StAZ 1976, S. 267; *Luther*, FamRZ 1973, S. 406 (411); *Coester-Waltjen*, ZfJ 1990, S. 641 (643).

[779] *Holl*, Gewöhnlicher Aufenthalt S. 82.

[780] MüKo-*Siehr*, BGB, Art. 19 Anh. I Rn. 314, 328; *Andrae*, Int. Familienrecht Rn. 492; *Siehr*, Int. Privatrecht § 11 IV. (S. 65); *Kropholler*, MSA S. 15; *ders.*, NJW 1971, S. 1721 (1725); *Luther*, FamRZ 1973, S. 406 (411).

MSA über *ex-lege* Verhältnisse.⁷⁸¹ Das im Falle eines gesetzlichen Gewaltverhältnisses anzuwendende Recht ergibt sich unmittelbar aus dieser Norm,⁷⁸² nach der das Heimatrecht des Aufenthaltsstaates herangezogen wird.⁷⁸³ Eine Rück- oder Weiterverweisung des Heimatrechts ist nicht zu beachten.⁷⁸⁴ Diese Regelung ist die Folge der von der Konvention eingeführten äußerlichen Unterscheidung zwischen kraft Gesetzes bestehenden Gewaltverhältnissen und auf behördlicher Anordnung beruhender Schutzmaßnahmen.⁷⁸⁵
Für die besonderen Zuständigkeiten der Art. 6, Art. 9 und Art. 15 MSA ist die kollisionsrechtliche Frage in der Konvention offengeblieben. Die Auftragszuständigkeit bezieht sich lediglich auf die Durchführung solcher Maßnahmen, die die Aufenthalts- beziehungsweise Heimatzuständigkeit schon nach autonomem Recht angeordnet haben. Aus diesem Grund kann ein anderes Recht in solchen Fällen höchstens in subsidiären Fragen und im Rahmen funktioneller Gleichwertigkeit Bedeutung erreichen,⁷⁸⁶ weswegen die Frage des anzuwendenden Rechts hier keine große Relevanz erlangt. Anders verhält es sich bei den Eilmaßnahmen gemäß Art. 9 MSA, bei denen sich eine Heranziehung des autonomen Rechts anbietet, um langwierige Aufklärungen hinsichtlich einer ausländischen Rechtsordnung zu umgehen. Anzuwenden ist daher auch hier nach dem *Gleichlaufprinzip*⁷⁸⁷ grundsätzlich das Recht des Staates, dessen Behörden nach Art. 9 MSA zuständig sind.⁷⁸⁸
Für Maßnahmen, die auf Art. 15 MSA beruhen, ergibt sich das maßgebliche Recht aus dem Internationalen Privatrecht des Staates, der den Vorbehalt gemäß

---

[781] MüKo-*Siehr*, Art. 19 Anh. I Rn. 124, 198; *Kropholler*, MSA S. 15.
[782] BGH, Beschl. v. 29.10.1980 – IV b ZB 586/80 - IPRax 1981, S. 139 (142); Soergel-*Kegel*, Vor Art. 19 Rn. 25; MüKo-*Siehr*, BGB, Art. 19 Anh. I Rn. 165; *Holl*, Gewöhnlicher Aufenthalt S. 75;
[783] *Kropholler*, NJW 1971, S. 1721 (1726).
[784] Soergel-*Kegel*, Vor Art. 19 Rn. 26; *Kropholler*, MSA S. 15.
[785] *Kropholler*, NJW 1971, S. 1721 (1725).
[786] *Kropholler*, NJW 1971, S. 1721 (1726).
[787] BayObLG, Beschl. v. 3.12.1976 – 1 Z 136/76 - StAZ 1977, S. 137 (138); Staudinger-*Kropholler*, Vorbem. zu Art. 19 Rn. 463 ff.; MüKo-*Siehr*, BGB, Art. 19 Anh. I Rn. 328; Erman-*G.Hohloch*, Anh. Art. 24 Rn. 36; Garbe/Oelkers-*Oellrich*, Teil 13 Kap. 6.4.5. (S. 3); Schwab-*Motzer*, H.III Rn. 311; *Holl*, Gewöhnlicher Aufenthalt S. 90; *Siehr*; IPR § 11 III.2.c. (S. 65); *ders.*, IPRax 1982, S. 85 (87); *Kropholler*, NJW 1971, S. 1721 (1725).
[788] Es bleibt den Behörden jedoch überlassen, im Einzelfall ausländisches Recht anzuwenden, sofern dies sinnvoll erscheint, was sich insbesondere dann anbietet, wenn so ein Widerspruch mit bereits getroffenen Schutzmaßnahmen des Aufenthalts- oder Heimatstaates vermieden werden kann, vgl. Staudinger-*Kropholler*, Vorbem. zu Art. 19 Rn. 476.

dieser Vorschrift erklärt hat.[789]

## 2. Problem des *forum shoppings*

Gefahr birgt die Anwendung der *lex fori* insoweit, dass ein Kind möglicherweise nur deshalb in ein anderes Land verbracht wird, weil das inländische Recht sich dort als günstiger erweist.[790] Die eigentlich bedeutsame Rechtswirkung der MSA liegt dann im Entführungsfalle nicht in einer zufälligen Verbesserung oder Verschlechterung des Minderjährigenschutzes, sondern in seiner planmäßigen Nutzbarmachung durch den entführenden Elternteil durch dessen ureigene Interessen.[791] Ein solcher Missbrauch soll durch die Zusammenarbeit der Staaten untereinander vermieden werden.[792] Hinzu kommt, dass die Kindesentführungsabkommen[793] in den meisten Vertragsstaaten Anwendung finden.

## II. Vergleich
### 1. Anwendbares Recht

Das Recht, nach dem Schutzmaßnahmen im Sinne des MSA zu treffen sind, bestimmt sich nach Art. 2 I MSA, der die Maßgeblichkeit innerstaatlichen Rechts normiert. Es bestimmen sich demnach sowohl die Voraussetzungen der zu treffenden Maßnahme als auch deren Wirkungen und ob eine solche Maßnahme aufgehoben oder abgeändert werden kann nach der *lex fori*. Die EuEheVO und der VO-E regeln im Gegensatz dazu nur die internationale Zuständigkeit, nicht aber das anwendbare Recht. Grundsätzlich verbleibt dies also in der Kompetenz der Mitgliedsstaaten. Dies könnte angesichts der Regelung in Art. 38 I EuEheVO bedeuten, dass im gemeinsamen territorialen Geltungsbereich von MSA und EuEheVO das anwendbare Recht ebenfalls durch Art. 2 I MSA bestimmt wird, soweit die internationale Zuständigkeit auch auf dieses Abkommen gestützt werden könnte, ansonsten aber dasjenige Recht anzuwenden ist, auf das die nationale Kollisionsnorm verweist, falls nicht bilaterale Abkommen wiederum etwas anderes vorschreiben.[794] Dagegen könnte sprechen, dass die Verordnungen grundsätzlich das MSA verdrängen, sobald sie anwendbar sind. Man könnte damit argumentieren, dass die Verordnungen, sofern sie das anwendbare Recht

---

[789] Diese Zuständigkeit kommt für die deutschen Gerichte nicht in Betracht, da die Bundesrepublik von der Vorbehaltsmöglichkeit keinen Gebrauch gemacht hat, vgl. *Kropholler*, NJW 1971, S. 1721 (1726).

[790] MüKo-*Siehr*, BGB, Art. 19 Anh. I Rn. 125; *Gülicher*, Int. Kindesentführungen S. 22. Zum *forum shopping* ausführlich: *Siehr*, ZfRV 1984, S. 124 ff. und *Kropholler*, FS-Firsching S. 165 ff.

[791] BGH, Beschl. v. 5.6.2002 – XII ZB 74/00 – FamRZ 2002, S. 1182 (1183); *Schlosshauer-Selbach*, FamRZ 1981, S. 536 (537).

[792] MüKo-*Siehr*, BGB, Art. 19 Anh. I Rn. 125.

[793] Kapitel I Teil 1 § 13 II.6. (S. 102 ff.) und Kapitel II § 28 I.8.b.cc (S. 173 f.).

[794] *Henrich*, Int. Familienrecht § 7 II.3. (S. 279).

nicht bestimmen, davon ausgehen, dass auf nationales Recht rekurriert wird. Hierfür kann angeführt werden, dass die Regelung ansonsten in unterschiedlichen Vertragsstaaten differieren würde, denn nicht jeder EU-Staat ist gleichzeitig auch Vertragsstaat des MSA. Dasselbe müsste dann auch entsprechend gelten, wenn der VO-E die EuEheVO ablöst. Zur Begründung kann auf die Ausführungen zum Verhältnis zwischen Abkommen und Verordnungen verwiesen werden.[795] Dagegen würde aber sprechen, dass das Abkommen eindeutig bei der Schaffung beider Verordnungen berücksichtigt worden ist. Die mangelnde Regelung in den Verordnungen würde grundsätzlich dafür sprechen, nachrangiges Recht für anwendbar zu erachten, wobei in den Mitgliedstaaten, in denen das MSA gilt, dieses dann vorrangig vor dem autonomen Recht Anwendung finden würde (vgl. für die Bundesrepublik insoweit Art. 3 II S. 1 EGBGB). Sofern Art. 2 I MSA dann Anwendung finden würde, hätten die nach den Verordnungen zuständigen Gerichte und Behörden jeweils nach ihrem innerstaatlichen Recht zu entscheiden. Dafür würde auch sprechen, dass in gemeinsamen Mitgliedstaaten eine einheitliche Regelung getroffen würde. Sofern nämlich auf nationale Kollisionsnormen zurückgegriffen werden müsste, würde sich dies nicht als unproblematisch darstellen. So müsste das anwendbare Recht in der Bundesrepublik aus Art. 21 EGBGB hergeleitet werden, wonach das Recht am gewöhnlichen Aufenthalt des Kindes anwendbar ist; es würde dann also keineswegs ausschließlich die *lex fori* gelten.[796] Die besseren Argumente sprechen somit dafür, den Art. 2 I MSA mangels anderer Regelung in den Verordnungen auch bei deren grundsätzlicher Anwendbarkeit eingreifen zu lassen.

2. Forum shopping

Problematisch ist sowohl bei der Anwendung der EuEheVO als auch bei der des MSA das so genannte *forum shopping*. Der Ausdruck hat sich in Anlehnung an den englischen und amerikanischen Sprachgebrauch eingebürgert und steht für das Verhalten eines Klägers oder Antragstellers, der das Forum für einen Rechtsstreit unter mehreren zuständigen Gerichten berechnend auswählt.[797] Dies erweist sich vor allem auf das materielle Recht als bedeutsam, da das innerstaatliche Recht häufig differiert, weswegen vor den Gerichten des einen Staates ein anderes Recht zur Entscheidung des Falles berufen sein kann als vor den Gerichten eines anderen, weswegen sich unterschiedliche Entscheidungen ergeben können. Während das *forum shopping* weder illegal noch standesrechtlich für einen Rechtsanwalt illegitim ist,[798] bereitet es doch Unbehagen, denn den mannigfachen Auswahlmöglichkeiten des Klägers beziehungsweise Antragstellers

---

[795] Kapitel II § 27 II.4.c) (S. 154 ff.) und Kapitel II § 28 II.7. (S. 192 ff.).
[796] Palandt-*Heldrich*, Anh. zu EGBGB 24 Rn. 16; Schwab-*Motzer*, Rn. 315.
[797] *Kropholler*, Int. Privatrecht § 58 VI.1.a. (S. 593); *Hohloch*, FF 2001, S. 45 (46, 48).
[798] *Siehr*, ZfRV 25 (1984), S. 124.

stehen keine entsprechenden Rechte des Beklagten beziehungsweise Antragsgegners gegenüber.[799] Durch die Bestimmung, dass das jeweilige Recht des Staates anwendbar ist, dessen Gerichte auch zuständig sind, fördert das MSA ein solches *forum shopping*. Auch die EuEheVO wirkt einem *forum shopping* nicht entgegen, denn sie trifft keine Regelung hinsichtlich des anwendbaren Rechts und belässt es damit entweder bei der Regelung des MSA oder aber bei dem jeweiligen autonomen Kollisionsrecht,[800] erzielt also gegenüber dem MSA keine Verbesserung. Das MSA versucht, das Problem durch Zusammenarbeit der Staaten untereinander zu vermeiden, was indes in der Praxis nicht so funktioniert, wie bei Schaffung des MSA geplant. Eine solche Regelung enthält die EuEheVO nicht. Allerdings werden jeweils bestimmte Anforderungen an die Zuständigkeitsbegründung des gewöhnlichen Aufenthaltes gestellt, beim MSA durch die Rechtsprechung und Literatur, die sich hinreichend konkretisiert hat, bei der EuEheVO nach einhelliger Auffassung durch die Rechtsprechung des EuGH zum Wohnsitz und die Normierungen des Art. 2 EuEheVO. Hiernach müssen jeweils bestimmte Voraussetzungen erfüllt sein, damit ein gewöhnlicher Aufenthalt und damit eine Zuständigkeit begründet sein kann, weswegen es nicht ohne weiteres möglich ist, seinen gewöhnlichen Aufenthalt kurzfristig zu wechseln. Sofern sich eine Zuständigkeit nicht primär auf den gewöhnlichen Aufenthalt gründet, wie bei Art. 4 MSA oder Art. 3 II EuEheVO, wird der Gefahr des *forum shoppings* dadurch Rechnung getragen, dass die Heimatbehörden gemäß Art. 4 MSA nur tätig werden können, wenn das Wohl des Kindes dies erfordert und sie die Behörden des gewöhnlichen Aufenthaltes verständigt haben. Gemäß Art. 3 II MSA ist erforderlich, dass beide Elternteile dem Gerichtsstand zustimmen. Die Gefahr des *forum shoppings* besteht nach alldem zwar, dürfte sich jedoch im Ergebnis nur geringfügig auswirken, vor allem, da im Rahmen der Entführungsfälle die Kindesentführungsabkommen gelten, die in den meisten Vertrags- beziehungsweise Mitgliedsstaaten Anwendung finden. Eine Verbesserung wird sich auch auf diesem Gebiet durch den VO-E ergeben, der einem *forum shopping* bei Verfahren der elterlichen Verantwortung[801] durch die Vorschriften zur Kindesentführung (Art. 21 ff. VO-E) und zum legalen Aufenthaltswechsel (Art. 11 VO-E) weitgehend entgegenwirkt.[802]

---

[799] *Kropholler*, Int. Privatrecht § 58 VI.2. (S. 594).
[800] Vgl. Kapitel II § 30 II.1. (S. 207 f.).
[801] In Eheverfahren bleibt es allerdings bei den Regelungen der EuEheVO, weswegen sich hier das Problem des *forum shoppings* weiterhin stellen wird.
[802] Kapitel I Teil 2 § 17 III.1. (S. 116 f.) und § 18 (S. 119 ff.).

## § 31 VERHÄLTNIS ZU AUTONOMEM RECHT

### I. MSA
Im Rahmen seines Anwendungsbereichs wird das autonome internationale Privat- und Verfahrensrecht durch das MSA verdrängt.[803] Ausnahmen von diesem Vorrang gelten dort, wo das Abkommen gewisse Fragen offen lässt oder wo der Sinn der staatsvertraglichen Vorschriften eine großzügigere Haltung des autonomen internationalen Kollisionsrechts nicht ausschließen soll.[804]

### II. Vergleich
EuEheVO, VO-E und MSA gelten jeweils nur innerhalb ihres Anwendungsbereiches, weswegen zu klären ist, wann und inwiefern das autonome Recht noch Geltung beanspruchen kann und welches Recht bei Vorliegen einer Zuständigkeit nach einer der Verordnungen oder dem MSA anzuwenden ist.
Ergibt sich die internationale Zuständigkeit der inländischen Gerichte weder aus einer der Verordnungen noch aus dem MSA, so ist an letzter Stelle auf die Vorschriften des nationalen Rechts zurückzugreifen. Sofern die EuEheVO noch gilt, ist in Ehesachen, deren Anhängigkeit Voraussetzung für einen Antrag hinsichtlich eines Verfahrens der elterlichen Verantwortung ist, angesichts des Vorrangs der EuEheVO der Anwendungsbereich des autonomen deutschen Rechts der internationalen Zuständigkeit sehr schmal geworden. Dasselbe gilt in Bezug auf Verfahren der elterlichen Verantwortung, denn soweit diese nicht von der EuEheVO erfasst werden, greift das MSA ein (Art. 37, 38 I EuEheVO). Nach Ablösung der EuEheVO durch den VO-E ändert sich insoweit an der Situation für Eheverfahren nichts. In Bezug auf die elterliche Verantwortung erfasst der VO-E jedoch alle Verfahren. Nur in Bezug auf sonstige Kindschaftssachen, oder wenn eine Anwendung der Verordnung aufgrund anderer Umstände nicht gegeben ist, kann in einem gemeinsamen Vertragsstaat das MSA eingreifen.
Der Restbereich, in dem das autonome Recht noch angewendet werden darf, wird unter der Überschrift ‚Restzuständigkeiten' in Art. 8 EuEheVO beziehungsweise Art. 14 VO-E umschrieben.[805] In der Bundesrepublik Deutschland greift dann bei Ehesachen § 606a ZPO ein. Eine Anwendbarkeit des autonomen deutschen Zuständigkeitsrechts in Kindschaftssachen (§§ 43, 35b I Nr. 1 FGG) kann nur dann gegeben sein, wenn das deutsche oder ausländische Kind seinen gewöhnlichen Aufenthalt nicht im Inland, sondern in einem ausländischen Vertragsstaat außerhalb der EU hat, der nicht Vertragsstaat des MSA ist, also zum

---

[803] BGH, Urt. v. 2.5.1990 – XII ZB 63/89 - IPRax 1991, S. 254 (256); Soergel-*Kegel*, Anh. Art. 19 Rn. 6; MüKo-*Siehr*, BGB, Art. 19 Anh. I Rn. 16, 124; *Siehr*, Int. Privatrecht § 11 III.3. (S. 65); *Kropholler*, MSA S. 16; *Siehr*, IPRax 1987, S. 302 (304).
[804] *Siehr*, IPRax 1982, S. 85.
[805] Kapitel I Teil 1 § 4 V. (S. 64 f.) und Kapitel I Teil 2 § 17 III.4. (S. 117).

Beispiel in Kroatien oder Slowenien,[806] wenn eine sogenannte Verbundszuständigkeit gegeben ist (abgeleitet aus § 623 ZPO) oder wenn das Kind der Fürsorge durch die deutschen Gerichte bedarf (§ 35b FGG).[807]

## § 32 ANERKENNUNG VON ENTSCHEIDUNGEN

### I. MSA

Soll eine nicht vollstreckungsbedürftige ausländische Schutzmaßnahme im Inland anerkannt werden, so bedeutet dies, dass diese Schutzmaßnahme im Inland dieselben Wirkungen entfaltet wie im Staat, in dem die Schutzmaßnahme getroffen worden ist.[808] Das MSA unterscheidet zwischen anerkennungspflichtigen und nicht anerkennungspflichtigen Maßnahmen.

#### 1. Anerkennungspflicht

Gemäß Art. 7 S. 1 MSA sind in jedem Fall die von den nach dem MSA zuständigen Behörden getroffenen Maßnahmen in allen Vertragsstaaten anzuerkennen, sofern sie der Vollstreckung nicht bedürfen[809]. Diese Anerkennungsverpflichtung bezieht sich auf die von den Gerichten des Staates des gewöhnlichen Aufenthaltes (Art. 1 MSA) beziehungsweise des Heimatstaates des Minderjährigen (Art. 4 I MSA) getroffenen Schutzmaßnahmen oder die Fortwirkung früherer Entscheidungen des Aufenthalts- und Heimatstaates im neuen Aufenthaltsstaat (Art. 5 III MSA). Sie hängt also davon ab, ob der ausländische Vertragsstaat nach den dem Art. 7 MSA vorgehenden Regeln der Konvention international zuständig war.[810] Sofern ersuchte Behörden nach Art. 6 MSA Durchführungsmaßnahmen treffen, sind diese Maßnahmen nicht nur von dem delegierenden,

---

[806] AG Ingolstadt, Beschl. v. 12.2.1992 – X 236/91 - IPRax 1992, S. 326 (327); *Henrich*, Int. Familienrecht § 7 II.1.7.c) (S. 277); *Lorenz*, IPRax 1992, S. 305 (307).

[807] In Kindschaftssachen, in denen es um die Feststellung des Bestehens oder Nichtbestehens eines Eltern-Kind-Verhältnisses oder die Anfechtung der Vaterschaft geht, ergibt sich die deutsche internationale Zuständigkeit aus § 640a II ZPO, für Adoptionsverfahren gilt § 43b I FGG.

[808] BayObLG, Beschl. v. 20.7.1981 – 1 Z 6/81 - IPRax 1982, S. 106 (108); MüKo-*Siehr*, BGB, Art. 19 Anh. I Rn. 256; *Kropholler*, MSA S. 103.

[809] *Sturm*, IPRax 1997, S. 10 (13); *Mottl*, IPRax 1992, S. 178 (182); Stöcker, DAVorm 1975, 507 (529).

[810] Soergel-*Kegel*, Vor Art. 19 Rn. 54; MüKo-*Siehr*, BGB, Art. 19 Anh. I Rn. 259; Palandt-*Heldrich*, Anh. zu EGBGB 24 Rn. 37; Garbe/Oelkers-*Oellrich*, Teil 13 Kap. 6.4.5. (S. 1); Finke/Garbe-*Oellrich*, Familienrecht § 11 Rn. 77; *Oelkers*, Sorge- und Umgangsrecht § 5 Rn. 40; *Henrich*, Int. Familienrecht § 7 II.5.b (S. 285); *Winkel*, Grenzüberschreitendes Sorge- u. Umgangsrecht S. 77; *Boelck*, Reformüberlegungen zum MSA S. 119; *Kropholler*, MSA S. 103; *ders.*, RabelsZ 58 (1994), S. 1 (14); Stöcker, DAVorm 1975, S. 507 (528); *Goerke*, StAZ 1976, S. 267 (272).

sondern von allen Vertragsstaaten anzuerkennen.[811] Maßnahmen von Gerichten des Heimatstaates des Minderjährigen können nur dann unter Art. 7 MSA fallen, wenn der Heimatstaat Vertragsstaat der Konvention ist,[812] da nach Art. 13 II MSA die Zuständigkeit, die den Heimatbehörden zukommt, nur den Vertragsstaaten vorbehalten ist.[813] Innerhalb des Anwendungsbereiches des MSA und des Umfangs des Art. 7 MSA geht diese Vorschrift dem autonomen Anerkennungsrecht vor.[814] Ist in zwei (oder mehr) Vertragsstaaten widersprüchlich entschieden worden, so geht nach Art. 4 IV MSA die spätere Entscheidung des Heimatstaates des Kindes vor. Im übrigen entscheiden die allgemeinen Regeln über widersprechende Entscheidungen.[815] Steht der ausländischen Schutzmaßnahme eine inländische entgegen, so tritt die anzuerkennende ausländische Schutzmaßnahme an die Stelle der bis dahin wirksamen Schutzmaßnahme, sofern sich die tatsächlichen Umstände seitdem geändert haben.[816]
Die Unanwendbarkeit des MSA, sobald eine Person nicht mehr minderjährig ist, bedeutet nicht, dass eine einmal getroffene Schutzmaßnahme unbeachtlich wird. Sie ist vielmehr auch nach Wegfall der Minderjährigkeit anzuerkennen, bis sie von selbst erlischt oder aufgehoben wird.[817]
Die Schutzmaßnahme muss in ihrem Ursprungsstaat bereits (wenn auch nur vorläufig) wirksam geworden sein. Die Einhaltung von Vorschriften, die nicht die internationale Zuständigkeit betreffen, sowie die Fähigkeit zur Rechtskraft sind indes keine Voraussetzung für die Verpflichtung zur Anerkennung von Schutz-

---

[811] MüKo-*Siehr*, BGB, Art. 19 Anh. I Rn. 262.
[812] BGH, Urt. v. 11.4.1979 – IV ZR 93/78 - FamRZ 1979, S. 577 (578); *Henrich*, Int. Familienrecht § 7 II.5.b (S. 285).
[813] Die Tatsache, dass Maßnahmen von Gerichten des Heimatstaates des Minderjährigen nur dann unter Art. 7 MSA fallen können, wenn der Heimatstaat Vertragsstaat der Konvention ist, schließt die Anerkennung von Maßnahmen eines Nichtvertrags - Heimatstaats nicht schlechthin aus. Nach deutschem Recht ist die internationale Zuständigkeit der deutschen Gerichte in Verfahren über die Regelung der elterlichen Gewalt und die Herausgabe eines Kindes deutscher Staatsangehörigkeit an den anderen Elternteil auch dann gegeben, wenn das Kind seinen gewöhnlichen Aufenthalt in einem ausländischen Staat hat, der nicht Vertragsstaat des Abkommens ist; was sich insoweit aus der Regelung der örtlichen Zuständigkeit für diese Fälle in §§ 36 II, 43, 64a FGG in Verbindung mit §§ 621 I Nr. 1 und 3, 621a I ZPO ergibt, vgl. BGH, Urt. v. 11.4.1979 – IV ZR 93/78 - FamRZ 1979, S. 577 (578); MüKo-*Siehr*, BGB, Art. 19 Anh. I Rn. 266; Soergel-*Kegel*, Vor Art. 19 Rn. 54; *Siehr*, IPRax 1982, S. 85 (89).
[814] MüKo-*Siehr*, BGB, Art. 19 Anh. I Rn. 278.
[815] Soergel-*Kegel*, Vor Art. 19 Rn. 55.
[816] MüKo-*Siehr*, BGB, Art. 19 Anh. I Rn. 276; *Kropholler*, MSA S. 103.
[817] MüKo-*Siehr*, BGB, Art. 19 Anh. I Rn. 400, 268.

maßnahmen.[818]
Über ein Anerkennungs- oder Exequaturverfahren wird in der Konvention nichts gesagt. Diese Frage regelt jeder Vertragsstaat selbst, darf aber nicht die Anerkennung gegenüber den staatsvertraglichen Voraussetzungen erschweren.[819] In der Regel erfolgt sie inzidenter, wenn über sie als Vorfrage in dem Verfahren befunden wird, in dem sie für die Entscheidung maßgeblich ist.[820]

2. Keine Anerkennungspflicht
*a) Maßnahmen gemäß Art. 8 MSA*
Ausgenommen von der Anerkennungsverpflichtung sind Maßnahmen nach Art. 8 MSA, sofern sie nicht auch auf Grund der Art. 1, Art 4 I MSA hätten getroffen werden können.[821]

*b) Maßnahmen gemäß Art. 15 II MSA*
Keine Anerkennungspflicht besteht ferner bei Schutzmaßnahmen, bei denen die Zuständigkeit einzig auf das Verbundprinzip im Ehenichtigkeits-, Scheidungs- oder Trennungsverfahren gegründet worden ist,[822] denn dann hat das Gericht nach seinem autonomen Recht entschieden und im Zweifel nicht nach den Regeln des Übereinkommens. Wenn das Ehegericht offenbar außerhalb des Abkommens gehandelt hat, kann es nicht Aufgabe der Gerichte der anderen Vertragsstaaten sein, zu überprüfen, ob die Entscheidung aufgrund des MSA ebenso ausgefallen wäre.[823]

3. Anerkennungshindernisse
*a) Fehlende Zuständigkeit*
Wird in einem Fall, in dem grundsätzlich eine Anerkennungspflicht besteht, eine solche dennoch verweigert, kann dies deshalb geschehen, weil dem entscheiden-

---

[818] MüKo-*Siehr*, BGB, Art. 19 Anh. I Rn. 258; *Holl*, Gewöhnlicher Aufenthalt S.91; *Boelck*, Reformüberlegungen zum MSA S. 119.
[819] In der Bundesrepublik bedürfen die nicht vollstreckungsfähigen ausländischen Entscheidungen in Kindschaftssachen zu ihrer Anerkennung keines förmlichen Anerkennungsverfahrens. Für eine gerichtliche Feststellung, eine ausländische Schutzmaßnahme sei im Inland anzuerkennen, besteht, sofern dies unbestritten ist, kein Feststellungsinteresse, vgl. OLG Bremen, Beschl. v. 24.4.1996 – 5 WF 44/96 - FamRZ 1997, S. 107; MüKo-*Siehr*, BGB, Art. 19 Anh. I Rn. 283.
[820] BGH, Urteil v. 5.2.1975 – IV ZR 90/73 - NJW 1975, S. 1072; *Kropholler*, MSA S. 103; *Goerke*, StAZ 1976, S. 267 (273).
[821] *Holl*, Gewöhnlicher Aufenthalt S. 91; *Henrich*, Int. Familienrecht § 7 II.5.b (S. 285); *Kropholler*, MSA S. 104; *ders.*, RabelsZ 58 (1994), S. 1 (14); *Dörr*, NJW 1989, S. 690 (696); *Goerke*, StAZ 1976, S. 267 (272).
[822] MüKo-*Siehr*, BGB, Art. 19 Anh. I Rn. 265; *Kropholler*, MSA S. 104; *Henrich*, Int. Familienrecht § 7 II.5.b (S. 285); *Dörr*, NJW 1989, S. 690 (696); *Siehr*, IPRax 1982, S. 85 (89).
[823] *Kropholler*, MSA S. 105.

den Gericht die Zuständigkeit fehlte,[824] das MSA also eigentlich gar nicht anwendbar war. Hat ein Gericht seine Zuständigkeit auf Art. 1 MSA gestützt, so kann die Anerkennung nur dann verweigert werden, wenn der Minderjährige in Wahrheit seinen gewöhnlichen Aufenthalt nicht im Gerichtsstaat hatte.[825] Hat das ausländische Gericht seine Zuständigkeit aus Art. 4 MSA hergeleitet, so kann die Zuständigkeit auch deshalb gefehlt haben, weil der dort vorgesehenen Verständigungspflicht nicht nachgekommen wurde.[826] Hiervon zu unterscheiden sind die Mitteilungspflicht nach Art. 11 MSA und der Meinungsaustausch gemäß Art. 10 MSA. Bei Art. 10 MSA handelt es sich lediglich um eine Soll-Vorschrift, weswegen ein Verstoß für die Anerkennung nicht relevant sein kann. Bei Art. 11 MSA handelt es sich ebenfalls nicht um eine Anerkennungsvoraussetzung.[827]

*b) Verstoß gegen den ordre public*
Ein Anerkennungshindernis betrifft auch Maßnahmen, die gegen den *ordre public* (Art. 16 MSA) verstoßen. Nach dem Grundsatz des *ordre public* ist die Anerkennung einer ausländischen Maßnahme dann ausgeschlossen, wenn die Anerkennung zu einem Ergebnis führen würde, das mit wesentlichen Grundsätzen des ordentlichen Rechts offensichtlich unvereinbar ist, insbesondere gegen Grundrechte verstößt.[828] Entscheidend ist hierbei, ob das entsprechende Grundrecht für den konkreten Sachverhalt unter Berücksichtigung der Gleichstellung anderer Staaten und der Eigenständigkeit ihrer Rechtsordnungen Geltung beansprucht.[829] Zum inländischen Recht gehören auch internationale Staatsverträge, die sich mit personenrechtlichen Fragen beschäftigen und im Inland in Kraft ge-

---

[824] BayObLG, Beschl. v. 20.7.1981 – 1 Z 6/81 - IPRax 1982, S. 106 (108); MüKo-*Siehr*, BGB, Art. 19 Anh. I Rn. 259; *Henrich,* Int. Familienrecht § 7 II.5.b (S. 285); *Kropholler,* MSA S. 104.
[825] Dies wäre beispielsweise gegeben, wenn ein Minderjähriger aus der BRD in einen anderen Vertragsstaat entführt worden ist, und die Behörden des anderen Staates unter Berufung auf Art. 1 MSA eine Entscheidung getroffen haben, obwohl die Anforderungen an einen gewöhnlichen Aufenthalt in diesem Staat noch gar nicht vorlag.
[826] BayObLG, Beschl. v. 20.7.1981 – 1 Z 6/81 - IPRax 1982, S. 106 (108); OLG Hamm, Beschl. v. 15.6.1987 – 5 UF 646/86 - IPRax 1988, S. 39 (40); OLG Frankfurt, Beschl. v. 26.9.1991 – 3 WF 56/91 - FamRZ 1992, S. 463; MüKo-*Siehr*, BGB, Art. 19 Anh. I Rn. 267; *Kropholler,* MSA S. 104; *Henrich,* Int. Familienrecht § 7 II.5.b (S. 286); *Hüßtege,* IPRax 1996, S. 104 (105); *Stöcker,* DAVorm 1975, S. 507 (529).
[827] MüKo-*Siehr*, Art. 19 Anh. I Rn. 270, 274.
[828] *Kegel/Schurig,* § 16 I. (S. 453 ff.); Garbe/Oelkers-*Cordes,* Teil 13 Kap. 6.4.2.4. (S. 2).
[829] BGH, Beschl. v. 20.12.1972 – IV ZB 20/72 - BGHZ 60, 68 (78 f.); KG, Beschl. v. 12.7.1984 – 16 UF 1601/84 - IPRax 1985, S. 110; OLG Celle, Beschl. v. 24.10.1988 – 12 UF 136/88 - IPRax 1989, S. 390 (391); MüKo-*Siehr*, Art. 19 Anh. I Rn. 457; *Kropholler,* MSA S. 28, 29.

treten sind.[830]
Es muss sich dabei jedoch um eine erhebliche, mit der innerstaatlichen Rechtsanschauung absolut unvereinbare Maßnahme handeln;[831] das heißt zwar nicht, dass die Ergebnisse, die sich bei der Anwendung des ‚fremden' Rechts ergeben, mit dem inländischen Recht identisch sein müssen,[832] sie dürfen jedoch dem Grundgedanken des inländischen Rechts und den hierin verkörperten Gerechtigkeitsvorstellungen nicht widersprechen.[833] Bei der Anerkennung ausländischer Schutzmaßnahmen sollte wegen der bereits getroffenen Schutzmaßnahme der *ordre public* zurückhaltend angewendet werden.[834] Abzustellen ist bei der Entscheidung nicht auf den Zeitpunkt des Erlasses der ausländischen Entscheidung, sondern auf den Zeitpunkt, in dem über die Anerkennung entschieden wird.[835]

4. Anerkennung von Schutzmaßnahmen im Rahmen der Eilzuständigkeit
*a) Problemstellung*
Das MSA regelt indes die Anerkennung ausländischer Entscheidungen nicht abschließend.[836] Problematisch ist daher, ob sich die Anerkennungsverpflichtung auch auf Schutzmaßnahmen erstreckt, für die ein Gericht gemäß Art. 9 I MSA zuständig war. Eine Anerkennungsverpflichtung besteht in jedem Fall, wenn die Entscheidung auch aufgrund einer anderen Zuständigkeitsregelung (Art. 1, 4 I, 5 III MSA) hätte ergehen können.[837]

*b) Keine Anerkennung*
Gegen eine Anerkennung von Entscheidungen, die einzig aufgrund des Art. 9 I MSA ergehen konnten, spricht der ausdrückliche Wortlaut des Art. 7 S. 1

---

[830] MüKo-*Siehr*, BGB, Art. 19 Anh. I Rn. 458; *Kropholler*, NJW 1971, S. 1721 (1724).
[831] Palandt-*Heldrich*, Anh. zu EGBGB 24 Rn. 50; Garbe/Oelkers-*Oellrich*, Teil 13 Kap. 6.4.4. (S. 3); *Kropholler*, MSA S. 29; *Holl*, Gewöhnlicher Aufenthalt S. 85.
[832] Zum Beispiel verstößt es nicht gegen den deutschen *ordre public*, dass die anlässlich einer ausländischen Ehescheidung im Ausland getroffene Schutzmaßnahme selbst dann anerkannt wird, wenn die Ehescheidung im Inland noch nicht förmlich anerkannt ist. Dies gilt umso mehr, als die Anerkennung einer Schutzmaßnahme nicht von der Anerkennung der Ehescheidung abhängig gemacht werden darf, vgl. MüKo-*Siehr*, BGB, Art. 19 Anh. I Rn. 268.
[833] OLG Karlsruhe, Beschl. v. 21.7.1991 – 2 UF 126/91 - FamRZ 1995, S. 562 (563 f.); MüKo-*Siehr*, BGB, Art. 19 Anh. I Rn. 459.
[834] MüKo-*Siehr*, BGB, Art. 19 Anh. I Rn. 459, 268.
[835] BGH, Urt. v. 11.4.1979 – IV ZR 93/78 - FamRZ 1979, S. 577 (580).
[836] BGH, Urt. v. 11.4.1979 – IV ZR 93/78 -FamRZ 1979, S. 577 (578).
[837] Garbe/Oelkers-*Oellrich*, Teil 13 Kap. 6.4. 5 (S. 2, 3).

MSA.[838]

*c) Anerkennung von Eilmaßnahmen*
Dennoch sprechen sich einige Autoren für eine Erstreckung der Anerkennungsregelung des Art. 7 S. 1 MSA auch auf Art. 9 MSA aus.[839] Dies wird damit begründet, dass die Verpflichtung der betroffenen Gerichte, bei Eilbedürftigkeit eine notwendige Schutzmaßnahme zu treffen, nur dann einen Sinn macht, wenn mit ihr die Verpflichtung zur Anerkennung dieser Schutzmaßnahme einhergeht. Nachweislich handelt es sich zudem bei der Formulierung des Art. 7 S. 1 MSA und der Stellung des Art. 9 MSA um ein Redaktionsversehen.[840]

*d) Stellungnahme*
Zwar spricht der eindeutige Wortlaut des Art. 7 S. 1 MSA dafür, dass Eilmaßnahmen gemäß Art. 9 MSA nicht anzuerkennen sind. Hinzu kommt, dass diese Ansicht eine Anerkennung nicht völlig ausschließen, sondern nur auf das autonome Anerkennungsrecht verweisen würde, welches über eine Anerkennung einer solchen Eilmaßnahme entscheiden müsste. Hierfür würde auch sprechen, dass nicht einleuchtend ist, wieso Maßnahmen nach Art. 8 MSA nicht anerkennungsfähig sind, solche nach Art. 9 MSA hingegen schon. Allerdings kann hiergegen eingewendet werden, dass Art. 9 II MSA ausdrücklich normiert, dass die auf Grundlage dieser Regel getroffenen Maßnahmen automatisch außer Kraft treten, sofern die gebotene Maßnahme von der zuständigen Behörde getroffen wurde. Das bedeutet, dass eine Maßnahme nicht grundsätzlich anerkannt werden muss, sondern nur in dem Fall, dass bis dato noch keine andere Schutzmaßnahme der Behörden des gewöhnlichen Aufenthaltes getroffen wurde. Sofern die Eilmaßnahme eine Regelung trifft, die ansonsten von den Behörden des gewöhnlichen Aufenthaltes sowieso getroffen werden würde, würde ihre Anerkennung das Vorgehen vereinfachen und beschleunigen. Zu den Argumenten der zweiten Meinung kommt das *argumentum e contrario* aus Art. 8 II, 15 II MSA, denn im Gegensatz zu diesen Normen enthält Art. 9 MSA keine Regelung dahingehend, dass die notwendigen Schutzmaßnahmen in den anderen Vertragsstaaten nicht anerkannt werden müssen. Es ist demnach aufgrund der letztge-

---

[838] OLG Frankfurt, Beschl. v. 26.9.1991 – 3 WF 56/91 - FamRZ 1992 (5), S. 463; Palandt-*Heldrich*, Anh. zu EGBGB 24 Rn. 37; Erman-*G.Hohloch*, Anh. Art. 24 Rn. 36; Ferid, RabelsZ 27 (1962/63), S. 411 (445); *Dörr*, NJW 1989, S. 690 (696); *Goerke*, StAZ 1976, S. 267 (272).
[839] Staudinger-*Kropholler*, Vorbem. zu Art. 19 Rn. 481; MüKo-*Siehr*, BGB, Art. 19 Anh. I Rn. 334; *Holl*, Gewöhnlicher Aufenthalt S. 91; *Oberloskamp*, MSA Art. 9 Rn. 24; *Kropholler*, MSA S. 103; *ders.*, RabelsZ 58 (1994), S. 1 (14); *Kropholler*, RabelsZ 58 (1994), S. 1 (14); *Wuppermann*, FamRZ 1972, S. 247 (252).
[840] MüKo-*Siehr*, BGB, Art. 19 Anh. I Rn. 334; Staudinger-*Kropholler*, Vorbem. zu Art. 19 Rn. 481; *Holl*, Gewöhnlicher Aufenthalt S.91.

nannten Gründe der zweiten Ansicht zu folgen, wonach auch Schutzmaßnahmen, die aufgrund des Art. 9 MSA erlassen wurden, nach Art. 7 S. 1 MSA von den anderen Vertragsstaaten anzuerkennen sind.

*e) Ergebnis*
Eine Anerkennungspflicht besteht demnach auch bei auf Grundlage des Art. 9 MSA getroffenen Maßnahmen. Sie kann aber nur so lange gelten, wie die Eilmaßnahme nicht durch eine inländische Schutzmaßnahme ersetzt worden ist (Art. 9 II MSA).[841]

II. Vergleich
1. Anerkennungsverfahren
Sowohl das MSA als auch die Verordnungen sehen eine Anerkennung in den Mitglieds- beziehungsweise Vertragsstaaten vor: Die aus dem MSA resultierende Anerkennungsverpflichtung bezieht sich auf die von den Gerichten des Staates des gewöhnlichen Aufenthaltes oder des Heimatstaates des Minderjährigen getroffenen Schutzmaßnahmen sowie die Fortwirkung früherer Entscheidungen des Aufenthalts- und Heimatstaates im neuen Aufenthaltsstaat; grundsätzlich wird also eine Anerkennung in Bezug auf Schutzmaßnahmen zugunsten des Minderjährigen oder seines Vermögens geregelt. Die EuEheVO regelt eine solche hinsichtlich ergangener Entscheidungen in Fragen der elterlichen Verantwortung, die unter den Voraussetzungen des Art. 3 I oder II EuEheVO im Zusammenhang mit einem Eheverfahren (Art. 2 EuEheVO) nach der Verordnung ergangen sind, der VO-E für Entscheidungen der elterlichen Verantwortung, die auf Grundlage der Art. 10 ff. VO-E getroffen wurden. Weder in den Verordnungen (Art. 14 I EuEheVO, Art. 26 I VO-E) noch im MSA wird ein gesondertes Verfahren für die Anerkennung vorgesehen; vielmehr tritt die Anerkennung *ipso iure* ein, und die Prüfung der Anerkennungsfähigkeit erfolgt im allgemeinen inzidenter, ansonsten jedoch nach den nationalen Vorschriften. Eine Nachprüfung in der Sache, insbesondere hinsichtlich der Zuständigkeit des Gerichtes des Ursprungsmitgliedsstaates (Art. 16 EuEheVO, Art. 29 VO-E), darf nicht erfolgen, dasselbe gilt für eine Anerkennung nach dem MSA[842]. Weder nach den Verordnungen noch nach dem MSA ist der Eintritt der formellen Rechtskraft eine Anerkennungsvoraussetzung, eine Entscheidung ist vielmehr schon dann anerkennungsfähig, wenn sie erlassen worden ist. Voraussetzung für die Anerkennung im Rahmen des MSA ist lediglich, dass die Schutzmaßnahme in ihrem Ursprungsstaat bereits (wenn auch nur vorläufig) wirksam geworden ist. Ist im

---

[841] Staudinger-*Kropholler,* Vorbem. zu Art. 19 Rn. 477, 481; MüKo-*Siehr,* BGB, Art. 19 Anh. I Rn. 334.
[842] BayObLG, Beschl. v. 20.7.1981 – 1 Z 6/81 – IPRax 1982, S. 106 (108); Staudinger-*Kropholler,* Vorbem. zu Art. 19 EGBGB Rn. 421.

Entscheidungsstaat ein Rechtsbehelf gegen die Entscheidung eingelegt worden, kann das Verfahren nach der Verordnungen gemäß Art. 20 I EuEheVO, Art. 32 I VO-E (beziehungsweise Art. 20 II EuEheVO, Art. 32 II VO-E für das Vereinigte Königreich und Irland) ausgesetzt werden. Über die Anerkennung kann hier gemäß Art. 33 II EuEheVO, Art. 44 VO-E aber auch in einem Feststellungsverfahren entschieden werden. Voraussetzung ist dann aber das Vorliegen eines entsprechenden Bedürfnisses hierfür. Derart detaillierte Regelungen trifft das Abkommen nicht, hier wird lediglich in Art. 7 S. 1 MSA eine Anerkennung normiert, die Verordnungen sind insoweit konkreter und lassen weniger offen. Probleme wie im Anwendungsbereich des MSA, welche Schutzmaßnahmen anerkennungsfähig sind und welche nicht,[843] werden so umgangen. Unterschiedlich ist ferner, dass das MSA auch eine Anerkennung von im Heimatstaat bestehenden *ex – lege* – Gewaltverhältnissen zulässt, was in den Verordnungen nicht vorgesehen ist.

Grundsätzlich enthalten die EuEheVO und der VO-E für die Anerkennung von Entscheidungen der elterlichen Verantwortung eines Mitgliedsstaates der Europäischen Union vorrangige Sonderregelungen (Art. 13 bis 15 EuEheVO, Art. 26 ff. VO-E). Für die Anerkennung von Schutzmaßnahmen, die nicht unter die geltende Verordnung fallen, gilt dann in erster Linie das MSA.[844] Unabhängig von Anerkennungsvorschriften des MSA und der Verordnungen sind ausländische Entscheidungen in der Bundesrepublik regelmäßig anzuerkennen, soweit sie bestimmten Mindestanforderungen entsprechen, die sich aus § 328 ZPO ergeben. Ist in einem Rechtsstreit die Frage der Anerkennung nach der EuEheVO oder dem VO-E vorgreiflich, kann das Gericht gemäß Art. 14 IV EuEheVO, Art. 26 IV VO-E inzidenter über sie entscheiden.[845]

2. Anerkennungshindernisse

*a) Grundlegendes*

Die EuEheVO normiert die in Betracht kommenden Anerkennungshindernisse explizit in Art. 15 EuEheVO, wobei Abs. 2 der Vorschrift für Entscheidungen betreffend die elterliche Verantwortung gilt. Dem entsprechen für die Ehesachen der Art. 27 VO-E und für Sachen der elterlichen Verantwortung der Art. 28 VO-E.

Demgegenüber gehen die Gründe, aus denen nach dem MSA keine Anerkennung erfolgen muss, aus verschiedenen Vorschriften innerhalb des Abkommens hervor. Ein Anerkennungshindernis kann im Rahmen des MSA nur dann relevant werden, wenn das jeweilige anzuwendende Recht ein solches vorsieht, an-

---

[843] Kapitel II § 32 I.3. (S. 213 ff.) und 4. (S. 215 ff.).
[844] Palandt-*Heldrich*, Anh. zu EGBGB 24 Rn. 37; *Henrich*, Int. Familienrecht § 7 II.5.b. (S. 285).
[845] Kapitel I Teil 1 § 7 II.3. (S. 79).

sonsten kommt eine Verweigerung der Anerkennung aus einem solchen Grunde nicht in Betracht, weil das MSA keine entsprechende Regelung normiert. Lediglich in Art. 8 II und Art. 15 II MSA wird festgelegt, dass eine auf Grundlage dieser Norm getroffene Maßnahme nicht anerkannt werden muss.

*b) ordre - public*
Art. 16 MSA normiert den *ordre public* – Vorbehalt, der in Art. 15 II lit. a EuEheVO beziehungsweise Art. 28 lit. a VO-E festgelegt ist. Als Besonderheit ist jedoch zu beachten, dass Art. 16 MSA grundsätzlich bei einem Verstoß gegen den *ordre public* eine Anwendung der Vorschriften ausschließt, während beide Verordnungen zusätzlich auf das Kindeswohl abstellen. Demnach ist eine Entscheidung nicht lediglich dann nicht anzuerkennen, wenn sie dem *ordre public* widerspricht, Voraussetzung ist vielmehr zusätzlich (kumulativ), dass das Kindeswohl nicht dennoch für eine Anerkennung sprechen würde. Demnach müssen in einem solchen Fall die Bedeutung des *ordre public* und das Kindeswohl gegeneinander abgewogen werden.

*c) Anhörung*
Art. 15 II lit. b EuEheVO (Art. 28 lit. b VO-E) normiert als Anerkennungshindernis die fehlende Anhörung des Kindes, sofern nicht ein dringender Grund gegen eine Anhörung sprach. Voraussetzung ist aber, dass hierdurch wesentliche verfahrensrechtliche Grundsätze des innerstaatlichen Rechts verletzt werden. Die Anhörung hat also nach den Vorschriften zu erfolgen, die in dem betreffenden Mitgliedstaat gelten,[846] unter anderem nach Art. 12 UN-KRK. Auch in Art. 15 II lit. d EuEheVO (Art. 28 lit. d VO-E) wird festgelegt, dass bei fehlender Anhörung keine Anerkennungsverpflichtung besteht. Hierbei wird jedoch nicht auf das Kind, sondern auf eine Person rekurriert, der die elterliche Sorge zusteht. Der Unterschied zu lit. b besteht darin, dass hier kein Verstoß gegen innerstaatliches Recht vorausgesetzt wird. Ferner wird in Art. 15 II lit. c EuEheVO beziehungsweise Art. 28 lit. c VO-E normiert, dass eine Anerkennung nicht erfolgen kann, sofern eine Zustellung nicht ordnungsgemäß erfolgt ist, was zur Folge hatte, dass die betroffene Person sich nicht ordnungsgemäß verteidigen konnte. Im Rahmen des MSA kann eine fehlende Anhörung nur entscheidend sein, wenn sich ein Verstoß gegen den *ordre public*, also gegen das rechtliche Gehör als unverzichtbares Prinzip des Verfahrensrechts, ergibt.[847] Das MSA und die Verordnungen unterscheiden sich hier darin, dass die Verordnung mögliche

---

[846] In der Bundesrepublik ist in § 1671 II Nr. 1 BGB vorgesehen, dass das Kind dem Antrag eines Elternteils auf Erteilung der elterlichen Sorge widersprechen kann, wenn es älter als vierzehn Jahre ist.
[847] MüKo-*Siehr*, BGB, Art. 19 Anh. I Rn. 271; In der Bundesrepublik ist dieser Grundsatz in Art. 103 I GG normiert.

Verstöße ausdrücklich festlegt und bei ihrem Vorliegen eine Anerkennung ausschließt. Vorausgesetzt wird allerdings bei Art. 15 II lit. b EuEheVO beziehungsweise Art. 28 lit. b VO-E, dass durch die fehlende Anhörung verfahrensrechtliche Grundsätze des Anerkennungsstaates missachtet wurden, was sich insoweit mit der Beachtung des *ordre public*, über den im Rahmen des MSA bei fehlender Anhörung eine Anerkennung verweigert werden kann, deckt. Hinsichtlich der fehlenden Anhörung eines Sorgeberechtigten wird ein solcher *ordre public* – Verstoß nicht generell vorausgesetzt. Zusätzlich wird hier gefordert, dass die betroffene Person hinsichtlich der Nichtanerkennung einen Antrag stellen muss. Sofern die Anhörung anderer Personen als der des Minderjährigen für eine Anerkennung nach dem MSA erforderlich sein soll, muss sich dies ebenfalls aus dem anwendbaren Recht ergeben, kann jedoch mangels anderweitiger expliziter Regelung auch nur dann im Rahmen der Anerkennungspflicht relevant werden, wenn ein *ordre public* – Verstoß gemäß Art. 16 MSA festgestellt werden kann. Der Punkt der Anhörung bestätigt das bereits oben Festgestellte: Die Verordnungen treffen detailliertere Regelungen und erreichen so, dass eine Anerkennungsverpflichtung bei Nichtbeachtung bestimmter Verfahrensregelungen nicht besteht, auch wenn diese nicht unbedingt dem *ordre public* zuzurechnen sind, aber dennoch für eine richtige Entscheidungsfindung von Bedeutung sind.

*d) Unvereinbarkeit mit anderen Entscheidungen / Maßnahmen*
In den Verordnungen werden als weitere Anerkennungshindernisse die Fälle festgelegt, in denen die anzuerkennende Entscheidung mit einer späteren Entscheidung die elterliche Verantwortung betreffend unvereinbar ist, sofern die spätere Entscheidung im Anerkennungsstaat ergangen ist (Art. 15 I lit. e EuEheVO, Art. 28 lit. e VO-E) oder wenn in einem anderen Mitgliedstaat eine Entscheidung später ergangen ist, die die Anerkennungsvoraussetzungen in dem Mitgliedstaat erfüllt, in dem die Anerkennung beantragt wird (Art. 15 II lit. f EuEheVO, Art. 28 lit. f VO-E). Auch ein derartiges Anerkennungshindernis wird in der Konvention nicht festgelegt. Lediglich aus Art. 4 IV MSA geht hervor, dass vom Heimatstaat auf Grundlage des Art. 4 I MSA getroffene Maßnahmen denen der Aufenthaltsbehörden vorgehen. Dies betrifft allerdings schon bestehende Schutzmaßnahmen und nicht solche, die erst nach der Maßnahme des Heimatstaates ergangen sind. Auch diese Maßnahmen können von den Behörden des Aufenthaltsstaates geändert, ersetzt oder aufgehoben werden, wenn sich die tatsächlichen Umstände geändert haben. Vergleichbar mit den Anerkennungshindernissen könnte allenfalls die Regelung in Art. 9 II MSA sein. Danach treten nach Art. 9 I MSA getroffene Maßnahmen – sofern sie keine endgültige Wirkung hervorgebracht haben – außer Kraft, sobald die nach der Konvention zuständigen Behörden entsprechende Maßnahmen getroffen haben. Sowohl Art. 9 II MSA als auch Art. 15 II lit. e und f EuEheVO beziehungsweise Art. 28 lit. e und f VO-E tragen dem Umstand Rechnung, dass eine spätere Entschei-

dung als aktueller und dementsprechend die gegebene Situation am besten berücksichtigend angesehen werden kann. Der Unterschied ist jedoch, dass Art. 9 MSA lediglich für Eilmaßnahmen gilt, während die genannten Anerkennungshindernisse der Verordnungen in Bezug auf jede Entscheidung anzuwenden sind. Die Hindernisse erscheinen jedoch einleuchtend, da es unsinnig wäre, eine Entscheidung anzuerkennen, wenn kurze Zeit später eine andere, aktuellere Entscheidung ebenfalls anerkannt und die frühere verdrängen würde. Grundsätzlich sind dies die Fälle der Änderung, Aufhebung oder Ersetzung, die auch im Rahmen des MSA zulässig sind.[848] Die Verordnungen beugen durch die oben genannten Hindernisse lediglich unnötigen Verfahren und Verfahrensverzögerungen vor.

*e) Fehlende gleichzeitige Anerkennung eines Scheidungsurteils*
Sofern eine Sorgerechtsregelung als Bestandteil mit einem Scheidungsurteil ergeht, was im Rahmen der EuEheVO die Regel, im Rahmen des MSA bei einer Zuständigkeitsbegründung aus Art. 15 MSA der Fall ist, stellt sich die Frage, ob die Anerkennung der Sorgerechtsregelung die gleichzeitige Anerkennung des Scheidungsurteils voraussetzt.
Dies ist bei Anwendung des Art. 15 MSA umstritten. Eine Ansicht besagt, dass Schutzmaßnahmen, sofern sie aufgrund des Art. 15 MSA im Zusammenhang mit einer Ehescheidung getroffen worden sind, unabhängig davon anzuerkennen sind, ob die Ehescheidung bereits anerkannt ist oder nicht.[849] Die Gegenansicht befürwortet hingegen eine Anerkennung der Sorgerechtssache nur dann, wenn auch das Scheidungsurteil gleichzeitig anerkannt wird.[850] Im Zweifel soll das Verfahren ausgesetzt werden, damit eine Anerkennung der Entscheidung in der Ehesache ergehen kann. Sofern die inländischen Vorschriften es zulassen, genügt indes eine Anerkennung inzidenter in dem Anerkennungsverfahren über die Sorgerechtsentscheidung.
Die letztgenannte Ansicht begründet ihre Auffassung damit, dass die Sorgerechtsregelung als Scheidungsfolge nicht anerkannt werden kann, wenn die Scheidung selbst noch nicht anerkannt ist. Ferner könne die ausländische Sorgerechtsregelung in einem Scheidungsurteil nicht in eine von der Scheidung der Ehe unabhängige Regelung für das Getrenntleben umgedeutet und als solche

---

[848] Vgl. dazu unten Kapitel II § 34 I. (S. 227 f.).
[849] KG, Beschl. v. 13.11.1973 – 1 W 1354/72 - FamRZ 1974, S. 146 (149); *Oberloskamp*, MSA Art. 7 Rn. 34; *Allinger*, MSA S. 208; *Holl*, Gewöhnlicher Aufenthalt S.92.
[850] BGH, Urteil v. 5.2.1975 – IV ZR 103/73 – NJW 1975, S. 1072; Palandt-*Heldrich*, Anh. zu EGBGB 24 Rn. 37; Erman-*G.Hohloch*, Anh. zu Art. 24 EGBGB Rn. 34; Staudinger-*Kropholler*, Vorbem. zu Art. 19 EGBGB Rn. 432; Staudinger-*Henrich*, Art. 19 EGBGB Rn. 535; *Henrich*, Int. Familienrecht § 7 II.5.b. (S. 287); *Kaufmann*, FS-Guldener S. 151 (165 f.); *Geimer*, NJW 1975, S. 2141; *Goerke*, StAZ 1976, S. 267 (273); *Mansel*, IPRax 1987, S. 298 (300).

anerkannt werden. Im Rahmen des MSA könne mangels Regelung nicht der Schluss gezogen werden, dass eine Sorgerechtsregelung gemäß Art. 15 MSA nur unter den Voraussetzungen des Art. 16 MSA nicht anzuerkennen sei. Die Gegenansicht führt indes aus, dass das Prinzip der durch das MSA statuierten internationalen Zusammenarbeit zwischen den Behörden und Gerichten des Staates des gewöhnlichen Aufenthaltes und denen des Heimatstaates gefährdet wäre, sofern die Anerkennung von Schutzmaßnahmen, die der Staat des gewöhnlichen Aufenthaltes des Minderjährigen getroffen hat, von einem Anerkennungsverfahren bezüglich der Ehescheidung abhängig wäre. Sofern ein Einklang der Entscheidungen und Rechtssicherheit gewährleistet werden soll, muss beachtet werden, dass eine Sorgerechtsentscheidung, die im Rahmen einer Annexkompetenz mit einer Ehesache getroffen wurde und demnach auf dieser beruht, schwerlich anerkannt werden kann, wenn die Ehesache im Anerkennungsstaat den Anerkennungsvoraussetzungen nicht entsprechen würde, aber grundsätzlich Voraussetzung für die Sorgerechtsentscheidung war. Die besseren Argumente sprechen also für die zweite Auffassung, so dass dieser zu folgen ist. Ferner muss auch nach dieser Ansicht ein Urteil in der Ehesache nicht immer gesondert anerkannt werden, sondern nur dann, wenn das innerstaatliche Recht es erfordert.

Fraglich ist nun, ob diese Frage im Rahmen der Verordnungen anders zu entscheiden ist. Hier muss berücksichtigt werden, dass nicht wie im Normenkatalog des MSA lediglich ein *ordre public* – Vorbehalt normiert wird, sondern dass spezielle Gründe aufgeführt werden, die gegen eine Anerkennung in der Sorgerechtssache sprechen. Diese Gründe sind auch von denen abgesetzt, die gegen eine Anerkennung der Entscheidung im Eheverfahren sprechen, in der EuEheVO durch einen eigenen Absatz, in dem VO-E sogar durch einen eigenständigen Artikel. Allerdings können dieselben Gründe, die im Rahmen einer Anerkennung nach dem MSA gegen eine Anerkennung der Sorgerechtsentscheidung sprechen, sofern eine Anerkennung der Entscheidung im Eheverfahren noch nicht erfolgt ist, auch gegen eine alleinige Anerkennung der Sorgerechtsentscheidung nach der EuEheVO sprechen, was nach deren Ablösung entsprechend für Entscheidungen, die auf Grundlage des Art. 12 VO-E ergangen sind, gelten würde. Hiergegen spricht aber, dass die Verordnungen im Gegensatz zu der Konvention die Gründe, die gegen eine Anerkennung sprechen, explizit auflisten. Zu Art. 15 MSA wird angeführt, dass nicht davon ausgegangen werden könne, dass die Staaten bei Abschluss des Übereinkommens abgesehen von Art. 16 MSA bewusst keine Regelung getroffen hätten. Daher soll die Anerkennung an die Voraussetzung gebunden sein, dass das Ergebnis des Eheverfahrens ebenfalls anerkannt werde. Dies verhält sich bei den Verordnungen jedoch anders. Hier wurden ausdrückliche Anerkennungshindernisse normiert, worunter sich die Voraussetzung einer Anerkennung der Entscheidung im Eheverfahren nicht findet. Hinzu kommt, dass die Verordnungsgeber sehr wohl das Problem hinsichtlich des Art. 15 MSA kannten und dennoch keine Regelung trafen. Ferner muss beachtet werden, dass eine Ehesache, mit der gemäß Art. 15 MSA ein Sorgerechtsverfahren verbunden werden kann, sich nicht auf das MSA gründet, weshalb nicht klar sein kann, ob bei der Entscheidungsfindung nicht gegen die dort normierten Grundsätze verstoßen wurde. Zusätzlich bemisst sich die Anerkennung einer solchen Entscheidung nicht nach dem MSA, sondern nach dem jeweiligen innerstaatlichen Anerkennungsrecht, weswegen auch nicht zwingend eine Anerkennung zu erfolgen hat. Im Rahmen der Verordnungen verhält sich dies jedoch anders, denn die Entscheidungen in Ehesachen ergehen ebenso wie die Sorgerechtsentscheidungen auf Grundlage der jeweiligen Verordnung; in beiden Verordnungen ist dies sogar Voraussetzung dafür, dass eine Annexkompetenz, in der EuEheVO als einzig in Frage kommende Zuständigkeitskompetenz, in dem VO-E als Ausnahmezuständigkeit gemäß Art. 12 VO-E, für die Frage der elterlichen Verantwortung überhaupt eröffnet ist. Es kann also bei derart verbundenen Verfahren als sicher davon ausgegangen werden, dass die Entscheidung im Eheverfahren ebenfalls auf Grundlage der Verordnung anzuerkennen ist, was nur im Falle des Vorliegens einer der Anerkennungshindernisse des Art. 15 I EuEheVO beziehungsweise des Art. 27 VO-E nicht möglich ist. All dies spricht dafür, dass im Gegensatz zum MSA bei einer Anerkennung aufgrund einer der Verordnungen nicht abzuwarten ist, ob die Entscheidung in der Eheangelegenheit auch anerkannt wird. Vielmehr müssen Entscheidungen über die elterliche Verantwortung und solche über eine Ehesache auch getrennt voneinander anerkannt werden.

§ 33 VOLLSTRECKUNG VON ENTSCHEIDUNGEN

I. MSA
Vollstreckungsbedürftige Schutzmaßnahmen liegen dann vor, wenn sie einen Befehl enthalten, der zwangsweise durchgesetzt werden muss.[851] Die Konvention verpflichtet die Vertragsstaaten nicht, Minderjährigenschutzmaßnahmen zu vollstrecken.[852] Sofern eine Vollstreckung erforderlich ist, bestimmen sich nämlich Anerkennung und Vollstreckung nicht nach dem MSA, sondern gemäß Art. 7 Satz 2 MSA entweder nach dem Recht des Staates, in dem die Vollstrek-

---

[851] MüKo-*Siehr*, BGB, Art. 19 Anh. I Rn. 288.
[852] *Winkel*, Grenzüberschreitendes Sorge- u. Umgangsrecht S. 79; *Siehr*, Int. Privatrecht § 11 V.2. (S. 68); *ders.*, RabelsZ 62 (1998), S. 464 (467).

kung beantragt wird, oder nach zwischenstaatlichen Übereinkünften.[853] Es erscheint jedoch sinnvoll, von dieser Verweisung diejenigen Anerkennungsvoraussetzungen auszunehmen, die in der Konvention selbst geregelt sind, also die internationale Zuständigkeit und das anzuwendende Recht, sofern es darauf für die Anerkennung ankommt.[854] Es wird also in einem solchen Fall nicht nur die Vollstreckung, sondern auch die Anerkennung der Schutzmaßnahme dem Abkommen entzogen. Das liegt daran, dass in manchen Staaten die Anerkennung einer fremden Schutzmaßnahme bereits deren Vollstreckbarkeit bedeutet.[855] Streitig ist hier, ob eine abstrakte Vollstreckungsbedürftigkeit bestehen[856] oder ob bereits ein Vollstreckungsantrag gestellt worden sein muss[857]. Feststellungs- und Gestaltungsakte werden von Art. 7 S. 2 MSA nicht behandelt, denn wenn eine Schutzmaßnahme nicht vollstreckungsbedürftig ist, weil sie feststellend oder gestaltend wirkt oder wenn sich eine Vollstreckung erübrigt, weil die Schutzmaßnahme freiwillig verwirklicht wird, ist ein Rückgriff auf Art. 7 S. 2 MSA entbehrlich, und es kann bei einer Anerkennung gemäß Art. 7 S. 1 MSA bleiben.[858] Sind gleichzeitig mehrere Schutzmaßnahmen unter Umständen sogar in einer einzigen Entscheidung getroffen worden, so muss differenziert werden zwischen nicht vollstreckungsbedürftigen Schutzmaßnahmen und solchen, die vollstreckt werden sollen,[859] wobei erstere unabhängig von den letztgenannten

---

[853] BGH, Urt. v. 11.4.1979 – IV ZR 93/78 - FamRZ 1979, S. 577 (578); BayObLG, Beschl. v. 20.7.1981 - 1 Z 6/81 - IPRax 1982, S. 106 (108); MüKo-*Siehr*, BGB, Art. 19 Anh. I Rn. 289; Staudinger-*Kropholler*, Vorbem. zu Art. 19 Rn. 440; Soergel-*Kegel*, Vor Art. 19 Rn. 56; Palandt-*Heldrich*, Anh. zu EGBGB 24 Rn. 38; *Kropholler*, MSA S. 107; *Holl*, Gewöhnlicher Aufenthalt S.92; *Gülicher*, Int. Kindesentführungen S. 24; *Siehr*, Int. Privatrecht § 11 V.2. (S. 68); *ders.*, IPRax 1982, S. 85 (89); *Goerke*, StAZ 1976, S. 267 (272); *Stöcker*, DAVorm 1975, 507 (529); *Dörr*, NJW 1989, S. 690 (696); *Bauer*, IPRax 2002, S. 179.

[854] Sofern man dies nicht zulässt, könnte es dazu kommen, dass eine Schutzmaßnahme in einem anderen Vertragsstaat gerade deshalb nicht anerkannt wird, weil die anordnende Behörde aufgrund der Regeln des MSA gehandelt hat, was von der Konvention bestimmt so nicht gewollt war, vgl. *Kropholler*, MSA S. 109.

[855] *Kropholler*, MSA S. 107.

[856] AG Marburg, Beschl. v. 26.4.1995 – 19 F 345/94 - IPRax 1996, S. 133 (134); *Pirrung*, IPRax 1997, S. 185, Fn. 24.

[857] MüKo-*Siehr*, BGB, Art. 19 Anh. I Rn. 255; Staudinger-*Kropholler*, Vorbem. zu Art. 19 Rn. 439; *Oberloskamp*, MSA Art. 7 Rn. 46; *Kropholler*, MSA S. 108; *Holl*, Gewöhnlicher Aufenthalt S. 92; *Hüßtege*, IPRax 1996, S. 104 (107).

[858] Staudinger-*Kropholler*, Vorbem. zu Art. 19 Rn. 438; MüKo-*Siehr*, BGB, Art. 19 Anh. I Rn. 255, 256; *Kropholler*, MSA S. 107.

[859] MüKo-*Siehr*, BGB, Art. 19 Anh. I Rn. 257, 288; *Kropholler*, MSA S. 108.

gemäß Art. 7 I MSA anerkannt werden.[860] Gemäß Art. 7 S. 2 MSA fällt die Anerkennungspflicht nur dann fort, wenn in einem Staat um Vollstreckung nachgesucht wird, und zwar nur für den Staat, in dem der Vollstreckungsantrag gestellt wurde.[861]

## II. Vergleich

Während in der EuEheVO die Vollstreckung von Entscheidungen ausführlich in den Art. 21 bis 31 EuEheVO beziehungsweise Art. 33 ff. VO-E geregelt ist, wird eine solche in Art. 7 S. 2 MSA lediglich erwähnt, wobei auf das innerstaatliche Recht oder zwischen den Staaten bestehende Übereinkünfte verwiesen wird.

### 1. Vollstreckbarerklärungsverfahren

Gerade Entscheidungen der elterlichen Sorge bedürfen häufig einer Vollstreckung, die im Rahmen der Verordnungen auf Antrag einer Partei erfolgt.[862] Hierbei wird in der Verordnung das anzurufende Gericht (Anhang I EuEheVO beziehungsweise VO-E) sowie die örtliche Zuständigkeit (Art. 22 EuEheVO; Art. 34 VO-E) festgelegt. Grundsätzlich wird kein mündliches Verfahren durchgeführt, allerdings sind die in Art. 32 EuEheVO beziehungsweise Art. 42 VO-E aufgelisteten Formalia zu überprüfen, wobei bei bestimmten Urkunden und Zertifikaten eine Erleichterung festgelegt wird; hinzu kommt eine Überprüfung der Vollstreckbarkeit der Entscheidung und der möglichen Anerkennungshindernisse. Eine Überprüfung in der Sache erfolgt auch hier nicht. Die Wirkung der Vollstreckbarerklärung bezieht sich jedoch lediglich auf den jeweiligen Vollstreckungsstaat. Auch die Zwangsvollstreckung ist in den Verordnungen vorgesehen und richtet sich nach der *lex fori* des Vollstreckungsstaates. Insoweit sind die Regelungen in Bezug auf die Zwangsvollstreckung der des Art. 7 S. 2 MSA vergleichbar. Allerdings fällt insgesamt auf, dass die Verordnungen die Vollstreckung detaillierter beschreiben. Sie treffen nicht nur Regelungen hinsichtlich der Vollstreckung an sich, sondern beispielsweise auch in Bezug auf Urkunden (Art. 32 ff. EuEheVO; Art. 42 ff. VO-E), Prozesskostenhilfe (Art. 30 EuEheVO; Art. 52 VO-E) und Sicherheitsleistungen (Art. 31 EuEheVO; Art. 53 VO-E), wodurch eine Vollstreckung im Zweifel leichter durchgeführt und geplant werden kann als nach dem MSA. Da die Rückführung von Kindern häufig gegen

---

[860] Sofern beispielsweise nach einer Kindesentführung durch ein deutsches Gericht dem Entführer die elterliche Sorge entzogen und dieser zur Rückführung des Kindes verpflichtet wird, ist die Entziehung der elterlichen Sorge in allen Vertragsstaaten anzuerkennen, während die Rückführungsverpflichtung lediglich im Rahmen des Art. 7 S. 2 MSA anerkannt und vollstreckt zu werden braucht.
[861] *Kropholler,* MSA S. 108.
[862] Kapitel I Teil 1 § 8 II.1. (S. 87 f.) und Teil 2 § 21 III.1. (S. 123 f.).

den Willen des faktischen Gewalthabers durchgesetzt werden muss, wird die Lücke des MSA in diesem Punkt empfindlich spürbar.[863] Es kann sich also nur zum Vorteil der Betroffenen auswirken, wenn auch in diesem Punkt das MSA zunächst noch von der EuEheVO im Rahmen ihres Anwendungsbereiches verdrängt wird, da die EuEheVO ihrem Zweck gerecht wird, derartige Verfahren innerhalb der EU zu erleichtern und eindeutige Regelungen festzulegen. Nach Ablösung der EuEheVO verbessert sich die Lage zusätzlich, denn der VO-E regelt eine Vollstreckbarkeit nicht nur allgemein für Entscheidungen über die elterliche Verantwortung, sondern speziell auch für nach ihren Regeln ergangene Rückführungsentscheidungen in Entführungsfällen und für Entscheidungen über das Umgangsrecht in den Art. 45 ff. VO-E. Die Verfahrenserfordernisse betreffen die Anhörung des Kindes und in Versäumnisverfahren ergangene Entscheidungen und entsprechen insoweit Art. 15 II lit. b und c EuEheVO. Die Besonderheit ist jedoch, dass die Abschaffung des Exequaturverfahrens für Entscheidungen über das Umgangsrecht nicht für Versäumnisurteile gilt und auch die ansonsten geltenden Hindernisse für eine Vollstreckung stark beschränkt wurden,[864] wodurch eine solche noch mehr erleichtert wird. Der Vorrang des VO-E (Art. 61 VO-E) vor dem MSA und die Ersetzung der EuEheVO stellt sich also auch hier als Verbesserung dar.

2. Rechtsbehelfe

Ebenso wie in Bezug auf die Vollstreckung als solche enthält das MSA auch keine Regelung in Bezug auf gegen eine Vollstreckung mögliche Rechtsbehelfe. Auch hier muss dann auf innerstaatliches Recht rekurriert werden. Die Verordnungen hingegen sehen auch hier eine Regelung vor, und zwar in Art. 26 EuEheVO beziehungsweise Art. 38 VO-E, die jeder Partei einen Rechtsbehelf zusprechen. Es wird sowohl das zuständige Gericht geregelt (Anhang II),[865] als auch eine Frist, in der ein Rechtsbehelf einzulegen ist (Abs. 5 der Vorschriften). Das anzuwendende Recht bestimmen Art. 26 III EuEheVO und Art. 38 III VO-E, die insoweit auf die Vorschriften des zuständigen Staates verweisen. Auch gegen eine Entscheidung über einen solchen Rechtsbehelf kann wiederum ein solcher eingelegt werden, wobei die in den einzelnen Mitgliedsstaaten zulässigen Rechtsbehelfe in Anhang III festgelegt sind. Die Verordnungen verweisen zwar grundsätzlich auch auf das innerstaatliche Recht, legen aber daneben ein-

---

[863] *Kropholler*, MSA S. 107.
[864] Kapitel I Teil 2 § 21 III.2. (S. 124).
[865] Für einen Rechtsbehelf gemäß Art. 26 EuEheVO gegen eine Entscheidung in Bezug auf die Vollstreckbarerklärung ist beispielsweise in der Bundesrepublik Deutschland das Oberlandesgericht zuständig.

deutig fest, welche Rechtsbehelfe die statthaften sind.[866] Sie verhindern so die Unklarheiten, die durch den einfachen Verweis auf innerstaatliches Recht entstehen können und dienen der Rechts- und Rechtsanwendungssicherheit.

## § 34 ÄNDERUNG UND AUFHEBUNG

### I. MSA

Die inländischen Behörden dürfen ihre eigenen Schutzmaßnahmen so lange ändern oder aufheben, wie sie nach den Art. 1, 4 I, 8 I oder 9 I MSA international zuständig sind.[867] Die Heimatbehörden können nach ihrer eigenen *lex fori* die Maßnahmen der Aufenthaltsbehörden gemäß Art. 4 IV MSA abändern oder aufheben. Dies steht jedoch gemäß Art. 4 I und Art. 10 MSA unter der Bedingung der vorherigen Verständigung der Aufenthaltsbehörden sowie der Beratung mit diesen.[868] Derartige Eingriffe müssen dann von den Aufenthaltsbehörden anerkannt werden. Hat der Minderjährige seinen gewöhnlichen Aufenthalt nach Erlass einer Maßnahme gewechselt, regelt Art. 5 I MSA ausdrücklich die Fortgeltung und Abänderbarkeit von Maßnahmen eines Vertragsstaates in einem anderen Vertragsstaat. Bei Wechsel des gewöhnlichen Aufenthaltes eines Minderjährigen aus einem Vertragsstaat in einen anderen bleibt also die im früheren Aufenthaltsstaat getroffene Maßnahme so lange in Kraft, bis sie von den Behörden des neuen gewöhnlichen Aufenthaltsortes nach ihrer eigenen *lex fori* aufgehoben oder ersetzt wird. Können und wollen diese Behörden dies aufgrund der Art. 1 oder 4 I MSA tun, so ergänzt Art. 5 II MSA den Abs. 1 der Vorschrift dahingehend, dass eine vorherige Verständigung der Behörden des früheren Aufenthaltes vorgeschrieben ist.[869]

Stets ist jedoch eine Voraussetzung für die Abänderbarkeit zu beachten: Seit Erlass der anerkannten ausländischen Schutzmaßnahme muss sich die tatsächliche Situation derart geändert haben, dass eine neue Schutzmaßnahme angezeigt erscheint.[870] Eine Ausnahme bilden die auf Art. 9 MSA gestützten Schutzmaßnahmen, welche von den regulär zuständigen Behörden auch ohne Änderung der tatsächlichen Situation seit Ergreifen der Schutzmaßnahme abgeändert werden

---

[866] In der Bundesrepublik Deutschland beispielsweise ist für einen Rechtsbehelf gegen die Entscheidung über einen Rechtsbehelf gemäß Art. 27 EuEheVO die Rechtsbeschwerde statthaft.
[867] MüKo-*Siehr*, BGB, Art. 19 Anh. I Rn. 153; *Mansel*, IPRax 1987 (5), S. 298.
[868] Soergel-*Kegel*, Vor Art. 19 Rn. 69; Palandt-*Heldrich*, Anh. zu EGBGB 24 Rn. 35; *Greif-Bartovics*, DAVorm 1980, S. 520 (522 f.).
[869] OLG Hamm, Beschl. v. 7.2.1975 – 15 Wx 118/74 - NJW 1975, S. 1083 (1084); BayObLG, Beschl. v. 20.7.1981 – 1 Z 6/81 - IPRax 1982, S. 106 (108); Staudinger-*Kropholler*, Vorbem. zu Art. 19 Rn. 395; Garbe/Oelkers-*Cordes*, Teil 13 Kap. 6.4.3. (S.1).
[870] MüKo-*Siehr*, BGB, Art. 19 Anh. I Rn. 287; *Siehr*, Int. Privatrecht § 11 V.2. (S. 68); *ders.*, IPRax 1982, S. 85 (87).

dürfen,[871] denn diese Schutzmaßnahmen sind darauf angelegt, geändert, aufgehoben oder ersetzt zu werden.[872] Diese Schutzmaßnahmen sind dann im Inland anzuerkennen.[873] Vollstreckungsbedürftige Schutzmaßnahmen sind ebenso wie alle anderen Schutzmaßnahmen im Rahmen veränderter Umstände abänderbar. Wie veränderte Umstände im Vollstreckungsverfahren geltend gemacht werden, richtet sich nach staatsvertraglichem oder autonomem Vollstreckungsrecht.[874] Eine Besonderheit gilt hinsichtlich des Art. 5 Abs. 3 MSA. Über die Änderung der dort genannten Maßnahmen wird in der Konvention nichts gesagt. Vielmehr scheint die Erwähnung des Art. 5 III MSA in den Art. 1 und 8 MSA anzudeuten, dass die Maßnahmen von den Behörden am gewöhnlichen Aufenthaltsort abgesehen von Eilfällen gemäß Art. 9 MSA nur bei ernstlicher Gefährdung des Minderjährigen selbst oder seines Vermögens geändert werden dürfen, wenn sich die tatsächlichen Umstände seit Erlass der ersten Maßnahme ebenfalls geändert haben.[875] Auch hier wird gemäß Art. 10 MSA ein Meinungsaustausch der betroffenen Behörden gefordert. Hinzu soll in entsprechender Anwendung des Art. 5 II MSA eine Verständigung der Heimatbehörden kommen.[876]

II. Vergleich

Im Gegensatz zum MSA treffen die Verordnungen keine expliziten Regelungen hinsichtlich der Abänderung, Aufhebung oder Ersetzung von Entscheidungen. Es werden in Art. 15 II lit. e und f EuEheVO beziehungsweise Art. 28 lit. e und f VO-E lediglich für den Fall Anerkennungshindernisse normiert, dass eine spätere Entscheidung in dem Anerkennungsstaat oder in einem anderen Mitgliedstaat in derselben Sachen getroffen wurde, die ebenfalls anerkennungsfähig ist. Dies deutet explizit darauf hin, dass es nach der jeweilig geltenden Verordnung möglich sein muss, dass eine weitere Entscheidung in derselben Sache getroffen werden kann. Aufgrund der Rechtshängigkeitsregelung in Art. 11 EuEheVO beziehungsweise Art. 19 II VO-E liegt grundsätzlich jedoch ein Verfahrenshindernis vor. Eine andere Entscheidung kann demnach in einem Verfahren über die elterliche Verantwortung logischerweise nur getroffen werden, wenn sich die tatsächlichen Umstände seit der vorangegangenen Entscheidung verändert ha-

---

[871] Staudinger-*Kropholler*, Vorbem. zu Art. 19 Rn. 425; MüKo-*Siehr*, Art. 19 Anh. I Rn. 287.
[872] MüKo-*Siehr*, BGB, Art. 19 Anh. I Rn. 337, 287.
[873] MüKo-*Siehr*, BGB, Art. 19 Anh. I Rn. 335; Staudinger-*Kropholler*, Vorbem. zu Art. 19 EGBGB Rn. 481.
[874] MüKo-*Siehr*, BGB, Art. 19 Anh. I Rn. 290.
[875] OLG Stuttgart, Beschl. v. 1.3.1996 – 17 UF 54/95 – FamRZ 1997, S. 1352 (1353); Erman-*G.Hohloch*, Anh. Art. 24 EGBGB Rn. 32; MüKo-*Siehr*, BGB, Art. 19 Anh. I Rn. 239; Palandt-*Heldrich*, Anh. zu EGBGB 24 Rn. 35; *Greif-Bartovics*, DAVorm 1980, S. 520 (522).
[876] OLG München, Beschl. v. 28.6.1996 – 4 UF 183/95 – FamRZ 1997, S. 106 (107); MüKo-*Siehr*, BGB, Art. 19 Anh. I Rn. 239; Palandt-*Heldrich*, Anh. zu EGBGB 24 Rn. 34.

ben. Eine spätere Entscheidung kann diesem Umstand bereits Rechnung tragen, weswegen eine Anerkennung einer älteren Entscheidung dann überflüssig ist. Sofern eine Anerkennung bereits erfolgt ist, muss es dem Aufenthaltsstaat auch möglich sein, eine solche den veränderten Umständen anzupassen oder aber möglicherweise ganz zu ersetzen. Hier wird insoweit eine Ausnahme vom ansonsten geltenden *Prioritätsprinzip* gemacht, was auch aufgrund der Natur der Sorgerechtsentscheidungen notwendig ist. Durch die Tatsache, dass die Verordnungen keine explizite Regelung hinsichtlich der Abänderung, Ersetzung oder Aufhebung einer Entscheidung über die elterliche Sorge treffen, unterscheiden sich beide vom MSA, welches dies gesondert vorsieht. Allerdings wird aufgrund der diesbezüglich starren Regelung des MSA eine Änderung, Aufhebung oder Ersetzung möglicherweise erschwert, während nach der geltenden Verordnung nur eine Änderung der Umstände vorliegen muss. Hiermit wird dem Kind am ehesten gedient, denn es sollte grundsätzlich unerheblich sein, auf welcher Grundlage die Entscheidung oder Maßnahme ursprünglich getroffen wurde, wenn die tatsächlichen Umstände eine Veränderung der rechtlichen Lage erfordern. Ein Abstellen auf die ursprünglichen Zuständigkeitsvorschriften stellt sich hier als unnötiger Formalismus dar. Gerade aufgrund des Zwecks der Verordnungen und des Abkommens, Rechtssicherheit zu gewährleisten und die Verfahren zu erleichtern, sollten die zuständigen Behörden ohne Rückgriff auf Sonderregelungen auch bei Vorliegen einer Entscheidung erneut lediglich auf Grundlage der aktuell anwendbaren Zuständigkeitsvorschriften beurteilen können, ob eine erneute Entscheidung vonnöten ist. Die Verordnungen geben sich in diesem Punkt großzügiger als das MSA.

## § 35 BEURTEILUNG

Anhand des Vergleiches werden große Unterschieden zwischen den Verordnungen und dem Abkommen deutlich, andererseits werden manche Rechtsfragen auch nicht völlig unterschiedlich geregelt. Die größte Differenz besteht im sachlichen Anwendungsbereich. Im MSA geht es einzig um den Minderjährigenschutz als solchen. Die EuEheVO umfasst demgegenüber ein breiteres Feld, indem sie primär Eheangelegenheiten regelt und trotz anfänglicher Skepsis auch auf Verfahren der elterlichen Verantwortung ausgedehnt wurde, weil diese in der Regel mit Ehesachen zusammenhängen. Der VO-E führt dies weiter, indem er Eheverfahren und Verfahren der elterlichen Verantwortung nebst Umgangsrecht und Entführungsfällen regelt, wobei die Verfahren nicht mehr wie bei der EuEheVO zusammenhängen müssen. Auch der territoriale Anwendungsbereich stimmt nicht überein, MSA und beide Verordnungen gelten gemeinsam nur in Luxemburg, den Niederlanden, der Bundesrepublik, Frankreich, Österreich, Italien, Spanien und Portugal. Auch der zeitliche Anwendungsbereich muss beachtet werden, denn die EuEheVO gilt erst für Verfahren, die nach dem 1.3.2001 anhängig gemacht wurden, der VO-E soll die EuEheVO ablösen, voraussichtlich ab dem 1.8.2004 gelten und zum 1.3.2005 in Kraft treten. Auffällig ist ferner die im MSA festgelegte Mitteilungspflicht der Behörden, die so im Rahmen der EuEheVO nicht gilt, in dem VO-E aber durch Normierung der Zusammenarbeit der zentralen Behörden ausdrücklich festgeschrieben wird. Zusätzlich wird in beiden Verordnungen die Rechtshängigkeit explizit geregelt.

Die Verordnungen zählen die Abkommen, zu denen sie in Konkurrenz stehen könnte, präzise in den Art. 36 ff. EuEheVO beziehungsweise Art. 60 ff. VO-E auf. Das MSA entbehrt einen solchen Katalog, stellt lediglich in Art. 18 II MSA fest, dass die Bestimmungen, die zur Zeit seines Inkrafttretens gelten, nicht berührt werden.

Es kommt zu Überschneidungen der Geltungsbereiche, da keine der Verordnungen das MSA vollständig ersetzen kann und auch keinen Anspruch hierauf erhebt. Dies führt aber gleichzeitig dazu, dass zwar sowohl MSA als auch EuEheVO und VO-E das Ziel der Rechtsvereinheitlichung verfolgen, gleichzeitig durch einen gemeinsamen Anwendungsbereich die Rechtsanwendung auch verkomplizieren. Beide Verordnungen regeln die von ihnen behandelten Themengebiete ausführlicher, so zum Beispiel Sicherheitsleistungen, die Behandlung von Urkunden und die Gewährung von Prozesskostenhilfe. Hierdurch wird erreicht, dass bei einer Relevanz der Verordnung für einen Sachverhalt eindeutigere Möglichkeiten eröffnet werden. Dem Anwender wird in vielerlei Hinsicht vorgeschrieben, welche Regeln anzuwenden sind und welche Konsequenzen aus bestimmten Gegebenheiten zu ziehen sind. Allerdings wird auch in den Verordnungen keine allumfassende Regelung getroffen, die anderweitige Verträge, wie zum Beispiel das MSA, in den Vertragsstaaten komplett ersetzen könnten. Hierdurch kommt es zur Entstehung von Anwendungsproblemen und Streitfragen, sofern die jeweils gültige Verordnung und die Konvention miteinander kollidieren. Derartige Konstellationen hätten die Verordnungsgeber grundsätzlich bedenken und im Rahmen der EuEheVO berücksichtigen müssen, was jedoch zum Teil nicht geschehen ist und auch durch Neuschaffung des VO-E nicht behoben wurde. So rufen die Verordnungen Diskussionen hervor, die bereits im Vorfeld hätten vermieden werden können, denn dass sie in Konkurrenz zu dem MSA stehen würden, wurde ausweislich der Art. 37 und Art. 38 EuEheVO beziehungsweise Art. 60 ff. VO-E sehr wohl bedacht. Problematisch war wahrscheinlich bei der EuEheVO insoweit, dass die Sachen der elterlichen Verantwortung erst im Nachhinein einbezogen wurden, was unter Umständen dazu geführt haben kann, dass ihnen bei der Ausarbeitung nicht die gleiche Gewichtung zuteil wurde wie den Ehesachen. Hinzu kommt, dass nur Fragen der elterlichen Verantwortung behandelt und andere Bereiche des Kindschaftsrechts völlig ausgeklammert werden, weswegen das MSA weiterhin eine Bedeutung hat.

Durch die Verordnungen werden indes günstigere und praktikablere Regelungen getroffen, wie beispielsweise in Bezug auf die Rechtshängigkeit und die Voll-

streckung von Entscheidungen, zudem werden Probleme wie die Behandlung des Art. 3 MSA oder das Verhältnis zwischen Art. 4 und Art. 1 MSA vermieden. Diese waren aber auch zum Teil durch das Alter des MSA bedingt, denn die Verordnungen konnten beide durch ihre Aktualität die Entwicklung beachten, was vor allem im Bereich der Rechtshängigkeit ins Gewicht fällt.
Im dritten Kapitel dieser Arbeit wird zu untersuchen sein, wie sich das KSÜ als Ersatz des MSA bei seinem Inkrafttreten zu den Verordnungen verhält und welche Verbesserungen es gegenüber dem MSA enthält.

## KAPITEL III:
## DAS VERHÄLTNIS ZWISCHEN DER EUEHEVO, DEM VO-E UND DEM HAAGER ÜBEREINKOMMEN VOM 19.10.1996 ÜBER DIE ZUSTÄNDIGKEIT, DAS ANZUWENDENDE RECHT, DIE ANERKENNUNG, VOLLSTRECKUNG UND ZUSAMMENARBEIT AUF DEM GEBIET DER ELTERLICHEN VERANTWORTUNG UND DER MAßNAHMEN ZUM SCHUTZ VON KINDERN

### § 36 EINLEITUNG

Das dritte Kapitel dieser Arbeit vergleicht die EuEheVO, den VO-E und das Haager Übereinkommen vom 19.10.1996 über die Zuständigkeit, das anzuwendende Recht, die Anerkennung, Vollstreckung und Zusammenarbeit auf dem Gebiet der elterlichen Verantwortung und der Maßnahmen zum Schutz von Kindern[877] (Kinderschutzabkommen, im Folgenden: KSÜ), welches der Nachfolger des bereits im zweiten Kapitel behandelten MSA werden soll. Wie im zweiten Teil sollen auch hier zu jedem Aspekt zunächst die jeweiligen Regelungen der Konvention erläutert werden. Hierbei ist darauf einzugehen, inwieweit KSÜ und MSA sich unterscheiden. Im anschließenden Vergleich von EuEheVO, VO-E und KSÜ kann dies zu Unterschieden zu dem Vergleich von EuEheVO, VO-E und MSA im zweiten Kapitel der Arbeit führen oder aber nicht. Relevant wird die Beziehung des KSÜ zu den Verordnungen vor allem deshalb, weil es bereits von vielen Staaten unterzeichnet worden und eine Ratifizierung ebenfalls geplant ist,[878] weswegen eine Ersetzung des MSA durch das KSÜ bald in einem Großteil seiner Vertragsstaaten abzusehen und Erstgenanntes daher nicht mehr von allzu großer Bedeutung ist. Hinzu kommt, dass das KSÜ bereits bei Ausarbeitung der EuEheVO mit berücksichtigt wurde.[879] Der VO-E ist zwar noch nicht in Kraft getreten, berücksichtigt das KSÜ aber ausdrücklich, weswegen der hier anzustellende Vergleich zwischen VO-E und KSÜ bedeutsamer als der zwischen dem Entwurf und dem MSA ist, da Letzteres wahrscheinlich durch die geplante Ratifizierung[880] bei Inkrafttreten des Entwurfs bereits vom KSÜ abge-

---

[877] Offiziell heißt die Konvention Convention concernant la compétence, la loi applicable, la reconnaissance, l'exécution et la coopération en matière de responsabilité parentale et de measures de protection des enfants beziehungsweise Covention on jurisdiction, applicable law, recognition, enforcement and co-operation in respect of parental responsibility and measures for the protection of children, abrufbar unter http://hcch.net/e/conventions/text34e.html. Der deutsche Text ist veröffentlicht in RabelsZ 62 (1998), S. 502 ff. bzw. bei *Jayme/Hausmann*, Int. Privat- u. Verfahrensrecht, Ordnungsnummer 55.
[878] Vgl. dazu unten Kapitel III § 38 I.1. (S. 246 ff.).
[879] *Borrás*, Abl EG, C221/27, S. 60; *Bauer*, IPRax 2002, S. 179 (180).
[880] Vgl. dazu unten Kapitel III § 38 I.1. (S. 241 ff.).

löst worden ist.⁸⁸¹ Berücksichtigt werden muss der Entwurf hier in jedem Fall, denn er soll die EuEheVO in naher Zukunft ablösen.⁸⁸² Es wird also darauf einzugehen sein, wie sich das Verhältnis von KSÜ und EuEheVO darstellt, um anschließend zu untersuchen, wie und ob sich etwas ändert, wenn die EuEheVO durch den VO-E ersetzt werden sollte.

## § 37 GRUNDLAGEN

### I. KSÜ

#### 1. Historische Entwicklung und Zielsetzung

Die Vorbereitung der Konvention wurde auf der 17. Session der Haager Konferenz im Mai 1993 zum Tagesordnungspunkt gemacht.⁸⁸³ Daraufhin wurde eine spezielle Kommission gegründet,⁸⁸⁴ die sich insgesamt dreimal traf⁸⁸⁵ und an einem Vorentwurf arbeitete,⁸⁸⁶ der im Frühjahr 1996 der Fachöffentlichkeit zugänglich gemacht wurde.⁸⁸⁷ An der folgenden 18. Haager Konferenz für Internationales Privatrecht (30.9. – 18.10.1996) nahmen 50 Länder teil, hierunter 35 der über 40 Mitgliedsstaaten der Haager Konferenz,⁸⁸⁸ zusätzlich unterstützen diverse nichtstaatliche Organisationen⁸⁸⁹ und Nicht-Mitgliedstaaten⁸⁹⁰ die Arbeit. Das KSÜ wurde am 19.10.1996 von Marokko als erstem Mitgliedstaat unterzeichnet,⁸⁹¹ nachdem es von der 18. Versammlung der Haager Konferenz angenom-

---

[881] Der jeweils aktuelle Stand ist abzurufen unter http://www.hcch.net/e/status/proshte.html.
[882] Geplant ist ein In-Kraft-Treten zum 1.8.2004 und eine Geltung ab dem 1.3.2005.
[883] *Oberloskamp*, FamRZ 1996, S. 918; *Detrick*, Hague Yearbook of int. law 1996, S. 77; *Siehr*, FamRZ 1996, S. 1047 (1048); *ders.*, RabelsZ 62 (1998), S. 464 (466); *Lagarde*-Bericht Pkt. 1; *DeHart*, Int. legal materials 1996 S. 1391.
[884] *Siehr*, FamRZ 1996, S. 1047 (1048); *ders.*, RabelsZ 62 (1998), S. 464 (468); *Esteban de la Rosa*, Rivista di diritto internazionale privato e processuale 1997, S. 849; zu den Beteiligten vgl. *Lagarde*-Bericht Pkt. 1.
[885] Die Sitzungen fanden statt vom 26.5. - 3.6.1994, 6. – 17.2.1995 und 11. – 22.9.1995, vgl. *Lagarde*-Bericht S. 1; *Siehr*, RabelsZ 62 (1998), S. 464 (468).
[886] *Van Iterson*, ULR 1997, S. 474; *Siehr*, RabelsZ 62 (1998), S. 464 (468); *Oberloskamp*, FamRZ 1996, S. 918; *DeHart*, Int. legal materials 1996 S. 1391; *Sturm*, IPRax 1997, S. 10.
[887] *Oberloskamp*, FamRZ 1996, S. 918.
[888] *Lagarde*-Report Pkt. 1; *Nygh*, NILR 1998, S. 1 (8); *DeHart*, Int. legal materials 1996 S. 1391; *anders: Siehr*, FamRZ 1996, S. 1047 (1048), der von 29 der 40 Mitgliedsstaaten spricht.
[889] *Van Iterson*, ULR 1997, S. 474, 475; *Siehr*, FamRZ 1996, S. 1047 (1048); *DeHart*, Int. legal materials 1996 S. 1391.
[890] *Siehr*, FamRZ 1996, S. 1047 (1048); *Nygh*, Australian Journal of Family Law 1997, S. 5 (10).
[891] *Siehr*, RabelsZ 62 (1998), S. 464 (469, 476); *Lagarde*-Bericht S. 1 (2); *DeHart*, Int. legal materials 1996 S. 1391.

men wurde.⁸⁹²
Das KSÜ ersetzt das MSA völlig.⁸⁹³ Es sollte einer Reihe von Unzulänglichkeiten und Interpretationsschwierigkeiten abgeholfen werden,⁸⁹⁴ um die Konvention interessanter sowohl für die *Common-Law*-Staaten⁸⁹⁵ als auch für Skandinavien zu machen.⁸⁹⁶ Im Vorfeld wurden insbesondere eine Reform der Anerkennungsregelungen, eine Integration von Vollstreckungsregelungen und die Einräumung einer Vorrangstellung des HKÜ gefordert.⁸⁹⁷ Das internationale Kindschaftsrecht sollte durch das KSÜ in allen Vertragsstaaten vereinheitlicht werden. Hierzu sollte die Vereinheitlichung des internationalen Kindschaftsrechts, die vorbehaltlose Konzentrierung der Zuständigkeit und des anwendbaren Rechts bei den Aufenthaltsstaaten⁸⁹⁸ und eine effektive Zusammenarbeit der Vertragsstaaten kommen.⁸⁹⁹ Schwierigkeiten, die im Rahmen des MSA bestanden, sollten aus dem Weg geräumt werden. Das KSÜ erhebt den Anspruch, ausführlicher,⁹⁰⁰ geordneter und verständlicher zu sein⁹⁰¹ und so die Rechtsanwendung zu vereinfachen⁹⁰². Diese Intentionen des KSÜ werden in Art. 1 I KSÜ detailliert normiert. Die dort ge-

---

⁸⁹² *Lagarde*-Bericht Pkt. 2; *Detrick*, Hague yearbook of int. law 1996, S. 77; *Van Iterson*, ULR 1997, S. 474; *Nygh*, NILR 1998, 1 (2); *Clive*, The juridical review 1998, S. 169; *Siehr*, FS-Lorenz S. 582 (583); *Picone*, Riv. dir. int. priv. proc. 32 (1996), S. 705; *Pfund*, ILSA Journal of Int'l & Comp. Law 1997, S. 665 (672).
⁸⁹³ *Kropholler*, Int. Privatrecht § 48 II. (S. 382), § 50 I. (S. 410); *Siehr*, FS-Lorenz S. 582 (583); *Bauer*, IPRax 2002, S. 179 (180); *Roth/Döring*, FuR 1999, S. 195 (196); DeHart, N.Y. University journal of int. law & politics 2000, S. 83; *Van Iterson*, ULR 1997, S. 474; *v. Bueren* in: Bainham (Hrsg.), The Int. Survey of Family Law 1996, S. 1 (7);*Nygh*, Australian Journal of Family Law 1997, S. 5; *Strikwerda*, FJR 2000, S. 126 (127).
⁸⁹⁴ *Lagarde*-Bericht Pkt. 3 ff.; *Winkel*, Grenzüberschreitendes Sorge- u. Umgangsrecht S. 121; *Silberman*, FS-Siehr S. 703 (706 ff.); *Van Iterson*, ULR 1997, S. 474; *Nygh*, Australian Journal of Family Law 1997, S. 5; *Pfund*, ILSA Journal of Int'l & Comp. Law 1997, S. 665 (673).
⁸⁹⁵ Die mangelnde Akzeptanz des MSA in den *Common-Law*-Staaten lag vor allem in deren Rechtsgeschichte und damit darin begründet, dass das Übereinkommen unter anderem an die Staatsangehörigkeit des Kindes anknüpfte, vgl. *Kropholler*, Int. Privatrecht § 48 II. (S. 381); *v. Iterson*, ULR 1997, S. 474; *Nygh*, Australian Journal of Family Law 1997, S. 5; *Lagarde*-Bericht Pkt. 5; *Pirrung*, FS-Rolland S. 277(281).
⁸⁹⁶ DeHart, N.Y. University journal of int. law & politics 2000, S. 83; *Pirrung*, FS-Rolland S. 277 (278, 280); *Lagarde*-Bericht Pkt. 4.
⁸⁹⁷ *Kropholler*, RabelsZ 58 (1994), S. 1 (17); *Siehr*, FS-Lorenz S. 582 (583).
⁸⁹⁸ *Sturm*, IPRax 1997, S. 10 (12); *Siehr*, FS-Lorenz S. 582 (583); *Pirrung*, FS-Rolland S. 277(281).
⁸⁹⁹ *Siehr*, FS-Lorenz S. 582 (583).
⁹⁰⁰ *Siehr*, Int. Privatrecht § 11 I (S. 58); *ders.*, FamRZ 1996, S. 1047 (1048); *Clive*, The juridical review 1998, S. 169 (170); *Nygh*, NILR 1998, S. 1 (8); *Lagarde*-Bericht Pkt. 6.
⁹⁰¹ *Siehr*, FamRZ 1996, S. 1047 (1048); *Lagarde*-Bericht Pkt. 6.
⁹⁰² *Kropholler*, Int. Privatrecht § 48 II. (S. 381).

nannten Ziele waren im Ergebnis rudimentär auch solche des MSA, doch diesmal sind sie konkret und deutlich im Text des Übereinkommens festgelegt. Die guten Aussichten für die Akzeptanz einer diesen Zielen entsprechenden Revision belegen das HKÜ[903] und das Haager Adoptionsabkommen, welche beide von Erfolg gekrönt und von Staaten unterschiedlicher politischer und kultureller Ansichten ratifiziert worden waren beziehungsweise diese den Abkommen beigetreten waren.[904]

Das KSÜ liegt sowohl für Staaten zur Ratifizierung auf, die Vertragsstaaten des Abkommens sind, steht nach seinem Inkrafttreten jedoch ausweislich des Art. 58 KSÜ auch für jeden anderen Staat zum Beitritt frei, Art. 58 III KSÜ bestimmt hier die Einspruchsmöglichkeit der Mitgliedstaaten.[905] Inzwischen haben die Niederlande[906], Polen[907], Österreich, Belgien, Dänemark, Finnland, Frankreich, die Bundesrepublik, Griechenland, Irland, Italien, Luxemburg, Portugal, Spanien, Schweden, die Schweiz, das Vereinigte Königreich[908] und Zypern[909] das Übereinkommen zwar unterzeichnet, aber noch nicht wie Monaco,[910] die Tschechische Republik[911], die Slowakei[912], Marokko[913], Lettland[914] und Australien[915] ratifiziert. In Kraft getreten ist das Übereinkommen wie die meisten Haager Konventionen[916] gemäß Art. 61 KSÜ drei Monate nach Hinterlegung der dritten

---

[903] Dazu oben Kapitel I Teil 1 § 13 II.6. (S. 102 ff.) und Kapitel II § 28 I.8.b.cc) (S. 173 f.).
[904] *Silberman*, FS-Siehr S. 703 (708); *Clive*, The juridical review 1998, S. 169 (170); *Van Iterson*, ULR 1997, S. 474; *McEleavy*, IFL 2001, S. 55 (58); *Lagarde*-Bericht Pkt. 3.
[905] *Wagner*, IPRax 2001, S. 73 (75).
[906] Die Unterzeichnung der Niederlande erfolgte am 1.9.1997, vgl. http://hcch.net/s/ status/proshte.html.
[907] Die Ratifizierung fand am 22. November 2000 statt, vgl. http://hcch.net/s/status/ proshte.html.
[908] All diese Staaten unterzeichneten das KSÜ am 1. April 2003, vgl. http://hcch.net/e/status/ proshte.html.
[909] Zypern unterzeichnete am 14.10.2003, vgl. http://hcch.net/e/status/proshte.html.
[910] Dies geschah am 14. Mai 1997, vgl.http://hcch.net/e/status/proshte.html.
[911] Die Tschechische Republik ratifizierte das KSÜ am 13. März 2000, vgl. http://hcch.net/e/status/stat34e.html zu der erforderlichen Bestimmung der Zentralbehörde.
[912] Die Ratifizierung erfolgte am 21. September 2001, vgl. http://hcch.net/e/status/stat34e.html zu den Angaben hinsichtlich der Art. 29 http://hcch.net/e/status/proshte.html, 34 I, 40, 44 und 60 KSÜ.
[913] Marokko ratifizierte am 22.8.2002, am 1. Dezember 2002 trat das KSÜ dort in Kraft, vgl. http://hcch.net/e/status/stat34e.html.
[914] Lettland ratifizierte das KSÜ am 12. Dezember 2002, es ist dort am 1. April 2003 in Kraft getreten, vgl. http://hcch.net/e/status/ proshte.html.
[915] Australien hat das KSÜ am 29. April 2003 ratifiziert; es ist dort am 1. August 2003 in Kraft getreten, vgl. http://hcch.net/e/status/ proshte.html.
[916] *Nygh*, Australian Journal of Family Law 1997, S. 5 (10).

Ratifikations-, Annahme- oder Genehmigungsurkunde am 1. Januar 2002[917]. Estland und Ecuador sind dem KSÜ inzwischen auch beigetreten.[918] In vielen weiteren Staaten wird ein Beitritt beziehungsweise eine Ratifizierung diskutiert.[919] . Insbesondere hat der Rat der EU inzwischen seine Mitgliedstaaten ermächtigt, das Übereinkommen zu unterzeichnen;[920] das Parlament hat seine Billigung erklärt.[921] In der Bundesrepublik Deutschland ist die Konvention zwar noch nicht in Kraft getreten,[922] auch hier wird indes eine Ratifizierung geplant[923] und befürwortet[924], insbesondere ist diese in Kürze zu erwarten, da eine Unterzeichnung bereits am 1. April 2003 – wie durch viele andere Staaten auch - erfolgt ist und das Parlament den Vorschlag des Rates gebilligt hat.[925] Vor allem im Hinblick auf das in vielen Staaten ebenfalls geltende HKÜ ist dies zu befürworten, da nur eine Ratifizierung beider Abkommen „eine zufriedenstellende einheitliche Gesamtlösung der internationalen Sorgerechtsfragen ermöglicht"[926].

2. Inhalt
Der Name des Übereinkommens entspricht den Titeln seiner sieben Kapitel und ist entsprechend umfangreich.[927] Die Erwähnung aller Vertragsgegenstände im insoweit schwerfälligen[928] Titel und Art. 1 KSÜ möchte davon abhalten, dass aus einem verkürzten Namen des Übereinkommens vorschnell Schlüsse auf sei-

---

[917] http://hcch.net/e/status/proshte.html; http://hcch.net/e/status/stat34e.html.
[918] Estland trat am 6.8.2002, Ecuador am 5.11.2002 bei, vgl. http://hcch.net/e/status/stat34e.html.
[919] *DeHart*, Int. legal materials 1996, S. 1391; *McEleavy*, IFL 2001, S. 55 (57).
[920] Abl. EU 2003, L 48/1, S. 1
[921] Europ. Parlament, Plenarsitzungsdokument v. 2.10.2003 endgültig A5-0319/2003, Änderungsantrag 6 Erwägung 5, Änderungsantrag 7 Art. 1 Abs. 1, Änderungsantrag 8 Art. 3 Abs. 1.
[922] *Kropholler*, Int. Privatrecht § 50 I.3. (S. 410); *Siehr*, Int. Privatrecht § 11 II. (S. 60); *Wagner*, IPRax 2001, S. 73 (75); *Bauer*, IPRax 2002, S. 179 (180).
[923] *Wagner*, IPRax 2001, S. 73 (74).
[924] *Hanisch* (Berichterstatter), Tätigkeitsbericht MPI 2000, S. 22; Verein Väter für Kinder e.v. - Fax an das BMJ v. 30.9.99 - http://home.t-online.de/home/KindundVater/e90930bj.htm.
[925] Zum aktuellen Stand vgl. http://www.hcch.net/e/status/proshte.html; Europ. Parlament, Plenarsitzungsdokument v. 2.10.2003 endgültig A5-0319/2003, Änderungsantrag 6 Erwägung 5, Änderungsantrag 7 Art. 1 Abs. 1, Änderungsantrag 8 Art. 3 Abs. 1.
[926] *Pirrung*, RabelsZ 57 (1993), S. 124 (132 ff.); *ders.*, FS-Rolland S. 277 (278).
[927] Einige Delegationen setzten sich für einen einfacheren Namen wie „*Convention on the protection of children*" ein, was jedoch am Ende verworfen wurde, damit keine Missverständnisse aufkamen. Der Name erinnert nämlich zum einen stark an das Adoptionsübereinkommen vom 29.5.1993, zum anderen wurde die Gefahr gesehen, dass möglicherweise der Eindruck erweckt würde, die Konvention regele materielles Recht, vgl. *Lagarde*-Bericht Pkt. 7; *Clive*, The juridical review 1998, S. 169.
[928] *Siehr*, RabelsZ 62 (1998), S. 464 (469).

nen Inhalt geschlossen werden,[929] wie dies zum Beispiel beim MSA geschah, indem angenommen wurde, es regele nicht das anwendbare Recht für ex-lege-Gewaltverhältnisse[930]. Einige Regelungen des MSA, die inhaltlich nicht geändert wurden, wurden in zwei oder mehr Artikel unterteilt,[931] was zusammen mit der Komplexität des Themas[932] dazu führte, dass die gesamte Konvention sehr umfangreich ist.

Das erste Kapitel (Art. 1 bis 4 KSÜ) definiert positiv und negativ die Anwendungsbereiche des Übereinkommens, während das zweite Kapitel (Art. 5 bis 14 KSÜ) die Zuständigkeit regelt.[933]

Das dritte Kapitel (Art. 15 bis 22 KSÜ) regelt das anwendbare Recht und die elterliche Gewalt (Art. 16 - 18 KSÜ).[934]

Im Gegensatz zum MSA wird im vierten Kapitel (Art. 23 bis 28 KSÜ) detailliert umschrieben, unter welchen Voraussetzungen eine Anerkennung beziehungsweise Vollstreckung zu erfolgen und wie das entsprechende Verfahren auszusehen hat.[935]

Das fünfte Kapitel (Art. 29 bis 39 KSÜ) legt umfangreich Regelungen hinsichtlich der Zusammenarbeit der Mitgliedstaaten fest,[936] während das sechste Kapitel (Art. 40 bis 56 KSÜ) allgemeine Regelungen hinsichtlich der Durchführung, der Überwachung und des Datenschutzes sowie Vorbehalte normiert und Fragen der Anwendung der Konvention in Nichtvertragsstaaten behandelt. Im siebten Kapitel (Art. 57 bis 63 KSÜ) schließlich werden die typischen Schlussbestimmungen der Haager Konventionen wiedergegeben[937].

3. Auslegung

Als rechtsvereinheitlichende Konvention auf dem Gebiet des Kollisionsrechts gehört das KSÜ wie das MSA zum Internationalen Einheitsrecht, weswegen auf die allgemeinen Auslegungsregeln abzustellen ist. Es kann daher auf die zum MSA gemachten Ausführungen[938] verwiesen werden, da sich insoweit keine Unterschiede ergeben. Als Vorgängerabkommen sind zur Interpretation des KSÜ das Haager Vormundschaftsabkommen und das MSA heranzuziehen, Konventi-

---

[929] *DeHart*, N. Y. University journal of int. law & politics 2000, S. 83 (87); *dies.*, Int. legal materials 1996, S. 1391; *Siehr*, RabelsZ 62 (1998), S. 464 (469).
[930] *Dörner*, JR 1988, S. 265 (268).
[931] *Van Iterson*, ULR 1997, S. 474 (475).
[932] *Van Iterson*, ULR 1997, S. 474 (475); *Strikwerda*, FJR 2000, S. 126 (127); *McEleavy*, IFL 2001, S. 55 (57).
[933] Dazu unten Kapitel III § 38 I. (S. 241 ff.) und Kapitel III § 39 I.2. (S. 255 ff.).
[934] Dazu ausführlich Kapitel III § 41 I.1. (S. 387 ff.) und Kapitel III § 41 I.1.b.aa) (S. 289 ff.).
[935] Siehe Kapitel III § 43 I. (S. 249 ff.).
[936] Dazu Kapitel III § 45 I. (S. 313 ff.).
[937] *Lagarde*-Bericht Pkt. 6.
[938] Vgl. Kapitel II § 26 I.4. (S. 133 f.).

onen aus demselben Kontext, die bei Schaffung des KSÜ bereits bestanden, wie das ESÜ und das HKÜ, können unter Umständen[939] berücksichtigt werden, wenn nicht ersichtlich ist, dass die Übereinkommen eindeutig bei Erstellung der KSÜ keine Berücksichtigung gefunden haben.

## II. Vergleich

### 1. Historische Entwicklung und Zielsetzung

Ebenso wie das MSA wurde das KSÜ zum Ersatz des ihm vorangegangenen Abkommens geschaffen. Auch die EuEheVO folgte dem Brüssel II-Übereinkommen, welches jedoch im Gegensatz zum MSA als Vorgänger des KSÜ noch gar nicht in Kraft war. Wie das MSA damals im Verhältnis zum Haager Vormundschaftsabkommen nahm auch das KSÜ im Gegensatz zum MSA große Änderungen vor, während die EuEheVO größtenteils die Regelungen des Brüssel II-Übereinkommens beibehielt. Unterschiedlich ist, dass das KSÜ ein ihm gleichstehendes Regelwerk ablöst, während mit der EuEheVO eine Verordnung ein Übereinkommen ersetzt. Vergleichen lassen sich insoweit von der historischen Entwicklung her eher das KSÜ und der VO-E, der wie das KSÜ zum Ziel hat, Mängel seiner Vorgängerin zu beheben und dementsprechend eine Verbesserung herbeizuführen. Sofern es die generelle Zielsetzung der Verordnung, des VO-E und des Abkommens betrifft, stehen in allen Fällen die Harmonisierung des Rechts, die Vereinfachung des internationalen Rechtsverkehrs und die Förderung der gegenseitigen Anerkennung und Vollstreckung im Vordergrund, sodass die Ziele also weitestgehend übereinstimmen.

### 2. Gesetzliche Grundlage

Hinsichtlich der gesetzlichen Grundlage kann auf die Ausführungen des Kapitels II[940] verwiesen werden; die EuEheVO sowie der VO-E stützen sich auf Art. 65 EG, während sich die Kompetenz zum Abschluss multilateraler Abkommen nach dem autonomen Recht des entsprechenden Staates richtet. Durch Zeichnung des Abkommens verpflichten sich die Zeichnerstaaten, „sich aller Handlungen zu enthalten"[941], die Ziel und Zweck des jeweiligen Vertrages vereiteln würden.[942]

### 3. Auslegung

Auch hinsichtlich der Auslegung von KSÜ und EuEheVO ergeben sich keine Unterschiede zu den Ausführungen in Kapitel II[943], weswegen darauf verwiesen

---

[939] Hierzu detailliert Kapitel II § 26 I.4. (S. 133).
[940] Kapitel II § 26 II.2. (S. 140).
[941] Wiener Übereinkommen vom 23.5.1969 über das Recht der Verträge, Sartorius II Nr. 320.
[942] *Siehr*, Int. Privatrecht § 46 I.1. (S. 381).
[943] Kapitel II § 27 II.3. (S. 147).

werden kann.
Besonderheiten ergeben sich hinsichtlich der Auslegung jedoch zwischen dem KSÜ und dem VO-E. Die Bereiche des VO-E, in denen es um die elterliche Verantwortung geht, wurden unter Berücksichtigung des KSÜ geschaffen und lehnen sich stark an dieses an.[944] Hinzu kommt, dass der Rat zwischenzeitlich die Mitgliedstaaten ermächtigt hat, das Übereinkommen zu unterzeichnen,[945] die Kommission hat einen Vorschlag für das Mandat zur gemeinsamen Ratifikation vorgelegt, welcher eine gemeinsame Hinterlegung der Ratifikationsurkunden vor dem 1. Januar 2005 vorsah,[946] wobei nun jedoch eine Verschiebung auf den 1. Januar 2006 diskutiert wird.[947]
Vorgeschlagen werden ferner ausdrückliche Verweise auf das Abkommen, insbesondere hinsichtlich der Definitionen bestimmter Ausdrücke,[948] die sich in ihrem Wortlaut sehr am KSÜ orientieren (vgl. Art. 2 VO-E). Es könnte daher in Betracht kommen, auch die jeweilige Rechtsprechung und das entsprechende Schrifttum des Abkommens zur Interpretation der entsprechenden Begriffe des VO-E heranzuziehen. Eine solche Heranziehung kann aber meines Erachtens nur dann erfolgen, wenn den Vorschlägen Rechnung getragen wird, ausdrückliche Hinweise auf das Abkommen in den Verordnungsentwurf einzuarbeiten, da eine konventions- und verordnungsübergreifende Interpretation grundsätzlich nicht erfolgen kann[949]. Durch Ratifizierung der Verordnung wird dann gleichermaßen der Hinweis auf das Übereinkommen und seine Begriffe durch den jeweiligen Mitgliedstaat anerkannt. Erfolgt ein konkreter Hinweis indes nicht, ist eine Heranziehung nur dann möglich, wenn sich aus den Erwägungsgründen deutlich und unmissverständlich ergibt, dass die Kommission bestimmte Aspekte so verstanden wissen wollte, wie sie auch im KSÜ verstanden werden. Anstatt alle Details noch einmal in die Erwägungsgründe aufzunehmen, was dann bei einer Interpretation jedenfalls unstreitig herangezogen werden könnte, kann auch ein Verweis erfolgen, was aber der Sache nach keinen Unterschied machen kann. Sofern jedoch weder im Verordnungstext, noch in den Erwägungsgründen konkrete Verweise zu finden sind, kann eine konventions- und verordnungsübergreifende Interpretation – zumindest wenn sie verbindlich sein soll - auch unter dem Gesichtspunkt der Rechtsvereinheitlichung keinen Raum haben.

---

[944] KOM (2001) 505 endg. 2001/0204 CNS Pkt. 3; *Banotti*, PPE-DE S. 7.
[945] Abl. EU 2003, L 48/1, S. 1.
[946] KOM (2003) 348/endg.
[947] *Schulz*, FamRZ 2003, S. 1351.
[948] *Banotti*, PPE-DE S. 4.
[949] Vgl. Kapitel II § 26 II.3. (S. 140 ff.).

## § 38 ANWENDUNGSBEREICH

### I. KSÜ

#### 1. Territorialer Geltungsbereich

Das KSÜ liegt zum einen für Staaten, die bei der 18. Haager Konferenz für Internationales Privatrecht Mitglieder dieser Konferenz waren, zur Unterzeichnung auf (Art. 57 I KSÜ).[950] Es kann jedoch auch jeder andere Staat dem Übereinkommen seit seinem Inkrafttreten beitreten (Art. 58 KSÜ).[951] Die Niederlande, Polen, Österreich, Belgien, Dänemark, Finnland, Frankreich, die Bundesrepublik, Griechenland, Irland, Italien, Luxemburg, Portugal, Spanien, Schweden, die Schweiz, das Vereinigte Königreich und Zypern haben das KSÜ bisher lediglich unterzeichnet, ratifiziert wurde es durch Monaco, die Slowakei, die Tschechische Republik und Marokko, sowie Lettland und Australien.[952] Estland ist zum 6.8.2002 dem KSÜ beigetreten.[953] Dort trat das Übereinkommen zum 1.6.2003 in Kraft, weil die Vertragsstaaten nicht innerhalb von sechs Monaten, also bis zum 20.2.2003, Einspruch erhoben haben (Art. 58 III KSÜ). Ecuador trat am 5.11.2002 bei, auch hier galt die Einspruchsfrist des Art. 58 III KSÜ. Insgesamt haben bereits 18 Staaten das KSÜ unterzeichnet, sechs Staaten haben es ratifiziert. In Kraft ist es, eingeschlossen die beiden beigetretenen Staaten Estland und Ecuador, bereits in acht Staaten.

Am 17.6.2003 hat die Europäische Kommission einen Vorschlag für das Mandat zur gemeinsamen Ratifikation des KSÜ durch die EG-Mitgliedstaaten vorgelegt,[954] der vorsieht, dass die Mitgliedstaaten ihre Ratifikationsurkunden gemeinsam vor dem 1. Januar 2005 hinterlegen. Derzeit ist jedoch eine Verschiebung auf den 1. Januar 2006 im Gespräch.[955]

Grundsätzlich sind im Übereinkommen im ersten Kapitel, welches den Anwendungsbereich festlegt, keine allgemeinen Vorschriften über einen territorialen Anwendungsbereich enthalten. Stattdessen wird in jedem einzelnen Kapitel bestimmt, welche Beziehungen zu einem Staat bestehen müssen, damit die Vorschriften anwendbar sind.[956] Das KSÜ gilt seinen Zuständigkeitsvorschriften zufolge nicht nur für Kinder, die ihren gewöhnlichen Aufenthalt in einem Vertragsstaat haben, sondern für alle Kinder (Art. 2 KSÜ spricht insoweit generell von „*children*").[957] Teilweise ist es völlig unerheblich, ob sich der gewöhnliche

---

[950] *Wagner*, IPRax 2001, S. 73 (75).
[951] *Wagner*, IPRax 2001, S. 73 (75).
[952] Vgl. Kapitel III § 37 I. (S. 234 ff.).
[953] http://www.hcch.net/e/Status/proshte.html.
[954] Vgl. KOM (2003) 348/endg.
[955] *Schulz*, FamRZ 2003, S. 1351.
[956] *Lagarde*-Bericht Pkt. 17; *Siehr*, RabelsZ 62 (1998), S. 464 (470); *ders.*, FamRZ 1996, S. 1047 (1048); *Nygh*, NILR 1998, S. 1 (9).
[957] *Siehr*, FamRZ 1996, S. 1047 (1048); *Roth/Döring*, FuR 1999, S. 195 (197).

Aufenthalt in einem Vertrags- oder Nichtvertragsstaat befindet,[958] so beispielsweise bei Art. 20 KSÜ, wonach das aufgrund des KSÜ anzuwendende Recht auch das eines Nichtvertragsstaates sein kann. Allerdings sind Entscheidungen nur von Vertragsstaaten anzuerkennen und zu vollstrecken, auch die Zusammenarbeit hat grundsätzlich nur zwischen den Vertragsstaaten zu erfolgen.[959] Bei Festlegung der Zuständigkeit am gewöhnlichen Aufenthaltsort gilt dies für alle Kinder, die ihren gewöhnlichen Aufenthalt in einem Vertragsstaat haben; wird die Zuständigkeit nur dem Ort des gegenwärtigen Aufenthalts zugesprochen, gilt dies für alle Kinder, die ihren Aufenthalt in einem Vertragsstaat haben.[960] Wird im Abkommen, wie hinsichtlich der elterlichen Verantwortung, das Kollisionsrecht geregelt, wird eine allgemeine Regelung festgelegt, unabhängig von Aufenthalt oder Nationalität der Kinder.[961]

2. Zeitlicher Anwendungsbereich, Art. 53 KSÜ

Der zeitliche Anwendungsbereich des KSÜ bestimmt sich nach Art. 53 KSÜ. Demzufolge gilt das KSÜ hinsichtlich aller Maßnahmen, wenn diese in einem Staat ergriffen wurden, nachdem die Konvention in diesem Staat in Kraft getreten ist (Abs. 1). Hinsichtlich der Anerkennung und Vollstreckung gilt das Übereinkommen in Bezug auf alle Maßnahmen, die nach seinem Inkrafttreten zwischen dem erlassenden Staat und dem, in dem die Anerkennung oder Vollstreckung erfolgen soll, angeordnet wurden (Abs. 2).[962] In Monaco, der Slowakei und der Tschechischen Republik ist das KSÜ seit dem 1.1.2002, in Marokko seit dem 1.12.2002 in Kraft und gilt für alle seitdem getroffenen Maßnahmen. Die Tatsache, dass Maßnahmen, welche vor Inkrafttreten des KSÜ getroffen wurden, auch nach seinem Inkrafttreten weitergelten, bedeutet nicht, dass sie von diesem Zeitpunkt an in den Anwendungsbereich des Abkommens fallen.[963] Von dem Moment an, in dem in einem Staat das KSÜ in Kraft tritt, ersetzt es in dem Verhältnis zu den Staaten, in denen es ebenfalls gilt, das MSA. Relevant ist dies jedoch bisher nicht, da Monaco, die Slowakei, Marokko, Lettland, Australien und die Tschechische Republik sowie Estland und Ecuador keine Vertragsstaaten des MSA waren. Sobald das KSÜ jedoch in den Staaten in Kraft tritt, die es bisher lediglich unterzeichnet haben, wird dies bedeutsam, da es das MSA dort

---

[958] *Van Iterson*, ULR 1997, S. 474 (476); *Roth/Döring*, FuR 1999, S. 195 (197); *Siehr*, RabelsZ 62 (1998), S. 464 (470).
[959] *Siehr*, RabelsZ 62 (1998), S. 464 (470).
[960] *Lagarde*-Bericht Pkt. 17.
[961] *Lagarde*-Bericht Pkt. 17.
[962] *Pirrung*, FS-Rolland, S. 271 (280 f.); *Siehr*, RabelsZ 62 (1998), S. 464 (471).
[963] *Nygh*, NILR 1998, S. 1 (10).

größtenteils ablöst.[964]

## 3. Räumlich-persönlicher Anwendungsbereich, Art. 2 KSÜ

Art. 2 KSÜ regelt den persönlichen Anwendungsbereich, indem das Abkommen generell auf Kinder von der Geburt an[965] bis zur Vollendung ihres 18. Lebensjahres für anwendbar erklärt wird, wodurch es sich somit der jüngeren Tradition der Haager Konferenz und der sachrechtlichen Entwicklung in den meisten Staaten anpasst.[966]
Die Nennung des 18. Lebensjahres bedeutet nicht, dass das KSÜ die Volljährigkeit in seinen Vertragsstaaten auf das 18. Lebensjahr festsetzt,[967] weswegen es auch auf Kinder anwendbar ist, die nach ihrem Heimat-, Wohnsitz- oder Aufenthaltsrecht bereits volljährig sind, das 18. Lebensjahr aber noch nicht vollendet haben.[968] Es bleibt in solchen Fällen den zuständigen Behörden der Vertragsstaaten freigestellt, keine Kindesschutzmaßnahmen deshalb zu ergreifen, weil das Kind schon die Volljährigkeit erreicht hat und keinen Kindesschutz mehr benötigt,[969] wenn es das autonome Recht, welches nach Art. 16 KSÜ anwendbar ist,[970] so bestimmt.[971] Mündige Kinder müssen also nicht grundsätzlich wie un-

---

[964] Ablösen wird das KSÜ das MSA nach den derzeitigen Unterzeichnungen ab Inkrafttreten in der Bundesrepublik, Frankreich, Italien, Luxemburg, den Niederlanden, Österreich, Portugal, Polen, der Schweiz und Spanien.
[965] Abgestellt wird auf die Geburt und nicht auf die Empfängnis, wie es zunächst von einer Delegation vorgeschlagen worden war, vgl. *Lagarde*-Bericht Pkt. 15; *Nygh*, NILR 1998, S. 1 (9). Der Schutz des *nasciturus* wird ausgeschlossen, vgl. *Pirrung*, FS-Rolland S. 277 (279); *Nygh*, NILR 1998, S. 1 (10). Das KSÜ ist also nicht anwendbar auf Pflegschaften für noch ungeborene Kinder und die damit einhergehenden Probleme des Kindesschutzes gegen Schwangerschaftsunterbrechungen, vgl. *Lagarde*-Bericht Pkt. 15; *Siehr*, RabelsZ 62 (1998), S. 464 (469 f.). Jedem Staat bleibt es jedoch unbelassen, in diesen Problemfällen aufgrund seines autonomen Rechts Schutzmaßnahmen zu erlassen, die von anderen Staaten ebenfalls aufgrund ihres autonomen Rechts anerkannt werden können, vgl. *Lagarde*-Bericht Pkt. 15; *Nygh*, NILR 1998, S. 1 (9).
[966] *Siehr*, RabelsZ 62 (1998), S. 464 (469).
[967] *Lagarde*-Bericht Pkt. 16.
[968] *Nygh*, NILR 1998, S. 1 (9). So ist ein Österreicher mit 18 Jahren noch nicht mündig (Art. 7 I, Art. 4 I S. 1 EGBGB, § 12 österr. IPR-Gesetz, § 21 II S. 1 ABGB), während eine 17 Jahre alte Niederländerin, sofern verheiratet, bereits volljährig sein kann (Art. 7 I AGBGB, Art. 1:233 BW, vgl. *Siehr*, RabelsZ 62 (1998), S. 464 (470).
[969] Sofern nach dem autonomen Recht eines Vertragsstaates bestimmte Rechtsakte von einem Kind ohne Zustimmung oder Genehmigung des gesetzlichen Vertreters vollzogen werden können, bleibt es somit unter Geltung des KSÜ dem jeweiligen Staat überlassen, dieses Recht zu berücksichtigen, sofern sein *ordre public* nicht entgegensteht, vgl. *Lagarde*-Bericht Pkt. 16.
[970] Hierzu siehe Kapitel III § 42 I. (S. 298 f.).
[971] *Siehr*, RabelsZ 62 (1998), S. 464 (470); *Lagarde*-Bericht Pkt. 16; *Nygh*, NILR 1998, S. 1 (9).

mündige behandelt werden.
Da die Konvention ihren Anwendungsbereich auf Kinder, die jünger als 18 Jahre sind, beschränkt, fragt sich, wie die Personen zu behandeln sind, die trotz ihres vollendeten 18. Lebensjahres noch des Schutzes bedürfen, entweder, weil sie nach dem autonomen Recht ihres gewöhnlichen Aufenthaltsstaates dann immer noch nicht volljährig sind, oder aber weil aufgrund ihrer Urteilsunfähigkeit ein Bedürfnis für Schutzmaßnahmen besteht.[972] Zunächst war angedacht worden, den Anwendungsbereich auf unmündige Erwachsene auszudehnen, was jedoch letztendlich zugunsten eines eigenständigen Regelwerkes[973] verworfen wurde[974]. Bevor dieses weitere Übereinkommen indes in Kraft tritt,[975] muss der Schutz dieser Personen weiterhin durch das jeweilige autonome Recht gewährleistet werden.[976]
Im MSA wurde auf den ‚Minderjährigen' als Anknüpfungsperson abgestellt.[977] Die Minderjährigeneigenschaft setzte Minderjährigkeit sowohl nach dem Heimatrecht als auch nach dem Recht des gewöhnlichen Aufenthaltsortes voraus.[978] Diese Einschränkungen sind durch das KSÜ im Interesse eines umfassenden Kinderschutzes beseitigt worden.[979] Durch seine großzügige Regelung, den Vertragsstaaten hinsichtlich der Kinder, die nach autonomem Recht bereits komplett oder in Teilbereichen volljährig sind, entsprechende Freiheiten zu lassen, lässt sich das Abkommen flexibel anwenden[980] und stellt damit hinsichtlich seines persönlichen Anwendungsbereiches eine positive Neuerung gegenüber dem MSA dar.

---

[972] *Lagarde*-Bericht Pkt. 16.
[973] *Siehr*, RabelsZ 62 (1998), S. 464 (468); *Pirrung*, FS-Rolland S. 277 (279); die deutsche Fassung des Abkommens ist abzurufen unter ftp://hcch.net/doc/ text34d.doc.
[974] *Lagarde*-Bericht Pkt. 11; *Pirrung*, FS-Rolland S. 277 (279); Literatur hierzu findet sich bei: *Borrás*, Geriatrianet (Revista Electrónica de Geriatría), Vol. 2 Núm. 1 Año 2000; *Clive*, Yearbook of Private Int. Law, Vol. II 2000, S. 1 ff.; *Mostermanns*, Int. Law Forum du droit international 2000, No. 1 S. 14 ff.; *Siehr*, RabelsZ 64 (2000), S. 715 ff.; *Seatzu*, Dir. fam. pers. 2001, No. 3 S. 1223 ff.; *Bucher*, Revue suisse de droit international et de droit européen 2000, No. 1 S. 37 ff.; *Lagarde*, Revue critique de droit international privé 2000, No. 2 S. 159 ff.
[975] Die Konvention trägt das Datum vom 13.1.2000, ist jedoch bisher lediglich von Frankreich und den Niederlanden unterzeichnet worden und deshalb noch nicht in Kraft getreten. Zum jeweils aktuellen Status vgl. http://www.hcch.net/e/status/ stat35e.html.
[976] *Lagarde*-Bericht Pkt. 16.
[977] *Boelck*, Reformüberlegungen zum MSA S. 87.
[978] *Siehr*, FamRZ 1996, S. 1047 (1048); *Nygh*, NILR 1998, S. 1 (9).
[979] *Lagarde*-Bericht Pkt. 15.
[980] *Lagarde*-Bericht Pkt. 16.

4. Sachlicher Anwendungsbereich (Art. 1, 3, 4 KSÜ)
*a) Grundlegendes*
Das KSÜ regelt den Schutz sowohl der Person als auch des Vermögens des Kindes.[981] Den Interessen des Staates, in dem sich das Vermögen des Kindes befindet, wurde durch Art. 55 KSÜ Rechnung getragen, wodurch diesem gestattet wird, solche Maßnahmen der elterliche Verantwortung nicht anzuerkennen, die mit den Maßnahmen zum Schutz des Vermögens durch eigene Behörden nicht vereinbar sind.[982]

*b) Positiver Anwendungsbereich, Art. 3 KSÜ*
Die ihm unterliegenden Schutzmaßnamen werden im KSÜ in der nicht abschließenden und beispielhaften[983] ‚Positivliste'[984] des Art. 3 KSÜ umschrieben.[985] Hiervon wird laut lit. a die elterliche Verantwortung (Begründung, Ausübung und Beendigung) als ‚modernerer' Begriff für Sorgerecht und gesetzliche Vertretung erfasst[986]. Ferner umschreibt lit. b das Sorgerecht trotz der in Art. 3 lit. a KSÜ enthaltenen Regelung noch einmal detailliert und ordnet ihm auch das Umgangsrecht zu.[987] Ferner erfolgen Klarstellungen zur Unterbringung in einer Pflegefamilie (lit. e),[988] wobei das Institut der *kafala* einbezogen wird,[989] und zur

---

[981] Der Vermögensschutz wurde wegen der großen Praxisrelevanz einbezogen., vgl. *Lagarde*-Bericht Pkt. 10.
[982] *Lagarde*-Bericht Pkt. 10.
[983] *DeHart*, N. Y. University journal of int. law & politics 2000, S. 83 (87); *Clive*, The juridical review 1998, S. 169 (171); *v. Bueren* in: Bainham (Hrsg.), The Int. Survey of Family Law 1996, S. 1 (7); *Moura Ramos*, Infância e juventude 1998, S. 9 (16 f.); *Siehr*, FamRZ 1996, S. 1047 (1048); *ders.*, RabelsZ 62 (1998), S. 464 (476).
[984] *Pirrung*, FS-Rolland, S. 277 (280).
[985] Dies geschah auf Wunsch der *Common-Law*-Staaten, vgl. *Lagarde*-Bericht Pkt. 18; *Pirrung*, FS-Rolland, S. 277 (280); vgl. ferner Kapitel III § 37 I.1. (S 234 ff.).
[986] *Pirrung*, FS-Rolland, S. 277 (280).
[987] Hinsichtlich des Umgangsrechts („*droit de visite*", „*acesss*") gab es Sprachschwierigkeiten, man war sich jedoch einig, dass unabhängig von den in den einzelnen Staaten verwendeten Begriffe die Kontakte über eine gewisse Distanz gemeint sein sollten, die einem Elternteil mit seinem Kind durch Korrespondenz, Telefon oder Telefax aufrechtzuerhalten gestattet sind, vgl. *Lagarde*-Bericht Pkt. 20.
[988] *Lagarde*-Bericht Pkt. 23.

behördlichen Aufsicht über die Personensorgeberechtigten (lit. f). Die lit. d und g heben neben der Vermögenssorge und der Vormundschaft (lit. c) die allgemeine und sehr weit gefasste[990] gesetzliche Vertretung besonders hervor. lit. g enthält die extensiv zu verstehende Bestimmung der Arten der Vermögenssorge, durch die alle Vorgänge erfasst werden sollen, die mit dem Vermögen des Kindes einschließlich aller Erwerbungen im Sinne von Investitionen („*investments*") oder Vermögensübertragungen („*assignments*"), durch die über das Vermögen mit dem Ziel des Eigentumserwerbs verfügt wird,[991] einhergehen.[992] Durch die Aufzählung in Art. 3 KSÜ wird ein breites Spektrum abgedeckt, wobei einige Elemente sich überschneiden können, was aber unerheblich ist, da die Folgen, unabhängig davon, auf welchen Buchstaben des Art. 3 KSÜ man sich stützt, dieselben sind.[993]

### c) Negativkatalog, Art. 4 KSÜ

Art. 4 KSÜ stellt demgegenüber abschließend[994] fest, auf welche Fälle das Übereinkommen nicht anwendbar ist. Alle Fälle, die von dieser Ausschlussliste nicht erfasst werden, fallen in den Anwendungsbereich der Konvention, da Art. 3 KSÜ lediglich eine beispielhafte Aufzählung enthält. Durch die Kombination mit Art. 3 KSÜ wird erreicht, dass keine Anwendungslücken entstehen.[995] Ausgeschlossen werden Statusentscheidungen hinsichtlich der elterlichen Verantwortung (lit. a) einschließlich der Volljährigkeitserklärung (lit. d) sowie Namen

---

[989] Die explizite Einbeziehung der *kafala* und gleichwertiger Rechtsinstitute in den sachlichen Anwendungsbereich durch Art. 3 lit. e KSÜ und auch in die Bestimmungen des Kapitels 5 (Art. 33 KSÜ)[989] erfolgte auf Initiative der marokkanischen Delegation und füllt eine Lücke innerhalb des bestehenden Adoptionsübereinkommens vom 29.5.1993, vgl. *Detrick,* Hague Yearbook of int. law 1996, S. 77 (78); *DeHart,* N. Y. University journal of int. law & politics 2000, S. 83 (87); *dies.,* Int. legal materials 1996, S. 1391 (1392). Die *kafala* wurde von diesem nicht erfasst, da sie keine Adoption darstellt (die im islamischen Rechtskreis verboten ist), denn sie hat keinen Einfluss auf das Eltern-Kind-Verhältnis, da das Kind nicht Familienmitglied des *kafil* wird, vgl. *Lagarde*-Bericht Pkt. 23; *Nygh,* NILR 1998, S. 1 (11). Dennoch handelt es sich in jedem Fall um eine Schutzmaßnahme, weswegen der Anwendungsbereich dahingehend auszudehnen war, vgl. *Lagarde*-Bericht Pkt. 23.

[990] *Lagarde*-Bericht Pkt. 22.

[991] *Lagarde*-Bericht Pkt. 25.

[992] Allerdings wird dieser Anwendungsbereich durch den in Art. 4 lit. f KSÜ erfolgten Ausschluss von Erbschaften und Treuhandvermögen stark eingeschränkt, vgl. *Nygh,* Australian Journal of Family Law 1997, S. 5 (6).

[993] *Clive,* The juridical review 1998, S. 169 (172).

[994] *Silberman,* FS-Siehr S. 703 (709); *Roth/Döring,* FuR 1999, S. 195 (196); *DeHart,* N. Y. University journal of int. law & politics 2000, S. 83 (87); *Siehr,* RabelsZ 62 (1998), S. 464 (476); *Lagarde*-Bericht Pkt. 26; *Clive,* The juridical review 1998, S. 169 (172).

[995] *Lagarde*-Bericht Pkt. 26.

(lit. c), das komplette Unterhaltsrecht (lit. e), Treuhandverhältnisse (lit. f), Erb- (lit. f) und Sozialrecht (lit. g) sowie öffentlichrechtliche Entscheidungen auf den Gebieten Erziehungs- und Gesundheitsrecht (lit. h), Straf- (lit. i), Asyl- und Einwanderungsrecht (lit. j)[996]. Durch Ausschluss der Adoption (lit. b)[997] und des Erb- und Unterhaltsrechts sollen Überschneidungen mit geltenden internationalen Adoptions-[998], Erb-[999] und Unterhaltsabkommen[1000] vermieden werden.[1001] Grundsätzlich wird keine ausdrückliche Abgrenzung zwischen den ausgeschlossenen Gegenständen und dem sachlichen Anwendungsbereich vorgenommen, so dass in der Regel angenommen werden muss, dass der Ausschluss in Bezug auf die in Art. 4 KSÜ genannten Materien inklusive der Fragen, ob, inwieweit und auf welche Weise für ein in solchen Fällen betroffenes Kind etwas unternommen werden muss, erfolgt.[1002]

Hinsichtlich der Adoption wird explizit gesagt, dass auch die Vorbereitung einer solchen nicht unter das Abkommen fällt.[1003] Dasselbe gilt in Bezug auf die Erb-

---

[996] In Bezug auf den Ausschluss des Asyl- und Einwanderungsrechtes muss eine Einschränkung insoweit gemacht werden, als dass der Ausschluss in Bezug auf Maßnahmen erfolgt, die die Einreise sichern oder die Ausweisung verhindern wollen, nicht aber solche, die ein Flüchtlingskind in einer Pflegefamilie oder einem –heim unterbringen, vgl. *Nygh*, NILR 1998, S. 1 (11). Dies lässt sich mit dem Zweck des KSÜ begründen, welches den Kindesschutz sichern will. Bei Flüchtlingen und Asylanten ergeben sich Probleme zumeist in den Fällen, in denen Kinder von ihren Eltern getrennt wurden. Um den Kindern einen entsprechenden Schutz zu gewährleisten, muss es möglich sein, Pfleger, Vormunde oder Betreuer zu bestellen, die sich um das Kindeswohl kümmern und für die Durchsetzung der Rechte des Kindes sorgen, die sich jedoch nicht nach dem KSÜ bestimmen können, sondern vielmehr nach dem entsprechenden Landesrecht.

[997] *Lagarde*-Bericht Pkt. 28; *Esteban de la Rosa*, Rivista di diritto internazionale privato e processuale 1997, S. 849 (851 ff.).

[998] Adoptionsübereinkommen v. 15.11.1965 über die behördliche Zuständigkeit, das anzuwendende Recht und die Anerkennung von Entscheidungen auf dem Gebiet der Annahme an Kindes Statt zwischen dem Vereinigten Königreich, Österreich und der Schweiz, *Jayme/Hausmann*, Int. Privat- und Verfahrensrecht, 8. Aufl. München 1996, S. 79 sowie das Übereinkommen vom 29.5.1993 auf dem Gebiet internationaler Adoption, www.hcch.net/e/conventions/text33e.html.

[999] Haager Übereinkommen v. 1.8.1989 über das anzuwendende Recht bei gesetzlich vererbbarem Grundbesitz, IPRax 2000, S. 53.

[1000] Übereinkommen vom 2.10.1973 über die Anerkennung und Vollstreckung von Unterhaltsentscheidungen, *Jayme/Hausmann*, Int. Privat- und Verfahrensrecht, 8. Aufl. München S. 330 und Übereinkommen vom 2.10.1973 über das auf Unterhaltspflichten anzuwendende Recht, *Jayme/Hausmann*, Int. Privat- und Verfahrensrecht, 8. Aufl. München 1996 S. 69.

[1001] *Van Iterson*, ULR 1997, S. 474 (476); *Lagarde*-Bericht Pkt. 26, 32; *Clive*, The juridical review 1998, S. 169 (172); *Roth/Döring*, FuR 1999, S. 195 (196).

[1002] *Siehr*, RabelsZ 62 (1998), S. 464 (477).

[1003] *Lagarde*-Bericht Pkt. 28; *Siehr*, RabelsZ 62 (1998), S. 464 (477); *van Iterson*, ULR 1997, S. 474 (476).

schaft, bei der das KSÜ lediglich dann gelten kann, wenn es um die Vertretung des Kindes und somit um die elterliche Verantwortung geht,[1004] denn es kann nicht im Interesse der Konvention sein, auch derartige Maßnahmen auszuschließen[1005].

Das KSÜ erfasst also im Ergebnis alle selbständigen und unselbständigen Schutzmaßnahmen sowie -verhältnisse in Bezug auf Kinder und ihr Vermögen.[1006] Die von Art. 4 KSÜ ausgeschlossenen Bereiche fielen nach allgemeiner Ansicht auch schon nicht unter das MSA, so dass sich insoweit keine Änderungen ergeben.[1007]

II. Vergleich

1. Territorialer Geltungsbereich

Während das KSÜ für alle Staaten zur Unterzeichnung aufliegt, die bei seiner Annahme durch die Haager Konferenz für Internationales Privatrecht deren Mitgliedstaaten waren, nach seinem Inkrafttreten aber auch jedem anderen Staat zum Beitritt freisteht, gelten die EuEheVO und der VO-E, sobald in Kraft getreten, lediglich für Mitgliedstaaten der EU. Während das KSÜ also einen weltweiten territorialen Anwendungsbereich erzielen kann, sind EuEheVO und VO-E auf die EU beschränkt. Durch die Ratifizierung des KSÜ durch die EU-Mitgliedstaaten würden sich Abkommen und Verordnungen jedoch in allen EU-Staaten territorial überschneiden. Derzeit ist noch keine Überschneidung gegeben, da das KSÜ bisher lediglich in Monaco, der Slowakei, der Tschechischen Republik, Estland, Ecuador, Australien, Lettland und Marokko gilt, dies wird sich aber in naher Zukunft bereits ändern, da schon viele weitere Staaten das KSÜ unterzeichnet haben und ratifizieren werden. Sofern das KSÜ in Nicht-EU-Staaten Anwendung findet, haben EuEheVO und VO-E keine Bedeutung hierfür.

2. Zeitlicher Anwendungsbereich

Das KSÜ gilt seit dem 1.1.2002 für alle Maßnahmen, die seitdem in den Mitgliedstaaten ergriffen wurden, in nach diesem Zeitpunkt beigetretenen Staaten für solche Maßnahmen, die nach dem Beitritt beschlossen wurden beziehungsweise für die Anerkennung und Vollstreckung von solchen Maßnahmen, die nach seinem Inkrafttreten angeordnet wurden (Art. 53 I und 2 KSÜ). Maßnahmen, die vorher getroffen wurden, gelten jedoch fort. Die EuEheVO gilt für alle anhängigen Verfahren und darin ergangenen Entscheidungen seit dem 1.3.2001, der VO-E liegt bisher lediglich als Entwurf vor und gilt dementsprechend noch

---

[1004] Dazu Kapitel III § 41 I.1.b) (S. 289 ff.).
[1005] *Van Iterson*, ULR 1997, S. 474 (476).
[1006] *Roth/Döring*, FuR 1999, S. 195 (197).
[1007] *Siehr*, FamRZ 1996, S. 1047 (1048); *ders.*, RabelsZ 62 (1998), S. 464 (477).

gar nicht, soll gemäß Art. 71 VO-E am 1.7.2003 in Kraft treten und ab dem 1.7.2004 gelten. Nach der 2529. Tagung des Rates (Justiz und Inneres) vom 2.-3.10.2003 ist jedoch nunmehr festgelegt, dass die neue Verordnung am 1.8.2004 in Kraft treten und ab dem 1.3.2005 gelten soll.[1008] Zu einer Überschneidung von EuEheVO und KSÜ kann es derzeit also nur in Verfahren kommen, die nach dem 1.1.2002 noch anhängig waren. Eine Relevanz des VO-E ergibt sich erst für Verfahren, die vor seinem Inkrafttreten eingeleitet und noch nicht beendet wurden oder nach seinem Inkrafttreten eingeleitet wurden beziehungsweise für Entscheidungen, die nach der EuEheVO anerkennungsfähig und vollstreckbar sind (vgl. Art. 63 VO-E).

### 3. Räumlich-persönlicher Anwendungsbereich

*a) Grundlegendes*

Das KSÜ legt seinen persönlichen Anwendungsbereich unproblematisch fest, indem es sich für anwendbar erklärt, wenn es um Schutzmaßnahmen für Kinder ab der Geburt bis zu ihrem 18. Lebensjahr geht, unabhängig von der Situation, in der sich das betroffene Kind befindet. Demgegenüber erfasst die EuEheVO nur gemeinsame Kinder der Ehegatten, sofern diesen die elterliche Verantwortung zusteht. Die entsprechenden Altersgrenzen der elterlichen Verantwortung finden sich in dem jeweiligen autonomen Recht.[1009] Allerdings findet die Verordnung nur dann Anwendung, wenn gleichzeitig ein Eheverfahren anhängig ist und die Sorgerechtssache anlässlich dieser Ehesache betrieben wird. Der VO-E sieht entsprechend der EuEheVO eine Anwendung auf alle Kinder vor, die unter elterlicher Verantwortung stehen, setzt jedoch im Gegensatz zu dieser kein gleichzeitiges Eheverfahren voraus. Weder der VO-E, noch die EuEheVO oder das KSÜ sehen eine Erweiterung des Anwendungsbereiches auf unmündige und daher schutzbedürftige Erwachsene vor.

*b) Sondergeschäftsfähigkeiten*

Wie auch im Kapitel II[1010] stellt sich die Frage, ob VO-E, EuEheVO und KSÜ überhaupt kollidieren, wenn durch so genannte Sondergeschäftsfähigkeiten in einzelnen Rechtsordnungen das Kind in bestimmten Bereichen nicht mehr als minderjährig angesehen werden kann. Während dies beim MSA aufgrund der dargestellten Erwägungen abzulehnen war, kann sich hinsichtlich des KSÜ diesbezüglich kein Problem mehr ergeben, da dieses sich ausdrücklich für auf Kinder zwischen ihrer Geburt und ihrem 18. Lebensjahr anwendbar erklärt. Sofern die Kinder nach dem innerstaatlichen Recht bereits volljährig sind und nicht

---

[1008] Vgl. 2529. Tagung des Rates – Justiz und Inneres – am 2./3. Oktober in Brüssel, 12762/03 (Presse 278) und Kapitel I Teil 2 § 23 (S. 128).
[1009] In der Bundesrepublik: § 1626 I BGB i.V.m. § 2 BGB.
[1010] Kapitel II § 27 II.3.b) (S. 148 f.).

mehr unter elterlicher Verantwortung stehen, bleibt es dem Ermessen der Behörden überlassen, das KSÜ anzuwenden, sodass ein umfassender Kindesschutz gewährleistet ist.

*c) Ergebnis*
Ebenso wie MSA und EuEheVO kollidieren auch KSÜ und EuEheVO hinsichtlich des räumlich-persönlichen Anwendungsbereiches nur in einem klar spezifizierten Bereich, und zwar dann, wenn es um den Schutz eines Kindes geht, das unter elterlicher Verantwortung steht und dessen Eltern ein entsprechendes Eheverfahren betreiben.
Bedeutsamer wird die Relation in Bezug auf den VO-E, der sich auf alle Verfahren der elterlichen Verantwortung bezieht. KSÜ und VO-E kollidieren grundsätzlich also in allen Fällen des Kindesschutzes, die ausschließlich oder zumindest gleichzeitig auch die elterliche Verantwortung betreffen.

4. Sachlicher Anwendungsbereich
*a) Grundlagen*
Während sich die EuEheVO ausdrücklich nur auf solche kindschaftsrechtlichen Fragen bezieht, die in engem Zusammenhang mit einer anhängigen Ehesache stehen, gilt das KSÜ unabhängig von anderen Verfahren immer dann, wenn es um den Schutz eines Kindes geht, und sofern nicht einer der Ausschlusstatbestände des Art. 4 KSÜ vorliegt. Im Gegensatz zu seinem Vorgänger ist das KSÜ ausdrücklich auch auf das Umgangsrecht anwendbar (Art. 3 lit. b KSÜ), weswegen sich hier das in Kapitel II diskutierte Problem[1011] nicht stellt. Aufgrund der Befürwortung einer Ausdehnung auf das Umgangsrecht bei der EuEheVO kollidieren KSÜ und EuEheVO also auch auf diesem Gebiet, aber desgleichen nur dann, wenn über das Umgangsrecht im Zusammenhang mit einer Ehesache entschieden wird.
Sofern also ein kindschaftsrechtliches Verfahren anhängig ist, das zwar grundsätzlich den Voraussetzungen des Art. 3 EuEheVO entsprechen würde, jedoch nicht wie in Art. 3 I EuEheVO gefordert aus Anlass einer Ehesache betrieben wird, kann die EuEheVO mangels Anwendbarkeit keinen Vorrang vor dem KSÜ haben. Sofern sie durch den VO-E ersetzt wird, wird dies weitreichende Folgen für das KSÜ haben, denn der Entwurf betrifft generell alle Verfahren hinsichtlich der elterlichen Verantwortung, und insbesondere das Umgangsrecht, ohne weitere Voraussetzungen wie Art. 3 EuEheVO zu normieren. Das KSÜ kann also im Verhältnis zu dem VO-E nur dann vorbehaltlos angewendet werden, wenn es zwar um Kindesschutz, nicht aber gleichzeitig um Fragen der elterlichen Verantwortung geht.

---

[1011] Kapitel I Teil 1 § 3 III.2.b) (S. 51 f.).

## b) Differenzierung Schutzmaßnahme / Entscheidung

Wie das MSA[1012] spricht auch das KSÜ von ‚(Schutz-)Maßnahmen', während die EuEheVO in Art. 13 I EuEheVO und der VO-E in Art. 2 Nr. 3 VO-E ‚Entscheidungen' behandeln, wobei der Entscheidungsbegriff deckungsgleich verwendet wird.[1013] Der Begriff der Maßnahmen („*mesures*", „*measures*") taucht bereits in Art. 1 des Haager Vormundschaftsabkommens von 1902 auf und wurde dort und in den nachfolgenden Übereinkommen nicht definiert,[1014] wie es auch im KSÜ nicht der Fall ist. Durch die Beispiele in Art. 3 KSÜ und die Ausschlusstatbestände in Art. 4 KSÜ wird aber spezifisch aufgezeigt, welche Maßnahmen unter das Abkommen fallen. Herangezogen werden kann dem Grunde nach immer noch die zum MSA gefundene Regelung,[1015] nach der unter Schutzmaßnahmen all diejenigen Maßnahmen verstanden werden müssen, die zum Schutz der Person oder des Vermögens eines Kindes durch die zuständige Stelle getroffen werden, vorbehaltlich der in Art. 4 KSÜ abschließend normierten Einschränkungen. Der Begriff ‚Schutz' ist weit zu verstehen und nicht auf physischen Schutz beschränkt. Im Gegensatz zum MSA werden im KSÜ sämtliche Schutzverhältnisse zugunsten der Person oder des Vermögens des Kindes geregelt, wobei unerheblich ist, ob sie auf Gesetz oder gerichtlicher beziehungsweise behördlicher Anordnung beruhen[1016] oder privater Natur sind.[1017] Zusammenfassend lässt sich also sagen, dass der Begriff der Entscheidungen in den Verordnungen zwar synonym verwendet wird, sich aber in der EuEheVO auf Entscheidungen in Ehesachen und auf damit in Zusammenhang stehende, die elterliche Sorge oder das Umgangsrecht betreffende, Entscheidungen bezieht. Weiter ist er hingegen im Rahmen des VO-E, der sich auf Entscheidungen jeder Art hinsichtlich der elterlichen Verantwortung bezieht.
Aufgrund der fehlenden Definition im KSÜ kann demgegenüber der Begriff der ‚Maßnahmen' ebenso wie der im MSA weit ausgedehnt werden, wobei indes die in Art. 4 KSÜ gesetzten Schranken Beachtung zu finden haben.

## c) Begriff der elterlichen Verantwortung

Aufgrund der Tatsache, dass die Verordnungen sich nur auf Verfahren der elterlichen Verantwortung beziehen, das KSÜ sich aber generell auf Kinderschutzmaßnahmen und daneben auch auf das Gebiet der elterlichen Verantwortung für anwendbar erachtet, muss geklärt werden, wie dies im Verhältnis zueinander

---

[1012] Kapitel II § 27 II.4.b)bb) (S. 152 f.).
[1013] KOM (2002) 222/endgültig S. 6.
[1014] *DeHart*, Int. legal materials 1996, S. 1391; *Nygh*, NILR 1998, S. 1 (10).
[1015] So auch *Siehr*, FamRZ 1996, S. 1047 (1048).
[1016] *Roth/Döring*, FuR 1999, S. 195 (197).
[1017] *Clive*, The juridical review 1998, S. 169 (171); *Nygh*, Australian journal of family law 1997, S. 5 f.

steht. Bedeutsam ist demnach der Begriff der ‚elterlichen Verantwortung'.
Im Rahmen der EuEheVO werden nur gemeinsame Kinder der Ehegatten erfasst, sofern gleichzeitig ein Eheverfahren anhängig ist (Art. 1 I lit. b EuEheVO). Eine Bestimmung des Begriffs der elterlichen Verantwortung erfolgt zwar nicht; angesichts der vom sachlichen Anwendungsbereich bereits vorgesehenen starken Eingrenzung sollte der Begriff der elterlichen Verantwortung als solcher jedoch weit verstanden werden. Dies stützt auch der VO-E, der in Art. 2 Nr. 3 und 6 sowie 8 und 9 VO-E ausdrücklich weite Definitionen enthält und auch Umgangs- und Sorgerechtsentscheidungen explizit mit einbezieht. Der VO-E geht jedoch weit über Konflikte zum Sorge- und Umgangsrecht hinaus und umfasst beispielsweise auch den Schutz des Kindes vor den Eltern.[1018]
Weil sich die im MSA enthaltene Regelung für Sorgerechtsangelegenheiten als unzureichend erwiesen hat,[1019] setzt das KSÜ neben den Begriff der Schutzmaßnahme als einen zweiten grundsätzlichen Ausgangspunkt den Begriff der ‚elterlichen Verantwortung'. Gemäß Art. 1 II KSÜ ist damit die elterliche Sorge und jedes andere Sorgerechtsverhältnis gemeint, das die Rechte, Befugnisse und Pflichten der Eltern, des Vormundes oder eines anderen gesetzlichen Vertreters in Bezug auf die Person oder das Vermögen des Kindes bestimmt. Erfasst wird also ein Gefüge von Rechten und Pflichten einerseits und Verantwortlichkeiten gegenüber dem Kind andererseits. Maßnahmen auf dem Gebiet der elterlichen Verantwortung werden – wie sich aus Art. 3 lit. a KSÜ herauslesen lässt – im KSÜ als Unterfall der Schutzmaßnahme eingeordnet. Generell ist zu sagen, dass eine Maßnahme zum Schutz von Kindern in der Regel auch Fragen der elterlichen Verantwortung berührt und umgekehrt.
Der Begriff der elterlichen Verantwortung wurde in den Verordnungen und dem KSÜ von unterschiedlichen Ausgangspunkten her entwickelt: Während das KSÜ grundsätzlich alle Schutzmaßnahmen regelt und darin die elterliche Verantwortung konzentriert, war bei den Verordnungen grundsätzlich der Ausgangspunkt das Eheverfahren, von dort erfolgte erst eine Erweiterung auf die Verfahren der elterlichen Verantwortung. Sowohl hinsichtlich der Verordnungen als auch in Bezug auf das KSÜ kann jedoch das Konzept des Europarates zugrunde gelegt werden, wonach die elterliche Verantwortung als ein Ensemble von Rechten und Pflichten zu sehen ist.[1020]
Hinsichtlich des im Rahmen der elterlichen Verantwortung anzuwendenden Rechts sei insoweit auf die Erörterungen der Problematik des anzuwendenden Rechts allgemein verwiesen.[1021]
Es lässt sich feststellen, dass sich speziell in Bezug auf die Regelungen der elter-

---

[1018] Vgl. dazu in der Bundesrepublik die Regelungen in den §§ 1666, 1632 IV BGB.
[1019] *Busch*, IPRax 2003, S. 218 (219).
[1020] Vgl. *Busch*, IPRax 2003, S. 218 (220).
[1021] Vgl. unten Kapitel III § 41 II.1.b) (S. 294 ff.).

lichen Verantwortung die Unterschiede zwischen dem Abkommen und den Verordnungen nicht kurz zusammenfassen lassen. Vielmehr sind die gesamten Ausführungen des Vergleichs zu EuEheVO und VO-E auf Entscheidungen über die elterliche Verantwortung bezogen, da nur diese vom Anwendungsbereich der Verordnungen erfasst werden.

Ein Vorrang der EuEheVO liegt in Verfahren der elterlichen Verantwortung vor, die in Zusammenhang mit einer Ehesache betrieben werden. Bei Ablösung der EuEheVO geht der VO-E dem KSÜ in allen Verfahren hinsichtlich der elterlichen Verantwortung grundsätzlich vor, unabhängig davon, ob sie in Zusammenhang mit einer Ehesache betrieben werden oder nicht. Dies gilt insbesondere auch bei dem widerrechtlichen Verbringen eines Kindes (Art. 21 ff. VO-E). Der VO-E wird also viel mehr Fälle berühren, die gleichzeitig dem KSÜ unterfallen als derzeit die EuEheVO. Allerdings wird es durch den weiteren Anwendungsbereich des KSÜ nicht zur Entbehrlichkeit desselben kommen.

*d) Generelles Verhältnis zwischen EuEheVO bzw. VO-E und KSÜ*
*aa) Problemstellung*
Art. 37 EuEheVO legt fest, dass die EuEheVO dem KSÜ gegenüber Vorrang hat. Ebenso wie im Rahmen des Vergleichs in Kapitel II stellt sich demzufolge auch hier die Frage, ob das KSÜ hilfsweise eingreifen kann, wenn eine Zuständigkeit nach der EuEheVO zunächst bestand, nachträglich aber weggefallen ist. Dieselbe Frage muss im Verhältnis zwischen VO-E und KSÜ aufgeworfen werden. Der VO-E ersetzt ausweislich des Art. 69 VO-E bei seinem Inkrafttreten die EuEheVO und hat gemäß Art. 61 lit. f VO-E Vorrang vor dem KSÜ. Es ist also hier ebenfalls zu prüfen, ob die zunächst bestehende Anwendbarkeit des VO-E bei seinem Wegfall einen Rückgriff auf das KSÜ ausschließt.

*bb) Kein Rückgriff auf das KSÜ*
Wie bereits in Kapitel II erläutert,[1022] könnte sich dem Wortlaut des Art. 37 EuEheVO entnehmen lassen, dass ein Rückgriff auf das KSÜ in keinem Fall zu erfolgen hat, wenn die EuEheVO einmal einschlägig war. Der VO-E enthält mit Art. 61 lit. f VO-E diesbezüglich eine mit Art. 37 EuEheVO weitgehend übereinstimmende Regelung. Man könnte sich demnach auch hier dafür aussprechen, dass eine einmalige Anwendbarkeit des VO-E grundsätzlich immer gegen eine Anwendung des KSÜ sprechen würde, und zwar selbst dann, wenn die Anwendbarkeit der Verordnung im Nachhinein wegfällt.

*cc) Geltung des KSÜ bei Wegfall der Anwendbarkeit*
Ebenso wie Art. 37 1. Spiegelstrich EuEheVO[1023] kann auch der 5. Spiegelstrich

---
[1022] Kapitel II § 27 II.4.c)bb) (S. 154 f.).
[1023] Kapitel II § 27 II.4.c)dd) (S. 155 ff.).

weit ausgelegt werden, wodurch als ‚Bereiche' die ‚Zuständigkeiten' gesehen werden müssen. So würde das KSÜ eingreifen, wenn eine Zuständigkeit nach der EuEheVO nachträglich wegfällt. Dasselbe könnte mit gleicher Argumentation auch für Art. 61 lit. f VO-E angenommen werden.

*dd) Stellungnahme*
Ziel der EuEheVO ist nicht der ausdrückliche Ausschluss möglicherweise mit ihr kollidierender Abkommen. Eine Vorrangstellung wird vielmehr nur deshalb eingeräumt, weil grundsätzlich in einem Eheverfahren, welches bereits relevante Fragen behandelt, gleichzeitig auch sinnvollerweise über die Kindschaftssache entschieden werden kann. Dies würde für die Möglichkeit eines Rückgriffs auf das KSÜ bei Wegfall der Zuständigkeit nach der EuEheVO sprechen. Hinzu kommt, dass kein Grund ersichtlich ist, aus dem man das Verhältnis zwischen KSÜ und EuEheVO anders beurteilen könnte als das zwischen MSA und EuEheVO.
Auch der VO-E zielt nicht darauf ab, das KSÜ grundsätzlich auszuschließen, wie sich schon aus seinen Erwägungsgründen ergibt.[1024] Es kann daher nur sinnvoll sein, das Abkommen dann anzuwenden, wenn die Vorschriften der Verordnung nicht greifen können, damit sinnvolle Entscheidungen erzielt werden, die auch anerkennungs- und vollstreckungspflichtig sind. Hinzu kommt die Tatsache, dass zwischenzeitlich eine Unterzeichnung der Mitgliedstaaten durch den Rat gestattet und dies von den Mitgliedstaaten auch schon durchgeführt wurde, wobei auch eine gemeinsame Ratifizierung geplant ist, was gerade dafür spricht, eine Geltung weiterhin zuzulassen, wenn der VO-E nachträglich nicht mehr anwendbar ist. Einem Kindesschutz will weder die EuEheVO noch der VO-E entgegenwirken, weswegen es der Zielrichtung der Verordnungen nicht entsprechen würde, einen solchen nach dem KSÜ auszuschließen, sofern ursprünglich einmal eine Zuständigkeit nach der EuEheVO beziehungsweise nach dem VO-E bestand, nachträglich aber weggefallen ist. Eine weite Auslegung und auch Ziel und Zweck der EuEheVO und des VO-E sprechen also dafür, das KSÜ für anwendbar zu erachten, wenn eine Zuständigkeit nach der EuEheVO oder dem VO-E nachträglich wegfällt. Das KSÜ ist somit in diesen Fallkonstellationen als sinnvolle und nützliche Ergänzung der Verordnungen anzusehen. Auch hier ist das *Günstigkeitsprinzip* zu beachten.[1025]

*ee) Ergebnis*
Die besseren Gründe sprechen auch hier, ebenso wie in Kapitel II[1026], dafür, das KSÜ als anwendbar anzusehen, wenn eine Anwendbarkeit der EuEheVO bezie-

---

[1024] KOM (2001) 505 endg. 2001/0204 CNS (Erwägungsgrund 1 a.E.).
[1025] Vgl. Kapitel I Teil 1 § 6 II. (S. 75 f.) und Kapitel II § 27 II.4.c)ee) (S. 157 f.).
[1026] Kapitel II § 27 II.4.c)dd) (S. 155 ff.).

hungsweise des VO-E nicht gegeben oder nachträglich weggefallen ist.

*e) Zusammenfassung*
Wie MSA und EuEheVO unterscheiden sich auch die Verordnung und das KSÜ im Rahmen ihrer Anwendungsbereiche maßgebend, was sich vor allem im sachlichen Anwendungsbereich zeigt. Nicht so eng wie der Anwendungsbereich der EuEheVO ist der des VO-E, der sich auf alle Entscheidungen über die elterliche Verantwortung bezieht, unabhängig von einem anhängigen Eheverfahren. Überschneidungen werden also bei KSÜ und dem VO-E häufiger anzutreffen sein als bei dem KSÜ und der EuEheVO. Der VO-E geht jedoch dann wie jetzt die EuEheVO dem KSÜ vor (Art. 61 lit. f VO-E). Letzteres findet nur dann Anwendung, wenn keine Anwendbarkeit des VO-E gegeben ist oder eine solche nachträglich entfällt. Dasselbe gilt gemäß Art. 37 1. Spiegelstrich EuEheVO vor seinem Inkrafttreten für das Verhältnis zwischen EuEheVO und KSÜ. Das KSÜ findet demnach Anwendung, wenn keine Anwendung der EuEheVO (Art. 2 ff. EuEheVO) beziehungsweise bei ihrem Ersatz durch den VO-E keine Zuständigkeit dieser Verordnung (Art. 1 ff. VO-E) gegeben ist. Eine Bedeutung erlangt das KSÜ demnach hauptsächlich in allen Nicht-EU-Ländern, sowie immer dann, wenn es zwar um den Kindesschutz, nicht aber gleichzeitig um die elterliche Verantwortung geht.

§ 39 GERICHTLICHE ZUSTÄNDIGKEIT

I. KSÜ
1. Grundlegendes
Hauptgrund für die Überarbeitung des MSA waren die dort enthaltenen Zuständigkeitsregelungen. Diese sind relativ kompliziert, indem die Aufenthaltszuständigkeit durch Vorbehalte zugunsten gesetzlicher Gewaltverhältnisse (Art. 3 MSA) und der Staatsangehörigkeit (Art. 4 I MSA, Art. 5 III MSA) einerseits einschränkt werden, um sie dann wieder für Fälle ernsthafter Gefährdung zu erweitern (Art. 8 I MSA). Zusätzlich besteht eine Zuständigkeit in Eilsachen (Art. 9 MSA). Hinzu kommt, dass die Bestandsfestigkeit von Schutzmaßnahmen des Heimatstaates (Art. 5 III MSA) störend wirkt und zur Ausdehnung der Gefährdungszuständigkeit führt.[1027]
Da sich der Kompromiss zwischen Aufenthalts- und Staatsangehörigkeitsprinzip in der Praxis nicht bewährt hat,[1028] wurde bei der Überarbeitung versucht, den Ansatz der Zuständigkeit und damit auch der Anwendung des Rechts am jeweiligen gewöhnlichen Aufenthalt des Kindes als Ausgangspunkt zu wählen und

---
[1027] *Siehr*, FamRZ 1996, S. 1047 (1049).
[1028] *Detrick*, Hague Yearbook of int. law 1996, S. 77 (79); *Siehr*, RabelsZ 62 (1998), S. 464 (477); *Pirrung*, FS-Rolland S. 277 (281).

grundsätzlich keine Ausnahme zuzulassen.[1029] Jedoch lassen sich international ‚Abstriche' von einem so überzeugenden Grundsatz nicht vermeiden.[1030] Im Rahmen dieser Ausnahmen muss indes dann darauf geachtet werden, dass sie nicht wie im Rahmen der Zuständigkeitsvorschriften des MSA den Anwendungsbereich der Grundregel aufweichen.[1031] Hiervon erhoffte man sich Klarheit hinsichtlich der Wirkung von Statusverhältnissen, sowie die Möglichkeit, auf alle auftretenden Fragen schnell und wirksam zu reagieren.[1032] Das KSÜ bestimmt die Hauptzuständigkeit am gewöhnlichen Aufenthalt des Kindes und normiert zusätzlich drei andere sekundäre Zuständigkeiten: die angetragene Zuständigkeit (Art. 8 KSÜ) und die erbetene Zuständigkeit (Art. 9 KSÜ)[1033] sowie die einverständlich bezeichnete Scheidungszuständigkeit[1034] (Art. 10 KSÜ).[1035] Diese ‚normalen' Zuständigkeiten werden durch die Eilzuständigkeit[1036] (Art. 11 KSÜ) und die Zuständigkeit für Einstweilige Anordnungen[1037] (Art. 12 KSÜ) ergänzt. Ferner kann diese Zuständigkeitsordnung durch einen Vorbehalt für Maßnahmen bezüglich des lokalen Vermögens um eine Zuständigkeit eines *forum rei sitae* erweitert werden (Art. 55 I lit. a, Art. 55 II, Art. 60 KSÜ).[1038] Die Zuständigkeitsregelungen sind im Vergleich zum MSA einfacher und sachnäher.[1039]

## 2. Aufenthaltszuständigkeit, Art. 5 bis 7 KSÜ
*a) Grundlegendes*
Gemäß der Grundregel des Art. 5 I KSÜ sind Gerichte und Behörden am gewöhnlichen Aufenthalt des Kindes primär international zuständig, Maßnahmen zum Schutz des Kindes selbst oder seines Vermögens zu treffen. Entscheidend ist demnach lediglich der Aufenthalt des Kindes, unabhängig vom gewöhnliche Aufenthalt der Eltern oder eines Elternteils.[1040] Art. 5 II KSÜ bestimmt, dass diese Zuständigkeit auch für die Gerichte und Behörden am neuen jeweiligen Aufenthalt des Kindes gilt. Dies wird ausweislich des Wortlautes für die Fälle des

---

[1029] *Kropholler*, RabelsZ 58 (1994), S. 1(6); *ders.*, FS-Siehr S. 379 (382); *Pirrung*, FS-Rolland S. 277 (281).
[1030] *Pirrung*, FS-Rolland S. 277 (281).
[1031] *Pirrung*, FS-Rolland S. 277 (281).
[1032] *Pirrung*, FS-Rolland S. 277 (281); *Kropholler*, RabelsZ 58 (1994), S. 1 (4).
[1033] Dazu Kapitel III § 39 I. 8.b) u. c) (S. 269 ff.).
[1034] Dazu Kapitel III § 39 I.7. (S. 266 ff.).
[1035] *Siehr*, RabelsZ 62 (1998), S. 464 (477 f.).
[1036] Vgl. Kapitel III § 39 I.5. (S.264 f.).
[1037] Dazu Kapitel III § 39 I.6. (S.274 ff.).
[1038] *Siehr*, RabelsZ 62 (1998), S. 464 (478), dazu auch Kapitel III § 39 I.9. (S.273).
[1039] *Kropholler*, FS-Siehr S. 379 (382).
[1040] *Nygh*, NILR 1998, S. 1 (13).

Aufenthaltswechsels[1041] („*in case of a change of the child's habitual residence*") ausgenommen der Kindesentführung bestimmt.
Art. 5 I KSÜ übernimmt die Regelung des Art. 1 MSA, jedoch ohne die dort normierten Vorbehalte.[1042] Dieser Kompromiss zwischen Aufenthalts- und Staatsangehörigkeitsprinzip hatte sich nicht bewährt[1043] und wurde wie im Vorfeld vorgeschlagen[1044] mit Neuregelung durch das KSÜ abgeschwächt. Von dem unklaren und nicht sachgerechten[1045] Vorbehalt des Art. 3 MSA wurde das Übereinkommen ganz befreit. Die Regelungen des Art. 5 KSÜ werden aber auf dieselben Erwägungen wie die des Art. 1 MSA gestützt: Die Aufenthaltsbehörden sind dem Kind nahe und können deshalb in der Regel seine Lage und seine Bedürfnisse am besten beurteilen, schnell eingreifen und die getroffenen Maßnahmen vor Ort auch verhältnismäßig leicht vollziehen und überwachen.[1046]

*b) Gewöhnlicher Aufenthalt*
Der gewöhnliche Aufenthalt wurde im KSÜ wiederum nach der Tradition der Haager Konferenz wie in den bereits bestehenden Abkommen[1047] nicht definiert.[1048] Dies wurde bewusst unterlassen,[1049] da eine Definition entweder als Spezialregelung für diese Konvention oder als übertragbar auch auf andere Abkommen hätte angesehen werden können,[1050] was Unsicherheit hinsichtlich der bestehenden Übereinkommen verursacht hätte.[1051]
Grundsätzlich kann auch im Rahmen des KSÜ an die Definition angeknüpft werden, die im Rahmen seines Vorgängerabkommens herausgearbeitet wurde,[1052] weswegen als gewöhnlicher Aufenthalt jener Ort anzusehen ist, an dem die Schwerpunkte der sozialen Bindungen, der Daseinsmittelpunkt des Kindes, liegen. Zur Beurteilung können im Zweifel die entsprechenden Kriterien heran-

---

[1041] Vgl. Kapitel III § 39 I.4. (S. 260 ff.).
[1042] *Siehr*, FamRZ 1996, S. 1047 (1049).
[1043] *Kropholler*, Int. Privatrecht § 48 II. (S. 381); *ders.*, FS-Siehr S. 379 (382); *Siehr*, FamRZ 1996, S. 1047 (1049).
[1044] *Boelck*, Reformüberlegungen zum MSA S. 18ff.; *Kropholler*, RabelsZ 58 (1994), S. 1 (5 f.).
[1045] *Kropholler*, RabelsZ 58 (1994), S. 1 (5); *Siehr*, FamRZ 1996, S. 1047 (1049).
[1046] *Kropholler*, FS-Siehr S. 379 (382); *ders.*, RabelsZ 58 (1994), S. 1 (4).
[1047] *Kropholler*, RabelsZ 59 (1995), S. 407 (412).
[1048] *Silberman*, FS-Siehr S. 703 (710); *Nygh*, NILR 1998, S. 1 (12); *Pirrung*, FS-Rolland S. 277 (281, Fn. 19); *Detrick*, Hague Yearbook of int. law 1996, S. 77 (79); *Siehr*, RabelsZ 62 (1998), S. 464 (478); *Clive*, The juridical review 1998, S. 169 (173); *Clive*, The juridical review 1997, S. 137.
[1049] *Lagarde*-Bericht Pkt. 40; *Nygh*, NILR 1998, S. 1 (12); *Siehr*, RabelsZ 62 (1998), S. 464 (478); *Sturm*, IPRax 1996, S. 10 (14).
[1050] Vgl. Kapitel II § 26 I.4. (S.133).
[1051] *Siehr*, RabelsZ 62 (1998), S. 464 (478).
[1052] Vgl. Kapitel II § 28 I.2. (S. 160 ff.).

gezogen werden, das heißt die Einbindung in die Umwelt in familiärer, schulischer und sozialer Hinsicht. Beachtet werden sollte jedoch, dass die Zeitspanne von sechs Monaten, die bisher von Rechtsprechung und Literatur als ausreichend für die Begründung eines neuen gewöhnlichen Aufenthaltes angesehen wurde, aufgrund der Erwägungsgründe[1053] nicht unbedingt entscheidend sein sollte. Hinzu kommt, dass dies auch in Bezug auf das MSA lediglich als Richtwert gesehen wurde; entscheidend sind im Ergebnis die oben genannten Kriterien. Dafür spricht auch, dass eine Zeitdauer ausdrücklich nicht normiert wurde.[1054] Dies geschah aus der Erfahrung, dass bei einem gewöhnlichen Umzug das Kind *ex nunc* einen neuen gewöhnlichen Aufenthalt begründet.[1055] Für die Fälle der Kindesentführung, in denen ein neuer gewöhnlicher Aufenthalt grundsätzlich nicht als begründet angesehen werden kann,[1056] trifft Art. 7 KSÜ eine Sonderregelung.[1057]

3. Zuständigkeit für Flüchtlingskinder und Kinder ohne gewöhnlichen Aufenthalt, Art. 6 KSÜ
*a) Grundlegendes*
Die Regelungen des Art. 6 KSÜ stellen eine Ergänzung der Aufenthaltszuständigkeit dar[1058] und bilden eine selbständige Zuständigkeitsnorm.[1059]

*b) Flüchtlingskinder und vertriebene Kinder, Art. 6 I KSÜ*
Art. 6 I KSÜ behandelt Flüchtlingskinder und solche Kinder, die aufgrund von Unruhen in ihrem Heimatland vertrieben wurden („*refugee children and children who, due to disturbances ocurring in their country, are internationally displaced*"). Die Phrase des Art. 6 KSÜ wiederholt die Begriffe des Vorschlags durch eine Sonderkommission der Haager Konferenz vom 21.10.1994 anlässlich des Adoptionsübereinkommens vom 29.5.1993.[1060] Der Anwendungsbereich des Art. 6 KSÜ ist auf solche Kinder beschränkt, die aufgrund der herrschenden Gegebenheiten ihr Land verlassen mussten und oft auf Dauer oder zeitweise von ihren Eltern getrennt sind.[1061] Nicht anwendbar ist Art. 6 KSÜ jedoch auf ausge-

---

[1053] *Lagarde*-Bericht Pkt. 41; *Siehr*, RabelsZ 62 (1998), S. 464 (478).

[1054] *Lagarde*-Bericht Pkt. 41; *Siehr*, RabelsZ 62 (1998), S. 464 (478); kritisch: *Clive*, The juridical review 1998, S. 169 (173).

[1055] *Siehr*, RabelsZ 62 (1998), S. 464 (478).

[1056] *Nygh*, NILR 1998, S. 1 (13).

[1057] Dazu Kapitel III § 39 I.4.b) (S. 261 ff.).

[1058] *Siehr*, FamRZ 1996, S. 1047 (1049).

[1059] *Roth/Döring*, FuR 1999, S. 195 (198). Die Regelung wurde auf Initiative der Niederlande geschaffen und war in diesem Maße bisher so in den meisten Mitgliedstaaten nicht normiert, vgl. *van Iterson*, ULR 1997, S. 474 (478).

[1060] *Lagarde*-Bericht Pkt. 44.

[1061] *Van Iterson*, ULR 1997, S. 474 (478); *Lagarde*-Bericht Pkt. 44.

rissene oder ausgesetzte Kinder.[1062] Flüchtlingskinder oder solche Kinder, die aufgrund von Unruhen aus ihrem Heimatland vertrieben wurden, können grundsätzlich ihren Aufenthalt in einem anderen Staat erlangen, es ist jedoch häufig zweifelhaft, ob bereits von einem gewöhnlichen Aufenthalt gesprochen werden kann.[1063] Dessen Erlangung muss nicht umgehend geschehen, weswegen die betroffenen Kinder in einer Zwischenperiode technisch ihren gewöhnlichen Aufenthalt noch in dem Staat haben, aus dem sie geflohen sind,[1064] oder sich keinem Aufenthaltsstaat zuordnen lassen.[1065]

Zur Behandlung solcher Situationen bestimmt Art. 6 KSÜ, dass der Vertragsstaat, in dem sich solche Kinder gegenwärtig aufhalten („*sont présents*", „*are present*"), die Zuständigkeit (als ‚Flüchtlingsbehörden'[1066]) innehaben soll, die normalerweise dem Staat des gewöhnlichen Aufenthaltes zusteht.[1067] Zunächst war angedacht worden, diese Zuständigkeit nur für Eilmaßnahmen und Einstweilige Maßnahmen zu bestimmen, was jedoch verworfen wurde, weil dies zu einer Unsicherheit bei der Anwendung der Konvention geführt hätte.[1068]

*c) Kinder ohne gewöhnlichen Aufenthalt, Art. 6 II KSÜ*
Ein ähnlicher Fall wie der in Abs. 1 behandelte liegt vor, sofern die Kinder nicht sesshaft sind oder sich im Durchzug befinden, der gewöhnliche Aufenthalt also nicht feststellbar ist („*children whose habitual residence cannot be estalished*").[1069] Die Zuständigkeit liegt in solchen Fällen bei dem Gericht oder der Behörde am aktuellen Aufenthaltsort des Kindes. Sie endet sofort, wenn der gewöhnliche Aufenthalt des Kindes festgestellt wird.[1070] Ist letzterer ein Vertragsstaat, wird dieser zuständig. Handelt es sich um einen Nichtvertragsstaat, kommt nur noch die Zuständigkeit nach Art. 11 oder 12 KSÜ in Betracht.[1071] Bei Art. 6 KSÜ ist indes nicht an die Fälle gedacht, in denen wegen einer Kindesentführung der Ort des gewöhnlichen Aufenthaltes unter Umständen nicht bekannt sein

---

[1062] *Lagarde*-Bericht Pkt. 44.
[1063] *Siehr*, RabelsZ 62 (1998), S. 464 (479); *Clive*, The juridical review 1997, S. 137 (144).
[1064] *Clive*, The juridical review 1998, S. 169 (177).
[1065] *Siehr*, RabelsZ 62 (1998), S. 464 (479).
[1066] *Roth/Döring*, FuR 1999, S. 195 (197).
[1067] Dies ist erforderlich, weil solche Kinder beispielsweise Asyl oder eine Adoption beantragen können und hierfür einen gesetzlichen Vertreter benötigen. Dieser kann im Zweifel nur durch den Staat bestimmt werden, in dem sie sich gegenwärtig aufhalten, da in der Regel alle Verbindungen zum Herkunftsstaat abgebrochen sind, vgl. *Lagarde*-Bericht Pkt. 44.
[1068] *Lagarde*-Bericht Pkt. 44.
[1069] *Clive*, The juridical review 1998, S. 169 (177); *Pirrung*, FS-Rolland S. 277 (282).
[1070] *Lagarde*-Bericht Pkt. 45.
[1071] Vgl. Kapitel III § 39 I.5. u. 6. (S. 264 ff.).

kann oder wo nicht sicher ist, ob die Kinder im Entführungsstaat bereits einen neuen gewöhnlichen Aufenthalt begründet haben,[1072] denn dann käme man zu konkurrierenden Aufenthaltszuständigkeiten, was nicht gewollt ist.[1073]

## 4. Aufenthaltswechsel

*a) Legaler Aufenthaltswechsel*

Verlegt das Kind seinen gewöhnlichen Aufenthaltsort in einen anderen Vertragsstaat, sind gemäß Art. 5 II KSÜ die Behörden des neuen Staates für Schutzmaßnahmen[1074] zuständig.[1075] Ausdrücklich verworfen wurde eine *perpetuatio fori* aufgrund des Prinzips der Sachnähe sowohl für anhängige Verfahren grundsätzlich als auch für solche in der Rechtsbeschwerde-, beziehungsweise der zweiten Tatsacheninstanz.[1076] Dem entspricht in etwa die Regelung des Art. 5 I MSA.[1077] Dem Gericht des alten gewöhnlichen Aufenthaltes steht es vielmehr im Falle eines Aufenthaltswechsels frei, wie es die Frage der *perpetuatio fori* nach autonomem Recht beantwortet.[1078] Einer solchen steht nämlich grundsätzlich dann nichts entgegen, wenn das Kind seinen Aufenthalt in einen Nichtvertragsstaat verlegt.[1079]

Bei Wechsel in einen Vertragsstaat können die Behörden am neuen Aufenthaltsort vorbehaltlos sämtliche Schutzmaßnahmen modifizieren oder aufheben, wenn es dem Kindeswohl dient.[1080] Der in Art. 5 II KSÜ normierte Grundsatz, dass bei einem Aufenthaltswechsel eine Zuständigkeit am Ort des neuen gewöhnlichen Aufenthaltes begründet werde und somit gleichzeitig das Recht des neuen gewöhnlichen Aufenthaltsortes maßgeblich sei, steht unter dem Vorbehalt des Art. 7 KSÜ. Entgegen der fehlenden Regelung im MSA normiert das KSÜ ausdrücklich die Folgen eines Aufenthaltswechsels.

---

[1072] *Siehr*, RabelsZ 62 (1998), S. 464 (479).
[1073] *Kropholler*, RabelsZ 58 (1994), S. 1 (6); *ders.*, FS-Siehr S. 379 (382); *Siehr*, RabelsZ 62 (1998), S. 464 (479); *Pirrung*, FS-Rolland S. 277 (281).
[1074] Für die elterliche Verantwortung findet sich die entsprechende Regelung in Art. 16 III KSÜ, dazu siehe oben Kapitel III § 41 I.1.b) (S. 289 ff.).
[1075] Wechselt der gewöhnliche Aufenthalt in einen Nichtvertragsstaat, bestimmt sich ein Zuständigkeitswechsel nach nationalem Kollisionsrecht, vgl. *Roth/Döring*, FuR 1999, S. 195 (199).
[1076] *Boelck*, Reformüberlegungen zum MSA S. 33 ff.
[1077] *Lagarde*-Bericht Pkt. 42; *Siehr*, RabelsZ 62 (1998), S. 464 (478).
[1078] *DeHart*, N. Y. University journal of int. law & politics 2000, S. 83 (87); *Siehr*, RabelsZ 62 (1998), S. 464 (478).
[1079] *Roth/Döring*, FuR 1999, S. 195 (199).
[1080] *Roth/Döring*, FuR 1999, S. 195 (199).

*b) Illegaler Aufenthaltswechsel*
*aa) Verhältnis zum HKÜ*
Art. 50 KSÜ legt fest, dass das KSÜ das HKÜ nicht beeinflusst, sofern die betroffenen Staaten Vertragsstaaten beider Abkommen sind; vielmehr ist das HKÜ dann vorrangig zu behandeln. Eine Anwendung des KSÜ ist von Art. 50 KSÜ jedoch dann nicht ausgeschlossen, wenn es um die Gewährleistung der Rückführung des entführten Kindes oder um die Organisation des Umgangsrechtes geht.[1081] Die Regelung wird teilweise kritisch gesehen[1082], steht jedoch im Einklang mit Art. 18 HKÜ,[1083] der festlegt, dass das Abkommen nicht die Befugnis eines Staates oder einer Behörde einschränkt, jederzeit die Rückführung des Kindes anzuordnen. Auch Art. 29 HKÜ schließt eine direkte Anrufung der zuständigen Behörden nicht aus, sei es unter den Voraussetzungen des HKÜ oder nicht. Das KSÜ unterstützt und stärkt das HKÜ, indem es feststehende Zuständigkeits-, Anerkennungs- und Vollstreckungsnormen aufstellt, die Organisation und die Durchsetzung des Umgangsrechts regelt[1084] und Alternativen zu einer Nicht-Rückführung und vergeblichen oder schädlichen Bedingungen einer Rückführung vorsieht.[1085]
Beide Übereinkommen stehen also in wichtiger Relation zueinander.

*bb) Art. 7 KSÜ*
Ein Aufenthaltswechsel kann auch durch einen illegalen Wechsel des Aufenthaltes oder die Zurückhaltung des Kindes erfolgen. Da das KSÜ nicht zur Verhinderung oder Rückgängigmachung von Kindesentführungen geschaffen wurde,[1086] normiert Art. 7 KSÜ[1087] einen Vorbehalt zugunsten der Ursprungsbehör-

---

[1081] *Detrick*, Hague Yearbook of int. law 1996, S. 77 (79); *DeHart*, Int. legal materials 1996, S. 1391 (1392); *Clive*, The juridical review 1998, S. 169 (187 Fn. 67); *Roth/Döring*, FuR 1999, S. 195 (200). In der Handhabung internationaler Umgangsrechtsfragen erwies sich das HKÜ (Art. 21 i.V.m. Art. 7 lit. f HKÜ) als weitgehend wirkungslos, weswegen sich von dem KSÜ Mechanismen hierfür versprochen wurden, vgl. www.vaeterfuerkinder.de/ abduct.htm, S. 1 (5).
[1082] *Roth/Döring*, FuR 1999, S. 195 (200).
[1083] *DeHart*, N. Y. University Journal of int. law & politics 2000, S. 83 (89).
[1084] *Clive* in: Detrick/Vlaardingerbroek, Globalization of Child Law S. 53 (54 f.); *DeHart*, N. Y. University Journal of int. law & politics 2000, S. 83 (91).
[1085] *DeHart*, N. Y. University Journal of int. law & politics 2000, S. 83 (90); *Duncan*, Yearbook of Private Int. Law 2000, S. 41 (53 f.).
[1086] *Siehr*, DEuFamR 2000, S. 125 (127), vgl. auch Art. 50 KSÜ.

den. Im Falle einer illegalen Verbringung des Kindes behalten die Behörden des Ursprungsstaates ihre Zuständigkeit so lange, bis das Kind in einem anderen Staat seinen gewöhnlichen Aufenthalt erlangt hat. Die Behörden am neuen Aufenthaltsort können gemäß Art. 7 III KSÜ nur dann eine Regelung treffen, wenn sie ihre Zuständigkeit auf Art. 11 KSÜ gründen können,[1088] was bewusst nicht auf Maßnahmen gemäß Art. 12 KSÜ erweitert wurde.[1089] Obwohl Art. 7 KSÜ grundsätzlich im Hinblick auf Nichtvertragsstaaten des HKÜ geschaffen wurde, ist seine Anwendung nicht auf diese beschränkt.[1090] Voraussetzung für eine Zuständigkeit der Behörden des Zufluchtsstaates ist der gewöhnliche Aufenthalt des Kindes ebenda, sowie entweder die Zustimmung aller Sorgeberechtigten (lit. a) oder der Ablauf eines Jahres seit Kenntnis oder Kennenmüssen des Sorgeberechtigten, wobei kein Antrag auf Rückgabe anhängig sein darf und das Kind sich in der neuen Umgebung bereits eingelebt[1091] haben muss (lit. b).[1092] Eine Entscheidung der Gerichte des Herkunftsstaates ist von dem Zufluchtsstaat nach Art. 23 I KSÜ anzuerkennen und zu vollstrecken. Nur wenn die Rückführung abgewiesen und die Jahresfrist verstrichen ist, greift auch die Zuständigkeitssperre des Art. 7 III KSÜ nicht mehr.[1093]

---

[1087] Die Aufnahme der Vorschrift war lange streitig, denn durch Art. 50 KSÜ, der von Anfang an vorgesehen war, wäre grundsätzlich durch die Vorrangstellung des HKÜ eine hinreichende Regelung hinsichtlich der Kindesentführungen getroffen worden, vgl. *Detrick,* Hague Yearbook of int. law 1996, S. 77 (79); *Pirrung,* FS-Rolland S. 277 (282); *DeHart,* Int. legal materials 1996, S. 1391 (1392). Dies wäre indes nur für die Vertragsstaaten von HKÜ und KSÜ der Fall gewesen, vgl. *Lagarde*-Bericht Pkt. 168; *Nygh,* NILR 1998, S. 1 (16), weswegen zur Vermeidung einer Lücke mit Art. 7 KSÜ schließlich doch eine zusätzliche Regelung getroffen wurde.
[1088] *Lagarde*-Bericht Pkt. 51; *Clive,* The juridical review 1998, S. 169 (178); *Nygh,* Australian Journal of Family Law 1997, S. 5 (7); *Siehr,* RabelsZ 62 (1998), S. 464 (480); *Roth/Döring,* FuR 1999, S. 195 (200).
[1089] Vgl. *Lagarde*-Bericht Pkt. 51.
[1090] Denkbar sind Fälle, in denen der Zufluchtsstaat gemäß Art. 12 HKÜ ein Jahr nach der Entführung nicht mehr verpflichtet ist, die Rückführung des Kindes anzuordnen.
[1091] Dies ist auch infolge einer Entführung möglich, vgl. *Nygh,* NILR 1998, S. 1 (13).
[1092] Durch diese Voraussetzungen genügt zumindest innerhalb der Jahresfrist die Ablehnung der Rückführung unter Berufung auf Art. 13 HKÜ nicht, um die eigene Zuständigkeit für das Sorgerechtsverfahren zu begründen.

keitssperre des Art. 7 III KSÜ nicht mehr.[1093]
Mit Art. 7 II KSÜ ist nun eine eigenständige Regelung darüber gegeben, wann eine Entführung als rechtswidrig anzusehen ist. Eine solche liegt dann vor, wenn durch das Verbringen oder Zurückhalten das Sorgerecht eines anderen verletzt wird, welches im Ursprungsstaat (allein oder gemeinsam) besteht (lit. a) und das Sorgerecht (allein oder gemeinsam) ohne das Zurückhalten oder Verbringen tatsächlich ausgeübt wurde oder ausgeübt worden wäre (lit. b). Die Voraussetzungen müssen kumulativ vorliegen. Art. 7 II Satz 2 KSÜ legt beispielhaft fest, worauf sich ein Sorgerecht gemäß lit. a und b gründen kann.[1094]
Die Frage, ob und wann das Kind abstrakt im Zufluchtsstaat einen neuen Aufenthalt begründet und unter welchen Voraussetzungen und zu welchem Zeitpunkt eine Zuständigkeit von dem Staat des bisherigen Aufenthaltes auf den Entführungsstaat übergeht, bleibt das KSÜ schuldig.[1095] Die Abweichung von der primären Aufenthaltszuständigkeit des Art. 5 I KSÜ soll vermeiden, dass der entführende Elternteil durch die Behördenpraxis belohnt wird, tendenziell den eigenen Staatsangehörigen im Sorgerechtsverfahren zu bevorzugen.[1096]

*cc) Beurteilung*

Das MSA enthält keine besonderen Normen über die Kindesentführung, was daran liegt, dass man sich damals noch nicht über die Formulierung einer entsprechenden Vorschrift einigen konnte.[1097] Eine Lösung wurde über die Voraussetzungen an einen gewöhnlichen Aufenthalt versucht, die man durch Rechtsprechung und Literatur herausarbeitete.[1098] Art. 34 I HKÜ normiert einen Vor-

---

[1093] Vgl. *Bauer*, IPRax 2002, S. 179 (182). Probleme können sich ergeben, wenn die Anerkennung oder Vollstreckung einer Maßnahme zu erfolgen hat, aber ein paralleles Rechtshilfeverfahren nach dem HKÜ anhängig ist. Bei Ablehnung einer Rückführung im Rechtshilfeverfahren kann es dazu kommen, dass diese als eine spätere Schutzmaßnahme die frühere Schutzmaßnahme aufhebt, oder dass durch eine analoge Anwendung des Art. 23 II lit. e KSÜ die Anerkennung der ursprünglichen Schutzmaßnahme versagt wird, vgl. *Siehr*, DEuFamR 2000, S. 125 (132 Fn. 43). So wird durch ein Verfahren nach dem HKÜ unter Umständen eine Schranke für die Anerkennung früherer ergangener gegenteiliger Maßnahmen errichtet, weswegen es sich unter Umständen empfiehlt, auf ein Verfahren nach dem HKÜ zu verzichten.
[1094] Diese Definition entspricht Art. 3 HKÜ. Eine Behörde im Herkunftsstaat kann sofort nach der Entführung des Kindes seine Rückführung anordnen, ebenso kann der beraubte Elternteil im Zufluchtsstaat nach dem HKÜ beantragen, das Kind zurückzuführen, vgl. *Siehr*, FS-Lorenz S. 581 (585).
[1095] *Siehr*, RabelsZ 62 (1998), S. 464 (479).
[1096] *Lagarde*-Bericht Pkt. 46; *Roth/Döring*, FuR 1999, S. 135 (200); *Sturm*, FS-Nagel S. 457 (460 f.).
[1097] *Kropholler*, FS-Siehr S. 379 (383).
[1098] Vgl. Kapitel II § 28 I.2. (S. 160 ff.).

rang vor dem MSA. Das KSÜ stellt nun mit Art. 7 KSÜ wie gefordert[1099] eine eigenständige Bestimmung auf, die die Zuständigkeit bei Entführungsfällen ausdrücklich regelt und legt ferner fest, dass das HKÜ vom KSÜ grundsätzlich unberührt bleibt (Art. 50 KSÜ). Das KSÜ fördert damit die Lösung von Entführungen in Abstimmung mit dem HKÜ. Es erkennt indes aber auch an, dass durch eine Entführung sehr wohl ein neuer gewöhnlicher Aufenthalt begründet werden kann, stellt aber deutliche Bedingungen an einen Wechsel der Zuständigkeit. Dies alles ist ein großer Fortschritt gegenüber dem MSA.[1100]

### 5. Eilzuständigkeit, Art. 11 KSÜ

In Eilfällen („*cas d'urgence*", „*cases of urgency*") kann für das im Staatsgebiet anwesende Kind oder Vermögen von jedem Vertragsstaat unabhängig von einer auf die Art. 5 bis 10 gegründeten Zuständigkeit die notwendige Schutzmaßnahme getroffen werden.[1101] Um die Art. 5 bis 10 KSÜ jedoch nicht auszuhöhlen, ist diese Eilzuständigkeit ausdrücklich Ausnahmefällen vorbehalten.[1102] Was jedoch unter einem Eilfall zu verstehen ist, bleibt dem jeweiligen Betrachter überlassen.[1103] Die entsprechenden Ausführungen zum Art. 9 MSA[1104] können daher herangezogen werden. Bewusst wurden nicht in Anlehnung an Art. 3 KSÜ mögliche Schutzmaßnahmen genannt, vielmehr wird davon ausgegangen, dass sie sich im Eilfall von selbst ergeben.[1105]
Eine aufgrund des Art. 11 KSÜ getroffene Schutzmaßnahme entfällt *ex nunc*, wenn die normalerweise zuständigen Behörden die erforderliche Maßnahme ergriffen haben. Bis dahin ist erstere gemäß Art. 23 KSÜ indes von allen Vertragsstaaten anzuerkennen. Art. 11 II KSÜ bestimmt, dass sie außer Kraft tritt, sobald von der zuständigen Behörde die gebotenen Maßnahmen getroffen wurden, weil dann die Voraussetzungen des Art. 11 I KSÜ nicht mehr vorliegen und der Schutz des Kindes dann aufgrund der Art. 5 bis 10 KSÜ gewährleistet ist.[1106]
Eine Besonderheit stellt Art. 11 III KSÜ dar, der bestimmt, dass Maßnahmen

---

[1099] *Sturm*, IPRax 1997, S. 10 (14); *Oberloskamp*, FamRZ 1996, S. 918 (919); *Siehr*, RabelsZ 62 (1998), S. 464 (471); es wurde indes nicht wie von *Boelck*, Reformüberlegungen zum MSA S. 44 ff., vorgeschlagen, zwischen einem Aufenthaltswechsel während und vor einem Verfahren differenziert.

[1100] *Kropholler*, FS-Siehr S. 379 (384); *Roth/Döring*, FuR 1999, S. 195 (200).

[1101] Dies kann zum Beispiel in Entführungsfällen relevant werden, wenn es um den Schutz eines Kindes geht, welches in seinen ursprünglichen Aufenthaltsstaat zurückgebracht werden soll, vgl. *Nygh*, NILR 1998, S. 1 (20).

[1102] *Lagarde*-Bericht Pkt. 68; *Roth/Döring*, FuR 1999, S. 195 (198).

[1103] *Lagarde*-Bericht Pkt. 68; *Pirrung*, FS-Rolland S. 277 (284); *Nygh*, NILR 1998, S. 1 (20); *Siehr*, RabelsZ 62 (1998), S. 464 (484).

[1104] Vgl. Kapitel II § 28 I.5. (S. 165 f.).

[1105] *Lagarde*-Bericht Pkt. 70.

[1106] *Lagarde*-Bericht Pkt. 71.

nach Art. 11 KSÜ auch dann getroffen werden können, wenn sich der gewöhnliche Aufenthalt des Kindes in einem Nichtvertragsstaat befindet. Ob eine Eilmaßnahme aufgrund des zeitweiligen Aufenthaltes getroffen wird, hängt aber von dem jeweiligen autonomen Recht des betroffenen Vertragsstaates ab.[1107] In Art. 11 KSÜ wird Art. 9 MSA wiedergegeben,[1108] Unterschiede ergeben sich jedoch im Rahmen der Anerkennung.[1109] Entgegen der Reformvorschläge *Boelcks*[1110] wurden die Eilmaßnahmen ausdrücklich auch für Kinder mit gewöhnlichem Aufenthalt in einem Nichtvertragsstaat vorgesehen (Art. 11 III KSÜ), was insoweit im MSA nicht enthalten war. Eine extensive Auslegung dieser Vorschriften, wie es im Rahmen der Art. 8 und 9 MSA üblich war,[1111] lässt sich nun jedoch nicht mehr rechtfertigen.[1112]

6. Vorläufige Maßnahmen territorialer Geltung, Art. 12 KSÜ

Nach der in Art. 12 KSÜ geregelte Zuständigkeit für vorläufige Maßnahmen territorialer Geltung („*mesures provisoires d'effet teritorial*", „*provisional measures of territorial effect*")[1113] kann jeder Vertragsstaat, auf dessen Territorium sich das Kind[1114] oder sein Vermögen befindet, Maßnahmen ergreifen, sofern diese nicht mit solchen der normalerweise zuständigen Instanzen unvereinbar sind. Wenn anschließend die zuständigen Behörden eigenständige Maßnahmen erlassen oder ein behördliches Einschreiten als unnötig ablehnen (Art. 12 II KSÜ), treten die aufgrund des Art. 12 I KSÜ getroffenen Maßnahmen außer Kraft[1115] (Art. 12 II KSÜ). Es kann jedoch angenommen werden, dass diese Vorschrift nicht häufig Anwendung finden wird.[1116] Durch die vielen Einschränkungen wurde den Bedenken entgegengewirkt, diese Kompetenz könne zum Erlass von Maßnahmen führen, die von hoher Relevanz seien, in dem Staate des gewöhnlichen Aufenthaltes aber auf andere Weise erlassen worden wären.[1117] Art. 12 III KSÜ trifft eine Regelung für den Fall, dass das Kind seinen gewöhn-

---

[1107] *Nygh*, NILR 1998, S. 1 (19); *Picone*, Riv. dir. int. priv. proc. 32 (1996), S. 705 (738).
[1108] *Lagarde*-Bericht Pkt. 68, 72; *Oberloskamp*, FamRZ 1996, S. 918 (919); *Pirrung*, FS-Rolland S. 277 (284).
[1109] Dazu siehe Kapitel III § 43 I.1. (S. 299 ff.).
[1110] *Boelck*, Reformüberlegungen zum MSA S. 55.
[1111] OLG Düsseldorf, Beschl. v. 10.8.1984 – 3 W 237/84 – NJW 1985, S. 1291 (1293); BayObLG, Beschl. v. 19.4.1991 – BReg 1 Z 23/91 – FamRZ 1991, S. 1218 (1219); OLG Köln, Beschl. v. 11.4.1991 – 16 Wx 43/91 – DAVorm 1991, S. 506 ff.; Staudinger-*Kropholler*, Vorbem. Art. 19 EGBGB Rn. 329 ff.; *Boelck*, Reformüberlegungen zum MSA S. 52 ff.
[1112] *Roth/Döring*, FuR 1999, S. 195 (197).
[1113] Diese Norm wurde auf Vorschlag der englischen Delegation eingefügt, vgl. *Lagarde*-Bericht Pkt. 74.
[1114] Beispielsweise durch einen Schüleraustausch, vgl. *Roth/Dörig*, FuR 1999, S. 195 (198).
[1115] *DeHart*, Int. legal materials 1996, S. 1391 (1392); *Lagarde*-Bericht Pkt. 76.
[1116] *Nygh*, NILR 1998, S. 1 (20).
[1117] *Lagarde*-Bericht Pkt. 74 f.

lichen Aufenthalt in einem Nichtvertragsstaat hat: Hat ein Vertragsstaat eine Maßnahme auf Grund des Art. 12 I KSÜ getroffen, so tritt eine solche dann außer Kraft, wenn in diesem Vertragsstaat die von dem anderen Staat getroffenen und die nach den Umständen erforderlichen Maßnahmen anerkannt werden.

## 7. Annexzuständigkeit nach Art. 10 KSÜ
### a) Grundlegendes
Wenn in einem Vertragsstaat ein Scheidungs-, Trennungs- oder Eheannullierungsverfahren anhängig ist, bestimmt Art. 10 KSÜ als Ausnahme der Vorrangstellung der Aufenthaltszuständigkeit, dass die zuständigen Behörden nach ihrem autonomen Recht Maßnahmen zum Schutz eines betroffenen Kindes oder seines Vermögens treffen können. Dies kann ohne Zustimmung der Aufenthaltsbehörden geschehen,[1118] wird jedoch an die kumulativen Voraussetzungen geknüpft, dass das Kind seinen gewöhnlichen Aufenthalt in einem Vertragsstaat hat[1119] und ein Elternteil zu Beginn des Verfahrens seinen gewöhnlichen Aufenthalt in dem Staat hat, in dem die Scheidungssache anhängig ist. Mindestens ein Elternteil muss zum Zeitpunkt der Entscheidung[1120] die elterliche Verantwortung für das Kind besitzen (Art. 11 I lit. a KSÜ), ferner müssen alle Sorgeberechtigten die Zuständigkeit der Scheidungsinstanz unabhängig von ihrem möglichen Einverständnis hinsichtlich der Schutzmaßnahme annehmen[1121], und die Übernahme der Zuständigkeit muss dem Kindeswohl entsprechen (Art. 11 I lit. b KSÜ). Die Behörden müssen zusätzlich nach ihrem autonomen Recht auch für Sorgerechtssachen über ein Kind der Eheleute zuständig sein, also eine Verbundszuständigkeit[1122] besitzen.[1123]

Art. 11 II KSÜ bestimmt das Ende einer Zuständigkeit für den Zeitpunkt, an dem das Eheverfahren durch eine stattgebende oder abweisende Entscheidung

---

[1118] *Nygh*, Australian Journal of Family Law 1997, S. 5 (7); *ders.*, NILR 1998, S. 1 (18). Sofern die konkurrierende Scheidungszuständigkeit des Art. 10 KSÜ geltend gemacht wird, können die Aufenthaltsbehörden aufgrund der Rechtshängigkeitssperre des Art. 13 KSÜ nicht mehr tätig werden, vgl. *Nygh*, NILR 1998, S. 1 (19); *ders.*, Australian Journal of Family Law 1997, S. 5 (7), dies gilt aber nicht für eine Eilzuständigkeit oder eine Zuständigkeit für vorläufige Maßnahmen, vgl. *Lagarde*-Bericht Pkt. 63. Diese Annexzuständigkeit stellt einen Kompromiss dar, der jedoch nur in engen Grenzen zugelassen wird und daher akzeptiert werden kann, vgl. auch *Siehr*, RabelsZ 62 (1998), S. 464 (480).

[1119] *Siehr*, RabelsZ 62 (1998), S. 464 (483).

[1120] *Pirrung*, FS-Rolland S. 277 (283).

[1121] *Lagarde*-Bericht Pkt. 65; anders *Siehr*, DEuFamR 2000, S. 125 (128), der davon ausgeht, dass die Entscheidung des Gerichtes akzeptiert werden soll.

[1122] In der Bundesrepublik Deutschland ergibt sich eine solche aus den §§ 621 I, 623 ZPO oder §§ 606a, 621 ZPO.

[1123] *Clive*, The juridical review 1998, S. 169 (175); *Siehr*, DEuFamR 2000, S. 125 (128).

oder aus einem anderen Grund endgültig beendet wurde.[1124] Bis zu diesem Zeitpunkt getroffene Maßnahmen sind indes von den übrigen Vertragsstaaten gemäß Art. 23 I KSÜ anzuerkennen. Für die Praxis ist jedoch anzunehmen, dass Art. 10 KSÜ - auch unter Berücksichtigung der Delegationsmöglichkeit nach den Art. 8 und 9 KSÜ[1125] - wohl wenig Anwendung finden wird, da seine Voraussetzungen insgesamt selten vorliegen werden. Stattdessen wird Art. 52 KSÜ („*deconnection clause*") im Vordergrund stehen.[1126] Bis zuletzt fand eine Debatte über die Einfügung einer Trennungs-Klausel („*disconnection clause*") statt, die sich schließlich in Art. 52 KSÜ niederschlug.[1127] Das Tätigwerden der Ehebehörden ändert grundsätzlich nichts an der Anwendbarkeit des KSÜ.[1128] Die Zuständigkeit nach Art. 10 KSÜ ist nicht exklusiv, sondern vielmehr konkurrierend.[1129] Die in Art. 15 MSA normierte Scheidungszuständigkeit gestattet es den Vertragsstaaten einen Vorbehalt einzulegen,[1130] wodurch die Scheidungssachen den Regeln des MSA entzogen werden können, während das KSÜ die Annexkompetenz grundsätzlich nicht unter einen Vorbehalt stellt. Stattdessen geht es zwar von einem Scheidungsverbund aus, bezieht diesen jedoch nur auf die Behörden des Vertragsstaates, in dem gleichzeitig das nationale Recht eine solche Verbundszuständigkeit vorsieht. Hierdurch wird den Bedenken der Staaten Rechnung getragen, die beim MSA den entsprechenden Vorbehalt erklärt hatten.[1131] Hinzu kommt, dass in den entsprechenden Vorschriften des KSÜ die Voraussetzungen für die Verbundzuständigkeit im Gegensatz zum MSA detaillierter normiert sind. Insgesamt stellt sich also auch hier das KSÜ detaillierter und präziser dar und erweist sich als Verbesserung gegenüber seinem Vorgänger.

*b) Gilt die Zuständigkeit nur für die konkrete Behörde oder für alle Behörden des Staates, in dem das Eheverfahren anhängig ist?*
Problematisch ist im Zusammenhang mit Art. 10 KSÜ, ob sich die Annexkompetenz der Norm grundsätzlich auf alle Gerichte des entsprechenden Staates bezieht,[1132] oder ob nur von einer Zuständigkeit der ‚Ehebehörden' gesprochen

---

[1124] Es gibt also keine fortdauernde Zuständigkeit dieser Behörden. Sie können aber als Aufenthaltsbehörden ihre Zuständigkeit ausüben, wenn das Kind nach dem Verfahren seinen gewöhnlichen Aufenthalt in den Scheidungsstaat verlegt, vgl. Siehr, DEuFamR 2000, S. 125 (129).
[1125] Vgl. Kapitel III § 39 I.8. (S. 268 ff.).
[1126] *Nygh*, NILR 1998, S. 1 (18 f.); *Pirrung*, FS-Rolland S. 277(283).
[1127] *Siberman*, FS-Siehr S. 703 (725); *Van Iterson*, ULR 1997, S. 474 (481 f.).
[1128] *Roth/Döring*, FuR 1999, S. 195 (198).
[1129] *Lagarde*-Bericht Pkt. 63; *Van Iterson*, ULR 1997, S. 474 (481).
[1130] Dieser Vorbehalt wurde von zahlreichen Staaten ausgesprochen, am Ende jedoch wieder zurückgezogen vgl. Kapitel II § 28 I.6. (S. 191 f.).
[1131] *Clive*, The juridical review 1998, S. 169 (175); *Pirrung*, FS-Rolland S. 277 (282).
[1132] *Pirrung*, FS-Rolland S. 277 (283).

werden kann[1133].

Art. 10 KSÜ spricht von den ‚Behörden eines Vertragsstaates in Ausübung ihrer Zuständigkeit für die Entscheidung' („*the authorities of a Contracting State exercising jurisdiction to decide [...]*") in Ehesachen. Aus dem Wortlaut kann grundsätzlich geschlossen werden, dass diese Annexkompetenz generell nur für die in dem Eheverfahren entscheidende konkrete Behörde gelten soll, dass also nur eine Annexzuständigkeit der konkreten Ehebehörde gemeint ist. Herangezogen werden kann auch die weitere Voraussetzung des Art. 10 KSÜ und der *Erläuternde Bericht*[1134], wo klargestellt wird, dass eine Zuständigkeit der Ehegerichte nur dann gelten soll, wenn eine solche gleichzeitige Zuständigkeit der Ehegerichte sowohl für das Eheverfahren als auch für das Kindschaftsverfahren dem nationalen Recht entspricht. Zusammen mit dem Konventionstext spricht dies meiner Meinung nach dafür, dass nur eine Annexkompetenz der konkreten, tatsächlich mit der Ehesache befassten Behörde gemeint sein soll, weswegen der letztgenannten Ansicht zu folgen ist.

8. Zuständigkeit der Heimatbehörden
*a) Grundidee*
Die Kompetenzen der Aufenthaltsbehörden sind im MSA denen der Heimatbehörden gegenüber nicht stark genug.[1135] Schwierigkeiten rufen bei Anwendung des MSA ebenfalls die Heranziehung der eigenen Staatsangehörigkeit auch bei Kindern mit mehreren Staatsangehörigkeiten hervor, deren fremde Staatsangehörigkeit die allein effektive ist.[1136] Eine alleinige Zuständigkeit aufgrund des gewöhnlichen Aufenthaltes kommt nicht in Betracht. Vorgeschlagen wurde hier, dass kraft ausdrücklicher Vorschrift nur die Behörde desjenigen Staates die Heimatzuständigkeit in Anspruch nehmen dürfen soll, zu dem die engste Verbindung besteht.[1137] Sofern in allen Heimatstaaten eine Zuständigkeit gewährt wird, sind widersprüchliche Entscheidungen und Konflikte unvermeidbar, wie sich im Rahmen der Anwendung des MSA gezeigt hat.[1138]
Es wurde anfangs vorgeschlagen, die grundsätzliche Konkurrenz zwischen Aufenthalts- und Heimatbehörden beizubehalten, deren Ausgestaltung jedoch zu überdenken und der Zuständigkeit der Aufenthaltsbehörde höheres Gewicht zu-

---

[1133] *Roth/Döring*, FuR 1999, S. 195 (198); *Nygh*, Australian Journal of Family Law 1997, S. 5 (7); *Siehr*, DEuFamR 2000, S. 125 (128).
[1134] *Lagarde*-Bericht Pkt. 62.
[1135] *Oberloskamp*, FamRZ 1996, S. 918 (919); *Kropholler*, FS-Siehr S. 379 (381); *ders.*, RabelsZ 59 (1995), S. 407 (416 ff.).
[1136] *Pirrung*, FS-Rolland S. 277 (281).
[1137] *Kropholler*, RabelsZ 58 (1994), S. 1 (7).
[1138] *Kropholler*, RabelsZ 58 (1994), S. 1 (7).

zusprechen als der der Heimatbehörde.[1139] Die früher in Art. 4 MSA normierte Heimatzuständigkeit wurde auch durch die Neuschaffung des KSÜ abgeändert. Eine konkurrierende Heimatzuständigkeit existiert nun nicht mehr, vielmehr ist ein Tätigwerden der Heimatbehörden als solche lediglich noch in zwei Fällen möglich: entweder nach Art. 8 KSÜ oder aber nach Art. 9 KSÜ.

*b) Angetragene Zuständigkeit nach Art. 8 KSÜ*
Die Aufenthaltsbehörde kann sich zum *forum non conveniens* bestimmen und gemäß Art. 8 KSÜ die Heimatbehörde, die Vertragsstaat des KSÜ sein muss,[1140] ersuchen, die Zuständigkeit ausnahmsweise zu übernehmen, wenn sie der Ansicht ist, dass diese das Wohl des Kindes im Einzelfall besser beurteilen kann (Abs. 1, 1. Spiegelstrich) oder das Verfahren aus den gleichen Gründen aussetzen und die Parteien einladen, einen Antrag bei den Heimatbehörden zu stellen (Abs. 2, 2. Spiegelstrich). Die Übertragung muss sich nicht auf alle zu treffenden Schutzmaßnahmen beziehen.[1141] Ein solches Ersuchen[1142] wird die Heimatbehörde gemäß Art. 8 IV KSÜ dann annehmen, wenn es ihrer Ansicht nach dem Wohl des Kindes dient. Sie kann demnach ein solches Ersuchen auch ablehnen, denn Art. 8 KSÜ schafft keine international bindende Abgabeverfügung und damit Übertragungszuständigkeit[1143] der Aufenthaltsbehörde. Art. 8 II KSÜ bestimmt die Behörden derjenigen Vertragsstaaten, an die ein Ersuchen gemäß Art. 8 I KSÜ gerichtet werden kann.[1144] Hierzu zählen die Behörden im Heimatstaat des Kindes gemäß Art. 8 II KSÜ. Hierunter fällt gemäß lit. a jeder Heimatstaat, auch wenn bei einem Mehrstaater einer der effektivste ist,[1145] oder gemäß

---

[1139] *Boelck*, Reformüberlegungen zum MSA S. 21 ff.; *Kropholler*, RabelsZ 58 (1994), S. 1 (6); *Oberloskamp*, FamRZ 1996, S. 918 (919).
[1140] Als problematisch wurde sowohl im Zusammenhang mit Art. 9 KSÜ als auch mit Art. 8 KSÜ gesehen, dass eine solches Ersuchen beziehungsweise ein Bitten lediglich von Vertragsstaat zu Vertragsstaat erfolgen kann, wobei es aber möglich ist, dass ein Nichtvertragsstaat die dem Kindeswohl dienlichste Maßnahme treffen könnte. Eine Einbeziehung von Nichtvertragsstaaten wurde indes nicht in Erwägung gezogen, was auch im Rahmen der Anerkennung von Maßnahmen hätte berücksichtigt werden müssen, vgl. *van Iterson*, ULR 1997, S. 477 (479).
[1141] *Siehr*, RabelsZ 62 (1998), S. 464 (480).
[1142] Ein derartiges Ersuchen kommt dann in Betracht, wenn beispielsweise nach einer Entführung in den Heimatstaat des Kindes der beraubte Elternteil dorthin folgt und um das Sorgerecht für sein Kind kämpft, vgl. *Siehr*, RabelsZ 62 (1998), S. 464 (481).
[1143] Die nationalen Gerichte müssen also nach autonomem internationalverfahrensrechtlichem Recht prüfen, ob sie international zuständig sind und sinnvollerweise Schutzmaßnahmen für ein Kind mit gewöhnlichem Aufenthalt im Ausland treffen können, vgl. *Siehr*, RabelsZ 62 (1998), S. 464 (482).
[1144] Die entsprechenden Behörden, an die ein Ersuchen gemäß Art. 8 KSÜ zu richten ist, können nen gem. Art. 44, 45 I KSÜ von den Vertragsstaaten benannt werden.
[1145] *Lagarde*-Bericht Pkt. 55; *Siehr*, RabelsZ 62 (1998), S. 464 (481).

lit. b die Behörden in dem Staat, in dem sich das Vermögen des Kindes befindet („Belegenheitszuständigkeit"[1146]). Diese Zuständigkeit wird auch dann im Zweifel nur für diesen Teil der Maßnahmen übertragen werden.[1147] Ferner gehören gemäß lit. c die Behörden eines Staates dazu, in dem der Elternteil die Auflösung der Ehe beantragt hat[1148] und nach lit. d die Behörden des Staates, zu dem das Kind aus anderen Gründen eine enge Verbindung besitzt[1149]. Durch Art. 8 I KSÜ wird sichergestellt, dass die um Hilfe gebetenen Behörden ihre Zuständigkeit nur mit Zustimmung der Aufenthaltsbehörden ausüben dürfen.[1150] Wichtig ist gemäß Art. 8 III KSÜ ein Meinungsaustausch zwischen den Behörden. Die Möglichkeit einer einvernehmlichen Zuständigkeitsübernahme besteht gemäß Art. 8 II KSÜ auch für die Behörden in anderen Vertragsstaaten, etwa im Staat, wo sich das Vermögen befindet oder wo die Ehescheidung stattfindet.[1151]

*c) Erbetene Zuständigkeit, Art. 9 KSÜ*
Die Behörden des Staates, dem das Kind angehört,[1152] sind nicht mehr wie früher (Art. 4 IV MSA) vorrangig zuständig, sondern können von sich aus allenfalls noch nach Art. 9 KSÜ die Behörden des Aufenthaltsstaates um Abgabe ersuchen (*forum conveniens*),[1153] wenn sie sich für besser geeignet halten, das Kindeswohl

---

[1146] *Siehr*, RabelsZ 62 (1998), S. 464 (481).
[1147] *Siehr*, RabelsZ 62 (1998), S. 464 (481).
[1148] Die angetragene Scheidungszuständigkeit gemäß Art. 8 II KSÜ ist jedoch zu unterscheiden von der in Art. 10 KSÜ normierten Scheidungszuständigkeit. Denn nach der angetragenen Scheidungszuständigkeit kann jeder Vertragsstaat, in dem die Auflösung der Ehe beantragt wird, auf Ersuchen über entsprechende notwendige Schutzmaßnahmen entscheiden, auch wenn die Voraussetzungen des Art. 10 KSÜ gar nicht vorliegen, vgl. *Lagarde*-Bericht Pkt. 55; *Siehr*, RabelsZ 62 (1998), S. 464 (481).
[1149] So beispielsweise der gewöhnliche Aufenthalt der Großeltern bei einem Waisenkind, vgl. *Siehr*, RabelsZ 62 (1998), S. 464 (481) oder der von Verwandten, die das Kind bei sich aufnehmen wollen, vgl. *Sturm*, IPRax 1997, S. 10 (11).
[1150] *Siehr*, RabelsZ 62 (1998), S. 464 (480).
[1151] *Kropholler*, FS-Siehr S. 379 (382 f.).
[1152] Hierbei handelt es sich um die in Art. 8 II KSÜ genannten Behörden. Auch hier können gemäß Art. 44, 45 I KSÜ von den Vertragsstaaten die Behörden bestimmt werden, an die eine Bitte der Zuständigkeitsübertragung zu richten ist. Grundsätzlich kann dies an die Behörden am gewöhnlichen Aufenthalt direkt, mit Unterstützung der zentralen Behörden oder über die antragstellende Partei geschehen, vgl. *Siehr*, RabelsZ 62 (1998), S. 464 (482).
[1153] *Lagarde*-Bericht Pkt. 57; *Clive*, The juridical review 1998, S. 169 (178); *Pirrung*, FS-Rolland S. 277 (282); *Siehr*, RabelsZ 62 (1998), S. 464 (482); *ders.*, FamRZ 1996, S. 1047 (1049).

zu beurteilen.[1154] Möglich ist auch wie in Art. 8 I, 2. Spiegelstrich KSÜ, das Verfahren auszusetzen und die Parteien aufzufordern, in dem Aufenthaltsstaat ihre Anträge zu stellen (Art. 9 I, 2. Spiegelstrich KSÜ). Relevant wird ein Antrag auf Übertragung der Zuständigkeit vor allem dann, wenn es um mehr als nur eine Eilmaßnahme gemäß Art. 11 KSÜ oder eine vorläufige Anordnung gemäß Art. 12 KSÜ geht.[1155] Grundsätzlich ist hierbei ein Meinungsaustausch zu pflegen, Art. 9 II KSÜ.
Erst wenn die Aufenthaltsbehörde den Antrag gemäß Art. 9 II KSÜ angenommen hat, darf die Heimatbehörde aber die Zuständigkeit ausüben[1156] und entsprechende Schutzmaßnamen treffen,[1157] anderenfalls nur, sofern die Voraussetzungen der Art. 11 oder 12 KSÜ gegeben sind.[1158]

*d) Mehrstaaterproblematik*
Die Staatsangehörigkeit ist im Rahmen des KSÜ nur dann erheblich, wenn der Heimatstaat des Kindes um Hilfe gebeten wird oder selbst Hilfe anbietet. Hier stellt sich das Problem, wie sogenannte Mehrstaater zu behandeln sind. Diese Problematik wurde bisher von der Haager Konferenz immer ausgeklammert, was aber auf Dauer nicht mehr durchführbar ist. Vorgeschlagen[1159] wurde im Vorfeld der Reform des MSA, dass bei mehreren Staatsangehörigkeiten kraft ausdrücklicher Vorschrift lediglich die Behörde desjenigen Staates die Heimatzuständigkeit in Anspruch nehmen darf, zu dem die engste Verbindung besteht.[1160] Im KSÜ ist die dargestellte Möglichkeit der Delegation beziehungsweise des Ersuchens vorgesehen. Im Rahmen der Mehrstaatigkeit, wo die Stärkung

---

[1154] Dies kann beispielsweise der Fall sein, wenn einer der in Art. 8 II KSÜ genannten Staaten Handlungsbedarf sieht, bevor die Aufenthaltsbehörde einen solchen erkennt, vgl. *Siehr,* RabelsZ 62 (1998), S. 464 (482).
[1155] *Siehr,* RabelsZ 62 (1998), S. 464 (482).
[1156] *Nygh,* Australian Journal of Family Law 1997, S. 5 (6); *Bauer,* IPRax 2002, S. 179 (180); *Kropholler,* FS-Siehr S. 379 (382); *Siehr,* RabelsZ 62 (1998), S. 464 (482); *Roth/Döring,* JBl 1999, S. 758 (762); *dies.,* FuR 1999, S.195 (198); *van Iterson,* ULR 1997, S. 477 (479).
[1157] So könnte in der Bundesrepublik beispielsweise die Feststellung beantragt werden, dass die Parteien eines Scheidungsverfahrens weiterhin die elterliche Sorge für das gemeinsame Kind, welches sich gegenwärtig bei den Großeltern in der Schweiz aufhält, gemeinsam ausüben, vgl. *Siehr,* RabelsZ 62 (1998), S. 464 (483).
[1158] Im Vorentwurf war eine Annahme auch dann vorgesehen, wenn nach Ablauf von sechs Monaten nach Zugang der Bitte vom Aufenthaltsstaat keine Antwort kommt (Art. 7 III VE); dies wurde aber im endgültigen Teil gestrichen, vgl. *Lagarde*-Bericht Pkt. 60; *van Iterson,* ULR 1997, S. 477 (479); *Sturm,* IPRax 1997, S. 10 (11); *Siehr,* FamRZ 1996, S. 1047 (1049).
[1159] *Kropholler,* RabelsZ 58 (1994), S. 1 (7).
[1160] Dies wurde auch bei Anwendung des MSA vertreten, vgl. Kapitel II § 28 II.3.b) (S. 185 ff.).

der Kompetenz der Aufenthaltsbehörde gegenüber der Heimatbehörde als sehr wichtig angesehen wurde[1161] kann dies insoweit von Vorteil sein, dass die Behörden sich untereinander verständigen können, sodass im Endeffekt die sachnähere Behörde die gebotene Maßnahme treffen kann. Eine explizite Regelung der Mehrstaatigkeit durch Festlegung, dass die Heimatzuständigkeit nur von dem Staat in Anspruch genommen werden kann, mit dem der Minderjährige durch die effektive Staatsangehörigkeit am engsten verbunden ist[1162] fehlt aber im KSÜ. Vorausgesetzt wird indes sowohl nach Art. 8 als auch Art. 9 KSÜ, dass die Zuständigkeitsübertragung dem Kindeswohl dient, weshalb davon auszugehen ist, dass die Aufenthaltsbehörde grundsätzlich der sachnächsten Heimatbehörde die Zuständigkeit übertragen wird. Eine explizite Festlegung der effektiven Staatsangehörigkeit als vorrangig gegenüber anderen war daher nicht erforderlich.

*e) Beurteilung*

Früher wurde in Art. 6 MSA eine Übertragung der Zuständigkeit geregelt, jedoch nur eine Übertragung von den Aufenthaltsbehörden zu den Behörden des gegenwärtigen Aufenthalts beziehungsweise Vermögensortes. Mit den Regelungen der Art. 8 und 9 KSÜ wurde dies wie im Vorfeld angedacht[1163] erweitert. Der Zuständigkeit der Aufenthaltsbehörde wird der generelle Vorrang eingeräumt, eine Zuständigkeit der Heimatbehörden bleibt indes unter den exakt normierten Voraussetzungen, also ausdrückliche Ermächtigung durch die Aufenthaltsbehörde, weiterhin möglich. Durch die Vielzahl der Behörden, an die ein Ersuchen gerichtet werden kann, ist diese Lösung sehr weich; es wird keine starre Hierarchie, sondern vielmehr ein Freiraum und die Möglichkeit geschaffen, die Zuständigkeit den Bedürfnissen des Einzelfalles anzupassen.[1164] Hierdurch bedingt ergeben sich Veränderungen bei der Anerkennung und Vollstreckung von Schutzmaßnahmen[1165], denn bei Fehlen einer Ermächtigung braucht eine Anerkennung nicht zu erfolgen (Art. 23 II lit. a KSÜ i.V.m. Art. 8 I bzw. 9 III KSÜ). Die Art. 8 und 9 KSÜ können unter Umständen wegen der erforderlichen zwischenstaatlichen Kooperation (Art. 8 III, Art. 9 II KSÜ) schwierig zu bewältigen sein, stellen jedoch eine zutreffendere Lösung dar als Art. 4 I und 15 I MSA.[1166]

---

[1161] *Boelck*, Reformüberlegungen zum MSA S. 19; *Oberloskamp*, FamRZ 1996, S. 918 (919).
[1162] *Boelck*, Reformüberlegungen zum MSA S. 21.
[1163] *Boelck*, Reformüberlegungen zum MSA S. 55 f.
[1164] *Sturm*, IPRax 1996, S. 10 (11).
[1165] Vgl. dazu Kapitel III § 43 I.1.b)aa) (S. 301).
[1166] *Siehr*, FamRZ 1996, S. 1047 (1049); *ders.*, RabelsZ 62 (1998), S. 464 (481).

9. Ortszuständigkeit kraft Vorbehalts
In Art. 55 I KSÜ wird es den gemäß Art. 60 KSÜ ratifizierenden Vertragsstaaten freigestellt, einen Vorbehalt hinsichtlich der Zuständigkeit zu erklären (*forum rei sitae*), was hinsichtlich des Erlasses von Maßnahmen zum Schutz des in ihrem Hoheitsgebiet befindlichen Vermögens (1. Spiegelstrich) oder der Anerkennung der elterlichen Verantwortung beziehungsweise von Maßnahmen erfolgen kann, sofern eine Unvereinbarkeit mit einer von ihren Behörden in Bezug auf dieses Vermögen getroffenen Maßnahme vorliegt (2. Spiegelstrich). Dieser Vorbehalt kann ausweislich des Abs. 2 auf bestimmte Vermögensarten beschränkt werden und, wenn er erklärt wurde, stets ausgeübt werden. Es ist unerheblich, ob andere Verfahren anhängig sind, Maßnahmen getroffen wurden oder eine elterliche Verantwortung besteht. Dieser Vorbehalt stellt einen Kompromiss dar, ist jedoch eng ausgestaltet und stört daher nur wenig.[1167]

10. Zuständigkeitskonkurrenzen
*a) Prioritätsprinzip*
*aa) Grundlegendes*
Im Gegensatz zum MSA normiert das KSÜ in den Art. 13, 11 II und III KSÜ sowie Art. 12 II und III KSÜ Regeln, um die Gefahr von Schutzlücken und positiven Kompetenzkonflikten zu minimieren.[1168] Art. 13 KSÜ regelt die Kompetenzkonflikte zwischen den Scheidungsbehörden, den Aufenthaltsbehörden und den Flüchtlingsbehörden, sowie denen, die nach Art. 8 oder 9 KSÜ zuständig sind. Für diese Fälle gilt das *Prioritätsprinzip*, das heißt, eine Behörde darf ihre Zuständigkeit gemäß den Art. 5-10 KSÜ dann nicht mehr ausüben, wenn schon eine andere zuständige Behörde erkennbar mit einer konkreten Maßnahme befasst ist[1169] („*first come, first served*"[1170]). Von diesem Verfahren unabhängige Maßnahmen können weiterhin getroffen werden. Der Zuständigkeitsausschluss entfällt, wenn die zuerst befasste Behörde das Verfahren niederlegt.[1171] Durch das *Prioritätsprinzip* wird eine reibungslose Koexistenz aller parallelen Zuständigkeiten gewährleistet.[1172]

*bb) Zuständigkeitskonkurrenzen bei Flüchtlingskindern*
Als problematisch erweist sich, dass weder Art. 6 II KSÜ noch Art. 13 KSÜ eine

---

[1167] *Siehr*, RabelsZ 62 (1998), S. 464 (480).
[1168] *Roth/Dörig*, FuR 1999, S. 195 (198); *Clive* in: Detrick/Vlaardingerbroek, Globalization of Child Law S. 53 (57 f.).
[1169] *DeHart*, N. Y. University journal of int. law & politics 2000, S. 83 (88); *Roth/Dörig*, FuR 1999, S. 195 (199); *McEleavy*, IFL 2001 S. 55 (57); *Clive*, The juridical review 1998, S. 169 (179).
[1170] *Nygh*, Australian Journal of Family Law 1997, S. 5 (7).
[1171] *Roth/Dörig*, FuR 1999, S. 195 (199).
[1172] *Roth/Döring*, FuR 1999, S. 195 (199).

Regelung für die Kompetenzkonflikte treffen, in denen der Staat, der seine Zuständigkeit auf diese Normen stützt, eine Maßnahme anordnet, gleichzeitig aber ein Nichtvertragsstaat ebenfalls Schutzmaßnahmen erlässt und dann der (Vertrags-) Staat des gegenwärtigen Aufenthaltes seine Maßnahme zugunsten der vom (Nichtvertrags-) Staat des gewöhnlichen Aufenthaltes erlassenen einbehalten muss. Durch die Regelung des Art. 6 KSÜ sollte verhindert werden, dass sich die Vertragsstaaten um gerade die Kinder, die eines besonderen Schutzes bedürfen, nicht kümmern.[1173] Dieser Zweck muss grundsätzlich höher bewertet werden als die möglichen positiven Kompetenzkonflikte, zu denen es infolge dieser Regelung zwischen den Behörden von Vertrags- und Nichtvertragsstaaten kommen kann.[1174] Es scheint plausibel, dass die Konvention Maßnahmen des Staates, der seine Zuständigkeit auf Art. 6 II KSÜ stützt, nicht beschränken will, es aber gleichzeitig dem betroffenen Staat beziehungsweise seinem geltenden Recht freistellt, stattdessen auch eine Maßnahme des Nichtvertragsstaates anzuerkennen und dieser so Wirksamkeit zu erteilen.[1175]

*cc) Zuständigkeitskonflikte der Präsenzbehörden*
Eilmaßnahmen und vorläufige Maßnahmen können am Ort des gegenwärtigen Aufenthaltes grundsätzlich jederzeit ohne Rücksicht auf Rechtshängigkeit getroffen werden. Für Kompetenzkonflikte zwischen Behörden, die aufgrund der Art. 11 oder 12 KSÜ zuständig sind und den übrigen, gemäß Art. 5-10 KSÜ zuständigen, Behörden bestimmen Art. 11 II und 12 II KSÜ ausdrücklich den Vorrang von Maßnahmen der Behörden, welche ihre Zuständigkeit auf die Art. 5-10 KSÜ stützen.[1176] Die Maßnahmen der Präsenzbehörden treten also außer Kraft, wenn die regulär nach den Art. 5 bis 10 KSÜ zuständigen Behörden andere Maßnahmen anordnen.[1177]

*b) Wegfall der Zuständigkeitsgrundlage*
*aa) Grundlegendes*
Sofern sich die Umstände ändern und demzufolge die Grundlage der zunächst begründeten Zuständigkeit wegfällt, bestimmt Art. 14 KSÜ, dass die bereits getroffenen Maßnahmen so lange in Kraft bleiben, bis die nach den neuen Umständen zuständigen Behörden sie ändern, ersetzen oder aufheben.[1178]

---

[1173] *Siehr*, FamRZ 1996, S. 1047 (1049).
[1174] *Siehr*, FamRZ 1996, S. 1047 (1049).
[1175] *Lagarde*-Bericht Pkt. 45.
[1176] *Roth/Döring*, FuR 1999, S. 195 (199).
[1177] *Siehr*, RabelsZ 62 (1998), S. 464 (480); *Roth/Döring*, FuR 1999, S. 195 (199).
[1178] Dazu auch unten Kapitel III § 44 I. (S. 311 f.).

*bb) Wegfall der Zuständigkeit auch bei laufendem Verfahren?*
Probleme wirft die Frage auf, was bei einem Zuständigkeitswechsel innerhalb eines laufenden Verfahrens geschehen soll. Einer Ansicht[1179] nach soll in einem solchen Fall durch das KSÜ eine fortdauernde Zuständigkeit ins Auge gefasst werden, was insoweit aus Art. 13 KSÜ („*lis pendens*") folgen soll[1180]. Ferner könne es keinen Unterschied machen, ob das befasste Gericht schon einen entsprechenden Bescheid erließ oder aber nicht.[1181] Hinzu komme, dass das bereits befasste Gericht die Möglichkeit habe, das Verfahren zu beenden, wenn es sich nicht mehr für das am besten geeignete hält.[1182] Die Gegenansicht[1183] geht davon aus, dass auch bei einem noch nicht entscheidungsreifen Verfahren die Zuständigkeit durch den Wechsel des gewöhnlichen Aufenthaltes verloren gehen kann. Heranzuziehen ist zur Entscheidung der Problematik der Wortlaut des Art. 14 KSÜ, dessen Wortlaut („*getroffene Maßnahmen*") meiner Ansicht nach eindeutig dafür spricht, dass auch bei einem Aufenthaltswechsel während eines laufenden Verfahrens die einmal begründete Zuständigkeit wegfallen muss. Der Wortlaut des Art. 14 KSÜ geht insofern zusätzlich von einem ‚ändern, ersetzen oder aufheben' aus, was ebenfalls darauf hin deutet, dass es sich um bereits getroffene Maßnahmen handelt, nicht um solche, die erst in Vorbereitung sind. Für dieses Ergebnis würde ferner sprechen, dass generell ein neuer gewöhnlicher Aufenthalt nicht innerhalb einer kurzen Zeitspanne begründet werden kann, weswegen ein bloßer Aufenthaltswechsel, ohne das ein neuer gewöhnlicher Aufenthalt begründet wird, nicht umgehend die Zuständigkeit entfallen lässt. Hinzu kommt auch die Regelung des Art. 5 KSÜ, welcher sich eindeutig gegen eine *perpetuatio fori* ausspricht und der nicht umgangen werden kann, indem man in Art. 14 KSÜ etwas hineinliest, was dem widersprechen würde. Es muss daher davon ausgegangen werden, dass die Zuständigkeit auch bei einem laufenden Verfahren entfällt, sofern ein neuer gewöhnlicher Aufenthalt des Kindes begründet wird.

11. Beurteilung der Zuständigkeitsregelungen
Zwar werden auch beim KSÜ Ausnahmen von der Aufenthaltszuständigkeit gemacht, jedoch wurde der im Kern als richtig angesehene Ansatz der Aufenthaltszuständigkeit als Grundzuständigkeit nicht allzu sehr verwässert, weswegen das ursprüngliche Anliegen ungeachtet des sehr umfangreichen Kapitels II insgesamt als erreicht zu betrachten ist.[1184] Hierin wird gar einer der wesentlichen

---

[1179] *Nygh*, NILR 1998, S. 1 (15); *Sturm*, IPRax 1997, S. 10 (14).
[1180] *Nygh*, NILR 1998, S. 1 (15).
[1181] *Sturm*, IPRax 1997, S. 10 (14).
[1182] *Nygh*, NILR 1998, S. 1 (15).
[1183] *Siehr*, RabelsZ 62 (1998), S. 464 (478); *Roth/Döring*, FuR 1999, S. 195 (199).
[1184] *Detrick*, Hague Yearbook of int. law 1996, S. 77 (79); *Pirrung*, FS-Rolland S. 277 (281).

Vorzüge des KSÜ gesehen,[1185] die Zuständigkeit ist einfacher und sachnäher gestaltet als im MSA[1186] und bietet einen gelungenen Interessenausgleich.[1187] Durch die Kollisionsregelungen und den Grundsatz, dass vom Aufenthaltsprinzip nur unter restriktiven Voraussetzungen abgewichen werden darf, wird die Reduzierung von Kompetenzkonflikte und Schutzlücken auf ein Mindestmaß gewährleistet.[1188]

## II. Vergleich
### 1. Aufenthaltszuständigkeit
*a) Grundlegendes*

Abgestellt wird für eine Zuständigkeit des Gerichtes bei der EuEheVO, dem VO-E und dem KSÜ grundsätzlich auf den gewöhnlichen Aufenthalt des Kindes. Der VO-E trifft die Regelung in Abschnitt II (Art. 10 bis 15) VO-E.[1189] Wie im KSÜ wird die Zuständigkeit zunächst den Gerichten des Staates zugesprochen, in dem das Kind zum Zeitpunkt der Antragstellung seinen gewöhnlichen Aufenthalt hat. Lediglich in bestimmten Fällen, in denen ein (rechtmäßiger oder rechtswidriger) Aufenthaltswechsel oder eine Vereinbarung der Träger der elterlichen Verantwortung erfolgt (Art. 11, 12 und 21 VO-E), tritt diese Zuständigkeit zurück. Für die Zuständigkeitsvorschriften spielt es keine Rolle, ob sich der gewöhnliche Aufenthalt innerhalb oder außerhalb der Gemeinschaft befindet. Die EuEheVO stellt grundsätzlich zwar ebenfalls auf den gewöhnlichen Aufenthalt des Kindes im Gerichtsstaat ab (Art. 3 I EuEheVO), normiert jedoch eine weitere Zuständigkeit für den Fall, dass das Kind seinen gewöhnlichen Aufenthalt in einem Mitgliedstaat hat (Art. 3 II EuEheVO), wenn ein Elternteil die elterliche Verantwortung für das Kind hat, die Zuständigkeit des Gerichtes dem Kindeswohl entspricht und ferner gleichzeitig beide Eltern zustimmen. Der bloße gewöhnliche Aufenthalt reicht hier für sich allein genommen also nicht aus. Eine Zuständigkeit kommt zudem grundsätzlich immer nur dann in Betracht, wenn ein Eheverfahren gemäß Art. 2 I EuEheVO anhängig ist.

Der gewöhnliche Aufenthalt des Kindes wird als grundlegender Anknüpfungspunkt für die Zuständigkeit verwendet, kann bei der EuEheVO im Gegensatz zu VO-E und KSÜ für sich allein genommen jedoch keine Zuständigkeit begründen. Sollte der VO-E in Kraft treten und alle EU-Mitgliedstaaten wie geplant das KSÜ ratifizieren, hätten die Zuständigkeitsvorschriften des KSÜ lediglich in den Fällen der elterlichen Verantwortung Bedeutung, in denen das Kind nicht in der EU wohnt, sondern in einem Vertragsstaat des Übereinkommens, der nicht Mit-

---

[1185] *Kropholler*, FS-Siehr S. 379 (383); *Roth/Döring*, FuR 1999, S. 195 (199).
[1186] *Kropholler*, Int. Privatrecht § 48 II. (S. 381).
[1187] *Roth/Döring*, FuR 1999, S. 195 (199).
[1188] *Roth/Döring*, FuR 1999, S. 195 (199).
[1189] Kapitel I Teil 2 § 17 III. (S. 116 ff.).

glied der EU ist,[1190] sowie innerhalb der EU nur dann, wenn es sich nicht um ein Verfahren der elterlichen Verantwortung handelt.

*b) Erfordernis eines freiwilligen Aufenthaltes?*
Ebenso wie im Hinblick auf das MSA stellt sich auch hier die Frage, ob für einen gewöhnlichen Aufenthalt das Element der Freiwilligkeit zu fordern ist. Im Vergleich zum MSA haben sich diesbezüglich beim KSÜ keine Veränderungen ergeben, so dass auf die Ausführungen des Kapitels II[1191] verwiesen werden kann.

*c) Flüchtlingskinder und Kinder ohne festen Aufenthalt*
Eine Zuständigkeit für Flüchtlinge und Kinder ohne festen Aufenthalt lässt sich in der EuEheVO nicht finden. Sofern die in den Art. 3 I oder II EuEheVO normierten Voraussetzungen nicht vorliegen, kann eine Zuständigkeit nach der EuEheVO nicht gegeben sein. Problemfälle wie die von Flüchtlingskindern und Kindern ohne (feststellbaren) gewöhnlichen Aufenthalt wurden scheinbar bei ihrer Schaffung übersehen oder aber für den Anwendungsbereich der Verordnung als nicht wichtig erachtet. Für letzteres spricht die Tatsache, dass der Hauptregelungsgehalt der EuEheVO die Ehesachen sind, und dass solche bei Eltern von Flüchtlingskindern und Kindern ohne gewöhnlichen Aufenthalt rar sein werden, da diese kaum gleichzeitig die Voraussetzungen des Art. 2 I EuEheVO erfüllen würden.
Der VO-E sieht hingegen mit Art. 13 VO-E eine vergleichbare Zuständigkeit vor. Mangels Regelung in der EuEheVO kann daher derzeit in den oben genannten Problemfällen unproblematisch auf das KSÜ, insbesondere Art. 6 KSÜ, zurückgegriffen werden. Sofern der VO-E allerdings die EuEheVO ersetzt, geht er dem KSÜ auch in diesen Fällen vor.

*d) Zusammenfassung*
Der gewöhnliche Aufenthalt des betroffenen Kindes spielt in EuEheVO, VO-E und KSÜ die prägende Rolle für die Beurteilung der Zuständigkeit. Bei der EuEheVO ist indes zu beachten, dass weitere Voraussetzungen vorliegen müssen, die in der Person der Eltern begründet sind. Derartige weitere Voraussetzungen werden weder vom KSÜ noch von dem VO-E normiert. Der VO-E stellt lediglich für einen möglichen Aufenthaltswechsel unter anderem auf einen Elternteil ab (Art. 11 lit. c VO-E), das KSÜ immer nur auf das Kind selbst.

---

[1190] KOM (2002) 222 endgültig/2 S. 9.
[1191] Kapitel II § 28 II.2.c) (S. 180 f.).

## 2. Änderung des Aufenthaltes und *perpetuatio fori*
### a) Legaler Aufenthaltswechsel

Sowohl der VO-E (Art. 11 VO-E) als auch das KSÜ (Art. 5 II KSÜ) enthalten Regeln in Bezug auf einen Aufenthaltswechsel des Kindes. Der VO-E geht von einer Fortdauer der Zuständigkeit aus und normiert hierfür in Art. 11 I lit. a bis c VO-E weitere Voraussetzungen. Danach ist eine Zuständigkeitsfortdauer dann gegeben, wenn (kumulativ) eine Entscheidung gem. Art. 10 VO-E bereits ergangen ist, das Kind zum Zeitpunkt der (erneuten) Antragstellung im Staat seines neuen Aufenthaltes weniger als sechs Monate verbracht hat und einer der Träger der elterlichen Verantwortung im Mitgliedstaat des früheren Aufenthaltes des Kindes wohnen bleibt. Hierdurch werden die Möglichkeiten des *forum shoppings*[1192] eingeschränkt. Gleichzeitig bleibt durch Art. 11 II VO-E jedoch dann, wenn das Kind im neuen Staat einen gewöhnlichen Aufenthalt inne hat, die Begründung der neuen Zuständigkeit möglich, weil davon auszugehen ist, dass dadurch der anderen Partei keine Nachteile entstehen, wenn diese als weitere Voraussetzung des Art. 11 II VO-E die neue Zuständigkeit anerkannt hat. Die Möglichkeit eines zurückgebliebenen Elternteils, das Verfahren an seinem gewöhnlichen Aufenthaltsort anzustrengen, wird aber im Zweifel unterstützt. Anders wird ein legaler Wechsel des gewöhnlichen Aufenthaltes im KSÜ geregelt, wo, soweit ein neuer gewöhnlicher Aufenthalt feststeht, die Behörden an diesem neuen Ort zuständig sind (Art. 5 II KSÜ). Eine *perpetuatio fori* ist also nicht vorgesehen. Die EuEheVO regelt einen legalen Aufenthaltswechsel demgegenüber nicht, eine *perpetuatio fori* ist jedoch in Bezug auf die Verfahren der elterlichen Verantwortung abzulehnen.[1193] Zu beachten ist jedoch, dass Art. 11 I VO-E kumulativ voraussetzt, dass bereits eine Entscheidung der (damals) zuständigen Gerichte des ehemaligen Aufenthaltsortes getroffen worden ist, dass der neue gewöhnliche Aufenthalt noch nicht länger als sechs Monate andauert und dass ein Elternteil noch am früheren gewöhnlichen Aufenthalt des Kindes lebt. Die Sonderregelung des Art. 11 I VO-E lässt sich damit rechtfertigen, dass so einem *forum shopping* zusätzlich vorgebeugt wird, wobei durch Art. 11 II VO-E gleichzeitig berücksichtigt wird, dass nicht jede kurzfristige Verlagerung des Aufenthaltes durch die Absicht des *forum shoppings* begründet und deshalb gegebenenfalls auch im Einverständnis mit einem anderen Sorgeberechtigten durchgeführt wird.

Relevant ist, dass sich die Fälle, in denen die Art. 11 I lit. a bis c VO-E zutreffend sind, als gering erweisen werden.[1194] Hervorzuheben ist insoweit, dass der

---

[1192] Zum *forum shopping* vgl. Kapitel II § 30 II.2. (S. 207 ff.).
[1193] Kapitel I Teil 1 § 4 I. (S. 55 f.); Kapitel II § 28 II.2.b) (S. 178 ff.).
[1194] Denkbar sind Fälle, in denen ein Elternteil zwar das Sorge- und Aufenthaltsbestimmungsrecht hat, der andere aber nach wie vor ein Recht zum regelmäßigen Umgang, der durch eine Umzug unterbunden oder zumindest erschwert wird.

VO-E, der dem KSÜ eigentlich nachgebildet war, in diesem Punkt von dem Abkommen abweicht.

*b) Entführungsfälle*
Einen unrechtmäßigen Aufenthaltswechsel regeln die Art. 21 ff. VO-E, Art. 4 EuEheVO und Art. 7 sowie Art. 50 KSÜ. Die EuEheVO bestimmt, dass die Gerichte ihre Zuständigkeit im Einklang mit dem HKÜ auszuüben haben. Dem Art. 21 VO-E entspricht die Regelung des Art. 7 I KSÜ. Zusätzlich definiert das Übereinkommen in Art. 7 II KSÜ, wann ein Verbringen als widerrechtlich anzusehen ist und lehnt sich dabei an die Definition des HKÜ an, was sich so auch in Art. 2 Nr. 10 VO-E wiederfindet. Da die EuEheVO die Zuständigkeit der Behörden ausdrücklich im Einklang mit dem HKÜ ausgeübt wissen will, kann davon ausgegangen werden, dass auch hier die Definition der Widerrechtlichkeit nicht anders als im HKÜ verstanden werden kann. Das KSÜ bestimmt ferner in Art. 7 III KSÜ, dass auch bei einem widerrechtlichen Verbringen eine Zuständigkeit nach Art. 11 KSÜ möglich ist. Eine solche Regelung enthält die EuEheVO nicht. Da die Eilzuständigkeit jedoch unabhängig vom gewöhnlichen Aufenthalt besteht, versteht sich eine solche auch bei einem illegalen Aufenthaltswechsel wohl von selbst, denn es geht hier allein um den Schutz des Kindes. Die fehlende Regelung erweist sich somit nicht als tatsächlicher Unterschied zum KSÜ. Der VO-E trifft nun aber eine dem Art. 7 III KSÜ vergleichbare Regelung in Art. 22 III VO-E. KSÜ und EuEheVO unterscheiden sich in wesentlichen Punkten, der VO-E und das KSÜ zeigen jedoch große Übereinstimmungen. Der VO-E regelt Kindesentführungen allerdings noch umfassender und schreibt insbesondere die Besonderheiten der Behördenzusammenarbeit und den Verfahrensablauf ausführlich vor.[1195] Als vorteilhafter sind daher aufgrund der Detailtreue die Regelungen des VO-E anzusehen, der bei seinem Inkrafttreten aufgrund dieser Tatsache das KSÜ in den gemeinsamen Mitgliedstaaten weitestgehend verdrängen wird.

**3. Staatsangehörigkeit, Ersuch bzw. Bitte um Zuständigkeitsübernahme**
*a) Zuständigkeitsverweisung*
Das KSÜ zieht die Aufenthaltszuständigkeit als primäre Zuständigkeit heran und ist somit konsequenter als das MSA. Es lässt jedoch eine Zuständigkeit der Heimatbehörden nicht gänzlich außen vor, da es den Aufenthaltsbehörden gemäß den Art. 8 und 9 KSÜ möglich ist, ihre Zuständigkeit auf die Heimatbehörden zu übertragen. Das KSÜ durchbricht damit in Fällen, in denen es dem Kindeswohl dienlich erscheint, die Aufenthaltszuständigkeit, wobei aber die Entscheidungskompetenz hinsichtlich einer Übertragung der Zuständigkeit den

---

[1195] Kapitel I Teil 2 § 18 (S. 119 ff.).

Aufenthaltsbehörden überlassen wird. Eine solche Delegation der Zuständigkeit ist in der EuEheVO nicht vorgesehen. Art. 15 VO-E bestimmt jedoch die Möglichkeit einer Verweisung an das Gericht des Staates, in dem das Kind seinen früheren gewöhnlichen Aufenthalt hatte (lit. a), dessen Staatsangehörigkeit das Kind besitzt (lit. b) oder in dem ein Träger der elterlichen Gewalt seinen gewöhnlichen Aufenthalt hat (lit. c) oder in dem sich Vermögensgegenstände des Kindes befinden (lit. d). Der VO-E berücksichtigt also mit Art. 15 lit. b VO-E ebenfalls eine Heimatzuständigkeit in Bezug auf das Kind. Das KSÜ sieht eine Delegation durch das Gericht des Aufenthaltsstaates für den Fall vor, dass dieses bei der Heimatbehörde anfragt und diese die Delegation annimmt oder die Heimatbehörde um Übertragung der Zuständigkeit ersucht und die Aufenthaltsbehörde dem zustimmt. Ferner ist eine solche möglich, wenn das Gericht die Parteien einlädt, einen entsprechenden Antrag zu stellen. In dem VO-E ist jedoch lediglich die Möglichkeit eines Antrags des Trägers der elterlichen Verantwortung auf Verweisung vorgesehen. Auch hier – ohne konkrete Normierung einer solchen - ist jedoch aufgrund der richterlichen Hinweispflicht[1196] eine Belehrung der Parteien über eine solche Möglichkeit nicht ausgeschlossen.
Voraussetzung ist sowohl in dem Entwurf als auch im KSÜ, dass diese Verweisung dem Kindeswohl dienlich ist. In dem VO-E wird nicht so explizit wie in den Art. 8 und 9 KSÜ vorausgesetzt, dass die andere Behörde das Kindeswohl besser beurteilen kann, dies ergibt sich jedoch aus der Voraussetzung, dass die Übertragung dem Wohl des Kindes „entsprechen" muss.

*b) Staatsangehörigkeit*
Das KSÜ kombiniert zwar durch die Möglichkeit der Verweisung also Heimat- und Aufenthaltszuständigkeit, aber auch bei der Heimatzuständigkeit hat die Aufenthaltsbehörde das letzte Wort. Die Heimatbehörden treten eindeutig hinter den Aufenthaltsbehörden als subsidiär zurück. Die EuEheVO ist nicht ganz so konsequent mit ihren Ausnahmeregelungen. Die Staatsangehörigkeit erlangt bei der EuEheVO eine Bedeutung bei der Begründung der Zuständigkeit in Ehesachen (Art. 2 I lit. a, 6. Spiegelstrich EuEheVO und Art. 1 I lit. b EuEheVO) und somit indirekt auch für die Begründung der Zuständigkeit für Entscheidungen der elterlichen Verantwortung. Die Staatsangehörigkeit des Kindes hingegen ist in keiner Zuständigkeitsbegründungsnorm genannt. Selbige richten sich für das Verfahren der elterlichen Verantwortung - abgesehen von der Voraussetzung der Anhängigkeit eines Eheverfahrens nach der Verordnung - konsequent am gewöhnlichen Aufenthalt des Kindes aus. Eine mehrfache Staatsangehörigkeit wird nicht geregelt. Es soll hier indes nicht von einem Vorrang der inländischen vor einer anderen Staatsangehörigkeit ausgegangen werden; vielmehr soll jede

---

[1196] In der Bundesrepublik ist diese in § 139 ZPO normiert, der nach der Zivilprozessrechtsreform hinsichtlich der Hinweispflicht noch verstärkt wurde.

Staatsangehörigkeit alternativ relevant sein, wobei wohl eine effektivere einer anderen vorgeht.[1197] Die hieraus resultierenden Kompetenzproblemen ergeben sich nicht beim Kind, sondern vielmehr bei seinen Eltern, wirken sich aber indirekt auf das Kindschaftsverfahren aus.

Das Problem der Mehrstaatigkeit stellt sich im Rahmen des KSÜ zwar,[1198] kann dort jedoch aufgrund der Entscheidungskompetenz der Aufenthaltsbehörde im Einzelfall zugunsten der Behörde entschieden werden, die die für das Kind geeignetste Maßnahme treffen kann. Dies würde auch der im Anwendungsbereich des MSA vertretenen Lösung entsprechen, dass grundsätzlich die Behörde zuständig sein soll, zu deren Staat das Kind die engsten Bindungen hat. Entscheidend ist damit letztlich aus Gründen des Kindeswohls die effektive Staatsangehörigkeit.[1199] Das KSÜ trifft demnach eine günstigere Regelung, indem derartigen Kompetenzkonflikten vorgebeugt wird.

Der VO-E lässt ebenso wie das KSÜ eine Verweisung an das Heimatgericht des Kindes zu, so dass sich auch hier das Problem der Mehrstaatigkeit eines Kindes stellt. Allerdings ist eine solche nur im Rahmen der Verweisung relevant, die sich nach dem Wohl des Kindes auszurichten hat. Kompetenzstreitigkeiten der Gerichte können demnach kaum entstehen, weil eine Verweisung nur aufgrund eines Antrags eines Trägers der elterlichen Verantwortung möglich ist und das verweisende Gericht das Kindeswohl zu berücksichtigen hat. Willkürliche Zuständigkeitsverschiebungen sind so schwerlich möglich.

Der VO-E kombiniert damit die günstigen Lösungen von KSÜ und EuEheVO, indem er zwar den gewöhnlichen Aufenthalt als Regel normiert, im Einzelfall jedoch Ausnahmen zulässt, wenn dies dem Kindeswohl dient. Die vieldiskutierten Probleme wie die Mehrstaatigkeit werden auch hier nicht gänzlich behoben.

4. Vorläufige Maßnahmen und Eilmaßnahmen
*a) Eilmaßnahmen*
Die Zuständigkeit für Eilmaßnahmen wird in Art. 12 EuEheVO, Art. 11 KSÜ und in Art 20 VO-E geregelt. Art. 20 VO-E lehnt sich eng an Art. 12 EuEheVO an, so dass sich hier keine Unterschiede zwischen den beiden Verordnungen ergeben. Zu untersuchen ist ihr Verhältnis zum KSÜ.

*aa) Voraussetzungen*
Alle Vorschriften normieren die Voraussetzung des Vorliegens eines dringenden Falles. Während EuEheVO und VO-E statuieren, dass eine solche Eilzuständigkeit unabhängig von anderen Regeln der Verordnung gilt, wird dies im KSÜ nicht explizit gesagt, es ergibt sich jedoch aus der Regelung als solche, sodass

---

[1197] Kapitel I Teil 1 § 4 III.7.c) (S. 61 ff.).
[1198] Dazu vgl. Kapitel III § 39 I.8.d) (S. 271 f.).
[1199] Vgl. zum Streitstand beim MSA Kapitel II § 28 II.3.b) (S 162 f.).

die Normen zwar nach dem Wortlaut voneinander abweichen, nicht jedoch nach dem Inhalt.

*bb) Anwendbares Recht*
Art. 12 EuEheVO und Art. 20 VO-E normieren, dass das jeweilige zuständige Gericht nach dem innerstaatlichen Recht zu entscheiden hat. Dasselbe wird im KSÜ festgelegt, allerdings nicht in Art. 11 KSÜ selbst, sondern in Art. 15 KSÜ als Generalklausel für das anzuwendende Recht. Dass VO-E und EuEheVO die Regelung in die jeweiligen Normen aufnahmen, liegt daran, dass sie keine Generalklausel zum anzuwendenden Recht enthalten. Das Ergebnis bleibt jedoch dasselbe: Sowohl nach den Verordnungen als auch nach dem Übereinkommen trifft das zuständigen Gericht Eilmaßnahmen nach dem innerstaatlichen Recht.

*cc) Anwendungsbereich*
Die Verordnungen und auch das KSÜ bestimmen die Zuständigkeit der Gerichte in Eilfällen sowohl zum Schutz des Kindes als auch seines Vermögens.

*dd) Geltung der Maßnahmen*
Auch hinsichtlich der Geltung von Eilmaßnahmen treffen das Abkommen und die Verordnungen übereinstimmende Regelungen. Die jeweiligen Schutzmaßnahmen treten außer Kraft, sobald ein nach den allgemeinen Regelungen zuständiges Gericht die nach den Umständen gebotenen Maßnahmen getroffen hat (vgl. Art. 11 II KSÜ, Art. 12 EuEheVO, Art. 20 S. 2 VO-E).[1200]
Maßnahmen auf Grundlage des Art. 12 EuEheVO sollen jedoch nur in dem Staat territoriale Wirkung entfalten, in dem sie ergriffen wurden,[1201] während Art. 11 KSÜ demgegenüber keine Regelung für die territoriale Wirkung von Eilmaßnahmen trifft. Eine territoriale Beschränkung ist im Abkommen nur in Art. 12 KSÜ vorgesehen. Eine territoriale Beschränkung kennt wiederum jedoch Art. 20 VO-E, wonach Eilmaßnahmen zum Schutz des Kindes ‚in diesem Mitgliedstaat' getroffen werden dürfen. Die territoriale Beschränkung durch die Verordnungen kann jedoch aufgrund des Vorrangs, den diese gegenüber dem KSÜ einnehmen, nicht dazu führen, dass trotzdem noch Maßnahmen aufgrund des KSÜ getroffen werden können, die dann nicht territorial beschränkt sind.

---

[1200] Mangels Änderungen des Art. 15 EuEheVO im Verhältnis zu Art. 15 Brüssel II-Übereinkommen kann hier auf den *Erläuternden Bericht* zu dem Übereinkommen zurückgegriffen werden, wo dieses klar herausgestellt wird, vgl. *Borrás,* ABl. EG 1998, C221/27, S. 48.
[1201] *Borrás,* ABl. EG 1998, C221/27, S. 48.

*ee) Zusammenfassung*
Sowohl Art. 20 VO-E als auch Art. 12 EuEheVO und Art. 11 KSÜ beziehen sich nur auf Eilfälle und normieren eine Zuständigkeit des gegenwärtigen Aufenthaltsstaates unabhängig von ihren sonstigen Zuständigkeitsregelungen. Während Art. 12 EuEheVO und Art. 20 VO-E das anzuwendende Recht innerhalb der Regelung bestimmen, muss beim KSÜ auf dessen Generalklausel (Art. 15 KSÜ) zurückgegriffen werden; nach allen Normen ist bei Eilmaßnahmen indes das innerstaatliche Recht anzuwenden. Die Geltung der Maßnahmen wird stets dann aufgehoben, wenn das in der Hauptsache zuständige Gericht eine Entscheidung trifft. Hinzu kommt in den Verordnungen die ausdrückliche Festlegung einer territorialen Begrenzung, die die Parteien zu weiteren Handlungen herausfordern und so erreichen wird, dass sich diese nicht auf einer solchen Eilmaßnahme ‚ausruhen'. In Bezug auf Eilmaßnahmen zum Schutz des Kindes verdrängt die EuEheVO und nach ihrer Ablösung der VO-E innerhalb ihres Anwendungsbereiches das KSÜ. Erst wenn die jeweilige Verordnung nicht greift, kann eine Eilmaßnahme auf Grundlage des KSÜ ergriffen werden.

*b) Vorläufige Maßnahmen*
Vorläufige Maßnahmen mit territorialer Beschränkung ohne Dringlichkeit sind nach Art. 12 KSÜ denkbar,[1202] während EuEheVO und VO-E derartige Maßnahmen nicht regeln. In derartigen Fällen kann demzufolge nicht auf die Verordnungen abgestellt werden, wenn sich eine Zuständigkeit nicht aus ihren allgemeinen Vorschriften ergibt; das KSÜ kann dann Anwendung finden. Eine territoriale Beschränkung erfolgt in der EuEheVO und dem VO-E lediglich im Bereich der Eilmaßnahmen, während sich Art. 12 KSÜ jedoch auf Maßnahmen ohne Dringlichkeit bezieht.

5. Scheidungszuständigkeit
Der VO-E regelt eine Zuständigkeit für Entscheidungen hinsichtlich der elterlichen Verantwortung (Art. 10 ff. VO-E) und stellt nicht wie die EuEheVO (Art. 3 EuEheVO) ein gleichzeitiges Eheverfahren als Bedingung für die Zuständigkeitsbegründung in Sachen der elterlichen Verantwortung (Art. 1 I lit. a EuEheVO i.V.m. Art. 2 EuEheVO). Eine Annexkompetenz ist auch in Art. 12 I VO-E vorgesehen.[1203] Diese entspricht wie die Festlegung des Endes der Zuständigkeit in Abs. 3 dem Art. 3 II und III EuEheVO. Der einzige Unterschied ist, dass eine Annexkompetenz in dem VO-E durch Vereinbarung begründet werden kann, während sich in der EuEheVO alle Zuständigkeitsnormen für Entscheidungen der elterlichen Verantwortung auf eine solche Annexkompetenz beziehen, eine Ausnahme bildet lediglich die Eilzuständigkeit gemäß Art. 12 EuEheVO. Das

---
[1202] Kapitel III § 39 I.6. (S. 265 f.).
[1203] Kapitel I Teil 2 § 17 III.2. (S. 117).

KSÜ schließlich regelt eine Zuständigkeit im Zusammenhang mit einem Scheidungsverfahren in Art. 10 KSÜ, wonach die Ehebehörden unter denselben Voraussetzungen wie in Art. 12 I VO-E auch Schutzmaßnahmen zugunsten des Kindes oder seines Vermögens treffen können. Ein eklatanter Unterschied tritt darin zutage, dass das KSÜ generell von ‚Maßnahmen zum Schutz der Person oder des Vermögens des Kindes' (Art. 10 I KSÜ) spricht,[1204] während die Verordnungen lediglich Entscheidungen, die die elterliche Verantwortung für ein gemeinsames Kind beider Ehegatten betreffen, erfassen. In dieser Hinsicht geht das KSÜ demnach weiter als die Verordnungen. Das grundsätzliche Bestehen der elterlichen Verantwortung ist jedoch auch für die Annexkompetenz nach dem KSÜ nicht unbedeutend, denn es findet sich in ihren Zuständigkeitsvoraussetzungen (vgl. Art. 10 I lit. a und b KSÜ). Zusammenfassend lässt sich sagen, dass die Unterschiede zwischen VO-E und KSÜ nur marginal aufgrund geringfügiger Differenzen in der Wortwahl sind. Die Annexkompetenz in Bezug auf Ehesachen ist hier klar abgesteckt. Die EuEheVO normiert bis auf die Eilzuständigkeit allein eine Annexkompetenz für Entscheidungen der elterlichen Verantwortung.[1205] Eine eigenständige Zuständigkeit kann in diesen Sachen gar nicht begründet werden. Das KSÜ jedoch erlaubt eine Annexzuständigkeit in Bezug auf alle Schutzmaßnahmen, während die Verordnungen diese nur in Fällen, in denen es um die elterliche Verantwortung geht, normieren. Der Anwendungsbereich der Annexkompetenz des KSÜ ist damit weiter als der der Verordnungen, die dem KSÜ jedoch auch hier zunächst vorgehen. In Fragen der elterlichen Verantwortung dürfte daher ein Eingreifen des Art. 10 KSÜ wohl nur in seltenen Fällen in Betracht kommen, relevant wird er aber bei allen anderen denkbaren Schutzmaßnahmen.

## § 40 RECHTSHÄNGIGKEIT

### I. KSÜ

Im MSA fehlt eine Regelung zur Rechtshängigkeit, weswegen einander widersprechende Entscheidungen in den Vertragsstaaten möglich sind. Die Lösung von Kompetenzkonflikten durch eine fortdauernde Zuständigkeit wurde damals verworfen, da diese im internationalen Rechtsverkehr für problematisch erachtet wurde.[1206] Es wurde als Lösung angedacht, den Aufenthaltsgerichten grundsätzlich wegen größerer Sachnähe den Vortritt einzuräumen.[1207] Dies erscheint indes nicht sachgerecht, da ein einmal befasstes Gericht unter Umständen mit der Ent-

---

[1204] Zu den möglichen Schutzmaßnahmen siehe oben Kapitel III § 38 I.4. (S. 250 ff.).
[1205] Auf die vorausgegangenen Ausführungen zu den Zuständigkeitsbegründungsnormen kann insoweit verwiesen werden.
[1206] *Siehr*, RabelsZ 62 (1998), S. 464 (486).
[1207] *Kropholler*, RabelsZ 58 (1994), S. 1 (5).

scheidungsfindung schon weit gediehen ist und das Gericht des neuen gewöhnlichen Aufenthaltes wieder ein völlig neues Verfahren beginnen muss. Im Interesse des umfassenden Kindesschutzes kann das nicht sinnvoll sein. Ferner wurde nach Vorlage des EuGVÜ (Art. 21 EuGVÜ) das *Prioritätsprinzip* vorgeschlagen,[1208] wie es am Ende auch verwirklicht wurde, welches dem umfassenden Kindesschutz dient. Im KSÜ ergeben sich konkurrierende Zuständigkeiten nur in engen Grenzen, es kann jedoch grundsätzlich dazu kommen. Daher stellt Art. 13 KSÜ auf das *Prioritätsprinzip* ab.[1209] Entscheidend ist danach der zeitlich zuerst gestellte (verfahrenseinleitende) Antrag,[1210] der durch das befasste Gericht nach wie vor geprüft wird.[1211] Die Rechtshängigkeitssperre ist auf die jeweilige konkrete Maßnahmen beschränkt.[1212] Jedoch ist sie nicht in jedem Fall einzuhalten, denn Art. 13 II KSÜ bestimmt vielmehr zugunsten der Flexibilität, dass die zuerst angerufene Behörde zugunsten einer später angerufenen auf ihre Zuständigkeit verzichten kann. Dies wird der Fall sein, wenn die Behörde der Ansicht ist, dass eine dem Kindeswohl dienliche Maßnahme besser von der zeitlich nach ihr angerufenen Behörde getroffen werden kann.[1213] So kann zusätzlich ein Konflikt vermieden werden.[1214] Diese Regelung erinnert an die Art. 8 und 9 KSÜ, ist jedoch im Gegensatz zu diesen einseitig möglich, ohne dem in den Art. 8 und 9 KSÜ festgelegten Verfahren folgen zu müssen.[1215] Im Interesse des Kindeswohls erscheint es aber erforderlich, dass die zuerst angerufene Behörde sich vergewissert, dass die nachher befasste sich auch mit der Sache entsprechend auseinandersetzt, wovon aber im Regelfall auszugehen sein wird.
Art. 13 KSÜ gewährt (im Zusammenhang mit Art. 14 KSÜ) umfassenden Kindesschutz und sorgt dafür, dass es der neuen Aufenthaltsbehörde möglich ist, die Maßnahmen zu ändern, aufzuheben oder zu ersetzen.[1216]

II. Vergleich
1. Konkurrierende Verfahren
Die Rechtshängigkeitsvorschriften in Art. 11 EuEheVO und Art. 19 II VO-E

---

[1208] *Pirrung*, RabelsZ 57 (1993), S. 124 (141); *Kropholler*, RabelsZ 58 (1994), S. 1 (5). Zu Art. 21 EuGVÜ: *Hau*, IPRax 1998, S. 456 (458 ff.).
[1209] Dies entsprach insoweit dem gemeinsamen Vorschlag der deutschen und italienischen Delegation, vgl. *Lagarde*-Bericht Pkt. 78.
[1210] *Pirrung*, FS-Rolland, S. 277 (284); *Siehr*, RabelsZ 62 (1998), S. 464 (486).
[1211] Hierdurch wird die Blockierung anderer Zuständigkeiten durch Untätigkeit eines Staates umgangen, vgl. *Siehr*, RabelsZ 62 (1998), S. 464 (486).
[1212] *Roth/Döring*, JBl 1999, S. 758 (764); *Bauer*, IPRax 2002, S. 179 (183).
[1213] *Lagarde*-Bericht Pkt. 80.
[1214] *Siehr*, RabelsZ 62 (1998), S. 464 (486); *Lagarde*-Bericht Pkt. 80.
[1215] *Lagarde*-Bericht Pkt. 80
[1216] Zu der insoweit auch zufriedenstellenden Lösung des MSA vgl. *Boelck*, Reformüberlegungen zum MSA S. 31.

stimmen ihrem Wortlaut nach weitgehend überein. Beide statuieren in Abs. 1, dass ein später angerufenes Gericht das Verfahren auszusetzen hat, bis das zuerst angerufene seine Zuständigkeit geklärt hat. Fällt dies positiv aus, muss sich das später angerufene Gericht für unzuständig erklären (Art. 11 III EuEheVO bzw. Art. 19 III S. 1 VO-E), anderenfalls kann es nach Unzuständigerklärung durch das erstberufene Gericht das Verfahren aufnehmen. Demgegenüber legt das KSÜ in Art. 13 KSÜ fest, dass eine Zuständigkeit durch ein später angerufenes Gericht nicht ausgeübt werden darf, sofern die zuerst angerufenen Behörden zu dem damaligen Zeitpunkt zuständig waren und die Maßnahmen auch noch prüfen. Im Gegensatz zu den Verordnungen wird nicht normiert, dass das Verfahren auszusetzen ist, falls die Zuständigkeit des ersten Gerichtes noch nicht feststeht. Vielmehr wird nur von dem Fall ausgegangen, dass dieses auch tatsächlich zuständig ist. Das KSÜ sieht andererseits jedoch in Art. 13 II KSÜ vor, dass das zuerst angerufene Gericht zugunsten des anderen auf seine Zuständigkeit verzichten kann, was sich so in den Verordnungen nicht wiederfindet.
Sowohl nach dem KSÜ als auch nach der EuEheVO wird indes ein gleicher Verfahrensgegenstand vorausgesetzt. Das KSÜ spricht insoweit von ‚entsprechenden Maßnahmen', die EuEheVO von Verfahren ‚wegen desselben Anspruchs'. Der VO-E ist diesbezüglich weiter gefasst und erfasst nur ‚Verfahren in Fragen der elterlichen Verantwortung für dasselbe Kind' (Art. 19 II VO-E).

2. Zeitpunkt
Das KSÜ betrachtet nicht mehr wie das MSA Verfahren im Heimatstaat als vorrangig, sondern erklärt grundsätzlich das Aufenthaltsprinzip für anwendbar. Wie in der EuEheVO und in dem VO-E wird auf die zeitliche Rangfolge abgestellt. EuEheVO und VO-E normieren gleichlautend, wann ein Gericht als angerufen gilt (Art. 11 IV EuEheVO und Art. 16 VO-E). Im KSÜ fehlt jedoch wie im MSA eine dahingehende Regelung, weswegen der Zeitpunkt nach wie vor nach dem autonomen Recht zu bestimmen ist, wodurch dieselben Probleme fortbestehen wie im Rahmen des MSA. Die Verordnungen treffen hier somit die Regelungen, die der Sicherheit hinsichtlich der Rechtshängigkeit dienlicher sind. Zu hoffen ist, dass durch die Zusammenarbeit der zentralen Behörden im Rahmen des KSÜ der Informationsaustausch einer Unsicherheit entgegengewirkt werden kann.

3. Verbundverfahren
Die Problematik der Verbundverfahren kann sich nur dann stellen, wenn es um die gleichzeitige Anhängigkeit eines Verfahrens nach der EuEheVO[1217] beziehungsweise dem VO-E[1218] oder eine Annexkompetenz nach Art. 10 KSÜ[1219]

---

[1217] Kapitel I Teil 1 § 4 VI.6. (S. 69 f.) und Kapitel II § 29 II.3. (S. 203 f.).
[1218] Kapitel I Teil 2 § 17 III.2. (S. 117).

geht. Sofern demnach ein Eheverfahren anhängig ist, wäre grundsätzlich fraglich, ob ein Kindschaftsverfahren gemäß der EuEheVO, dem VO-E oder dem KSÜ auch dann nicht bei einem anderen Gericht anhängig gemacht werden darf, wenn ein Eheverfahren noch gar nicht mit der Kindschaftssache verbunden wurde, aber theoretisch aufgrund der vorgenannten Vorschriften mit ihr verbunden werden könnte. Aus den bereits genannten Gründen[1220] kann es im Rahmen der Verordnungen nicht als sinnvoll angesehen werden, dass das Kindschaftsverfahren ruht, bis eine Zuständigkeit des mit der Ehesache befassten Gerichtes geklärt ist beziehungsweise im Fall des VO-E nicht beantragt werden soll. Dasselbe spricht auch im Rahmen des KSÜ gegen die Annahme einer Sperre. Hinzu kommt, dass dies auch dem Kindesschutz als Zweck des Abkommens klar widersprechen würde. Im Gegensatz zu den Verordnungen sieht das KSÜ indes vor, dass das zuerst angerufene Gericht zugunsten des später angerufenen auf seine Zuständigkeit verzichten kann (Art. 13 II KSÜ). Es ist davon auszugehen, dass die Gerichte der Mitgliedsstaaten gerade in Kindschaftssachen einen gemeinsamen Zweck verfolgen, und zwar das Wohl des Kindes. Um demnach Probleme hinsichtlich der Verbundzuständigkeit im Rahmen der Rechtshängigkeit zu vermeiden, sollten darum die mit der Ehesache befassten Gerichte auf ihre mögliche Zuständigkeit nach Art. 10 KSÜ verzichten, sofern dies dem Kindeswohl dienlich ist, wodurch die Kindschaftssache unproblematisch bei dem später angerufenen Gericht entschieden werden könnte oder umgekehrt. Grundsätzlich ist indes auch diese Problematik bei Geltung des KSÜ nicht anders zu entscheiden als im Rahmen des MSA, weswegen ohne Verzicht auf die Zuständigkeit des Ehegerichtes weiterhin mangels anderweitiger Regelung auf das autonome Recht der Vertragsstaaten abzustellen ist.

## § 41 ANWENDBARES RECHT

I. KSÜ

1. Anwendbares Recht

*a) Grundlagen*

Das anzuwendende Recht für die aufgrund des KSÜ erlassenen Maßnahmen wird in Art. 15 I KSÜ normiert, wonach die Behörden beim Ergreifen von Schutzmaßnahmen ihr innerstaatliches Recht anzuwenden haben, was eine schnelle und sichere Rechtsfindung gewährleisten soll.[1221] Grundsätzlich ist dies also das Recht des gewöhnlichen Aufenthaltes, den das KSÜ als maßgebendes

---

[1219] Kapitel III § 39 I.7. (S. 266 ff.) und § 39 II.5. (S. 264 f.).
[1220] Kapitel II § 29 II.3. (S. 203 f.).
[1221] *Roth/Döring*, FuR 1999, S. 195 (200); *Pirrung*, FS-Rolland S. 277 (285); *Clive* in: Detrick/Vlaardingerbroek, Globalization of Child Law S. 53 (58); *Moura Ramos*, Infância e juventude 1998, S. 9 (25).

Zuständigkeitskriterium normiert. Eine Ausnahme hiervon ergibt sich lediglich dann, wenn eine Eilmaßnahme (Art. 11 KSÜ) oder eine vorläufige Maßnahme mit territorialer Wirkung (Art. 12 KSÜ) getroffen wird, weil sich diese Zuständigkeitsnormen nicht nach dem gewöhnlichen, sondern vielmehr nach dem gegenwärtigen Aufenthalt richten und dann das Recht dieses Staates anwendbar ist. Nach Art. 15 II MSA können die Behörden ausnahmsweise und soweit erforderlich das Recht desjenigen Staates anwenden oder heranziehen, zu dem der Sachverhalt enge Beziehung hat.[1222] Art. 15 III KSÜ erlaubt dann den Behörden am neuen gewöhnlichen Aufenthalt des Kindes, die Bedingungen zu formulieren, unter denen eine ausländische Maßnahme im Inland durchzusetzen ist.[1223] Das im KSÜ bestimmte Recht ist gemäß Art. 20 KSÜ auch dann anzuwenden, wenn es sich um das eines Nichtvertragsstaates handelt,[1224] was insoweit der einhelligen neueren Praxis der Haager Übereinkommen entspricht.[1225] Sofern das Kind seinen gewöhnlichen Aufenthalt in einem Nichtvertragsstaat hat, bestimmen sich die Zuständigkeit der Behörden und auch die zu treffenden Schutzmaßnahmen nach den Verweisungsnormen des autonomen Internationalen Kindschaftsrechts, es sei denn, die Zuständigkeit eines Vertragsstaates kann auf Art. 6, 11 oder 12 KSÜ gestützt werden.[1226]
Die Konvention schließt in Art. 21 KSÜ einen *renvoi*[1227] grundsätzlich aus. Da die Verweisungen aber in der Regel Sachnormverweisungen sind (Art. 21 I KSÜ), wird eine Ausnahme gemacht, sofern ein Nichtvertragsstaat involviert ist

---

[1222] So kann z. B. auf ausländisches Recht insbesondere dann Rücksicht genommen werden, wenn sich die Familie noch nicht in das Land integriert hat und speziell religiöse Vorstellungen beispielsweise der islamischen Staaten relevant sein können. Dies ist vor allem dann sinnvoll, wenn das Heimatrecht des Kindes geeignetere Schutzmaßnahmen vorsieht, die das eigene Recht nicht kennt oder das Kind in absehbarer Zeit in einen anderen Staat umzieht und die zu treffenden Maßnahmen schon mit dem dort geltenden Recht abgestimmt werden können, vgl. *Lagarde*-Bericht Pkt. 89; *Roth/Döring,* FuR 1999, S. 195 (200 f.).

[1223] Dies geschieht aus der Erwägung heraus, dass die Anwendung der *lex fori* im Inland sehr einfach ist, sich demgegenüber der Vollzug ausländischer Maßnahmen am neuen gewöhnlichen Aufenthalt eines Kindes als sehr diffizil erweisen kann, vgl. *Lagarde*-Bericht Pkt. 90 ff.; *Siehr,* DEuFamR 2000, S. 125 (129).

[1224] Dies kann zum Beispiel dann der Fall sein, wenn gemäß Art. 16 I und 3 KSÜ die gesetzliche elterliche Verantwortung eines aus einem Nichtvertragsstaat zugezogenen Kindes weiterhin nach dem ehemaligen Aufenthaltsrecht zu bestimmen ist, vgl. *Siehr,* RabelsZ 62 (1998), S. 464 (487).

[1225] *Pirrung,* FS-Rolland S. 277 (285).

[1226] *Siehr,* RabelsZ 62 (1998), S. 464 (487).

[1227] Ist nach dem Int. Privatrecht eine ausländische Rechtsordnung maßgebend, so ist nicht nur auf ihr Sachrecht, sondern auch auf die Kollisionsnormen verweisen. Der Richter hat daher zu beachten, ob das ausländische Int. Privatrecht nicht wieder auf das autonome Recht zurückverweist (*renvoi*), vgl. *Creifelds* Rechtswörterbuch, S. 684.

(Art. 21 II KSÜ). Dann kann ein *renvoi* erfolgen, wenn das nach der Konvention anzuwendende Recht das eines Nichtvertragsstaates ist und dieses auf das Recht eines anderen Nichtvertragsstaates verweist.[1228]
Im Falle eines Aufenthaltswechsels bleiben die am Ursprungsort getroffenen Maßnahmen bestehen, während das Recht am neuen gewöhnlichen Aufenthalt die Bedingungen festlegt, unter denen die Maßnahmen nach Anerkennung anzuwenden sind (Art. 15 III KSÜ). Hierdurch soll vermieden werden, dass bei Schwierigkeiten mit der Verwirklichung ausländischer Schutzmaßnahmen diese umgehend durch neue ersetzt werden.[1229]
Nach den Art. 1 und 2 MSA wurde für den Erlass von Maßnahmen das Recht des gewöhnlichen Aufenthaltes, bei gesetzlichen Schutzverhältnissen das Heimatrecht, herangezogen. Dies entspricht der Tradition der Haager Konferenz, nach der diejenige Person in den Mittelpunkt zu stellen ist, deren Interessen vorrangig geschützt werden sollen.[1230] Dementsprechend ist es nicht verwunderlich, dass diese Regelung sich auch nach der Reform im KSÜ wiederfand.
Während bei Anwendung des MSA für Schutzmaßnahmen und Schutzverhältnisse unterschiedliche Rechtsordnungen maßgeblich sein konnten, wird dies beim KSÜ vermieden, indem grundsätzlich Schutzmaßnahmen und Verhältnisse elterlicher Gewalt derselben Rechtsordnung unterstellt werden (vgl. Art. 5, 15, 16 KSÜ). Durch Anknüpfung an das Aufenthaltsrecht wird die Gefahr einer Koexistenz von miteinander unvereinbaren Schutzverhältnissen minimiert.[1231]

*b) Gesetzliche oder vereinbarte elterliche Verantwortung*
*aa) Entstehen und Erlöschen, Art. 16 KSÜ*
Die Regelungen der früheren *ex-lege*-Gewaltverhältnisse finden sich in den Art. 16-18 KSÜ. Sämtliche Schutzverhältnisse der elterlichen Verantwortung aufgrund gesetzlicher, gerichtlicher oder behördlicher Anordnung oder Verein-

---

[1228] Wird die Verweisung nicht angenommen, weil sich das Recht des letztgenannten Staates für unanwendbar betrachtet, bleibt es gemäß Art. 21 II S. 2 KSÜ bei der Anwendung des Aufenthaltsrechts. Nach Art. 22 KSÜ darf schließlich ausländisches Recht ausdrücklich dann nicht angewandt werden, wenn es wesentlich und offensichtlich dem inländischen *ordre public* widerspricht. Da Behörden indes überwiegend ihr eigenes Recht anzuwenden haben, bleibt für *ordre public*-Erwägungen schon vom Ansatz her kaum Raum, vgl. *Pirrung,* FS-Rolland S. 277 (285); *Moura Ramos,* Infância e juventude 1998, S. 9 (29).
[1229] Dies gilt aber nur für Wechsel von einem in einen anderen Vertragsstaat. Erfolgt der Wechsel in einen Nichtvertragsstaat, greift das KSÜ nicht mehr. Die Behörden der Vertragsstaaten können lediglich noch Maßnahmen aufgrund der Art. 11 und 12 KSÜ treffen, die sich nach ihrer *lex fori* bestimmen, vgl. *Siehr,* RabelsZ 62 (1998), S. 464 (488, 489).
[1230] *Boelck,* Reformüberlegungen zum MSA S. 87; *Kropholler,* RabelsZ 58 (1994), S. 1 (8).
[1231] *Roth/Döring,* FuR 1999, S. 195 (201 f.).

barung werden ausdrücklich in den Regelungsbereich des KSÜ einbezogen.[1232] Hierbei wird eine Klarstellung erzielt, indem von der Zuweisung („*attribution*") und Entziehung („*extinction*") der elterlichen Verantwortung kraft Gesetzes gesprochen wird. Das KSÜ macht keine Ausnahme von der *lex fori* oder vom Aufenthaltsprinzip zugunsten des Staatsangehörigkeitsprinzips. Dementsprechend unterstellt es die elterliche Verantwortung („*la responsabilité parentale ex lege ou attribuée de plein droit*", „*parental responsability by operation of law*"), die den Begriff der gesetzlichen Gewaltverhältnisse („*le rapport d'autorité résultant de plein droit*") ersetzt, ebenfalls der *lex fori* am Aufenthaltsort des Kindes. Die Verweisung auf das Sachrecht des Aufenthaltsstaates[1233] geschieht durch die eindeutige und selbständige Verweisungsnorm des Art. 21 I KSÜ, die grundsätzlich und nicht nur beim Treffen von Schutzmaßnahmen heranzuziehen ist[1234]. Einbezogen wird auch eine Vereinbarung oder ein einseitiges Rechtsgeschäft, durch das die elterliche Verantwortung zugewiesen werden oder erlöschen kann (Art. 16 II KSÜ).[1235]

Die Ausübung der elterlichen Verantwortung als solche richtet sich gemäß Art. 17 KSÜ ebenfalls nach dem jeweiligen autonomen Recht des Aufenthaltsstaates. Man wollte so vermeiden, dass die Behörden und die Inhaber der elterlichen Verantwortung im Staat des neuen gewöhnlichen Aufenthaltes nach ausländischem Recht tätig werden müssen[1236]. Hier ergibt sich ein Unterschied zu den ansonsten im KSÜ getroffenen Regelungen zum anwendbaren Recht, da sich vergleichbare Festlegungen wie in Art. 15 II und III KSÜ nicht finden.

Die elterliche Verantwortung kann gemäß Art. 18 KSÜ wiederum durch Maßnahmen der zuständigen Behörden abgeändert, ersetzt oder gar außer Kraft gesetzt werden.[1237] Hierdurch unterscheidet sie sich demzufolge nicht von Maßnahmen aufgrund der Art. 5 bis 9 KSÜ. Allerdings soll bei ausländischen Schutzmaßnahmen eine Modifizierung, Ersetzung oder Beendigung nur dann möglich sein, wenn sich die Umstände seitdem geändert haben. Anders verhält es sich bei der elterlichen Verantwortung, denn sie tritt in der Regel automatisch

---

[1232] *Roth/Döring*, FuR 1999, S. 195 (201)
[1233] Sofern sich der gewöhnliche Aufenthalt des Kindes in einem Nichtmitgliedsstaat befindet, gilt Art. 16 I KSÜ gemäß Art. 20 KSÜ dennoch, wobei indes der *renvoi* auf das Recht eines anderen Nichtvertragsstaates gemäß Art. 21 I S. 1 KSÜ Beachtung zu finden hat.
[1234] *Siehr*, RabelsZ 62 (1998), S. 464 (489).
[1235] Die Vereinbarung kann ein Vertag sein, den die Eltern in Bezug auf das Umgangsrecht geschlossen haben, die einseitige Erklärung kann die eines Elternteils sein, in der er den Vormund für das Kind festlegt, vgl. *Lagarde*-Bericht Pkt. 103.
[1236] *Siehr*, RabelsZ 62 (1998), S. 464 (491).
[1237] Dies kann beispielsweise dann relevant sein, wenn Schutzverhältnisse verschiedener Rechtsordnungen nicht miteinander harmonisieren oder es zu Konflikten zwischen den ausübenden Personen kommt, vgl. *Roth/Döring*, FuR 1999, S. 195 (202); *Nygh*, NILR 1998, S. 1 (22).

ein, weswegen eine Korrektur ohne Rücksicht auf die Situation im Zeitpunkt ihrer Begründung oder bei Abänderung der Maßnahme möglich sein muss.[1238] Die elterliche Verantwortung kann nach Art. 18 KSÜ durch die zuständigen Behörden geändert, ersetzt oder aufgehoben werden. Im Gegensatz zu Art. 3 MSA, der den *ex-lege*-Gewaltverhältnissen eine Sonderstellung gegenüber den ‚normalen' Schutzmaßnahmen einräumte, geschieht dies im KSÜ nun nicht mehr – vielmehr kann die elterliche Verantwortung ebenso durch Maßnahmen der zuständigen Behörden modifiziert werden wie bestehende Schutzmaßnahmen. Hierdurch werden ferner die Unklarheiten vermieden, die bei Art. 3 MSA bestehen, denn nach der *Schrankentheorie*[1239] wurde aus dem Bestehen eines gesetzlichen Gewaltverhältnisses nach dem Heimatrecht auf den Ausschluss der Zuständigkeit der Aufenthaltsbehörden geschlossen. Der *ordre public*-Vorbehalt ist einer der beiden Vorbehaltsklauseln des KSÜ, welches zu Recht[1240] eine allgemeine Vorbehaltsklausel wie in Art. 16 MSA vermeidet.

*bb) Aufenthaltswechsel*
Das KSÜ enthält drei Regeln zur elterlichen Verantwortung beim Aufenthaltswechsel. Art. 16 III KSÜ bestimmt den Grundsatz, dass eine einmal begründete elterliche Verantwortung auch bei einem Aufenthaltswechsel bestehen bleibt.[1241] Sofern ein Kind vor dem Aufenthaltswechsel nicht unter elterlicher Verantwortung stand, dies aber nach dem Recht des neuen Aufenthaltsstaates – unerheblich ob Vertrags- oder Nichtvertragsstaat - der Fall ist, steht es gemäß Art. 16 IV KSÜ vom Zeitpunkt des Wechsels an nach neuem Recht unter dieser elterlichen Verantwortung, was sich mit Art. 17 KSÜ deckt, der normiert, dass die Ausübung der elterlichen Verantwortung nach dem Recht des neuen Aufenthaltsortes zu erfolgen hat.[1242] Hierbei sollten die Behörden die Sorgeberechtigten über mögliche Änderungen ihrer Befugnisse aufklären,[1243] was sich auch im Hinblick auf Art. 19 KSÜ empfiehlt.

---

[1238] *Siehr*, DEuFamR 2000, S. 125 (131).
[1239] BGH, Beschl. v. 20.12.1972 – IV ZB 20/72Z - BGHZ 60, S. 68 (75 f.); Palandt-*Heldrich*, Anh. Art. 24 EGBGB Rn. 7; *Jayme*, ZblJugR 1972, S. 284 (285); *v. Overbeck*, ZfRV 1961, S. 140 (151 f.); *Firsching*, RPfleger 1971, S. 377 (384 f.); *Luther*, FamRZ 1973, S. 406 (409).
[1240] *Siehr*, FamRZ 1996, S. 1047 (1050).
[1241] Stand das Kind im Herkunftsstaat lediglich unter elterlicher Verantwortung des Vaters, und bestimmt das Recht des neuen Aufenthaltes die alleinige elterliche Verantwortung der Mutter, so müssen beide Elternteile befragt werden, wenn für einen bestimmten Vorgang die Zustimmung des gesetzlichen Vertreters benötigt wird, vgl. *Lagarde*-Bericht Pkt. 107; *van Iterson*, ULR 1997, S. 474 (483).
[1242] *Lagarde*-Bericht Pkt. 109; *Siehr*, RabelsZ 62 (1998), S. 464 (491); *Clive*, The juridical review 1998, S. 169 (180 f.).
[1243] *Roth/Döring*, FuR 1999, S. 195 (202).

*cc) Beurteilung*
Durch die Regelungen über die elterliche Verantwortung in den Art. 16 bis 19 KSÜ wird Art. 3 MSA wie für erforderlich gehalten[1244] ersetzt und somit eine Unklarheit beseitigt. Die Art. 16 bis 19 KSÜ folgen damit der intensiven Forderung nach umfassender Einbeziehung der Schutzverhältnisse in den Regelungsbereich.[1245] Besonders eklatant ist der Wechsel von dem Begriff ‚gesetzliche Schutzverhältnisse' zu dem der ‚elterlichen Verantwortung', wobei die Terminologie der UN-KRK und des Haager Adoptionsübereinkommens übernommen wird.[1246] Weggefallen ist auch der missverständliche Begriff der Anerkennung in Art. 3 MSA. Verständlich wurde er durch die Formulierung ersetzt, die gesetzliche elterliche Verantwortung ‚bestimme' („*est regie*", „*is governed*") sich nach dem Aufenthaltsrecht, wodurch die Rechtsanwendung im internationalen Kindschaftsrecht erheblich vereinfacht wird. Sinnvoll ist auch die Ausgestaltung als Kollisionsnorm, was die Problematik des Aufenthaltswechsels behebt.[1247] Art. 16 IV KSÜ beseitigt die Streitigkeit im Rahmen des Art. 3 MSA hinsichtlich der Kollision von Heimatrecht, welches kein gesetzliches Gewaltverhältnis anordnet, und dem Recht des gewöhnlichen Aufenthaltes, nach dem ein solches bestehen soll, durch die ‚automatisch wirkende Lösung', was dazu führt, dass eine Mutter, die nach altem ausländischen Aufenthaltsrecht die gesetzliche elterliche Verantwortung nicht innehatte, diese automatisch nach § 1626 BGB erhält, sobald das Kind seinen gewöhnlichen Aufenthalt in der Bundesrepublik begründet hat[1248]. Auch das Erlöschen der elterlichen Verantwortung wird anders als im MSA geregelt, indem die Art. 16 I, IV KSÜ bestimmen, dass sie kein Hindernis mehr für Schutzmaßnahmen der zuständigen Behörden darstellt. Kritisiert wurde im Hinblick auf das MSA vor allem die Möglichkeit der Erklärung eines Vorbehalts gemäß Art. 13 III MSA,[1249] wodurch dann in den Staaten, die einen solchen Vorbehalt erklärt hatten, das Übereinkommen nur auf Minderjährige anwendbar war, die ihren Aufenthalt in einem Vertragsstaat hatten, während für alle anderen Minderjährigen weiterhin das autonome Kollisionsrecht Anwendung fand.[1250] Ein solcher Vorbehalt ist im Regelwerk des KSÜ nicht mehr vorgesehen, vielmehr wird ausdrücklich für Art. 16 i.V.m. Art. 20 KSÜ bestimmt, dass das anzuwendende Recht auch das eines Nichtvertragsstaates sein kann, so dass

---

[1244] *Boelck*, Reformüberlegungen zum MSA S. 72 ff.; *Oberloskamp*, FamRZ 1996, S. 918; *Kropholler*, RabelsZ 58 (1994), S. 1 (9 f.); *ders.*, FS-Siehr S. 379 (385); *Heldrich*, IPRax 1989, S. 347; *Siehr*, FamRZ 1996, S. 1047 (1050); *ders*, DEuFamR 2000, S. 125 (129).
[1245] *Lagarde*-Bericht Pkt. 93; *Roth/Döring*, FuR 1999, S. 195 (201).
[1246] *Sturm*, IPRax 1997, S. 10 (11 f.).
[1247] *Kropholler*, FS-Siehr S. 379 (382); *Siehr*, FamRZ 1996, S. 1047 (1050).
[1248] *Siehr*, DEuFamR 2000, S. 125 (130).
[1249] *Boelck*, Reformüberlegungen zum MSA S. 132.
[1250] Vgl. dazu Kapitel II § 27 I.3. (S. 143 ff.).

die diesbezüglichen Hindernisse und dadurch bestehenden Bedenken aus dem Weg geräumt sind. Grundsätzlich war aber im Vorfeld die Erweiterung des Abkommens auf Minderjährige mit gewöhnlichem Aufenthalt in einem Nichtvertragsstaat abgelehnt worden,[1251] was damit begründet wurde, dass dies mit dem Prinzip kollidiere, dass grundsätzlich die Aufenthaltsbehörden als sachnächste Behörde über Schutzmaßnahmen entscheiden sollte.[1252] Im KSÜ wird dem Grundsatz nach am Aufenthaltsprinzip im Vertragsstaat festgehalten und hiervon nur dann eine Ausnahme gemacht, wenn das anzuwendende Recht das eines Nichtvertragsstaates ist.

Diesen Ausführungen zufolge erweist sich die Regelung im KSÜ als Verbesserung gegenüber dem MSA, da eine Ausnahme vom Aufenthaltsprinzip nur noch in Sonderfällen gemacht wird, nicht wie im Rahmen des MSA in mannigfacher Weise. So wurden den sich dort ergebenden Problematiken und der hieraus resultierenden Kritik[1253] hinreichend Rechnung getragen.

*c) Verkehrsschutz, Art. 19 KSÜ*
Art. 19 KSÜ dient dem Verkehrsschutz. Es soll nicht möglich sein, einem gutgläubigen, auf die Gültigkeit eines Rechtsgeschäftes vertrauenden Dritten den Einwand entgegenzuhalten, der gesetzliche Vertreter sei unter Beachtung des KSÜ nicht zur Vertretung berechtigt gewesen. Dies wird für die Fälle vorgesehen, in denen die Art. 16 ff. KSÜ die Anwendung eines anderen Rechts als das des Staates vorsehen, in dem das Rechtsgeschäft geschlossen wird. Dies gilt aber gemäß Art. 19 II KSÜ nur dann, wenn das Rechtsgeschäft unter Anwesenden im Hoheitsgebiet desselben Staates geschlossen wurde und der Dritte gutgläubig ist.[1254]

Die Regelung des Art. 19 KSÜ ist neu. Durch diese Vorschrift wird zum ersten Mal eine Regelung auf das kindesrechtliche Vertretungsrecht ausgedehnt, die bisher nur für die Rechts-, Geschäfts- und Handlungsfähigkeit bekannt war,[1255] wobei der Kindesschutz mit Verkehrsschutz- und Rechtssicherheitserwägungen

---

[1251] *Boelck*, Reformüberlegungen zum MSA S. 134 f.
[1252] *Boelck*, Reformüberlegungen zum MSA S. 135.
[1253] *Boelck*, Reformüberlegungen zum MSA S. 134.
[1254] Gutgläubigkeit heißt in diesem Zusammenhang, dass der Dritte weder wusste noch wissen musste, dass sich die elterliche Verantwortung und die Vertretungsmacht nach dem Recht der Art. 15 bis 17 KSÜ bestimmt, vgl. *Clive*, The juridical review 1998, S. 169 (182); *Siehr*, RabelsZ 62 (1998), S. 464 (492). Der Vertreter kann gemäß Art. 40 KSÜ vom zuständigen Vertragsstaat eine Bescheinigung seiner Vertretungsmacht verlangen, deren Richtigkeit bis zum Beweis des Gegenteils vermutet wird. Sofern der Dritte sich also diese Bescheinigung vorlegen lässt, kann er befreiend an den Vertreter leisten, vgl. *Lagarde*-Bericht Pkt. 155; *Siehr*, DEuFamR 2000, S. 125 (131).
[1255] *Siehr*, FamRZ 1996, S. 1047 (1050).

in Ausgleich gebracht wird.[1256]

2. Problem des forum shoppings
Bei Schaffung des KSÜ wurde vor allem im Hinblick auf die Annexkompetenz in Ehesachen die Gefahr eines *forum shoppings* gesehen.[1257] Man entschied sich insofern für einen Kompromiss,[1258] indem die Annexkompetenz zwar mit aufgenommen wurde, diese aber mit der Aufenthaltszuständigkeit konkurriert. Hinzu kommt, dass im KSÜ im Gegensatz zum MSA[1259], wo diese Regelungen nicht derart detailliert getroffen wurden, einem *forum shopping* durch die Regelungen zum Aufenthaltswechsel und speziell zu einem solchen durch Entführungen vorgebeugt wird.[1260]

II. Vergleich
1. Anwendbares Recht
*a) Grundlegendes*
Sowohl nach dem MSA[1261] (Art. 2 MSA) als auch nach dem KSÜ (Art. 15 ff. KSÜ) ist das anzuwendende Recht die *lex fori*. Die Verordnungen bestimmen das anzuwendende Recht in den allgemeinen Bestimmungen nicht, sondern nur in speziellen Normen; so wird beispielsweise hinsichtlich der Eilmaßnahmen in Art. 12 EuEheVO und Art. 20 I VO-E die Anwendbarkeit innerstaatlichen Rechts bestimmt.[1262] Mangels anderweitiger Bestimmungen könnte man daher annehmen, dass auch ohne ausdrücklichen Verweis bei allen Verfahren nach diesen Verordnungen auf das Recht der Mitgliedstaaten zu rekurrieren sei. Man kann jedoch ebenso wie bei der Untersuchung des Verhältnisses der Verordnungen zum MSA fragen, inwieweit möglicherweise mangels einer Regelung in den Verordnungen Art. 15 KSÜ eingreifen kann. Dafür würde sprechen, dass bei Schaffung beider Verordnungen das KSÜ eindeutig beachtet wurde, was sich insoweit aus dem Verordnungstext ergibt (Art. 37 EuEheVO, Art. 61 VO-E). Hinzu kommt, dass zwar grundsätzlich die Verordnungen einem Abkommen wie dem KSÜ vorgehen, jedoch grundsätzlich nicht davon ausgehen, dass ein Abschluss eines solchen Abkommens den Mitgliedstaaten untersagt sein soll. Im Rahmen der Entwicklung des VO-E wurde sogar bedacht, dass ein gemeinsamer

---

[1256] *Roth/Döring*, FuR 1999, S. 195 (203), die die Vorschrift jedoch unter dem Gesichtspunkt, dass ein gutgläubiger Dritter dem Kindesschutz vorgezogen wird, kritisch betrachten, denn das Kind könne in einem solchen Fall schadensersatzpflichtig werden. Ebenso: *Sturm*, IPRax 1997, S. 10 (14).
[1257] *Nygh*, NILR 1998, S. 1 (18); *Sturm*, IPRax 1996, S. 10 (11).
[1258] *Clive*, The juridical review 1998, S. 169 (176); *Nygh*, NILR 1998, S. 1 (18).
[1259] Kapitel II § 30 I.2. (S. 205 ff.).
[1260] Vgl. dazu detailliert Kapitel III § 39 I.4. (S. 260 ff.).
[1261] Kapitel II § 30 I.1. (S. 205 ff).
[1262] Dazu siehe oben Kapitel III § 39 I.5. (S. 264 f.).

Beitritt erfolgen solle. Dafür spricht ferner das Verhältnis von Abkommen zu nationalem Recht. Grundsätzlich geht ein Abkommen dem nationalen Recht vor, in der Bundesrepublik regelt dies Art. 3 II EGBGB. Sofern die Verordnungen also keine Regelung zum anwendbaren Recht treffen, würde es dem grundsätzlichen Verständnis des Internationalen Privatrechts widersprechen, das autonome Recht vor dem in dem jeweiligen Staat geltenden Abkommen für anwendbar zu erachten. Die besseren Gründe sprechen also dafür, Art. 15 KSÜ für im Rahmen der Verordnungen anwendbar anzusehen. Positiv wäre insoweit auch, dass das KSÜ einen *renvoi* grundsätzlich ausschließt und nur eine Ausnahme macht, wenn ein Nichtvertragsstaat involviert ist. Mangels einer Regelung geschieht dies durch EuEheVO und VO-E nicht, weswegen es im Rahmen eines Verfahrens nach einer dieser Verordnungen grundsätzlich möglich sein könnte, dass das anzuwendende autonome Recht auf ein anderes Recht verweist. Das KSÜ regelt zwar keine materiellrechtlichen Fragen, trifft aber hinsichtlich des anzuwendenden Rechts klarere und unmissverständlichere Aussagen, die der Erleichterung der Rechtsanwendung dienlich sind. Zwar regelt auch das KSÜ keine materiellrechtlichen Fragen, es bestimmt aber das diesbezüglich anzuwendende Recht explizit. Während es bei Anwendung des KSÜ jedoch auch möglich ist, dass das Recht eines Nichtmitgliedstaates anwendbar ist, was in Art. 20 KSÜ ausdrücklich berücksichtigt wird, müsste im Rahmen der EuEheVO oder des VO-E immer auf das nationale Recht abgestellt werden, so dass es zu einer Anwendung des Rechtes eines Nichtmitgliedstaates nur dann kommen könnte, wenn es das Recht des jeweiligen Entscheidungsvertragsstaates vorsieht.

*b) Maßnahmen der elterlichen Verantwortung*
Sowohl der VO-E als auch die EuEheVO und das KSÜ benutzen den Ausdruck ‚elterliche Verantwortung'. Während das KSÜ die elterliche Verantwortung unabhängig von einem anhängigen Eheverfahren als Teilaspekt der ansonsten erfassten Kindesschutzmaßnahmen regelt und im Rahmen seiner Zuständigkeitsvorschriften zudem eine Annexkompetenz schafft[1263], werden von der EuEheVO nur Fragen der elterlichen Verantwortung erfasst, sofern sie im Zusammenhang mit einem Eheverfahren zu entscheiden sind.[1264] Demgegenüber betrifft der VO-E generell alle Fragen der elterlichen Verantwortung unabhängig von anderen Verfahren.
Zwischen der im KSÜ normierten Annexkompetenz und den Regelungen zur elterlichen Verantwortung muss differenziert werden, denn die Annexkompetenz betrifft alle Maßnahmen zum Schutz der Person oder des Vermögens des Kindes, während die Sonderregeln der Art. 16 ff. KSÜ nur einen Teil ebendieser

---
[1263] Dazu oben Kapitel III § 39 I.7. (S. 266 ff.) und § 39 II.5. (S. 264 f.).
[1264] Vgl. dazu die Ausführungen im Rahmen der Annexkompetenz Kapitel III § 39 I.7. (S. 266 ff.) und in Kapitel I Teil 1 § 4 IV. (S. 63 f.).

Schutzmaßnahmen erfassen. Ebenso wie diese Normen des KSÜ erfassen die Verordnungen alle Maßnahmen, die in Bezug auf die elterliche Verantwortung getroffen werden können, sei es die Änderung, Entziehung, Zuweisung oder andere mögliche Entscheidungen.[1265] Das KSÜ regelt Maßnahmen in Bezug auf die elterliche Verantwortung im Kapitel des anzuwendenden Rechts, was eine Neuerung gegenüber dem MSA darstellt. Verwiesen wird auch bei Maßnahmen, die die elterliche Verantwortung regeln, auf das Recht des Staates des gewöhnlichen Aufenthaltes. Jedoch wird hier nicht nur das anzuwendende Recht geklärt, sondern auch der Bestand oder die Entziehung der elterlichen Verantwortung (Art. 16 III KSÜ) oder die Änderung ihrer Bedingungen (Art. 18 KSÜ), sowie der Schutz Dritter (Art. 19 KSÜ).[1266] Eine gesonderte Regelung dieses Teilbereiches erfolgte wahrscheinlich, um die beim MSA bestehenden Probleme im Rahmen des Art. 3 MSA auszulöschen und klarzustellen.[1267]

Die Verordnungen treffen diesbezüglich auf den ersten Blick andere Regelungen, denn sie enthalten keine Bestimmungen hinsichtlich des anzuwendenden Rechts bei Entscheidungen über die elterliche Verantwortung, die von ihrem Anwendungsbereich erfasst werden (vgl. Art. 1 I lit. b VO-E und Art. 1 I lit. a, Art. 3 EuEheVO). Da sich der Anwendungsbereich beider Verordnungen nur auf die elterliche Verantwortung erstreckt, war keine gesonderte Herausstellung dieses speziell bei Fragen der elterlichen Verantwortung anzuwendenden Rechts notwendig. Mangels einer Regelung des anzuwendenden Rechts im Rahmen der Verordnungen muss hier auch für Fragen der elterlichen Verantwortung dasselbe gelten wie insgesamt hinsichtlich des anzuwendenden Rechts. Es kann deshalb auf die allgemeinen Erörterungen zu dem anwendbaren Recht bei den Verordnungen verwiesen werden[1268]. Art. 16 KSÜ muss demnach für Fragen der elterlichen Verantwortung aus den gleichen Gründen wie Art. 15 KSÜ im Allgemeinen anwendbar sein, da die Verordnungen keine eigenständige Regelung treffen und das KSÜ insoweit dem nationalen Recht vorgeht. Gemäß Art. 16 KSÜ ist demnach jeweils das Recht des gewöhnlichen Aufenthaltes des Kindes anwendbar.

Die elterliche Verantwortung bildet einen Teilbereich des KSÜ und wurde hinsichtlich des anzuwendenden Rechts gesondert geregelt, was vor allem im Bereich des *forum shoppings* besondere Bedeutung erlangt,[1269] wobei die hier erstrebte Vermeidung von *forum shopping* auch im Rahmen der Verordnungen

---

[1265] Vgl. dazu Kapitel III § 38 II.4.c) (S. 251 ff.).
[1266] Dazu oben Kapitel III § 41 I.b) (S. 289 ff.).
[1267] Die entsprechenden Erörterungen hierzu finden sich in Kapitel III § 41 I.1.b)bb). (S. 291 f.).
[1268] Kapitel I Teil 1 § 5 (S. 74), Kapitel I Teil 2 § 19 (S. 122), sowie Kapitel III § 41 II.1.a) (S. 294 f.).
[1269] Dazu unten Kapitel III § 41 II.2. (S. 297 f.).

erreicht wird. Nur dann, wenn das KSÜ in einem Mitgliedstaat nicht gilt, können Fragen der elterlichen Verantwortung nach dem jeweiligen autonomen Recht bestimmt werden. Dies wird jedoch angesichts der geplanten gemeinsamen Ratifikation keine Bedeutung erlangen.

2. Forum shopping

Ebenso wie in Kapitel II stellt sich auch hier das Problem des *forum shoppings*. Es war festgestellt worden, dass EuEheVO und MSA das *forum shopping* nicht grundsätzlich unterbinden, weil sie zwar einen Aufenthaltswechsel, nicht aber das in einem solchen Fall anwendbare Recht regeln. Dasselbe trifft grundsätzlich auf den VO-E zu, der den gewöhnlichen Aufenthaltswechsel in dem Art. 11 VO-E regelt, der bei Vorliegen der genannten Voraussetzungen eine *perpetuatio fori* normiert. Eine Ausnahme wird im Fall des Art. 11 II VO-E gemacht. Der VO-E trifft durch explizite Nennung der Voraussetzungen des in Art. 11 I VO-E normierten *perpetuatio fori*-Grundsatzes eine Regelung, durch die im Falle eines legalen Aufenthaltswechsels das *forum shopping* verhältnismäßig erschwert wird. Diesbezüglich vermeidet der VO-E ein *forum shopping* eher als die EuEheVO und das MSA.

Im Gegensatz zum MSA trifft das KSÜ sehr deutlich und ausführlich Regelungen zur Vermeidung des *forum shoppings* durch detaillierte Normen über einen Aufenthaltswechsel[1270] und zur Zusammenarbeit zwischen den Mitgliedstaaten[1271]. Das Ziel der Vermeidung des *forum shopping* führte auch zu Sonderregelungen hinsichtlich des anzuwendenden Rechts bei Maßnahmen hinsichtlich der elterlichen Verantwortung, die wahrscheinlich den häufigsten Grund für ein solches *forum shopping* darstellen, sowohl generell als auch bei einem Aufenthaltswechsel (vgl. Art. 16 III KSÜ). Problematisch ist allerdings, dass sich die Ausübung der elterlichen Verantwortung nach dem Recht des neuen Aufenthaltes bestimmt (Art. 17 KSÜ).[1272] So kann durch einen Aufenthaltswechsel zwar nicht eine grundlegende Veränderung der elterlichen Verantwortung erreicht werden, in vielen Fällen kann die Ausübung jedoch schon zu eklatanten Unterschieden führen. Ein wörtlich verstandenes *forum shopping* liegt jedoch in solchen Fällen nicht vor, da die elterliche Verantwortung als solche fortbesteht (Art. 16 III KSÜ). Allerdings werden bei einem legalen Aufenthaltswechsel gemäß Art. 5 II KSÜ ohne Nennung besonderer Voraussetzungen die Behörden am neuen gewöhnlichen Aufenthalt zuständig. Komplett wird einem *forum*

---

[1270] Kapitel III § 39 I.4. (S. 281 ff.).
[1271] Kapitel III § 45 I. (S. 313 ff.).
[1272] Zu beachten ist, dass Art. 17 KSÜ demgegenüber in anderer Hinsicht seine Berechtigung hat, denn es wird so den Beteiligten erleichtert, ihre Rechte und Pflichten zu bestimmen, was sich im Zusammenhang mit Art. 19 KSÜ auch für außenstehende Dritte als praktikabler erweist, vgl. Kapitel III § 41 I.1.b) (S. 289 ff.) und § 41 I.1.c) (S. 294 ff.).

*shopping* zwar wohl nicht in allen Fällen vorgebeugt werden, und das KSÜ versucht eine Minimierung der in Frage kommenden Fälle im Rahmen seiner Möglichkeiten; die mangelnden Voraussetzungen im Art. 5 II KSÜ und die Regelung des Art. 17 KSÜ verhindern es jedoch nicht ganz. Vorteilhafter wären Voraussetzungen wie in Art. 11 VO-E. Eine ‚perfekte', das *forum shopping* grundsätzlich ausschließende, Lösung stellt diese Vorschrift zwar auch nicht dar, jedoch erfolgt hierdurch eine im Vergleich zum KSÜ und zur EuEheVO bestmögliche Vorbeugung.

### § 42 Verhältnis zu autonomem Recht

I. KSÜ

1. Grundlegendes

Das KSÜ geht, wenn es Anwendung findet, dem autonomen Recht grundsätzlich vor. Es gilt jedoch das *Günstigkeitsprinzip,* was sich beispielsweise hinsichtlich der Anerkennung, der Vollstreckung oder der Zusammenarbeit als relevant erweisen kann.[1273] Die Anwendung des Sachrechts wird im KSÜ nicht bestimmt, so dass es grundsätzlich dem jeweiligen Staat überlassen bleibt, sein eigenes Sachrecht so gut wie möglich anzuwenden. Indes ist hierbei das Kindeswohl als Leitmotiv des KSÜ stets zu beachten.[1274] Vom Vorrang des KSÜ werden Ausnahmen gemacht, und zwar zum einen dann, wenn Fallkonstellationen vom KSÜ nicht hinreichend geregelt werden (unechte Ausnahmen) und zum anderen, wenn das KSÜ für bestimmte Fragen gar keine Regelung vorsieht (echte Ausnahmen).[1275] Hierbei ergeben sich keine Änderungen zu den bestehenden Regelungen des MSA.[1276]

2. Mehrrechtsstaaten, Art. 46 bis 49 KSÜ

Die Art. 46 ff. KSÜ bestimmen, dass Vertragsstaaten, in denen unterschiedliche Rechtssysteme für den Kindesschutz gelten, das KSÜ auf ihre interlokalen oder interpersonalen Konflikte nicht anzuwenden brauchen. Zusätzlich werden in den Vorschriften Begriffe konkretisiert, die für Mehrrechtsstaaten nicht ohne weiteres eindeutig sind (Art. 47 KSÜ). Die Zuständigkeit nach dem KSÜ bestimmt sich im Grundsatz nach der Konvention selbst, indem ihre Tatbestandsbegriffe als direkte Verweisungen auf die jeweils maßgebliche Teilrechtsordnung verstanden werden.[1277] Sofern eine territoriale oder personale Rechtsspaltung gegeben ist, verweisen die Art. 48 lit. a und 49 lit. a KSÜ vorrangig auf das gemäß

---

[1273] *Siehr,* Int. Privatrecht § 46 I.4.a) (S. 389); *ders.,* RabelsZ 62 (1998), S. 464 (475).
[1274] *Siehr,* RabelsZ 62 (1998), S. 464 (475).
[1275] *Siehr,* RabelsZ 62 (1998), S. 464 (474).
[1276] Vgl. dazu Kapitel II § 31 I. (S. 210).
[1277] *Pirrung,* FS-Rolland S. 277 (282); *Lagarde*-Bericht Pkt. 161 ff.

Art. 15 KSÜ anzuwendende Recht der entsprechenden Gebietseinheit beziehungsweise des entsprechenden Staates.

II. Vergleich
Soweit eine Verordnung oder das Abkommen nicht anwendbar sind, bestimmt sich die Zuständigkeit nach dem innerstaatlichen Recht. In den Staaten, in denen in Zukunft sowohl die Verordnungen als auch das KSÜ gelten, wird der Anwendungsbereich des einschlägigen autonomen Rechts in Bezug auf Zuständigkeit, Anerkennung und Vollstreckung geringer. Die EuEheVO normiert diese ‚Restzuständigkeiten' in Art. 8 EuEheVO, der in Art. 9 des VO-E wiedergegeben wird. Eine vergleichbare Regelung findet sich im KSÜ nicht. Es ist indes unstreitig, dass auf autonomes Recht zurückzugreifen ist, wenn das KSÜ keine hinreichende oder gar keine Regelung trifft. Insofern stimmen die Verordnungen und das Abkommen dem Grunde nach also überein. In EU-Mitgliedstaaten ist zu beachten, dass bei einschlägigen Verfahren, die sich nicht nach der geltenden Verordnung beurteilen, zunächst auf das KSÜ zurückzugreifen ist. Erst wenn dieses keine Regelung trifft, kann das autonome Recht[1278] Anwendung finden. In Vertragsstaaten des KSÜ verdrängt dieses das autonome Recht.
Die Anwendung des Günstigkeitsprinzips wird beim KSÜ wie beim MSA[1279] grundsätzlich angenommen und ist insoweit ebenso wie im Rahmen der EuEheVO und des VO-E[1280] auch unstreitig.
Hinsichtlich des Verhältnisses zum autonomen Recht ergeben sich also somit keine Unterschiede zwischen EuEheVO, VO-E und KSÜ. Der Anwendungsbereich für das autonome Recht ist nur noch in den Fällen denkbar, in denen weder EuEheVO beziehungsweise VO-E noch das KSÜ greifen, und dementsprechend gering.

§ 43 ANERKENNUNG UND VOLLSTRECKUNG VON ENTSCHEIDUNGEN

I. KSÜ
1. Anerkennung
*a) Anerkennungspflicht*
Die Anerkennung und Vollstreckung von Schutzmaßnahmen ist im MSA nur unvollständig und unzureichend in Art. 7 MSA geregelt. Der *ordre public* (Art. 16 MSA) bildet neben dem Fehlen der Zuständigkeit die einzige Anerkennungsschranke, die durch den Verzicht der Nennung einzelner Anerkennungshindernisse überfrachtet wird.[1281] Hinzu kommt ferner, dass keine Vollstrek-

---
[1278] Zu den einschlägigen Normen im deutschen Recht vgl. Kapitel II § 30 I.1. (S. 205 ff.).
[1279] Kapitel II § 31 I. (S. 210).
[1280] Vgl. dazu Kapitel I Teil 1 § 6 II. (S. 75 f.) und Kapitel I Teil 2 § 22 II. (S. 127 f.).
[1281] *Kropholler*, FS-Siehr S. 379 (387).

kungsregelungen enthalten sind, sondern durch Art. 7 S. 2 MSA dem Übereinkommen stattdessen auch noch im Falle einer notwendigen Vollstreckung die Anerkennung einer Schutzmaßnahme entzogen wird.[1282] Das Abstellen auf das innerstaatliche Recht und zwischenstaatliche Übereinkünfte führt dazu, dass die Vollstreckungsbehörde die Vollstreckung sanktionslos verweigern kann, wenn die ausländische Entscheidung ihren eigenen Maßnahmen für das Kindeswohl widerspricht (*révision au fond*).[1283] Hinzu kommt, dass eine Anerkennungspflicht nicht für alle Maßnahmen besteht, denn auf Grundlage der Art. 8 und 15 MSA erlassene Maßnahmen brauchen gemäß dem jeweiligen Abs. 2 dieser Normen nicht anerkannt zu werden.

Art. 23 I KSÜ normiert grundsätzlich eine Anerkennungspflicht der Vertragsstaaten des Übereinkommens kraft Gesetzes („*de plein droit*", „*by operation of law*"), also ohne Exequatur hinsichtlich der auf Basis des KSÜ erlassenen Maßnahmen. Hinzu kommt Art. 24 KSÜ, der bestimmt, dass unbeschadet der Regelung des Art. 23 I KSÜ jede betroffene Person bei den zuständigen Behörden eines Vertragsstaates die Bescheinigung über Anerkennung oder Nichtanerkennung einer Maßnahme beantragen kann (Satz 1), wobei sich das Verfahren nach dem Recht des ersuchten Staates bestimmt (Satz 2).[1284] So soll die Rechtssicherheit und die Beachtung ausländischer Schutzmaßnahmen auch im privaten Rechtsverkehr gefördert werden.[1285] Eine solche Bescheinigung hat im Inland jedoch nur dann einen Wert, wenn sie mit Bindungswirkung ausgestattet ist.[1286] Ob eine Anerkennung bei Eilmaßnahmen zu erfolgen hat, ist im Rahmen des MSA problematisch.[1287] Für Schutzmaßnahmen gemäß Art. 11 KSÜ gelten Besonderheiten, denn eine auf dieser Norm basierende Zuständigkeit entfällt, sobald die nach den Art. 5 bis 10 KSÜ zuständigen Behörden die erforderliche Maßnahme ergriffen haben. Damit einher geht die Dauer der Anerkennungspflicht, welche grundsätzlich zwar besteht, jedoch nicht mehr nach dem oben genannten Zeitpunkt. Abgesehen davon, dass grundsätzlich neuere Maßnahmen den älteren vorgehen, bestimmt zusätzlich Art. 11 II KSÜ, dass die auf Grundlage des Art. 11 I KSÜ getroffenen Schutzmaßnahmen außer Kraft treten, sobald Maßnahmen der nach Art. 5 bis 10 KSÜ zuständigen Behörden vorliegen. Die

---

[1282] Staudinger-*Kropholler*, Vorbem. zu Art. 19 EGBGB Rn. 445; *Boelck*, Reformüberlegungen zum MSA S. 120; *Siehr*, Int. Privatrecht § 11 V.2. (S. 68), *ders.*, FamRZ 1996, S. 1047 (1051); *ders.*, RabelsZ 68 (1998), S. 464 (467); *ders.*, DEuFamR 2000, S. 125 (132); Kapitel II § 33 I. (S. 223 ff.).

[1283] *Roth/Döring*, FuR 1999, S. 195 (203); *Kropholler*, FS-Siehr S. 379 (387).

[1284] Diese Möglichkeit ist beispielsweise für die Fälle vorgesehen, in denen ein Umzug geplant ist und man sich in dem Zielstaat vergewissern will, dass eine Maßnahme des Herkunftsstaates dort anerkannt wird, vgl. *Clive*, The juridical review 1998, S. 169 (184).

[1285] *Roth/Döring*, FuR 1999, S. 195 (203).

[1286] *Siehr*, DEuFamR 2000, S. 125 (132).

[1287] Dazu Kapitel II § 32 I.4. (S. 215 ff.).

Anerkennung einer außer Kraft getretenen Maßnahme kann nicht mehr erfolgen. Vorläufige Maßnahmen territorialer Geltung gemäß Art. 12 KSÜ werden nicht von der Anerkennungspflicht erfasst, was sich aber schon aus ihrem Sinn und Zweck ergibt. Ein gesonderter Ausschluss war daher in den Anerkennungsvorschriften nicht erforderlich; vielmehr besagt Art. 12 I bis III KSÜ ausdrücklich, dass sie sich nur auf das Staatsgebiet des erlassenden Staates beziehen und für die Zeit gelten sollen, bis eine Maßnahme aufgrund einer anderen Vorschrift des KSÜ ergriffen wurde und anerkannt wird.

*b) Keine Anerkennungspflicht*
Im zweiten Absatz der Vorschrift werden abschließend[1288] sechs Anerkennungshindernisse genannt. So wird der Anschluss an den internationalen Standard gehalten.[1289] Die Beweislast hinsichtlich der Unzulässigkeit obliegt bei Geltendmachung eines Anerkennungshindernisses der Partei, die sie vorträgt.[1290]

*aa) Fehlende Zuständigkeit*
Lit. a legt ein Anerkennungshindernis fest, wenn die Behörde bei Erlass der Maßnahme nicht zuständig war,[1291] also die sogenannte indirekte oder Anerkennungszuständigkeit fehlte[1292].

*bb) Fehlende Anhörung*
Ein weiteres Anerkennungshindernis besteht, wenn eine Maßnahme ohne Anhörung des Kindes erlassen wurde, Art. 23 II lit. b KSÜ.[1293] Es muss hierbei jedoch gleichzeitig gegen das Verfahrensrecht des entscheidenden Staates verstoßen - worden sein. Eine Ausnahme ist nur in dringenden Fällen zulässig, so beispielsweise in Fällen, in denen eine Anhörung aller Beteiligten wegen der Umstände nicht möglich war.[1294]
Auch die nicht erfolgte Anhörung eines Sorgeberechtigten kann ein Anerkennungshindernis darstellen, wenn eine Maßnahme – außer in Eilfällen – erlassen wurde und die elterliche Verantwortung beeinträchtigt (Art. 23 II lit. c KSÜ).

---

[1288] *Nygh*, NILR 1998, S. 1 (23); *Kropholler*, FS-Siehr S. 379 (387); *Clive*, The juridical review 1998, S. 169 (183); *Detrick*, Hague Yearbook of int. law 1996, S. 77 (81).
[1289] *Kropholler*, FS-Siehr S. 379 (387).
[1290] *Lagarde*-Bericht Pkt. 119; *Roth/Döring*, FuR 1999,S. 195 (202).
[1291] Dies kann bei Entführungen beispielsweise dann der Fall sein, wenn grundsätzlich zwar ein neuer gewöhnlicher Aufenthalt begründet wurde, aber die übrigen Voraussetzungen des Art. 7 KSÜ noch nicht erfüllt sind.
[1292] *Siehr*, FS-Lorenz S. 581 (586), *ders.*, DEuFamR 2000, S. 125 (132).
[1293] Diese Regelung basiert auf Art. 12 II UN-KRK.
[1294] *Clive*, The juridical review 1998, S. 169 (183).

*cc) Verstoß gegen den* ordre public
Neben den speziellen Ausprägungen des *ordre public* in den lit. b und c normiert Art. 23 II lit. d S. 1 KSÜ den allgemeinen *ordre public* – Vorbehalt, nach dem eine Maßnahme nicht anerkannt zu werden braucht, wenn sie dem *ordre public* des ersuchten Landes offensichtlich widerspricht.[1295] Auch hierbei ist das Wohl des Kindes zu berücksichtigen (Satz 2). Diese Klausel entspricht der Tradition der Haager Konventionen[1296] sowie Art. 16 MSA. Neu ist aber die Beschränkung, dass der Anerkennungsstaat die Zurückweisung der Anerkennung einer Schutzmaßnahme weniger stark auf Differenzen mit seinem innerstaatlichen Recht stützen kann, sondern vielmehr das Kindeswohl berücksichtigen muss.

*dd) Unvereinbarkeit mit späteren Schutzmaßnahmen*
Ein weiteres Anerkennungshindernis liegt vor, wenn die anzuerkennende Maßnahme unvereinbar mit einer zeitlich später in einem Nichtvertragsstaat getroffenen Maßnahme ist. Voraussetzung ist jedoch ferner, dass für letztere im ersuchten Staat die Anerkennungsvoraussetzungen gegeben sind. Dies gründet sich auf Art. 14 KSÜ, nach dem die später ergangene Maßnahme eine vorher getroffene abändert. Es wäre zudem ineffektiv, zunächst eine Maßnahme anzuerkennen, um sie anschließend durch eine neuere, ebenfalls anerkennungsfähige Maßnahme wieder zu ersetzen. Diese Regelung ist zunächst überraschend. Hierdurch wird jedoch auf das Verhältnis zu den Nichtvertragsstaaten Rücksicht genommen, denn grundsätzlich muss eine spätere Maßnahme Vorrang vor einer älteren haben,[1297] und Nichtvertragsstaaten können nicht wie ein Vertragsstaat eine frühere Maßnahme durch eine eigene ersetzen. Wie es hinsichtlich der Entführungsfälle angemerkt wurde,[1298] aber wohl in Bezug auf alle Fallkonstellationen gilt, ist die Praxisrelevanz dieser Vorschrift nicht sehr groß, da sie nur in Fällen denkbar ist, in denen das Kind seinen gewöhnlichen Aufenthalt zunächst im Staat gehabt hat, in dem die erste Maßnahme getroffen wurde, zur Zeit der

---

[1295] Als problematisch kann sich in Entführungsfällen die Frage erweisen, ob die Ablehnungsgründe des HKÜ (Art. 12 II, 13 oder 20 HKÜ) über den *ordre public*- Vorbehalt zur Versagung einer Anerkennung der Herausgabeanordnung im Zufluchtsstaat führen kann. Dies würde zu einer unter Umständen sehr weiten Anwendung des Art. 13 HKÜ führen, vgl. *Siehr*, FS-Lorenz S. 581 (588). Andererseits würden die Versagungsgründe des HKÜ in Fällen, in denen Vertragsstaaten beider Konventionen involviert sind, ansonsten keine Bedeutung erlangen. Dies ist aber vom KSÜ nicht beabsichtigt, da es ausdrücklich dem HKÜ den Vorrang einräumt. Aus diesem Grunde muss man sich in diesen Fallkonstellationen für eine Möglichkeit der Ablehnung der Herausgabeanordnung aussprechen, weswegen die Versagungsgründe der Art. 12 II, 13 oder 20 HKÜ über Art. 23 II lit. d KSÜ einer Anerkennung der Herausgabeanordnung entgegenstehen können.
[1296] *Nygh*, NILR 1998, S. 1 (24).
[1297] *Siehr*, DEuFamR 2000, S. 125 (131).
[1298] *Siehr*, FS-Lorenz S. 581 (588).

späteren Maßnahme im Nichtvertragsstaat und nun im Anerkennungsstaat.

*ee) Unterbringung ohne Zustimmung*
Art. 23 II lit. f KSÜ verweist auf Art. 33 KSÜ und normiert einen Anerkennungsvorbehalt, wenn das ebenda beschriebene Verfahren nicht eingehalten wurde. Bei Unterbringung oder einer der anderen dort genannten ähnlichen Verfahren in einem anderen Vertragsstaat ist mit den dortigen Behörden oder der Zentralbehörde zusammenzuarbeiten (Art. 33 I S. 1 KSÜ), und die Behörden müssen über die Sache aufgeklärt werden (Art. 33 I S. 2 KSÜ). Die Maßnahme kann nur ergriffen werden, wenn die entsprechenden Behörden ihre Zustimmung erteilt haben. Hierbei hat wiederum das Kindeswohl Berücksichtigung zu finden (Abs. 2). Diese Regelung wurde vor allem im Hinblick auf die *kafala* getroffen.[1299]

*ff) Weiteres*
Die Anerkennungshindernisse wegen mangelhafter Zustellung eines das Verfahren einleitenden Schriftstücks und aufgrund der Rechtskraft fehlen. Beide wären hier auch unangebracht,[1300] da ein Kindesschutzverfahren in der Regel von Amts wegen[1301] eröffnet wird und somit besonderen Regeln folgt. Hinzu kommt, dass Kindesschutzmaßnahmen nicht in Rechtskraft erwachsen, sondern vielmehr jederzeit abänderbar sind. Auch nicht eindeutig ist im MSA, ob die fehlende Verständigung gemäß Art. 4 I MSA eine Anerkennung ausschließt.[1302] Der Forderung,[1303] die Folgen einer unterbliebenen Behördenzusammenarbeit zu normieren, wurde nicht gänzlich nachgekommen. Zwar wurde die Behördenzusammenarbeit insgesamt konkreter und detaillierter normiert[1304], Anerkennungshindernisse wegen fehlender Zusammenarbeit oder Information finden sich in Art. 23 II KSÜ jedoch nicht.

*c) Bindungswirkung und Verbot der Nachprüfung in der Sache, Art. 25 und 27 KSÜ*
*aa) Bindungswirkung*
Art. 25 KSÜ legt fest, dass die Tatsachenfeststellungen hinsichtlich der Zuständigkeit der Behörde, die die Maßnahme getroffen hat, für die Behörden, die um Feststellung der Anerkennung oder Nichtanerkennung ersucht werden, bindend sind. Eine Anerkennung kann also nicht deshalb versagt werden, weil die Zu-

---
[1299] *Nygh,* NILR 1998, S. 1 (25).
[1300] *Siehr,* DEuFamR 2000, S. 125 (131).
[1301] In der Bundesrepublik ist der Amtsermittlungsgrundsatz in § 12 FGG normiert.
[1302] Kapitel II § 28 I.3.c) (S. 164) und § 32 I. (S. 211 ff.).
[1303] *Kropholler,* RabelsZ 58 (1994), S. 1 (15).
[1304] Vgl. dazu Kapitel III § 45 I. (S. 313 ff.).

ständigkeit von der ersuchten Behörde anders gewertet wird.

*bb) Verbot der Nachprüfung in der Sache*
Art. 27 KSÜ normiert das Verbot der Nachprüfung in der Sache. Fraglich ist, ob die Vorschrift überhaupt für die Anerkennung und nicht allein für die Vollstreckung gilt.
Für eine Geltung lediglich in Bezug auf die Vollstreckung spricht zunächst die Systematik, denn die Norm steht zwischen Art. 28 und 26 KSÜ, die beide die Vollstreckung regeln. Jedoch kann die Systematik unter dem Gesichtspunkt, dass die Regelung sowohl hinter den Anerkennungs- als auch hinter den Vollstreckungsregelungen zu finden ist, nicht generell gegen deren Ausdehnung auf die Anerkennung sprechen. Der Wortlaut verweist im Plural auf die ‚vorstehenden' Artikel, und nicht lediglich gesondert auf Art. 26 KSÜ, die einzige vorstehende Regelung hinsichtlich der Vollstreckung, was insoweit für eine Anwendung des Art. 27 KSÜ auch bei der Anerkennung spricht. Hinzu kommt, dass nach Sinn und Zweck einer solchen Regelung auch nichts dafür spricht, derartige Beschränkungen bei der Vollstreckbarerklärung beziehungsweise der Registrierung zuzulassen, bei der Anerkennung jedoch großzügiger zu verfahren. Auch die entsprechende Regelung des Vorentwurfes wurde auf Anerkennung und Vollstreckung bezogen (Art. 16 VE).[1305] Die besseren Gründe sprechen damit für ein Verbot der Nachprüfung in der Sache auch bei der Anerkennung, das heißt, dass die ersuchte Behörde nur die Aspekte überprüfen darf, die ihr nach den Art. 23 bis 26 KSÜ gestattet sind, ansonsten darf die Maßnahme nicht kontrolliert werden. Es steht den Behörden somit lediglich ein formelles, nicht aber gleichzeitig ein materielles Prüfungsrecht zu.

2. Vollstreckung
*a) Vollstreckungsverfahren, Art. 26 I und 2 KSÜ*
Art. 26 I KSÜ legt Regeln für das Erfordernis von Vollstreckungshandlungen fest. Auf Antrag jeder Partei kann die Maßnahme nach dem im autonomen Recht vorgesehenen Verfahren für vollstreckbar erklärt oder zur Vollstreckung registriert werden. Der entsprechende Vertragsstaat hat sowohl für die Vollstreckbarerklärung als auch für die Registrierung ein einfaches und schnelles Verfahren anzuwenden (Art. 26 II KSÜ).[1306] Eine Nachprüfung in der Sache (*révision au fond*) findet nicht statt (Art. 27 KSÜ).

---

[1305] *Siehr*, FamRZ 1996, S. 1047 (1051).
[1306] Es liegt nahe, dass Vertragsstaaten des ESÜ sich insoweit an dessen Regelungen und ihren möglichen Ausführungsbestimmungen dazu ausrichten, vgl. *Pirrung*, FS-Rolland S. 277 (288).

*b) Vollstreckung, Art. 28 KSÜ*
Sofern Maßnahmen einmal für vollstreckbar erklärt oder als vollstreckbar registriert wurden, sind sie gemäß Art. 28 S. 1 KSÜ wie alle anderen inländischen Maßnahme zu vollstrecken („als seien sie von den Behörden dieses anderen Staates getroffen worden"). Hierbei sind die dort vorgesehenen Grenzen zu beachten und das Kindeswohl zu berücksichtigen, Art. 28 S. 2 KSÜ. Eine Differenzierung zwischen in- und ausländischen Schutzmaßnahmen ist demzufolge unzulässig.[1307]

*c) Vollstreckungshindernisse, Art. 26 III, Art. 23 II KSÜ*
Art. 26 III KSÜ verweist in Bezug auf eine Versagung der Vollstreckbarerklärung auf Art. 23 II KSÜ,[1308] womit die Voraussetzungen für eine Vollstreckung oder Anerkennung konventionsimmanent festgelegt sind; lediglich die Ausgestaltung des Verfahrens obliegt dem autonomen Recht.[1309]

II. Vergleich
1. Anerkennung
*a) Anerkennungsverfahren*
Die Anerkennungsregelungen finden sich in den Art. 14 ff. EuEheVO, Art. 26 ff. VO-E und Art. 23 ff. KSÜ. Die Art. 14 ff. EuEheVO und Art. 26 ff. VO-E stimmen weitgehend überein; hinsichtlich der Anerkennung ergeben sich also auch beim Inkrafttreten des VO-E keine weitreichenden Änderungen zur Anerkennung nach der EuEheVO. Zu beachten ist jedoch, dass dann auch Entscheidungen der Mitgliedstaaten hinsichtlich der elterlichen Verantwortung insgesamt nach Maßgabe der Art. 26 ff. VO-E zu vollstrecken sind, während die Anerkennung aufgrund der Regeln der EuEheVO lediglich in Bezug auf in Zusammenhang mit Ehesachen ergangene Entscheidungen gilt.

---

[1307] Diese Regelung steht im Gegensatz zu der grenzüberschreitenden Wirkungserstreckung von Maßnahmen bei der Anerkennung, vgl. *Siehr*, RabelsZ 62 (1998), S. 464 (495). Hierdurch soll erreicht werden, dass bei der Vollstreckung dieselben Regeln befolgt werden dürfen wie bei inländischen Maßnahmen, vor allem bei der Ablehnung der Vollstreckung, wenn das Kind wegen seines Alters nicht mehr gegen seinen Willen herausgegeben oder zur Duldung gewisser Befugnisse der Eltern gezwungen werden darf, vgl. *Siehr*, RabelsZ 62 (1998), S. 464 (495).
[1308] Gerade in Entführungsfällen kann sich diese Vollstreckungsregelung positiv auswirken. Wenn der beraubte Elternteil auf das Rechtshilfeverfahren nach dem HKÜ verzichtet, kann er dennoch im Zufluchtsstaat eine Rückführung der Behörden des Herkunftsstaates vollstrecken lassen, und zwar durch staatlich erzwungene Rückführung des Kindes ohne dass die Ausnahmen des HKÜ im Wege stehen, vgl. *Siehr*, DEuFamR 2000, S. 125 (132). Dies ist nur dann nicht möglich, wenn dadurch ein Verstoß gegen den *ordre public* (Art. 23 II lit. d KSÜ) vorliegt, was wohl kaum relevant ist, da eine Rückführung selten gegen den *ordre public* verstoßen dürfte.
[1309] *Kropholler*, FS-Siehr S. 379 (387).

Weder in den Verordnungen noch im KSÜ wird ein Anerkennungsverfahren festgelegt. In allen Fällen tritt eine Anerkennung kraft Gesetzes ein. Eine Nachprüfung in der Sache hat nicht zu erfolgen (Art. 25 KSÜ, Art. 19 EuEheVO, Art. 31 VO-E), Eintritt der formellen Rechtskraft ist keine Anerkennungsvoraussetzung. Hinsichtlich der in Kapitel II zu diesem Punkt getroffenen Feststellungen ergeben sich auch bei Ersetzung des MSA durch das KSÜ keine Differenzen.[1310] Sowohl KSÜ (Art. 25 KSÜ) als auch die EuEheVO (Art. 17 EuEheVO) beziehungsweise der VO-E (Art. 29 VO-E) legen fest, dass eine Überprüfung der Zuständigkeit des entscheidenden Gerichtes durch das ersuchte Gericht nicht zu erfolgen hat.

*b) Anerkennungshindernisse*
*aa) Grundlegendes*
Sowohl in den Anerkennungsregelungen der EuEheVO (Art. 15 II EuEheVO) beziehungsweise in dem VO-E (Art. 27 VO-E) als auch in denen des KSÜ (Art. 23 II KSÜ) werden Anerkennungshindernisse normiert, welche im Folgenden miteinander verglichen werden sollen.

*bb) Ordre public*
Der in Art. 15 II lit. a EuEheVO und Art. 28 lit. a VO-E normierte *ordre public*-Vorbehalt findet sich in Art. 23 II lit. d KSÜ wieder. Der Vorbehalt unterscheidet sich nicht, hervorzuheben ist jedoch, dass sowohl Art. 23 II lit. d KSÜ als auch Art. 15 II lit. a EuEheVO und Art. 28 lit. a VO-E neben dem Widerspruch der Entscheidung zum *ordre public* zusätzlich eine Berücksichtigung des Kindeswohls fordern.

*cc) Anhörung*
Art. 15 II lit. b EuEheVO und Art. 28 lit. b VO-E legen ein Anerkennungshindernis für den Fall der Nichtanhörung des Kindes fest, wenn hierdurch gegen wesentliche Verfahrensgrundsätze des ersuchten Staates verstoßen wurde. Eine Ausnahme ist nur in Eilfällen möglich. Diese Norm deckt sich mit Art. 23 II lit. b KSÜ. Eine fehlende Anhörung der Träger der elterlichen Verantwortung begründet unter den gleichen Voraussetzungen gemäß Art. 15 II lit. d EuEheVO, Art. 28 lit. d VO-E beziehungsweise Art. 23 II lit. c KSÜ ein Anerkennungshindernis, wenn die betroffene Person dies beantragt.

*dd) Unvereinbarkeit mit anderen Entscheidungen / Maßnahmen*
Sofern eine anzuerkennende Maßnahme mit späteren Entscheidungen des ersuchten Staates, eines anderen Mitgliedstaates oder eines Drittstaates, die aber

---

[1310] Kapitel II § 32 II.1. (S. 217 ff.).

im ersuchten Staat ebenfalls anerkennungsfähig ist, unvereinbar ist, besteht gemäß Art. 15 II lit. e und lit. f EuEheVO beziehungsweise den entsprechenden Buchstaben des VO-E ebenfalls ein Anerkennungshindernis. Hier ergeben sich Unterschiede zum KSÜ, welches ein vergleichbares Anerkennungshindernis nur für den Fall normiert, dass eine später ergangene Entscheidung eines Nichtmitgliedstaates nach autonomem Recht des ersuchten Staates anerkennungsfähig ist (Art. 23 II lit. e KSÜ). Die Möglichkeit eines Anerkennungshindernisses wegen einer später ergangenen Entscheidung im ersuchten Staat selbst oder in einem anderen Mitgliedstaat ist in Art. 23 II KSÜ nicht vorgesehen. Allerdings wurde die Möglichkeit einer Ersetzung, Aufhebung oder Änderung einer Maßnahme sehr wohl durch Art. 14 KSÜ berücksichtigt.
Die EuEheVO und nach ihrer Ablösung der VO-E gehen jedoch dem KSÜ vor. Sofern eine der Verordnungen anwendbar ist, kann eine Entscheidung bei Vorliegen eines Anerkennungshindernisses des Art. 15 II lit. e oder lit. f EuEheVO beziehungsweise Art. 28 lit. e oder f VO-E demnach auch nicht nach dem KSÜ anerkannt werden, obwohl diesem ein mit Art. 15 II lit e und f EuEheVO beziehungsweise Art. 28. lit. e oder f VO-E vergleichbares Anerkennungshindernis fehlt. Durch das fehlende Anerkennungshindernis für zeitlich eher getroffene Maßnahmen könnte gewährleistet werden, dass eine Anerkennung der früheren Maßnahmen den grundlegenden Kindesschutz sichert, bis die spätere Maßnahme anerkannt wird. Dies ist allerdings hier aufgrund der Anerkennung kraft Gesetzes (vgl. Art. 23 I KSÜ) kein schlagendes Argument. Gegenüber der Regelung in Art. 15 II lit. e EuEheVO beziehungsweise Art. 28. lit. e VO-E stellt sich das KSÜ demzufolge als unzulänglich dar und kann so möglicherweise Unsicherheit hervorrufen.

*ee) Fehlende gleichzeitige Anerkennung eines Scheidungsurteils*
Auch hier stellt sich die Frage, ob bei einer im Rahmen der Annexkompetenz erlassenen Maßnahme die gleichzeitige Anerkennung des Scheidungsurteils eine Anerkennungsvoraussetzung darstellt, was umgekehrt zu einem Anerkennungshindernis führen würde, wenn dieses nicht anerkannt werden kann. Das KSÜ trifft keine explizite Regelung, um den diesbezüglichen Streit im Rahmen des MSA[1311] obsolet zu machen. Aus denselben Gründen wie bei Art. 15 MSA könnte man sich auch hier für ein Anerkennungshindernis dann aussprechen, wenn die Entscheidung in der Ehesache nicht auch anerkannt werden kann. Dagegen spricht indes, dass das KSÜ im Gegensatz zum MSA Anerkennungshindernisse in Art. 23 II KSÜ abschließend normiert. Es kann also kein anderes Hindernis hinzugenommen werden, weswegen der oben genannte Streit hier anders entschieden werden muss. Bei einer Anerkennung von Entscheidungen aufgrund

---

[1311] Vgl. Kapitel II § 32 II.2.e) (S. 221 ff.).

des Art. 10 KSÜ muss demnach die Anerkennungsfähigkeit der im Zusammenhang stehenden Entscheidung in der Ehesache nicht berücksichtigt werden. Es ergeben sich hier also keine Unterschiede zu einer Anerkennung einer Entscheidung in Sachen der elterlichen Verantwortung auf Grundlage der EuEheVO.[1312] Zwar bestimmt sich eine Anerkennung von auf Grundlage des VO-E ergangenen Entscheidungen nach den Art. 26 ff. VO-E, die sich mit den Art. 14 ff. EuEheVO decken. Die Frage der Relevanz eines Urteils in einer Ehesache kann sich hier wie im Rahmen des KSÜ nur im Rahmen der Annexkompetenz nach Art. 12 VO-E stellen. Wie das KSÜ normiert jedoch auch der VO-E die Anerkennungshindernisse abschließend. Mit der gleichen Begründung muss daher auch hier das Erfordernis einer gleichzeitigen Anerkennung des Scheidungsurteils abgelehnt werden.

*ff) Unzuständigkeit der Behörde*
Art. 23 II lit. a KSÜ normiert zusätzlich ein Anerkennungshindernis dann, wenn die die Maßnahme treffende Behörde hierfür gar nicht zuständig war. Demgegenüber legen Art. 17 EuEheVO und Art. 29 VO-E ein Verbot der Überprüfung der Zuständigkeit fest, was gleichzeitig bedeutet, dass die fehlende Zuständigkeit des Gerichtes oder der Behörde kein Anerkennungshindernis normiert. Zweck des Art. 23 II lit. 1 KSÜ ist es wahrscheinlich, die Gerichte zu umfangreicher Überprüfung ihrer Zuständigkeit anzuhalten und Zuständigkeitsmissbrauch zu vermeiden. Demgegenüber sichern Art. 17 EuEheVO und Art. 29 VO-E die grundsätzliche Anerkennung ohne eine Nachprüfung der Zuständigkeit. Eine damit vergleichbare Regelung trifft Art. 25 KSÜ, der die anerkennende Behörde an die Tatsachenfeststellungen bindet, auf die das urteilende Gericht seine Zuständigkeit gestützt hat. Die Fälle, in denen das urteilende Gericht seine Zuständigkeit annimmt, das ersuchte Gericht diese nicht als gegeben ansieht und dieses aber nicht an Tatsachenfeststellungen wie zum Beispiel den gewöhnlichen Aufenthalt festmacht, sind wohl sehr gering. Hinzu kommt die Hemmung einer Anerkennung, sofern erst eine Nachprüfung der Zuständigkeit erfolgen muss, was unter Umständen lange Zeit in Anspruch nehmen kann. Eine aufgrund fehlender Zuständigkeit erlassene Entscheidung kann indes dennoch sinnvoll und richtig sein. Außerdem steht eine spätere Entscheidung über die elterliche Verantwortung ausweislich des Art. 15 II lit. e und f EuEheVO beziehungsweise Art. 28 lit. e und f VO-E sehr wohl der Anerkennung einer frühren entgegen. Hierdurch kann das wirklich zuständige Gericht nach wie vor eine Entscheidung treffen, die dann vorrangig anerkannt werden muss. Das fehlende Anerkennungshindernis im Rahmen der EuEheVO beziehungsweise des VO-E erscheint damit aufgrund der weiteren Regeln der Verordnung nicht als Manko.

---

[1312] Zur Argumentation diesbezüglich siehe Kapitel II § 32 II.2.e) (S. 221 ff.).

*c) Zusammenfassung*
Die meisten Anerkennungshindernisse decken sich. Das Hindernis der späteren Entscheidung im Anerkennungsstaat beziehungsweise in einem anderen Mitgliedstaat findet sich nicht im KSÜ wieder, demgegenüber das der fehlenden Zuständigkeit der entscheidenden Behörde nicht in den Verordnungen. Während dies jedoch im Hinblick auf das KSÜ als Defizit angesehen werden kann, ergibt sich dieses Fehlen für die EuEheVO und den VO-E nicht als Mangel. Grundsätzlich wird indes die Anerkennung in beiden Staatsverträgen einheitlich geregelt, wodurch sich keine gravierenden Unterschiede zwischen einer Anerkennung nach den Art. 14 ff. EuEheVO, den Art. 26 ff. VO-E und einer Anerkennung nach den Art. 23 ff. KSÜ ergeben.

2. Vollstreckung
*a) Allgemeines Vollstreckungsverfahren*
Das KSÜ regelt die Vollstreckung von Entscheidungen in den Art. 26 ff. KSÜ, die EuEheVO in den Art. 21 ff. EuEheVO und der VO-E in den Art. 33 ff. VO-E. Während die Verordnungen detaillierte Regelungen hinsichtlich des Vollstreckungsverfahrens normieren[1313] behandelt das KSÜ die Vollstreckung zwar ausführlicher als das MSA, trifft jedoch vergleichsweise weniger Regelungen als die Verordnungen. Sowohl diese als auch KSÜ legen fest, dass die Vollstreckbarerklärung auf Antrag einer Partei erfolgt. Während Art. 21 I EuEheVO beziehungsweise Art. 33 I VO-E in diesem Zusammenhang jedoch eine ‚berechtigte' Partei voraussetzen, genügt laut Art. 26 I KSÜ der Antrag einer ‚betroffenen' Partei. Der Begriff der berechtigten Partei in Art. 21 I EuEheVO und Art. 33 I VO-E ist nach allgemeiner Ansicht jedoch extensiv zu verstehen, weswegen davon ausgegangen werden kann, dass sich insoweit zwischen dem KSÜ und den Verordnungen keine Differenzen ergeben. Die Verordnungen stellen weitere Regeln in den folgenden Artikeln auf, während das KSÜ solche schuldig bleibt. Es legt lediglich in Art. 26 II KSÜ fest, dass die Behörde bei der Vollstreckbarerklärung beziehungsweise Registrierung ein einfaches und schnelles Verfahren anzuwenden hat. Dem entsprechen in etwa Art. 24 I EuEheVO beziehungsweise Art. 36 VO-E, die eine unverzügliche Erklärung der Entscheidung durch das befasste Gericht bestimmen. Besonders ist hier, dass eine Anhörung der Partei ausdrücklich versagt wird, während das KSÜ diesbezüglich keine Regelung trifft. Das KSÜ verbietet eine Nachprüfung in der Sache (Art. 27 KSÜ), was auch in Art. 24 III EuEheVO und Art. 36 III VO-E normiert ist, zusätzlich verweist Art. 24 II EuEheVO auf Art. 17 EuEheVO und Art. 36 II auf Art. 29 VO-E.
Art. 28 KSÜ bestimmt, dass Maßnahmen wie im ersuchten Staat erlassene zu

---

[1313] Vgl. dazu Kapitel I Teil 1 § 8 II. (S. 87 ff.), Teil 2 § 21 III (S. 123 ff.) und Kapitel II § 33 II.1. (S. 225 f.).

vollstrecken sind. Auch hier treffen die Verordnungen keine Regelungen zum anwendbaren Recht. Wie sonst auch[1314] muss hier davon ausgegangen werden, dass die Behörden nach dem innerstaatlichen Recht verfahren, sofern eine Regelung in den Verordnungen fehlt. Während die Verordnungen weitere Normierungen in Bezug auf Rechtsbehelfe, Prozesskostenhilfe, Aussetzung des Verfahrens, Sicherheitsleistungen etc. enthalten, fehlen solche im KSÜ. Dies kann damit begründet werden, dass das Übereinkommen das innerstaatliche Recht für anwendbar erklärt, was gleichzeitig heißt, dass in all diesen Aspekten ebendieses heranzuziehen ist. Mangels Regelung in den Verordnungen müssen diese ausdrückliche Regelungen treffen, wenn sie solche nicht dem innerstaatlichen Recht überlassen und bestimmte Grundsätze unabhängig vom autonomen Recht festsetzen wollen.

*b) Allgemeine Vollstreckungshindernisse*
Hinsichtlich der Vollstreckungshindernisse verweist Art. 26 III KSÜ auf die in Art. 23 II KSÜ aufgezählten Anerkennungshindernisse, ebenso wie Art. 24 II EuEheVO auf die Anerkennungshindernisse der Art. 15, 16 und 17 EuEheVO und entsprechend Art. 36 II VO-E auf die Art. 27, 28 und 29 VO-E, es kann also auf die Ausführungen zu den Anerkennungshindernissen der EuEheVO verwiesen werden.[1315]

*c) Vollstreckung von Entscheidungen über das Umgangsrecht und über die Rückgabe des Kindes*
Im Gegensatz zu EuEheVO und KSÜ legt der VO-E in Abschnitt 3 des vierten Kapitels eigenständige Regelungen über die Vollstreckung von Entscheidungen über das Umgangsrecht und über die Rückgabe des Kindes fest und hebt diese so von allen anderen unter die Verordnung fallenden Entscheidungen ab. Hierdurch wird erreicht, dass ihnen eine Sonderbehandlung zukommt, die weder in der EuEheVO noch im KSÜ wiederzufinden ist. Auch dies zeigt, dass der Verordnungsentwurf möglichst keine Lücken im Anerkennungs- und Vollstreckungsbereich aufweisen will.

*d) Zusammenfassung*
Die Unvollkommenheiten des MSA werden wie gefordert[1316] weitgehend durch das KSÜ behoben, wodurch der Kindesschutz erheblich verbessert wird,[1317] je-

---

[1314] Siehe Kapitel I Teil 1 § 5 (S. 74), Kapitel I Teil 2 § 19 (S. 122) und Kapitel III § 41 I.1. (S. 287 ff.).
[1315] Oben, Kapitel III § 43 II.1.a) (S. 305 f.).
[1316] *Boelck,* Reformüberlegungen zum MSA S. 119 ff.
[1317] *Siehr,* FamRZ 1996, S. 1047 (1051); *Sturm,* IPRax 1997, S. 10 (13); *Kropholler,* FS-Siehr S. 379 (388); *van Iterson,* ULR 1997, S. 474 (484); *McEleavy,* IFL 2001, S. 55 (58).

doch ist auch hier im Vergleich zu den Verordnungen der Regelungsgehalt schwach, indem lediglich auf das innerstaatliche Recht verwiesen wird, während dies nach den Verordnungen nur herangezogen werden kann, wenn diese einen Tatbestand nicht regeln. So werden durch die Verordnungen einheitliche Regelungen geschaffen, die Vollstreckung nach dem KSÜ erfolgt hingegen von Staat zu Staat verschieden, abhängig vom jeweiligen innerstaatlichen Recht. Die Verordnungen tragen hier im Gegensatz zum KSÜ zur Rechtsanwendungssicherheit und –gleichheit bei, wobei hier aufgrund der Sonderregelungen für Umgangsrechts- und Rückgabeentscheidungen dem VO-E besondere Bedeutung zukommt. Findet die EuEheVO beziehungsweise nach ihrer Ablösung der VO-E keine Anwendung, ist zu prüfen, ob eine Vollstreckung auf Grundlage der Art. 26 ff. KSÜ in Betracht kommt. Dies gilt jedoch dann nicht, wenn ein Anerkennungs- bzw. Vollstreckungshindernis nach einer der Verordnungen gegeben ist und das KSÜ ein solches nicht vorsieht. Eine Anerkennung nach dem KSÜ ist dann nicht möglich, wenn ansonsten die Voraussetzungen der geltenden Verordnung gegeben sind.

## § 44 ÄNDERUNG UND AUFHEBUNG

### I. KSÜ

Das MSA enthält ungleiche Regelungen über die Abänderung oder Ersetzung der in einem Vertragsstaat getroffenen Maßnahmen, wobei es darauf ankommt, ob die Heimat- oder die Aufenthaltsbehörde ersetzend tätig wird.[1318] Dies wurde kritisiert und vorgeschlagen, eine einheitliche Lösung für Heimat- und Aufenthaltsbehörden zu finden und die Grundregelungen in den Anerkennungsnormen zu treffen.[1319] Eine einheitliche Lösung liegt mit Art. 14 KSÜ nun vor, der dem Grunde nach den Text des Art. 5 I MSA übernimmt, aber nicht mehr zwischen den unterschiedlichen Maßnahmen differenziert. Gemäß Art. 14 KSÜ verliert die einmal auf zutreffender Zuständigkeitsgrundlage erlassene Maßnahme nicht deshalb ihre Wirksamkeit, weil die Zuständigkeit im Nachhinein entfällt.[1320] Vielmehr ist erforderlich, dass sie durch eine neue Maßnahme der nun zuständi-

---

[1318] Vgl. dazu Kapitel II § 34 I. (S. 227 f.).
[1319] *Boelck*, Reformüberlegungen zum MSA S. 27 ff.; *Kropholler*, RabelsZ 58 (1994), S. 1 (6).
[1320] Die ‚veränderten Umstände' im Sinne des Art. 14 KSÜ sind im Sinne der Art. 5 und 6 KSÜ die Veränderung des gewöhnlichen oder gegenwärtigen Aufenthaltes, im Sinne des Art. 7 KSÜ die Verlagerung der Zuständigkeit vom Ursprungs- in den Zufluchtsstaat, wenn dort ein neuer gewöhnlicher Aufenthalt begründet wurde. Sofern einer der Ausnahmefälle der Art. 8 und 9 KSÜ vorliegt, stellt eine Änderung der Staatsangehörigkeit des Kindes, die Verlagerung des Vermögens oder der Verlust der engen Bindung eine Veränderung der Umstände dar, vgl. *Lagarde*-Bericht Pkt. 82.

gen Behörde[1321] wirksam ersetzt, geändert oder aufgehoben wird. Durch diese Rechtsbeständigkeit wird ein umfassender Schutz des Kindes gewährleistet.[1322] Dies wird für die außerordentlichen Zuständigkeiten der Art. 11 und 12 KSÜ bereits in deren III bestimmt, weshalb sich Art. 14 KSÜ lediglich auf die Maßnahmen der Art. 5 bis 10 KSÜ bezieht.[1323]
Problematisch ist, dass Art. 14 KSÜ keinen Hinweis darauf enthält, ob die neu zuständig gewordenen Behörden zunächst auf veränderte Umstände warten müssen, die nicht die Zuständigkeit betreffen, sondern die Maßnahmen an sich. Aus den Vorschriften über die Anerkennung ausländischer Schutzmaßnahmen[1324] kann jedoch geschlossen werden, dass die Vertragsstaaten nicht nur deshalb dazu autorisiert sind, anzuerkennende Maßnahmen zu ersetzen oder abzuändern, weil sie nach wie vor bestehende Umstände anders bewerten als die Gerichte des Staates, der die anzuerkennende ursprüngliche Maßnahme getroffen hat.[1325] Dies wäre eine nach Art. 27 KSÜ verbotene *révision au fond.*[1326]

II. Vergleich
Die EuEheVO und der VO-E regeln die Abänderung, Aufhebung oder Ersetzung nicht klar und deutlich. In beiden Verordnungen gelten jedoch übereinstimmende Anerkennungshindernisse (Art. 15 II lit. e und f EuEheVO; Art. 28 lit. e und f VO-E). Es wird demnach in beiden Verordnungen indirekt vorausgesetzt, dass eine spätere Entscheidung getroffen werden kann. Ein ähnliches Anerkennungshindernis statuiert Art. 23 II lit. e KSÜ. Deutlicher ist allerdings die Regelung in Art. 14 KSÜ, der zwar seinem Wortsinn zufolge weniger die Abänderung, Ersetzung oder Aufhebung von Maßnahmen normieren, als vielmehr die Bestandskraft bereits getroffener Maßnahmen schützen soll. Auch hier wird also nur indirekt eine wie auch immer geartete Veränderung geregelt, jedoch immer noch offensichtlicher als in den Verordnungen. Übereinstimmend ist sowohl bei den Verordnungen als auch bei der Abänderung, Ersetzung oder Aufhebung einer Maßnahme nach dem KSÜ Voraussetzung, dass sich die tatsächlichen Umstände seit der ersten Entscheidung beziehungsweise Maßnahme geändert haben. Eine Änderung ist demnach grundsätzlich möglich. Vorausschauend bestimmen Art. 15 II lit. e und f und Art. 23 II lit. e KSÜ jedoch gleichzeitig Anerkennungshindernisse. Durch die Erhaltung der Bestandkraft gemäß Art. 14 KSÜ

---

[1321] Hierin unterscheidet sich das KSÜ beispielsweise von der Rechtsordnung der USA, wo eine Abänderung nach dem Recht des Heimatstaates zu erfolgen hat, in dem die Regelung erging, vgl. www.vaeterfuerkinder.de/ncmec2.html, Seite 1 (8).
[1322] *Lagarde*-Bericht Pkt. 81.
[1323] *Lagarde*-Bericht Pkt. 81.
[1324] Dazu detailliert Kapitel III § 43 I.1. (S. 299 ff.).
[1325] *Lagarde*-Bericht Pkt. 82; *Siehr,* RabelsZ 62 (1998), S. 464 (486).
[1326] *Siehr,* RabelsZ 62 (1998), S. 464 (486).

wird gewährleistet, dass der Kindesschutz in jedem Fall zunächst besteht, die einmal getroffene Maßnahme also nicht einfach außer Kraft gesetzt werden kann, weil sich die Umstände ändern. Vielmehr ist es erforderlich, dass sich die dann zuständigen Behörden mit dem Fall konkret befassen. Eine derartige Sicherung ist in den Verordnungen nicht vorgesehen. Zum einen kann eine starre Regelung zwar zu Erschwernissen führen,[1327] andererseits dient sie aber der Sicherheit des Kindes und damit dem Kindeswohl.

## § 45 ZUSAMMENARBEIT

### I. Regelung des KSÜ
### 1. Grundlagen

Die internationale Zusammenarbeit war zunächst kein grundlegender Aspekt in den Reformüberlegungen, gewann aber immer mehr an Bedeutung[1328] und wird nun im KSÜ in einem eigenen Kapitel mit weniger Auflagen und einem zentralisierteren Regelwerk als im MSA[1329] geregelt.[1330] Während beim MSA die Zusammenarbeit nach den Art. 10 und 11 MSA nur in Ausnahmefällen stattfand,[1331] normiert das fünfte Kapitel nun in den Art. 29 bis 39 KSÜ detailliert, wie und unter welchen Voraussetzungen eine Zusammenarbeit der Behörden der Vertragsstaaten zu erfolgen hat. Allerdings werden nicht alle denkbaren Fälle erfasst, und die Konvention stellt regelmäßig die Zusammenarbeit in das Ermessen der Zentralbehörden.[1332]

Die Grundidee des fünften Kapitels war die Akzeptanz der Limitierung der Zuständigkeit der entsprechenden inländischen Behörden durch die Mitgliedstaaten.[1333] Dies sollte dazu führen, dass jeglicher Wettstreit im Erlass von Schutzmaßnahmen vermieden wird.

---

[1327] Vgl. Kapitel II § 34 II. (S. 228 f.).
[1328] *Van Iterson*, ULR 1997, S. 474 (476).
[1329] Zu den Regelungen des MSA in Bezug auf die Zusammenarbeit vgl. Kapitel II § 26 I.3. (S. 132 f.).
[1330] *Siehr*, RabelsZ 62 (1998), S. 464 (495); *Detrick*, Hague Yearbook of int. law 1996, S. 77 (81); *Kropholler*, FS-Siehr S 379 (389).
[1331] *Allinger*, MSA S. 212 ff.; *Boelck*, Reformüberlegungen zum MSA S. 114; *Lagarde*-Bericht Pkt. 136; *Siehr*, Int. Privatrecht §11 VI (S. 69); *ders.*, RabelsZ 62 (1998), S. 464 (495); *Picone*, Riv. dir. int. priv. proc. 32 (1996), S. 705 (738); *Hoyer*, IPRax 1984, S. 164 (165); *Roth/Döring*, FuR 1999, S. 195; *Kropholler*, FS-Siehr S 379 (388); so haben beispielsweise Nachfragen in den Niederlanden und der Bundesrepublik ergeben, dass das System der Zusammenarbeit als höchst unzufriedenstellend angesehen wurde, vgl. *Van Iterson*, ULR 1997, S. 474 (484) und *Allinger*, MSA S. 212; *Kropholler*, RabelsZ 58 (1994) S. 1 (10); *Siehr*, FamRZ 1996, S. 1047 (1051).
[1332] *Van Iterson*, ULR 1997, S. 474 (476); *Clive*, The juridical review 1998, S. 169 (185).
[1333] *Lagarde*-Bericht Pkt. 6.

## 2. Zentrale Behörden
### a) Benennung, Art. 29 und 45 I KSÜ

Erforderlich ist eine Zentralbehörde („*Autorité central*", „*Central Authority*"), die von jedem Vertragsstaat zu schaffen und zu benennen ist (Art. 29 KSÜ). Hierbei lehnt sich das KSÜ an die bereits bestehenden Konventionen der jüngeren Jahre, das HKÜ und das Haager Adoptionsabkommen vom 29.5.1993, an[1334] und folgt damit dem Vorschlag *Boelcks*[1335]. Zwar wurde auch im MSA bestimmt, dass die Behörden untereinander zusammenarbeiten sollen, eine vergleichbare Zentralbehörde wurde indes nicht vorgesehen. Die Aufgaben dieser Zentralbehörden dienen größtenteils der Information und Arbeitserleichterung. Die Anrufung der Gerichte als solche bleibt weiterhin den betroffenen Parteien überlassen,[1336] weswegen die übrigen Vorschriften des KSÜ wohl zumeist von anderen staatlichen Körperschaften, Behörden und Gerichten genutzt werden, die in Bezug auf Schutzmaßnahmen für das Kind oder sein Vermögen tätig werden.[1337] Die Zentralbehörden sind von dem jeweiligen Vertragsstaat zu finanzieren, welcher sie eingerichtet hat (Art. 38 KSÜ),[1338] es bleibt jedoch den Vertragsstaaten unbelassen, im Hinblick auf die Gebühren beziehungsweise die Verbesserung der Zusammenarbeit dieser Zentralbehörden weitere Abkommen zu schließen (Art. 38 II und Art. 39 KSÜ).[1339]
Grundsätzlich gelten hier die üblichen Regelungen der internationalen Rechts-

---

[1334] *Lagarde*-Bericht Pkt. 138; *Oberloskamp*, FamRZ 1996, S. 918 (919); *DeHart*, Int. legal materials 1996, S. 1391 (1393); *Van Iterson*, ULR 1997, S. 474 (484 f.); *Detrick*, Hague Yearbook of int. law 1996, S. 77 (81); *Siehr*, FamRZ 1996, S. 1047 (1051); *ders.*, RabelsZ 62 (1998), S. 464 (495); *Nygh*, Australian Journal of Family Law 1997, S. 5 (9); *ders.*, NILR 1998, S. 1 (25); *Moura Ramos*, Infância e juventude 1998, S. 9 (32 f.); *Kropholler*, FS-Siehr S 379 (389); *Pirrung*, FS-Rolland, S. 278 (288); *Sturm*, IPRax 1997, S. 10 (13 f.).
[1335] *Boelck*, Reformüberlegungen zum MSA S. 117.
[1336] *Nygh*, Australian Journal of Family Law 1997, S. 5 (9); *ders.*, NILR 1998, S. 1 (25).
[1337] *DeHart*, N.Y. University journal of int. law & politics 2000, S. 83 (88).
[1338] *Lagarde*-Bericht Pkt. 137, 152; *McEleavy*, IFL 2001, S. 55 (58); *Detrick*, Hague Yearbook of int. law 1996, S. 77 (83); *Roth/Döring*, FuR 1999, S. 195 (204).
[1339] *Lagarde*-Bericht Pkt. 153; *Pirrung*, FS-Rolland, S. 278 (289); *Detrick*, Hague Yearbook of int. law 1996, S. 77 (83); *Siehr*, RabelsZ 62 (1998), S. 464 (498); *Roth/Döring*, FuR 1999, S. 195 (204). Die Kosten können aber beispielsweise auch durch Erhebung von Gebühren minimiert werden, sofern die Hilfe der Zentralbehörde beantragt wird, vgl. *Siehr*, RabelsZ 62 (1998), S. 464 (498); kritisch demgegenüber *McEleavy*, IFL 2001, S. 55 (58), der es als Mangel ansieht, dass die Staaten eigenständig über eine solche Erhebung entscheiden können.

hilfe, nach denen jede Behörde nach ihrem Recht tätig werden kann.[1340] Die Einrichtung der Zentralbehörde und die damit entstehende Kooperation zwischen gerichtlichen und behördlichen Institutionen der Vertragsstaaten wird als essentiell für die erfolgreiche Anwendung des Übereinkommens angesehen,[1341] gerade weil die neue Zuständigkeitsordnung und die Vollstreckbarkeit von Schutzmaßnahmen eine intensivere Zusammenarbeit erfordern.[1342] Die Zentralbehörden werden so zu einem echten Rechtshilfeorgan.[1343]

*b) Allgemeine Aufgaben, Art. 30 und 31 KSÜ*
Die Generalklausel des Art. 30 KSÜ bestimmt, dass die jeweiligen Zentralbehörden zusammenarbeiten und auch die Zusammenarbeit zwischen den zuständigen Behörden ihrer jeweiligen Staaten fördern und unterstützen sollen, um die Ziele des Abkommens zu erreichen.[1344] Somit besteht ihre Aufgabe auch in der Information anderer Staaten hinsichtlich des eigenen innerstaatlichen Rechts und der einschlägigen Tätigkeiten in Bezug auf den Kinderschutz.[1345]
Art. 31 KSÜ legt weiterhin als Aufgaben der Zentralbehörden fest, die Kommunikation zu vereinfachen und Hilfe anzubieten.[1346] Die Zentralbehörden sollen gemäß Art. 31 lit. b KSÜ durch Mediation, Vermittlung oder ähnliche Mittel gütliche Einigungen für den Kindes- oder Vermögensschutz finden[1347] und im Zweifel auf Anfrage der zuständigen Behörde oder einer anderen betroffenen Partei den gegenwärtigen Aufenthalt des Kindes ermitteln (Art. 31 lit. c).[1348]

---

[1340] *Siehr*, RabelsZ 62 (1998), S. 464 (495). Das bedeutet beispielsweise, dass sie Mitteilungen in ihrer Amtssprache erhält, sich aber bei eigenem Ersuchen auch der Amtssprache der ersuchten Behörde oder aber des Englischen oder Französischen bedienen muss, vgl. *Siehr*, RabelsZ 62 (1998), S. 464 (496); *Kropholler*, FS-Siehr S 379 (389); *Pirrung*, FS-Rolland, S. 278 (289).

[1341] *Detrick*, Hague Yearbook of int. law 1996, S. 77 (82); *Siehr*, FamRZ 1996, S. 1047 (1052).

[1342] *Siehr*, FamRZ 1996, S. 1047 (1052).

[1343] *Sturm*, IPRax 1997, S. 10 (14).

[1344] Insbesondere wird dies im Rahmen der Entscheidung über elterliche Verantwortung nach dem jetzigen oder früheren Aufenthaltsrecht des Kindes nach Art. 16 KSÜ oder bei der Berücksichtigung ausländischen Rechtes (Art. 15 II KSÜ) relevant, vgl. *Siehr*, RabelsZ 62 (1998), S. 464 (496).

[1345] *Detrick*, Hague Yearbook of int. law 1996, S. 77 (82).

[1346] So regelt Art. 31 lit. a KSÜ die Hilfe, sofern es um Maßnahmen im Sinne der erbetenen bzw. übertragenen Zuständigkeit gemäß Art. 8 und 9 KSÜ geht, vgl. *Siehr*, RabelsZ 62 (1998), S. 464 (496); *Detrick*, Hague Yearbook of int. law 1996, S. 77 (82); *McEleavy*, IFL 2001, S. 55 (58).

[1347] *Lagarde*-Bericht Pkt. 140; *McEleavy*, IFL 2001, S. 55 (58); *DeHart*, Int. legal materials 1996, S. 1391 (1393); *Detrick*, Hague Yearbook of int. law 1996, S. 77 (82); *Siehr*, RabelsZ 62 (1998), S. 464 (496); *Sturm*, IPRax 1997, S. 10 (13 f.).

[1348] *Lagarde*-Bericht Pkt. 141; *Detrick*, Hague Yearbook of int. law 1996, S. 77 (82); *Nygh*, NILR 1998, S. 1 (25).

Das MSA bestimmt demgegenüber keine Grundregeln, sondern stellt die Zusammenarbeit als Soll-Vorschrift auf und bestimmt nur innerhalb der Voraussetzungen des Art. 4 I MSA und Art. 5 V MSA gesondert eine Zusammenarbeit, was zu Unklarheiten führte.[1349] Dass die Neuerungen eine vermehrte Zusammenarbeit ermöglichen, als dies vorher beim MSA der Fall war, kann erwartet werden. Allerdings bleibt abzuwarten, ob gleichzeitig auch der gewünschte Erfolg erzielt wird, denn oft ist die Zusammenarbeit nur optional. Grundsätzlich sprechen aber die zur Verfügung gestellten Normen dafür, dass im Problemfall eine Partei oder eine Behörde die entsprechenden Zentralbehörden anrufen, um Hilfe bitten oder benachrichtigen wird.

*c) Aufgaben bei der Ergreifung von Maßnahmen, Art. 32 bis 34 KSÜ*
Die Art. 32 bis 34 KSÜ normieren im Hinblick auf die Ergreifung von Maßnahmen besondere Verpflichtungen.[1350]
Zu den wohl relevantesten Artikeln im Rahmen des fünften Kapitels zählt Art. 33 KSÜ, der unter anderem das Problem der *kafala*, die den Platz der Adoption in den islamischen Staaten einnimmt,[1351] behandelt,[1352] und der Behörde keinen Ermessensspielraum lässt.[1353] Diese Bestimmung füllt die Lücke in der Deckung des Adoptionsübereinkommens vom 29.5.1993[1354] und den Vorschriften, welche auf das Institut der *kafala* nicht anwendbar sind.[1355] Art. 33 KSÜ bestimmt, dass im Falle einer beabsichtigten Unterbringung des Kindes in einer

---

[1349] Dazu siehe Kapitel II § 28 I.3.c) (S. 162 f.).
[1350] Gemäß Art. 32 lit. a KSÜ ist beispielsweise eine Berichterstattung durch die Zentralbehörden am gewöhnlichen Aufenthaltsort des Kindes möglich, sie können aber auch die Zentralbehörden anderer Staaten um Überprüfung der Notwendigkeit von Schutzmaßnahmen ersuchen (Art. 32 lit. b KSÜ). Eine Verpflichtung hierzu besteht indes nicht, vgl. *Lagarde*-Bericht Pkt. 142. Art. 42 und 41 KSÜ bestimmen die Vertraulichkeit dieser Auskünfte, die ausschließlich dem Kindesschutz zu dienen bestimmt sind, vgl. *Siehr*, RabelsZ 62 (1998), S. 464 (497).
[1351] *Silberman*, FS-Siehr S. 703 (709); *Van Iterson*, ULR 1997, S. 474 (485). So ist die *kafala* beispielsweise in Art. 116 ff. des Algerischen Familiengesetzbuches vom 9.6.1984 normiert, vgl. *Henrich*, Int. Familienrecht § 8 VI (S. 333, Fn. 132).
[1352] *Lagarde*-Bericht Pkt. 143; *Detrick*, Hague Yearbook of int. law 1996, S. 77 (78); *DeHart*, N.Y. University journal of int. law & politics 2000, S. 83 (88); *dies.*, Int. legal materials 1996, S. 1391 (1393).
[1353] *Lagarde*-Bericht Pkt. 143; *Clive*, The juridical review 1998, S. 169 (186).
[1354] Übereinkommen vom 29.5.1993 auf dem Gebiet internationaler Adoption, Rev. crit. 82 (1993), 506.
[1355] *Detrick*, Hague Yearbook of int. law 1996, S. 77 (78); *DeHart*, N.Y. University journal of int. law & politics 2000, S. 83 (87); *Siehr*, FamRZ 1996, S. 1047 (1048 Fn. 17); *ders.*, RabelsZ 62 (1998), S. 464 (476).

Pflegefamilie oder in einem Heim, oder der Versorgung durch *kafala*[1356] oder eine ähnliche Institution in einem anderen Staat die entsprechende Behörde, welche die Maßnahme treffen will, zunächst die Zentralbehörde oder zuständige Stelle des entsprechenden Staates konsultieren soll,[1357] denn ohne deren Zustimmung darf eine solche Maßnahme nicht getroffen werden.[1358] Eine Missachtung führt zu einer fehlenden Anerkennungspflicht des übergangenen Staates hinsichtlich dieser Maßnahme (Art. 23 II lit. f KSÜ).[1359]
Art. 34 KSÜ sieht vor, dass bei einer beabsichtigten Maßnahme die zuständigen Behörden alle anderen Vertragsstaaten um Mitteilung der ihnen bekannten und relevanten Informationen hinsichtlich dieses Kindes oder seines Vermögens ersuchen können,[1360] sofern dies für den Kindesschutz erforderlich ist und vertraulich behandelt wird (Art. 41 KSÜ).

*d) Aufgaben bei der Durchsetzung von Maßnahmen, Art. 35 KSÜ*
In Art. 35 KSÜ wird normiert, dass im Falle der Ergreifung von Schutzmaßnahmen ebenfalls eine Zusammenarbeit stattfinden hat. Abs. 1 normiert das Grundprinzip, wonach sich Behörden der Vertragsstaaten bei der wirksamen Ausübung des Umgangs- und Kontaktrechts behilflich sein sollen.[1361] So gewonnene Beweise, Auskünfte und Feststellungen sind in dem anhängigen Verfahren zuzulassen und zu berücksichtigen.[1362] Die Absätze 2 bis 4 sollen denjenigen Eltern helfen, welche ihren gewöhnlichen Aufenthalt in einem anderen Staat haben als das Kind, und die somit nicht unter den Anwendungsbereich der Konvention fallen.[1363] Der jeweilige Elternteil kann in seinem Aufenthaltsstaat den Antrag stellen, die Erfolgsaussichten seines Vorhabens zu beurteilen und

---

[1356] Kritisch zur Nennung der *kafala*: *Siehr*, RabelsZ 62 (1998), S. 464 (476), der bezweifelt, ob die Qualifizierung der *kafala* als Schutzmaßnahme dem islamischen Institut gerecht werde, denn Schutzmaßnahmen können leicht abgeändert werden.
[1357] *Detrick*, Hague Yearbook of int. law 1996, S. 77 (82); *Siehr*, RabelsZ 62 (1998), S. 464 (497).
[1358] Hierzu muss der konsultierten Behörde der Grund für die entsprechenden Erwägungen mitgeteilt werden, vgl. *Detrick*, Hague Yearbook of int. law 1996, S. 77 (82).
[1359] *Siehr*, RabelsZ 62 (1998), S. 464 (497).
[1360] *Lagarde*-Bericht Pkt. 144 f.; *Detrick*, Hague Yearbook of int. law 1996, S. 77 (82); *Siehr*, RabelsZ 62 (1998), S. 464 (497); *Nygh*, NILR 1998, S. 1 (26).
[1361] *Lagarde*-Bericht Pkt. 146; *McEleavy*, IFL 2001, S. 55 (58); *DeHart*, Int. legal materials 1996, S. 1391 (1393); *Siehr*, RabelsZ 62 (1998), S. 464 (497).
[1362] *Siehr*, RabelsZ 62 (1998), S. 464 (497).
[1363] Diesen Eltern wird die Möglichkeit gegeben, Beweise, Auskünfte und Feststellungen zu suchen beziehungsweise zu beantragen, ohne gezwungen zu sein, dies im Staat des gewöhnlichen Aufenthaltes ihres Kindes zu tun, vgl. *Lagarde*-Bericht Pkt. 147 ff.; *Van Iterson*, ULR 1997, S. 474 (486); *Nygh*, Australian Yearbook of Family Law 1997, S. 5 (10); *Detrick*, Hague Yearbook of int. law 1996, S. 77 (82); *McEleavy*, IFL 2001, S. 55 (58).

festzustellen, unter welchen Bedingungen sein Antrag Erfolg haben kann.[1364] Ein solcher Nachweis ist in jedem anderen Vertragsstaat zugelassen.[1365] Sofern im Staate des gewöhnlichen Aufenthaltes des Kindes ein Antrag auf Beschränkung oder Verwehrung der Rechte eines Elternteils aus einem Nichtvertragsstaat gestellt wird, hat das Gericht das anhängige Verfahren zu vertagen, bis der oben genannte Nachweis aus dem Nichtvertragsstaat erbracht wurde,[1366] kann aber dennoch vorläufige Maßnahmen treffen (Art. 35 IV KSÜ).

*e) Gefährdung des Kindes, Art. 36 KSÜ*
Eine weitere Aufgabe der Zentralbehörden besteht darin, bei einem Aufenthaltswechsel die Behörden des Vertragsstaates, in dessen Hoheitsgebiet das Kind umzieht, über vom Ursprungsstaat aufgrund möglicher schwerer Gefahren für das Kind getroffene oder in Betracht gezogene Maßnahmen zu informieren (Art. 36 KSÜ).

3. Allgemeine Verfahrensregeln
Auch für umherziehende Kinder wird eine Regelung getroffen. Die zuständigen Behörden des einen Staates, welche Schutzmaßnahmen im Rahmen einer schweren Gefährdung des Kindes ergreifen oder in Betracht ziehen, haben laut Art. 36 KSÜ die Pflicht, die entsprechenden Behörden am Aufenthaltsort des Kindes über die relevanten Punkte zu informieren, also welche Gefährdung vorliegt und welche Maßnahmen getroffen werden beziehungsweise zu treffen beabsichtigt sind.[1367]
Art. 37 KSÜ dient weniger der Information als dem Schutz des Kindes, indem bestimmt wird, dass jegliche Informationen im Sinne des Kapitels V nicht zu erfolgen haben, sofern sie das Kind oder sein Vermögen gefährden oder eine ernsthafte Bedrohung für Leben oder Freiheit eines Familienmitgliedes des Kin-

---

[1364] *Nygh*, Australian Yearbook of Family Law 1997, S. 5 (10); *Detrick*, Hague Yearbook of int. law 1996, S. 77 (83).
[1365] *Nygh*, Australian Yearbook of Family Law 1997, S. 5 (10); *Detrick*, Hague Yearbook of int. law 1996, S. 77 (83).
[1366] *Lagarde*-Bericht Pkt. 145; *Van Iterson*, ULR 1997, S. 474 (486); *Nygh*, Australian Yearbook of Family Law 1997, S. 5 (10); ders., NILR 1998, S. 1 (26); *Siehr*, RabelsZ 62 (1998), S. 464 (497); *Detrick*, Hague Yearbook of int. law 1996, S. 77 (83); *DeHart*, Int. legal materials 1996, S. 1391 (1393).
[1367] *Lagarde*-Bericht Pkt. 150; *Clive*, The juridical review 1998, S .169 (185); *Nygh*, Australian Journal of Family Law 1997, S. 5 (9); ders., NILR 1998, S. 1 (26); *Detrick*, Hague Yearbook of int. law 1996, S. 77 (83); *Siehr*, RabelsZ 62 (1998), S. 464 (498); *DeHart*, Int. legal materials 1996, S. 1391 (1393).

des sein könnten[1368]. Hierbei wurden Staaten berücksichtigt, in denen Auskünfte über die Familienverhältnisse gegen staatliche, religiöse oder andere ideologische Vorbehalte sprechen würden.[1369]

## 4. Zusammenfassung

Die Regelungen hinsichtlich der Zusammenarbeit der Behörden stellen vor allem durch Errichtung von Zentralbehörden eine enorme Verbesserung gegenüber dem MSA dar. Hinzu kommt, dass detaillierte Verfahrensregelungen und Pflichten der Behörden normiert werden, an die sich jede Zentralbehörde zu halten hat. Es kann daher eine verbesserte Zusammenarbeit erwartet werden. Problematisch ist allerdings, dass die Zusammenarbeit auch im KSÜ nicht zwingend vorgeschrieben ist, sondern vielmehr dem Ermessen der entsprechenden Staaten beziehungsweise deren Gerichten und Behörden und damit auch den Zentralbehörden obliegt. Angesichts der freiwilligen Verpflichtung der Staaten durch Unterzeichnung des Abkommens sollte jedoch davon ausgegangen werden können, dass es nicht im Interesse eines der Mitgliedstaaten liegt, einer Zusammenarbeit aus dem Weg zu gehen oder sie zu hemmen.

## II. Vergleich

Die EuEheVO sieht eine Zusammenarbeit der Behörden nicht vor.[1370] Sowohl das KSÜ als auch der VO-E[1371] gehen jedoch von der Einrichtung zentraler Behörden aus. Obwohl der Wortlaut sich leicht unterscheidet, sagen die Vorschriften doch grundsätzlich dasselbe aus: Die Zentralbehörden haben die Aufgabe, ihren Staat in Bezug auf die Durchführung des jeweiligen Staatsvertrages zu unterstützen, die Vorschriften bestimmen die Aufgaben der Zentralbehörden und allgemeine Verfahrensregeln. Hierbei erweisen sich die Regelungen des KSÜ als detaillierter, so dass zu untersuchen ist, inwiefern der VO-E demgegenüber Mängel aufweist oder möglicherweise nicht erforderliche Regelungen auslässt. Der VO-E legt als Aufgaben der Zentralbehörden die Einrichtung eines Informationssystems und das Treffen von Vorkehrungen fest, um die Zusammenarbeit untereinander zu stärken. Hier sollen für die anderen Mitgliedstaaten innerstaatliche Rechtsvorschriften und Verfahren offengelegt werden (Art. 56 VO-E). Die Zusammenarbeit soll in bestimmten Fällen erfolgen, um sicherzustellen, dass die Rechte der elterlichen Verantwortung für ein Kind effektiv ausgeübt werden (Art. 57 VO-E). Dem entspricht zwar nicht seinem Wortlaut, doch seinem Sinn

---

[1368] *Lagarde*-Bericht Pkt. 151; *DeHart,* Int. legal materials 1996, S. 1391 (1393); *Detrick,* Hague Yearbook of int. law 1996, S. 77 (83); *Siehr,* RabelsZ 62 (1998), S. 464 (498); *Nygh,* NILR 1998, S. 1 (26).
[1369] *Siehr,* RabelsZ 62 (1998), S. 464 (498).
[1370] Vgl. dazu Kapitel II § 28 II.9. (S. 197 f.).
[1371] Kapitel I Teil 2 § 22 (S. 127 f.).

nach Art. 30 KSÜ.
Satz 2 des Art. 57 VO-E bestimmt, dass die Zentralbehörden nach ihrem innerstaatlichen Recht vorzugehen haben. Das KSÜ trifft demgegenüber in seinem fünften Kapitel keine Regelungen hinsichtlich des anzuwendenden Rechts. Sofern sich also nichts aus den allgemeinen Regeln der Art. 29 ff. KSÜ ergibt, ist auf das nationale Recht der jeweiligen Zentralbehörde abzustellen.
Der Informationsaustausch über die Situation des Kindes (Art. 57 lit. a VO-E) findet sich in Art. 34 I KSÜ wieder. Die in Art. 34 II KSÜ gestattete Erklärung, dass ein Ersuchen nur über die Zentralbehörden zu richten ist, findet sich in dem VO-E jedoch nicht. Allerdings wird dort auch in Art. 55 I VO-E generell vorausgesetzt, dass die Behördenzusammenarbeit nur über die zentralen Behörden erfolgt, weswegen eine vergleichbare Regelung entbehrlich ist.
Die Unterstützung bei der Vollstreckung von Entscheidungen (Art. 57 lit. d VO-E) ist in Art. 35 I KSÜ normiert. Die Absätze 2 und 3 dieser Vorschrift bestimmen Besonderheiten bei Verfahren hinsichtlich des Umgangsrechtes, was sich so im fünften Kapitel des VO-E nicht wiederfindet. Allerdings normiert dieser in Art. 57 VO-E die Zusammenarbeit der Zentralbehörden in Bezug auf die praktische Regelung der elterlichen Verantwortung, was den Bereich abdeckt. Der VO-E bezieht hier auch Entscheidungen über die Rückführung eines Kindes mit ein (Art. 57 lit. c und e VO-E). Sofern in einem Staat die erforderliche Schutzmaßnahme getroffen oder ein entsprechendes Verfahren eingeleitet wird, erfolgt eine Benachrichtigung der anderen Zentralbehörden. Während Art. 56 S. 1 VO-E dies in Bezug auf alle Maßnahmen bestimmt, legt Art. 36 KSÜ das für Eilmaßnahmen fest. Die Möglichkeit, der zuständigen Behörde die Einleitung eines Verfahrens oder das Treffen der erforderlichen Schutzmaßnahme zu empfehlen (Art. 57 lit. b VO-E), wird ebenso in Art. 32 KSÜ festgehalten. Das KSÜ fordert hier jedoch ein ‚begründetes' Ersuchen, während der VO-E von ‚empfehlen' spricht. Zwar ist der Wortlaut der Normen insofern unklar, es kann jedoch davon ausgegangen werden, dass bei beiden Staatsverträgen eine zentrale Behörde durch Benachrichtigung eine andere auf ihre Zuständigkeit hinweisen kann. Dass dies in der Regel begründet sein wird, ist zu erwarten, weswegen sich hier keine Unterschiede zwischen KSÜ und VO-E ergeben.
Die Förderung einer gütlichen Einigung durch Mediation oder auf anderem Wege ist in Art. 57 lit. f VO-E und Art. 31 lit. b KSÜ normiert.
In dem VO-E werden in Art. 57 lit. c und lit. a i) VO-E entgegen den Vorentwürfen nun doch Regelungen über die Ergründung des Aufenthaltes des Kindes (vgl. Art. 31 lit. c KSÜ) und über die Berichterstattung hinsichtlich der Lage des Kindes (vgl. Art. 32 lit. a KSÜ) normiert. Auch die Zusammenarbeit bei einer Übertragung der Zuständigkeit (siehe Art. 31 lit. a KSÜ) wird geregelt (Art. 57 lit. e VO-E), ebenso wie die Kostentragung (vgl. dazu Art. 38 KSÜ) in Art. 58 IV VO-E. Regelungen über die Unterbringung des Kindes wie in Art. 33 KSÜ fehlen jedoch. Ferner enthält der VO-E keine Ausführungen zum Datenschutz

wie in Art. 37 KSÜ. Auch die Möglichkeit weiterer Vereinbarungen zwischen den Vertragsstaaten (Art. 39 KSÜ) wurde nicht berücksichtigt.
Während Art. 58 I VO-E bestimmt, dass ein Antrag auf Unterstützung durch die Zentralbehörde von jedem Träger der elterlichen Verantwortung gestellt werden kann, legt das KSÜ in den einzelnen Bestimmungen fest, dass die jeweiligen Aktionen der zentralen Behörde auf Ersuchen der anderen Behörden erfolgt (vgl. beispielsweise Art. 31 lit. c, Art. 32, Art. 34 KSÜ).
Nach Art. 59 VO-E sollen Zusammenkünfte der Zentralbehörden durch die Kommission einberufen werden. Dem vergleichbar ist Art. 56 KSÜ, der sich aber nicht explizit auf die zentralen Behörden bezieht. Es ist jedoch davon auszugehen, dass eine Spezialkommission zur praktischen Durchführung des KSÜ aus Vertretern der entsprechenden Mitgliedstaaten und demzufolge sinnvollerweise Vertretern der Zentralbehörden bestehen wird.
Das KSÜ trifft grundsätzlich umfangreichere und detailliertere Regelungen der Zusammenarbeit der Behörden. Allerdings wird durch die Generalnorm des Art. 56 VO-E festgelegt, dass die allgemeine Aufgabe der Zentralbehörden darin besteht, die Durchführung der Verordnung zu erleichtern und die effektive Ausübung der Rechte der elterlichen Verantwortung für das Kind sicherzustellen. Die relativ allgemein gehaltenen Aufzählungen erreichen so, dass alle im Vergleich zum KSÜ fehlenden Bereiche wenn auch nicht ausdrücklich, so wenigstens durch allgemeine Formulierungen, abgedeckt sind. Hinzu kommen die besonderen Fälle, in denen eine Zusammenarbeit ausdrücklich zu erfolgen hat (Art. 57 VO-E), durch die gerade die Verfahren der elterlichen Verantwortung ausführlich behandelt werden. Dem KSÜ gegenüber stellt sich dies demnach nicht als Nachteil dar. Hinzu kommt, dass auf nachrangige Staatsverträge und zuletzt auf autonomes Recht zurückzugreifen ist, wenn eine Regelung in dem VO-E fehlt. Der VO-E regelt die Zusammenarbeit also weniger ausführlich als das KSÜ, es lassen sich jedoch keine gravierenden Mängel in dem Regelungswerk feststellen. Er stellt sich gegenüber der EuEheVO durch die vorhandenen Regelungen in jedem Fall als Verbesserung dar.

## § 46 BEURTEILUNG

Vergleicht man die Verordnungen mit dem KSÜ, so zeigt sich, dass das Abkommen eine enorme Verbesserung gegenüber dem MSA darstellt, weswegen allen Vertragsstaaten des MSA zu empfehlen ist, dieses durch Ratifikation des KSÜ alsbald zu ersetzen. Nicht nur Problemfälle wie Art. 3 MSA und die Vorbehalte des Art. 4 MSA oder die fehlenden Vollstreckungsvorschriften werden beseitigt, auch die in der Praxis nicht wie geplant funktionierenden Vorschriften zur Zusammenarbeit wurden geändert, so dass in Zukunft hier Fortschritte zu erwarten sind.
Im Zusammenspiel mit den Verordnungen kommt hinzu, dass sowohl die EuE-

heVO als auch der VO-E auf ein Zusammenwirken mit dem KSÜ eingerichtet sind, welches bei ihrer Ausarbeitung berücksichtigt wurde. Im Gegensatz zum MSA, welches zwangsläufig zwar ebenfalls Berücksichtigung fand, konnte das KSÜ aber aufgrund seines Alters die aktuellen Entwicklungen weitgehend berücksichtigen, was beispielsweise im Rahmen der Rechtshängigkeit besonders deutlich wird. Sofern der VO-E die EuEheVO ablöst, ist das Verhältnis zwischen ihr und dem KSÜ aufgrund der Ähnlichkeit vieler Vorschriften noch einfacher zu bewältigen. Die geäußerten Bedenken[1372] vermögen die Vorteile, die durch ein Zusammenwirken der Verordnung und des Abkommens zu erwarten sind, nicht zu entkräften.

Hervorzuheben ist auch die Zusammenarbeit der Behörden, die in der EuEheVO nicht vorgesehen ist, in dem VO-E aber in Anlehnung an das KSÜ übernommen wurde. Zu beachten ist, dass zwar das Abkommen bisher lediglich von wenigen Staaten ratifiziert wurde, allerdings schon viele Staaten inzwischen beigetreten sind, das Abkommen aber noch nicht ratifiziert haben. Dies mag zunächst zögerlich erscheinen, ist jedoch damit zu erklären, dass zunächst die Ermächtigung des Rates der EU zur Unterzeichnung abgewartet wurde und anschließend ein Kommissionsvorschlag bezüglich der gemeinsamen Ratifizierung vorgelegt wurde, wobei nunmehr die Billigung des Parlaments erfolgt ist.

Anzuwenden ist grundsätzlich die EuEheVO beziehungsweise nach ihrer Ablösung der VO-E. Sofern in manchen Staaten dann das MSA noch gilt, greift subsidiär dieses ein, in anderen Staaten ist unter Umständen gleichzeitig bereits das KSÜ in Kraft und würde stattdessen eingreifen. Erst dann, wenn keines der beiden Abkommen in Kraft ist oder eingreifen kann, kann auf nationales Recht abgestellt werden. Eine Ratifizierung ist nunehr gemeinsam durch Hinterlegung der Urkunden bis zum 30.6.2004 geplant. Anwendbar wäre bei Geltung des KSÜ auch auf Europaebene die jeweils geltende Verordnung, subsidiär würde das KSÜ in allen EU-Mitgliedstaaten eingreifen, und erst, wenn dieses auch keine Anwendung finden würde, wäre in allen Staaten gleichermaßen auf das nationale Recht zu rekurrieren.

Gerade in Anbetracht der zunehmenden Vergemeinschaftung des Rechts vor allen in der EU sind konforme Regelungen in den verschiedenen Staaten empfehlenswert. Sofern nun geplant ist, auf EU-Ebene das KSÜ gleichzeitig zu ratifizieren, ist dies also nur zu begrüßen, vor allem, da so in allen EU-Staaten übereinstimmende Regelungen getroffen werden.

---

[1372] *Helms,* FamRZ 2003, S. 1593 (1601).

## IV.
### SCHLUSSBETRACHTUNG

Die Ausführungen haben durch Vergleiche sowohl zwischen der EuEheVO und dem VO-E als auch zwischen den Verordnungen und dem MSA beziehungsweise KSÜ und durch allgemeinen Erörterungen und Problemstellungen ergeben, dass die derzeitige Lösung auf dem Gebiet der elterlichen Verantwortung und des Kindesschutzes nicht befriedigt. Der VO-E stellt diesbezüglich bereits eine enorme Verbesserung gegenüber der EuEheVO dar, weswegen eine Ersetzung der geltenden Verordnung durch den Entwurf grundsätzlich zu befürworten ist. Verbesserungswürdig bleibt die Lage indes auch noch dann, wenn der VO-E die EuEheVO so wie jetzt geplant ersetzen wird.

Der VO-E sollte entgegen zunächst anderer Pläne wie im aktuellen Entwurf als eigenes Regelwerk in Kraft treten und die EuEheVO ablösen. Vorzuziehen ist auch, den Anwendungsbereich des VO-E auf die Zuständigkeit, die Anerkennung und die Vollstreckung von Entscheidungen der elterlichen Verantwortung und Entscheidungen von Eheverfahren zu erstrecken. Hierdurch wird ein unübersichtliches Regelwerk aus unterschiedlichen Verordnungen vermieden, was der Rechtsfindung und demzufolge auch –sicherheit dienlich ist.

In der EuEheVO fehlt eine Regelung zum legalen Aufenthaltswechsel, eine solche ist jedoch nun in Art. 11 VO-E normiert. Das Abstellen auf den gewöhnlichen Aufenthalt eines Elternteils gemäß Art. 11 lit. b VO-E ist, da in Kindschaftssachen grundsätzlich nur auf das Kind selbst abgestellt werden sollte, ausnahmsweise deshalb zu rechtfertigen, weil hierdurch einem *forum shopping* durch den anderen Elternteil entgegengewirkt werden soll.

Bei einem illegalen Aufenthaltswechsel ist ein umfassender Kindesschutz durch die Art. 21 ff. VO-E gewährleistet. Anstatt eine ausdrückliche Vorrangstellung des HKÜ zu normieren, wird in dem VO-E eine Verpflichtung zur Anerkennung und Vollstreckung von Rückgabemaßnahmen normiert, die auf Grundlage der Zuständigkeitsnormen für Kindesentführung (Art. 21 – 25 VO-E) getroffen wurden. Die Vorschriften lehnen sich eng an das HKÜ an. Ausweislich des Art. 61 lit. e VO-E ist das HKÜ subsidiär. Durch eine selbständige Normierung werden auch hier Übersichtlichkeit und sichere Rechtsfindung gewährleistet. Alle erforderlichen Regelungen zum Kindesschutz im Rahmen der elterlichen Verantwortung werden so in den EU-Mitgliedstaaten in einem Regelwerk kodifiziert. Auf Abkommen wie das HKÜ muss nur noch dann abgestellt werden, wenn es nicht um ‚elterliche Verantwortung' im Allgemeinen beziehungsweise Umgangs- oder Sorgerecht im Speziellen geht.

Das Problem eines *forum shopping* wird bei einem illegalen Aufenthaltswechsel durch den VO-E (Kapitel III, Art. 21 ff. VO-E) hinreichend ausgeschlossen. Bei einem legalen Aufenthaltswechsel entstehen im Rahmen der EuEheVO jedoch derzeit noch vor allem deshalb Probleme, weil keine expliziten Anforderungen an die Begründung eines neuen gewöhnlichen Aufenthaltes gestellt werden. Aufgrund der ‚Verlagerung' der Kindschaftssachen aus der EuEheVO in den VO-E und die eigenständige Regelung von Entführungsfällen wird dies nun durch die Art. 21 ff. VO-E zufriedenstellend gelöst.

Eine Annexkompetenz für Entscheidungen über die elterliche Verantwortung für Gerichte und Behörden, die nach der EuEheVO für das Eheverfahren zuständig sind, wird in Art. 12 VO-E vorgesehen, so dass durch die Neuregelung keine Abstriche von bestehenden Regelungen gemacht werden. Sinnvoll ist auch die Übertragungsmöglichkeit des Art. 15 VO-E in Anlehnung an die Art. 8 und Art. 9 KSÜ. Hierbei kann auch eine Heimatbehörde berücksichtigt werden (Art. 15 I lit. b VO-E). Das Abstellen auf die Staatsangehörigkeit kann hier damit gerechtfertigt werden, dass als Bedingung gestellt wird, dass die entsprechende Behörde das Kindeswohl besser beurteilen kann als die eigentlich zuständige. Es geht somit weniger um die Staatsangehörigkeit als solche als vielmehr um das Kindeswohl. Zudem ist die Heimatbehörde nur eine von mehreren in Betracht kommenden Alternativen.

Auch sofern in dem VO-E eine Verweisung an das Ehegericht möglich ist, kann sich eine solche ebenfalls an ein Gericht des Staates vollziehen, dessen Staatsangehörigkeit ein Kind hat. Da die Verweisung jedoch auch hier nur aufgrund des Kindeswohls erfolgen kann, liegt sie im Ermessen der Behörde, und die Mehrstaaterproblematik dürfte sich nicht mehr stellen.

Die Problematik im Rahmen der Eilmaßnahmen in der EuEheVO wird durch eine Trennung von Kindschafts- und Eheverfahren nicht behoben, da die bisher bestehende Möglichkeit des Erlasses einer Eilmaßnahme auch hinsichtlich des Vermögens des Kindes weitergeführt wird (Art. 20 VO-E).

Die Anerkennungs- und Vollstreckungsvorschriften werden in dem VO-E gesondert festgelegt, wobei grundsätzlich zwischen Eheverfahren und Verfahren der elterlichen Verantwortung klar differenziert wird, indem sie in unterschiedlichen Abschnitten geregelt werden. Zusätzlich gibt es gemeinsame Bestimmungen. Die Normen entsprechen weitestgehend den Art. 14, Art. 15 II EuEheVO und den Art. 16 bis 31 EuEheVO, weswegen sich hier grundsätzlich keine großen Änderungen ergeben. Eine Besonderheit stellt die Sonderregelung der Vollstreckbarerklärung für Umgangsrechts- und Rückführungsentscheidungen dar, die das Verfahren in diesen Fällen stark vereinfacht, was zu begrüßen ist.

Sofern die Möglichkeit einer Annexkompetenz der nach der EuEheVO für die Ehesache zuständigen Behörden in Betracht kommt, fehlt die zur Vermeidung von Unklarheiten ausdrückliche Normierung, dass die Anerkennung beziehungsweise Vollstreckung der Entscheidung über die elterliche Verantwortung nicht die gleichzeitige Anerkennung oder Vollstreckung des im Eheverfahren ergangenen Urteils voraussetzt, sondern sich vielmehr dennoch nach dem VO-E richtet. Dies könnte beispielsweise in einem Absatz 2 des Art. 28 VO-E, welcher die Gründe für die Nichtanerkennung einer Entscheidung abschließend normiert, erfolgen.

Eine fehlerhafte Zusammenarbeit zwischen den Behörden kann entgegen erster Überlegungen nicht auf Antrag eines hierdurch Verletzten als Anerkennungsbeziehungsweise Vollstreckungshindernis geltend gemacht werden. Aufgrund der wenigen speziellen Gründe, die einer Anerkennung beziehungsweise Vollstreckung entgegenstehen, ist eine Ausweitung derselben nicht zu empfehlen. Je mehr Gründe vorliegen, um eine Anerkennung oder Vollstreckung zu versagen, desto mehr wird auch eine Verzögerung der Anerkennung oder Vollstreckung erfolgen, wenn zunächst umfangreiche Prüfungen zu erfolgen haben. Gerade durch die Vorschriften der Art. 29 ff. VO-E wird deutlich, dass solche nicht erfolgen sollen. Die Beschränkung auf wenige abschließend normierte Hindernisse ist daher zu befürworten.

Aufgrund der Rechtshängigkeitsnormen der Art. 16 beziehungsweise Art. 19 VO-E und Art. 11 EuEheVO kann es nicht zu gleichzeitigen Verfahren kommen. Vorteilhaft ist die ausdrückliche Trennung zwischen Ehe- und Kindschaftsverfahren.

Eine Behördenzusammenarbeit durch Zentralbehörden ist in dem VO-E normiert, nicht jedoch in der EuEheVO. Sie ist jedoch erforderlich, um eine mögliche Rechtshängigkeit, später ergangene Entscheidungen etc. in Erfahrung zu bringen. Der VO-E stellt auch auf diesem Gebiet vor allem deshalb eine Verbesserung dar, weil er gesonderte Regelungen für die Behördenzusammenarbeit bei Fragen der elterlichen Verantwortung generell und auch in Entführungsfällen festlegt. Es sollten der Vollständigkeit halber jedoch Vereinbarungen zwischen den Vertragsstaaten, welche die Zusammenarbeit fördern, in Anlehnung an das KSÜ (Art. 39 KSÜ) ausdrücklich zugelassen werden, auch wenn sich die Möglichkeit, Übereinkünfte zu schließen, aus der Rechtsprechung des EuGH ergibt.

Die Ausführungen ergeben, dass sich das Zusammenspiel von EuEheVO beziehungsweise VO-E und MSA beziehungsweise KSÜ als nicht ganz einfach darstellt. Komplizierter wird die Lage derzeit noch dadurch, dass das KSÜ das MSA noch nicht abgelöst hat, sondern vielmehr nur in einer geringen Anzahl von Staaten gilt, die bisher aber keine Vertragsstaaten des MSA waren. Aufgrund der zahlreichen Verbesserungen gegenüber dem MSA sollte das KSÜ innerhalb einer kurzen Zeitspanne mindestens von allen bisherigen Vertragsstaaten des MSA unterzeichnet und ratifiziert werden, um Verwirrungen und Rechtsanwendungsunsicherheiten vorzubeugen. Eine ‚Verlagerung' der gemeinsamen Ratifizierung bis zum 1. Januar 2006, wie bereits angedacht, ist durch das Parlament nicht vorgesehen, von dort wird angedacht, die Ratifizierungsurkunden vor dem 30.6.2004 zu hinterlegen, was zu empfehlen wäre, da das KSÜ jedenfalls dann gelten sollte, wenn der VO-E in Kraft tritt. Hinsichtlich der EuEheVO und des VO-E (nach seinem Inkrafttreten) ergeben sich insoweit keine Probleme, da der VO-E als Rechtsakt der Europäischen Union unmittelbar in den Mitgliedsstaaten gelten und die EuEheVO ersetzen wird.

Zu befürworten ist jedenfalls die geplante Ratifizierung des KSÜ durch alle Mitgliedstaaten, mit dem Ziel, dass dieses überall gleichzeitig in Kraft tritt, um insoweit den Kindesschutz auch dort zu gewährleisten, wo der Anwendungsbereich des VO-E nicht hinreicht. Hinzu kommt, dass dies klare und einheitliche Rechtslagen in allen EU-Staaten bedeuten und so weiter zur Vereinheitlichung des Rechts in der EU beitragen würde. Durch Festlegung des Verhältnisses der Verordnung zum KSÜ und zu anderen relevanten Abkommen in den Art. 37 EuEheVO und Art. 61 VO-E entstehen keine Unklarheiten in den gemeinsamen Mitgliedstaaten, die Verordnung geht dem Abkommen in jedem Fall zunächst vor. Erst wenn sie nicht greift, kann letzteres Anwendung finden, das jedoch dann in jeden EU-Mitgliedstaat. Die Anwendung der Verordnung ist gesichert, durch Ratifizierung des KSÜ wird aber ein umfangreicherer Kindesschutz gewährleistet.

**STUDIEN ZUM VERGLEICHENDEN UND INTERNATIONALEN RECHT**

Herausgeber: Bernd von Hoffmann, Erik Jayme und Heinz-Peter Mansel

Band 1 Ferdinand Henke: Die Datenschutzkonvention des Europarates. 1986.

Band 2 Peter Czermak: Der express trust im internationalen Privatrecht. 1986.

Band 3 Peter Kindler: Der Ausgleichsanspruch des Handelsvertreters im deutsch-italienischen Warenverkehr. Eine rechtsvergleichende und kollisionsrechtliche Untersuchung. 1987.

Band 4 Wilhelm Denzer: Stellung und Bedeutung des Engineers in den FIDIC-Bauvertragsbedingungen. 1988.

Band 5 Marijan-Maximilian Lederer: Die internationale Enteignung von Mitgliedschaftsrechten unter besonderer Berücksichtigung der französischen Enteignungen 1982. 1989.

Band 6 Rainer Esser: Klagen gegen ausländische Staaten. 1990.

Band 7 Chang Jae-Ok: Auf dem Weg zu einer Materialisierung des Immateriellen? Personen-, Persönlichkeitsschutz und Geldersatz des immateriellen Schadens in rechtsvergleichender Hinsicht am Beispiel des koreanischen und japanischen Zivilrechts unter besonderer Berücksichtigung des deutschen Rechts. 1990.

Band 8 Paul-Frank Weise: Lex mercatoria. Materielles Recht vor der internationalen Handelsschiedsgerichtbarkeit.1990.

Band 9 Werner Born: Der Auftrittsvertrag für Musikgruppen im Bereich der Rock- und Popmusik. 1990.

Band 10 Ralf Erich Jürgens: IPR und Verfassung in Italien und in der Bundesrepublik Deutschland. 1990.

Band 11 Rainer Gildeggen: Internationale Schieds- und Schiedsverfahrensvereinbarungen in Allgemeinen Geschäftsbedingungen vor deutschen Gerichten. 1991.

Band 12 Klaus Grabinski: Die kollisionsrechtliche Behandlung des Durchgriffs bei rechtlich verselbständigten Unternehmen in privater oder öffentlicher Hand. 1991.

Band 13 Dieter Stummel: Konkurs und Integration. Konventionsrechtliche Wege zur Bewältigung grenzüberschreitender Insolvenzverfahren. 1991.

Band 14 Joachim Güntzer: Die Rechtsstellung des Geschäftsführers im spanischen Aktienrecht. Die Neuregelung des spanischen Aktienrechts nach dem Beitritt Spaniens zur EG. 1991.

Band 15 Sabine Isenburg-Epple: Die Berücksichtigung ausländischer Rechtshängigkeit nach dem Europäischen Gerichtsstands- und Vollstreckungsübereinkommen vom 27.9.1968. Untersuchungen zum Anwendungsbereich von Art. 21 EuGVÜ unter schwerpunktmäßiger Behandlung der Frage nach der Bestimmung eines europäischen Streitgegenstandsbegriffs. 1992.

Band 16 Ulrich Nickl: Die Qualifikation der culpa in contrahendo im Internationalen Privatrecht. 1992.

Band 17 Theo Rauh: Leistungserschwerungen im Schuldvertrag. Eine rechtsvergleichende Untersuchung des englischen, US-amerikanischen, französischen und deutschen Rechts unter besonderer Berücksichtigung der gerichtlichen Praxis. 1992.

Band 18 Bernadette Chaussade-Klein: Vorvertragliche "obligation de renseignements" im französischen Recht. 1992.

Band 19 Josef Sievers: Verbraucherschutz gegen unlautere Vertragsbedingungen im französischen Recht. Vom Code civil zum "Code de la consommation" – die Entstehung eines Sonderprivatrechts für Verbraucher. 1993.

Band 20 Achim Schäfer: Grenzüberschreitende Kreditsicherung an Grundstücken, unter besonderer Berücksichtigung des deutschen und italienischen Rechts. 1993.

Band 21 Eugenio Hernández-Breton: Internationale Gerichtsstandsklauseln in Allgemeinen Geschäftsbedingungen. Unter besonderer Berücksichtigung des deutsch-südamerikanischen Rechtsverkehrs (dargestellt am Beispiel Argentinien, Brasilien und Venezuela). 1993.

Band 22 Ingo Reng: Unterhaltsansprüche aufgrund nichtehelicher Lebensgemeinschaft – Internationales Privatrecht und ausländisches materielles Recht. 1994.

Band 23 Stefanie Roloff: Die Geltendmachung ausländischer öffentlicher Ansprüche im Inland. 1994.

Band 24 Katharina Ludwig: Der Vertragsschluß nach UN-Kaufrecht im Spannungsverhältnis von Common Law und Civil Law. Dargestellt auf der Grundlage der Rechtsordnungen Englands und Deutschlands. 1994.

Band 25 Malte Diesselhorst: Mehrparteienschiedsverfahren. Internationale Schiedsverfahren unter Beteiligung von mehr als zwei Parteien. 1994.

Band 26 Manfred Kost: Konsensprobleme im internationalen Schuldvertragsrecht. 1995.

Band 27 Wolff-Heinrich Fleischer: Das italienische Wettbewerbsrecht und die Probleme des selektiven Parfümvertriebs unter Berücksichtigung der Rechtslage in Frankreich und Deutschland. 1995.

Band 28 Angelika Fuchs: Lateinamerikanische Devisenkontrollen in der internationalen Schuldenkrise und Art. VIII Abschn. 2 b) IWF-Abkommen. 1995.

Band 29 Jacques Matthias Aull: Der Geltungsanspruch des EuGVÜ: "Binnensachverhalte" und Internationales Zivilverfahrensrecht in der Europäischen Union. Zur Auslegung von Art. 17 Abs. 1 S. 1 EuGVÜ. 1996.

Band 30 Hartmut Ost: EVÜ und fact doctrine. Konflikte zwischen europäischer IPR-Vereinheitlichung und der Stellung ausländischen Rechts im angelsächsischen Zivilprozeß. 1996.

Band 31 Stefan Wagner: Die Testierfähigkeit im Internationalen Privatrecht. 1996.

Band 32 Wolfgang Jakob Hau: Positive Kompetenzkonflikte im Internationalen Zivilprozeßrecht. Überlegungen zur Bewältigung von *multi-fora disputes*. 1996.

Band 33 Markus Schütz: UN-Kaufrecht und *Culpa in contrahendo*. 1996.

Band 34 Volker Geyrhalter: Das Lösungsrecht des gutgläubigen Erwerbers. Ein "vergessener" Kompromiß und die Auswirkungen auf das heutige deutsche Recht unter besonderer Berücksichtigung des internationalen Sachenrechts. 1996.

Band 35 Andreas Kramer: Abwicklungsstörungen bei Kaufverträgen. Die Lieferung vertragswidriger Sachen im deutschen und italienischen Recht. 1996.

Band 36 Petra Krings: Erfüllungsmodalitäten im internationalen Schuldvertragsrecht. 1997.

Band 37 Tonja Gaibler: Der rechtsgeschäftliche Irrtum im französischen Recht. 1997.

Band 38 Dirk Otto: Rechtsspaltung im indischen Erbrecht. Bedeutung und Auswirkungen auf deutsch-indische Nachlaßfälle. 1997.

Band 39 Gregor W. Decku: Zwischen Vertrag und Delikt. Grenzfälle vertraglicher und deliktischer Haftung dargestellt am Beispiel der Berufs- und Expertenhaftung zum Schutze des Vermögens Dritter im deutschen und englischen Recht. 1997.

Band 40 Ulrike Höpping: Auswirkungen der Warenverkehrsfreiheit auf das IPR unter besonderer Berücksichtigung des Internationalen Produkthaftungsrechts und des Internationalen Vertragsrechts. 1997.

Band 41 Andreas Bartosch: Die vermögensrechtlichen Beziehungen der Ehegatten bei bestehender Ehe im englischen Recht – Eigentum, Besitz, Schuldvertrag. 1997.

Band 42 Helene Boriths Müller: Die Umsetzung der europäischen Übereinkommen von Rom und Brüssel in das Recht der Mitgliedstaaten. Dargestellt am Beispiel Deutschlands und Dänemarks. 1997.

Band 43 Bernd von Hoffmann / Myong-Chang Hwang (eds.): The Public Concept of Land Ownership. Reports and Discussions of a German-Korean Symposium held in Seoul on October 7-9, 1996. 1997.

Band 44 Oliver Heeder: Fraus legis. Eine rechtsvergleichende Untersuchung über den Vorbehalt der Gesetzesumgehung in Deutschland, Österreich, der Schweiz, Frankreich und Belgien unter besonderer Berücksichtigung des Internationalen Privatrechts. 1998.

Band 45 Heinrich Schütt: Deliktstyp und Internationales Privatrecht. Dargestellt an grenzüberschreitenden Problemen der Arzthaftung. 1998.

Band 46 Axel Steiner: Die stillschweigende Rechtswahl im Prozeß im System der subjektiven Anknüpfungen im deutschen Internationalen Privatrecht. 1998.

Band 47 Martina Schulz: Der Eigentumsvorbehalt in europäischen Rechtsordnungen. Rechtsvergleichende Untersuchung des deutschen, englischen und französischen Rechts unter besonderer Berücksichtigung von Erweiterungen und Verlängerungen. 1998.

Band 48 Karin Dreher: Die Rechtswahl im internationalen Erbrecht. Unter besonderer Berücksichtigung des italienischen IPR-Reformgesetzes N. 218 vom 31. Mai 1995. 1999.

Band 49 Giuliano Gabrielli: Das Verhältnis zwischen der Anfechtung wegen Eigenschaftsirrtums und den Gewährleistungsansprüchen im deutschen, österreichischen und italienischen Recht. 1999.

Band 50 Bernd von Hoffmann / Myong-Chan Hwang (eds.): Developments in Land Law. Reports and Discussions of a German-Korean Symposium held in Berlin and Trier on July 21-24, 1997. 1999.

Band 51 Volker Heidbüchel: Das UNCITRAL-Übereinkommen über unabhängige Garantien und Standby Letters of Credit. Vergleiche mit den Richtlinien der Internationalen Handelskammer, dem deutschen, englischen und US-amerikanischen Recht. 1999.

Band 52 Jan Christoph Nordmeyer: Pflichtteilsansprüche und Wiedervereinigung. Eine systematische Analyse der Ausgleichsansprüche nach BGB-Pflichtteilsrecht unter besonderer Berücksichtigung der durch den Wiedervereinigungsprozeß eingetretenen Wertveränderungen. 1999.

Band 53 Bettina Linder: Vertragsabschluß beim grenzüberschreitenden Verbraucherleasing. 1999.

Band 54 Almontasser Fetih: Die zivilrechtliche Haftung bei Vertragsverhandlungen. Eine rechtsvergleichende Studie zum deutschen, französischen, ägyptischen und islamischen Recht. 2000.

Band 55 Sona Rajani: Die Geltung und Anwendung des Gemeinschaftsrechts im Vereinigten Königreich von Großbritannien und Nordirland. Der Grundsatz der Parlamentssouveränität im Wandel. 2000.

Band 56 Joachim Kayser: Gegenmaßnahmen im Außenwirtschaftsrecht und das System des europäischen Kollisionsrechts. Eine Analyse der EU-Abwehrverordnung gegen die Auswirkungen extraterritorialer Rechtserstreckung eines Drittlandes. 2001.

Band 57 Albrecht Conrad: Qualifikationsfragen des Trust im Europäischen Zivilprozeßrecht. 2001.

Band 58 Bernd Borgmann: Die Entsendung von Arbeitnehmern in der Europäischen Gemeinschaft. Wechselwirkungen zwischen Kollisionsrecht, Grundfreiheiten und Spezialgesetzen. 2001.

Band 59 Aleksandar Jaksic: Arbitration and Human Rights. 2002.

Band 60 Islamisches und arabisches Recht als Problem der Rechtsanwendung. Symposium zu Ehren von Professor Emeritus Dr. iur. Omaia Elwan. Veranstaltet vom Institut für ausländisches und internationales Privat- und Wirtschaftsrecht der Universität Heidelberg und der Gesellschaft für Arabisches und Islamisches Recht e.v. Herausgegeben von Herbert Kronke, Gert Reinhart und Nika Witteborg. 2001.

Band 61 Patrick Fiedler: Stabilisierungsklauseln und materielle Verweisung im internationalen Vertragsrecht. 2001.

Band 62 Werner Mangold: Die Abtretung im Europäischen Kollisionsrecht. Unter besonderer Berücksichtigung des spanischen Rechts. 2001.

Band 63 Eike Dirk Eschenfelder: Beweiserhebung im Ausland und ihre Verwertung im inländischen Zivilprozess. Zur Bedeutung des US-amerikanischen discovery-Verfahrens für das deutsche Erkenntnisverfahren. 2002.

Band 64 Bernd Ehle: Wege zu einer Kohärenz der Rechtsquellen im Europäischen Kollisionsrecht der Verbraucherverträge. 2002.

Band 65 Heiko Lehmkuhl: Das Nacherfüllungsrecht des Verkäufers im UN-Kaufrecht. 2002.

Band 66 Jochen Nikolaus Schlotter: Erbrechtliche Probleme in der Société Privée Européenne. IPR-Harmonisierung im einheitlichen Europäischen Rechtsraum. 2002.

Band 67 Konrad Ost: Doppelrelevante Tatsachen im Internationalen Zivilverfahrensrecht. Zur Prüfung der internationalen Zuständigkeit bei den Gerichtsständen des Erfüllungsortes und der unerlaubten Handlung. 2002.

Band 68 Tobias Bosch: Die Durchbrechungen des Gesamtstatuts im internationalen Ehegüterrecht. Unter besonderer Berücksichtigung deutsch-französischer Rechtsfälle. 2002.

Band 69 Ursula Philipp: Form im amerikanischen Erbrecht. Zwischen Formalismus und harmless error. 2002.

Band 70 Christian Stefan Wolf: Der Begriff der wesentlich engeren Verbindung im Internationalen Sachenrecht. 2002.

Band 71 André Fomferek: Der Schutz des Vermögens Minderjähriger. Ein Vergleich des deutschen und des englischen Rechts unter Berücksichtigung des schottischen und irischen Rechts. 2002.

Band 72 Nicolas Blanchard: Die prozessualen Schranken der Formfreiheit. Beweismittel und Beweiskraft im EG-Schuldvertragsübereinkommen in deutsch-französischen Vertragsfällen. 2002.

Band 73 Markus Dreißigacker: Sprachenfreiheit im Verbrauchervertragsrecht. Der Verbraucher im Spannungsfeld zwischen kultureller Identität und Privatautonomie. 2002.

Band 74 Vassiliki Myller-Igknay: Auskunftsansprüche im griechischen Zivilrecht. Auswirkungen im deutsch-griechischen Rechtsverkehr sowie im deutschen internationalen Privat- und Verfahrensrecht. 2003

Band 75 Stefan Bruinier: Der Einfluss der Grundfreiheiten auf das Internationale Privatrecht. 2003.

Band 76 Nika Witteborg: Das gemeinsame Sorgerecht nichtverheirateter Eltern. Eine Untersuchung im soziologischen, rechtsgeschichtlichen, verfassungsrechtlichen, rechtsvergleichenden und internationalen Kontext. 2003.

Band 77 Peter Stankewitsch: Entscheidungsnormen im IPR als Wirksamkeitsvoraussetzungen der Rechtswahl. 2003.

Band 78 Jan Wilhelm Ritter: Euro-Einführung und IPR unter besonderer Berücksichtigung nachehelicher Unterhaltsverträge. Eine Untersuchung mit Blick auf das deutsche, französische und schweizerische Recht. 2003.

Band 79 Wolf Richard Herkner: Die Grenzen der Rechtswahl im internationalen Deliktsrecht. 2003.

Band 80 Ira Ditandy: Internationale Zuständigkeit. Neuregelung durch die LOPJ 1985. Vergleich mit dem europäischen Vorbild und Auswirkungen auf das spanische internationale Zivilverfahrensrecht. 2003.

Band 81 Andrea Verena Schefold: Werbung im Internet und das deutsche Internationale Privatrecht. 2004.

Band 82 Klaus Herkenrath: Die Umsetzung der Richtlinie 93/13/EWG über missbräuliche Klauseln in Verbraucherverträgen in Deutschland, dem Vereinigten Königreich, Frankreich und Italien. Auswirkungen nationaler Umsetzungstechniken auf dem Harmonisierungserfolg. 2003.

Band 83 Alexander Thünken: Das kollisionsrechtliche Herkunftslandprinzip. 2003.

Band 84 Barbara v. Daumiller: Die Rechtswahl im italienischen internationalen Erbrecht: und ihre Auswirkungen im deutsch-italienischen Rechtsverkehr. 2003.

Band 85 Robert Mödl: Macht, Verantwortlichkeit und Zurechnung im Konzern. Eine rechtsvergleichende Untersuchung auf der Grundlage des deutschen, spanischen und US-amerikanischen Rechts. 2003.

Band 86 Ursula Kerpen: Das Internationale Privatrecht der Persönlichkeitsrechtsverletzungen. Eine Untersuchung auf rechtsvergleichender Grundlage. 2003.

Band 87 Barbara Ploeckl: Umgangsrechtsstreitigkeiten im deutsch-französischen Rechtsverkehr. Bestehende internationale und nationale Regelungen und die geplante *europäische Besuchstitel*. 2003.

Band 88 Katrin Wannemacher: Die Außenkompetenzen der EG im Bereich des Internationalen Zivilverfahrensrechts. Der räumliche Anwendungsbereich des Art. 65 EGV am Beispiel der EuGVO und der EheVO. 2003.

Band 89 Maren B. Eilinghoff: Das Kollisionsrecht der ungerechtfertigten Bereicherung nach dem IPR-Reformgesetz von 1999. 2004.

Band 90 Patrick Niehr: Die zivilprozessuale Dokumentenvorlegung im deutsch-englischen Rechtshilfeverkehr nach der deutschen und der englischen Prozessrechtsreform. 2004.

Band 91 Anna Christina Gördes: Internationale Zuständigkeit, Anerkennung und Vollstreckung von Entscheidungen über die elterliche Verantwortung. Die VO(EG) Nr. 1347/2000, ihre geplanten Änderungen und das Verhältnis beider zum Minderjährigen- und Kinderschutzabkommen. 2004.

Band 92 Martin Rädler: Rechtsbehelfe des Käufers eines Unternehmens oder einer unternehmerischen Beteiligung gegen den Verkäufer im deutschen und französischen Recht. 2004.

Nika Witteborg

# Das gemeinsame Sorgerecht nichtverheirateter Eltern

## Eine Untersuchung im soziologischen, rechtsgeschichtlichen, verfassungsrechtlichen, rechtsvergleichenden und internationalen Kontext

Frankfurt am Main, Berlin, Bern, Bruxelles, New York, Oxford, Wien, 2003.
XXIV, 443 S.
Studien zum vergleichenden und internationalen Recht.
Herausgegeben von Bernd von Hoffmann und Erik Jayme. Bd. 76
ISBN 3-631-50116-1 · br. € 74.50*

Das Kindschaftsrechtsreformgesetz vom 16.12.1997 regelte das Recht der elterlichen Sorge neu. Nunmehr können auch nichtverheiratete Eltern durch die Abgabe von Sorgeerklärungen das gemeinsame Sorgerecht für ihr Kind erlangen. Diese Regelung bedarf einer Untersuchung unter vielfältigen Gesichtspunkten. Neben einer kritischen Durchleuchtung der neuen Vorschriften auf ihre Praktikabilität und Systemgerechtigkeit sind hierdurch auch Grundsatzfragen, wie die Rechtsstellung des nichtehelichen Vaters bei der elterlichen Sorge, betroffen. In der Arbeit wird die deutsche Regelung in einen völker- und europarechtlichen Zusammenhang gestellt. Daneben wird das französische Recht vergleichend dargestellt und die internationale Dimension anhand von Fallgestaltungen aus dem Internationalen Privatrecht vertieft. Hinzu kommen historische und soziologische Betrachtungen.

*Aus dem Inhalt*: Familie im Wandel der Zeit · Rechtsentwicklung der elterlichen Sorge im BGB · Verfassungsrechtliche Rahmenbedingungen · Der Einfluß des Völkerrechts · Das Kindschaftsrechtsreformgesetz vom 15. November 1997 und die nunmehr geltende Rechtslage in Deutschland · Das gemeinsame Sorgerecht nichtverheirateter Eltern in Frankreich · Fallbeispiele mit Auslandsberührung

Frankfurt am Main · Berlin · Bern · Bruxelles · New York · Oxford · Wien
Auslieferung: Verlag Peter Lang AG
Moosstr. 1, CH-2542 Pieterlen
Telefax 00 41 (0) 32 / 376 17 27

*inklusive der in Deutschland gültigen Mehrwertsteuer
Preisänderungen vorbehalten
**Homepage http://www.peterlang.de**